임동석중국사상100

# 고문진보

## 古文眞寶 [後集]

黃堅 撰 / 林東錫 譯註

"상아, 물소 뿔, 진주, 옥. 이런 진괴한 물건들은 사람의 이목은 즐겁게 하지만 쓰임에는 적절하지 않다. 그런가 하면 금석이나 초목, 실, 삼베, 오곡, 육재는 쓰임에는 적절하나 이를 사용하면 닳아지고 취하면 고갈된다. 그렇다면 사람의 이목을 즐겁게 하면서 이를 사용하기에도 적절하며, 써도 닳지 아니하고 취하여도 고갈되지 않고, 똑똑한 자나 어리석은 자라도 그를 통해 얻는 바가 저마다 그 자신의 재능에 따라주고, 어진 사람이나 지혜로운 사람이나 그를 통해 보는 바가 저마다 그 자신의 분수에 따라주되 무엇이든지 구하여 얻지 못할 것이 없는 것은 오직 책뿐이로다!"

《소동파전집》(34) 본 《眞寶》(後集) 099 〈이씨산방장서기〉에서, 구당(丘堂) 여원구(呂元九) 선생의 글씨

# 차례

## 《古文眞寶》[後集] 上

### 《古文眞寶》[後集] 卷一

### 《古文眞寶》[後集] 卷二

## 《古文眞寶》[後集] 卷三

## 《古文眞寶》[後集] 卷四

# 《古文眞寶》[後集] 卷一

# 001. 〈離騷經〉 .................... 屈原(屈平)

## 이소경

＊〈離騷經〉: 楚나라 屈原이 懷王을 섬기면서 三閭大夫로서 직책을 잘 수행하자, 上官大夫와 靳尙이 이를 시기하여 참훼하였음. 이에 懷王은 그들의 말을 듣고 굴원을 멀리하게 되었고 굴원은 울분을 느껴 이 글을 지은 것임. 뒤에 회왕은 張儀의 꾐에 빠져 秦나라에 들어갔다가 결국 그곳에서 잡혀 客死하게 되었고, 懷王의 아들 襄王(頃襄王)이 들어섰으나 역시 참언을 믿고 굴원을 다시 먼 남방 湘水 가로 추방하자 그곳에서 여러 작품을 짓고는 汨羅水에 몸을 던져 죽고 말았음. 한편 〈離騷〉는 楚辭의 작품 이름으로 '經'자를 붙인 것은 뒷사람들이 굴원을 높인 것일 뿐임. 한편 '離騷'란 "소란함을 만나다"의 뜻으로 '楚나라가 騷擾와 혼란에 빠져 擾動치는 시대를 遭遇함'을 안타깝게 여겼음을 말함. 朱熹 《楚辭集註》 注에 "班孟堅曰:「離, 猶遭也.」 顔師古曰:「擾動曰騷.」 洪曰:「其謂之經, 蓋後世之士, 祖述其詞, 尊而名之耳, 非原本意也.」"라 함.
＊《古文眞寶》(이하《眞寶》) 注에 "離, 遭也;擾動曰騷. 後人尊名之爲經"이라 함.

주문공(朱文公, 朱熹)이 말하였다.

"굴원屈原의 이름은 평平이며, 초楚나라 왕실과 동성同姓이다. 회왕懷王을 섬겨 삼려대부三閭大夫가 되었는데, 상관대부上官大夫와 근상靳尙이 그를 투기하여 헐뜯자 회왕이 그를 멀리하게 되었다. 굴원은 모함을 받고 근심과 번민에 〈이소離騷〉를 지었는데, 위로는 당요唐堯, 우순虞舜, 그리고 하夏, 은殷, 주周 삼대 건국 군주들의 제도를 기술하고, 아래로는 걸桀, 주紂와 예羿, 요澆 같은 이들의 패망한 사실을 서술하여, 임금이 깨달아 올바른 길로 돌아와 자신을 다시 불러주기를 기대하였다. 그 무렵 진秦나라가 장의張儀로 하여금 회왕을 속여 무관武關에서 회맹을 맺자고 유인하자, 굴원은 회왕에게 가지 말 것을 간언하였으나 이를 듣지 않고 갔다가, 협박을 받아 끌려가 마침내 객사客死하고 말았다. 뒤를 이어 양왕襄王이 들어섰으나 다시 모함을 믿고 굴원을 강남江南으로 옮겨 보내자, 굴원은 다시 〈구가九歌〉, 〈천문天問〉, 〈구장九章〉, 〈원유遠游〉, 〈복거卜居〉, 〈어부漁父〉 등의 글을 지어 자신의 뜻을 펴냄으로써 임금의 마음에 깨달음이 있기를 바랐으나 끝내 살펴줄 기색을 보이지 않자, 차마 자신의 조국이 망해 가는 것을 보고만 있을 수가 없어 마침내 스스로 멱라수汨羅水에 몸을 던지고 말았다."

한漢 회남왕淮南王 유안劉安은 이렇게 말하였다.

"《시詩》의 국풍國風은 색을 좋아하면서도 지나치지 아니하였고, 소아小雅는 원망하고 비난하면서도 어지럽지 않았다. 〈이소〉 같은 경우라면 이 두 가지를 겸하였다고 말할 수 있다. 탁하고 더러운 속에서 나온 매미가 허물을 벗고 티끌 먼지 세상 밖을 부유浮游하고 있으니, 이러한 뜻을 미루어본다면 비록 해나 달과 빛을 다툰다 하더라도 그럴 만하다."

송宋나라 송기宋祁는 이렇게 말하였다.

"〈이소〉는 사부辭賦의 비조로서 뒷사람들로서는 이러한 글을 지음에 마치 지극한 방方이어서 거기에 더 이상 구矩를 대어 볼 필요가 없고, 지극한 원圓이어서 능히 규規라도 이를 넘어서지 못하는 것과 같다."

★〈朱熹解題〉

朱文公曰:「原名平, 與楚同姓. 仕於懷王爲三閭大夫, 上官大夫 及靳尙妬毁之, 王疏原. 原被讒憂煩, 乃作〈離騷〉, 上述唐虞三 后之制, 下序桀紂羿澆之敗, 冀君覺悟, 反於正道而還己也. 時秦 使張儀詐懷王, 誘與會武關, 原諫王勿行, 弗聽而徃, 爲所脅歸, 卒 以客死. 襄王立, 復用讒, 遷原江南, 原復作〈九歌〉, 〈天問〉, 〈九 章〉, 〈遠游〉, 〈卜居〉,〈漁父〉等篇, 冀伸己志, 以悟君心, 終不見省. 不忍見宗國將亡, 遂自沈汨羅淵死.」

淮南王安曰:「國風好色而不淫, 小雅怨誹而不亂. 若〈離騷〉者,

可謂兼之矣. 蟬蛻於濁穢之中, 以浮游塵埃之外. 推此志也, 雖與日
月爭光, 可也.」

　宋景文公曰:「〈離騷〉爲詞賦之祖, 後人爲之, 如至方不能加矩,
至圓不能過規矣.」

【朱文公】朱熹(1130-1200). 南宋 때 徽州 婺源 사람으로 建陽의 考亭에 옮겨 살았
음. 자는 元晦, 또는 仲晦이며, 호는 晦庵, 晦翁, 遯翁, 滄洲病曳 등이었으나 별칭
으로는 紫陽先生, 考亭先生, 雲谷老人 등으로 불림. 朱松의 아들로서 高宗 紹興
18년(1148)에 進士에 올라 同安主簿라는 벼슬을 하였으며, 孝宗 淳熙 연간에 知
南康軍이 되었다가 浙東茶鹽公事에 오르기도 하였음. 그 무렵 浙東 지역에 큰 기
근이 들자 救荒을 서두르며 정치의 폐단을 주장하기도 하였음. 慶元 2년 귀향하
여 경원 6년(1200)에 생을 마쳤으며 시호는 文公. 그는 李侗에게 수학하여 程顥,
程頤의 학문을 전수하는 것으로서 목표를 삼고, 아울러 周敦頤, 張載 등의 학설
을 모아 北宋 이래 理學을 集大成하였음. 그리하여 白鹿洞書院, 岳麓書院, 武夷
精舍 등에서 50여 년 간 講學에 힘써 閩學派, 또는 考亭學派라는 南宋 최대 理
學의 한 파를 이루었으며, 二程의 학문을 이어받았다 하여 程朱學이라고도 불
림. 그의 학문은 한때 韓侂冑 등으로부터 僞學으로 배척을 받기도 하였으나, 역
시 漢代 이래 최고의 학자로 지금까지 널리 칭송을 받고 있으며 우리나라 朝鮮
건국과 함께 가장 큰 영향을 미친 학문이기도 함. 그는《四書章句集註》,《名臣言
行錄》,《伊洛淵源錄》,《資治通鑑綱目》,《詩集傳》,《楚辭集註》,《小學》등이 있으며,
후인이 편집한〈朱子語類〉,〈朱文公文集〉등이 있음. 그의 사적은《勉齋集》(36)
行狀과《宋史》(429) 道學傳에 자세히 실려 있음. 이 글은 朱熹의〈楚辭集註〉離騷
經 序文을 縮約한 것임.
【原名平, 與楚同姓】屈原은 作者欄을 볼 것. '與楚同姓'은 屈原의 元祖는 楚나라 王
族과 같은 血統이었음을 말함. 楚나라는 顓頊의 후손이었음.《眞寶》注에 "顓頊
後熊繹, 事周聖王, 封楚子, 至楚武王, 生子瑕, 受屈爲卿, 因以爲氏"라 함.
【仕於懷王爲三閭大夫, 上官大夫及靳尙妬毁之, 王疏原】'懷王'은 楚懷王. 이름은
熊槐(羋槐). B.C.328-B.C.299년까지 30년간 在位함. '三閭大夫'는 초나라 왕족 昭
氏, 屈氏, 景氏 세 집안을 관장하는 벼슬.《眞寶》注에 "掌王族昭屈景三姓"이라
함. 이 구절은 朱熹《楚辭集註》에는 "三閭之職, 掌王族三姓, 曰昭屈景. 屈原序其

譜屬, 率其賢良, 以厲國士. 入則與王圖議政事, 決定嫌疑;出則監察羣下, 應對諸侯, 謀行職修, 王甚珍之"의 구절이 더 있음. '上官大夫'는 楚나라 대부. 上官은 성씨. '靳尙' 역시 초나라 대부 이름. 둘이 함께 屈原을 모함하여 축출함. '妬毁之'는 그를 질투하여 모함함. '疏'는 疎, 疏, 踈와 같음. 멀리함, 疏遠히 함.

【原被讒憂煩, 乃作〈離騷〉, 上述唐虞三后之制, 下序桀紂羿澆之敗】'唐虞'는 唐堯와 虞舜. 堯와 舜은 五帝(黃帝, 顓頊, 帝嚳, 堯, 舜)의 끝 두 帝王. '三后'는 夏(禹), 商(湯), 周(文王과 武王) 三代의 開國 군주들을 가리킴. 君. '桀'은 夏나라 末王. 湯에게 망함. '紂'는 商나라 末王. 武王에게 망함. '羿'는 傳說에는 같은 이름이 셋이나 있음. 하나는 帝嚳 때의 弓士(《說文解字》), 다른 하나는 唐堯 때의 弓士로 열 개의 해가 한꺼번에 떠오르자 그중 9개를 쏘아 없앴다는 고사(《淮南子》 本經訓)를 낳은 인물. 다음으로는 夏나라 때의 有窮國의 君主임(《左傳》 襄公 4年). 여기서는 세 번째의 人物을 가리키며 有窮后羿로 널리 불림. 夏나라 太康이 유락과 사냥에 탐닉하여 정치를 돌보지 아니하고 백성을 제대로 다스리지 못하자, 有窮氏의 군주 羿가 무리를 이끌고 하수 북쪽에서 太康을 막고 귀국하지 못하도록 하여 太康은 결국 帝位를 잃게 되었음.(《尙書》 五子之歌를 참조할 것.) '澆'는 夏나라 寒浞의 아들 奡. 夏나라 때 仲康이 죽고 그 아들 相이 즉위하자 后羿는 相을 몰아내고 자립하였음. 이에 后羿의 嬖臣 寒浞이 후예를 죽이고 다시 자립함. 이때 그의 아들이 澆였으며 배를 타고 전투를 잘하였다고 알려짐. 《論語》 憲問篇에 "南宮适問於孔子曰:「羿善射, 奡盪舟, 俱不得其死然. 禹稷躬稼而有天下.」 夫子不答. 南宮适出, 子曰:「君子哉若人! 尙德哉若人!」"이라 하였고, 注에 "奡, 《春秋傳》作'澆', 浞之子也, 力能陸地行舟, 後爲夏后少康所誅"라 함. 그 외에 《左傳》 襄公 4년, 哀公元年, 및 《竹書紀年》 帝相 27年 등을 참고할 것.

【冀君覺悟, 反於正道而還己也】'冀'는 希와 같음. 바람, 희망함. 기대함. '還己'는 자신을 다시 불러 돌아갈 수 있도록 해 줄 것을 기대함. 자신의 뜻을 알아주기를 바란 것임.

【時秦使張儀詐懷王, 誘與會武關, 原諫王勿行, 弗聽而徃, 爲所脅歸, 卒以客死】'張儀'는 戰國시대 蘇秦과 함께 가장 뛰어났던 遊說家. 蘇秦이 合從策을 성공하여 秦나라를 꼼짝 못하도록 묶자 張儀는 連橫策을 펴서 六國合從을 破棄토록 하고 秦나라 재상이 됨. 그 작전에 가장 큰 피해를 보았던 나라가 楚나라였음.《史記》 張儀列傳 및 楚世家,《戰國策》 등을 참조할 것. '武關'은 지금의 陝西省 商縣 동쪽에 있는 관문. 秦나라의 남쪽 關門이었음. 懷王은 張儀의 꾐에 빠져 秦 昭王

과 이곳에서 會盟을 하고자 갔다가 잡혀 끌려가 결국 秦나라에서 客死하고, 楚나라는 아들 頃襄王(襄王. 熊橫)이 들어섰으나 내리막길을 걷게 됨.

【襄王立, 復用讒, 遷原江南】'襄王'은 頃襄王. B.C.298–B.C.263년까지 36년간 재위하고 그 뒤를 考烈王(熊玩)으로 이어짐. 江南은 湘水 지역을 가리킴.

【原復作〈九歌〉,〈天問〉,〈九章〉,〈遠游〉,〈卜居〉,〈漁父〉等篇】모두 屈原이 지은 〈楚辭〉 작품 이름.

【冀伸己志, 以悟君心, 終不見省】'伸己志'는 자신의 뜻을 폄. '終不見省'은 끝내 살펴 보아줌을 당하지 못함. 임금이 끝내 보아주지 않음. 임금이 살필 기색을 드러내지 않음. 혹 반성하는 기색을 보이지 않음.

【不忍見宗國將亡, 遂自沈汨羅淵死】'汨羅淵'은 汨羅江, 汨羅水. 지금의 湖南省에 흐르는 강물로 湘水의 지류.《眞寶》注에 "今潭州寧鄕縣"이라 함.《楚辭集註》注에도 "汨, 音覔. 長沙羅縣西北, 去縣三十里名爲屈潭, 即屈原自沈處. 今屬潭州寧鄕縣"이라 함.

【淮南王安】劉安(B.C.179–B.C.122), 淮南子. 漢 高祖(劉邦)의 손자. 劉長의 아들. 文帝 때 淮南王에 봉해졌음. 方術士 수천 명을 모아《淮南子》를 편집하였으며, 漢代 道家 사상의 걸작으로 널리 알려져 있음.《史記》淮南衡山傳 참조. '淮南'은 지금의 揚州 일대에 세웠던 漢나라 때 제후국.《淮南子》의 원래의 이름은《淮南鴻烈》. 당시 朝廷에 바칠 때에는《內書》와《外書》였으며, 지금은《外書》는 전하지 않고《來書》21편만 전함.《漢書》藝文志는 雜家로 분류하고 있음.

【國風好色而不淫, 小雅怨誹而不亂. 若〈離騷〉者, 可謂兼之矣】'國風'은 15개 나라의 민요를 모은 것. '小雅'는 燕禮(宴饗)에 사용하던 음악과 가사.《眞寶》注에 "國風, 小雅, 詩傳篇名"이라 함. '怨誹'은 원망하고 비방함.

【蟬蛻於濁穢之中, 以浮游塵埃之外. 推此志也, 雖與日月爭光, 可也】'蟬蛻'(선태)는 매미가 허물을 벗음. '浮游'는 자유롭게 날아다님을 뜻하는 疊韻連綿語. '日月爭光'은 해나 달의 빛과 다툼. 매우 훌륭함을 뜻함.

【宋景文公】'宋景文'은 宋祁. 宋나라 때 학자. 安陵人으로 자는 子京. 諡號는 景文.《眞寶》注에 "祁"라 함. 龍圖閣學士를 거쳐 史館修撰에 올라 歐陽修와 함께《新唐書》를 편찬하였음.《宋景文集》100권을 남김.《宋史》(284)에 전이 있음.

【〈離騷〉爲詞賦之祖, 後人爲之, 如至方不能加矩, 至圓不能過規矣】'至方'은 아주 정밀한 네모. '矩'는 목수들이 네모꼴을 그릴 때 쓰는 곱자. 曲尺. '至圓'은 지극히 정밀한 원. '規'는 '規'와 같으며 원을 그릴 때 쓰는 그림쇠. 圓尺. 한편 이 문장의

末尾에 《眞寶》注에는 "朱子曰:「原之爲人, 其志行, 雖或過於中庸, 而不可以爲法; 然皆出於忠君愛國之誠; 原之爲書, 其辭旨, 雖或流於跌宕怪神, 怨懟激發, 以不可以爲訓; 然皆生於繾綣惻怛, 不能自己之意, 雖其不知學於北方, 以求周公仲尼之道, 而獨馳騁於變風變雅之末流, 以故醇儒莊士, 或羞稱之, 然使世之放臣屛子怨妻去婦, 枝戾謳吟於下, 而所天者幸而聽之, 則於彼此之間, 天性民彝之善, 豈不足以交有所發, 而增夫三綱五常之重? 此予所以每有味於其言, 而不敢直以詞人之賦視之也. 然原著此詞, 說者多失其趣, 使原之所爲, 壹鬱而不得伸於當年者, 又晦昧而不見白於後世. 予於是, 定其〈集註〉, 庶幾讀者, 得見故人於千載之上, 而死者可作; 又足以知千載之下, 有知我者, 而不恨於爲者之不聞也. 嗚呼! 怖矣. 是豈易與俗人言哉!」○又曰:「原之詞, 其寓情草木, 託意男女, 以極遊觀之適者, 變風之流也; 其敍事陳情 感今懷古, 以不忘乎君臣之義者, 變雅之流也; 至語宴婚而越禮, 攄怨憤而失中, 則又風雅之再變矣; 其語祀神歌舞之盛, 則幾乎頌, 而其變又有甚焉; 其爲賦, 則如〈騷經〉首章之云也, 比則香草惡物之類也; 興則託物興詞, 初不取義, 如沅芷澧蘭, 以興思公子而未敢言之屬也. 然詩, 興多而比賦少, 騷則興少而比賦多, 必辨此而後, 詞義可尋也.」○按朱子〈集註〉, 盡原之詞意心事矣. 今謹從之, 但其辭多不能盡錄, 略從而節之云"이라 함.


★〈離騷〉


〈1〉
고양高陽 전욱顓頊의 먼 후손이여,
나의 선친은 자가 백용伯庸이라네.
섭제격攝提格 인년寅年의 바로 첫 정월,
경인庚寅날에 나는 태어났다네.
아버님은 내가 태어난 때를 헤아려 보신 후,
비로소 내게 훌륭한 이름 지어 내려주셨네.
내 이름을 정칙正則이라 하고,
나의 자는 영균靈均이라 하셨네.
나는 이미 아름다운 품성 듬뿍 지녔고,

거기에 또 수양하고 능력까지 다듬었다네.
강리江離와 벽지辟芷를 몸에 두르고,
가을 난초 엮어서 허리에 찼다네.
콸콸 흐르는 물살 같은 세월을 따라 갈 수 없을까 여겨,
나이가 나와 함께 해 주지 않을까 걱정하였지.
아침에는 비산岯山의 목란木蘭을 꺾어오고,
저녁이면 모래톱 섬에 가서 숙무宿莽를 캐네.
세월은 홀연히 흘러 멈춤이 없고,
봄과 가을이 차례로 바뀌어 가네.
초목은 잎이 시들어 떨어지니,
아름다운 임금 늙어갈까 두렵네.
한창 때에 나쁜 행동 떨쳐 버리지 못하고,
어찌하여 이 법도를 고치지 않는가?
기기騏驥 같은 준마를 타고 내달리면서,
내 앞장서서 그대를 인도할 텐데.


帝高陽之苗裔兮, 朕皇考曰伯庸.
攝提貞于孟陬兮, 惟庚寅吾以降.
皇覽揆余于初度兮, 肇錫予以嘉名.
名余曰正則兮, 字余曰靈均.
紛吾旣有此內美兮, 又重之以脩能.
扈江離與辟芷兮, 紉秋蘭以爲佩.
汩余若將不及兮, 恐年歲之不吾與.
朝搴岯之木蘭兮, 夕攬洲之宿莽.
日月忽其不淹兮, 春與秋其代序.
惟草木之零落兮, 恐美人之遲暮.
不撫壯而棄穢兮, 何不改乎此度.

## 乘騏驥以馳騁兮, 來吾道夫先路.

【帝高陽之苗裔兮, 朕皇考曰伯庸】'高陽'은 五帝 중의 하나인 顓頊 高揚氏.《史記》
五帝本紀에 "黃帝居軒轅之丘, 而娶於西陵之女, 是爲嫘祖. 嫘祖爲黃帝正妃, 生二
子, 其後皆有天下:其一曰玄囂, 是爲青陽, 青陽降居江水;其二曰昌意, 降居若水. 昌
意娶蜀山氏女, 曰昌僕, 生高陽, 高陽有聖德焉. 黃帝崩, 葬橋山. 其孫昌意之子高陽
立, 是爲帝顓頊也. 帝顓頊高陽者, 黃帝之孫而昌意之子也. 靜淵以有謀, 疏通而知
事;養材以任地, 載時以象天, 依鬼神以制義, 治氣以敎化, 絜誠以祭祀. 北至于幽陵,
南至于交阯, 西至于流沙, 東至于蟠木. 動靜之物, 大小之神, 日月所照, 莫不砥屬"이
라 함. 顓頊은 騰隍氏의 딸을 아내로 맞아 老僮을 낳았으며, 그 후손 熊繹이 周
成王을 섬겨 楚에 봉해졌으며, 다시 楚 武王(熊通)이 周나라에게 더 높은 爵位를
줄 것을 요구했으나 거절당하자 최초로 稱王하여 楚나라는 王으로 불렀음. 그
후손 屈瑕가 春秋시대에 卿이 되어 屈邑에 봉해져 屈을 姓氏로 삼았음. 屈原은
屈瑕의 후손이므로 그 선대는 高陽氏임.《眞寶》注에 "顓頊"이라 함. '苗裔'는 먼
후예. 후손. '朕'은 나. 古代에는 尊卑에 관계없이 一人稱으로 쓰였으나, 秦始皇 이
후로는 皇帝의 單稱으로만 쓰임. '皇考'는 先親. '皇'은 존칭으로 美의 뜻. '考'는
돌아가신 아버지. '伯庸'은 屈原 아버지의 字.《眞寶》注에 "後裔, 猶子孫. 皇, 美
也;考, 父死後稱. 伯庸, 字也"라 함.

【攝提貞于孟陬兮, 惟庚寅吾以降】'攝提'는 寅年. 十干으로 寅(동방)이며, 太歲가 寅
(동쪽)의 위치에 있을 때를 '攝提格'이라 함.《眞寶》注에 "攝提, 斗柄星"이라 함.
攝提는 地支(子丑寅卯辰巳午未辛酉戌亥)에서 寅을 뜻하는 古甲子 명칭이며 방위
로는 동쪽. 歲星(木星)이 正東에 떴을 때를 1년의 시작으로 삼았음.《爾雅》釋天
에 "大歲在甲曰閼逢, 在乙曰旃蒙, 在丙曰柔兆, 在丁曰强圉, 在戊曰著雍, 在己曰屠
維, 在庚曰上章, 在辛曰重光, 在壬曰玄黓, 在癸曰昭陽. 大歲在寅曰攝提格, 在卯曰
單閼, 在辰曰執徐, 在巳曰大荒落, 在午曰敦牂, 在未曰協洽, 在申曰涒灘, 在酉曰作
噩, 在戌曰閹茂, 在亥曰大淵獻, 在子曰困敦, 在丑曰赤奮若"이라 함. '貞'은 바로.
正과 같음. '孟陬'는 正月. '孟'은 孟仲季의 四時 첫 달을 뜻하며, '陬'는 正月의 별
명.《眞寶》注에 "孟陬, 正月"이라 함. '庚寅'은 날짜. 고대에는 六十甲子를 연속으
로 하여 날짜를 이어갔음. '降'은 誕降함. 태어남. 고증에 따르면 굴원은 楚宣王
27년(B.C.343) 正月 庚寅날에 태어났다고 함. 이상 네 구절에 대해《楚辭集註》에
"此章賦也. 德合天地稱, 帝高陽顓頊有天下之號也. 顓頊之後, 有熊繹者, 事周成王

封爲楚, 子居於丹陽, 傳國至熊通, 始僭稱王, 徙都於郢, 是爲武王. 生子瑕, 受屈爲卿, 因以爲氏. 苗裔, 遠孫也. 苗者, 草之莖葉, 根所生也; 裔者, 衣裾之末, 衣之餘也. 故以爲遠末子孫之稱也. 朕, 我也, 古者上下通稱之. 皇, 美也, 父死稱考. 伯庸, 字也. 屈原自道本與君共祖, 世有令名, 以至於己, 是恩深而義厚也. 攝提, 星名, 隨斗柄以指十二辰者也. 貞, 正也. 孟, 始也. 陬, 隅也. 正月爲陬. 盖是月孟春昏時斗柄指寅在東北隅, 故以爲名也. 降, 下也. 原又自言此月庚寅之日, 己始下母體而生也"라 함. 《眞寶》注에는 "原自言:「與君同祖, 世有令名, 恩深義厚, 正月庚寅日, 己始下生也.」"라 함.

【皇覽揆余于初度兮, 肇錫予以嘉名】'皇'은 皇考의 약칭. 돌아가신 아버님. 《眞寶》注에 "考"라 함. '覽揆'는 관찰하여 재어봄. 따져봄. '初度'는 첫 태어난 때의 법도. 생년월일로 인한 앞으로의 운세. '肇'는 비로소. 처음. '錫'은 賜와 같음. '내려주다'의 뜻. '嘉名'은 아름다운 이름.

【名余曰正則兮, 字余曰靈均】'正則'은 굴원이 태어났을 때의 이름. 屈原의 이름은 平, 자는 原이지만 洪興祖는 《楚辭補注》에서 正則은 平의 뜻이라 하였음. '靈均'은 굴원의 자. 洪興祖는 역시 原의 의미로 풀이하였음. 王船山(王夫之)은 "靈者, 善也. 平者, 正之則也. 原者, 地之善而均平者也. 隱其名而取其義以屬辭. 賦體然也"라 함. 이상 네 구절에 대해 《楚辭集註》에 "覽, 一作鑒. 余下一無'于'字. 賦也. 皇, 皇考也. 覽, 觀也. 揆, 度也. 初度之度, 猶言時節也. 肇, 始也. 錫, 賜也. 嘉, 善也. 正, 平也. 則, 法也. 靈, 神也. 均, 調也. 高平曰原, 故名平而字原也. 正則, 靈均, 各釋其義以爲美稱耳. 《禮》曰:「子生三月, 父親名之. 二十則使賓友冠而字之.」故字雖朋友之職, 亦父命也"라 함. 《眞寶》注에 "賦也"라 함.

【紛吾旣有此內美兮, 又重之以脩能】'紛'은 많음. 紛多함. '內美'은 속에 품고 있는 아름다운 성품. '脩能'은 수양하고 능력을 키움. 그러나 王逸 《楚辭章句》에서는 '脩'는 遠의 뜻으로 보았음. 원대한 능력을 가지고 있었음을 말함.

【扈江離與辟芷兮, 紉秋蘭以爲佩】'扈'는 몸에 걸침. 《眞寶》注에 "被"라 함. '江離'는 식물 이름. 향초이며 藥材. '江蘺'로도 표기하며 지금은 川芎이라 부름. 물풀의 하나로 맑은 물에서 자람. '辟芷'는 白芷, 白蒀라고도 하며, 또한 향초의 하나로 깊은 숲 속에 자람. '紉'은 꿰맴. 엮음. 續, 串, 貫과 같음. 《方言》에 "續, 楚謂之紉"이라 함. '秋蘭'은 가을 난초. '佩'는 허리에 참. 《眞寶》注에 "賦而比也"라 함. 이상 네 구절에 대해 《楚辭集註》에 "紛, 音墳. 重, 直用反. 能叶奴代反, 一作態, 非是. 扈音戶. 辟匹亦反. 紉女陳反. 賦而比也, 紛, 盛貌. 生得日月之良, 是天賦我美質於

内也. 重, 再也, 非輕重之重. 脩, 長也. 能, 才也. 能獸名熊屬, 多力故有絶人之才者, 謂之能. 扈, 被也. 離, 香草, 生於江中, 故曰江離.《說文》曰:「蘪蕪也.」郭璞曰:「似水薺.」辟, 幽也. 芷, 亦香草, 生於幽辟之處. 紉, 續也. 蘭, 亦香草, 至秋乃芳.《本草》云:「蘭與澤蘭相似, 生水傍. 紫莖赤節, 高四五尺, 綠葉光潤, 尖長有岐陰. 小紫花紅白色而香, 五六月盛.」佩, 飾也.《記》曰:「佩帨茝蘭則.」蘭芷之類, 古人皆以爲佩也」라 함.

【汨余若將不及兮, 恐年歲之不吾與】'汨'은 물이 콸콸 세차게 흐르는 모습.《方言》에 "疾行也, 南楚之外曰汨"이라 함. 여기서는 세월의 흐름이 빠름을 비유함. '不吾與'는 나와 함께 하지 않음. 나를 기다리지 않음. 나를 수용(허락)하지 않음.《論語》陽貨篇에 "曰:「懷其寶而迷其邦, 可謂仁乎?」曰:「不可.」「好從事而亟失時, 可謂知乎?」曰:「不可.」「日月逝矣, 歲不我與.」孔子曰:「諾, 吾將仕矣.」日月逝矣, 歲不我與"라 함.

【朝搴阰之木蘭兮, 夕攬洲之宿莽】'搴'은 손으로 뽑음, 꺾음. '阰'는 산 이름. 楚나라 남쪽에 있다 함. 그러나 戴震은 楚나라 方言으로 큰 언덕을 뜻하는 말이라 하였음. '木蘭'은 木蓮. 그러나 栟木으로 보기도 하며 그 껍질을 향으로 쓰며 벗겨도 나무는 죽지 않는다 함. '攬'은 '캐다, 따다, 摘取하다'의 뜻. '洲'는 강물 가운데의 三角洲 섬. '宿莽'(숙무)는 향초의 일종. 겨울에도 죽지 않는다 함.《眞寶》注에 "莽, 音母. ○賦而比也. 汲汲自脩, 常若不及者, 恐歲不我與而過去也. 故拔阰上之木蘭, 采洲上之宿莽. 所采取, 皆芳秀久固之物, 以比所行, 皆忠善長久之道也"라 함. 이상 네 구절에 대해《楚辭集註》에 "汨, 于筆反. '不'一作弗. 恐, 丘用反. 搴音蹇, 阰, 音毗. 攬, 力敢反, 一作攬, 一作擥. 下一有'中'字. 洲一作州. 莽, 莫補反, 賦而比也. 汨, 水流去疾之貌, 言己之汲汲自脩常若不及者, 恐年歲不待我而過去也. 搴, 拔取也. 阰, 山名. 木蘭, 木名.《本草》云:「皮似桂而香, 狀如楠樹, 高數仞, 去皮不死.」攬, 采也. 水中可居者曰洲, 草冬生不死者, 楚人名曰宿莽. 言所采取皆芳香久固之物, 以比所行者, 皆忠善長久之道也"라 함.

【日月忽其不淹兮, 春與秋其代序】'忽其不淹'은 홀연하여 머무름이 없음. '淹'은 '머물다'의 뜻. '代序'는 四時의 차례를 바꿈. 세월이 흘러감.

【惟草木之零落兮, 恐美人之遲暮】'零落'은 초목의 잎이 시들어 떨어짐을 뜻하는 雙聲連綿語. '美人'은 王逸 註에서는 임금 楚 懷王을 가리킨다고 보았음. 그러나 혹 선배 巫를 가리킨다고도 함. '遲暮'는 나이 들어 늙어감. 왕이 한창 젊을 때 훌륭한 일을 많이 하기를 바란 것. 이상 네 구절에 대해《楚辭集註》에 "忽, 一作

旮. 零, 一作苓. 賦而比也. 淹, 久也. 代, 更也. 序, 次也. 零落, 皆墜也, 草曰零, 木曰
落. 美人謂美好之婦人, 蓋託詞而寄意於君也. 遲, 晩也. 此承上章言己但知朝夕脩
潔, 而不知歲月之不留, 至此乃念草木之零落, 而恐美人之遲暮, 將不得及其盛年而
偶之. 以比臣子之心, 唯恐其君之遲暮, 將不得及其盛時而事之也"라 함. 《眞寶》注
에는 "賦而比也. 美人, 美婦. 託詞以寄意於君也. 承上言己但知朝夕修潔, 而不知歲
月不留. 至此乃恐美人遲暮, 將不得及其成年, 而遇之以比臣, 將不得君之盛時而
事之也"라 함.

【不撫壯而棄穢兮, 何不改乎此度】 '撫壯'은 한창 때. 한창 젊은 시절. '棄穢'는 더러
운 것을 없애버림. '此度'는 이러한 법도. 이러한 태도. "懷王이 한창 나이에 악을
버리지 않으며, 어찌 고쳐서 이러한 좋은 법도를 따르지 않는가?"의 뜻. '何不改'
는 《文選》에는 '不'자가 없으며, 王逸 注에 "言願令君甫棄遠讒佞"이라 하여 '不'자
가 없어야 뜻이 맞음.

【乘騏驥以馳騁兮, 來吾道夫先路】 '騏驥'는 둘 모두 千里馬의 이름. 자신과 같은 賢
人을 비유함. '馳騁'은 말을 달림. 마음대로 내달음. 《楚辭集註》에는 '馳駞'로 되어
있음. '來'는 發語辭. '吾道夫先路'는 '나를 앞에서 인도하다'의 뜻. '道'는 導와 같
음. "그렇게만 하면 나 같은 천리마가 왕을 태워 잘 先導하여 聖王의 경지로 모
시고 갈 텐데"의 뜻. 이상 네 구절에 대해 《楚辭集註》에 "乘, 一作乘, 下同. 一作
策, 駞, 一作馳, 下同. 道, 一作導. 度路二韻下一皆有'也'字. 賦而比也. 三十曰壯,
棄, 去也. 草荒曰穢, 以比惡行. 騏驥, 駿馬, 以比賢智. 言君何不及此年德壯盛之時,
棄去惡行改? 此惑誤之度, 而乘駿馬以來隨我? 則我當爲君前導以入聖王之道也.
自汨余至此三章, 同用一韻, 意亦相承"이라 함. 《眞寶》注에 "賦而比也. 騏驥, 比賢
智, 言「君何不及年德壯盛時, 棄惡改道, 乘駿以來? 我當爲君前導, 以入聖王之道
也.」"라 함.


〈2〉

옛 삼왕三王의 순수하심이여,

진실로 온갖 향기로운 것들 거기 함께 모였네.

신초申椒와 균계菌桂가 섞여 있었으니,

어찌 다만 혜초蕙草와 채초茝草만 찼겠는가?

저 요순堯舜 임금의 광명정대하심이여,

도를 지키고 바른 길을 얻으셨다네.

어찌하여 걸주桀紂는 허리띠도 매지 않고,

지름길로 급하게 달려가는가?

그 무리들 구차히 즐기기를 탐하니,

길은 어두워지고 험난하고 좁기만 하네.

어찌 내 몸의 재앙을 꺼리겠는가?

다만 임금님 수레가 엎어질까 걱정하네.

분주히 앞뒤로 달려 나가서,

옛 선왕先王들의 발자취에 미치게 하였다네.

임금은 내 충정 살피지 않으신 채,

도리어 모함의 말을 믿고 불같이 화를 내셨네.

내 진실로 간곡한 충언이 환난이 될 줄은 알았지만,

차마 그만둘 수는 없었다네.

높은 하늘 손가락으로 가리켜 증명하니,

오로지 임금(靈脩)님 때문이었지.

황혼까지 함께 할 것을 기약하더니,

도중에서 길을 바꾸어버리셨네.

처음에 이미 나와 약속을 맺었건만,

뒤에는 후회하며 숨기고 다른 뜻을 품으셨네.

내 이미 이별을 어렵게 여기지는 않지만,

임금님 마음 자주 변함이 가슴 아프게 하네.


昔三后之純粹兮, 固衆芳之所在.

雜申椒與菌桂兮, 豈維紉夫蕙茝.

彼堯舜之耿介兮, 旣遵道而得路.

何桀紂之昌披兮, 夫唯捷徑以窘步?

惟黨人之偸樂兮, 路幽昧以險隘.

豈余身之憚殃兮? 恐皇輿之敗績.

忽奔走以先後兮, 及前王之踵武.

荃不揆余之中情兮, 反信讒而齋怒.

余固知謇謇之爲患兮, 忍而不能舍也.

指九天以爲正兮, 夫唯靈脩之故也.

曰黃昏以爲期兮, 羌中道而改路.

初旣與余成言兮, 後悔遁而有他.

余旣不難夫離別兮, 傷靈脩之數化.

【昔三后之純粹兮, 固衆芳之所在】'三后'는 三王. 곧 夏, 殷, 周의 개국 군주 禹王, 湯王, 文王, 武王을 가리키며 모두 聖人으로 받듦. 그러나 王船山(王夫之)은 鬻熊, 熊繹, 莊王으로 보았고, 戴震은 "楚之先君, 賢而顯者. 故徑省其辭以國人共知之也. 其熊繹, 若敖, 蚡冒三后乎?"라 하였음. '純粹'는 덕행이 純美하고 精粹함. '衆芳'는 여러 향기로운 꽃들. 훌륭한 인물들을 비유하여 뒤에 거론하는 향초들. 그들은 이처럼 많은 香木, 香草와 같음.

【雜申椒與菌桂兮, 豈維紉夫蕙茝】'雜'은 集과 같음. '申'은 地名, 또는 '아름답다'의 뜻. '椒'는 山椒의 일종 香木. '菌桂' 또한 계수나무의 하나로 肉桂. 香木. '箘桂'로 써야 함. 《楚辭集注》에 "菌渠隕反或从竹維當作唯古通用"이라 함. '豈維'는 '豈唯'여야 함. '唯'는 但, 只의 뜻. 《楚辭集注》에 "茝, 昌改反, 一作芷"라 함. '紉'은 엮음. '蕙茝(혜채)는 蕙草와 茝草로 둘 모두 香草. '茝'는 芷와 같음. 《眞寶》 注에 "茝, 昌改反. ○賦而比也. 三王純德, 衆賢輔之故也"라 함. 이상 네 구절에 대해 《楚辭集注》에 "賦而比也. 后, 君也. 三后, 謂禹湯文王也. 至美曰純, 齊同曰粹. 衆芳, 喩羣賢. 言二王所以有純美之德, 以衆賢輔之也. 雜, 非一也. 椒, 木實之香者. 申, 或地名, 或其美名耳. 桂, 木名. 《本草》云:「花白葉黃, 正圓如竹.」蕙, 草名. 《本草》云:「薰, 草也. 生下濕地, 蔴葉而方莖, 赤花而黑實, 氣如蘼蕪, 可以已厲陳藏器云, 即苓陵香也.」言雜用衆賢, 以致治, 非獨專任一二人而已也"라 함.

【彼堯舜之耿介兮, 旣遵道而得路】'堯舜'은 고대 전설상 五帝의 두 임금 陶唐氏의 堯와 有虞氏의 舜. '耿介'는 光明正大함. 《眞寶》 注에 "耿介, 光大"라 함.

【何桀紂之昌披兮, 夫唯捷徑以窘步】'桀紂'는 夏나라 末王 桀과 殷나라 末王 紂. 둘 모두 亡國의 暴君으로 桀은 商(殷) 湯에게, 紂는 周 武王에게 망함. '昌披'는 많은

판본에는 '猖披'로 되어 있음. 옷을 입고 띠를 매지 않은 모습으로 매우 창피스러움을 뜻함. 우리말의 '창피'는 여기서 유래되었다 함.《眞寶》注에 "昌披, 衣不帶"라 함. '捷徑'은 지름길. 여기서는 邪惡한 道를 뜻함.《眞寶》注에 "比不由正道"라 함. '窘步'는 한 걸음도 앞으로 나갈 수 없음. 황급히 그쪽으로 달려감.《眞寶》注에 "賦而比也"라 함. 이상 네 구절에 대해《楚辭集注》에 "耿, 古迥反, 又古幸反. 昌, 一作倡, 一作猖. 被, 一作披, 並匹皮反. 夫, 音扶. 後以意求, 不能盡出. 賦而比也. 耿, 光也. 介, 大也. 遵, 循也. 昌被, 衣不帶之貌. 捷, 邪出也. 徑, 小路也. 窘, 急也. 桀紂之亂, 若被衣不帶者, 獨以不由正道而所行蹙迫耳"라 함.

【惟黨人之偸樂兮, 路幽昧以險隘】'黨人'은 무리. 徒黨. 靳尙, 上官, 子蘭, 鄭袖 등을 가리킴. '偸樂'은 즐거움을 탐함. 즐거움을 훔침. '幽昧'은 으슥하고 어두움. '險隘'는 험하고 좁음. 험난함.

【豈余身之憚殃兮? 恐皇輿之敗績】'憚殃'은 재앙을 꺼림. '皇輿'는 임금님의 수레. 나라를 비유함. '敗績'은 심하게 패배함. 쌓아놓았던 공적을 무너뜨림. 원래는 戰鬪에서 全軍이 敗戰함을 뜻하는 말.《左傳》莊公 11년 傳에 "凡師, 敵未陳曰敗某師, 皆陳曰戰, 大崩曰敗績"이라 함. 이상 네 구절에 대해《楚辭集注》에 "惟下, 一有夫字. 樂, 音洛. 隘, 於懈反. 叶, 於力反. 身, 一作心. 憚, 音彈. 殃, 一作怏. 賦而比也. 惟, 思念也. 黨, 朋也. 偸, 苟且也. 幽昧, 不明也. 險, 臨危也. 隘, 履狹也. 憚, 難也. 殃, 咎也. 皇, 君也. 績, 功也. 君車宜安行於大中至正之道, 而當幽昧險隘之地, 則敗績矣. 故我欲諫爭者, 非難身之被殃咎也, 但恐君國傾危以敗先王之功耳"라 함.《眞寶》注에도 "賦而比也. 君車, 宜安行大中至正之道, 而當幽險之地, 則敗矣. 故我欲諫爭, 非難身被殃, 恐君國傾危, 以敗先王之功耳"라 함.

【忽奔走以先後兮, 及前王之踵武】'前王'은 前代의 聖王들. 三后와 堯舜을 가리킴. '踵武'는 그들의 발자취. '武'는 跡(迹)의 뜻.《眞寶》注에 "踵武, 猶繼迹"이라 함.

【荃不揆余之中情兮, 反信讒而齌怒】'荃'은 荃草. 돌 위에 자라는 菖蒲의 일종. 여기서는 왕을 가리킴. 香草. '齌怒'는 불같이 화를 냄. 몹시 노함. '齌'는 '齊'의 假借字. 일부 판본에는 齎로도 되어 있음.《眞寶》注에 "叶音努. 齌, 在詣反. ○比而賦也. 言「所以奔走以趨君之所鄕, 而前後以相導者, 欲其躡先王遺迹也」. 荃與蓀同, 香草. 時人彼此相謂之通稱, 此借以寓意於君也. 齌, 炊疾也"라 함. 이상 네 구절에 대해《楚辭集注》에 "忽, 一作曶, 一作急. 奔, 布頓反. 先, 悉薦反. 後, 下遘反. 荃, 七全反, 一音孫, 一作蓀, 音同. 揆, 一作察. 中, 一作忠. 齌从火齊, 聲在詣反, 一作齊, 或作齎, 並祖西反. 忽, 一作欻. 怒叶上聲. 又比而賦也. 踵, 足跟也. 武, 迹也. 追前人

者, 但見其跟之迹耳. 言「所以奔走以趨君之所鄉, 而或出其前或追其後: 以相導之者, 欲其有以躐先王之遺迹也」. 荃, 與蓀同. 陶隱居云:「冬間溪側有名溪蓀者, 根形氣色極似石上菖蒲, 而葉無脊. 盖亦香草.」故時人以爲彼此相謂之通稱此. 又借以寓意於君也. 齋, 炊餹疾也」라 함.

【余固知謇謇之爲患兮, 忍而不能舍也】'謇謇'은 어려움을 무릅쓰고 忠諫하는 모습. 忠直함을 뜻함. '舍'는 捨와 같음. '버리다, 포기하다'의 뜻. 《眞寶》注에 "叶瑞"라 함.

【指九天以爲正兮, 夫唯靈脩之故也】'九天'은 하늘의 총칭. '靈脩'는 아주 덕이 높은 사람, 즉 임금을 뜻함. 王逸 註에 "靈, 神也. 脩, 遠也. 能神明遠見者, 君德也"라 하였으며, 戴震은 "靈, 善也. 脩, 卽好脩. 靈脩相謂之美稱. 篇內借以言君也"라 함. 그러나 《楚辭》의 '靈'자는 巫와 관련된 것으로 보기도 함. 이상 네 구절에 대해 《楚辭集注》에 "謇, 居蹇反. 忍上一有余字, 一無而字. 舍, 尸夜反. 叶尸預反, 或音捨, 非是. 一無二也字. 賦而比也. 謇謇, 難於言也, 直詞進諫己所難言而君亦難聽, 故其言之出有不易者, 如謇吃然也. 舍, 止也. 言「己知忠言謇謇, 必爲身患, 然中心不能自止, 而不言也」. 九天, 天有九重也. 正, 平也. 靈脩, 言其有明智而善脩飾, 盖婦悅其夫之稱, 亦託詞以寓意於君也. 此又上指九天告語神明, 使平正之明, 非爲身謀及爲他人之計, 但以君之恩深而義重, 是以不能自已耳"라 함. 《眞寶》注에도 "賦而比也. 靈脩, 明智脩飾, 婦悅夫之稱, 亦託辭以寓意於君也. 言「己之忠言, 必爲身患, 然中心不能自止而不言, 又指天告神, 使平正之明, 非爲身謀及他人之計, 但以君之恩深義重, 故不能自已焉耳」."라 함.

【曰黃昏以爲期兮, 羌中道而改路】洪興祖《楚辭補注》에는 "〈王逸本〉에는 이 구절에 대한 注가 없고, 뒤에 나오는 '羌內恕己以量人' 다음에 '羌'자를 풀이한 것으로 보아 이 구절은 後人이 보탠 것 아닌가 함"이라 하였음. 《楚辭集注》에는 "無此句. 洪曰:「王逸不注此二句, 後章始釋羌義. 疑此後人所增也. 羌, 起羊反. 比也. 曰者, 叙其始約之言. 黃昏者, 古人親迎之期. 《儀禮》所謂初昏也. 羌, 楚人發語端之詞, 猶言卿何爲也. 中道而改路, 則女將行而見棄正君臣之契, 已合而復離之比也.」洪說雖有据然, 安知非王逸以前, 此下已脫兩句邪? 更詳之"라 함. 《眞寶》注에도 "一無此兩句, 或云下脫兩句. 曰, 序其始約之言. 黃昏, 古親迎之期. 羌, 楚人發語端之辭. 中道改路, 女將行而見棄, 君臣契已合而復離之比也"라 함.

【初旣與余成言兮, 後悔遁而有他】'成言'은 말로 약속을 함. '遁而有他'는 약속을 저버리고 숨어 다른 평계를 댐. 임금이 다른 마음을 품고 있음.

【余既不難夫離別兮, 傷靈脩之數化】'數化'(삭화)는 자주 변함. '數'는 數次, 屢次의 뜻. 이상 네 구절에 대해 《楚辭集注》에 "遁, 一作遜. 他, 一作佗. 一無既字. 數, 所角反. 化叶虎爪反. 比也, 成言, 謂成其要約之言也. 悔, 改也. 遁, 移也. 近曰離, 遠曰別. 言「我非難與君離別也, 但傷君志數變易, 無常操也」."라 함. 《眞寶》注에도 "叶花. ○比也. 言「我不離與君別, 傷君志數變, 無常操也」."라 함.

〈3〉

나는 이미 난초를 아홉 원畹이나 심었고,

또 혜초를 백 이랑 심었네.

유이留夷와 게거揭車를 나누어 심었고,

두형杜衡과 방지芳芷는 섞어 심었네.

가지와 잎이 크고 무성하기 바라며,

때 되면 베어들이고자 바랐다네.

비록 시들어 버린다 해도 무엇이 안타까우랴?

다만 그 많은 향기로운 풀들 더러워지는 것이 애달플 뿐.

모두 앞 다투어 재물을 지나치게 탐하여,

가득 얻었건만 구하고 찾기에 싫증내지 않은 채,

안으로 자신은 용서하고 남에게는 따지려들며,

저마다 마음 일으켜 질투를 하네.

바삐 내달으며 뒤쫓고 따라가지만,

내 마음엔 그런 것 절실한 바 아니라네.

늙음이 차츰 다가오려 하니,

잘 닦은 내 이름 제대로 세우지 못할까 두렵네.

아침엔 목란에서 떨어지는 이슬을 마시고,

저녁이면 떨어지는 가을 국화 꽃잎을 먹네.

진실로 내 마음 신실하게 믿고 도道의 요체를 가려낸다면,

오래도록 굶주린다고 무엇이 서글프랴?

나무뿌리 캐어 채초茝草를 묶고,
벽려薜荔의 떨어진 꽃술을 꿰어 차네.
균계菌桂를 들어 혜초를 묶고,
호승胡繩을 가늘고 길게 꼬아 아름답게 엮네.
말하기는 어렵지만 나는 옛 현인들 본받으려 하는 것,
세속에서 행하려는 그런 것 아니라네.
비록 요즘 사람들에게는 합당하지 않겠지만,
바라건대 팽함彭咸이 남긴 법도를 따르리로다.


余旣滋蘭之九畹兮, 又樹蕙之百畝.
畦留夷與揭車兮, 雜杜衡與芳芷.
冀枝葉之峻茂兮, 願竢時乎吾將刈.
雖萎絶其亦何傷兮? 哀衆芳之蕪穢.
衆皆競進以貪婪兮, 憑不猒乎求索.
羌內恕己以量人兮, 各興心而嫉妬.
忽馳騖以追逐兮, 非余心之所急.
老冉冉其將至兮, 恐脩名之不立.
朝飲木蘭之墜露兮, 夕餐秋菊之落英.
苟余情其信姱以練要兮, 長顑頷亦何傷?
擥木根以結茝兮, 貫薜荔之落蘂.
矯菌桂以紉蘭兮, 索胡繩之纚纚.
謇吾法夫前脩兮, 非世俗之所服.
雖不周於今之人兮, 願依彭咸之遺則.


【余旣滋蘭之九畹兮, 又樹蕙之百畝】'滋蘭'은 난초를 재배함. '滋'는 '蒔'(시)와 같은
의미로 '옮겨 심어 가꾸다'의 뜻. '畹'(원)은 토지를 세는 단위. 밭 스무 두둑. 1畹
은 12畝의 넓이.《眞寶》注에 "音遠, 十二畝"라 함. '樹蕙'는 蕙草를 심음. '樹'는 種,

植과 같은 뜻. '畮'(무)는 畝의 古字. 한 마지기 정도의 넓이. 《眞寶》注에는 "古畝字, 叶, 滿彼反"이라 함.

【畦留夷與揭車兮, 雜杜衡與芳芷】'畦'는 밭두둑. 그러나 뒤의 '雜'과 對를 이루어 '나누어 심다'의 뜻임. '留夷(䕡荑, 辛夷, 芍藥)'와 '揭車(藒車, 乞輿)', '杜衡(杜蘅, 馬蹄香)', '芳芷'는 모두 香草 이름. 이상 네 구절에 대해 《楚辭集註》에는 "滋, 一作□, 與栽同. 畹, 於遠反. 畮, 古畝字, 莫後反. 叶, 滿彼反. 留夷, 一作䕡荑. 揭, 一作藒, 又作藒, 並丘謁反, 又起例反. 衡, 一作蘅. 比也. 滋, 蒔也. 畹, 十二畝, 或曰三十畝也. 樹, 種也. 六尺爲步, 步百爲畝. 畦, 隴, 種也. 留夷, 揭車, 皆芳草. 杜衡, 似葵而香葉, 似馬蹄, 故俗云馬蹄香也. 言「己種蒔衆香, 脩行仁義, 以自潔飾朝夕不倦也」"라 함. 《眞寶》注에는 "比也. 種蒔衆草, 比脩行仁義, 以自潔飾也"라 함.

【冀枝葉之峻茂兮, 願竢時乎吾將刈】'冀'는 바람, 원함, 희망함, 기대함. '峻茂'는 무성하게 자람. '竢時'는 때를 기다림. '竢'는 '俟'의 異體字. '刈'는 '베다, 수확하다'의 뜻.

【雖萎絶其亦何傷兮? 哀衆芳之蕪穢】'萎絶'은 시들고 떨어짐. '蕪穢'는 荒蕪하고 더러워짐. 이상 네 구절에 대해 《楚辭集註》에는 "峻, 一作筱, 音俊. 竢, 一作俟. 萎, 於危反. 比也. 冀, 幸也; 峻, 長也; 刈, 穫也; 萎, 病也; 絶, 落也. 言「此衆芳雖病而落, 何能傷於我乎? 但傷善道不行如, 香草之蕪穢」"라 함. 《眞寶》注에 "比也, 衆芳雖病而落, 何能傷我? 但傷善道不行, 如香草之蕪穢耳"라 함.

【衆皆競進以貪婪兮, 憑不猒乎求索】'衆'은 楚나라 小人들을 지칭함. '競進'은 다투어 앞으로 나섬. '貪婪'(탐람)은 재물 따위를 탐내는 것을 일컫는 疊韻連綿語. '憑'은 가득 참. 滿의 뜻. 그러나 《眞寶》注에는 "憑, 楚人名"이라 하였음. '不猒'은 싫증을 내지 않음. '猒'은 厭과 같으며 다른 기록에는 '厭'으로 되어 있음. '求索'은 영리 따위를 구하고 찾음. 《眞寶》注에 "叶素"라 함.

【羌內恕己以量人兮, 各興心而嫉妒】'羌'은 구절 앞의 發語詞. '恕己'는 자신을 용서함. 王逸은 "以心揆心謂恕"라 함. '量人'은 남을 헤아려봄. '嫉妒'는 王逸은 "害賢爲嫉, 害色爲妒"라 함. 이상 네 구절에 대해 《楚辭集註》에는 "以, 一作而. 婪, 音藍, 又力含反. 憑, 一作馮, 索, 所格反. 一叶蘇, 故反. 一無己字, 量, 力香反. 興, 一作與, 非是. 若索音素, 則妒如字; 若索从所格讀, 則妒叶音距. 賦也. 並逐曰競, 愛財曰貪, 愛食曰婪. 憑, 滿也. 楚人謂滿曰憑. 以心揆心爲恕. 量, 度也; 興, 生也. 害賢爲嫉, 害色爲妒. 言「在位之人心, 皆貪婪. 內以其志量度他人, 謂與己同, 則各生嫉妒之心也」"라 함. 《眞寶》注에 "賦也"라 함.

【忽馳騖以追逐兮, 非余心之所急】'忽'은 급하게 나섬. '馳騖'는 내달림. 馳騁과 같음.

'追逐'은 서로 뒤쫓고 따라감. 小人들이 權勢와 營利를 좇아 분주히 움직임을 말함.

【老冉冉其將至兮, 恐脩名之不立】'冉冉'은 차츰 다가오는 모습. '脩名'은 잘 수양하여 닦아놓은 명예. 洪興祖는 "脩潔之名也"라 함. 이상 네 구절에 대해《楚辭集註》에는 "騖, 音務. 賦也. 騖, 亂馳也. 冉冉, 漸也. 脩名, 長名. 或曰脩潔之名也"라 함.《眞寶》注에 "賦也"라 함.

【朝飮木蘭之墜露兮, 夕餐秋菊之落英】'墜露'는 떨어진 이슬. '落英'은 떨어진 꽃임. 林雲銘은 "曰墜曰落, 皆已棄之餘芳"이라 함. 아주 고결함을 말함.《眞寶》注에 "叶央, 動以香, 潔自潤澤"이라 함.

【苟余情其信姱以練要兮, 長顑頷亦何傷】'苟'는 '만약, 진실로'의 뜻. '信姱'는 믿음이 아름다움. 진실로 아름다움. '信'은 實, '姱'는 美의 뜻. '練要'는 要諦를 가려냄. '練'은 擇, '要'는 道의 뜻. '顑頷'(함함)은 굶주림으로 面貌가 憔悴하고 수척해진 모습을 뜻하는 雙聲連綿語.《眞寶》注에 "顑, 虎感反;頷, 戶感反, 面飢黃貌也"라 함. 이상 네 구절에 대해《楚辭集註》에는 "飮, 於錦反. 餐, 一作湌, 並七安反. 英, 叶於姜反. 姱, 苦瓜反. 要, 於笑反. 顑, 虎感反, 又古湛反. 頷, 戶感反, 又魚檢反. 頷, 一作頜. 比也. 英, 華也. 飮露餐華, 言動以香潔自潤澤也. 苟, 誠也;信, 實也. 練要, 言所脩練潔所守要約也. 顑頷, 食不飽而面黃之貌"라 함.《眞寶》注에 "比也"라 함.

【擥木根以結茝兮, 貫薜荔之落蘂】'擥'은 攬, 攬, 持 등의 의미. '캐다, 채취하다, 따다, 지니다' 등의 뜻. '木根'은 洪興祖의《楚辭補注》에《荀子》를 인용하여 "「蘭槐之根是爲芷.」注:「苗名蘭槐, 根名芷, 然則木根與芷, 皆論本也.」"라 하였고, 陳本體는 "木蘭根鬚, 可緝爲絲"라 함. '薜荔'는 '폐려'로도 읽으며 이 경우 疊韻連綿語의 香草임. 나무를 타고 오르는 향초. 혹 當歸라고도 함. '落蘂'는 떨어진 꽃술. 또는 떨어진 열매. '蘂'는 蕊와 같음.

【矯菌桂以紉蘭兮, 索胡繩之纚纚】'矯'는 擧의 뜻. 혹은 '바로 잡다'의 뜻. '索'(삭)은 줄.《說文》에 "草有莖葉, 可作繩索"이라 함. '胡繩' 역시 넝쿨식물의 香草 이름.《眞寶》注에 "胡繩, 香草"라 함. '纚纚'(시시)는 잘 엮어진 모습.《眞寶》注에 "音始, 比也"라 함. 이상 네 구절에 대해《楚辭集註》에는 "擥, 音覽, 一作擥, 啓姸反. 茝, 一作芷. 薜, 蒲計反, 荔郞計反. 索, 蘇各反;纚, 所綺反. 比也, 薜荔, 香草也, 緣木而生, 蘂, 花蕚鬚粉蘂蘂然者也. 矯, 擧也. 胡繩, 亦香草, 有莖葉可作繩索. 纚纚, 索好貌"라 함.

【謇吾法夫前脩兮, 非世俗之所服】'謇'은 구절 앞의 發語詞.《眞寶》注에 "謇, 難辭"라 하여 어렵게 간언함을 뜻하기도 함. '前脩'는 以前에 修養을 잘 하였었던 賢人

들. '服'은 用, 行의 뜻.《眞寶》注에 "服, 따틈"이라 함.
【雖不周於今之人兮, 願依彭咸之遺則】'周'는 合과 같음. '彭咸'은 殷나라 때 賢臣으
로 자신의 간언이 받아들여지지 않자 물에 빠져 죽었다 함. 그러나《山海經》및
《呂氏春秋》에 巫彭과 巫咸이 있어 이 둘을 함께 칭한 것으로 보기도 함. 이상
네 구절에 대해《楚辭集註》에는 "謇, 一作蹇. 服, 따, 蒲北反. 賦也, 謇, 難詞也. 前
脩, 謂前代脩德之人. 周, 合也. 彭咸, 殷賢大夫, 諫其君不聽, 自投水而死. 遺, 餘
也;則, 法也"라 함.《眞寶》注에 "賦也. 彭咸, 殷賢臣, 諫不聽, 自投水死"라 함.

〈4〉

길게 탄식하며 눈물 닦아내고,

내 인생에 어려움 많음을 서글퍼하네.

내 비록 옳게 수양함을 좋아했으나 재갈과 굴레에 묶였고,

아침에 애써 충간의 말씀 올렸다가 저녁에 쫓겨났네.

이미 나를 버리면서 혜초 허리띠를 주고,

다시 거듭 채초를 따서 주셨네.

역시 내 마음에 선하다 여기는 바는,

비록 아홉 번 죽는다 해도 후회하지 않음일세.

영수靈脩의 사려분별 없음을 한스럽게 여기노니,

끝내 사람 마음을 살펴 주지 못하시네.

많은 소인들은 내 덕을 질투하여,

내가 못된 짓 잘한다고 험담을 늘어놓네.

진실로 세속이란 교묘한 것이어서,

규구規矩를 등지고 잘못되게 바꾸어 놓았네.

승묵繩墨을 배반하고 굽은 것을 따르면서,

다투어 남의 뜻에 맞추면서 그것을 법도로 삼았네.

울읍鬱邑에 빠져 멍청히 서 있으니,

나만 홀로 이 시대에 궁곤함을 겪고 있네.

차라리 죽어 없어져 버릴지언정,

나는 차마 이런 짓은 하지 않을 것이네.

사나운 새는 무리짓지 않는다 하였으니,

참으로 예로부터 그러하였네.

어찌 모난 것과 둥근 것이 합해질 수 있겠는가?

누가 도를 달리하면서 서로 편안히 지낼 수 있겠는가?

마음을 굽히고 뜻을 억눌러,

허물도 참으며 치욕을 뿌리치네.

청백함을 지닌 채 곧게 죽는 것은,

진실로 옛 성현들이 훌륭히 여기던 바라네.


長太息以掩涕兮, 哀民生之多艱.

余雖好脩姱以鞿羈兮, 謇朝誶而夕替.

旣替余以蕙纕兮, 又申之以攬茝.

亦余心之所善兮, 雖九死其猶未悔.

怨靈脩之浩蕩兮, 終不察夫民心.

衆女嫉余之蛾眉兮, 謠諑謂余以善淫.

固時俗之工巧兮, 偭規矩而改錯.

背繩墨以追曲兮, 競周容以爲度.

忳鬱邑余侘傺兮, 吾獨窮困乎此時也.

寧溘死以流亡兮, 余不忍爲此態也.

鷙鳥之不羣兮, 自前世而固然.

何方圜之能周兮? 夫孰異道而相安?

屈心而抑志兮, 忍尤而攘詬.

伏清白以死直兮, 固前聖之所厚.


【長太息以掩涕兮, 哀民生之多艱】'掩涕'는 눈물을 닦음. '掩'은 拭의 뜻. '民生'은 사람으로서 살아감. '民'은 '人'과 같음. '艱'은 艱難의 뜻.《眞寶》注에 "叶申"이라 함.

【余雖好脩姱以鞿羈兮, 謇朝誶而夕替】 '雖'는 唯와 같음. 王念孫의 《讀書雜志餘論》에 "言余唯有此脩姱之行, 以致爲人所係累也. 唯字, 古或作雖, 〈大雅〉抑篇曰:「汝雖湛樂從, 弗念厥紹.」言汝唯湛樂之從也"라 함. '好'는 淸 臧庸의 《拜經日記》에 "脩上不宜有好字. 王注云:己雖有絶遠之志, 姱好之姿. 絶遠之志釋'脩'字, 姱好之姿釋'姱'字, 不言好脩. 余雖脩姱以鞿羈與上文余情其信姱以練要兮同一句法, 舊本好字因下文好脩而衍"이라 하여 '好'자는 衍文이라 하였음. '脩姱'는 옳게 수양함. '鞿羈'는 '羈鞿'로도 표기하며 말의 재갈과 굴레. 속박을 뜻함. '誶'은 '諫言하다'의 뜻. 《眞寶》注에 "音信, 諫也"라 함. '替'는 廢棄함, 바꿈. 《眞寶》注에 "叶, 他因反. ○賦也"라 함. 여기서는 '쫓겨나다'의 뜻. 이상 네 구절에 대해 《楚辭集註》에는 "鞿, 居依反;羈, 居宜反. 誶, 與訊同, 音信, 又音粹. 替與艱叶, 未詳, 或云艱, 居垠反;替, 它因反. 賦也. 掩涕, 猶收淚也. 哀此民生, 遭亂世而多難也. 脩姱, 謂脩潔而美好. 鞿羈, 以馬自喩. 韁在口曰鞿;革絡頭曰羈. 言「自繩束不放縱也」. 誶, 諫也. 《詩》曰「誶予不顧」, 今詩作訊. 訊, 告也;替, 廢也"라 함.

【旣替余以蕙纕兮, 又申之以攬茝】 '蕙纕'은 蕙草로 띤 허리띠. '纕'은 佩帶, 허리띠를 뜻함. 《眞寶》注에 "音相"이라 하여 '상'으로 읽음. 혹 蕙囊의 뜻으로도 봄. '申之'는 (허리띠를) 겹쳐 맴. '申'은 重의 뜻. '攬茝'의 '攬'은 持의 뜻.

【亦余心之所善兮, 雖九死其猶未悔】 '善'은 愛好의 뜻. '九死'는 九死一生과 같은 의미. '悔'는 恨과 같은 뜻임. 《眞寶》注에 "叶海. ○比而賦也. 君之廢我以蕙茝爲賜而遣之, 如待放之臣, 予抉然後去也. 然二物芬芳乃余心所善, 幸而得之, 雖九死而不悔, 況但替廢而已乎?"라 함. 이상 네 구절에 대해 《楚辭集註》에는 "纕, 息羊反. 一無以字非是. 茝, 一作芷. 悔, 虎猥反. 賦而比也. 纕, 佩帶也;申, 重也. 此言「君之廢我, 以蕙茝爲賜而遣之, 如待放之臣, 予之以抉然後去也. 然二物芬芳, 乃余心之所善, 幸而得之, 則雖九死而不悔, 況但廢替而已乎?」"라 함.

【怨靈脩之浩蕩兮, 終不察夫民心】 '靈脩'는 《眞寶》注에 "謂懷王"이라 함. '浩蕩'는 사려 분별이 없이 제멋대로 함. '民心'은 人心과 같음.

【衆女嫉余之蛾眉兮, 謠諑謂余以善淫】 '衆女'는 소인들을 가리킴. '蛾眉'는 눈썹이 나방처럼 曲線을 이루어 매우 아름다움을 말함. 흔히 美人을 가리킴. 여기서는 屈原 자신의 덕을 자랑하여 지칭한 것. '謠諑'(요착)은 악담을 퍼뜨림. 《眞寶》注에 "諑, 音卓. 訴也"라 함. '善淫'은 음란한 짓을 잘함. '淫'은 正道에 어긋난 言行을 뜻함. 《眞寶》注에 "比也"라 함. 이상 네 구절에 대해 《楚辭集註》에는 "蛾, 一作娥, 非是. 謠, 音遙;諑, 音卓. 以一作之. 比也. 浩蕩, 無思慮貌. 民, 謂衆人也;蛾眉, 謂眉之

美好如蠶蛾之眉也.《爾雅》云:「徒歌謂之謠.」《方言》云:「楚南謂愬爲誂.」이라 함.

【固時俗之工巧兮, 偭規矩而改錯】'偭'(면)은 '어기다, 등지다, 위반하다'의 뜻.《眞寶》注에 "音面, 背也"라 함. '規矩'는 規矩와 같음. 그림쇠와 곱자. 법규를 뜻함. '改錯'은 자리를 바꾸어 놓음. '錯'(조)는 置와 같음.《眞寶》注에 "音措"라 함.

【背繩墨以追曲兮, 競周容以爲度】'繩墨'은 먹줄. 規矩와 상대하여 쓴 것. '周容'은 남의 비위를 맞춤. '追'는 隨와 같음.《眞寶》注에 "古隨字"라 함. '周'는 合의 뜻.《眞寶》注에 "苟合求容"이라 함. '度'는 法度.《眞寶》注에 "比也"라 함. 이상 네 구절에 대해《楚辭集註》에는 "偭, 音面; 錯, 七故反. 追, 古隨字比也. 偭, 背也. 規, 所運以爲圓之器也; 矩, 所擬以爲方之器今曲尺也. 錯, 置也. 繩墨, 引繩彈墨以取直者, 今墨斗繩是也. 追, 猶隨也. 言舍直而隨曲也. 競, 爭也; 周, 合也; 度, 法也. 言「爭以苟合求容爲常法也」. 洪曰: 「偭規矩而改錯者, 反常而妄作; 背繩墨以追曲者, 枉道以從時.」라 함.

【忳鬱邑余侘傺兮, 吾獨窮困乎此時也】'忳'(돈)은 근심하는 모양.《眞寶》注에 "徒昆切. 憂也"라 함. '鬱邑'은 憂鬱, 煩悶, 煩惱를 뜻하는 雙聲連綿語. '余'는 而와 같음. 虛辭. '侘傺'(차제)는 실의한 모습을 뜻하는 疊韻連綿語.《眞寶》注에 "音叉厠, 失志貌"라 함.

【寧溘死以流亡兮, 余不忍爲此態也】'溘'(합)은 갑작스러움.《眞寶》注에 "音恰, 奄也"라 함. '流亡'은 흘러 사라짐. '此態'는 이러한 小人輩들과 같은 태도.《眞寶》注에 "叶, 土時反. 邪淫之態. 賦也"라 함. 이상 네 구절에 대해《楚辭集註》에는 "忳, 徒渾反. 邑, 一作悒. 侘敕加, 敕駕二反. 傺丑, 利敕界二反. 一無二也字. 溘, 苦答反, 又苦合反. 以一作而, 態叶, 土宜反. 賦也. 忳, 憂貌. 侘傺, 失志貌. 侘, 猶堂堂也, 又立也. 傺, 往也. 楚人語也. 溘, 奄也. 言「我寧奄然而死, 不忍爲此邪淫之態也」"라 함.

【鷙鳥之不羣兮, 自前世而固然】'鷙鳥'는 사나운 새. 새매. 강직하고 正道를 실천하는 선비를 뜻함. '不羣'은 무리 짓지 않음.

【何方圜之能周兮? 夫孰異道而相安】'方圜'은 方圓과 같음. 소인들의 讒佞을 뜻함. '周'는 합과 같음. 들어맞음. '相安'은 서로 편히 여김.《眞寶》注에 "叶煙. 比也"라 함. 이상 네 구절에 대해《楚辭集註》에는 "鷙, 脂利反; 圜一作圓, 周, 一作同. 安叶, 一先反. 比也. 鷙, 執也. 謂鳥之能執伏衆鳥者, 鷹鸇之類也. 不羣, 言其執志剛厲居常特處, 不與衆鳥爲羣也. 周, 合也. 員鑿方柄不能相合以其異道, 故不能相安, 賢者之居亂世, 亦猶是也"라 함.

【屈心而抑志兮, 忍尤而攘詬】'屈心'은 마음을 굽힘. '忍尤'는 허물을 참아냄. '攘詬'

(양후)는 치욕을 제거함. '攘'은 除, '詬'의 辱의 뜻이며 詬와 같음. 《眞寶》注에 "音侯, 耻也"라 함.

【伏淸白以死直兮, 固前聖之所厚】 '伏'은 服의 뜻. 또는 抱, 保, 持 등의 뜻. 여기서는 淸白한 자신의 正道를 지켜나감을 뜻함. '死直'는 곧게 죽음. '前聖'은 옛 比干과 같은 인물들을 가리킴. '厚'는 重視함. 아름답게 여겨 許與함. 《眞寶》注에 "賦也. 言與世己不同, 但可屈心抑志, 雖見尤於人, 亦當隱忍而不與校; 雖所遭可耻, 亦當以理解遣, 若攘却而不受於懷, 蓋寧伏淸白而死於直道, 尙足爲前聖所厚, 如比干諫死, 而武王封其墓, 孔子稱其仁也. 自怨靈脩至此一意, 爲下章回車復路起"라 함. 이상 네 구절에 대해 《楚辭集註》에도 "攘, 而羊反. 詬, 一作詬, 並呼漏反, 又或作垢. 賦也, 抑, 按也; 尤, 過也; 攘, 除也; 詬, 耻也. 言「與世己不同矣, 則但可屈心而抑志. 雖或見尤於人, 亦當一切隱忍而不與之校; 雖所遭者, 或有耻辱, 亦當以理解遣, 若攘却之, 而不受於懷. 蓋寧伏淸白而死於直道, 尙足爲前聖之所厚, 如比干諫死而武王封其墓, 孔子稱其仁也.」 自怨靈脩以下至此五章一意, 爲下章回車復路起"라 함.


## 〈5〉

길을 살피되 잘 살피지 못한 것을 후회하며,
오랫동안 서성이다가 나 되돌아가리라.
나의 수레 돌려 길을 되찾아 간다네.
아직 길 잃은 지 멀지 않았으니,
난초 핀 언덕에 내 말을 거닐게 하고,
산초山椒 언덕을 달리다가 잠시 여기에서 쉬노라.
의견이 채택되지 않은 채 허물만 나무라니,
물러나 다시 내 처음 옷이나 꾸미리라.
마름과 연잎을 마름질해서 저고리 만들고,
연꽃을 모아 치마를 만드네.
나를 알아주지 않아도 어쩔 수 없는 일이니,
실로 내 마음 꽃답기만 하면 되는 것이라네.
높다란 내 관冠을 더욱 높게 쓰고,

길게 나의 패물을 더욱 늘어뜨리네.

향기와 윤택 함께 섞여 있으니,

오직 그 밝은 바탕은 이지러짐이 없으리라.

망연히 뒤돌아 눈 가는 대로 두루 살펴보고는,

앞으로 이곳저곳의 끝까지 둘러보고자 하네.

패물은 풍성하게 장식으로 꾸며져 있고,

향기는 물씬물씬 더욱 뚜렷하구나.

사람은 저마다 즐기는 바가 있겠지만,

나만이 유독 수양함을 상도常道로 삼네.

비록 몸이 찢긴다 해도 나는 변치 않을 터이니,

어찌 내 마음이 변하겠는가?

여수女嬃 누이는 이런 나를 안타깝게 여기며,

신신당부하며 이렇게 꾸짖네.

"곤鯀은 너무 강직해서 몸을 망친 채,

끝내 우산羽山의 들판에서 젊은 나이에 죽임을 당하였지.

너는 어찌하여 박학하면서 충직하고 수양을 좋아하여,

홀로 이 아름다운 정절을 지니고 있는가?

조개풀, 도꼬마리 같은 악초惡草가 집안에 가득한데,

구별하여 멀리 두고 함께하지 말지니라."

"사람들 집집마다 찾아가 말할 수도 없으니,

누가 내 속마음 살펴주겠는가?

세상 사람들 모두 무리 짓기만 좋아하면서,

어찌하여 외로이 내 말은 들어주지 않는가?"


悔相道之不察兮, 延佇乎吾將反.

回朕車以復路兮, 及行迷之未遠.

步余馬於蘭皋兮, 馳椒丘且焉止息.

進不入以離尤兮, 退將復脩吾初服.

製芰荷以爲衣兮, 集芙蓉以爲裳.

不吾知其亦已兮, 苟余情其信芳.

高余冠之岌岌兮, 長余佩之陸離.

芳與澤其雜糅兮, 唯昭質其猶未虧.

忽反顧以遊目兮, 將往觀乎四荒.

佩繽紛其繁飾兮, 芳菲菲其彌章.

民生各有所樂兮, 余獨好脩以爲常.

雖體解吾猶未變兮, 豈余心之可懲?

女嬃之嬋媛兮, 申申其詈予.

曰:「鯀婞直以亡身兮, 終然殀乎羽之野.

汝何博謇而好脩兮, 紛獨有此姱節?

薋菉葹以盈室兮, 判獨離而不服.」

「衆不可戶說兮, 孰云察余之中情?

世並擧而好朋兮, 夫何煢獨而不余聽?」

【悔相道之不察兮, 延佇乎吾將反】'相道'는 길을 살펴봄. '相'은 視의 뜻. '延佇'는 오래 서 있음. '反'은 返과 같음. 되돌아옴.

【回朕車以復路兮, 及行迷之未遠】'朕車'는 나의 수레. '復路'는 길을 되돌아 옴. '行迷'는 가던 길을 잃음. 《眞寶》注에 "比也. ○旣已至此, 始追悔前日相路未審, 輕犯世患, 遂延跂將旋, 以復昔來之路, 及此覺悟還歸也"라 함. 이상 네 구절에 대해 《楚辭集註》에는 "相, 息亮反;佇, 直呂反. 回, 一作廻. 比也. 悔, 追恨也;察, 明審也. 延, 引頸也;佇, 跂立也;回, 旋轉也;迷, 惑誤也. 言「旣至於此矣, 乃始追恨前日相視道路, 未能明審而輕犯世患. 遂引頸跂立而將旋轉吾車, 以復於昔來之路. 庶幾猶得及此, 惑誤未遠之時, 覺悟而旋歸也.」라 함.

【步余馬於蘭皋兮, 馳椒丘且焉止息】'蘭皋'는 '蘭皐'로도 표기하며 난초가 피어 있는 언덕. '椒丘'는 산초가 있는 언덕. '止息'은 머물러 쉼.

【進不入以離尤兮, 退將復脩吾初服】'進不入'은 進言이 채택되지 않음. '離尤'는 허물

을 입음. '離'는 遭遇의 뜻. '初服'은 처음 입는 깨끗한 옷. 여기서는 屈原이 애초부
터 香草로 잘 꾸민 자신의 행동을 말함.《眞寶》注에 "叶闢. ○比也. 必依椒蘭, 不
忘芳香以自淸潔, 所謂回車復路也"라 함. 이상 네 구절에 대해《楚辭集註》에는 "焉,
尤虔反;離, 力智反. 一無復字, 服叶, 蒲北反. 比也, 步, 徐行也. 澤曲曰皐, 其中有蘭,
故曰蘭皐;丘上有椒, 故曰椒丘. 徐步馳走, 而遂止息, 必依椒蘭, 不忘芬香, 以自淸
潔. 所謂回朕車以復路也. 進旣不入以離尤, 則亦退而復脩吾初服耳"라 함.

【製芰荷以爲衣兮, 鸞芙蓉以爲裳】'芰荷'는 마름과 연잎. '衣'는 上衣. '鸞'은 集의 古
字. '芙蓉'은 꽃 이름. 혹 연꽃이라 함. '裳'은 치마.

【不吾知其亦已兮, 苟余情其信芳】'已'는 끝남, 그침. 止와 같음.《眞寶》注에 "叶闢.
○比也. 言被服益潔, 脩善益明也. 此與下章卽所脩吾初服也"라 함. 이상 네 구절
에 대해《楚辭集註》에는 "芰, 奇寄反. 鸞, 古集字, 一作集. 比也. 製, 裁也. 芰, 菱
也, 生水中葉浮水上, 花黃白色, 實紫色, 兩頭銳者也. 荷, 蓮葉也;芙蓉, 蓮花也.
《本草》云:「蓮其葉名荷, 其花未發爲菡, 菡已發爲芙蓉」. 上曰衣, 下曰裳. 言「被服
益潔修善益明也」. 此與下章, 卽所謂脩吾初服也"라 함.

【高余冠之岌岌兮, 長余佩之陸離】'岌岌'은 높이 솟은 모양. '陸離'는 늘어진 모습,
혹 아름다운 모습을 뜻하는 雙聲連綿語.《眞寶》注에 "陸離, 參差貌"라 함.

【芳與澤其雜糅兮, 唯昭質其猶未虧】'芳與澤'은 향기와 윤택. '雜糅'는 뒤섞임. '糅'
는《眞寶》注에 "女救反"이라 함. '昭質'은 밝은 본바탕.《眞寶》注에 "賦也. 獨此
光明之質, 有退藏以無虧缺. 所謂達則兼善, 窮則獨善也"라 함. 이상 네 구절에 대
해《楚辭集註》에는 "岌, 魚及反;糅, 女救反, 下同. 賦也. 岌岌, 高貌. 佩, 玉佩也.
陸離, 美好分散之貌. 芳, 謂以香物爲衣裳;澤, 謂玉佩有潤澤也. 糅, 亦雜也. 唯, 獨
也;昭, 明也. 言「獨此光明之質, 有退藏而無虧缺. 所謂道行, 則兼善天下;不用, 則
獨善其身也」."라 함.

【忽反顧以遊目兮, 將往觀乎四荒】'忽'은 망연히. '遊目'은 游目으로도 표기하며 사
방을 편히 둘러봄. '四荒'은 사방. 荒은 遠, 極의 뜻.《眞寶》注에 "四荒, 言四方之
遠"이라 함.

【佩繽紛其繁飾兮, 芳菲菲其彌章】'繽紛'은 풍성하게 많은 상태를 뜻하는 雙聲連綿
語. '繽'은《眞寶》注에 "匹賓反"이라 함. '繁飾'은 풍성하게 꾸밈. '菲菲'는 향내가
풍기는 상태. '章'은 彰의 뜻. 뚜렷해짐. 明瞭함.《眞寶》注에 "比也. 言「雖已回車反
服, 而猶未能頓忘斯世, 故復反顧而將往四方遠國, 庶幾一遇賢君, 以行其道, 佩服
愈盛而明, 志意愈脩而潔也」."라 함. 이상 네 구절에 대해《楚辭集註》에는 "繽, 匹

賓反. 比也. 荒, 遠也. 繽紛, 盛貌. 繁, 衆也. 菲菲, 猶勃勃. 芳, 香貌也. 章, 明也. 言「雖已回車反, 服而猶未能頓忘此世. 故復反顧而將往觀乎四方絶遠之國, 庶幾一遇賢君以行其道, 佩服愈盛, 而明志意愈脩, 而潔也.」라 함.

【民生各有所樂兮, 余獨乎脩以爲常】'樂'는 '요'로 읽음. '民生'은 일반 사람들. '常'은 日常, 正常, 常行.

【雖體解吾猶未變兮, 豈余心之可懲】'體解'은 몸이 찢김. 支解의 극형을 받음. '懲'은 변함. 고침.《眞寶》注에 "叶, 直良反. ○賦也. 自悔相道至此, 又承上文淸白死直之意, 而下爲女嬃詈余起也"라 함. 이상 네 구절에 대해《楚辭集註》에는 "樂, 五敎反;好, 呼報反. 脩, 一作循, 非是. 解, 古買反. 豈, 一作非;可, 一作何, 非是. 懲, 叶, 直良反. 賦也, 言「人生各隨氣習有所好樂, 或邪或正或淸或濁, 種種不同, 而我獨好脩潔以爲常, 雖以此獲罪於世, 至於屠戮支解, 終不懲創, 而悔改也」. 自悔相道至此五章, 又承上文淸白以死直之意, 而下爲女嬃詈予起也"라 함.

【女嬃之嬋媛兮, 申申其詈予】'女嬃'는 屈原 누이 이름. 王逸은 "女嬃, 屈原姊也"라 하였고, 洪興祖의《楚辭補注》에는 "楚人謂姊爲嬃"라 함. 한편《文選》注에는 "嬃者, 賤妾之稱"이라 하여 侍女, 侍妾, 保姆 등의 뜻이라고도 함.《眞寶》注에 "音須, 原姊"라 함. 또는 巫女로 보기도 함. '嬋媛'은 '안타까이 여기며 붙잡음'을 뜻하는 疊韻連綿語. '撣援'으로도 표기함. 또는 탄식함을 뜻하는 疊韻連綿語 '嘽喛'의 假借字로 보기도 함. 揚雄《方言》에 "凡恐而噎噫謂之脅閴, 南楚江湖之間曰嘽喛"이라 함.《眞寶》注에 "音蟬, 音援"이라 함. '申申'은 거듭하여 부탁함. '詈'(리)는 꾸짖음. '予'는《眞寶》注에 "叶與"라 함.

【曰鯀婞直以亡身兮, 終然殀乎羽之野】下는 女嬃의 말임. '鯀'(곤)은 鮌으로도 표기하며 禹의 아버지. 堯가 그에게 洪水를 다스리도록 명하였으나 실패하자 舜이 그를 羽山에서 참살하여 죽였음.《史記》五帝本紀에 "四嶽擧鯀治鴻水, 堯以爲不可, 嶽彊請試之, 試之而無功, 故百姓不便. 三苗在江淮, 荆州數爲亂. 於是舜歸而言於帝, 請流共工於幽陵, 以變北狄;放讙兜於崇山, 以變南蠻;遷三苗於三危, 以變西戎;殛鯀於羽山, 以變東夷:四罪而天下咸服"이라 함. '婞直'은 너무 강직함.《眞寶》注에 "婞, 胡冷反"(행)이라 함. '亡身'은 忘身과 같음. 자신을 잊음. '殀'는 죽음을 당함. 일찍 죽음. '夭'와 같음. '羽'는 羽山. 지명. 지금의 山東 蓬萊縣 동남쪽이라 함.《眞寶》注에 "叶, 上與反. ○賦也. 言「堯使鯀治洪水, 婞狠自用, 不順堯命, 乃殛之羽山, 死於中野. 女嬃, 以屈原剛直太過, 恐亦將如鯀之遇禍也」."라 함. 이상 네 구절에 대해《楚辭集註》에는 "嬃, 私俞反, 嬋音蟬, 媛音爰, 一作撣援. 詈, 一作罵, 予,

叶音, 與. 鮌, 古本反, 與鯀同, 一作緄. 婞, 一作悻, 胡冷反, 又胡頸反, 又音脛. 殀一
作夭, 並於矯反. 野叶, 上與反. 賦也, 女嬃, 屈原姊也. 嬋媛, 眷戀牽持之意. 申申,
舒緩貌也. 曰記女嬃之詞也. 鮌, 堯臣也. 《帝系》曰:「顓頊後五世而生鮌.」 婞, 很也.
蚤死曰殀. 言「堯使鮌治洪水, 婞很自用不順堯命, 乃殛之羽山, 死於中野.」 女嬃以屈
原剛直太過, 恐亦將如鯀之遇禍也」라 함.

【汝何博謇而好脩兮, 紛獨有此姱節】'博謇'은 박식하면서 바른 말을 잘함. '博蹇'으
로도 표기함. '姱節'은 아름다운 절조. 《眞寶》 注에 "叶卽"이라 함.

【薋菉葹以盈室兮, 判獨離而不服】'薋'는 王逸은 蒺藜라 하였으나 이는 오류이며
'積'의 의미. '茨'로도 표기하며 《廣雅》에 "茨, 積也"라 함. 《眞寶》 注에 "自資反"이
라 함. '菉'은 조개풀(淡竹葉). 《眞寶》 注에 "力玉反"이라 함. '葹'는 도꼬마리(蒼耳).
《眞寶》 注에 "商支反"이라 함. '菉'과 '葹' 둘 모두 惡草로 香草에 상대하여 표현한
것이며 小人, 惡人, 佞人들을 비유함. '盈室'은 朝廷에 가득함을 비유. '判'은 판별
함. '服'은 몸에 참. 《眞寶》 注에 "叶, 蒲北反. ○賦而比也. 女嬃言:「衆人皆佩惡草,
汝何獨判然離別, 不與衆同也?」라 함. 이상 네 구절에 대해 《楚辭集註》에는 "蹇,
一作寋, 非是. 好, 呼報反. 節叶音卽, 薋, 自資反, 亦作茨. 菉, 力玉反; 葹, 商支反. 服
叶, 蒲北反. 賦而比也. 此亦女嬃言也. 博蹇, 謂廣博而忠直. 紛盛貌, 姱, 節姱美之節
也. 薋, 蒺藜也; 菉, 玉芻也; 葹, 枲耳也. 三物皆惡草, 以比讒佞. 盈室, 喻滿朝也. 判,
別也. 言「衆人皆佩此惡草, 汝何獨判然離別, 不與衆同也?」라 함.

【衆不可戶說兮, 孰云察余之中情】 以下는 屈原의 自答임. '戶說'(호세)는 집집마다 다
니면서 달래어 설득시킴. '說'는 《眞寶》 注에 "輸芮反"(세)이라 함. '中情'은 속뜻.
속마음.

【世並擧而好朋兮, 夫何煢獨而不余聽】'並擧'은 함께 어울림. 함께 행동함. '好朋'은
朋黨(黨派)을 짓기를 좋아함. '煢獨'(경독)은 '외롭게 홀로'의 뜻. '不余聽'의 '不'자
는 衍文으로 보고 있음. 《眞寶》 注에 "賦也. 屈原外困羣佞, 內被姊詈. 故言:「衆人
不可戶戶而說, 必不能察己之情, 況世人並爲朋黨, 何能哀我煢獨而見聽乎?」 爲下
章就舜陳辭起"라 함. 이상 네 구절에 대해 《楚辭集註》에는 "說, 輸芮反. 煢, 一作
惸. 並, 渠營反. 不字, 疑衍. 聽叶, 它丁反. 賦也, 朋, 黨也. 煢, 孤也. 屈原外困羣佞,
內被姊詈, 故言衆人不可戶戶而說, 必不能察己之中情, 況世人又方並爲朋黨, 何能
哀我煢獨而見聽乎? 爲下章就舜陳辭起"라 함.

〈6〉
옛 성인을 따라 중도를 지키려다가,
분한 마음 가득하여 탄식하며 이 지경에 이르렀네.
원수沅水와 상수湘水를 건너 남쪽으로 가서,
순舜임금께 나아가 말씀을 다음과 같이 아뢰었네.
"계啓는 〈구변九辯〉과 〈구가九歌〉로써 다스렸으나,
하夏나라 강康은 제멋대로 즐기며 놀았습니다.
환난을 돌아보아 후일을 도모해야 함에도 그렇게 하지 않아,
다섯 형제는 그 때문에 집과 나라를 잃고 말았지요.
예羿는 방탕하게 놀며 사냥에 빠져,
큰 여우 쏘는 사냥을 즐겼습니다.
참으로 마구 노는 무리에겐 끝이 좋지 않다더니,
한착寒浞이 또한 예의 아내를 탐냈습니다.
요澆는 몸에 굳센 힘을 가지고 있었지만,
욕심대로 하면서 참을 줄을 몰랐습니다.
날마다 편안히 여겨 즐기면서 오히려 자신은 잊어버려,
이로써 그의 머리는 잘려 떨어졌습니다.
하夏나라 말왕 걸桀은 상도常道를 어기더니,
끝내 재앙을 만나고 말았습니다.
신주辛紂는 충신을 죽여 소금에 절였는데,
은殷나라 종사宗祀는 그 때문에 오래가지 못하였습니다.
탕湯과 우禹는 근엄하고 경건하였으며,
주周나라는 도道를 논하여 허물이 없었습니다.
어진 인재를 등용하고 능력 있는 자에게 벼슬을 주었으며,
올바른 도리를 잘 따라 치우침이 없었습니다.
하늘은 사사로움 없이,
사람의 덕을 살펴 도움을 줍니다.

무릇 성인과 현인은 훌륭한 덕을 많이 쌓았기에,
진실로 그로써 천하에 쓰임이 되었던 것입니다.
지난 시대를 돌아보고 다가올 시대를 살펴보면,
사람들의 계책이 지극함을 잘 볼 수 있습니다.
그 어느 것이 의義가 아닌데도 쓰일 것이며,
그 어느 것이 선善하지 않은데도 복종하겠습니까?
내 몸 위태로움에 맞닥뜨려 죽게 된다 해도,
내 처음의 뜻 지키며 후회하지 않을 것입니다.
구멍을 살펴보지도 않고 자루를 맞추려다가,
예전 성현들은 젓갈로 담가졌던 것입니다.
거듭 울며 흐느껴도 내 마음 답답하여,
시대를 잘못 만났음을 애석하게 여깁니다.
부드러운 혜초를 따서 눈물을 닦아내도,
눈물은 주르르 내 옷깃을 적십니다."


依前聖以節中兮, 喟憑心而歷茲.
濟沅湘以南征兮, 就重華而敶詞:
「啓<九辨>與<九歌>兮, 夏康娛以自縱.
不顧難以圖後兮, 五子用失乎家衖.
羿淫遊以佚畋兮, 又好射夫封狐.
固亂流其鮮終兮, 浞又貪夫厥家.
澆身被服強圉兮, 縱欲而不忍.
日康娛而自忘兮, 厥首用夫顚隕.
夏桀之常違兮, 乃遂焉而逢殃.
后辛之菹醢兮, 殷宗用之不長.
湯禹儼而祗敬兮, 周論道而莫差.
舉賢才而授能兮, 循繩墨而不頗.

皇天無私阿兮, 覽民德焉錯輔.

夫維聖哲之茂行兮, 苟得用此下土.

瞻前而顧後兮, 相觀民之計極.

夫孰非義而可用兮, 孰非善而可服?

阽余身而危死兮, 覽余初其猶未悔.

不量鑿而正枘兮, 固前脩以菹醢.

曾歔欷余鬱邑兮, 哀朕時之不當.

攬茹蕙而掩涕兮, 霑余襟之浪浪.」

【依前聖以節中兮, 喟憑心而歷玆】'前聖'은 옛 성현들. '節中'은 中道를 지켜 행함. '節'은 혹 折로 보아 折衷의 의미라 함. '憑心'은 분하고 억울한 심정. 憑은 憤懣의 뜻.《眞寶》注에 "憑, 滿也, 恚盛貌"라 함. '歷玆'는 결국 여기 이 지경에 이름.

【濟沅湘以南征兮, 就重華而敶詞】'沅湘'은 沅水와 湘水. 洞庭湖의 남쪽으로 흘러들어오는 두 강 이름. '重華'는 舜의 이름.《史記》五帝本紀에 "虞舜者, 名曰重華. ……舜年二十以孝聞, 年三十堯擧之, 年五十攝行天子事, 年五十八堯崩, 年六十一代堯踐帝位. 踐帝位三十九年, 南巡狩, 崩於蒼梧之野. 葬於江南九疑, 是爲零陵"이라 함. '敶詞'는 진술함. '敶'은 陳과 같음.《眞寶》注에 "敶, 古陳字"라 함. 이상 네 구절에 대해《楚辭集註》에는 "以, 一作之. 喟, 丘愧反. 沅, 音元. 敶, 古陳字, 一作陳. 賦而比也. 節, 度也. 喟, 歎也. 憑, 滿也, 恚盛貌.《左傳》,《列子》天問皆云'憑怒'是也. 歷, 經歷之意. 沅湘, 皆水名. 沅水出象郡鐔城西, 東注江合洞庭中; 湘水出帝舜墓, 東入洞庭下. 重華, 舜號也.《帝繫》曰:「瞽叟生重華. 是爲帝舜. 葬於九疑山, 在沅湘之南.」洪曰:「天下明德, 皆自虞帝始, 其於君臣之際, 詳矣. 屈原以世莫能察己之志, 故欲就之而陳詞, 如下文所云也.」"라 하였고,《眞寶》注에도 "賦而比也, 舜葬九疑, 在沅湘南"이라 함.

【啓九辨與九歌兮, 夏康娛以自縱】여기서부터는 지난 역사 속의 교훈을 舜에게 진술한 내용임. '啓'는 夏禹의 아들. 禹가 죽고 益에게 천하를 물려주었으나, 무리들이 禹의 아들 啓(開)가 똑똑하다 하여 그를 따르자, 그에게 자리를 양보하고 떠남.《史記》夏本紀에 "十年, 帝禹東巡狩, 至于會稽而崩. 以天下授益. 三年之喪畢, 益讓帝禹之子啓, 而辟居箕山之陽. 禹子啓賢, 天下屬意焉. 及禹崩, 雖授益, 益

之佐禹日淺, 天下未洽. 故諸侯皆去益而朝啓, 曰:「吾君帝禹之子也」. 於是啓遂卽天子之位, 是爲夏后帝啓」라 하여 夏王朝가 처음으로 世襲을 시작함. '九辨'은 '九辯'으로도 표기하며 '九歌'와 함께 모두 禹임금 때의 음악. 그러나《山海經》大荒西經에 "夏后開(啓)上三嬪於天, 得九辯九歌以下"라 하여 啓가 하늘로부터 받은 天帝의 음악이라 하였음. '夏康'은 王逸이 夏나라 啓의 아들 太康으로 보았으나, 이보다는 '편안히 여기다'의 일반 의미로 봄이 타당함. '康娛'는 3번이나 보이며 모두 '편히 여겨 오락에 빠지다'의 뜻. 戴震은 "夏之失德也. 康娛自縱, 以致喪亂"이라 함.

【不顧難以圖後兮, 五子用失乎家衖】 '不顧難'은 患難을 돌아보지 않음. '圖後'는 훗날을 도모함. '五子'는 太康의 다섯 형제.《史記》夏本紀에 "夏后帝啓崩, 子帝太康立. 帝太康失國, 昆弟五人, 須于洛汭, 作五子之歌"라 하였고,《尙書》五子之歌 序에도 "太康失邦, 昆弟五人須于洛汭, 作〈五子之歌〉"라 함. 太康은 啓王의 여섯 아들 중에서 첫째 아들로 啓를 이어 夏나라 3대 군주가 되었으나, 사냥과 遊樂에 빠져 國都로 돌아오지 아니한 채 1백여 일 동안 장기간 外遊하다가 有窮氏의 后羿가 들어오지 못하도록 막아버리자 형제 다섯이 이 노래를 지어 부른 것. 그러나 '五子'를 啓의 어린 아들 五觀(武觀)으로 보기도 함. 아버지 啓에게 西河로 쫓겨나자 그곳에서 반란을 일으킴.《國語》楚語(上)에 "故堯有丹朱, 舜有商均, 啓有五觀, 湯有太甲, 文王有管, 蔡. 是五王者, 皆有元德也, 而有姦子"라 하였고,《逸周書》에 "五子忘伯禹之命, 胥興作亂"이라 하였으며,《竹書紀年》에도 "帝啓十一年, 放王季子武觀於西河, 十五年, 武觀以西河叛"이라 하여 五觀의 叛亂은 啓의 放縱에서 비롯된 것임. '用失乎'의 '失'은 王引之는《讀書雜志餘論》에서 衍文이라 고증하였음. '衖'은 '홍'으로 읽으며 鬨의 뜻. 內鬨과 같은 뜻임. 그러나 '巷'과 같으며 家巷, 즉 집과 골목의 뜻으로도 봄.《眞寶》注에 "與巷同, 叶, 乎貢反. ○此以下皆比以賦也. 啓, 禹子也. 〈九辨〉, 〈九歌〉, 禹樂也. 啓子太康, 盤遊無度, 田于洛南, 十旬不反, 羿后距于河, 太康昆弟五子, 用此亦失其家衖, 言國破而家亡也"라 함. 이상 네 구절에 대해《楚辭集註》에는 "難, 乃旦反. 衖, 一作巷, 與巷同. 叶, 乎貢反, 一作居, 非是. 自此以下, 皆比而賦也. 啓, 禹子也. 〈九辯〉, 〈九歌〉, 禹樂也. 言「禹平治水土, 以有天下. 啓能承先志, 纘叙其業, 故九州之物, 皆可辯數九, 功之德皆有次序而可歌也.」夏康, 啓子大康也. 娛, 樂也. 縱, 放也. 圖, 謀也. 五子, 太康昆弟五人也. 家衖, 宮中之道, 所謂永巷也. 太康以逸豫, 滅厥德, 盤游無度, 田於洛南, 十旬弗反, 有窮后羿距之于河, 而五子用此亦失其家衖, 言國破而家亡也. 事見《尙書》大禹謨及

五子之歌. 此爲舜言之, 故所言皆舜以後事也"라 함.

【羿淫遊以佚畋兮, 又好射夫封狐】'羿'는 有窮氏의 임금. 太康이 遊樂에 빠지자 들어오지 못하도록 하였으며 仲康이 죽고 그 아들 相이 즉위하자 后羿는 相을 몰아내고 자립하였음. 그 뒤 다시 寒浞이 그를 죽이고 권력을 차지하게 됨. 羿는 흔히 활의 명수로도 알려짐. '淫遊'는 지나치게 놀이에 탐닉함. '佚畋'은 사냥에 빠짐. '佚'은 逸, 樂, 蕩과 같으며, '畋'은 獵의 뜻. '封狐'의 '封'은 '大'의 뜻. 《眞寶》注에 "封, 大也"라 함. 큰 여우.

【固亂流其鮮終兮, 浞又貪夫厥家】'亂流'는 음란한 무리. 음란한 풍기. '鮮終'은 좋은 종말을 맞이하는 이가 드묾. '鮮'은 少의 뜻. '浞'은 羿의 재상 寒浞. 《眞寶》注에 "食角反"이라 하여 '식'으로 읽도록 되어 있으나 일반적으로 '착'으로 읽음. 羿를 죽이고 그의 아내를 취하여 澆를 낳음. 전설에 寒浞은 羿의 아내를 탐하여 자신의 가신 逢蒙(逢蒙)으로 하여금 羿를 활로 쏘아 죽이도록 하고 羿의 아내를 차지하였다 함. '厥家'는 그 집안. 즉 羿의 아내를 가리킴. '厥'은 其, '家'는 妻의 뜻. 《眞寶》注에 "叶, 古胡反. ○歸謂之家, 言「羿因夏衰亂, 代之爲政, 娛樂畋獵, 信任寒浞爲國相. 羿畋將歸, 浞使家臣逢蒙射殺之, 貪取其家以爲己妻. 羿以亂得政, 身卽滅亡.」故曰「亂流鮮終.」"이라 함. 이상 네 구절에 대해 《楚辭集註》에는 "羿, 五計反. 佚, 音逸. 畋, 一作田. 射, 食一反. 固一作國, 非是. 鮮, 一作尟, 並先典反. 浞, 食角反. 家叶, 古胡反. 羿, 有窮之君, 夏時諸侯也. 封, 大也. 浞, 寒浞, 羿相也. 婦, 謂之家. 言「羿因夏衰亂, 代之爲政, 娛樂畋獵, 不恤民事, 信任寒浞使爲國相. 羿畋將歸, 浞使家臣逢蒙射而殺之, 貪取其家以爲己妻. 羿以亂得政, 身即滅亡.」故曰「亂流鮮終」也"라 함.

【澆身被服强圉兮, 縱欲而不忍】'澆'는 寒浞의 아들 奡. 《眞寶》注에 "五吊反"(요)이라 함. 배를 타고 전투를 잘하였다고 알려짐. 《論語》憲問篇에 "南宮适問於孔子曰:「羿善射, 奡盪舟, 俱不得其死然. 禹稷躬稼而有天下.」夫子不答. 南宮适出, 子曰:「君子哉若人! 尙德哉若人!」"라 하였고, 注에 "奡, 《春秋傳》作'澆', 浞之子也, 力能陸地行舟, 後爲夏后少康所誅"라 함. 그 밖에 《左傳》襄公 4년, 哀公 元年, 및 《竹書紀年》帝相 27年 등을 참고할 것. '被服'은 몸에 젖어 있음. '强圉'는 굳세고 힘이 셈. 《眞寶》注에 "多力也"라 함. '不忍'은 자제력이 없음. 마구 행동함.

【日康娛而自忘兮, 厥首用夫顚隕】'自忘'은 자신의 위험을 잊음. '用'은 以와 같음. '그로써'의 뜻. '顚隕'은 떨어짐, 나동그라짐. 澆가 太康의 조카 夏后 相을 죽이고 逸樂에 빠졌다가 相의 아들 小康에게 죽어 머리가 잘려 땅에 떨어짐. 《眞寶》注에

"澆, 浞子也. 言「澆旣滅夏后相, 日作淫樂, 忘其過惡, 卒爲相子少康所誅.」"라 함. 이
상 네 구절에 대해《楚辭集註》에는 "澆, 五吊反, 又作奡, 五耗反. 服, 一作於. 圉,
魚呂反. 欲下一有'殺'字, 非是. 而, 一作以. 夫, 一作以, 一無夫字. 顚, 一作巓. 澆,
寒浞子也. 强圉, 多力也. 言「浞取羿妻而生澆, 强梁多力, 縱放其慾, 不能自忍也. 康,
安也.」自上而下曰顚. 隕, 墜也. 言「澆旣滅殺夏后相, 安居無憂, 日作淫樂, 忘其過
惡, 卒爲相子少康所誅.」此二章事並見《左傳襄》公四年, 哀公五年"이라 함.

【夏桀之常違兮, 乃遂焉而逢殃】'夏桀'은 夏나라 末王. 이름은 履癸.《史記》夏本紀
에 "孔甲崩, 子帝臯立. 帝臯崩, 子帝發立. 帝發崩, 子帝履癸立, 是爲桀. 帝桀之時,
自孔甲以來而諸侯多畔夏, 桀不務德而武傷百姓, 百姓弗堪"이라 함. '常違'는 늘 도
리에 어긋난 행동을 함. '遂焉'은 드디어, 끝내. 終焉을 고함. 혹 '遂'를 桀이 마지
막 죽은 聆遂라는 지명으로 보기도 함. '逢殃'은 災殃을 만남.

【后辛之菹醢兮, 殷宗用之不長】'后辛'은 殷나라 紂王. '后'는 임금의 뜻. '辛'은 그의
이름.《史記》殷本紀에 "帝乙長子曰微子啓, 啓母賤, 不得嗣. 少子辛, 辛母正后, 辛
爲嗣. 帝乙崩, 子辛立, 是爲帝辛, 天下謂之紂"라 함. '菹醢'는 菹醯로도 표기하며
소금에 절임. '菹'는 채소를 절인 것. '醢'는 肉類를 절여 젓을 담근 것. 여기서는
紂가 殘虐한 형벌을 저질렀음을 말함.《史記》殷本紀에 따르면 紂는 比干을 剖
解하고 九侯를 죽여 소금에 절이는 등 酷刑을 恣行하였음. '殷宗'은 殷나라의 宗
祀. '用之'의 '之'는 일부본에는 '而'로 되어 있음.《眞寶》注에 "違, 言背道也. 后辛,
卽紂也. 紂殺比干醢梅伯, 武王誅之, 殷宗遂絶"이라 함. 이상 네 구절에 대해《楚
辭集註》에는 "菹, 側魚反. 醢, 音海. 之, 一作而. 違, 背也, 言背道也. 逢殃, 爲湯所
放也. 后辛, 卽紂也. 藏菜曰菹, 肉醬曰醢. 紂爲無道, 殺比干, 醢梅伯, 武王誅之, 殷
宗遂絶, 不得長久也"라 함.

【湯禹儼而祇敬兮, 周論道而莫差】'湯禹'는 殷나라 湯王과 夏나라 禹王. 시간적으로
는 夏나라가 殷나라보다 먼저임. '儼'은 일부본에는 '嚴'으로 되어 있음. '祇敬'은
공경히 함. '周'는 周나라 왕실. 특히 文王(姬昌)과 武王(姬發)을 가리킴. '論道'는
道를 논하여 중시함. '差'는 過失, 過誤의 의미.

【擧賢才而授能兮, 循繩墨而不頗】'授能'은 유능한 자에게 임무를 줌. '循繩墨'은 먹
줄을 따르듯이 기준을 지킴. '不頗'는 치우치지 않음. 偏頗됨이 없음.《眞寶》注에
"普禾反. ○言「湯禹文王, 皆畏天敬賢, 講論道義, 無有過差. 又擧賢才, 遵法度, 而
無偏頗. 故能護神人之助, 子孫蒙其福祐.」"라 함. 이상 네 구절에 대해《楚辭集註》
에는 "儼, 一作嚴, 並魚檢反. 差, 七何反. 一無才字. 循, 一作脩, 非是. 頗, 一作陂,

並普禾反. 儆, 畏也. 祗, 亦敬也. 周, 周家也. 差, 過也. 言「殷湯夏禹周之文王, 受命之君, 皆畏天敬賢, 講論道義, 無有過差, 又擧賢才, 遵法度, 而無偏頗, 故能獲神人之助, 子孫蒙其福祐, 如下章也.」라 함.

【皇天無私阿兮, 覽民德焉錯輔】'皇天'은 하늘. '私阿'는 사사로이 편을 듦. '阿'는 庇護의 뜻. '錯輔'는 보좌할 사람을 둠, '錯'는 措, 置와 같음.《眞寶》注에 "七知反, 置也"라 하여 '치'로 읽도록 되어 있음.

【夫維聖哲之茂行兮, 苟得用此下土】'維'는 惟, 唯와 같으며 '오직'의 뜻. '茂行'은 훌륭한 행동. '苟'는 副詞로 '진실로'의 뜻.《眞寶》注에 "誠也"라 함. '用'은 享用함. '下土'는 하늘 아래의 이 땅. 천하. 이상 네 구절에 대해《楚辭集註》에는 "錯, 七故反. 之, 一作以, 行, 下孟反. 竊愛爲私, 所私爲阿. 錯, 置也. 輔, 佐也, 猶言惟德是輔也. 言「皇天神明, 無所私阿, 觀民之德, 有聖賢者, 則置其輔助之力, 而立以爲君也.」哲, 智也. 茂, 盛也. 苟, 誠. 下土, 謂天下也. 言「聖哲之人, 有甚盛之行, 故能有此下土而用之也.」라 함.

【瞻前而顧後兮, 相觀民之計極】'瞻前'은 옛 시대를 바라봄, '顧後'는 다가올 뒷날을 살펴봄. '相'은 살펴봄.《眞寶》注에 "相, 息亮反"이라 함. '計極'의 '計'는 謀, 極은 窮의 뜻. '백성들의 모책을 끝까지 살펴보다'의 뜻.

【夫孰非義而可用兮, 孰非善而可服】'服'은 '用'의 뜻.《眞寶》注에 "叶, 蒲北反. ○言「瞻前顧後, 則人事之變, 盡矣. 故見民之計謀, 於是爲窮極, 而知唯義爲可用, 唯善爲可行也」라 함. 이상 네 구절에 대해《楚辭集註》에는 "相, 息亮反. 服叶, 蒲北反. 瞻, 臨視也. 顧, 還視也. 相觀, 重言之也. 計, 謀也. 極, 窮也. 前謂往昔之是非, 後謂將來之成敗. 服, 事也. 言「瞻前顧後, 則人事之變, 盡矣. 故見民之計謀, 於是爲極, 而知唯義爲可用, 唯善爲可行也.」라 함.

【阽余身而危死兮, 覽余初其猶未悔】'阽'은 '위험에 맞닥뜨리다'의 뜻.《眞寶》注에 "余廉反. 臨危也"라 하여 '염'으로 읽도록 되어 있음. '危死'는 위험한 죽음.

【不量鑿而正枘兮, 固前脩以菹醢】'鑿'(조)는 구멍. 혹 끌.《眞寶》注에 "音漕"(조)라 함. '枘'(예)는 도끼나 망치, 끌 등 기구의 손잡이 자루에서 쇠붙이 부분 구멍에 박혀 고정되는 끝자락.《眞寶》注에 "枘, 而銳反"이라 함. '前脩'는 옛날 수양을 하였던 사람. 前聖과 같은 뜻으로 比干이나 梅伯 등을 가리킴.《眞寶》注에 "鑿, 穿孔也. 枘, 刻木端入鑿者也. 言「惟善爲可行, 而前脩乃有以此, 至於菹醢者, 然亦不敢以爲悔」也"라 함. 이상 네 구절에 대해《楚辭集註》에는 "阽, 余廉反. 死下一有節字. 悔, 呼磊反. 量, 音良. 鑿, 音漕. 正, 一作進. 枘, 而銳反. 阽, 臨危也, 言近邊而

欲隳也. 危死, 言幾死也. 鑿, 穿孔也. 枘, 刻木端所以入鑿者也. 正, 謂審其正而納
之也. 此承上章言, 善爲可行也, 而前脩乃有以此. 而至於菹醢, 若龍逢梅伯者, 然亦
不敢以爲悔也"라 함.

【曾歔欷余鬱邑兮, 哀朕時之不當】'曾'은 增과 같음. '歔欷'는 흐느껴 우는 소리를 표
현하는 雙聲聯綿語. '余'는 而의 뜻. '鬱邑' 역시 憂鬱, 煩悶, 煩惱를 뜻하는 雙聲
連綿語.

【攬茹蕙而掩涕兮, 霑余襟之浪浪】'茹蕙'는 부드러운 蕙草. '茹'는《眞寶》注에 "柔耎
也"라 함. '霑'은 '적시다'의 뜻. '浪浪'은 눈물이 흘러내리는 모양.《眞寶》注에 "浪
浪, 流貌. ○言「心悲泣下, 而猶取香草, 自以掩拭, 不以悲. 故失仁義之則也.」"라 함.
이상 네 구절에 대해《楚辭集註》에는 "曾, 一作增. 歔, 許居反. 欷, 許衣反, 又許毅
反, 當平聲. 攬, 一作擥, 一作擥. 茹, 如呂反. 浪, 音郎. 曾, 累也. 歔欷, 哀泣之聲也.
鬱邑, 憂也. 哀時不當者自哀生, 不當擧賢之時, 而値菹醢之世也. 茹, 柔耎也. 霑,
濡也. 衣眥, 謂之襟. 浪浪, 流貌. 言「心悲泣下, 而猶引取柔耎香草, 以自掩拭, 不以
悲, 故失仁義之則也.」"라 함.


〈7〉

옷자락 펼치고 꿇어앉아 말씀 올리고 나니,

내 마음 환하여 이미 중정中正의 도를 얻었네.

네 마리 옥규玉虬가 끄는 봉황 수레를 타고,

홀연히 먼지바람 일으키며 나는 하늘로 올라간다네.

아침에 창오蒼梧에서 수레를 출발시켜,

저녁에는 현포縣圃에 이르렀네.

잠깐 이 신령들이 몰려 사는 곳에 머물려고 하나,

해는 흘러흘러 벌써 저물려 하네.

나는 희화羲和에게 명하여 해 지는 속도를 늦추게 하고,

엄자산崦嵫山을 바라보되 가까이 다가가지 못하게 하였네.

길은 아득하여 길고도 멀지만,

내 앞으로 오르내리며 현군賢君을 찾아보리라.

내 말을 함지咸池에서 물을 먹이고,

부상扶桑의 나무에 말고삐 매었네.

약목若木을 꺾어 해를 막아 가지 못하게 하고,

이리저리 왔다갔다 서성거리네.

앞에는 망서望舒로 길잡이를 삼고,

비렴飛廉은 뒤에서 급히 따라오도록 하였네.

난새와 봉황은 나를 위해 앞서가며 경계해 알려주고,

뇌사雷師는 나에게 미처 갖추지 못한 행장 알려주네.

내 봉황새로 하여금 솟구쳐 날아오르도록 하여,

낮과 밤을 이어가며 계속 날아다니게 하였네.

회오리바람 모였다 다시 흩어지더니,

구름과 무지개를 이끌고 와서 나를 맞이하네.

많이 모여들고 총총히 흩어지며,

언뜻언뜻 어지러이 뒤섞여 오르내리네.

나는 천제天帝의 문지기에게 문 열라 명하였으나,

창합문閶闔門에 기대어 나를 바라보기만 하네.

때는 어둑어둑 날이 저물려 하는데,

그윽한 난초 묶어 들고는 우두커니 서 있네.

세상은 혼탁하고 분별이 없어,

아름다움 가리고 시샘하기만 좋아하네.


跪敷衽以陳辭兮, 耿吾旣得此中正.

駟玉虯以乘鷖兮, 溘埃風余上征.

朝發軔於蒼梧兮, 夕余至乎縣圃.

欲少留此靈瑣兮, 日忽忽其將暮.

吾令羲和弭節兮, 望崦嵫而勿迫.

路曼曼其脩遠兮, 吾將上下而求索.

飲余馬於咸池兮, 揔余轡乎扶桑.

折若木以拂日兮, 聊逍遙而相羊.
前望舒使先驅兮, 後飛廉使奔屬.
鸞皇爲余先戒兮, 雷師告余以未具.
吾令鳳鳥飛騰兮, 繼之以日夜.
飄風屯其相離兮, 帥雲霓而來御.
紛總總其離合兮, 斑陸離其上下.
吾令帝閽開關兮, 倚閶闔而望予.
時曖曖其將罷兮, 結幽蘭而延佇.
世溷濁而不分兮, 好蔽美而嫉妬.

【跪敷衽以陳辭兮, 耿吾既得此中正】'跪'는 꿇어앉음. '敷衽'은 '敷袵'으로도 표기하며, 옷섶을 땅에 펼침. '敷'는 布의 뜻. '衽'은 衣襟. '耿'은 환하게 빛이 남. '中正'은 위에서 말한 皇天無私 등의 뜻. 《眞寶》注에 "叶征"이라 함.

【駟玉虬以乘鷖兮, 溘埃風余上征】'玉虬'는 뿔 없는 흰 용. 玉으로 빚은 용. 또는 옥으로 장식한 용. '鷖'는 봉황의 일종. 《眞寶》注에 "烏鷄反"이라 하여 음은 '예'. '乘鷖'는 봉황새 모양의 수레를 탐. '溘'(합)은 갑자기. 홀연히. '埃風'은 먼지바람. 《眞寶》注에 "言「跪布裳衽, 陳如上之詞於舜, 而耿然自覺, 吾心已得此中正之道, 上與天通, 無所間隔, 所以埃風忽至, 余遂乘龍跨鳳以上行也.」然自此以下, 多假託之辭, 非實有是物與是事也"라 함. 이상 네 구절에 대해 《楚辭集註》에는 "跪, 巨委反. 辭, 一作詞. 耿, 古迥反. 正叶, 音征. 虬, 一作蚪, 並渠幽反. 鷖, 烏鷄反, 又烏計反, 一作翳. 敷, 布也. 衽, 裳際也. 耿, 明也. 有角曰龍, 無角曰虬. 鷖, 鳳類, 身有五采. 溘, 奄忽也. 埃, 塵也. 征, 行也. 此言「跪而敷, 衽以陳, 如上之詞於舜, 而耿然自覺, 吾心已得此中正之道, 上與天通, 無所間隔, 所以埃風忽起, 而余遂乘龍跨鳳, 以上征也.」然此以下多假託之詞, 非實有是物與是事也"라 함.

【朝發軔於蒼梧兮, 夕余至乎縣圃】'發軔'은 수레를 출발시킴. '軔'은 수레의 앞바퀴 횡목으로 수레가 움직이지 않도록 고정시키는 장치. 출발할 때 이를 뽑아야 수레가 움직일 수 있음. '蒼梧'는 땅 이름. 舜임금이 묻힌 九疑山이 이곳 남쪽에 있음. '縣圃'는 玄圃라고도 하며 신화 속의 땅 이름. 崑崙山은 3층으로 되어 있어 樊桐, 玄圃, 層城 세 단계라 함. 또는 崑崙山 神仙들의 채마밭이라고도 함. 《眞

寶》注에 "蒼梧, 縣圃, 皆山名"이라 함.

【欲少留此靈瑣兮, 日忽忽其將暮】'靈瑣'는 신령들이 모여 사는 곳. '瑣'는 궁문에
조각하여 새긴 花紋. 또는 藪의 뜻으로 '모여 있음'을 의미한다고도 함. 그러나
《眞寶》注에는 "靈瑣, 指楚王省闥"이라 함. 이상 네 구절에 대해《楚辭集註》에는
"軔, 音刃. 縣音玄, 一作懸. 少, 一作夕, 非是. 瑣, 先果反, 一作瓈. 軔, 搢車木也. 將
行則發之. 蒼梧, 舜所葬也. 縣圃, 在崑崙之上靈神也. 瑣, 門鏤也. 文如連瑣以靑畫
之, 則曰靑瑣"라 함.

【吾令羲和弭節兮, 望崦嵫而勿迫】'羲和'는 해를 수레에 싣고 달리는 日神.《山海
經》〈大荒南經〉(741)에: "東南海之外, 甘水之間, 有羲和之國. 有女子名曰羲和, 方
浴日于甘淵. 羲和者, 帝俊之妻, 生十日. 卽此十日. 十日, 帝俊之子也"라 하여 태양
의 어머니라 하였음. 원래는 고대 堯임금 시대 羲氏와 和氏. 陰陽과 天時를 살펴
四時의 변화를 관찰하는 임무를 맡았던 관직.《漢書》藝文志 諸子略 陰陽家에
"陰陽家者流, 蓋出於羲和之官, 敬順昊天, 歷象日月星辰, 敬授民時"라 하였고,《尙
書》堯典의 傳에 "重黎之後, 羲氏, 和氏, 世掌天地四時之官"이라 함. '弭節'은 속
도를 늦춤.《眞寶》注에 "按節徐步"라 함. '崦嵫'는 신화 속의 산 이름으로 해가
지는 곳. 王逸 注에 "崦嵫, 日所入山也. 下有蒙水, 水中有虞淵"이라 함.《眞寶》注
에는 "音淹玆, 日入山"이라 함.

【路曼曼其脩遠兮, 吾將上下而求索】'曼曼'은 길이 끝없이 이어진 모양. '脩遠'은 길
고 멂. '脩'는 長의 뜻. '求索'은 찾음.《眞寶》注에 "冀及未暮, 而遇賢君"이라 함. 이
상 네 구절에 대해《楚辭集註》에는 "弭, 弥耳反. 崦, 音淹;嵫, 音滋. 古但作奄玆.
勿, 一作未, 非是. 曼, 莫半反, 又莫官反, 一作漫. 索, 所格反. 羲和, 堯時主四時之
官, 賓日餞日者也. 弭, 按也, 止也, 按節徐步也. 崦嵫, 日所入之山也. 迫, 附近也.
曼曼, 遠貌. 脩, 長也. 求索, 求賢君也. 言「欲令羲和按節徐行, 望日所入之山, 且勿
附近, 冀及日之未莫, 而遇賢君也.」"라 함.

【飮余馬於咸池兮, 摠余轡乎扶桑】'咸池'는 못 이름으로 전설상 해가 목욕하는 곳.
《眞寶》注에 "日浴處"라 함. '摠'은 묶어 맴.《楚辭集註》에는 '総'으로 되어 있음.
'轡'는 고삐. '扶桑'은 동쪽 해 뜨는 곳에 있는 神樹.《眞寶》注에 "日出其下"라 함.
《淮南子》天文訓에 "日出於暘谷, 浴於咸池, 拂於扶桑, 是謂晨明, 登於扶桑, 爰始
將行, 是謂朏明"이라 함.

【折若木以拂日兮, 聊逍遙而相羊】'若木'은 해 지는 곳에 있는 나무. 또는 扶桑木의
다른 이름이라고도 함. '拂日'는 해를 털어 멈추게 함. 또는 '해를 가리다'의 뜻이

라고도 함. '逍遙'는 거닒을 뜻하는 疊韻連綿語. '相羊' 역시 배회함을 뜻하는 疊
韻連綿語. '徜徉'으로도 표기함.《眞寶》注에 "相羊, 猶徜徉"이라 함. 이상 네 구절
에 대해《楚辭集註》에는 "飲, 於禁反. 扶,《說文》作榑. 逍遙, 一作須臾. 相, 息羊反.
羊, 一作佯.《玉篇》引作穰徉, 音同. 咸池, 日浴處也. 總, 結也. 扶桑, 木名, 日出其下
也. 若木, 亦木名, 在崑崙西極, 其華. 光照下地. 拂, 擊也. 聊, 且也. 逍遙, 相羊, 皆
遊也"라 함.

【前望舒使先驅兮, 後飛廉使奔屬】'望舒'는 달의 수레를 모는 月神.《眞寶》注에 "月御"
라 함. '飛廉'은 風神. 風師. '奔屬'은 뒤에서 쫓아 달려옴.《眞寶》注에 "叶駐"라 함.

【鸞皇爲余先戒兮, 雷師告余以未具】'鸞皇'은 난새와 봉황. '皇'은 凰의 가차자. 또는
俊鳥라고도 함.《眞寶》注에 "飛廉, 鳳伯. 鸞皇, 雌鳳. 喩明智之士"라 함. '先戒'는
앞에서 경계하며 인도해줌. '雷師'는 雷神 豐隆. '未具'는 行裝을 아직 갖추지 못
함. 이상 네 구절에 대해《楚辭集註》에는 "屬叶, 章喩反, 或如字, 則具字亦叶, 入
聲. 皇, 一作鳳, 爲, 于僞反. 余先, 一作我前. 余, 一作我. 望舒, 月御也. 飛廉, 風伯
也. 屬, 連也. 鸞, 鳳之佐也. 皇, 雌鳳也. 雷師, 豐隆也"라 함.

【吾令鳳鳥飛騰兮, 繼之以日夜】'繼之以日夜'는 낮과 밤이 줄곧 이어짐.

【飄風屯其相離兮, 帥雲霓而來御】'飄風'은 회오리바람.《眞寶》注에 "回風"이라 함.
'屯'은 聚의 뜻으로 모임. 모여듦.《眞寶》注에 "聚"라 함. '相離'는 서로 흩어짐. '帥'
(솔)은 率과 같음. '雲霓'는 구름과 무지개. 天帝의 길을 막는 간신배를 비유함.
'御'는 맞이함.《眞寶》注에 "御, 迎也"라 함. 또는 '禦'의 뜻으로도 봄. 이상 네 구
절에 대해《楚辭集註》에는 "夜, 如字, 或叶, 羊茹反. 屯, 徒渾反. 帥, 一作率. 霓. 一
作蜺, 五稽, 五歷, 五子三反, 此从五稽反. 御叶, 音迓, 或如字. 鳳, 靈鳥也.《山海經》
云: 「丹穴之山, 有鳥焉. 其狀如雞, 五彩而文, 曰鳳鳥. 是鳥也, 飲食則, 自歌自舞, 見
則天下大康寧.」飄風, 回風也. 屯, 聚也. 霓, 虹. 屬陰陽交會之氣也. 郭璞云: 「雄曰
虹, 謂明盛者; 雌曰蜺, 謂暗微者. 雲薄漏日, 日照雨點, 則生也.」御, 迎也"라 함.

【紛總總其離合兮, 斑陸離其上下】'紛'은 多의 뜻. '總總'은 總總으로도 표기하며 잔
뜩 모여든 모습. '斑'은 희끗희끗 어지러운 모양. '陸離'는 흩어지는 모습을 뜻하
는 雙聲連綿語. '上下'는 오르내림.《眞寶》注에 "叶戶"라 함.

【吾令帝閽開關兮, 倚閶闔而望予】'帝閽'은 天帝의 문지기. '閽'은 날이 어두워지면
문을 닫는 임무를 맡은 문지기. '天'은《眞寶》注에 "帝"라 함. '關'은 대문의 잠금
장치. '閶闔'은 天門. 하늘과 통하는 문.《眞寶》注에 "叶與. ○將入見帝, 更陳己志,
閽不開門, 倚望拒我. 求大君不遇之比也"라 함. 이상 네 구절에 대해《楚辭集註》

에는 "斑, 亦作班. 下叶音戶. 予叶音與. 紛, 盛多貌. 總總, 聚貌. 斑, 亂貌. 帝, 謂天帝也; 閽, 謂主以昏閉門之隷也. 閶闔, 天門也. 令帝閽開關, 將入見帝, 更廠己志, 而閽不肯開, 反倚其門望而拒我, 使不得入. 蓋求人君而不遇之比也"라 함.

【時曖曖其將罷兮, 結幽蘭而延佇】'曖曖'는 어둑어둑함. '罷'는 疲의 뜻. '延佇'는 목을 빼고 기다리며 서 있음.

【世溷濁而不分兮, 好蔽美而嫉妬】'溷濁'은 混濁과 같음. 흐리고 탁함. '蔽美'는 홀륭한 사람을 막아 가림. 《眞寶》注에 "叶覩. ○既不得入天門見帝, 於是嘆世之溷濁嫉妬, 意若不意天門之下, 亦復如此, 於是去而他適也"라 함. 이상 네 구절에 대해 《楚辭集註》에는 "曖, 音愛. 罷, 音皮. 溷, 胡困反. 好, 呼報反. 妬叶, 丁五反. 曖曖, 昏昧貌. 罷, 極也. 結幽蘭而延佇, 言「以芳香自潔, 而無所趨向也.」溷, 亂也. 既不得入天門, 以見上帝, 於是歎息世之溷濁, 而嫉妬. 蓋其意若曰不意天門之下, 亦復如此, 於是去而他適也"라 함.


〈8〉

아침에 나는 앞으로 백수白水를 건너려고,
낭풍산閬風山에 올라 말을 매었네.
홀연히 되돌아보며 눈물 흘리나니,
고구산高丘山에 여인 없음이 슬퍼서라네.
어느새 나는 춘궁春宮에서 노닐면서,
경옥瓊玉 나뭇가지 꺾어 패물로 삼았네.
초목의 꽃잎 시들기 전에,
그것을 건네 줄 하녀下女를 찾아야겠네.
나는 곧 풍륭豐隆에게 구름 타고 가서,
복비虙妃가 있는 곳을 찾아보도록 했네.
패물로 삼았던 띠를 풀어 언약으로 삼고,
건수蹇脩에게 중매를 서게 했네.
복비의 생각 총총히 흩어지고 모여들고 하더니,
갑자기 어긋나고 말았지만 뜻을 바꾸기 어렵다네.

저녁에 돌아와 궁석산窮石山에 머물고,

아침에 유반강洧盤江에서 머리를 감더니,

복비는 그 아름다움 믿고는 교만해져서,

날마다 편히 놀며 즐기기에 바쁘네.

비록 아름답기는 해도 예의가 없으니,

그만 포기하고 다시 찾아보리라.

이곳저곳 끝까지 다 둘러보고,

하늘을 두루 돌아보고 나서 나는 땅으로 내려왔네.

높은 요대瑤臺의 모습 바라보니,

유융씨有娀氏의 예쁜 여인이 보이네.

내 짐鴆새에게 중매를 부탁하였으나,

짐새가 내게 좋은 사람 아니라고 고하였네.

수비둘기가 울어대며 날아가 보았지만,

나는 그의 경박한 말재주를 오히려 싫어하네.

마음은 머뭇머뭇 의심 많은 여우처럼 되어,

몸소 가서 보고 싶어도 그럴 수 없네.

봉황새가 이미 예물을 받아 갔다 하니,

고신씨高辛氏가 나보다 먼저일까 두려워지네.

멀리 떠나려 해도 갈 곳이 없어,

애오라지 부유浮游하며 소요逍遙하고만 있네.

소강少康이 아직 장가들기 전에,

유우씨有虞氏의 두 요씨姚氏 여인을 머물게 하리.

이유가 약하고 중매조차 졸렬하여,

말로써 유도함이 확고하지 못할까 두렵네.

세상은 혼탁하여 현인을 질투하며,

아름다움은 가리고 추한 것만 들춰내기 좋아하네.

여인들 깊은 안방은 아득하고도 멀어,

지혜로운 왕이라도 깨닫지 못하시네.

나의 진실한 속 뜻 말로 하지 못하니,

내 어찌 능히 참기만 한 채 이런 꼴 영원히 갈 수 있으랴?


朝吾將濟於白水兮, 登閬風而緤馬.

忽反顧以流涕兮, 哀高丘之無女.

溘吾游此春宮兮, 折瓊枝以繼佩.

及榮華之未落兮, 相下女之可詒.

吾令豐隆乘雲兮, 求宓妃之所在.

解佩纕以結言兮, 吾令蹇脩以爲理.

紛總總其離合兮, 忽緯繣其難遷,

夕歸次於窮石兮, 朝濯髮乎洧盤.

保厥美以驕傲兮, 日康娛以淫遊.

雖信美而無禮兮, 來違棄而改求.

覽相觀於四極兮, 周流乎天余乃下.

望瑤臺之偃蹇兮, 見有娀之佚女.

吾令鴆爲媒兮, 鴆告余以不好.

雄鳩之鳴逝兮, 余猶惡其佻巧.

心猶豫而狐疑兮, 欲自適而不可.

鳳皇旣受詒兮, 恐高辛之先我.

欲遠集而無所止兮, 聊浮游以逍遙.

及少康之未家兮, 留有虞之二姚.

理弱而媒拙兮, 恐導言之不固.

世溷濁而嫉賢兮, 好蔽美而稱惡.

閨中旣以邃遠兮, 哲王又不寤.

懷朕情而不發兮, 余焉能忍而與此終古?

【朝吾將濟於白水兮, 登閬風而緤馬】'白水'는 崑崙山에서 흘러나오는 五色 江 중의 흰색 물이 흐르는 전설상의 강.《眞寶》注에 "出崑崙"이라 함. '閬風'은 산 이름.《眞寶》注에 "山上"이라 함. 玄圃(縣圃)의 다른 이름. '緤馬'의 緤(설)은 '잡아매다'의 뜻. 絏, 繫와 같음.《眞寶》注에 "叶母"라 함.

【忽反顧以流涕兮, 哀高丘之無女】'高丘'는 높은 언덕. 또는 楚나라의 산 이름으로도 봄.《眞寶》注에 "高丘, 楚山名"이라 함. '女'는 神女. 賢人을 비유함.《眞寶》注에 "女, 神女, 以比賢君. 於此又無遇, 故下章欲游春宮, 求慮妃, 見佚女, 留二姚, 皆求賢君之意也"라 함. 이상 네 구절에 대해《楚辭集註》에는 "閬, 音郞, 又音浪. 緤, 一作絏, 並音薛. 馬叶, 滿補反.《淮南子》言:「白水出崑崙之山, 閬風山上也.」女, 神女, 蓋以比賢君也. 於此又無所遇, 故下章欲遊春宮, 求慮妃, 見佚女, 留二姚, 皆求賢君之意也"라 함.

【溘吾游此春宮兮, 折瓊枝以繼佩】'春宮'은 春神 東方 靑帝의 궁전.《眞寶》注에 "靑帝舍"라 함. '瓊枝'는 瓊玉 나무의 가지. '繼佩'은 佩物에 달아 맴.《眞寶》注에 "叶備"라 함.

【及榮華之未落兮, 相下女之可詒】'榮華'는 꽃. 瓊玉나무의 꽃.《爾雅》釋草에 "木謂之華, 草謂之榮"이라 함. 여기서는 안색을 뜻함. '相'은 찾음, 살핌.《眞寶》注에 "相, 視也"라 함. '下女'는 神女의 侍女. '詒'는 貽와 같으며 '주다'의 뜻.《眞寶》注에 "詒, 貽, 遺也. 音異. 言視天下賢人, 持玉帛而遺之, 與俱事君"이라 함. 이상 네 구절에 대해《楚辭集註》에는 "佩, 叶音備. 相, 息亮反. 詒叶, 音異. 溘, 奄也. 春宮, 東方靑帝舍也. 繼, 續也. 榮華, 喩顔色也. 落, 墮也. 相, 視也. 下女, 謂神女之侍女也. 詒, 遺也. 遊春宮折瓊枝, 正欲及榮華之未落, 而因下女以通意於神妃也"라 함.

【吾令豐隆乘雲兮, 求慮妃之所在】'豐隆'은 雷神의 이름.《眞寶》注에 "雷師"라 함. '慮妃'는 고대 三皇의 하나인 伏羲氏의 딸로 洛水에 빠져 죽어 그 강의 신이 되었다 함.《眞寶》注에 "伏羲女, 溺洛水死"라 함. '在'는《眞寶》注에 "叶, 才里反"이라 함.

【解佩纕以結言兮, 吾令蹇脩以爲理】'佩纕'은 노리개의 띠. 패물의 끈.《眞寶》注에 "音相, 佩帶"라 함. '結言'은 약속함. '蹇脩'는 伏羲氏의 신하. 慮妃의 측근이라 하며 중매쟁이를 뜻함.《眞寶》注에 "人名, 媒"라 함. 또는 音樂에 대해 잘 아는 사람으로도 여김. 章炳麟의《訄漢閒話》에 "考上古人物, 略具古今人表, 不見有蹇脩者, 此蓋以古有慮妃, 故附會言之耳. 今按: 蹇脩爲理者, 謂以聲樂爲使, 如〈司馬相如傳〉所謂以琴心挑之.〈釋樂〉:「徒鼓鍾謂之脩; 徒鼓磬謂之蹇.」則此蹇脩之義也.

古人知音者多, 苟賁鄉人, 聞擊磬而歎有心, 鍾磬可以喩意, 明矣"라 함. '理'는 중매쟁이. 《眞寶》注에 "通詞理"라 함. 《廣雅》釋言에 "理, 媒也"라 함. 이상 네 구절에 대해 《楚辭集註》에는 "虙, 房六反, 一作宓, 莫必反. 在叶, 才里反. 纕, 息羊反, 或曰在如字, 即理, 叶音賴, 上聲. 豐隆, 雷師. 虙妃, 伏羲氏女, 溺洛水而死, 遂爲河神. 纕, 佩帶也. 蹇脩, 人名, 理爲媒, 以通詞理也. 蓋雷迅疾而威震求無不獲, 故欲使之求神女之所在, 而令蹇脩致佩纕以爲理, 則蹇脩似是下女之能爲媒者, 然亦未有考也"라 함.

【紛總總其離合兮, 忽緯繣其難遷】'離合'은 《眞寶》注에 "妃聽讒而一合一離"라 함. '緯繣'는 어긋남. 《眞寶》注에 "音揮畫, 乖戾也"라 함. '難遷'은 바꾸기 어려움.

【夕歸次於窮石兮, 朝濯髮乎洧盤】'次'는 '묵다, 머물다'의 뜻. 원래 군사 용어임. 《左傳》莊公 3년 傳에 "凡師, 一宿爲舍, 再宿爲信, 過信爲次"라 함. 《眞寶》注에 "次, 舍也"라 함. '窮石'은 산 이름. 《眞寶》注에 "窮石, 弱水所出處"라 함. 后羿가 거처하였던 곳으로 지금의 甘肅 張掖이라 함. 《左傳》襄公 4년을 참조할 것. '洧盤'은 강 이름. 崦嵫山에서 흘러나온다 함. 《眞寶》注에 "洧盤, 水名. 叶騈"이라 함. 이상 네 구절에 대해 《楚辭集註》에는 "緯, 音徽, 一作徽. 繣, 呼麥反, 又音畫, 一作擭. 洧, 于軌反. 盤叶, 蒲延反. 緯繣, 乖戾也. 遷, 移也. 言「蹇脩旣持其佩帶以通言, 而讒人復毁敗之, 令其意一合一離, 遂以乖戾, 而見拒絶其意難移也.」次, 舍也. 窮石, 山名, 在張掖, 即后羿之國也. 洧盤, 水名"이라 함.

【保厥美以驕傲兮, 日康娛以淫遊】'驕傲'는 교만하게 굶. '康娛'는 편안히 여겨 오락에 빠짐.

【雖信美而無禮兮, 來違棄而改求】'來'는 發語辭. '違棄'는 버림. 이상 네 구절에 대해 《楚辭集註》에는 "傲, 一作敖, 一作鷔. 倨簡曰驕, 侮慢曰傲. 康, 安也. 違, 去也. 言「虙妃驕傲淫遊, 雖美而不循禮法, 故棄去而改求也.」"라 함.

【覽相觀於四極兮, 周流乎天余乃下】'覽相觀'은 세 글자 모두 '보다'의 뜻. '四極'은 사방의 끝. '周流'는 周遊, 周游와 같으며 떠돌아다님. '下'는 《眞寶》注에 "叶戶"라 함.

【望瑤臺之偃蹇兮, 見有娀之佚女】'瑤臺'는 옥으로 만들거나 옥으로 꾸민 누대. '偃蹇'은 높이 솟은 모습을 뜻하는 疊韻連綿語. 《眞寶》注에 "高貌"라 함. '有娀'은 고대의 부족국가 이름. '娀'은 《眞寶》注에 "音嵩"이라 하여 '숭'으로 읽도록 되어있음. '佚女'는 美女. 殷나라 시조 설(契)의 어머니 簡狄은 有娀氏의 딸로서 帝嚳의 次妃였음. 《史記》殷本紀에 "殷契, 母曰簡狄, 有娀氏之女, 爲帝嚳次妃"라 함.

《眞寶》注에 "有娀國女, 帝嚳妃, 契母, 簡狄也. 女美, 爲高臺處之"라 함. 이상 네 구절에 대해 《楚辭集註》에는 "相, 息亮反. 下叶, 音戶. 娀, 音嵩. 佚, 一作妷, 並音逸. 四極, 四方極遠之地. 瑤, 玉之美者. 偃蹇, 高貌. 有娀, 國名. 佚, 美也. 謂帝嚳之妃, 契母簡狄也. 事見〈商頌〉,《呂氏春秋》曰:「有娀氏有美女, 爲之高臺以飮食之.」"라 함.

【吾令鴆爲媒兮, 鴆告余以不好】'鴆'은 짐새. 깃에 독이 있어 毒酒를 만들어 사람을 독살하는 데 사용함. 《眞寶》注에 "鴆, 毒鳥, 喩讒賊"이라 함.

【雄鳩之鳴逝兮, 余猶惡其佻巧】'雄鳩'는 숫비둘기. 울음소리가 크고 잦아 말 많은 사람을 비유함. '佻巧'(조교)는 경박하고 방정맞으며 말주변만 능함을 뜻하는 疊韻連綿語. 《眞寶》注에 "佻, 音眺;巧, 叶考"라 함. 이상 네 구절에 대해 《楚辭集註》에는 "令, 音零. 鴆, 直禁反. 好, 如字. 雄, 羽弓反. 黃云「呼故反」, 然則屬字歟? 惡, 烏路反. 佻, 叶雕反, 又吐了反, 又音眺. 巧, 叶, 苦老反. 鴆運日也, 羽有毒, 可殺人, 以喩讒佞賊害人也. 告予以不好者, 其性讒賊, 不肯爲媒, 而反間我也. 雄鳩, 鶻鳩也, 似山鵲而小短尾靑黑色, 多聲佻輕也. 巧, 利也, 又使雄鳩銜命而往, 然其性輕佻巧利多語言, 而無要實復不可信用也"라 함.

【心猶豫而狐疑兮, 欲自適而不可】'猶豫'는 주저하며 결정을 내리지 못함을 뜻하는 疊韻連綿語. '狐疑'는 여우처럼 의심이 심함. '自適'은 스스로 직접 가서 봄.

【鳳皇旣受詒兮, 恐高辛之先我】'鳳皇'은 玄鳥를 가리킴. 玄鳥는 일반적으로 제비를 가리키는 것으로 알려져 있음. 전설에 簡狄은 玄鳥가 떨어뜨린 알을 삼키고 契을 낳았다 하였음. 《史記》殷本紀에 "三人行浴, 見玄鳥墮其卵, 簡狄取吞之, 因孕生契. 契長而佐禹治水有功"이라 하였고, 《詩》商頌 玄鳥篇에 "天命玄鳥, 降而生商, 宅殷土芒芒. 古帝命武湯, 正域彼四方"이라 함. 그로부터 새에게 중매를 부탁하는 습속이 생겨났다 함. '高辛'은 古代 五帝의 두 번째 제왕. 有娀氏의 딸 簡狄을 맞아 契을 태어나게 한 帝嚳의 별칭. 이상 네 구절에 대해 《楚辭集註》에는 "猶, 如字, 又音柚. 詒, 異眉反, 一作詔, 非是. 猶, 犬子也, 人將犬行犬好豫在人前, 待人不得又來迎候, 故謂不決曰猶豫. 狐多疑而善聽, 河冰始合, 狐聽其下不聞水聲, 乃敢過, 故人過河冰者, 要須狐行, 然後敢度, 因謂多疑者, 爲狐疑. 高辛, 帝嚳, 有天下之號也. 言「以鴆鳩皆不可使, 故中心疑惑, 意欲自往, 而於禮冇不可者, 鳳皇又已受高辛之遺, 而來求之, 故恐簡狄先爲嚳所得也.」"라 함.

【欲遠集而無所止兮, 聊浮游以逍遙】'遠集'은 멀리 감. '浮游'는 떠돎을 뜻하는 疊韻連綿語. '逍遙' 역시 疊韻連綿語.

【及少康之未家兮, 留有虞之二姚】'少康'은 夏나라를 中興시킨 임금. 相이 寒浞의 아들 澆에게 살해되자 有虞氏 부락으로 피했다가 有虞氏 두 딸을 아내로 맞고, 寒浞과 澆를 죽이고 하나라를 회복시킴. '有虞'는 夏나라 때의 씨족 이름. 舜의 자손이 이어갔던 나라로서 姚氏 성을 썼음. '二姚'는 姚氏 성의 두 여자. 즉 少康의 아내가 된 有虞氏의 두 딸.《左傳》襄公 4년 및 哀公 元年를 볼 것.《眞寶》注에 "少康, 夏后相之子; 有虞, 國名; 姚姓也, 舜後也. 澆殺夏后相, 少康逃奔有虞, 妻二女"라 함. 이상 네 구절에 대해《楚辭集註》에는 "集, 一作進, 非是. 少, 失照反. 姚, 音遙. 少康, 夏后相之子也. 有虞, 國名, 姚姓, 舜後也. 以二女妻少康, 事見《左傳》. 言「旣失簡狄, 欲適遠方, 又無所向, 故願及少康未娶於有虞之時, 留此二姚也.」라 함.

【理弱而媒拙兮, 恐導言之不固】'理弱'은 중매쟁이가 약함. '媒拙'은 중매가 졸렬함.

【世溷濁而嫉賢兮, 好蔽美而稱惡】'溷濁'은 混濁과 같음.《眞寶》注에 "叶, 去聲. ○再言世溷濁, 蓋以爲四方之遠, 其風俗之不美, 無異齊(中)州也"라 함. 이상 네 구절에 대해《楚辭集註》에는 "好, 呼報反. 美, 一作善, 惡叶, 烏路反. 弱, 劣也. 拙, 鈍也. 恐道理弱於少康, 而媒又無巧辭也. 蓋不待其不合, 而己自知其必無所成矣. 故再言世之溷濁, 而嫉賢蔽美, 蓋以爲雖四方之遠, 而其風俗之不美, 無以異於中州也"라 함.

【閨中旣以邃遠兮, 哲王又不寤】'閨中'은 여자들만 거처하는 안방. '邃遠'은 깊고 멂. '哲王'은 명철한 왕. '寤'는 悟와 같음.

【懷朕情而不發兮, 余焉能忍而與此終古】'終古'는 永古와 같음.《眞寶》注에 "叶故. ○閨中深遠, 言慮妃之屬, 不可求也. 哲王不寤, 言「帝不察司閽壅蔽也. 以比上無明王, 下無賢伯, 使我懷忠不用, 安能久與此閨亂嫉妬之俗, 終古而居乎?」意欲復去也"라 함. 이상 네 구절에 대해《楚辭集註》에는 "旣下一有以字, 邃, 息遂反, 一無而字, 古叶, 音故. 小門謂之閨. 邃, 深也. 哲, 知也. 寤, 覺也. 終古者, 古之所終謂來日之無窮也. 閨中深遠, 蓋言慮妃之屬, 不可求也. 哲王不寤, 蓋言上帝不能察司閽壅蔽之罪也. 言「此以比上無明王, 下無賢伯, 使我懷忠信之情, 不得發. 用安能久與此閨亂嫉妬之俗, 終古而居乎?」意欲復去也"라 함.


〈9〉

경모초瓊茅草와 가는 대나무로 점가지를 삼아,

영분靈氛에게 명하여 나를 위해 점을 쳐 보라 하였더니,

점괘에 "두 사람 다 아름답고 착하다면 반드시 합해질 것이니,
진정으로 누가 그런 자를 사모하지 않으리오?
구주九州가 넓고 큼을 생각한다면,
어찌 여기에만 미녀가 있겠소이까?"라 하네.
또 "힘써 멀리 가되 여우처럼 의심하지 말 것이니,
누군들 아름다움을 구하면서 어찌 그대를 버리겠소이까?
세상 그 어느 곳인들 향초가 없을 수 있겠소?
그런데 그대는 어찌하여 옛 살던 곳만을 그리워하고 있소?"라 하네.
"세상은 어둡고 현혹시키는 일도 많은데,
그 누가 나의 옳고 그름을 살펴주겠는가?
사람마다 좋고 싫음 어찌 그리 다른지?
오직 이곳 사람들은 유독 특이하구나.
집집마다 악초惡草 쑥을 허리에 가득 두르고는,
그윽한 향기의 난초는 찰 만한 것이 아니라고 말하네.
초목을 살피는 것조차 올바르게 터득하지 못하거늘,
어찌 정옥珵玉의 아름다움을 능히 분별이나 하겠는가?
분뇨를 취해 향주머니에 가득 채우고는,
신초申椒를 두고도 향기가 없다고 말하네!"


索瓊茅以筳篿兮, 命靈氛爲余占之.
曰「兩美其必合兮, 孰信脩而慕之?
思九州之博大兮, 豈惟是其有女?」
曰「勉遠逝而無狐疑兮, 孰求美而釋女?
何所獨無芳草兮? 爾何懷乎故宇?」
「世幽昧以眩曜兮, 孰云察余之善惡?
民好惡其不同兮? 惟此黨人其獨異.
戶服艾以盈要兮, 謂幽蘭其不可佩.

覽察草木其猶未得兮, 豈珵美之能當?
蘇糞壤以充幃兮, 謂申椒其不芳!」

【索瓊茅以筳篿兮, 命靈氛爲余占之】'瓊茅'는《楚辭集註》등에는 '藑茅'로 되어 있음. 지금은 旋覆花로 불림. 占卜에 사용하는 靈草.《眞寶》注에 "瓊茅(藑茅), 靈草也"라 함. '筳篿'(정전)의 筳은 가는 대나무. 이로써 점치는 것을 篿이라 함.《眞寶》注에 "析(折)竹卜曰筳篿"이라 함. '靈氛'은 유명한 점술가. 靈은 靈巫, 氛은 그의 이름.《眞寶》注에 "靈氛, 古明占吉凶者"라 함.

【曰「兩美其必合兮, 孰信脩而慕之」】'曰'은 靈氛의 占辭. 아름다운 두 사람은 반드시 합하게 마련, 누구라도 진실로 수양하면 그를 사모하게 됨. 이상 네 구절에 대해《楚辭集註》에는 "索, 所格反. 藑一作瓊, 並音瓊. 筳, 音廷. 篿音專. 占之慕之, 兩之字, 自爲韻. 索, 取也. 藑茅, 靈草也. 筳, 小折竹也. 楚人名結草, 折竹以卜曰篿. 靈氛, 古明占吉凶者. 兩美, 盖以男女俱美, 比君臣俱賢也. 言「兩美終雖必合, 然楚國孰有能信汝之脩潔而慕之者? 宜以時去也.」라 함.

【思九州之博(愽)大兮, 豈惟是其有女】'九州'는 옛날 禹가 천하를 九州로 나눈 것임. 원래 九州는 堯임금 때는 冀州, 兗州, 靑州, 徐州, 荊州, 揚洲, 豫州, 梁州, 雍州였으며, 舜이 다시 幷州, 幽州, 營州의 三州를 開設하여 모두 十二州로 하였다가 禹가 다시 이를 九州로 확정함.《尙書》禹貢을 참조할 것. 여기서는 천하를 가리킴. '博大'는 넓고 큼.《楚辭集註》에는 '博'자가 '愽'으로 되어 있음.

【曰勉遠逝而無狐疑兮, 孰求美而釋女】'曰'은 다시 靈氛의 占辭. '釋女'는 그대를 버림. '女'는 汝와 같음. 이상 네 구절에 대해《楚辭集註》에는 "一無狐字, 有女之女, 如字. 釋女之女, 音汝. 此亦靈氛之詞. 美女以比賢君, 求美以比求賢夫. 言「天下之大, 非獨楚有美女. 但當遠逝而無疑, 豈有美女求賢夫, 而舍汝者乎?」라 함.

【何所獨無芳草兮? 爾何懷乎故宇】'芳草'는 賢君을 비유함. '爾'는 너. 당신. 汝와 같음. '故宇'는 옛집. 故國을 뜻함.《眞寶》注에 "叶鐸"이라 함.

【世幽昧以眩曜兮, 孰云察余之善惡】이 구절 이하는 屈原이 스스로 말한 것임. '眩曜'는 눈부시도록 현란함.《眞寶》注에 "世幽昧下, 原自念之詞, 言「雖徃亦將無所合也.」라 함. 이상 네 구절에 대해《楚辭集註》에는 "宇, 一作宅, 待洛反.《尙書》,《周禮》, 古文宅度, 多通用也. 眩, 熒絹反. 善惡, 一作美惡. 宅作宇, 則上聲; 宇作宅, 則如字. 善惡, 一作中情, 非是. 上文別有此句, 此章韻不叶也. 何所獨無芳草, 即上

章豈惟是其有女之意. 又申言之而勉其行, 亦靈氛之言也. 眩目無主也. 世幽昧而莫
能察已以下, 乃原自念之詞. 言「雖往而亦將無所合也.」라 함.

【民好惡其不同兮, 惟此黨人其獨異】 '好惡'는 '호오'로 읽음. '其不同'의 '其'는 '豈'로
봄. 따라서 이 구절은 疑問文(反語文)이 되며 뒤의 '其獨異'의 '其'는 '之'로 봄. '黨
人'는 소인 무리들.

【戶服艾以盈要兮, 謂幽蘭其不可佩】 '戶'는 집집마다. 누구나. '服艾'는 쑥을 두르고
있음. '艾'는 蒿, 惡草를 뜻함. 香草에 상대하여 쓴 것. 《眞寶》注에 「吋備」라 함. 이
상 네 구절에 대해 《楚辭集註》에는 "好惡, 並去聲. 要, 於遙反. 卽古腰字. 其一作兮,
一作之佩, 吋音備. 黨, 朋也. 言「人性固有不同, 而黨人爲尤甚也.」 艾, 白蒿, 非芳草也.
服之滿腰, 而反謂蘭爲臭惡, 而不可佩, 言「其親愛讒佞, 而憎遠忠直也.」라 함.

【覽察草木其猶未得兮, 豈珵美之能當】 '珵'은 아름다운 옥. 《眞寶》注에 「珵, 美玉
也. 音呈」이라 함. 혹 '程'자로 여겨 '품평하다'의 의미로 보기도 함. 이 경우 '미인
을 감별하는 능력'을 말함.

【蘇糞壤以充幃兮, 謂申椒其不芳】 '蘇'는 取와 같은 뜻. 《眞寶》注에 "蘇, 取也"라 함.
'糞壤'은 썩은 흙. 糞土. 糞尿. '充幃'은 향주머니를 채움. '幃'는 《眞寶》注에 "音暉"
라 함. 《眞寶》注에 "自念詞止此"라 함. 이상 네 구절에 대해 《楚辭集註》에는 "一
無覽字, 猶一作獨, 非是. 珵音埕;幃音暉. 珵, 美玉也. 《相玉書》言:「珵大六寸, 其耀
自照.」 言「時人觀草木, 尙不能別其香臭, 豈能知玉之美惡所當乎?」 蘇, 取也. 《史
記》樵蘇後爨, 謂取草也. 幃, 謂之縢, 卽香囊也. 亦言「其近小人而遠君子也.」 自念
之詞止此"라 함.


〈10〉
영분靈氛의 상서로운 점괘를 따르고자 하나,
마음은 망설여지며 의심하게 되네.
무함巫咸이 저녁이 되어 내려오니,
산초山椒와 고운 쌀 지니고 맞이해 점을 청하네.
온갖 신들을 거느리고 그늘을 지으며 내려오니,
구의산九疑山의 신령들이 함께 나와서 영접하네.
여러 신들이 번쩍번쩍 신령스러운 빛을 발하여,

나에게 상서로운 점괘를 일러주네.

무함이 이르되 "억지로 위아래를 오르내리며,

법도가 같은 이를 찾아보시오.

탕왕과 우왕은 공경스럽게 맞는 자를 찾아,

이윤伊尹 지摯와 고요咎繇가 조화를 이루었다오.

진실로 마음속으로 수양하기를 좋아한다면,

어찌 중매가 필요하겠는가?

부열傳說이 부암傳巖에서 담을 쌓고 있었는데,

무정武丁은 그를 쓰면서 의심하지 않았다오.

강태공 여망呂望은 칼 두드리는 백정이었지만,

주문왕周文王을 만나 천거되었고,

영척甯戚은 노래를 불러,

제환공齊桓公이 그 노래 듣고는 보좌로 삼았다오.

아직 나이가 늦지 않았고,

시기 또한 다하지 않았다오.

두견새〔鵜鴂〕들이 먼저 울어,

온갖 풀들이 꽃답지 못하게 될까 두렵소"라 하네.


欲從靈氛之吉占兮, 心猶豫而狐疑.

巫咸將夕降兮, 懷椒糈而要之.

百神翳其備降兮, 九疑繽其並迎.

皇剡剡其揚靈兮, 告余以吉故.

曰「勉陞降以上下兮, 求榘矱之所同.

湯禹儼而求合兮, 摯咎繇而能調.

茍中情其好脩兮, 又何必用夫行媒.

說操築於傅巖兮, 武丁用而不疑.

呂望之鼓刀兮, 遭周文而得擧.

寗戚之謳歌兮, 齊桓聞以該輔.
及年歲之未晏兮, 時亦猶其未央.
恐鵜鴂之先鳴兮, 使夫百草爲之不芳!」

【欲從靈氛之吉占兮, 心猶豫而狐疑】 '猶豫'와 '狐疑'는 이미 앞서 풀이하였음.

【巫咸將夕降兮, 懷椒糈而要之】 '巫咸'은 殷나라 中宗 때의 神巫라 함. 《眞寶》注에
"巫咸, 古神巫"라 함. '糈'는 제사에 쓰는 精米. 《眞寶》注에 "椒, 降神; 糈, 享神"이
라 함. '要之'는 영접함. '要'는 邀와 같음. 이상 네 구절에 대해 《楚辭集註》에는
"糈, 音所. 要, 於遙反. 巫咸, 古神巫也. 當殷中宗之世降下也. 椒, 香物, 所以降神;
糈, 精米, 所以享神. 又叙其事, 言「巫咸將以日夕從天而下, 願懷椒糈而要之, 使占
此吉凶也.」"라 함.

【百神翳其備降兮, 九疑繽其並迎】 '翳'는 가림. '備降'는 함께 내려옴. '備'는 偕의 뜻.
'九疑'는 舜이 묻혀 있는 九疑山의 神靈들. 《眞寶》注에 "九疑, 舜所葬"이라 함. '繽'
은 繽紛의 줄인 말. 매우 많은 모양. 성대한 모양. '迎'은 《眞寶》注에 "叶御"라 함.

【皇剡剡其揚靈兮, 告余以吉故】 '皇'은 皇天. 百神 중 최고의 神. '剡剡'은 번쩍번쩍
빛이 남. '揚靈'은 신령스러움을 드날림. '吉故'는 상서로운 점괘. 이상 네 구절에
대해 《楚辭集註》에는 "翳, 於計反. 疑, 一作嶷. 迎, 魚慶反, 叶音御. 剡, 以冉反. 翳,
蔽也. 繽, 盛貌. 九疑, 在零陵蒼梧之間, 疑似也. 山有九峯, 其形相似遊者疑焉, 故
曰九疑也. 言「巫咸既將百神蔽日來下, 舜又使九疑之神, 紛然來迎己也.」皇, 謂百
神. 剡剡, 光也. 揚靈, 發其光靈也"라 함.

【曰「勉陞降以上下兮, 求榘矱之所同」】 '曰'은 巫咸의 말임. '勉'은 '억지로'(勉强)의 뜻.
'榘矱'(구확)은 規矩와 같음. '榘'는 曲尺으로 矩와 같음. '矱'은 長短을 재는 자. 법
도를 뜻함.

【湯禹儼而求合兮, 摯咎繇而能調】 '摯'는 伊尹의 이름. 伊尹은 殷湯의 賢相. '咎繇'
는 皐陶의 異表記. 夏禹의 賢相. 《尙書》伊訓篇과 皐陶謨篇 등을 참조할 것. 《眞
寶》注에 "摯, 伊尹名; 咎繇, 禹臣名"이라 함. '調'는 조화를 이루어 나라를 잘 다
스림. 《眞寶》注에 "叶周"라 함. 이상 네 구절에 대해 《楚辭集註》에는 "陞, 一作升.
上, 時掌反; 下, 遐駕反. 榘, 俱雨反, 一作矩; 矱, 紆縛反, 又烏郭反, 一作蒦. 儼, 一作
嚴. 咎繇, 一作皐陶, 調叶, 音同. 《詩》車攻之五章有此例. 曰, 記巫咸語也. 陞降, 上
下, 陞而上天下而至地也. 榘與矩同, 所以爲方之器也; 矱, 度也, 所以度長短者也.

摯, 伊尹名. 咎繇, 舜士師. 言「陟降上下而求賢君, 與我皆能合乎此法者, 如湯之得伊尹, 禹之得咎繇, 始能調和而必合也.」라 함.

【苟中情其好脩兮, 又何必用夫行媒】'行媒'는 중매를 씀. 알선해 줌. '媒'는《眞寶》注에 "叶眉"라 함.

【說操築於傅巖兮, 武丁用而不疑】'說(열)은 傅說. 殷나라 高宗(武丁)의 재상. 武丁이 꿈에 본 현인을 그리도록 하여 찾도록 하였는데 傅巖이란 성을 쌓는 일을 하고 있어 이름을 傅說이라 짓고 나라를 맡겨 재상으로 삼음. '操築'은 공사장에서 版築의 일을 하고 있음. '傅巖'은 지명. 지금의 山西 平陸縣 동쪽이었다 함. '武丁'은 殷나라 23대 임금 高宗의 이름. 傅說을 능용하여 나라를 中興시킨 明君.《眞寶》注에 "說, 傅說; 武丁, 殷高宗"이라 함. 이상 네 구절에 대해《楚辭集註》에는 "好, 呼報反. 一無又字. 媒叶, 莫卑反. 說音曰, 操, 七刀反, 行媒喩左右之先容也. 言「誠心好善, 則精感神明賢君, 自當擧而用之, 不必須左右薦達也.」說, 傅說也. 傅岩, 地名. 武丁, 殷之高宗也. 言「傅說抱道懷德, 而遭遇刑罰, 操築作於傅岩. 武丁思相賢者, 夢得聖人, 以其形像求之, 因得傅說登以爲公, 道用大興, 爲殷高宗也.」孔安國曰:「傅氏之岩, 在虞虢之界. 通道所經有澗水壞道, 常使胥靡刑人築護此道. 說賢而隱代胥靡築之, 以供食也.」라 함.

【呂望之鼓刀兮, 遭周文而得擧】'呂望'은 呂尙. 太公. 周나라 공신 太公望. 자는 子牙. 周 武王을 도와 殷의 紂를 멸하고 천하를 안정시킴. 성은 姜, 先代가 呂 땅에 살아 呂를 성으로 삼기도 함. 이름은 尙. 尙父로 높여 부르기도 함. 齊나라에 봉을 받아 春秋시대 齊나라 시조가 됨. '鼓刀'는 칼을 두드리며 가축을 도살하는 일을 함. 呂望은 한때 屠業에 종사했었다 함. '周文'은 周文王 姬昌. 后稷(姬棄)의 후손으로 季歷의 아들. 古公亶甫의 손자. 商나라 말 紂임금 때 西伯이 되어 仁政을 베풀었으며 紂의 미움을 받아 羑里(牖里, 지금의 河南 湯陰縣)의 감옥에 갇히는 등 고초를 겪기도 하였으며, 그 아들 武王(姬發)에 이르러 紂를 牧野에서 멸하고 周나라를 일으킴.《史記》周本紀 참조.

【甯戚之謳謌兮, 齊桓聞以該輔】'甯戚'은 春秋시대 衛나라 사람. '甯武', '甯戚' 등으로도 표기하며, 집이 가난하여 소를 끄는 일을 하였음. 그는 齊나라에 이르러 소에게 여물을 먹이면서 부른 노래가 齊桓公에게 들려 발탁되어 上卿에 오름. '謳謌'는 謳歌와 같음. 노래를 부름. '齊桓'은 齊桓公. 春秋五霸의 첫 首長. 이름은 小白. 齊나라에 난이 일어나자 鮑叔이 모시고 莒나라로 피신, 管仲은 公子 糾를 모시고 魯나라로 피신함. 뒤에 난이 진압되고 먼저 귀국하는 자가 왕이 될 수 있

는 기회에 小白이 오는 길을 管仲 일행이 막고 활을 쏘아 소백의 허리띠 고리에 맞추자, 소백은 죽은 척 쓰러져 있다가 지름길로 귀국하여 왕위에 오름. 뒤에 포숙의 추천으로 관중을 등용하여 제나라를 부강하게 하여 九合諸侯, 一匡天下하여 첫 패자가 됨. B.C.685~643년까지 43년간 재위함. 《史記》 齊太公世家를 참조할 것. '該輔'의 그를 보좌로 삼음. '該'는 備의 뜻. 이상 네 구절에 대해 《楚辭集註》에는 "呂望, 太公也, 亦姓姜氏, 從其封姓, 故曰呂也. 鼓, 鳴也. 太公避紂, 居東海之濱, 聞文王作興, 而往歸之. 至於朝歌, 道窮困, 因自鼓刀而屠, 遂西釣於渭濱. 文王夢得聖人, 於是出獵而遇之, 遂載以歸, 用以爲師. 言:「吾先公望子久矣.」 因號爲太公望. 該, 備也. 甯戚, 衛人, 脩德不用, 退而商賈, 宿齊東門外, 桓公夜出, 甯戚方飯牛, 叩角而商歌曰:「南山粲白石, 爛生不遭. 堯與舜禪, 短布單衣. 適至肝從, 昏飯牛薄. 夜半長夜, 漫漫何時?」 旦桓公聞之曰:「異哉! 歌者非常人也.」 命後車載之, 用爲客卿. 備, 輔佐也."라 함.

【及年歲之未晏兮, 時亦猶其未央】'晏'은 늦어짐. '央'은 다함. 끝남. 盡과 같음.

【恐鵜鴂之先鳴兮, 使夫百草爲之不芳】'鵜鴂'(제결)은 새 이름. 접동새, 伯勞, 杜鵑이라고도 함. 朱熹는 《詩》 豳風 〈七月〉 "七月鳴鵙, 八月載績. 載玄載黃, 我朱孔陽, 爲公子裳"의 '鵙'(격)이라 하였음. 이 새는 春分에 울면 새 생명이 싹트고, 秋分에 울면 만물이 시든다 함. 여기서는 나이가 들기 전에 힘써 할 일을 해야 함을 비유한 것. 《眞寶》 注에 "巫咸言止此. 勉原使及身未老時未過, 而速行之意. 鵜鴂先鳴, 比時一過, 則事愈變而愈不可爲也"라 함. 이상 네 구절에 대해 《楚辭集註》에는 "其, 一作而. 鵜, 一作鷤, 音題, 一音弟. 鴂, 音決, 一音桂. 一無夫字, 爲, 于僞反, 一無爲字. 晏, 晚也. 央, 盡也. 鵜鴂鳥名, 卽《詩》所謂七月鳴鵙者. 蓋鵙鴂聲相近, 又其聲惡. 陰氣至, 則先鳴而草死也. 巫咸之言止此. 亦勉原使及此身未老時未過, 而速行之意. 鵜鴂先鳴, 以比時一過, 則事愈變而愈不可爲也"라 함.


〈11〉

경옥으로 만든 패물은 얼마나 수려한가?
뭇사람들은 숱하게 이를 가리고 있네.
그러나 이런 무리들은 믿을 수 없으니,
질투하여 그것들을 꺾어 버릴까 두렵구나.
시절이 어지러이 변해가고 있으니,

다시 어찌 오래도록 머물러 지체하랴?

난초와 지초芷草는 변하여 향기를 잃고,

전초荃草와 혜초도 변하여 띠풀이 되고 말았네.

어찌하여 옛날에는 그토록 향기롭던 풀들이,

이제는 단지 이런 쑥덤불이 되었는가?

그것이 어찌 무슨 다른 까닭이 있어서이겠는가?

수양을 좋아하지 않은 손해라네.

나는 난초가 믿을 만하다고 여겼었는데,

실속은 없고 용모만 뛰어나네.

그 아름다움은 버리고 세속을 따라,

구차스럽게 여러 꽃들과 나란히 서 있네.

산초山椒는 아첨에만 힘써 오만하고 방자하며,

살초樧草만이 다시 향주머니를 가득 채우려고 하네.

이미 벼슬을 바라고 들어가기만을 힘쓰니,

다시 어찌 그 향기를 감히 존경할 수 있으랴?

사실 시속을 따라서 흐르다 보면,

또 누구라고 훌쩍 변하지 않을 수 있겠는가?

산초와 난초처럼 훌륭한 것도 잘 살펴보면 이와 같은데,

하물며 게거揭車와 강리江離 따위임에랴?

오직 내가 차고 있는 이 패물만이 귀한 것이지만,

그 아름다움도 내팽개쳐서 이 지경에 이르렀네.

그윽한 향기는 이지러지기 어려운 것이기에,

향내음 오늘도 여전히 사라지지 않는다네.

격조와 법도에 맞추어 스스로 즐기면서,

잠시 떠돌며 여인을 구하리라.

나의 장식물이 바야흐로 한창 아름다울 때에,

두루 돌아다니며 천지를 훑어보리라.

何瓊佩之偃蹇兮? 衆薆然而蔽之.

惟此黨人之不諒兮, 恐嫉妬而折之.

時繽紛以變易兮, 又何可以淹留?

蘭芷變而不芳兮, 荃蕙化而爲茅.

何昔日之芳草兮, 今直爲此蕭艾也?

豈其有他故兮, 莫好脩之害也?

余以蘭爲可恃兮, 羌無實而容長.

委厥美以從俗兮, 苟得列乎衆芳.

椒專佞以慢慆兮, 樧又欲充夫佩幃.

旣干進而務入兮, 又何芳之能祗!

固時俗之流從兮, 又孰能無變化?

覽椒蘭其若茲兮, 又況揭車與江離?

惟茲佩之可貴兮, 委厥美而歷茲.

芳菲菲而難虧兮, 芬至今猶未沬.

和調度以自娛兮, 聊浮游而求女.

及余飾之方壯兮, 周流觀乎上下.

【何瓊佩之偃蹇兮? 衆薆然而蔽之】'瓊佩'은 瓊玉 나뭇가지로 만든 佩物. 美德을 비유함. '偃蹇'은 여러 뜻에 두루 쓰이는 疊韻連綿語로 여기서는 풍성함을 의미함. '薆然'은 우거지고 뒤덮여 잘 알 수 없게 된 상태를 뜻함.

【惟此黨人之不諒兮, 恐嫉妬而折之】'不諒'은 믿을 수 없음. 미덥지 않음. '折'은 꺾어버림.《眞寶》注에 "叶制"라 함.《眞寶》注에 "此下至終篇, 又原自序之詞"라 함. 이상 네 구절에 대해《楚辭集註》에는 "佩, 一作珮. 薆, 音愛. 蔽如字, 又叶音鷩, 諒, 一作亮. 蔽, 如字, 卽忻叶音制. 蔽音鷩, 卽折音哲. 此下至終篇, 又原自序之詞. 偃蹇, 衆盛貌. 言「我所佩瓊玉德美之盛, 盖以自況也.」薆, 亦蔽之盛也. 諒, 信也. 折, 毀敗也"라 함.

【時繽紛以變易兮, 又何可以淹留】'繽紛'은 어지러이 많음을 표현하는 雙聲連綿語. '淹留'는 막힌 채 머무름.

【蘭芷變而不芳兮, 荃蕙化而爲茅】 '茅'는 띠풀. 여기서는 잡초로 변함. 소인을 비유함. 《眞寶》注에 "叶矛. ○上云謂幽蘭其不可佩, 以蘭之別於艾也. 謂申椒其不芳, 以椒別於糞壤也. 今曰蘭芷不芳, 荃蕙爲茅, 則更與之俱化矣. 當是時, 守死不變者, 楚唯屈子一人而已"라 함. 이상 네 구절에 대해 《楚辭集註》에는 "以, 一作其. 茅, 叶, 莫侯反. 繽紛, 亂也. 不可淹留, 宜速去也. 茅, 惡草, 以喻不肖. 補曰:「上云謂幽蘭其不可佩, 以幽蘭之別於艾也. 謂申椒其不芳, 以申椒之別於糞壤也. 今曰蘭芷不芳, 荃蕙爲茅, 則更與之俱化矣. 當是時也, 守死而不變者, 楚國一人而已, 屈子是也.」"라 함.

【何昔日之芳草兮, 今直爲此蕭艾也】 '直'은 다만. 只와 같음. '蕭艾'는 쑥.

【豈其有他故兮, 莫好脩之害也】 《眞寶》注에 "世亂俗薄, 士無常守, 乃小人害之, 而以爲莫如好脩之害者, 蓋由君子好脩, 而小人嫉之, 使不容於當世. 故中材以下, 皆變而從俗, 則是所以致此者, 反無如好脩之害也. 東漢之亡, 議者以爲黨錮諸賢之罪, 蓋反其詞以深悲之, 正原之意也"라 함. 이상 네 구절에 대해 《楚辭集註》에는 "一無蕭字, 一無二也字. 好, 呼報反. 蕭艾, 賤草, 亦以喻不肖. 世亂俗薄, 士無常守, 乃小人害之, 而以爲莫如好脩之害者, 何哉? 蓋由君子好脩而小人嫉之, 使不容於當世, 故中人以下莫不變化, 而從俗, 則是其所以致此者. 反無有如好脩之爲害也. 東漢之亡, 議者以爲黨錮諸賢之罪, 盖反其詞以深悲之, 正屈原之意"라 함.

【余以蘭爲可恃兮, 羌無實而容長】 '蘭'은 王逸은 楚懷王의 아들이며 頃襄王의 아우인 令尹 子蘭을 가리키는 것이라 하였으나, 朱熹와 王夫之 등은 이에 의견을 달리 하였음. '容長'은 용모만 뛰어남. 《眞寶》注에 "徒外好"라 함.

【委厥美以從俗兮, 苟得列乎衆芳】 '委'는 '버리다, 내던지다, 맡겨두다' 등의 뜻. 《眞寶》注에 "卽蘭變不芳之意"라 함. 이상 네 구절에 대해 《楚辭集註》에는 "此卽上章蘭芷變而不芳之意. 容長, 謂徒有外好耳. 委, 棄也. 詳見下章"이라 함.

【椒專佞以慢慆兮, 樧又欲充夫佩幃】 '椒'는 王逸은 楚나라 대부 子椒를 가리키는 것으로 보았으나 朱熹는 의견을 달리 하였음. 그러나 《眞寶》注에 "椒, 楚大夫子椒"라 하였음. '專佞'은 아첨에 전념함. '慢慆'는 오만하고 방자함. 《眞寶》注에 "淫"이라 함. '樧'(살)은 茱萸라 함. 山椒에 대비하여 향기가 없음을 비유함. 《眞寶》注에 "樧, 茱萸也. 似椒而非, 喩子椒似賢而非"라 함.

【旣干進而務入兮, 又何芳之能祗】 '干進'은 進達하기를 바람. 들어가 임금에게 진언하기를 바람. '干'은 求의 뜻. '祗'는 敬의 뜻. 그러나 王念孫은 《讀書雜志》에서 "祗之言振也. 言干進務入之人, 委蛇從容, 必不能自振其芬芳, 非不能敬賢之意也. ……

祇與振, 聲近而義同, 故字或相通"이라 하여 振의 뜻으로 보았음. 이상 네 구절에
대해 《楚辭集註》에는 "慢, 篤諫反, 一作謾, 一作漫. 惂, 吐刀反, 一作謟. 椴, 音殺.
夫, 一作其, 非是. 幃, 音暉. 而, 一作以. 惂, 滔也. 《書》曰「無即惂淫.」椴, 茱萸也.
幃, 盛香之囊也. 椒, 亦芳烈之物, 而今亦變爲邪佞, 茱萸固爲臭物, 而今又欲滿於香
囊, 蓋但知求進, 而務入於君, 則又何能復敬守其芬芳之節乎?"라 함.

【固時俗之流從兮, 又孰能無變化】'流從'은 흘러가며 따름. '化'는 《眞寶》注에 "叶虛"
라 함.

【覽椒蘭其若玆兮, 又況揭車與江離】'揭車'와 '江離'는 모두 香草 이름. 山椒나 蘭보
다 향기가 뒤처짐. 따라서 椒蘭은 貴人을, 揭車와 江離는 士大夫를 비유함.《眞
寶》注에 "椒蘭旣如此, 二物從可知矣"라 함. 이상 네 구절에 대해 《楚辭集註》에
는 "流從, 一作從流. 化, 叶, 火瓜反. 離, 叶音, 羅. 化, 或叶. 虎爲反, 卽離如字. 流
從, 言隨從上化如水之流也. 揭車, 江離, 雖亦香草, 然不若椒蘭之盛, 今椒蘭旣如
此, 則二者從可知矣"라 함.

【惟玆佩之可貴兮, 委厥美而歷玆】'玆'는 此, 是, 斯와 같음.

【芳菲菲而難虧兮, 芬至今猶未沫】'菲菲'는 향내가 물씬 풍기는 모양. 또는 꽃이 우
거진 모습을 뜻하기도 함. '難虧'는 이지러질 수 없음. 쉽게 사라지지 않음. '沫'은
거품처럼 소멸함. 《眞寶》注에 "叶眉. ○言「瓊佩, 有可貴之質, 而能不挾其美, 以取
世資, 委而棄之, 以至於此. 然其芬芳, 實不可得而減損昏昧.」此原之自況也. 然上
文謂蘭亦有委厥美者, 彼眞棄其美之實, 以從俗; 此則棄其美之利, 以徇道. 固不同
也. 故彼雖苟得一時之勢, 而惡名不滅; 此雖失一時之利, 而芬芳久存. 有志者, 正當
明辨而勇決也"라 함. 이상 네 구절에 대해 《楚辭集註》에는 "之, 一作其. 菲, 下而
一作其芬, 下一有複出芬字. 沫叶, 莫之反. 委歷皆已見上. 虧, 損減也. 沫, 昏暗也.
言「瓊珮有可貴之質, 而能不挾其美, 以取世資, 委而棄之, 以至於此. 然其芬芳, 實
不可得而減損昏暗.」此原之自況也. 然上章譏蘭旣有委厥美之文矣, 此美瓊珮, 又
以爲言者, 蓋彼真棄其美之實, 以從俗; 此則棄其美之利, 以徇道其事. 固不同也. 故
彼雖苟得一時之勢, 而惡名不滅; 此雖失其一時之利, 而芬芳久存. 二者之間, 正有
志者, 所當明辯而勇決也"라 함.

【和調度以自娛兮, 聊浮游而求女】'調度'는 格調와 法度. 조화를 이룸. '女'는 同志를
뜻함.

【及余飾之方壯兮, 周流觀乎上下】'壯'은 훌륭함. '流觀'은 두루 훑어봄.《眞寶》注에
"叶戶. ○意猶求君"이라 함. 이상 네 구절에 대해 《楚辭集註》에는 "調, 徒料反. 女,

紐呂反. 上, 去聲;下, 上聲. 叶音戶. 調, 猶今人言格調之調. 度, 法度也. 言「我和此
調度, 以自娛, 而遂浮游以求女. 如前所言慮妃佚女二姚之屬, 意猶在於求君也.」余
飾, 謂瓊佩及前章冠服之盛方壯, 亦巫咸所謂年未晏時未央之意. 周流上下, 卽靈氛
所謂遠逝, 巫咸所謂陞降上下也」라 함.

## 〈12〉

영분靈氛이 이미 내게 길점吉占을 일러주었으니,
길일을 택해 내 앞으로 길을 떠나리라.
경옥瓊玉 나뭇가지를 꺾어 음식을 만들고,
경옥 가루를 빻아 양식으로 삼으려 하네.
나를 위해 비룡飛龍에게 멍에를 씌우고,
옥돌과 상아를 모아 수레를 꾸미네.
어찌 갈라진 마음이 하나가 될 수 있겠는가?
내 장차 멀리 떠나 스스로 멀어지려네.
길을 돌려 곤륜산崑崙山으로 향하는데,
갈 길이 길고도 멀어 두루 돌아가네.
구름과 무지개 그린 깃발이 바람에 날리니 해를 가리고,
옥으로 만든 난새 모양의 방울 딸랑딸랑 울리네.
아침에 은하수 나루터를 출발하여,
저녁에 나는 서쪽 끝에 이르렀네.
봉황새는 공손히 깃발을 받들고,
높이 부드럽게 날며 따라오네.
홀연히 나는 이 사막을 지나가고,
적수赤水를 따라 노닐고 있네.
교룡蛟龍을 지휘하여 나루터에 다리를 놓고,
서황西皇에게 나를 건네주도록 말하였네.
길은 길고 멀어 어려움도 많으니,

많은 수레를 먼저 보내 지름길에서 나를 기다리게 하였네.
부주산不周山으로 가는 길 왼쪽으로 돌고,
서해西海를 가리키며 목적지를 기약하였네.
무리를 이루고 가는 나의 수레가 천 대나 되는데,
옥수레바퀴〔玉軑〕를 나란히 하고 함께 달리네.
꿈틀거리는 여덟 마리 용을 몰고,
구름을 깃발삼아 꽂고 구불구불 가고 있네.
마음을 누르고 천천히 가려고 해도,
정신은 높이 치달려 아득하기만 하네.
우왕의 노래〔九歌〕를 연주하고 소무韶舞를 춤추며,
잠시 틈을 내어 즐겁게 놀아 보네.
눈부시게 빛나는 황천에 올라보니,
문득 옛 살던 고향이 저 아래 보이네.
마부는 슬퍼하고 나의 말도 그곳 그리워,
머뭇머뭇 뒤돌아보며 나아가지 못하네.


靈氛旣告余以吉占兮, 歷吉日乎吾將行.
折瓊枝以爲羞兮, 精瓊䕸以爲糧.
爲余駕飛龍兮, 雜瑤象以爲車.
何離心之可同兮? 吾將遠逝以自疏.
邅吾道夫崑崙兮, 路脩遠以周流.
揚雲霓之晻藹兮, 鳴玉鸞之啾啾.
朝發軔於天津兮, 夕余至乎西極.
鳳皇翼其承旂兮, 高翶翔之翼翼.
忽吾行此流沙兮, 遵赤水而容與.
麾蛟龍以梁津兮, 詔西皇使涉予.
路脩遠以多艱兮, 騰衆車使徑待.

路不周以左轉兮, 指西海以爲期.

屯余車其千乘兮, 齊玉軑而並馳.

駕八龍之蜿蜿兮, 載雲旗之委蛇.

抑志而弭節兮, 神高馳之邈邈.

奏九歌而舞韶兮, 聊假日以婾樂.

陟陞皇之赫戲兮, 忽臨睨夫舊鄉.

僕夫悲余馬懷兮, 蜷局顧而不行.

【靈氛既告余以吉占兮, 歷吉日乎吾將行】'歷吉日'은 吉日을 택함. '歷'은 '두루 세어보고 선택하다'의 뜻. '行'은 《眞寶》注에 "叶抗"이라 함.

【折瓊枝以爲羞兮, 精瓊䴢以爲粻】'羞'는 饈의 假借字. 朱熹는 '바치다'의 뜻으로 보았으며, 王逸 注에는 '脯'라 하였음. 《眞寶》注에 "羞, 脯也"라 함. '精瓊䴢'은 瓊玉을 가루로 빻음. '䴢'는 糜와 같으며 가루를 뜻함. 《眞寶》注에 "䴢, 屑也"라 함. '粻'은 糧과 같음. 《眞寶》注에 "音張"이라 함. 이상 네 구절에 대해 《楚辭集註》에는 "一無吉字, 行叶, 戶郎反. 折, 之舌反. 䴢, 芒悲反. 粻, 陟姜反, 又音良. 歷, 遍數而實選也. 精, 細米也. 瓊枝, 瓊䴢, 皆謂物之珍者. 羞, 進也, 以牲及禽獸之肉, 致滋味而進之也. 粻, 糧也"라 함.

【爲余駕飛龍兮, 雜瑤象以爲車】'瑤象'은 瑤玉과 象牙.

【何離心之可同兮? 吾將遠逝以自疏】'離心'은 마음이 떠남. '自疏'은 스스로 소원해짐. '疏'는 疏, 疎, 踈와 같음. 이상 네 구절에 대해 《楚辭集註》에는 "爲余之爲, 于僞反. 疏, 所菹反. 象, 象牙也. 雜用象玉以飾其車也. 離心, 謂上下無與己同心者也. 自疏, 則禍患不能相及矣"라 함.

【遭吾道夫崑崙兮, 路脩遠以周流】'遭'은 갈 길을 돌림. 轉과 같음. 《眞寶》注에 "池戰反 라 함. '崑崙'은 崐崘으로도 표기하며 서쪽에 있는 큰 산. 카라코룸 산의 외래어를 漢語式 疊韻連綿語로 표기한 것이라 함.

【揚雲霓之晻靄兮, 鳴玉鸞之啾啾】'揚雲霓'은 구름과 무지개가 그려진 깃발을 들어 올림. '晻靄'는 하늘을 가림. 어두운 상태를 뜻하는 雙聲連綿語. '玉鸞'는 수레의 橫木에 다는 방울. 난새 모양의 옥방울. '啾啾'는 방울 소리를 형상화한 것. 이상 네 구절에 대해 《楚辭集註》에는 "遭, 池戰反. 崑, 古渾反. 崙, 盧昆反. 揚下一有志

字, 非是. 晻, 烏感反. 藹, 一作蓋, 一作靄, 並於蓋反. 啾, 音㑦. 遭, 轉也.《後漢書》
注云:「崑崙, 在肅州酒泉縣西南地之中也.」雲霓, 蓋以爲旌旗也. 藹, 陰貌. 鸞, 鈴之
著於衡者. 啾, 鳴聲也"라 함.

【朝發軔於天津兮, 夕余至乎西極】'天津'은 銀河水의 나루터.

【鳳皇翼其承旂兮, 高翺翔之翼翼】'鳳皇'은 鳳凰과 같음. '翼'은 和恭한 모습.《文選》
에는 '紛'으로 되어 있음. '承旂'는 깃발을 받듦. '翺翔'은 높이 빙빙 낢. '翼翼'은 펄
럭이는 모습. 또는 가지런한 모습. 이상 네 구절에 대해《楚辭集註》에는 "翼, 一作
紛. 旂, 渠希反. 之, 一作而. 天津, 析木之津, 謂箕斗之間, 漢津也. 蓋箕北斗南天河
所經, 而日月五星於此徃來, 故謂之津, 又有天津, 九星在虛危北橫河中, 卽津梁所
渡也. 翼, 敬也.《周禮》:「交龍爲旂, 凡旂屬皆建於車後也.」一上一下曰翺, 直刺不動
曰翔. 翼翼, 和也"라 함.

【忽吾行此流沙兮, 遵赤水而容與】'流沙'는 서북쪽 먼 사막. 고비사막이라고도 함.
'遵'은 循과 같음. '赤水'는 崑崙山에서 발원하여 南海로 흐른다는 강. '容與'는 노
니는 모습을 표현하는 雙聲連綿語.

【麾蛟龍以梁津兮, 詔西皇使涉予】'麾'는 揮와 같으며 지휘함. '梁津'은 나루에 다리
를 놓음. '詔'는 명령하여 告함. '西皇'은 서방의 神. 少皥를 일컬음.《眞寶》注에
"西皇, 謂少皥"라 함. '予'는《眞寶》注에 "叶與"라 함. 이상 네 구절에 대해《楚辭
集註》에는 "麾, 許爲反. 以, 一作使. 予, 音與. 流沙, 見〈禹貢〉, 今西海居延澤是也.
沈括云:「嘗過無定河, 活沙履之百步, 皆動如行幕, 上或陷, 則人馬車駞以百千數無
孑遺者.」或謂此卽流沙也. 遵, 循也. 赤水, 出崑崙東南陬, 入南海. 容與, 遊戲貌. 以
手敎曰麾, 以蛟龍爲橋於津上, 而乘之以渡. 猶言架. 黿鼉以爲梁也. 詔, 告也. 西皇,
帝少皥也. 少皥, 以金德王, 白精之君, 故曰西皇"이라 함.

【路脩遠以多艱兮, 騰衆車使徑待】'騰'은 힘차게 달림. '徑待'는 지름길에서 기다림.
'待'는《眞寶》注에 "叶, 徒奇反"이라 함.

【路不周以左轉兮, 指西海以爲期】'不周'는 不周山. 崑崙山 서북쪽에 있다 함. '西海'
는 서쪽 끝에 있다고 여겼던 전설상의 바다. 이상 네 구절에 대해《楚辭集註》에
는 "待叶, 徒奇反, 一作持. 不周, 山名.《山海經》:「西北海之外有山, 而不合, 名曰不
周.」指, 語也. 期, 會也. 言「己使語衆車, 使由徑路先過, 而相待我. 當自不周山, 而
左行俱會西海之上也.」"라 함.

【屯余車其千乘兮, 齊玉軑而並馳】'屯'은 모음. 또는 '陳列하다'의 뜻으로도 봄. '玉
軑'는 옥으로 만든 수레바퀴. '軑'는《方言》에 "輪, 韓楚之間謂之軑"라 하였고,

《眞寶》注에는 "軑, 音大. 輨也. 轂內之金也"라 함.

【駕八龍之蜿蜿兮, 載雲旗之委蛇】'蜿蜿'은 용이 꿈틀거리는 모양. '雲旗'는 구름을 깃발로 삼음. '委蛇'는 '위이'로 읽으며 깃발이 휘날리는 모습을 뜻하는 雙聲連綿語. 逶迤, 委移로도 표기함. 이상 네 구절에 대해 《楚辭集註》에는 "乘, 繩證反. 軑, 音大. 蜿, 於原反, 一作婉, 於阮反. 委, 於危反. 蛇, 戈支反, 一作移, 二字一作逶迤. 屯, 聚也. 軑, 輨也. 轂內之金也. 一云轄也. 蜿蜿, 龍貌. 雲旗, 以雲爲旗也"라 함.

【抑志而弭節兮, 神高馳之邈邈】'弭節'은 속도를 늦춤. '邈邈'은 아득함.

【奏九歌而舞韶兮, 聊假日以婾樂】'九歌'는 《眞寶》注에 "九歌, 卽九德之歌, 禹樂也"라 함. '舞韶'는 韶舞를 춤으로 춤. '韶'는 舜임금 때의 음악 九韶. '假日'은 틈을 냄. '婾樂'은 유쾌히 즐김. 《眞寶》注에 "言「遭遇幽阨, 中心愁悶, 假延日月, 苟爲娛樂耳.」"라 함. 이상 네 구절에 대해 《楚辭集註》에는 "抑上一有聊字. 弭節, 一作自弭. 神高馳, 一作邁高地. 假, 工雅反, 一作暇, 一音暇, 皆非是. 婾, 音俞. 言「雖按節徐行, 然神猶高馳邈邈, 然而逾遠不可得而制也.」九歌, 九德之歌, 禹樂也. 韶, 九韶之舞, 舜樂也. 假, 借也. 顏師古云:「此言遭遇幽厄, 中心愁悶, 假延日月, 苟爲娛樂耳.」"라 함.

【陟陞皇之赫戲兮, 忽臨睨夫舊鄉】'陟陞'은 오름. '皇'은 皇天. '赫戲'는 빛나는 모습을 표현하는 雙聲連綿語. 赫曦로도 표기함. '睨'는 旁視의 뜻. '舊鄉'은 옛날 살던 고향.

【僕夫悲余馬懷兮, 蜷局顧而不行】'蜷局'은 꿈틀거리며 앞으로 가지 못하는 모습을 표현하는 雙聲連綿語. 《眞寶》注에 "原託爲此行而終無所詣. 周流上下而卒反於楚焉, 亦仁之至而義之盡也"라 함. 이상 네 구절에 대해 《楚辭集註》에는 "一無陟字. 陞, 一作升. 戲, 許宜反, 一作曦. 睨, 五計反. 悲, 一作思. 蜷, 音拳. 行, 叶, 戶郎反. 皇, 皇天也. 赫戲, 光明貌. 睨, 旁視也. 舊鄉, 楚國也. 僕, 御也. 懷, 思也. 蜷局, 詰曲不行貌. 屈原託爲此行而終無所詣, 周流上下, 而卒反於楚焉, 亦仁之至而義之盡也"라 함.


〈13〉

난사亂辭에 이렇게 읊었네.

"모든 것이 끝이로다!

나라에 사람 없어 나를 알아주지 않는데,

또 어찌 고향을 그리워하랴?

이미 더불어 아름다운 정치를 할 수 없다면,

나는 장차 팽함彭咸을 따라 그의 거처로 가리라!"

亂曰:「已矣哉!

國無人莫我知兮, 又何懷乎故都?

旣莫足與爲美政兮, 吾將從彭咸之所居!」

【亂曰:「已矣哉」】'亂'은 노래의 끝맺는 부분. 樂歌의 終章. 王逸은 "亂, 理也. 所以發
理辭指, 總撮其要"라 하였고, 洪興祖《楚辭補注》에는《國語》魯語의 韋昭 注를
인용하여 "其輯之亂. 輯, 成也. 凡作篇章旣成, 撮其大要以爲亂辭"라 함.《論語》泰
伯篇 "師摯之始, 關雎之亂, 洋洋乎盈耳哉"의 劉台拱《論語騈枝》에 "始者, 樂之
始;亂者, 樂之終.〈樂記〉曰:「始奏以文, 復亂以武.」又曰:「再始以著往, 復亂以飭
歸」皆以'始'·'亂'對擧, 其義可見"이라 함.《楚辭集註》에는 "亂者, 樂節之名.《國語》
云:「其輯之亂, 輯, 成也. 凡作篇章旣成, 撮其大要, 以爲亂辭也.」《史記》曰:「關雎
之亂, 以爲風始.」《禮》曰:「旣奏以文, 又亂以武.」"라 함. '已矣哉'는 '모든 것이 끝났
도다, 그만두어라' 등의 뜻으로 絶望을 나타내는 感歎 句節임. '已'는 止와 같음.
《眞寶》注에 "樂節之名, 凡篇章成撮大要以爲亂辭"라 함.

【國無人莫我知兮, 又何懷乎故都】'故都'는 고향, 고국.

【旣莫足與爲美政兮, 吾將從彭咸之所居】'彭咸'은 殷나라 때 賢臣으로 자신의 諫
言이 받아들여지지 않자 물에 빠져 죽었다 함. 그러나《山海經》및《呂氏春秋》
에 巫彭과 巫咸이 있어 이 둘을 함께 말한 것으로 보기도 함.《眞寶》注에 "彭咸,
古賢臣, 溺水死"라 함. 이상 네 구절에 대해《楚辭集註》에는 "一無哉字. 人下一無
兮字. 賦也. 已矣, 絶望之詞. 無人, 謂無賢人也. 故都, 楚國也. 言「時君不足與共行
美政, 故我將自沈以從彭咸之所居也.」"라 함.

( 참고 및 관련 자료 )

1. 굴원(屈原, 屈平)

戰國시대 말기 楚나라 충신이며 '楚辭'의 대표적 시인. 懷王과 頃襄王의 어리석
음에 참언을 입었으며, 특히 懷王(熊槐, 羋槐:B.C.328-B.C.299년 재위)은 楚 威王의

아들로 屈原을 멀리하고 張儀를 가까이하여, 秦 昭王의 속임에 빠져 秦나라에 들어갔다가 잡혀 죽임을 당하는 등 초나라의 혼란기를 겪음. 屈原은 頃襄王 때 令尹 子蘭의 참훼를 입어 결국 조정으로 복귀하지 못한 채 江南으로 추방되어 떠돌다가 湘江 하류 汨羅水에 투신하여 생을 마침. 그에 따라 중국 남방의 민간 풍속 중에 端午節, 龍舟大會, 粽子, 詩人節 등의 起源이 되기도 하였음.《史記》屈原賈生列傳에 "屈原者, 名平, 楚之同姓也. 爲楚懷王左徒. 博聞彊志, 明於治亂, 嫺於辭令. 入則與王圖議國事, 以出號令;出則接遇賓客, 應對諸侯. 王甚任之. 上官大夫與之同列, 爭寵而心害其能. 懷王使屈原造爲憲令, 屈平屬草稿未定. 上官大夫見而欲奪之, 屈平不與, 因讒之曰:「王使屈平爲令, 衆莫不知, 每一令出, 平伐其功, 以爲非我莫能爲也.」王怒而疏屈平."이라 함.

2. 이 글은《楚辭章句》(漢 王逸, 1),《楚辭補注》(宋 洪興祖, 1),《楚辭集註》(宋, 朱熹, 1),《文選注》(唐, 李善, 32),《屈宋古音義》(明, 陳第, 2) 등에 실려 있음.

## 002. <漁父辭> ·················· 屈原(屈平)
## 어부사

\*<漁父辭>:이는 굴원이 放逐을 당하였을 때 강가에서 만난 漁父와 자신을 假設
하여 문답형식으로 지은 辭賦임. 漁父가 세상 推移에 맞추어 살도록 권유하자
이에 자신은 孤高하게 살겠다고 강한 의지를 밝힌 것임. 漁父의 '父'는 혹 '보'
(甫)로 읽으나 관용에 따라 '어부'로 읽음.
\*《眞寶》注에 "此篇乃屈原所作. 漁父, 蓋當時隱遁之士, 或曰亦原之設詞耳. ○迂
齋(樓昉의 堂號. 그는 宋 紹熙 年間의 학자로 呂祖謙의 제자이며 아우 樓昞과 함께
文名을 떨쳤음. 《崇古文訣》을 지음)云:漁父, 蓋古巢由之類, 荷蕢丈人之屬. 或曰亦
原託之也"라 함.


굴원이 이윽고 쫓겨나 강담江潭을 어슬렁거리거나, 못가에서 시를 읊
조리며 다녔는데 안색은 초췌하고 모습은 바짝 말라 있었다.
어부漁父가 이를 보고 물었다.
"선생은 삼려대부三閭大夫가 아니시오? 어쩌다가 이 지경에 이르셨습
니까?"
굴원이 말하였다,
"온 세상이 다 혼탁한데 나 홀로 깨끗하고, 모든 사람이 다 취해 있는
데 나만이 깨어 있으니, 이 까닭으로 쫓겨나게 되었다오."
어부가 말하였다.
"성인聖人은 세상 사물에 얽매이지 아니하고, 세상의 변화에 맞추어
갈 수 있어야 합니다. 세상 사람들이 모두 탁하면 어찌 진흙탕에 휩싸
인 채 휘저어 흙탕물을 일으키지 않으십니까? 뭇사람들이 모두 취해
있다면 어찌 술지게미를 먹고 박주薄酒나 마시지 않으십니까? 왜 깊이
생각하고 고결하게 처신하다가 스스로 쫓겨남을 당하게 하십니까?"

굴원이 말하였다.

"내가 듣기로는 새로 머리를 감은 사람은 반드시 관冠을 털어서 쓰고, 새로 목욕한 사람은 반드시 옷을 털어서 입는다고 하였소. 어찌 결백한 몸으로 외물의 더러움을 받아들일 수 있겠소? 차라리 상강湘江에 가서 물고기 배 속에 장사를 지낼지언정, 어찌 희디희고 깨끗한 몸에 세속의 먼지를 뒤집어쓸 수 있겠소?"

어부는 빙그레 웃고, 뱃전을 두드리며 떠나갔다.


그러면서 이렇게 노래를 불렀다.

"창랑滄浪의 물이 맑으면 내 갓끈을 씻으면 되고,
창랑의 물이 흐리면 내 발을 씻으면 되는 것을!"

그렇게 떠나버리고는 다시는 그와 더불어 말을 나누지 않았다.


屈原旣放, 游於江潭, 行吟澤畔, 顔色憔悴, 形容枯槁.

漁父見而問之曰:「子非三閭大夫與? 何故至於斯?」

屈原曰:「擧世皆濁, 我獨淸; 衆人皆醉, 我獨醒. 是以見放.」

漁父曰:「聖人不凝滯於物, 而能與世推移. 世人皆濁, 何不淈其泥而揚其波? 衆人皆醉, 何不餔其糟而歠其醨? 何故深思高擧, 自令放爲?」

屈原曰:「吾聞之: 新沐者必彈冠, 新浴者必振衣. 安能以身之察察, 受物之汶汶者乎? 寧赴湘流葬於江魚之腹中, 安能以皓皓之白, 而蒙世俗之塵埃乎?」

漁父莞爾而笑, 鼓枻而去.


乃歌曰:「滄浪之水淸兮, 可以濯吾纓; 滄浪之水濁兮, 可以濯吾足!」

遂去不復與言.

【屈原既放】'屈原'은 屈原이 자신을 客觀化하여 말한 것. '旣'는 앞서 있었던 일을 축약하여 말할 때 쓰는 말.《史記》에 "令尹子蘭聞之大怒, 卒使上官大夫短屈原於頃襄王, 頃襄王怒而遷之"라 하였고,《楚辭》卜居에 "屈原旣放, 三年不得復見, 竭志盡忠, 而蔽障於讒, 心煩慮亂, 不知所從"이라 함. '放'은 放逐됨. 추방을 당함. 쫓겨남.《楚辭》王逸 注에 "放, 身放逐也"라 하였고,《春秋》〈正義〉에 "臣事君王, 諫不從, 有待放之禮. 放者, 有罪當刑而不忍刑之, 寬其罪而放棄之也"라 함.

【游於江潭, 行吟澤畔】'游'는 遊와 같으며 遊歷함. 어슬렁거림. 돌아다님. '江潭'은 강과 호수. 江湖. 그러나 〈離騷〉序에 "遷於江南屈潭"이라 하여 지금의 潭州 寧鄕縣이라고도 함. 王逸 注에는 "戱水側也"라 함.《史記》에는 "至於江濱, 被髮行吟澤畔"으로 되어 있음.

【顔色憔悴】'憔悴'는 살이 빠지고 마른 모습을 표현하는 雙聲連綿語. 혹 '顦顇', '癄瘁' 등으로도 표기하며《韻會》에 "憂患也"라 함. 王逸 注에 "肝黧黑也"라 함.

【形容枯槁】'枯槁'는 王逸 注에 "瘐瘦瘠也"라 함.

【三閭大夫】楚나라 벼슬 이름. '三閭'는 楚나라 公族 昭氏, 屈氏, 景氏 등 三姓들에게 주어졌던 職銜. 屈原은 이들 三姓을 管掌하는 大夫였음.

【與】'歟'와 같음. 疑問, 反語, 感歎 등을 표시하는 終結詞.

【何故至於斯】《文選》注에 "曷爲遭此患也?"라 하였고, 王逸 注에는 "曷爲遭謗於斯也?"라 함.

【是以見放】'見'은 被動形 문장을 구성함. 방축을 당함. 이상 구절에 대해《眞寶》注에는 "'與',《史》作'歟', '至於斯', 作'而至此'. '擧世', 一作'世人', '皆',《史》作'混', '我' 上一有'而'字, 下句同. '放'下一有'尒'(爾)字"라 함.

【凝滯於物】사물에 의해 엉기거나 막힘.

【與世推移】세속과 더불어 그 변화에 따라 옮겨가 함께함. 세속의 모남과 둥긂을 따름. 王逸 注에 "隨俗方圓"이라 함.

【何不淈其泥而揚其波】'淈其泥'는 물속의 진흙을 휘저어 흐리게 함. '揚其波'는 그 물결을 일으킴.《史記》에는 "何不隨其流而揚其波"라 하여 뜻이 더욱 명확함.

【餔其糟而歠其醨】'餔'는 食과 같으며, '歠'은 '啜'과 같음. 飮의 뜻.《史記》에는 '啜'로 되어 있음. '糟'와 '醨'는 술지게미. 王逸 注에는 "糟, 從其俗也; 醨, 食其祿也"라 함.《史記評林》에 "李延机曰:「隨流揚波者, 不至於俱濁, 亦不必獨淸; 餔糟啜醨者, 不至於俱醉, 亦不必獨醒, 所謂與世推移者也.」"라 함.

【何故深思高擧, 自令放爲】'高擧'는 王逸 注에 "獨行忠道"라 함. '自令放爲'는 王逸

注에 "違在他域"이라 함. 《史記》에는 "何故懷瑾握瑜, 而自令見放爲?"로 되어 있음. 이상 구절에 대해 《眞寶》注에는 "餔, 食也; 歠, 飮也. 糟醨, 皆酒滓也. 以水齊糟曰醨, 薄酒也. 歠, 昌悅反; 醨, 力支反"이라 함.

【新沐者必彈冠, 新浴者必振衣】《荀子》不苟篇에 "新浴者振其衣, 新沐者彈其冠, 人之情也. 其誰能以已之僬僬, 受人之掝掝者哉?"라 하여 이미 널리 쓰이던 당시 格言이었음. 이에 《困學紀聞》(10)에도 "《楚辭》〈漁父〉:「吾聞之: 新沐者必彈冠, 新浴者必振衣. 安能以身之察察, 受物之汶汶者乎?」《荀子》曰:「新浴者振其衣, 新沐者彈其冠, 人之情也. 其誰能以已之僬僬, 受人之掝掝者哉!」荀卿適楚, 在屈原後, 豈用楚辭語歟? 抑二子皆述古語也"라 함.

【安能以身之察察, 受物之汶汶者乎】'察察'은 淸潔하고 깨끗함. 王逸 注에 "察察, 淸潔也"라 함. '汶汶'은 더럽고 때가 묻음. 王逸 注에 "汶汶, 蒙垢塵也"라 함. 《眞寶》注에는 "察察, 潔白色; 汶汶, 玷辱也. 振, 音正; 汶, 音問"이라 함.

【寧赴湘流葬於江魚之腹中】'寧'은 副詞로 '차라리 —할지언정'의 뜻. 《說文》에 "寧, 願詞也. 徐曰: 人言寧可如此, 是願如此也. 《論語》:「禮與其奢也, 寧儉.」"이라 함. '湘流'는 湘江. 洞庭湖로 흘러드는 강. 《說文》에 "湘水出零陵陽海山北, 入江"이라 함. 《史記》에는 '常流'로 되어 있으며 注에 '猶長流也'라 하였음.

【安能以皓皓之白而蒙世俗之塵埃乎】'皓皓'는 '皎皎'와 같으며 깨끗하여 아주 흼. 王逸 注에 "皎皎明也"라 함. '塵埃'는 먼지와 티끌. 더러움. 王逸 注에 "被黜汚也"라 함. 그러나 《史記》에는 "安能以皓皓之白而蒙世俗之溫蠖乎"로 되어 있음. 《眞寶》注에는 "湘, 《史》作'常', 音長. 葬上《史》有'而'字. '於'《史》作'乎', 一無'之'字. 中下, 《史》有'耳'字. 皓皓, 一作皎皎, 一無'而'字. '塵埃', 《史》作'溫蠖'. 若從諸本, 則埃叶'衣'字, 作於支反; 若從《史》, 則白叶蒲各反, 蠖, 於郭反. '而'二字, 自相叶矣. 溫蠖, 猶惛憒也"라 함.

【莞爾而笑, 鼓枻而去】'莞爾'는 빙그레 웃는 모습. '莞'은 《眞寶》注에 "莞, 胡板反. 莞, 微笑貌"라 하여 '환'으로 읽도록 되어 있음. 王逸 注에 "笑難斷也"라 함. 《論語》陽貨篇에 "子之武城, 聞弦歌之聲. 夫子莞爾而笑, 曰:「割雞焉用牛刀?」"라 함. '鼓枻'은 鼓枻과 같음. '枻'은 삿대. 혹은 키. 여기서는 뱃전을 뜻함. 王逸 注에 "鼓枻, 叩船舷也"라 함. 《眞寶》注에는 "枻, 一作曳. 鼓枻, 扣船舷也"라 함.

【滄浪之水淸兮, 可以濯吾纓; 滄浪之水濁兮, 可以濯吾足】'滄浪'은 물 이름. 漢水의 하류. 《史記》夏本紀 注에 《括地志》云:「漢水源出梁州金牛縣東二十八里嶓冢山. 又曰: 均州武當縣有滄浪水. 《漢水記》云:「武當縣西四十里, 漢水中有洲, 名滄浪洲.」

《荊州圖經》曰:「滄浪洲, 長四十里, 廣十三里.」《寰宇記》:「二水合流, 故號滄浪水, 漁父亭在武岡軍. 春秋戰國爲楚地, 卽屈原見漁父處, 濯纓臺, 在江陵, 屈原濯纓處.」라 함. 王逸 注에 "淸, 喩世昭明;濁, 喩世昏闇"이라 하였으며, "濯吾纓, 沐浴升朝廷也;濯吾足, 宜隱遁也"라 함. 혹 漢水, 혹 漢水의 支流, 夏水 등이라는 주장이 있음. 盧文弨는 《鍾山札記》에서 "倉浪, 靑色;在竹曰蒼筤, 在水曰滄浪"이라 하였고, 《尙書》禹貢에는 "嶓冢導漾, 東流爲漢, 又東爲滄浪之水"라 하였으며, 鄭玄의 注에 "今之夏水"라 하였음. 孔安國 傳에는 "別流在荊州"라 함. 한편 閻若璩《四書釋地》에는 《水經注》沔水의 내용을 인용하여 "武當縣西北漢水中有滄浪洲, 漢水經其地, 遂得名滄浪之水. 武當縣, 卽今湖北均縣. 縣境漢水又名滄浪之水, 有滄浪亭, 在均縣東門外漢水北岸. 水色淸碧, 可鑑眉目;一遇大雨, 則泥土冲入, 頓成混濁也"라 하였고, 《水經注》夏水에는 "劉澄之著《永初山川記》云:「夏水, 古文以爲滄浪, 漁父所歌也.」"라 함. 한편 金履祥은 屈原의 〈漁父辭〉와 관련지어 "滄浪之歌, 乃是荊楚風謠之舊, 故屈原〈漁父辭〉亦有此句. 或謂夫子自棄適漢而聞孺子之歌"라 함. 그러나 그저 '맑은 물'을 뜻하는 것으로도 봄. 한편 이 구절은 《孟子》離婁篇(上)에 "有孺子歌曰:「滄浪之水淸兮, 可以濯我纓;滄浪之水濁兮, 可以濯我足.」孔子曰:「小子聽之! 淸斯濯纓, 濁斯濯足矣, 自取之也.」夫人必自侮, 然後人侮之;家必自毁, 而後人毁之;國必自伐, 而後人伐之."라 하여 고대에 널리 불리던 노래였음. 《眞寶》注에는 "滄浪之水, 卽漢水之下流也. 見〈禹貢〉. 纓, 冠索也"라 함.
【遂去, 不復與言】漁父가 드디어 떠나 사라지면서 굴원과 더 이상 말을 나누지 않음. 그와 대화하기를 포기함.

참고 및 관련 자료

1. 작자 굴원(屈原, 屈平) 앞장(001) 참조.

2. 이 글은 王逸《楚辭章句》(7), 《史記》(84 屈原傳), 洪興祖《楚辭補注》(7), 朱熹《楚辭集注》(5), 《文選注》(33), 《六臣注文選》(33), 《屈宋古音義》(2), 《繹史》(132), 《事文類聚》(前集 17), 《太平御覽》(726) 등에 널리 실려 있음.

# 003. <上秦皇逐客書> ················· 李斯
## 진시황의 '축객령'에 대해 올리는 글

＊<上秦皇逐客書>:《史記》李斯列傳에 따르면 秦皇(뒤에 秦始皇) 10년(B.C.237) 李斯가 客卿이 되었을 때 "會韓人鄭國來閒秦, 以作注漑渠, 已而覺. 秦宗室大臣皆言秦王曰:「諸侯人來事秦者, 大抵爲其主游閒於秦耳, 請一切逐客」李斯議亦在逐中. 斯乃上書曰"이라 하여 韓나라 사람인 鄭國이 秦나라에 와서 '渠'(관개용 큰 水路이며 이것이 鄭國渠임)를 축조하도록 하였는데, 이는 秦나라로 하여금 국력을 소진하여 자신의 조국 韓나라에 대한 공격을 완화시키려고 하는 속셈이었음.《史記》正義에 "鄭國渠, 首起雍州雲陽縣西南二十五里, 自中山西邸瓠口爲渠, 傍北山, 東注洛, 三百餘里以漑田. 又曰韓苦秦兵, 而使水工鄭國閒秦作注漑渠, 令費人工, 不東伐也"라 함.) 이것이 발각되자 秦나라 宗室大臣들이 始皇에게 '다른 제후국 출신으로서 秦나라에 와서 벼슬하는 자들은 모두 자신의 조국 군주를 위해 유세하고 離間하는 자들이니 축출해야 한다'라는 '逐客令'을 내리도록 하였음. 이에 楚나라 출신으로 방금 客卿이 된 李斯가 논리적으로 이를 반박하여 올린 글임. 과연 秦始皇은 李斯의 이 上書에 따라 축객령을 폐기하고 李斯를 우대하여 丞相에 임명하였으나 결국 이사는 趙高에게 빌붙어 진시황이 죽자, 태자 扶蘇를 자결토록 하고 胡亥를 二世皇帝로 옹립하여 秦나라가 망하게 됨. 따라서 이 글은 앞의 충신 屈原의 <離騷經> 다음에 실어 勸戒를 克明하게 대비시키기 위해 제시한 것이라 함.《史記》正義에 "在始皇十年"이라 함. 이 글 뒤를 이어《史記》에는 "秦王乃除逐客之令, 復李斯官, 卒用其計謀, 官至廷尉"라 하였고, <集解>에 "駰案:《新序》曰:斯在逐中, 道上上諫. 書達始皇, 始皇使人逐, 至驪邑得還"이라 함. (그러나 今本《新序》에는 이런 기록이 없음.)

＊《眞寶》注에 "迂齋云:此先秦古書也. 中間兩三節, 一反一覆, 一起一伏, 略加轉換數介字, 而精神愈出, 意思愈明, 無限曲折變態, 誰識文章之妙, 不在虛字助詞乎? ○秦始皇十年, 宗室大臣議曰:「諸侯人來仕者, 皆爲其主遊問(間)耳. 宜一切逐之.」客卿楚人李斯, 亦在逐中, 行且上此書, 乃召斯復其官除逐客之令. 此篇反覆言客之有功於秦, 援秦既往之明效, 以爲事實, 而擧輕明重, 卽珍寶眼玩聲色之事, 以證

之. 文亦奇矣. 斯謂「客何負於秦?」然秦卒相斯, 斯乃附趙高, 殺扶蘇, 立胡亥. 卒使秦喪天下. 是秦無負於客, 而客眞有負於秦, 大矣! 且韓非亦客於秦耳. 秦王悅之, 未用, 斯乃譖之, 以爲非終於爲韓計, 不爲秦也. 已以客逐, 則以書爭之, 非以客來, 則以讒殺之. 斯, 眞傾險不忠之哉! 或曰:「今選古文, 卽以此篇, 次於《楚辭》, 其文雖美, 如其人何?」曰:「不可以其人, 廢其文也. 且以〈離騷〉壓卷, 以忠臣爲萬世勸也; 以此書次之, 以姦臣爲萬世戒也. 勸戒昭然, 讀古文而首明此, 豈無小補云?」이라 함.

"신이 듣자니 관리들이 다른 나라 출신의 인사들은 쫓아낼 것을 논의하고 있다는데, 제가 생각하기에는 지나친 일이라 여겨집니다.

지난날, 목공繆公께서는 선비들을 구하여 서쪽에서는 융戎 땅에서 유여由余를 얻으셨고, 동쪽에서는 완宛 땅에서 백리해百里奚를 얻었으며, 송宋나라로부터 건숙蹇叔을 맞이해 왔고, 진晉나라에서는 비표邳豹와 공손지公孫支가 찾아왔습니다. 이들 다섯 사람은 진秦나라 출신이 아니었건만 목공께서는 이들을 등용하여 20개 국을 합병하고 드디어 서융西戎을 제패하게 되었던 것입니다.

효공孝公께서는 상앙商鞅의 법을 사용하여 풍속을 바로잡아 백성들은 풍성함을 누렸고 나라는 부강하여, 백성들은 그의 등용을 즐거워하였으며, 제후들은 몸소 복종해서, 초楚나라와 위魏나라의 군사를 쳐부수고 천리의 땅을 더 넓혀 오늘에 이르도록 부강함을 누리게 되었던 것입니다.

혜왕惠王께서는 장의張儀의 계책을 사용하여 삼천三川의 땅을 빼앗고, 서쪽으로는 파촉巴蜀 땅을 합병하였으며, 북쪽으로는 상군上郡을 거두어들이고, 남쪽으로는 한중漢中 땅을 빼앗았으며, 구이九夷를 포괄하고 언영鄢郢을 제압하였으며, 동쪽으로는 성고成皐의 험한 지형을 틀어잡고 비옥한 땅을 떼어가져 드디어 육국六國의 합종책合從策을 무산시켜 그들로 하여금 서쪽을 향하며 우리 진秦나라를 섬기도록 하였으니, 그 공로는 이제까지 미치고 있습니다.

소왕昭王께서는 범저范雎를 등용하여 재상 양후穰侯를 폐기시키고 화양군華陽君을 쫓아냈으며, 공실公室을 강화하여 사문私門을 막았으며, 제후들을 잠식蠶食하여 우리 진나라로 하여금 제업帝業을 이루도록 하였습니다.

이들 네 임금들은 모두 다른 나라 출신들의 공로에 의해 그렇게 하였던 것입니다. 이로써 보건대 다른 나라 인사들이 진나라에 무슨 부담이 되었겠습니까!

지난날 이들 네 임금들로 하여금 다른 나라 출신 인사들을 물리쳐 나라 안으로 받아들이지 않고 선비들을 소홀히 하여 등용하지 않았더라면, 이는 진나라로 하여금 부유함과 실리를 얻도록 하지 못하였을 터이며 진나라는 강대하다는 명성 또한 얻지 못하였을 것입니다.

지금 폐하께서는 곤산昆山의 옥을 가져오게 하고, 수후隨侯의 구슬과 화씨和氏의 보물을 가지고 계시며, 명월주明月珠를 차서 늘어뜨리고, 태아검太阿劍을 차고 섬리마纖離馬를 타시며, 취봉翠鳳의 깃발을 세우고 영타靈鼉의 가죽으로 만든 북을 달아놓고 계십니다.

이 몇 가지 보배는 진秦나라에서는 하나도 나지 않는 것이건만, 폐하께서는 그것들만 좋아하시니 이는 무슨 이유 때문이겠습니까?

꼭 진나라에서 생산된 것이라야만 된다면 야광夜光의 벽옥은 조정에 장식되어서는 안 될 것이며, 외뿔소 뿔과 코끼리 이빨로 만든 그릇은 즐기거나 좋아해서는 안 될 것이며, 정鄭나라, 위衛나라 여자들이 후궁에 충당되어서는 안 될 것이며, 결제駃騠 같은 준마나 양마들은 외양간에 채워져서는 안 될 것이며, 강남에서 생산되는 금과 주석도 써서는 안 될 것이며, 서촉西蜀에서 나는 단청丹靑도 채색으로 써서는 안 될 것입니다.

후궁을 꾸미고 아래 줄을 서는 여인들을 채우고, 마음과 뜻을 기쁘게 하고, 귀와 눈을 즐겁게 해주는 것들도 반드시 진나라에서 나는 것들이라야 된다면, 완宛 땅의 구슬로 장식한 비녀와 모난 구슬을 붙여 장식한 귀고리, 제齊나라 동아東阿에서 나는 고운 흰 비단으로 만든 옷, 비단에 수를 놓아 장식한 것들도 폐하 앞에 바쳐져서는 안 될 것이며, 유행에 따라 예쁘게 변화하여 아름답게 꾸민 아리따운 조趙나라 미녀들도 폐하 곁에 서 있어서는 안 될 것입니다.

무릇 물동이를 두드리고 장군을 두드리며, 아쟁阿箏이나 연주하고 넓적다리를 두드리며, 장단에 맞추어 '오오'하며 소리 지르면서 노래를 불러 귀와 눈을 즐겁게 하는 것, 이것이 바로 진나라의 음악입니다. 그리고 정鄭, 위衛와 상간桑間의 노래, 소우韶虞와 상무象武의 음악은 다른 나라의 음악입니다. 그런데 지금 물동이를 두드리고 장군을 두드리는 그런 음악은 몰아내고 정, 위의 음악을 좋아하고, 아쟁이나 연주하는 그런 음악은 물리치고 대신 소우의 음악을 취하고 계시니, 이처럼 하는 것은 무슨 까닭입니까? 이는 바로 앞에서 마음을 즐겁게 해주고 보기에 좋기 때문일 뿐입니다.


지금 사람을 쓰는 데에는 그렇지 않습니다. 가부可否는 묻지도 않으며, 옳고 그름은 논의조차 하지 않은 채 진나라 출신이 아닌 자는 떠나라 하고, 객의 신분인 자는 내쫓으라 하시니, 그렇다면 중히 여기는 바는 색과 음악, 주옥에 있으며, 가벼이 여기는 바는 사람에게 두고 있으니, 이는 온 천하를 제압하는 술책이 아닙니다.

신이 들건대 땅이 넓은 나라는 나는 곡식이 많으며, 나라가 크면 백성도 많게 되고, 군대가 강한 나라는 군사들이 용감하다 하더이다.

이 까닭으로 태산泰山은 흙덩이 하나도 사양하지 않음으로써 그렇게 거대할 수 있는 것이요, 하해河海는 가는 물줄기도 가려서 받는 것이 아니기에 그토록 깊을 수가 있는 것입니다.

왕자王者는 많은 무리의 사람들을 물리치지 않음으로써 그 때문에 능히 덕을 밝힐 수 있는 것입니다.

이 까닭으로 땅은 사방을 가리지 않기에 그의 땅이 되는 것이고 사람은 출신이 다른 나라라고 따지지 않기에 모두 그의 백성이 되는 것이며, 사계절은 언제나 충실하고 아름답게 되고, 귀신까지도 복을 내려주는 것입니다. 이것이 옛날 오제五帝와 삼왕三王에게 적이 없었던 이유입니다.

지금 이에 백성들을 버려서 적국의 자산이 되게 하고, 다른 나라 인사들을 물리쳐서 다른 제후들이 패업霸業을 이루도록 하시며, 천하의 선비들로 하여금 물러나 감히 서쪽 진나라로 향하지 못하도록 하고, 그들의 발을 묶어 진나라로 들어오지 못하게 하고 있으니, 이것이 이른바적에게 무기를 빌려주고 도둑에게 양식을 대어 주는 것이라 하는 것입니다.

무릇 물건 중에는 진나라에서 나는 것이 아니지만 보배가 될 만한 것이 많고, 선비들 중에도 진나라 출신은 아니지만 충성을 다하려고 하는 사람들이 많습니다. 그런데 지금 객을 쫓아내어 적국에게 자산이 되도록 하고, 백성을 덜어서 원수에게 보태주며, 안으로는 스스로 텅 비우면서 밖으로 제후들에게 원한을 심고 있으니, 이렇게 하고서도 나라에 위험이 없기를 바란다면 이는 도저히 이룰 수 없을 것입니다."

「臣聞吏議逐客, 竊以爲過矣.

昔者, 繆公求士, 西取由余於戎, 東得百里奚於宛, 迎蹇叔於宋, 來邳豹, 公孫支於晉, 此五子者, 不産於秦, 而繆公用之, 幷國二十, 遂霸西戎.

孝公用商鞅之法, 移風易俗, 民以殷盛, 國以富强, 百姓樂用, 諸侯親服, 獲楚魏之師, 擧地千里, 至今治强.

惠王用張儀之計, 拔三川之地, 西幷巴蜀, 北收上郡, 南取漢中, 包九夷, 制鄢郢, 東據成臯之險, 割膏腴之壤, 遂散六國之從, 使之西面事秦, 功施到今.

昭王得范雎, 廢穰侯, 逐華陽, 彊公室, 杜私門, 蠶食諸侯, 使秦成帝業.

此四君者, 皆以客之功. 由此觀之, 客何負於秦哉!

向使四君, 郤客而不內, 疎士而不用, 是使國無富利之實, 而秦無彊大之名也.


今陛下致昆山之玉, 有隨和之寶, 垂明月之珠, 服太阿之劍, 乘纖離之馬, 建翠鳳之旗, 樹靈鼉之皷.

此數寶者, 秦不生一焉, 而陛下說之, 何也?

必秦國之所生, 然後可, 則是夜光之璧, 不飾朝廷; 犀象之器, 不爲玩好; 鄭衛之女, 不充後宮; 而駿良駃騠, 不實外廐; 江南金錫, 不爲用; 西蜀丹青, 不爲采.

所以飾後宮, 充下陳, 娛心意, 說耳目者, 必出於秦, 然後可, 則是宛珠之簪, 傅璣之珥, 阿縞之衣, 錦繡之飾, 不進於前; 而隨俗雅化, 佳冶窈窕趙女, 不立於側也.

夫擊甕叩缶, 彈箏搏髀而歌呼嗚嗚, 快耳目者, 眞秦之聲也; 鄭衛桑間, 昭虞象武者, 異國之樂也. 今棄擊甕叩缶而就鄭衛, 退彈箏而取昭虞, 若是者何也? 快意當前, 適觀而已矣.


今取人則不然, 不問可否, 不論曲直, 非秦者去, 爲客者逐, 然則是所重者, 在乎色樂珠玉; 而所輕者, 在乎人民也, 此非所以跨海內制諸侯之術也.

臣聞地廣者粟多, 國大多者人衆, 兵强則士勇.

是以泰山不辭土壤, 故能成其大; 河海不擇細流, 故能就其深.

王者不郤衆庶, 故能明其德.

是以地無四方, 民無異國, 四時充美, 鬼神降福, 此五帝三王之所以無敵也.

今乃棄黔首以資敵國, 郤賓客以業諸侯, 使天下之士, 退而不敢西向, 裹足不入秦, 此所謂藉寇兵而齎盜糧者也.

　夫物不産於秦, 可寶者多, 士不産於秦, 願忠者衆, 今逐客以資敵國, 損民以益讎, 內自虛而外樹怨於諸侯, 求國無危, 不可得也.」

【繆公求士】'繆公'은 穆公으로도 표기하며 春秋시대 秦나라 임금. 이름은 任好. 春秋五霸의 하나로 B.C.659-B.C.621년까지 39년간 재위하였으며 百里奚, 蹇叔 등을 등용하여 국력을 강화한 다음, B.C.624년에 晉나라와 전투에서 승리하여 西戎의 霸者가 됨.《眞寶》注에 "不引前代他國事, 只說秦事"라 함.

【西取由余於戎】'由余'는 원래 晉나라 출신. 戎으로 가서 그곳 戎王의 신하가 되었음. 戎王은 由余를 秦나라로 보내어 그곳 사정을 알아보게 하였는데 穆公이 由余를 설득하여 秦나라 신하로 삼아 戎을 멸하고 패자가 될 수 있었음.《史記》秦本紀에 "繆公退而問內史廖曰:「孤聞鄰國有聖人, 敵國之憂也. 今由余賢, 寡人之害, 將奈之何?」內史廖曰:「戎王處辟匿, 未聞中國之聲. 君試遺其女樂, 以奪其志; 爲由余請, 以疏其閒; 留而莫遣, 以失其期. 戎王怪之, 必疑由余. 君臣有閒, 乃可虜也. 且戎王好樂, 必怠於政.」繆公曰:「善.」因與由余曲席而坐, 傳器而食, 問其地形與其兵勢盡察, 而後令內史廖以女樂二八遺戎王. 戎王受而說之, 終年不還. 於是秦乃歸由余. 由余數諫不聽, 繆公又數使人閒要由余, 由余遂去降秦. 繆公以客禮禮之, 問伐戎之形."이라 함. 由余에 대한 고사는《韓非子》(十過),《呂氏春秋》(不苟),《韓詩外傳》(9),《說苑》(反質篇),《史記》(秦本紀, 匈奴傳),《新序》등에 널리 실려 있음. '戎'은 西戎. 중국 서북쪽의 소수 민족.

【東得百里奚於宛】'百里奚'는 春秋시대 虞나라 사람. 자는 井伯. 7년 동안 虞公을 보필하였으나 그의 정치가 그른 것을 보고 낙담하다가, 마침 晉이 虢을 멸하고 귀환길에 虞나라도 멸망시키자 百里奚는 포로가 되어 秦穆公 부인의 滕臣이 되어 가던 중 楚나라 宛 땅으로 도망하여 목동이 되었음. 秦 穆公이 그를 뛰어난 인물로 여겨, 楚나라로부터 다섯 마리 검은 염소 가죽 값으로 사서 '五羖大夫'(五羔大夫)로 불렀으며, 그의 도움으로 霸者가 될 수 있었음.《史記》秦本紀 및《說苑》등을 참조할 것.《史記》〈索隱〉에 "〈秦本紀〉云:晉獻公以百里奚爲秦穆公夫人滕於秦, 奚亡走宛, 楚鄙人執之, 是也"라 하였고,〈正義〉에는 "《新序》云:百里奚, 楚宛人, 仕於虞, 虞亡入秦, 號五羖大夫也"라 함.

【迎蹇叔於宋】'蹇叔'은 岐州 사람으로 宋나라에 있을 때 百里奚가 秦穆公에게 추천하여 秦나라에 이르러 穆公(繆公)을 보필함.《史記》秦本紀 索隱, 正義 등을 참조할 것. '宋'은 지금의 河南 商丘 일대에 있던 제후국으로, 원래 殷의 遺民을 관리하도록 微子(啓)가 봉지로 받아 세워진 나라.《史記》〈索隱〉에 "〈秦紀〉又云:百里奚謂穆公曰:「臣不如臣友蹇叔, 蹇叔賢而世莫知.」穆公厚幣迎之, 以爲上大夫. 今云於宋未詳所出."이라 하였고, 〈正義〉에는 "《括地志》云:蹇叔岐州人, 時遊宋, 故迎之於宋"이라 함.

【來邳豹, 公孫支於晉】'邳豹'는 晉나라 사람으로 秦 穆公에게 찾아가 벼슬하였음.《左傳》僖公 10년을 참조할 것. '公孫支'는 衛나라 출신으로 子桑으로도 부르며 晉나라에 벼슬하다가 뒤에 秦나라로 가서 大夫가 됨.《史記》秦本紀 索隱 및 正義를 참조할 것.《左傳》僖公 9年에는 '公孫枝'로 되어 있음.《史記》〈索隱〉에 "丕豹自晉奔秦.《左氏傳》有明文, 公孫支所謂子桑也. 是秦大夫而云自晉以來, 亦未見其所出"이라 하였고, 〈正義〉에는 "《括地志》云:公孫支, 岐州人, 游晉後歸秦"이라 함.

【幷國二十】20개 나라를 합병시킴.《史記》〈索隱〉에 "〈秦本紀〉:「穆公用由余謀, 伐戎王, 益國二十, 開地千里, 遂霸西戎.」此都言五子之功, 故云幷國二十, 或易爲十二誤也"라 함.

【孝公用商鞅之法】'孝公'은 戰國시대 秦나라 임금. 이름은 渠梁. 秦獻公의 아들이며 惠王(惠文王)의 아버지. 商鞅을 등용하여 秦나라를 法治國家로 발전시킨 임금. B.C.361-B.C.338년까지 24년간 재위함. '商鞅'은 戰國시대 衛나라의 庶出 公子. 성은 公孫氏. 刑名과 法術을 좋아하여 급진적 개혁을 주장함. 조국에서 받아주지 않자 秦나라로 망명, 秦나라 孝公에게 유세하여 재상에 오름. 그는 혹독한 變法을 실행하여 秦나라를 법치국가로 완성함. 상(商), 오(於) 땅에 봉해져 商君이라 불리며 엄혹한 법으로 인해 많은 사람들의 원망을 불러일으켰으며, 결국 孝公이 죽자 도망치다가 잡혀 車裂刑에 처해지고 말았음. '徙木', '商鞅之法', '五家作統法' 등의 고사를 남겼으며 그의 법치 사상을 정리한《商君書》가 전함.《史記》商君列傳을 참조할 것.

【獲楚魏之師】商鞅이 魏나라 安邑을 쳐서 빼앗고 公子卬을 사로잡았던 일을 말함.

【惠王用張儀之計】'惠王'은 戰國시대 秦나라 군주. 孝公의 아들로서 惠文王으로도 불림. B.C.338-B.C.311년까지 27년간 재위하였으며 재위 중 B.C.324년 처음으로 '王'을 칭하기 시작하였음. '張儀'는 戰國시대 유명한 遊說家로 連橫說을 주창한 대표 인물. 魏나라 사람. 처음에 蘇秦과 함께 鬼谷子를 스승으로 모셔 遊說

術을 익혔으나 뒤에 蘇秦이 合從說을 실행하여 趙나라 재상이 되자 분을 품고
秦나라로 가서 惠王을 섬김. 뒤에 秦나라 재상이 되어 合縱策을 파기했고 連橫
策을 성공시켜 秦나라를 대국으로 격상시킴. 그에 따라 武信君에 봉해졌으며 惠
王이 죽고 武王이 즉위하여 대신들의 모함을 받게 되자 秦을 떠나 魏나라로 가
서 재상이 되었으나 1년 만에 생을 마침.《史記》張儀列傳을 참조할 것.

【拔三川之地, 西幷巴蜀, 北收上郡, 南取漢中, 包九夷, 制鄢郢, 東據成皐之險】'三川'
은 涇水, 渭水, 洛水의 세 강물이 있는 곳. 모두 黃河의 지류이며 秦나라는 이곳
에 三川郡을 두었음. '巴蜀'은 지금의 四川 成都 및 重慶을 중심으로 한 일대.
'上郡'은 지금의 陝西 서북쪽 일대. '漢中'은 지금의 陝西 남부와 湖北 서북부에
걸쳐 있던 지역. '九夷'는 그 무렵 秦나라 남부와 서부 일대의 여러 이민족을 범
칭하여 말한 것. '鄢郢'은 지금의 湖北 宜城縣 동남쪽에 있던 지명으로 都으로
도 불리며 楚나라가 한때 도읍을 郢으로 정했던 곳. 지금의 湖北 荊州임 '成皐'
는 지금의 河南 氾水縣 서북쪽. 원래 春秋시대에는 虢國이었으며 뒤에 鄭나라가
차지하였다가 戰國시대에는 韓나라 땅이 되었으며 여러 차례 秦의 東進 정책에
많은 전투를 치렀던 전략상의 요충지.《史記》〈索隱〉에 "案惠王時, 張儀爲相, 請
伐韓下兵三川, 以臨二周. 司馬錯請伐蜀, 惠王從之, 果滅蜀. 儀死後, 武王欲通車三
川, 令甘茂拔宜陽. 今並云張儀者, 以儀爲秦相, 雖錯滅蜀, 甘茂通三川, 皆歸功於相.
又三川是儀先請伐故也"라 함. '北收上郡'은《史記》〈正義〉에 "惠王十年, 魏納上郡
十五縣"이라 하였고, '南取漢中'은〈正義〉에 "惠王十三年, 攻楚漢中, 取地六百里"
라 하였으며, '包九夷, 制鄢郢'은〈索隱〉에 "九夷, 卽屬楚之夷也.《地理志》:南郡江
陵縣云故楚郢都. 又宜城縣云故鄢也"라 하였음.〈正義〉에는 "夷謂并巴蜀, 收上郡,
取漢中, 伐義渠丹犁是也. 九夷, 本東夷九種, 此言者文體然也"라 함.

【割膏腴之壤】'割'은 베어서 차지함. '膏腴'는 기름져 매우 비옥한 땅.

【遂散六國之從, 使之西面事秦】'六國之從'은 六國合從을 말함. 戰國시대의 秦을
제외한 三晉(韓, 魏, 趙)과 燕, 齊, 楚 등 여섯 나라는 蘇秦의 合從策에 따라 연합
하여 秦나라에 공동으로 대항하였음. 이에 상대하여 張儀는 連橫策(連衡策)을
내세워 이를 무너뜨리고 그들로 하여금 각기 개별적으로 서쪽 秦나라를 섬기도
록 하였음.

【昭王得范雎, 廢穰侯, 逐華陽】'昭王'은 戰國시대 秦나라 임금. 武王의 아들이며
惠王(惠文王)의 손자. 이름은 稷. B.C.306-B.C.251년까지 56년간 재위하였으며 재
위 중에 '長平之戰'(B.C.260)을 치러 승리를 거두었고 스스로 西帝라 일컫는 등

秦나라의 富國强兵을 이루었음. '范雎'는 전국시대 魏나라 사람으로 처음에 魏나라에서 벼슬하였으나 심한 핍박을 받고 秦나라로 숨어들어 昭王에게 '遠交近攻策'을 피력, 재상에 올라 應侯라는 작호를 받음.《史記》范雎蔡澤列傳을 참조할 것. 한편 '范雎'(범저)를 흔히 '范雎'(범수)라 읽으나 이는 오류임.《戰國策》考證에《史記》와《韓非子》를 인용하여 '范且'라 하였고, 淸나라 王先愼의《韓非子集解》에 "范且는 范雎"라 하였음. '范雎'를 '范雎'로 읽기 시작한 것은《通鑑》의 周赧王 四十五年後 胡三省의 注에 "范雎의 雎는 音이 雖"라 하여 이때부터 '范雎'로 읽기 시작하였으나 淸 錢大昕의〈通鑑注辨正〉에 "武梁祠 畫像에 范雎의 '且'는 '雎'와 같으며 '雎'字 왼쪽의 部首는 '目'이 아니고 '且'임을 밝혀냈음. 따라서 '雎'는 심한 誤謬"라 하였음. '穰侯'는 秦 昭王의 어머니 宣太后의 아우 魏冉. 재상 자리에 있을 때 범저가 昭王에게 그의 권세가 지나침을 설득하여 그를 축출하도록 하였음.《史記》范雎傳을 참조할 것. '華陽'은 穰侯가 昭王의 어머니 宣太后의 異父의 큰 동생인 데 비하여 華陽君은 同父弟였음. 그 또한 지나치게 권력이 높아지자 범저가 關外로 쫓아내어 왕권을 강화시킴.

【客何負於秦哉】'客卿들이 秦나라에게 무슨 부담이 되는가!'의 뜻.《眞寶》注에 "結得斬絶, 正說已盡, 又反說"이라 함.

【向使四君, 郤客而不內, 疎士而不用】'向'은 曩과 같으며 '앞서, 지난날' 등의 뜻. '四君'은 繆公(穆公), 孝公, 惠王, 昭王. '郤客而不內'은 客(외국 출신)을 물리치고 받아들이지 않음. '郤'은 却과 같으며 '內'은 納과 같음. '疎士而不用'은 선비를 踈忽히 하고 이들을 등용하지 않음. '踈'는 疏, 疎, 疏 등과 같음.

【致昆山之玉, 有隨和之寶, 垂明月之珠, 服太阿之劍, 乘纖離之馬, 建翠鳳之旗, 樹靈鼉之鼓】'昆山'은 '崑山'으로도 표기하며 昆岡(崑岡). 옥의 산지로 거론됨.《史記》〈正義〉에 "昆岡, 在于闐國東北四百里, 其岡出玉"이라 함. '隨和之寶'는 隨侯의 珠와 和氏의 璧. 隨侯之珠는 수후가 두 동강이 난 큰 뱀을 치료해 주자 그 뱀이 물어다 주었다는 明珠.《淮南子》說山訓,《史記》正義 및《搜神記》,《說苑》등에 널리 실려 있음.《史記》〈正義〉에 "《括地志》云: 瀆山, 一名崑山, 一名斷蛇丘, 在隨州隨縣北二十五里.《說苑》云: 昔隨侯行, 遇大蛇中斷, 疑其靈. 使人以藥封之, 蛇乃能去. 因號其處爲斷蛇丘. 歲餘, 蛇銜明珠, 徑寸, 絶白而有光, 因號隨珠"라 함. '和氏之璧'은 楚나라 사람 卞和가 荊山에서 발견하였다는 보옥임.《韓非子》和氏篇에 자세히 실려 있으며 뒤에 '完璧歸趙' 등의 고사를 남긴 보옥.《史記》正義에 "卞和璧, 始皇以爲傳國璽也"라 함. '明月之珠'는 밤에도 빛을 발하는 夜光珠.《淮

南子》說山訓을 참조할 것. '太阿之劍'은 吳나라 名匠 干將이 만들었다는 名劍. 干將劍, 莫邪劍과 함께 名劍으로 널리 칭해짐.《吳越春秋》및《搜神記》등을 참조할 것. '纖離之馬'는 名馬의 이름. 周 穆王 八駿馬의 하나였다 함.《荀子》性惡篇을 참조할 것. '翠鳳之旗'는 비취새 깃으로 봉황새 모양을 만들어 장식한 깃발. '靈鼉之鼓'는 신령스런 큰 악어 가죽으로 만든 북.《史記》〈集解〉에 "鄭玄注〈月令〉云:「鼉皮可以冒鼓.」"라 함.

【此數寶者, 秦不生一焉】《眞寶》注에 "擧輕明重與五子者, 不産於秦, 同一句法"이라 함.

【陛下說之】'說'(열)은 悅과 같음.《眞寶》注에 "上面節只是順說, 又倒說有無限精神"이라 함.

【犀象之器】외뿔소의 뿔과 코끼리 상아로 만든 좋은 그릇이나 器具.

【鄭衛之女】鄭나라와 衛나라 출신 여인들. 그곳 노래는 매우 빠르고 음탕하여 부정적으로 보았음.《論語》衛靈公篇에 "鄭聲淫, 佞人殆"라 함.

【駿良駃騠, 不實外廐】'駃騠'는 아주 잘 달리는 명마로 태어난 지 사흘 만에 그 어미보다 빨리 달렸다 함.《史記》〈索隱〉에 "駃音決, 騠音提.《周書》曰: 正北以駃騠爲獻.《廣雅》曰:「馬屬也.」郭景純注:「〈上林賦〉云:「生三日而超其母也.」"라 함. '外廐'는 바깥 마구간. 內廐에 모두 수용하지 못하여 外廐에까지 말을 채움.

【江南金錫】江南 지역에서 나는 쇠붙이와 주석.

【西蜀丹靑】西蜀(四川) 지역에서 나는 丹靑. 건축물을 장식하는 염료를 뜻함.

【充下陳】'下陳'은 아래에 진열해 있는 사람, 곧 後宮들을 가리킴.《史記》〈索隱〉에 "下陳, 猶後列也.《晏子》曰:「有二女願得入身於下陳」, 是也"라 함.《眞寶》注에 "將上面反說一兩項, 又倒一倒, 不覺重疊, 愈覺精采"라 함.

【宛珠之簪, 傅璣之珥, 阿縞之衣, 錦繡之飾】'宛珠之簪'의 '宛'은 땅 이름으로 보기도 하고 또는 '宛轉하게 만들다'의 뜻으로도 봄. 여기서는 후궁의 비녀를 가리킴. '傅璣之珥'는 구슬을 붙여 장식한 귀고리.《史記》〈索隱〉에 "宛音於阮反, 傅音附. 即隨珠也. 宛者, 謂以珠宛轉而裝其簪;傅者, 謂以璣附著於珥. 珥者, 瑱也. 璣, 是珠之不圓者. 或云宛珠, 宛地之珠也. 隨在漢水之南, 宛亦近漢, 故曰宛珠. 璣者, 女飾也. 言女傅之珥, 以璣爲之. 並非秦所有物也"라 함. '阿縞'는 齊나라 東阿 땅에서 나는 희고 고운 비단 縞素. '錦繡之飾'은 비단에 수를 놓아 장식한 화려한 의복.

【隨俗雅化, 佳冶窈窕趙女】'隨俗雅化'는 습속이나 유행에 따라 우아함이 변화하는 것. '佳冶窈窕'는 아름답고 얌전한 것. 窈窕는 疊韻連綿語.《史記》에 "〈集解〉:

徐廣曰隨俗, 一作修使.〈索隱〉: 謂閑雅變化而能隨俗也"라 함.

【擊甕叩缶, 彈箏搏髀而歌呼鳴鳴】'擊甕叩缶'은 옹기로 된 물동이를 치고 옹기로
된 장군 따위나 두드림. '缶'는《史記》에는 '瓿'로 되어 있으며 "〈索隱〉:《說文》云:
甕, 汲瓿也. 音於貢反. 缶, 瓦器也. 秦人鼓之以節樂. '瓿'音, 甫有反"이라 함. '彈箏
搏髀'는 阿箏이나 연주하고 자신의 넓적다리나 두드리며 장단을 맞춤. '箏'은 絃
樂器의 일종으로 12현 또는 13현이라 함. '歌呼鳴鳴'는 '오오'하면서 소리를 내어
노래함. 이상은 中原의 다른 나라 훌륭한 음악에 비해 秦나라 음악은 매우 촌스
럽고 鄙陋함을 말한 것.

【鄭衛桑間, 昭虞象武者】'鄭衛'는 鄭나라와 衛나라 노래로 末世나 亂世의 음악으
로 널리 알려졌음. '桑間'은 역시 망해가는 나라의 음탕한 노래. 흔히 '桑間濮上'
의 음악을 亡國之音이라 하였음. '昭虞'는 '韶虞'.《史記》索隱에 "昭, 一作韶"라
함. 舜임금 때의 음악.《論語》述而篇에 "子在齊聞韶, 三月不知肉味, 曰:「不圖爲
樂之至於斯也!」"라 함. '象武'의 '象'은 周公이 지은 음악이며, '武'는 周 武王의 음
악.《眞寶》注에 "以韶虞與鄭衛並說, 此戰國之習"이라 함.

【快意當前】당장 앞에서 마음이 상쾌하기 때문임.《眞寶》注에 "人才滿前, 適用而
已矣"라 함.

【跨海內制諸侯】'跨海內'는 四海에 걸쳐 걸터앉아 군림함. 천하를 지배함. '制諸侯'
는 다른 제후 나라들을 제압함.《眞寶》注에 "說秦皇之辭"라 함.

【泰山不辭土壤, 故能成其大;河海不擇細流, 故能就其深】이는 널리 알려진 구절로
'海納百川'과 같은 뜻.《史記》〈索隱〉에《管子》云:「海不辭水, 故能成其大;泰山不
辭土石, 故能成其高.」《文子》曰:「聖人不讓負薪之言, 以廣其名也.」"라 함.

【四時充美】사계절 모두 언제나 物産이 充足하고 풍경이 아름다움을 누릴 수 있음.

【五帝三王】'五帝'는《史記》五帝本紀에 黃帝(軒轅氏), 顓頊(高陽氏), 帝嚳(高辛氏) 唐
堯(陶唐氏), 虞舜(有虞氏)를 들고 있음. 전설상의 태평성대이며 禪讓(公天下)으로 이
어오던 시대. '三王'은 夏, 殷, 周 三代의 개국 군주. 夏禹, 商湯, 周 文王(姬昌)과 武
王(姬發). 모두 聖君으로 높이 받들어 추앙하며 '三王'이라 하였으나 흔히 실제 周
文王과 武王은 묶어 거론함.

【棄黔首以資敵國】'黔首'는 '머리가 검은 사람들'이라는 뜻으로 冠을 쓰지 않은 평
민. 百姓, 黎民 등과 같음. '資敵國'은 적국의 자산이 되도록 해 줌. 적국에게 도움
이 되도록 함.

【郤賓客以業諸侯】秦나라에 와서 일하는 빈객들을 축출하여 대신 다른 제후들이

그들을 받아들여 霸業을 이루도록 해줌.《眞寶》注에 "秦若不用, 必歸他國"이라 함.

【裹足不入秦】'裹足'은 발을 묶어 더 이상 秦나라로 들어올 수 없도록 함.

【藉寇兵而齎盜糧】'藉寇兵'은 도둑에게 무기를 빌려줌. '藉'는 給과 같음.《史記》〈索隱〉에 "藉, 猶給也"라 함. '齎盜糧'은 도둑에게 양식을 보내줌.《史記》〈索隱〉에 "藉, 音積夜反;齎, 音子奚反.《說文》曰:「齎, 持遺也.」齎或爲資義, 亦通"이라 함.

【損民以益讎】'損民'은 자신의 백성을 덜어냄. '益讎'는 원수에게 보태어줌.

【內自虛而外樹怨於諸侯】안으로 스스로 텅 비게 하며 밖으로 제후들에게 원한을 심음.

【求國無危, 不可得也】《眞寶》注에 "求無求之之語, 唯以危語恐之, 此乃戰國遊說家數"라 함.

## 참고 및 관련 자료

### 1. 이사(李斯)

秦나라의 上蔡人. 韓非와 함께 荀卿(荀子)에게 學問을 배웠으며, 秦始皇에게 크게 쓰여 廷尉를 거쳐 丞相에 올랐으나 始皇帝가 죽자, 그는 趙高의 협박에 눌려 太子 扶蘇를 죽이고 胡亥가 二世로 오르는 데 일조를 하였음. 뒤에 趙高의 미움을 받아 咸陽에서 腰斬을 당하였음. 小篆으로 文字를 통일하고 秦始皇을 따라 山東 일대를 돌며 巡狩碑의 글씨를 남김.《史記》李斯列傳 앞부분에 "李斯者, 楚上蔡人也. 年少時, 爲郡小吏, 見吏舍廁中鼠食不絜, 近人犬, 數驚恐之. 斯入倉, 觀倉中鼠, 食積粟, 居大廡之下, 不見人犬之憂. 於是李斯乃歎曰:「人之賢不肖譬如鼠矣, 在所自處耳!」"라 하여 변소의 쥐와 창고의 쥐를 보고 배움의 길로 나선 逸話와 마지막 獄을 나서서 腰斬을 당하러 咸陽 저잣거리 刑場으로 가면서 둘째 아들 손을 잡고 "吾欲與若復牽黃犬俱出上蔡東門逐狡兎, 豈可得乎!"라 한 것으로도 유명함.

### 2. 이 글은《史記》(87) 李斯列傳,《文選》(39),《資治通鑑》(6),《通鑑紀事本末》(下),《崇古文訣》(1),《繹史》(148),《古史》(56),《通志》(94),《歷代名臣奏議》(129),《陝西通志》(93),《藝文類聚》(24),《古文集成》(15),《文編》(47),《皇霸文紀》(12),《文章辨體彙選》(67),《古文淵鑒》(9) 등에 실려 있음.

### 3.《史記》(87) 李斯列傳

會韓人鄭國來閒秦, 以作注溉渠, 已而覺. 秦宗室大臣皆言秦王曰:「諸侯人來事秦者, 大抵爲其主游閒於秦耳, 請一切逐客.」李斯議亦在逐中. 斯乃上書曰:

「臣聞吏議逐客, 竊以爲過矣. 昔繆公求士, 西取由余於戎, 東得百里奚於宛, 迎蹇叔於宋, 來丕豹, 公孫支於晉. 此五子者, 不產於秦, 而繆公用之, 幷國二十; 遂霸西戎. 孝公用商鞅之法, 移風易俗, 民以殷盛, 國以富彊, 百姓樂用, 諸侯親服, 獲楚, 魏之師, 舉地千里, 至今治彊. 惠王用張儀之計, 拔三川之地, 西幷巴, 蜀, 北收上郡, 南取漢中, 包九夷, 制鄢, 郢, 東據成皐之險, 割膏腴之壤, 遂散六國之從, 使之西面事秦, 功施到今. 昭王得范雎, 廢穰侯, 逐華陽, 彊公室, 杜私門, 蠶食諸侯, 使秦成帝業. 此四君者, 皆以客之功. 由此觀之, 客何負於秦哉! 向使四君卻客而不內, 疏士而不用, 是使國無富利之實而秦無彊大之名也.

今陛下致昆山之玉, 有隨, 和之寶, 垂明月之珠, 服太阿之劍, 乘纖離之馬, 建翠鳳之旗, 樹靈鼉之鼓. 此數寶者, 秦不生一焉, 而陛下說之, 何也? 必秦國之所生然後可, 則是夜光之璧不飾朝廷, 犀象之器不爲玩好, 鄭, 衛之女不充後宮, 而駿良駃騠不實外廄, 江南金錫不爲用, 西蜀丹靑不爲采. 所以飾後宮充下陳娛心意說耳目者, 必出於秦然後可, 則是宛珠之簪, 傅璣之珥, 阿縞之衣, 錦繡之飾不進於前, 而隨俗雅化佳冶窈窕趙女不立於側也. 夫擊甕叩缶彈箏搏髀, 而歌呼嗚嗚快耳(目)者, 眞秦之聲也; 《鄭》, 《衛》, 《桑閒》, 《昭》, 《虞》, 《武》, 《象》者, 異國之樂也. 今弃擊甕叩缶而就《鄭衛》, 退彈箏而取《昭》《虞》, 若是者何也? 快意當前, 適觀而已矣. 今取人則不然. 不問可否, 不論曲直, 非秦者去, 爲客者逐. 然則是所重者在乎色樂珠玉, 而所輕者在乎人民也. 此非所以跨海內制諸侯之術也.

臣聞地廣者粟多, 國大者人衆, 兵彊則士勇. 是以太山不讓土壤, 故能成其大; 河海不擇細流, 故能就其深; 王者不卻衆庶, 故能明其德. 是以地無四方, 民無異國, 四時充美, 鬼神降福, 此五帝, 三王之所以無敵也. 今乃弃黔首以資敵國, 卻賓客以業諸侯, 使天下之士退而不敢西向, 裹足不入秦, 此所謂「藉寇兵而齎盜糧」者也.

夫物不產於秦, 可寶者多; 士不產於秦, 而願忠者衆. 今逐客以資敵國, 損民以益讎, 內自虛而外樹怨於諸侯, 求國無危, 不可得也.」

## 004. <秋風辭> ·················· 漢 武帝(劉徹)
## 추풍사

*<秋風辭>: 漢 武帝(劉徹)가 元鼎 4년(B.C.113) 10월 河東(지금의 山西 汾陰)의 后土
祠에 행차하여 제사를 올리고 돌아오는 길에 가을바람의 정취를 두고 辭로 읊
은 것임. 《漢書》武帝紀에 "(元鼎)四年冬十月, 行幸雍, 祠五畤. 賜民爵一級, 女子
百戶牛酒. 行自夏陽, 東幸汾陰. 十一月甲子, 立后土祠於汾陰脽上. 禮畢, 行幸滎
陽. 還至洛陽"이라 하여 이 때 지은 것으로 보고 있음.

*《眞寶》注에 "休齋云:「詩變而爲騷, 騷變而爲辭, 皆可歌也. 辭則兼詩騷之聲, 而
尤簡邃焉者. 漢武帝因祠后土於汾陰, 作〈秋風辭〉一章. 凡三易韻, 其節短, 其聲哀,
此辭之權輿乎!」라 함.(休齋는 陳知柔의 호. 자는 體仁)


　　황제가 하동河東에 행차하시어 지신地神 후토后土에게 제사를 올리고,
장안長安을 돌아보며 기꺼워하였다.
　　분하汾河의 중류中流에 배를 띄워 신하들과 잔치를 베풀면서 황제는
즐거움에 취하자 이에 〈추풍사秋風辭〉를 지었다.


　　가을바람 일어나니, 흰 구름 날리누나.
　　초목이 누렇게 되어 떨어지고, 기러기 남으로 돌아가네.
　　난초는 빼어나고, 국화는 향기를 내뿜네.
　　훌륭한 신하들을 생각하니, 잊을 수가 없구나.
　　누선樓船을 띄우고 분하를 건너네.
　　강물을 가로지르니, 흰 파도가 일어나네.
　　퉁소 불고 북을 울리며, 뱃노래를 부르네.
　　즐거움에 취하니, 슬픈 생각 깊어지네.
　　젊은 날 얼마나 되리, 늙어감을 어이 하리!

上行幸河東, 祠后土, 顧視帝京欣然.
中流與羣臣飲燕, 上歡甚, 乃自作<秋風辭>曰:

秋風起兮白雲飛, 草木黃落兮鴈南歸.
蘭有秀兮菊有芳, 懷佳人兮不能忘.
泛樓船兮濟汾河, 橫中流兮揚素波.
簫皷鳴兮發棹歌, 歡樂極兮哀情多.
少壯幾時兮奈老何!

【上行幸河東】'上'은 皇帝를 지칭하는 말. 구체적으로 武帝를 가리킴. '行幸'은 임금
의 행차. 蔡邕《獨斷》에 "天子車駕所至, 賜以食帛, 民爵有級. 或賜田租, 故謂之幸,
行幸, 巡行也"라 함. '河東'은 지금의 山西 서부 지역. 그 무렵 수도 長安에서의 방
위로 볼 때 黃河의 동쪽이었음. 한편《文選》에는 제목 아래「幷序」두 글자가 더
있음.

【祠后土】'祠'는 제사를 올림. '后土'는 토지신. 元 許謙의《詩集傳名物鈔》(6)에 "共
工氏之霸九州也, 其子曰后土, 能平九州, 故祀以爲社.《左傳》: 共工氏有子曰句龍,
爲后土, 上官之名也. 死以爲社神, 而祭之. 故曰句龍爲后土, 後轉爲社. 故世人謂社
爲后土. 后土者, 地之大名也"라 함.

【顧視帝京欣然】'帝京'은 帝王이 거처하는 京兆. 여기서는 漢나라 도읍 長安을 가
리킴. '欣然'은 기꺼워하는 모습.

【中流與羣臣飲燕】'中流'는 강의 중간. 여기서는 汾河의 중류를 가리킴. 汾河는 山
西省을 세로로 가로질러 흐르는 黃河의 가장 큰 지류. '飲燕'은 酒宴을 베풂. '燕'
은 宴과 같음.

【秋風起兮白雲飛, 草木黃落兮鴈南歸】'秋風'은 가을바람. 白居易〈暮立〉에 "大抵
四時心惚苦, 就中腸斷是秋天"이라 함. '草木黃落'은《禮記》月令에 "草木黃落",
"鴻雁來賓"이라 함.《眞寶》注에 "《禮記》:「季秋之月, 草木黃落, 鴻雁來賓.」"이라 하
였고,《文選》注에도 "善曰:《禮記》曰:「季秋之月, 草木黃落, 鴻鴈來賓.」"이라 함.

【蘭有秀兮菊有芳, 懷佳人兮不能忘】'蘭'은《本草》에 "春芳者爲春蘭, 色深; 秋芳者爲
秋蘭, 色淡"이라 함. '懷佳人'의 '懷'는《文選》에는 '攜'로 되어 있으며 "濟曰: 佳人,
謂羣臣也"라 하여 群臣들을 帶同하고 동행하며 잠시도 잊지 않음을 뜻함. '佳人'

은 원의는 美人이나 여기서는 賢臣을 비유함.《眞寶》注에 "佳人, 謂群臣也. ○此二韻一叶"이라 함.

【泛樓船兮濟汾河, 橫中流兮揚素波】'泛'은 배를 띄움. '樓船'은 2층 이상으로 지은 큰 배. '濟'는 물을 건넘. '橫'은 가로질러 건넘. '素波'는 흰 파도.《眞寶》注에 "應劭《漢書》注:「大船, 上施樓, 號曰樓船.」"이라 함.《眞寶》注에 "《列女傳》:津吏女歌曰:「水揚波兮杳冥冥.」"이라 하여《列女傳》(6)의 '趙津女娟'의 "簡子悅, 遂與渡. 中流爲簡子發河激之歌. 其辭曰:「升彼阿兮面觀淸, 水揚波兮杳冥冥, 禱求福兮醉不醒, 誅將加兮妾心驚, 罰旣釋兮瀆乃淸, 妾持檝兮操其維, 蛟龍助兮主將歸, 呼來櫂兮行勿疑.」"의 구절을 들고 있음.

【簫皷鳴兮發棹歌, 歡樂極兮哀情多】'簫皷'는 퉁소와 북. 여기서는 배 안에서의 잔치에 연주되는 음악을 뜻함. '棹歌'는 뱃노래.《眞寶》注에 "發棹而歌"라 하였으나《文選》注에는 "善曰棹歌引棹而歌"라 함. '歡樂極'은 '樂極生悲'와 같은 뜻임.《眞寶》注에 "《列女傳》:陶荅子妻曰:「樂極哀生.」"이라 하였고《文選》注에도 "善曰:《列女傳》陶荅子妻曰:「樂極必哀來.」 向曰:物極必反, 故樂極而哀多也"라 하였으나 今本《列女傳》(2) '陶荅子妻'에는 이 구절이 없음.

【少壯幾時兮奈老何】'少壯'은 젊어 기운이 왕성한 시기.《眞寶》注에 "右〈長歌行〉:「少壯不努力, 老大徒傷悲.」 ○六韻一叶, 錯雜成章, 楚詞之體也"라 하였고,《文選》注에도 "善曰:〈古長歌行〉曰:「少壯不努力, 老大乃悲傷」"이라 하여〈長歌行〉(前集 049) "百川東到海, 何時復西歸? 少壯不努力, 老大徒傷悲"를 들고 있음.

### 참고 및 관련 자료

1. 漢 武帝(B.C.157－B.C.87)

이름은 劉徹. 景帝(劉啓)의 아들. B.C.140－B.C.87년까지 54년간 재위하며 儒術을 제창하고 영토를 확장하며, 정치를 개혁하고 경제를 발전시켜 국력을 가장 강하게 키웠던 임금. 말년에는 神仙術을 믿어 많은 고사를 남겼음. 특히 '樂府'를 설치하여 음악과 문학을 발전시켰으며 재위 시절에 司馬相如, 司馬遷, 董仲舒 등 많은 이들이 활동하였음.《史記》및《漢書》의 武帝紀를 참조할 것.

2. 이 글은《文選》(45),《樂府詩集》(84),《西漢年紀》(16),《說郛》(14 下),《太平御覽》(9, 570, 591),《事文類聚》(續集 24, 別集 5),《淵鑑類函》(185),《古文集成》(70),《古樂府》(1),《古詩紀》(11),《古今詩刪》(2),《古樂苑》(32),《古詩鏡》(31) 등에 실려 있음.

# 005. <過秦論> ·················· 賈誼
## 진秦나라의 과실

* <過秦論>: '秦나라가 망하게 된 過誤를 논함'이란 뜻으로 上, 中, 下 3편 중 上篇
  만 실은 것임. 또 上下 2편으로 보기도 하며 《漢書》 注에 "應劭曰: 『賈生書有〈過
  秦〉二篇, 言秦之過. 此第一篇也. 司馬遷取以爲贊, 班固因之.』"라 하였음. 한편
  《崇古文訣》에는 "秦始終興亡之變, 盡在此書"라 하였고, 《文選》 注에는 "善曰:
  應劭曰: 『賈誼書第一篇名也. 言秦之過.』翰曰: 『誼有過秦三篇論秦之過, 此第一篇
  也.』"라 함.
* 《眞寶》 注에 "全篇皆陳靜觀批. ○此篇論秦能取天下, 在據關中. 失天下在恃關中.
  此是一篇大意, 文如百萬之軍, 鼓譟赴敵, 而行陣部曲. 整然, 前日據關中, 便有取
  天下之勢, 後來恃關中, 乃不思守天下之道"라 함.


진秦 효공孝公은 효산殽山과 함곡관函谷關의 험고함을 틀어쥐고, 옹주
雍州의 땅을 점유하고, 군신君臣이 굳게 지키면서 주나라 왕실을 들여다
보았다.

그리하여 천하를 석권하고 온 세상을 차지하며, 사해四海를 주머니
속에 넣어 잡아매고 곳곳을 모두 삼켜버릴 마음을 가지고 있었다.

이때에는 상군商君이 보좌하여, 안으로는 법도法度를 세워 농사와 베
짜기에 힘쓰면서 수비와 전투의 장비를 수선하고 있었으며, 밖으로는 연
횡連橫하여 제후들과 투쟁을 벌이고 있었다.

이에 진나라는 팔짱을 끼고 서하西河를 손에 넣었다.


효공이 이윽고 죽고 혜문왕惠文王과 무왕武王, 소양왕昭襄王은 선대의
업적을 힘입고 선대가 물려준 책략을 바탕으로, 남쪽으로는 한중漢中을
취하고, 서쪽으로는 파촉巴蜀을 차지하였으며, 동쪽으로는 기름진 땅을

넘겨받고, 북쪽으로는 요충지를 거두어들였다.

제후들은 두려움에 빠져 단결을 맹세하며 진나라를 약화시킬 모책을 세워, 진기珍器나 중보重寶, 비옥하고 풍요로운 땅도 아까워하지 않은 채, 천하의 책사들을 불러들여 합종合從을 체결하여 외교를 펴며 하나로 뭉치게 되었다.

바로 이때 제齊나라에는 맹상군孟嘗君, 조趙나라에는 평원군平原君, 초楚나라에는 춘신군春申君, 위魏나라에는 신릉군信陵君이 있었다.

이들 사군四君은 모두 명석하고 지혜가 있으면서 충성스럽고 신실하며, 관대하고 후덕하면서 사람들을 사랑하여 현자를 높이고 선비를 중히 여겨 합종책을 맹약하고 연횡책을 버려, 한韓, 위魏, 연燕, 조趙, 송宋, 위衛, 중산中山의 무리를 아우르게 되었다.

이에 육국六國의 책사로는 영월甯越, 서상徐尙, 소진蘇秦, 두혁杜赫 같은 무리들이 그들을 위해 모책을 세워주었고, 제명齊明, 주최周最, 진진陳軫, 소활召滑, 누완樓緩, 적경翟景, 소려蘇厲, 악의樂毅 등 무리들은 뜻을 소통하였으며, 오기吳起, 손빈孫臏, 대타帶佗, 예량兒良, 왕료王廖, 전기田忌, 염파廉頗, 조사趙奢와 같은 친구들은 그 군사를 통제하였다.

일찍이 열 배나 되는 땅과 백만의 군사들이 관중關中을 바라보며 진秦나라를 공격하였으나, 진나라가 관문을 열고 적을 맞아 싸우면, 아홉 나라의 군사들은 숨거나 도망할 뿐 감히 진격해 들어오지 못하였다.

진나라는 화살이나 화살촉을 잃지는 않았으나 천하 제후들은 이윽고 곤경에 빠지게 되었다.

이에 합종은 흩어지고 맹약은 깨어져, 다투어 자신들의 땅을 떼어 진나라에 바치기에 바빴다.

진나라는 그들의 피폐함을 제압하고도 힘이 남아돌아 도망하는 이들을 추격하여 패배시키자, 엎어진 시신이 백만이요, 흐르는 피에 방패가 떠다닐 정도여서, 그 승리를 바탕으로 편한 형세를 타고 천하를 다스려 산하山河를 나누어 찢어버리자, 강한 나라는 항복하겠노라 청해오고, 약한 나라는 신하가 되겠노라 예를 올리게 되었다.

효문왕孝文王과 장양왕莊襄王에 이르러, 그들은 왕위에 있은 지 짧은 기간이었으나 나라에는 아무 일도 없었다.

시황제始皇帝에 이르자 앞서 여섯 군주들의 남은 업적을 떨쳐 긴 채찍을 휘두르며 천하를 통치하였고, 서주와 동주까지 삼키고 제후들을 멸망시켜, 지존至尊의 지위에 올라 천지사방을 다스리며, 채찍을 손에 잡고 천하에 채찍질과 태질을 하며 사해에 위엄을 떨치게 되었다.

그리하여 남으로 백월百粵 땅을 취하여 계림군桂林郡과 상군象郡을 설치하자 백월의 군주는 머리를 숙이고 목에 줄을 매어 목숨을 바치며 아래 관리에게 자신들의 목숨을 맡겼다. 이에 몽념蒙恬으로 하여금 북쪽에 장성長城을 쌓아 울타리를 지키게 하고 흉노匈奴를 7백 리 밖으로 퇴각시키자, 호인胡人들은 감히 남쪽으로 내려와 말을 먹이지 못하였고, 이미 망한 동쪽 제후 나라들의 군사들도 감히 원한을 갚겠다고 활을 당기지 못하였다.

이에 선왕先王의 도를 폐기하고 백가百家의 책을 불태워 백성들을 어리석게 하였다.

이름난 성들은 허물어버리고 호걸과 준사들은 죽여 없애버렸으며, 천하의 무기들을 모두 거두어 이를 함양咸陽에 모아, 그 쇠붙이를 녹여 금인金人 12개를 만들어 천하 백성을 약하게 만들었다.

그런 다음에 화산華山을 밟고 성을 만들고 하수河水를 따라 못을 만들어 억 장丈이나 되는 성城을 거머쥐고, 헤아릴 수 없을 정도의 깊은 못을 파서 방비의 견고함으로 삼았다.

훌륭한 장수와 강한 쇠뇌로써 요충지를 수비하였고, 신실한 신하와 정예의 병졸들이 날카로운 무기를 늘어놓고 검문을 하였다.

천하가 이윽고 평정되자 진시황은 마음속으로 "관중의 견고함은 금성천리金城千里로서 자손 제왕들이 만세토록 이어갈 대업"이라 여겼다.

진시황이 이윽고 죽고 나서도 남은 위업은 풍속이 다른 먼 변방에까지 떨쳤다.

그러나 진섭陳涉은 옹유승추甕牖繩樞의 빈천한 집안 아들이며, 천한 노예의 머슴살이요, 여기저기 옮겨 다니던 무리였다.

재능材能은 중간 정도의 사람에게도 미치지 못하였고, 중니仲尼나 묵적墨翟 같은 현명함도, 도주공陶朱公이나 의돈猗頓 같은 부유함도 가지지 못하였다.

그런데 군대 무리의 대열에 발을 들여놓자 밭두둑 사이에 살던 피폐하고 흩어졌던 무리들을 이끌고, 수백 명 정도를 거느리고 느닷없이 진나라를 공격하게 되었다.

그들은 나무를 잘라 무기로 삼고, 대나무 장대를 세워 군기로 삼았음에도, 천하에서 구름떼처럼 몰려들어 메아리처럼 호응하며, 식량을 짊어지고 다니면서 그림자처럼 따르게 되어, 산동山東의 호걸들이 드디어 함께 일어나 진나라 족속을 무너뜨리고 말았다.

게다가 천하를 차지하고 있던 진나라가 작아지고 약해진 것도 아니요, 옹주의 땅과 효산, 함곡관의 견고함도 옛 그대로였다.

그런가 하면 진섭의 지위는 제, 초, 연, 조, 한, 위, 송, 위, 중산의 군주만큼 높은 것도 아니었고, 그들이 무기로 쓰던 호미, 가래, 나무로 만든 창 따위는, 정식 무기인 구극鉤戟이나 장쇠長鎩와는 상대도 되지 않는 것이었으며, 그저 귀양 가서 수戍자리나 지키도록 했던 무리들은 아홉 나라의 군사들을 대항할 만한 자들도 아니었고, 깊은 모책과 원대한 생각, 행군行軍과 용병의 방법도 지난날 책사들에게 훨씬 미치지 못하였다.

그럼에도 성패가 달라졌고 변화가 생겼으며 공과 업적이 상반되었으니 어찌 그리 되었는가?

시험 삼아 산동山東 나라들로 하여금 진섭과 장단을 헤아리고 크기를 재어보고, 권세를 비교하고 역량을 헤아려 보도록 한다면 동등하다고 말할 수 없을 것이다.

그러나 진나라는 좁기만 하던 옹주 땅으로써 만승萬乘의 권세를 이루어, 팔주八州를 불러들여 동렬同列이었던 이들로부터 조알 받기를 백여 년이나 하였다.

그런 다음에 천하를 자신의 집으로 삼고, 효산과 함곡관을 궁궐로 삼았는데, 사나이 하나가 난을 일으키자 칠묘七廟가 무너지고 몸은 남의 손에 죽어 천하의 웃음거리가 되고 말았으니 이 어찌 된 일인가?

인의仁誼, 仁義를 베풀지 않았고, 공격할 때와 수비할 때의 형세가 달랐기 때문이었다.


秦孝公據殽函之固, 擁雍州之地, 君臣固守, 以窺周室.

有席卷天下, 包擧宇內, 囊括四海, 幷呑八荒之心.

當是時也, 商君佐之, 內立法度, 務耕織, 脩守戰之備(具); 外連衡而鬪諸侯.

於是秦人拱手而取西河之外.


孝公旣沒, 惠文, 武, 昭襄, 蒙故業, 因遺策, 南取漢中, 西擧巴蜀, 東割膏腴之地, 北收要害之郡.

諸侯恐懼, 會盟而謀弱秦, 不愛珍器重寶, 肥饒之地, 以致天下之士, 合從締交, 相與爲一.

當此之時, 齊有孟嘗, 趙有平原, 楚有春申, 魏有信陵.

此四君者, 皆明智而忠信, 寬厚而愛人, 尊賢重士, 約從離衡, 兼韓魏燕趙宋衛中山之衆.

於是六國之士, 有甯越, 徐尚, 蘇秦, 杜赫之屬爲之謀; 齊明, 周最, 陳軫, 召滑, 樓緩, 翟景, 蘇厲, 樂毅之徒通其意; 吳起, 孫臏, 帶佗, 兒良, 王廖, 田忌, 廉頗, 趙奢之朋制其兵.

嘗以什倍之地, 百萬之軍, 仰關而攻秦, 秦人開關延敵, 九國之師, 遁逃而不敢進.

秦無亡矢遺鏃之費, 而天下諸侯, 已困矣.

於是從散約解, 爭割地而賂秦.

秦有餘力, 而制其弊, 追亡逐北, 伏尸百萬, 流血漂鹵, 因利乘便, 宰制天下, 分裂河山, 彊國請伏, 弱國入朝.


施及孝文王, 莊襄王, 享國日淺, 國家亡事.

及至始皇, 奮六世之餘烈, 振長策而馭宇內; 吞二周而亡諸侯, 履至尊而制六合, 執敲扑以鞭笞天下, 威振四海.

南取百粵之地, 以爲桂林, 象郡; 百粵之君, 俛首係頸, 委命下吏.

迺使蒙恬北築長城而守藩籬, 却匈奴七百餘里; 胡人不敢南下而牧馬, 士不敢彎弓而報怨.


於是廢先王之道, 焚百家之言, 以愚黔首.

墮名城, 殺豪俊, 收天下之兵, 聚之咸陽, 銷鋒鍉, 鑄以爲金人十二, 以弱天下之民.

然後踐華爲城, 因河爲池, 據億丈之城, 臨不測之淵以爲固.

良將勁弩, 守要害之處; 信臣精卒, 陳利兵而誰何.

天下已定, 始皇之心, 自以爲「關中之固, 金城千里, 子孫帝王, 萬世之業」也.


始皇旣沒, 餘威震于殊俗.

然而陳涉甕牖繩樞之子, 甿隸之人, 而遷徙之徒也.

材能不及中庸, 非有仲尼, 墨翟之賢, 陶朱, 猗頓之富.

蹞足行伍之間, (而)俛起阡陌之中, 率疲散之卒, 將數百之衆, 轉而攻秦.

斬木爲兵, 揭竿爲旗, 天下雲會而響應, 嬴糧而景從, 山東豪傑, 遂並起而亡秦族矣.


且(夫)天下非小弱也, 雍州之地, 崤函之固, 自若也.

陳涉之位, 不尊於齊楚燕趙韓魏宋衛中山之君(也); 鉏耰棘矜, 不敵於鉤戟長鎩(也); 適戍之衆, 不亢於九國之師(也); 深謀遠慮, 行軍用兵之道, 非及曩時之士也.

然而成敗異變, 功業相反, 何也?

試使山東之國, 與陳涉度長絜大, 比權量力, 則不可同年而語矣.

然秦以區區之地, 致萬乘之權, 招八州而朝同列, 百有餘年矣.

然後, 以六合爲家, 崤函爲宮, 一夫作難, 而七廟墮, 身死人手, 爲天下笑者, 何也?

仁誼不施, 而攻守之勢異也.


【秦孝公據殽函之固, 擁雍州之地, 君臣固守, 以窺周室】'秦孝公'은 戰國시대 秦나라 군주. 嬴渠梁. 獻公의 아들들이며 秦始皇의 6대조. B.C.361–B.C.338년까지 24년간 재위함. 商鞅을 등용하여 變法을 실행, 국세를 키웠으며 그 뒤를 惠文王이 이어 強國으로 발전함. '殽函'의 '殽'는 '崤'의 異體字이며《新書》등에는 '崤'로 되어 있음. 崤山은 지금의 河南省 洛寧縣 북쪽에 있는 산. '函'은 函谷關. 河南盛 靈寶縣 남쪽에 있는 관문. 둘 모두 서쪽 진나라와 山東六國의 경계를 이루는 천연의 험준한 요새.《漢書》注에 "師古曰:「殽, 謂殽山, 今陝縣東二殽是也; 函, 謂函谷, 今桃林縣南洪溜澗是也.」"라 함. '雍州'는 고대 夏禹가 천하를 九州로 나눌 때의 州 이름으로 지금의 陝西省과 甘肅省 일대를 포괄하는 關中. '以窺周室'은 명의상 天子國인 周나라 王室을 들여다봄. 그 무렵 周는 東周시대로 戰國 後期에는 다시 둘로 나뉘어 아주 미약했음.《眞寶》注에 "古人文字, 第一句便道主意, 人看不

覺'이라 함.

【有席卷天下, 包擧宇内, 囊括四海(之意), 幷呑八荒之心】 '席卷'은 자리를 말 듯이 빼앗아 차지함. '包擧宇内'는 천하를 싸서 들어 차지함. '囊括四海'는 천하를 자루에 넣고 입구를 동여매듯이 차지함. 《新書》에는 뒤에 '之意' 두 글자가 더 있음. '幷呑八荒'은 천하의 사방팔방 먼 끝까지 모두 삼켜버림. 《漢書》注에 "張晏曰:「括, 結囊也. 言其能包含天下」 師古曰:「八荒, 八方荒忽極遠之地也。」"라 함.

【當是時也, 商君佐之, 内立法度, 務耕織, 脩守戰之備(具); 外連衡而鬪諸侯】 '商君'은 商鞅, 衛鞅, 公孫鞅 등으로 불리며 戰國시대 衛나라 출신. 성은 公孫氏, 이름은 鞅. 法家의 주요 인물로 처음에는 魏에서 벼슬하다가 秦나라에 도망하여 秦孝公을 섬겨 富國强兵策을 피력함. 그리하여 孝公의 客卿이 되어 秦을 강국으로 만듦. 뒤에 상오(商於)에 봉하고 15城을 주어 商君이라 불림. 그의 가혹한 법치사상을 기록한 《商君書》가 있음. 《史記》 商君列傳을 참조할 것. '耕織'은 농사와 베짜기. 남자의 농사일과 여자의 베를 짜는 일. '守戰之備'는 수비와 전투에 필요한 장비. 《新書》에는 '守戰之具'로 되어 있음. '連衡'은 連橫과 같음. 가로로 연결함을 뜻함. 서쪽의 秦에 대해 동쪽에 縱으로 늘어서 있는 韓, 魏, 趙, 燕, 齊, 楚의 여섯 나라가 저마다 秦과 橫(衡)으로 외교를 맺어 秦의 보호를 받아 안전을 유지하려는 정책. 張儀에 의해 이루어진 국제 외교 관계. 이는 이전 蘇秦에 의해 맺어졌던 合縱(合從)에 상대하여 이루어진 것임. '諸侯'는 山東六國, 즉 韓, 魏, 趙, 燕, 齊, 楚의 여섯 나라를 말함.

【於是秦人拱手而取西河之外】 '拱手'는 팔짱을 낀 채로 거만히 상대를 복종시킴. 《漢書》注에 "師古曰:「言其不費功力也。」"라 함. '西河'는 魏 나라의 邑. 지금의 陝西省 大荔縣, 宜川縣 일대. 孝公 22년(B.C.340) 商鞅이 魏나라를 공격하여 公子卬을 사로잡자 魏惠王이 두려워 河西의 땅을 바치며 和解를 청하였음. 《眞寶》注에 "要看'拱手南取西擧東割北收'字, 見其攻取順易, 祇緣據關中"이라 함.

【孝公旣沒, 惠文, 武, 昭襄, 蒙故業, 因遺策】 '惠文'은 惠文王. 孝公의 아들로서 B.C.337−B.C.311까지 27년간 재위하였으며 그 중간 B.C.324년 王을 참칭하여 惠王이라고도 불림. '武'는 秦武王은 惠文王의 아들. B.C.310−B.C.307년까지 4년간 재위함. '昭襄'은 秦 昭襄王. 昭王으로 부르기도 하며 武王의 아우 嬴稷. B.C.306−B.C.251년까지 56년간 재위하였으며 그 재위 기간에 長平之戰을 일으키는 등 크게 國勢를 떨쳤고, 그로부터 孝文王과 莊襄王을 지나 5년 뒤 秦始皇으로 이어짐. 《漢書》注에 "師古曰:「惠文王, 孝公之子; 武王, 惠文王之子; 昭襄王,

武王之弟.」라 함. '蒙故業'은 선대 임금들의 업적을 이어받음. '因遺策'은 물려받은 정책을 따름.《眞寶》注에 "蒙字, 因字, 當看見得攻之易, 亦祇是承襲關中險要, 無他技功, 後'始皇奮餘烈'意一同"이라 함.

【南取漢中, 西舉巴蜀, 東割膏腴之地, 北收要害之郡】'漢中'은 지금의 陝西 남부와 湖北省 서북부 일대. 周 赧王 3년(B.C.312), 秦 惠文王이 楚를 패배시키고 漢中郡을 설치하였음. '巴蜀'은 지금의 四川 및 重慶 일대. '膏腴'는 비옥하고 기름진 땅. 秦 武王 4년 韓나라 宜陽을 공격하였고, 昭襄王 20년에는 魏나라가 河東의 安邑을 바쳐옴. '要害'는 要害處. 지세가 험준하여 아주 주요한 要塞가 되는 곳.

【諸侯恐懼, 會盟而謀弱秦, 不愛珍器重寶, 肥饒之地, 以致天下之士, 合從締交, 相與爲一】'肥饒之地'는 기름지고 풍요한 땅. 秦나라를 약화시키기 위해 이러한 땅을 策士들을 모으는데 사용함. '合從'은 合縱과 같음. 蘇秦의 주장에 의해 韓, 魏, 趙, 燕, 楚, 齊의 六國이 남북(세로, 縱)으로 동맹을 맺어 秦나라의 東進에 맞선 외교정책.《史記》蘇秦列傳 및《戰國策》등을 참조할 것. '締交'는 외교정책을 체결함.《眞寶》注에 "應'連衡'字"라 함.

【當此之時, 齊有孟嘗, 趙有平原, 楚有春申, 魏有信陵】'孟嘗'은 孟嘗君. 齊나라 公子이며 재상을 지냄. 이름은 田文. 靖郭君 田嬰의 아들로 食客 三千을 거느렸으며, '鷄鳴狗盜', '長鋏' 등의 고사를 남긴 인물.《史記》孟嘗君列傳을 참조할 것. '平原'은 趙나라 平原君 趙勝. 趙나라 武靈王의 아우이며 재상을 지냄. 秦이 趙나라의 서울 邯鄲을 포위하자 그는 楚魏와 동맹을 맺어 물리쳤으며 '毛遂自薦' 등의 고사를 남김.《史記》平原君列傳을 참조할 것. '春申'은 楚나라 재상 春申君 黃歇. '李園'의 누이를 임신시킨 다음 왕에게 바쳐 나라를 망친 고사 등으로 유명함. 《史記》春申君列傳을 참조할 것. '信陵'은 魏나라 安釐王의 아우 信陵君 魏無忌. 魏나라 군대를 이끌고 秦의 군대에 의해 포위된 趙나라 邯鄲을 구한 고사로 유명함.《史記》信陵君列傳을 참조할 것.《眞寶》注에 "此段與後'陳涉'處, 相照應"이라 함.

【此四君者, 皆明智而忠信, 寬厚而愛人, 尊賢重士】'四君'은 이상 넷으로 戰國시대를 풍미한 강력한 세력가들로 흔히 '戰國四公子'라 함.

【約從離衡, 兼韓魏燕趙宋衛中山之衆】'約從離衡'은 合從을 맹약하고 連衡(連橫)을 분리시킴.《漢書》注에 "師古曰:「約誓爲從, 欲以分離爲橫. 橫, 謂秦也. 從音子容反, 其下亦同.」"이라 함.《眞寶》注에 "應前從衡"이라 함. '兼'은 병합함.《史記》에는 '幷'으로 되어 있음. 韓은 지금의 河南 新鄭, 魏는 河南 大梁(開封), 燕은 河北 薊

(北京), 趙는 河北 邯鄲, 宋은 河南 商丘, 衛는 河南 濮陽 등을 都邑으로 하였으며, 中山은 戰國시대의 白狄의 나라로 지금의 河北 북부에 있었음. 《戰國策》中山策을 참조할 것.

【於是六國之士, 有寗越, 徐尙, 蘇秦, 杜赫之屬爲之謀】'六國'은 崤山 동쪽의 山東六國. 즉 韓, 魏, 趙, 燕, 齊, 楚의 여섯 나라. '寗越'은 趙나라 사람. 혹 寗經이라고도 함. '徐尙'은 宋나라 사람. '蘇秦'은 東周 洛陽 사람으로 전국시대 가장 이름난 유세가. 합종책을 성공시켜 六國의 동시 재상이 되었으며, 趙王에 의해 武安君에 봉해짐. 《史記》蘇秦列傳을 참조할 것. '杜赫'은 周나라 사람. 이상 모두 戰國시대 策士들임. 《史記》秦始皇本紀 注에 "〈集解〉: 徐廣曰:「越, 一作經. 或自別有此人, 不必寗越也.」〈索隱〉:「寧越, 趙人. 賈誼作寗越. 徐尙, 未詳. 蘇秦, 東周洛陽人. 《呂氏春秋》:杜赫以安天下說周昭文君. 高誘曰:「杜赫, 周人也.」"라 함.

【齊明, 周最, 陳軫, 召滑, 樓緩, 翟景, 蘇厲, 樂毅之徒通其意】'齊明'은 東周의 신하. 뒤에 楚와 韓에서도 벼슬을 하였음. '周最'는 東周 사람으로 齊나라에서 벼슬을 하였음. '陳軫'은 秦에서 벼슬을 하다가 張儀와 다투고 楚나라로 옮겨감. '召滑'은 楚나라 사람으로 昭滑로도 표기함. '樓緩'은 魏나라의 재상이었으며 뒤에 秦나라에서도 재상을 지냄. '翟景'은 周나라 사람. '蘇厲'는 蘇秦의 아우. 齊나라에서 벼슬하였으며 蘇代와 함께 삼형제 모두 뛰어난 유세가로 三蘇라 불림. '樂毅'는 魏나라 사람. 周 赧王 31년에 燕의 上將軍이 되어 趙, 楚, 韓, 魏, 燕의 五國의 군사를 거느리고 齊나라를 쳐서 70여 성을 함락시켰으며, 昌國君에 봉해짐. 다시 昭王이 죽고 혼란을 피해 趙나라로 가서 望諸君에 봉해짐. 《史記》樂毅列傳을 참조할 것. 이상 인물들은 뛰어난 국제정치가이며 책사, 유세가들이었음. 《史記》秦始皇本紀 注에 "〈索隱〉:《戰國策》齊明東周臣, 後仕秦楚及韓. 周最, 周之公子, 亦仕秦. 陳軫, 夏人, 亦仕秦. 昭滑, 楚人. 樓緩, 魏文侯之弟, 所謂樓子也. 蘇厲, 秦之弟, 仕齊. 樂毅, 本齊臣, 入燕, 燕昭王以客禮待之, 以爲亞卿. 翟景, 未詳也"라 함.

【吳起, 孫臏, 帶佗, 兒良, 王廖, 田忌, 廉頗, 趙奢之朋制其兵】'吳起'는 원래 衛나라 사람으로 뛰어난 병법가. 《吳子》를 남김. 魏나라 文侯의 장수가 되어 秦을 공격함으로써 공을 세웠으나 讒言을 입어 楚나라로 망명함. '孫臏'은 孫武의 자손. 齊나라의 병법가. 《孫子兵法》은 孫武가 처음에 쓴 것을 孫臏이 추가한 것으로 알려짐. 《史記》孫子吳起列傳을 참조할 것. '帶佗'는 楚나라의 장수. '兒良'은 倪良으로도 표기하며 越나라 장수라 함. '兒'는 '倪'와 같으며 '예'로 읽음. 《漢書》注에 "兒, 音五奚反"이라 함. '王廖'는 齊나라 장수. '田忌'도 齊나라 장수. '廉頗'는 趙나

라의 장수. 趙 惠文王 때에 齊나라를 침. 《史記》廉頗藺相如列傳을 참조할 것.
'趙奢'는 趙나라의 장수. 《史記》趙世家를 참조할 것. 《史記》秦始皇本紀 注에
"〈索隱〉:「吳起, 衞人事魏文侯爲將. 孫臏, 孫武之後也. 《春秋》曰: 王廖貴先, 兒良貴
後, 二人皆天下之豪士. 田忌, 齊將也. 廉頗, 趙奢, 皆趙之將也.」라 함.

【嘗以什倍之地, 百萬之軍, 仰關而攻秦】'百萬之軍'은 《新書》에는 '百萬之衆'으로 되
어 있음. '仰關'은 秦나라 關中을 쳐들어가려고 올려다봄. '關'은 關中. 《漢書》注
에 "師古曰:「秦之地形高, 而諸侯之兵, 欲攻關中者, 皆仰嚮, 故云仰關也. 今流俗書
本'仰'字作'扣'非也.」라 함. 《眞寶》注에 "祇看此"라 함.

【秦人開關延敵, 九國之師, 遁逃而不敢進】'九國'은 韓, 魏, 趙, 燕, 齊, 楚, 宋, 衞, 中
山 등 山東의 아홉 나라. '遁逃'는 숨고 도망함. 그러나 《新書》에는 '逡巡'으로 되
어 있으며, 《史記》秦始皇本紀에는 '逡巡遁逃'로 되어 있음. 한편 《漢書》注에 "師
古曰:「遁巡, 謂疑出而郤退也. 遁, 音千旬反. 流俗書本巡字誤作逃, 讀者因之而爲
'遁逃'之義.」潘岳〈西征賦〉云『遁逃以奔竄』, 斯亦誤矣.」라 함.

【秦無亡矢遺鏃之費, 而天下諸侯, 已困矣】'亡矢遺鏃'은 화살을 잃고 살촉을 소비
함. 전투를 함을 뜻함. 《漢書》注에 "師古曰:「鏃, 矢鋒也. 音子木反.」이라 함.

【於是從散約解, 爭割地而賂秦】'從散約解'는 합종이 흩어지고 맹약이 해체됨. 《新
書》에는 '從散約敗'로 되어 있음. '賂秦'은 秦나라에게 뇌물을 줌.

【秦有餘力, 而制其弊, 追亡逐北, 伏尸百萬, 流血漂鹵】'逐北'는 '축배'로 읽으며 패
배해 쫓겨가는 적을 추격함. 《眞寶》注에 "北, 猶敗也"라 함. '漂鹵'는 流血에 방패
가 떠다님. 《新書》에는 '漂櫓'로 되어 있음. 櫓는 방패(楯). 《史記》秦始皇本紀 注
에 "〈集解〉: 徐廣曰:「鹵, 楯也.」"라 하였고, 《漢書》注에는 "師古曰:「漂, 浮也. 鹵,
盾也. 其血可以浮盾, 言殺人多也.」"라 함. 이는 《孟子》盡心(下)의 '血之流杵'와 같
은 표현이며 《尙書》武成篇에도 "甲子昧爽, 受率其旅若林, 會于牧野. 罔有敵于我
師, 前徒倒戈, 攻于後以北, 血流漂杵. 一戎衣, 天下大定. 乃反商政, 政由舊. 釋箕子
囚, 封比干墓, 式商容閭. 散鹿臺之財, 發鉅橋之粟, 大賚于四海, 而萬姓悅服"이라
하여 마지막 周 武王이 殷나라 紂를 멸할 때의 상황을 기록하고 있으며 이의 '血
流漂杵'라는 成語와 같음.

【因利乘便, 宰制天下, 分裂河山, 彊國請伏, 弱國入朝】'因利乘便'은 이익을 근거로
하고 편함의 기회를 탐. '宰制天下'는 천하의 생사여탈권을 한 손에 쥐고 마음대
로 함. '彊國請伏'은 강한 나라는 복종하겠다고 청함. '弱國入朝'는 약한 나라는
신하가 되어 입조함.

【施及孝文王, 莊襄王, 享國日淺, 國家亡事】'施及'은 '이렇게 이어서'의 뜻. '施'는 '이'로 읽음. '孝文王'은 昭襄王의 아들. 재위기간은 B.C.250년 1년이었음. '莊襄王'은 孝文王의 아들로 子楚. 趙나라 邯鄲에 인질로 가 있다가 呂不韋의 작전에 의해 秦나라로 돌아가 왕이 되었음. 이미 임신이 된 여불위의 첩을 얻어 王后로 삼았으며, 그 여자가 낳은 아들이 곧 秦始皇(嬴政)으로 알려짐. B.C.249∼B.C.247년까지 3년간 재위함. 《漢書》注에 "師古曰:「施, 延也. 孝文王, 昭襄王之子也. 莊襄王, 孝文王之子, 即始皇父也. 施, 音弋豉反.」"이라 함. '享國'은 제위 자리를 계승하여 누림. '日淺'은 재위기간이 짧음. '亡事'의 '亡'는 '무'로 읽으며, 《新書》에는 '無事'로 되어 있음.

【及至始皇, 奮六世之餘烈, 振長策而馭宇內】'始皇'은 秦始皇 嬴政. 莊襄王의 아들이며 呂不韋의 實子로도 알려짐. B.C.246∼B.C.210년까지 37년간 재위했으며 재위 26년째였던 B.C.221년 천하를 통일하고 칭호를 始皇帝라 함. 《史記》秦始皇本紀에 "自今已來, 除諡法. 朕爲始皇帝. 後世以計數, 二世三世至于萬世, 傳之無窮"이라 함. 뒤에 二世(胡亥)를 거쳐 子嬰 때 劉邦에게 항복함으로써 나라가 망함. 《史記》秦始皇本紀를 참조할 것. '六世'는 孝公, 惠文王(惠王), 武王, 昭王, 孝文王, 莊襄王의 여섯 왕들. 《眞寶》注에 "六世, 繆公, 孝公, 惠王, 武王, 昭王, 襄王"이라 함. '餘烈'은 선조들이 남긴 훌륭한 업적. 《漢書》注에 "師古曰:「孝公, 惠文王, 武王, 昭襄王, 孝文王, 莊襄王, 凡六君也. 烈, 業也.」"라 하였고, 《眞寶》注에는 "此句便是'蒙故業'之意, 但'奮'字較精神"이라 함. '長策'은 긴 채찍. '馭宇內'는 천하를 조종하여 다스림. 《新書》에는 '御寓內'로 되어 있음. 《漢書》注에 "師古曰:「以乘馬爲喩也. 策, 所以撾馬也.」"라 함.

【呑二周而亡諸侯, 履至尊而制六合, 執敲扑以鞭笞天下, 威振四海】'呑二周'는 마지막 남은 두 周나라를 삼켜버림. '二周'는 戰國 때 다시 갈린 東周와 西周를 가리킴. 전국 말 考王은 자신의 아우 揭를 鞏(지금의 河南省 鞏縣)에 봉하고 河南 桓公이라 함. 그 뒤 威公을 지나 惠公 때에 자신의 아들 班을 정식으로 鞏 땅에 봉하면서 東周라 칭하고, 惠公 자신은 西周라 칭하였음. 그리고 다시 東周에 가 있던 아들 班이 죽자 그 시호를 또한 惠公이라 하고, 班의 아들 昭文君으로 하여금 뒤를 잇도록 하였음. 이때 趙와 韓이 그 사이 지역을 점령하여 지리적으로 분리시키고 말았음. 東周는 B.C.249년 莊襄王 원년에 망하고, 赧王(姬延) 때에 이르러서는 西周, 즉 洛邑에 머물다가 B.C.256년 秦 昭王 52년에 의해 완전히 망하고 말았음. 따라서 秦始皇 때 망한 것이 아님. '履至尊'은 至尊(천자의 지위)에 오름.

'六合'은 천지와 사방. 천하를 뜻함. 《眞寶》注에 "六合, 統言海內"라 함. '敲扑'은 두
드리고 매질을 함. 《新書》에는 '敲朴'으로 되어 있음. 《史記》秦始皇本紀 注에
"〈集解〉: 徐廣曰: 「扑, 拍也. 音府. 一作搞朴.」〈索隱〉: 賈本論作「搞朴」"이라 하였고,
《漢書》注에는 "鄧展曰: 「敲, 短杖也; 扑, 捶也.」 師古曰: 「敲, 音苦交反; 扑, 音普木
反.」"이라 함. '鞭笞'도 역시 채찍질과 태질. 천하를 가혹하게 다스림을 뜻함.

【南取百粤之地, 以爲桂林, 象郡; 百粤之君, 俛首係頸, 委命下吏】'百粤'은 《新書》에
는 '百越'로 되어 있으며, 지금의 浙江, 福建, 廣東, 廣西, 越南 등지의 越人들로
많은 부락을 이루고 있어 百粤이라 부름. '桂林'과 '象郡'은 秦始皇이 百越을 평정
하고 그곳에 桂林郡과 象郡을 두었음. 지금의 廣西 桂林 일대였음. '俛首係頸'은
머리를 숙이고 목에 줄을 매어 秦始皇에게 자신에게 벌을 내려달라면서 항복해
옴. 《漢書》에는 '頫首係頸'으로 되어 있으며, 注에 "鄧展曰: 「頫, 音俯.」 師古曰: 「古
俯字.」라 함. '委命下吏'는 목숨을 맡겨 獄吏에게 내려섬.

【迺使蒙恬北築長城而守藩籬, 却匈奴七百餘里】'蒙恬'은 秦나라의 將帥. 秦始皇 33
년에 30만의 군대를 이끌고 匈奴를 정벌하여 河水 이남의 44현을 되찾고 서쪽
臨洮로부터 동쪽 遼東에 이르는 1만여 리의 長成을 쌓아 匈奴의 침입을 막았다
함. 붓을 처음 만든 인물로도 알려짐. 《史記》蒙恬列傳과 본 《眞寶》(後集) 毛穎傳
(050)을 참조할 것. 《眞寶》注에 "蒙恬, 秦名將"이라 함. '藩籬'은 울타리, 국경. 《漢
書》注에 "師古曰: 「言以長城扞蔽胡冦, 如人家之有藩籬.」"라 함. '匈奴'는 고대 北
狄, 獫狁, 玁狁로 불렸으며, 전국시대 이후 한, 三國 시대까지 匈奴로 불림. 북쪽
을 차지하고 유목생활을 하던 가장 강했던 민족, 뒤에 Hun族으로 불림.

【胡人不敢南下而牧馬, 士不敢彎弓而報怨】'士'는 匈奴의 武士. 또는 이미 망한 六
國의 사람들. '彎弓'은 활을 당김, 반항하여 대듦. 《眞寶》注에 "從第一句寫到此,
祇是一意一氣說來"라 함.

【於是廢先王之道, 焚百家之言, 以愚黔首】'先王之道'는 옛 聖王들의 도. '焚百家之
言'은 焚書를 말함. 諸子百家의 서적을 불태워 없앰. 秦始皇 34년 李斯의 건의에
의해 천하의 책을 모두 불태우고, 이듬해에는 학자 460여 명을 咸陽에서 구덩이
에 묻음. 이를 '焚書坑儒'라 함. 《史記》秦始皇本紀를 참조할 것. '以愚黔首'는 일
반 백성. 평민들이 머리에 두건이나 冠을 쓰지 않아 머리가 검다고 하여 부른 이
름으로 이들을 愚民化시키는 정책을 강하게 추진하였음. 《眞寶》注에 "黔首, 猶
言百姓"이라 함. 《史記》秦始皇本紀에 "分天下以爲三十六郡, 郡置守, 尉, 監. 更名
民曰「黔首」"라 함.

【墮名城, 殺豪俊, 收天下之兵, 聚之咸陽, 銷鋒鍉, 鑄以爲金人十二, 以弱天下之民】
'墮名城'은 다른 제후국들의 훌륭한 성들을 모두 무너뜨려 파괴하고 다시는 반
항할 수 없도록 함.《史記》秦始皇本紀 注에 "〈集解〉:應劭曰:「壞堅城, 恐人復阻
以害已也.」라 함. '墮'는 隳와 같음. '天下之兵'은 쇠붙이로 된 천하의 무기들. '咸
陽'은 秦나라의 도읍. 지금의 陝西 西安 咸陽市. '銷鋒鍉'는 鋒鍉(쇠붙이)를 녹임.
《新書》에는 '鍉'가 '鏑'으로 되어 있으며, 注에 "鏑, 音的. 矢. 鋒, 簇也"라 하였고,
《漢書》注에는 "如淳曰:「鍉, 音鏑. 箭鏃也.」師古曰:「鋒, 戈戟刃也. 鍉與鏑同, 即
箭鏃也. 如音是也.」라 하였으나《眞寶》注에는 "鍉, 丁兮反. 鋒也"라 함. 모두 무
기에서 쇠붙이 부분을 말함. '鑄以爲金人十二'은 秦始皇 26년 秦始皇이 더 이상
반란을 일으킬 수 없도록 천하의 무기를 모두 咸陽에 거두어들여 무게가 1천 石
에 이르는 銅像(金人) 12개를 만들어 궁중 뜰에 세웠다 함.《史記》秦始皇本紀에
"收天下兵, 聚之咸陽, 銷以爲鍾鐻, 金人十二, 重各千石, 置廷宮中"이라 하였으며,
《漢書》注에는 "師古曰:「所謂公仲者也.《三輔黃圖》云:「坐高三丈, 其銘曰『皇帝
二十六年初, 兼天下改諸侯爲郡縣, 一法律, 同度量』大人來見臨洮, 其長五丈, 足
跡六尺.」이라 함. '以弱天下之民'은 쇠붙이를 모두 없앰으로써 천하의 일반 백성
들로 하여금 무기를 만들 수 없도록 함.

【然後踐華爲城, 因河爲池, 據億丈之城, 臨不測之淵以爲固】'踐華爲城'의 '踐'은《史
記》에는 '斬'으로 되어 있으며, 注에 "〈集解〉:徐廣曰:「斬, 一作踐.」駰案:服虔曰:
「斷華山爲城.」〈索隱〉:「踐, 亦出賈本論. 又崔浩云:踐, 登也.」라 하였고,《漢書》注
에는 "服虔曰:「斷華山爲城.」晉灼曰:「踐, 登也.」師古曰:「晉説是也.」라 함. '華'는
華山. 五嶽 중 西嶽 太華山. 華山에 올라가 성을 축조함. '因河爲池'는 河水의 강
물을 끌어들여 성을 두르는 못을 만듦. '億丈之城'은 억 길이나 되는 성. '不測之
淵'은 깊이를 헤아릴 수 없을 정도의 깊은 못.《史記》秦始皇本紀에는 "然後斬華
爲城, 因河爲津, 據億丈之城, 臨不測之谿以爲固"로 되어 있음.

【良將勁弩, 守要害之處;信臣精卒, 陳利兵而誰何】'勁弩'는 아주 강하고 센 쇠뇌.
'信臣精卒'은 신뢰할 만한 신하와 정예의 병졸들. '陳利兵'은 날카로운 무기를 진
열함. '誰何'는 '누구이며 어떤 자이냐?'의 뜻. 다가오는 자나 통과하는 자, 입국
하는 자에게 묻는 군사 용어, 또는 검문 용어.《史記》秦始皇本紀 注에 "〈集解〉:
如淳曰:「何, 猶問也.」〈索隱〉:崔浩云:「何, 或爲呵.《漢舊》儀宿衞郎官:『分五夜, 誰
呵?』呵, 夜行者, 誰也. 何, 呵, 字同.」이라 하였고,《漢書》注에는 "師古曰:「問之爲
誰. 又云何人? 其義一也.」라 함.

【天下已定, 始皇之心, 自以爲「關中之固, 金城千里, 子孫帝王, 萬世之業」也】'金城'
은 굳고 단단한 성. 굳게 방비된 성.《史記》秦始皇本紀 注에 "〈索隱〉:「金城, 言其
實且堅也.《韓子》曰『雖有金城湯池』,《漢書》張良亦曰:『關中所謂金城千里, 天府之
國.』」"이라 함.《眞寶》注에는 "此數句絶好. 天下未定, 可用關中以攻; 天下已定, 豈
可恃關中以守?"라 함.

【始皇旣沒, 餘威震于殊俗】'始皇'은《史記》에는 '秦王'으로 되어 있음. '沒'은 歿과
같음. 黃帝의 죽음은 '崩'이라 해야 하지만 여기서는 낮추어 표기한 것. '殊俗'은
풍속을 달리하는 멀리 있는 변방을 가리킴.

【然而陳涉甕牖繩樞之子, 甿隷之人, 而遷徙之徒也】'陳涉'은 陳勝, 자가 涉. 陽成 사
람. 秦末 抗秦의 첫 首領. 어려서는 머슴살이를 하다가 秦二世(胡亥) 원년(B.
C.209), 吳廣과 9백여 명을 이끌고 屯長이 되어 漁陽(지금의 河北 北京 密雲縣) 戍
卒에 징집되어 가고 있었음. 이들이 大澤(지금의 安徽 宿縣)에 이르렀을 때 반란
을 일으켜 수만여 명으로 불어나자 陳(지금의 河南 淮陽)을 점령하고 자립하여
왕이 되어 국호를 張楚라 함. 그러나 내부 분열로 6개월 만에 章邯의 군대에게
패하여 무너지고 말았음.《史記》陳涉世家 및《漢書》陳勝列傳을 참조할 것.《史
記》와《漢書》에 "陳勝者, 陽城人也, 字涉. 吳廣者, 陽夏人也, 字叔. 陳涉少時, 嘗與
人傭耕, 輟耕之壟上, 悵恨久之, 曰:「苟富貴, 無相忘.」庸者笑而應曰:「若爲庸耕, 何
富貴也?」陳涉太息曰:「嗟乎, 燕雀安知鴻鵠之志哉!」"라 한 고사로도 유명함. '甕牖
繩樞'는 깨어진 항아리로 창을 만들고 새끼줄을 묶어 문을 엮음. 가난한 집을
형용함.《史記》秦始皇本紀 注에 "〈集解〉:服虔曰:「以繩係戶樞也.」孟康曰:「瓦甕
爲窓也.」"라 함.《眞寶》注에는 "此段下語, 與'廢先王之道'以下, 相應"이라 함. '甿
隷'는 천한 백성.《新書》등에는 '氓隷'로 표기되어 있음.《史記》注에 "〈集解〉:如
淳曰:「甿, 古氓字. 氓, 民也.」"라 하였고,《漢書》注에는 "如淳曰:「甿, 古文萌字. 萌,
民也」"라 하여 글자를 달리 썼음. '遷徙之徒'는 옮겨 다니는 무리. 陳涉은 漁陽의
戍兵으로 징집되는 무리들을 이끌 뿐이었음.

【材能不及中庸, 非有仲尼, 墨翟之賢, 陶朱, 猗頓之富】'中庸'은 中人 정도의 용렬한
인물.《文選》注에 "善曰:「《方言》曰:『庸, 賤稱也.』言不及中等庸人因也.」銑曰:「庸,
常也, 言不及中庸之人.」"이라 하였으며,《史記》에는 '中人'으로 되어 있음. 보통 재
능의 범속한 사람임을 말함.《眞寶》注에 "與'愚黔首'句應"이라 함. '仲尼'와 '墨翟'
은 많은 무리를 이끄는 지도자였음을 말함. '陶朱'는 越나라 재상 范蠡. 越王 句
踐이 吳王 夫差를 멸하자 즉시 家産을 챙겨 이름을 鴟夷子皮로 바꾸고 陶(山東

定陶)로 옮겨가 巨富가 되어 陶朱公이라 불렸음. 《史記》(越王句踐世家) 및 《國語》
(越語)를 참조할 것. '猗頓'은 魯나라 猗 땅 사람으로 陶朱公에게 理財를 배워 소
금장수와 牧畜으로 巨富가 된 인물. 《史記》 貨殖列傳에 "猗頓用鹽鹽起. 而邯鄲
郭縱以鐵冶成業, 與王者埒富"라 하였고, 《漢書》 注에는 "師古曰:「越人范蠡, 逃越
止於陶, 自謂陶朱公. 猗頓, 本魯人, 大畜牛羊於猗氏之南, 貲擬王公馳名天下.」"라
함. 《眞寶》 注에 "墨翟, 異端. 陶朱, 猗頓, 古富客"이라 함.

【躡足行伍之間, (而)俛起阡陌之中, 率疲散之卒, 將數百之衆, 轉而攻秦】 '躡足行伍'
는 항오(行伍, 군대 무리)에 발을 들여놓음. '俛起阡陌之中'의 '阡陌'은 농토, 밭둑
길에서 몸을 일으킴. 출신이 빈천하였음을 말함. 그러나 《史記》에는 "偏起什伯之
中"으로 되어 있으며, 注에 "〈集解〉: 駰案: 《漢書音義》曰:『首出十長百長之中.』如
淳曰:「時皆辟屈在十百之中.」"이라 하였으니, 몇 안 되는 무리의 우두머리였을 뿐
임을 의미하여 훨씬 순통함. 그런가 하면 《漢書》에는 '免起阡陌之中'으로 되어 있
으며, 注에 "如淳曰:「時皆僻屈在阡陌之中也.」 師古曰:「免者, 言免脫徭役也. 免字,
或作俛. 讀與免同.」"이라 하여 徭役을 免脫하기 위해 일어난 것이라 하였음. '疲散
之卒'은 피폐하고 흩어진 졸개들. 《史記》에는 '罷散之卒'로 되어 있음. '將數百之
衆'은 《眞寶》 注에 "與'收兵聚咸陽'應"이라 함. '轉而攻秦'은 휙 돌아 느닷없이 秦
나라를 공격함. 陳涉이 漁陽 戍卒로 징용되어 가던 무리를 이끄는 屯長으로서,
몇 안 되는 그들을 이끌고 갑자기 反秦의 旗幟를 들고 일어났음을 말함.

【斬木爲兵, 揭竿爲旗, 天下雲會而響應】 '斬木爲兵'은 나무를 잘라 무기를 만듦.
'揭竿爲旗'는 대나무 장대를 세워 軍旗로 삼음. 《眞寶》 注에 "與'銷鋒鏑'句應"이라
함. '雲會'는 구름처럼 모임. 《新書》에는 '雲合'으로 되어 있음.

【贏糧而景從, 山東豪傑, 遂並起而亡秦族矣】 '贏糧'은 軍糧을 짊어지고 다님. 《文
選》 注에 "擔軍糧也"라 함. '景從'은 그림자처럼 따름. '景'은 影과 같음. 《漢書》 注
에 "師古曰:「贏, 擔也. 景從, 言如影之隨形也.」"라 함. 《眞寶》 注에 "與'守要害陳利
兵'句應"이라 함. '山東豪傑'은 과거 山東(函谷關과 崤山 동쪽) 六國이었던 곳의 호
걸들. 《眞寶》 注에 "與'殺豪俊'句應"이라 함. 《新書》에는 '山東豪俊'으로 되어 있음.

【且(夫)天下非小弱也, 雍州之地, 崤函之固, 自若也】 '且天下'는 《新書》 등에는 모두
'且夫天下'로 되어 중간에 '夫'자가 더 있음. '自若'은 如故, 依舊와 같음. 옛날 그대
로임. 변한 것이 없이 그대로 험고함. 《漢書》 注에 "師古曰:「自若, 猶言如故也.」"라
함. 《眞寶》 注에 "再就關中, 拈出'天下非小弱'一句, 最精神. 謂前日祇有一介關中,
無不可攻; 今以天下之全, 關中又依舊在, 我却不可守, 此是如何以亡?"이라 함.

【陳涉之位, 不尊於齊楚燕趙韓魏宋衛中山之君(也)】'不尊'은 《新書》에는 '非尊'으로, 《漢書》에는 '不齒'로 되어 있음. 한편 문장 끝에 '也'자가 더 있으며 아래도 같음.

【鉏耰棘矜, 不敵於鉤戟長鎩(也)】'鉏耰'는 호미와 고무래. '棘矜'의 '棘'은 '戟'의 가차, 矜은 矛柄. 창의 자루. '不敵'은 《新書》에는 '非銛'으로, 《史記》에는 '非鉤'으로 되어 있으며, 注에 "〈集解〉: 徐廣曰: 「銤, 一作銛.」 駰案: 如淳曰: 「長刃矛也. 又曰矛刃下有鐵, 橫方上曲勾.」 鎩, 音所拜反"라 함. '鉤戟'의 '鉤'는 갈고리. '戟'은 창. '長鎩'(장쇄)는 긴 창. 《新書》注에 "鎩, 所切, 矛也"라 함. 《漢書》注에는 "服虔曰:「以鉏柄及棘, 作矜也.」晉灼曰:「耰, 椎塊椎也.」師古曰:「服說非也. 耰, 摩田器也; 棘, 戟也; 矜與矜)同謂矛, 鋌之杘也. 鉤, 戟. 戟刃鉤曲者也. 鎩, 鈹也. 言往者秦銷兵刃, 陳涉起時, 但用鉏耰及戈戟之矜, 以相攻戰也. 耰音憂, 矜音其巾反, 鎩, 音山列反"이라 함. 이상 모두 秦始皇 때 무기가 없었으므로 천하의 쇠붙이를 거두어 농기구를 가지고 전투를 하였음을 말함. 《眞寶》注에 "有他三疊起, 難意來. 文如層巒疊翠, 飛濤沃雪"이라 함.

【適戍之衆, 不亢於九國之師(也)】'適戍之衆'은 죄를 지어 漁陽의 戍卒로 가던 무리들. 《新書》에는 '謫戍之衆'으로 되어 있으며 '適'은 謫의 뜻임. '不亢'은 《新書》에는 '非亢'으로 되어 있으며 '亢'은 抗과 같음. 《漢書》注에는 "師古曰:'適, 讀曰謫. 謂罪罰而行也. 亢, 當也. 讀與抗同.」이라 함.

【深謀遠慮, 行軍用兵之道, 非及曩時之士也】'行軍用兵'은 군대를 이동시키고 병기를 사용하는 법. 용병술을 뜻함. '曩時'는 지난날. '曩'은 昔과 같은 뜻. 《史記》에는 '鄉時'로 되어 있음. 六國 시대를 가리킴.

【然而成敗異變, 功業相反, 何也】'成敗異變'은 成敗가 다르고 변함. 成敗가 같지 않음. '功業相反'은 功과 業績이 서로 반대가 됨. 지난날 六國은 실패했으나 陳涉은 성공했음을 말함.

【試使山東之國, 與陳涉度長絜大, 比權量力, 則不可同年而語矣】'試使'는 시험삼아 시켜봄. '度長絜大'는 길이를 재어보고 크기를 재어봄. 《眞寶》注에 "看今作文字, 說到何也? 此是難了. 祇是面應將去, 無緣又再拈起, 反覆難一難. 又再喚醒前意, 說一番, 最是精神中之精神處"라 함. '度'(탁)과 '絜'은 모두 '재다'의 뜻. 그러나 《漢書》注에는 "師古曰:「絜, 謂圍束之也. 度, 音徒各反, 絜, 音下結反.」이라 함. '比權量力' 역시 權衡을 비교하고 힘을 헤아려 봄. '同年而語'는 같은 상황을 가정하여 놓고 평가하거나 우열을 가림.

【然秦以區區之地, 致萬乘之權, 招八州而朝同列, 百有餘年矣】'區區'는 좁고 좁음.

秦나라가 원래는 아주 작은 雍州에서 시작하였음을 말함. '萬乘之權'은 《新書》에
는 '萬乘之勢'로 되어 있음. '招八州'는 八州를 불러들임. 《漢書》注에 "蘇林曰:「招,
擧也.」鄧展曰:「招, 音翹.」"라 함. 고대 중국의 天下九州에서 秦을 제외한 나머지
八州. 九州는 冀, 兗, 靑, 徐, 楊, 荊, 豫, 梁, 雍이었으며 그 중 雍은 秦나라 땅이었
음. '朝同列'은 고대에는 天子國 周나라를 인정하여 모두가 제후였으며 秦나라
또한 그와 같았으나, 그러한 同列이었던 자들로 하여금 자신에게 朝謁하도록 하
였음을 말함.

【然後, 以六合爲家, 崤函爲宮】그 뒤 六合(天下)을 한 집안으로 만들고, 崤山과 函
谷關을 천하의 궁궐로 삼음. 秦나라가 천하통일을 하였음을 말한 것. 《眞寶》注
에 "得之之難如此"라 함.

【一夫作難, 而七廟墮, 身死人手, 爲天下笑者, 何也】'一夫作難'는 陳涉이 최초로 반
란을 일으켰음을 말함. '七廟'는 秦나라 孝公으로부터 秦始皇까지 7대의 선조를
모신 사당. 《眞寶》注에 "七廟, 卽七世之廟. 室之之易如此"라 함. '身死人手'는 몸
이 남의 손에 죽음. 二世(胡亥)는 趙高에게 죽고, 扶蘇의 아들 子嬰이 뒤를 이었
으나 그 또한 項羽의 손에 죽고 말았음.

【仁誼不施, 而攻守之勢異也】'仁誼'는 '仁義'와 같음. 《新書》에는 '仁義'로 되어 있음.
'攻守之勢異'는 공격과 수비의 形勢(運勢)가 다름. 천하를 차지할 때의 공격과, 그
뒤 다스릴 때의 수비는 방법이 달라야 하나 진나라는 천하통일 뒤에도 한결같
이 가혹한 法治와 혹독한 武斷만으로 통치하자, 천하의 운세와 사람들의 정서가
달랐음을 뜻함. 《眞寶》注에 "迂齋曰:「自首至尾, 結在此一句, 最文字之妙.」"라 함

참고 및 관련 자료

1. 賈誼(B.C.200−B.C.168)

西漢 때 洛陽 사람으로 文帝 때의 文人이며 政論家. 어린 나이에 諸子百家와 經
史를 통달하고 20세 때 河南太守 吳公이 文帝에게 추천하여, 불려가 즉시 博士에
올랐다가 1년 뒤 太中大夫에 오를 정도로 탁월하였음. 이에 당시 時弊를 거론하
며 正朔을 바꾸고, 服色을 조정하며, 法度를 제정하고, 禮樂을 흥성시킬 것을 건
의하여 文帝가 파격적으로 그를 등용함. 그러자 周勃, 灌嬰 등 대신들이 그의 위
세를 두려워 반대하고 참훼하여 文帝 4년(B.C.176), 결국 長沙太傅로 좌천되는 불
행을 겪게 됨. 그는 임지로 가는 길에 湘水를 지나면서 屈原이 자신과 같은 처지
라 여겨 〈弔屈原賦〉를 지었으며 장사에 이르러서는 〈鵬鳥賦〉를 짓기도 함. 1년이

지난 뒤 文帝가 다시 불러, 문제가 가장 아끼던 막내아들 梁懷王의 太傅로 임명하였으나 梁懷王이 말을 타다가 落馬하여 죽자 賈誼는 그 책임을 지고 물러남. 그는 자신의 불우한 운세에 대해 소리내어 크게 울다가 울화병이 들어 겨우 33세에 죽고 말았음. 많은 賦와 작품을 남겨 '屈賈'라 일컬어질 정도였으며,《新書(賈子)》가 전하고 있음.《史記》(84)와《漢書》(48)에 전이 있음.

2. 이 글은《新書》(1),《史記》(6, 秦始皇本紀),《史記》(48, 陳涉世家),《漢書》(31, 陳勝項籍列傳),《前漢紀》(2),《繹史》(150),《陝西通志》(94),《稗編》(87),《經濟類編》(5),《文選》(51),《崇古文訣》(2),《文章正宗》(12),《妙絶古今》(2),《文編》(30),《西漢文紀》(6),《文章辨體彙選》(392),《漢魏六朝百三家集》(1),《古文淵鑑》(11),《古文雅正》(2) 등에 널리 실려 있음.

3.〈過秦論〉(中) (賈誼《新書》事勢篇)

秦滅周祀, 並海內, 兼諸侯, 南面称帝, 以四海養. 天下之士, 斐然嚮風. 若是何也? 曰: 近古之無王者久矣. 周室卑微, 五霸旣滅, 今不行於天下. 是以諸侯力政, 强凌弱, 衆暴寡, 兵革不休, 士民罷弊. 今秦南面而王天下, 是上有天子也. 卽元元之民冀得安其性命, 莫不虛心而仰上. 當此之時, 專威定功, 安危之本, 在於此矣.

秦王懷貪鄙之心, 行自奮之智, 不信功臣, 不親士民, 廢王道而立私愛, 焚文書而酷刑法, 先詐力而後仁義, 以暴虐爲天下始. 夫幷兼者高詐力, 安危者貴順權, 推此言之, 取與守不同術也. 秦離戰國而王天下, 其道不易, 其政不改, 是其所以取之也. 孤獨而有之, 故其亡可立而待也. 借使秦王論上世之事. 幷殷周之迹, 以制御其政, 後雖有淫驕之主, 猶未有傾危之患也. 故三王之建天下, 名號顯美, 功業長久.

今秦二世立, 天下莫不引領而觀其政. 夫寒者利裋褐而饑者甘糟糠, 天下囂囂, 親主之資也. 此言勞民之易爲治也. 嚮使二世有庸主之行而任忠賢, 臣主一心而憂海內之患, 縞素而正先帝之過, 裂地分民以封功臣之後, 建國立君以禮天下; 虛囹圄而免刑戮, 去收孥汚穢之罪, 使各反其鄉里; 發倉廩, 散財幣, 以振孤獨窮困之士; 輕賦少事, 以佐百姓之急; 約法省刑, 以持其後, 使天下之人皆得自新, 更節循行, 各愼其身; 塞萬民之望, 而以盛德與天下, 天下息矣. 卽四海之內, 皆歡然各自安樂其處, 惟恐有變. 雖有狡害之民, 無離上之心, 則不軌之臣, 無以飾其智, 而暴亂之姦弭矣. 二世不行此術, 而重以無道, 壞宗廟與民, 更始作阿房之宮, 繁刑嚴誅, 吏治刻深, 賞罰不當, 賦斂無度, 天下多事, 吏不能紀, 百姓困窮, 而主不收卹. 然後, 姦偽幷起, 而上下相遁, 蒙罪者衆, 刑戮相望於道, 而天下苦之. 自群卿以下至於衆庶, 人懷自危之心, 親處窮苦之實, 咸不安其位, 故易動也. 走以陳涉不用湯武之賢, 不借公侯之尊, 奮臂於大澤, 而天下響應者, 其民危也.

故先王者見終始之變, 知存亡之由. 是以牧民之道, 務在安之而已矣. 下雖有逆行之臣, 必無響應之助. 故曰「安民可與爲義, 而危民易與爲非」, 此之謂也. 貴爲天子, 富有四海, 身在於戮者, 正之非也. 是二世之過也.

4. 〈過秦論〉(下) (賈誼《新書》事勢篇)

秦兼諸侯山東三十餘郡, 循津關, 據險塞, 繕甲兵而守之. 然陳涉率散亂之衆數百, 奮臂天呼. 不用弓戟之兵, 鋤耰白梃, 望屋而食, 橫行天下. 秦人阻險不守, 關梁不閉, 長戟不刺, 強弩不射. 楚師深入, 戰於鴻門, 曾無藩籬之難. 於是山東諸侯幷起, 豪俊相立. 秦使章邯將而東征. 章邯因其三軍之衆, 要市於外, 以謀其上. 群臣之不相信, 可見於此矣.

子嬰立, 遂不悟. 借使子嬰有庸主之材, 而僅得中佐, 山東雖亂, 三秦之地可全而有, 宗廟之祀宜未絶也. 秦地被山帶河以爲固, 四塞之國也. 自繆公以來至於秦王二十餘君, 常爲諸侯雄. 此豈世賢哉? 其勢居然也. 且天下嘗同心幷力攻秦矣, 然困於險阻而不能進者, 豈勇力智慧不足哉? 形不利, 勢不便. 秦雖小邑, 伐幷大城, 得阸塞而守之. 諸侯起於匹夫, 以利會, 非有素王之行也. 其交未親, 其民未附, 名曰亡秦, 其實利之也. 彼見秦阻之難犯, 必退師. 案土息民以待其弊, 收弱扶罷以令大國之君, 不患不得意於海內. 貴爲天子, 富有四海, 而身爲禽者, 救敗非也.

秦王足己而不問, 遂過而不變. 二世受之, 因而不改, 暴虐以重禍. 子嬰孤立無親, 危弱無輔. 三主之惑, 終身不悟, 亡, 不亦宜乎? 當此時也, 世非無深謀遠慮知化之士也, 然所以不敢盡忠拂過者, 秦俗多忌諱之禁也, 忠言未卒於口, 而身糜沒矣. 故使天下之士, 傾耳而聽, 重足而立, 闔口而不言. 是以三主失道, 而忠臣不諫, 智士不謀也. 天下已亂, 姦不上聞, 豈不哀哉! 先王知壅蔽之傷國也, 故置公卿, 大夫, 士, 以飾法設刑而天下治. 其強也, 禁暴誅亂而天下服; 其弱也, 五霸征而諸侯從; 其削也, 內守外附而社稷存. 故秦之盛也, 繁法嚴刑而天下震; 及其衰也, 百姓怨而海內叛矣. 故周王序得其道, 千餘載不絶, 秦本末幷失, 故不能長. 由是觀之, 安危之統相去遠矣.

鄙彦曰:「前事之不忘, 後事之師也.」是以君子爲國, 觀之上古, 驗之富世, 參之人事, 察盛衰之理, 審權勢之宜, 去就有序, 變化因時, 故曠日長久而社稷安矣.

# 006. <弔屈原賦> ·················· 賈誼

## 굴원을 조문하는 부賦

＊<弔屈原賦>: 賈誼가 文帝를 섬기다가 총애를 입어 太中大夫에 오르자 絳侯, 灌
嬰, 東陽侯, 馮敬 등이 시기하여 비방함. 이에 문제도 이들의 말에 넘어가 그를
멀리 長沙王(지금의 湖南 長沙)太傅로 좌천시켜 버렸음. 賈誼는 그곳으로 가는 길
에 湘水를 건너면서 屈原이 楚나라 侫臣들의 참훼를 입어 汨羅水에 투신한 것
이 자신의 처지와 같다고 여겨 屈原을 애도하며 지은 것임. 《賈誼新書》(賈子, 新
書)에는 이글에 序文이 있어 "誼爲長史王太傅, 旣以謫去, 意不自得, 及渡湘水,
爲賦以弔屈原. 屈原, 楚賢臣也, 被讒放逐, 作《離騷》賦, 其終篇曰:「而矣哉! 國無人
兮, 莫我知也.」 遂自投汨羅而死. 誼追傷之, 因自喩. 其辭曰"로 되어 있으며, 《史
記》에는 "孝文帝初卽位, 謙讓未遑也. 諸律令所更定, 及列侯悉就國, 其說皆自賈
生發之. 於是天子議以爲賈生任公卿之位. 絳, 灌, 東陽侯, 馮敬之屬盡害之, 乃短
賈生曰:「雒陽之人, 年少初學, 專欲擅權, 紛亂諸事.」 於是天子後亦疏之, 不用其議,
乃以賈生爲長沙王太傅. 賈生旣辭往行, 聞長沙卑溼, 自以壽不得長, 又以適去, 意
不自得. 及渡湘水, 爲賦以弔屈原. 其辭曰"로 되어 있음. 한편 이 글은 《史記》,《漢
書》,《文選》,《新書》 등에 실려 있으며, 각각 일부 文字의 出入이 심하여 일일이
對照하여 상고하여야 함.

＊《眞寶》 注에 "迂齋云:「誼謫長沙, 不得意, 投書弔屈原, 而因以自諭. 然譏議時人,
太分明, 其才甚高, 其志甚大而量亦狹矣.」 ○誼, 弔屈原而惜其不早去, 善矣! 然已
之傅長沙, 傅梁, 可以遠讒毀而安之以俟矣. 未幾自傷以死, 曷不以其所以惜屈原者,
自廣哉! 然誼之文, 當爲西漢第一"이라 함.


황공스럽게도 천자의 은혜를 입어,

장사長沙에서 그 죄를 기다리게 되었네.

소문에 들건대 굴원屈原이,

스스로 멱라수汨羅水에 몸을 던졌다지.

나는 상강湘江에 가서 그 물에 내 마음 맡기어,

삼가 선생을 애도하였네.

그는 지극히 어지러운 세상 만나,

그로 말미암아 몸을 망치고 말았네.

아, 애통하구나,

상서롭지 못한 때를 만나셨도다.

난새와 봉황은 엎드려 몸을 숨기고,

솔개와 올빼미는 날개치며 날고 있었지.

어리석고 용렬한 자들이 존귀해져 현달하고,

참소하고 아부하는 자들이 뜻을 얻었네.

현인과 성인은 거꾸로 끌려 다니고,

반듯하고 바른 이들은 거꾸로 세워졌지.

변수卞隨와 백이伯夷를 혼탁한 자라 말하고,

도척盜跖과 장교莊蹻를 청렴하다 말하며,

명검 막야莫邪를 무딘 칼이라 하고,

납으로 만든 칼을 날카롭다 여겼지.

아, 아무 말도 하지 못한 채,

선생께서는 이유도 없이 화를 당했네.

초나라는 주정周鼎 같은 보물은 갖다 버리고,

진흙 항아리를 보배로 여겼다네.

지친 소에게 수레를 매어 끌게 하고,

절름발이 노새를 곁말로 삼았었지.

천리마는 맥이 빠져 두 귀를 늘어뜨렸고,

소금 수레 끄는 일이나 했다네.

머리에 써야 할 장보관章甫冠을 신발 밑에 깔고 앉았으니,

갈수록 국운은 위태로웠네.

아, 선생이시여,

홀로 이런 재난을 만나셨구나.

결론을 말하니,

"다 끝났도다,

나라 안에 나를 알아주는 이 아무도 없으니,

내 혼자 답답함을 그 누구에게 말하리?" 하셨네.

봉황새 훨훨 날아 높이 사라지니,

스스로 자신이 물러나는 것이다.

아홉 굽이로 도는 깊은 못의 신룡神龍은,

깊이 못 속에 잠겨 스스로를 소중히 여기는 것이겠지.

교달蟂獺을 뒤로 하고 숨어 지내니,

무릇 어찌 새우나 지렁이, 거머리 따위를 따르겠는가?

성스러운 신덕神德을 귀중히 여겨,

혼탁한 세상 멀리하고 스스로 숨어버렸네.

기린麒麟으로 하여금 굴레를 매어 씌운다면,

어찌 개나 양과 다르다 하겠는가?

어지러운 세상에서 머뭇대다가 이런 허물 만나셨으니,

역시 선생님의 잘못이었네.

구주九州를 두루 돌아다니며 훌륭한 임금 도우면 되지,

하필 이곳 초나라만 마음에 두셨을까?

봉황은 천 길 높이 날아올라서는,

덕이 밝은 임금을 보면 아래로 내려오는 법.

덕 없는 임금이 위험해질 징조가 보이면,

날개를 더욱 힘차게 쳐서 멀리 떠나버리지.

저 평범하고 더러운 웅덩이 속이,

어찌 배를 삼킬 만한 큰 물고기를 품을 수 있으랴?

강호江湖를 가로지를 큰 전어鱣魚나 고래라도,

그만 땅강아지나 개미에게 제압당하고 말 텐데.

恭承嘉惠兮, 竢罪長沙. 仄聞屈原兮, 自湛汨羅.
造托湘流兮, 敬吊先生. 遭世罔極兮, 迺殞厥身.
烏虖哀哉兮, 逢時不祥. 鸞鳳伏竄兮, 鴟鴞翱翔.
闒茸尊顯兮, 讒諛得志. 賢聖逆曳兮, 方正倒植.
謂隨夷溷兮, 謂跖蹻廉. 莫邪爲鈍兮, 鉛刀爲銛.
于嗟默默兮, 生之亡故. 斡棄周鼎兮, 寶康瓠兮.
騰駕罷牛兮, 驂蹇驢兮. 驥垂兩耳兮, 服鹽車兮.
章甫薦屨兮, 漸不可久. 嗟苦先生兮, 獨離此咎.

誶曰:「已矣, 國其莫吾知兮. 予獨壹鬱其誰語?」
鳳縹縹其高逝兮, 夫固自引而遠去.
襲九淵之神龍兮, 沕淵潛以自珍.
偭蟂獺以隱處兮, 夫豈從蝦與蛭螾?
所貴聖之神德兮, 遠濁世而自臧.
使麒麟可係而羈兮, 豈云異夫犬羊?
般紛紛其離此郵兮, 亦夫子之故也.
歷九州而相其君兮, 何必懷此都也?
鳳凰翔于千仞兮, 覽德輝而下之.
見細德之險微(徵)兮, 遙增擊而去之.
彼尋常之汙瀆兮, 豈(能)容吞舟之魚?
橫江湖之鱣鯨兮, 固將制於螻蟻.

【恭承嘉惠兮, 竢罪長沙】'恭承'은 공경히 받듦.《史記》에는 '共承'으로 되어 있으며, 〈集解〉에 "張晏曰:「恭, 敬也.」"라 함. '嘉惠'는 훌륭한 은혜. 賈誼가 황제의 詔命을 받아 長沙太傅로 부임하게 됨을 뜻함. '竢罪'는 俟罪와 같음.《漢書》注에 "師古曰:「竢, 古俟字. 竢, 待也.」"라 함.《史記》에는 '俟罪'로 되어 있음. 처벌을 기다림. '長沙'는 漢나라 때 지금의 湖南 長沙에 두었던 諸侯國.
【仄聞屈原兮, 自湛汨羅】'仄聞'은 곁에서 들음. 소문을 들음.《漢書》注에 "師古曰:

「仄, 古側字.」라 함.《史記》등에는 '側聞'으로 되어 있음. '湛'은 '沈'(沉)과 같으며,
'침'으로 읽음.《眞寶》注에 "湛, 音沈"이라 함.《史記》에는 '沈'으로 되어 있음. '汨
羅'는 강 이름. 湘江의 지류. 屈原이 빠져 죽은 곳.《漢書》注에 "汨, 水名, 在長沙
羅縣, 故曰汨羅. 汨音莫歷反"이라 함.

【造托湘流兮, 敬弔先生】'造'는 至, 就와 같음.《漢書》注에 "造, 至也. 言至湘水而因
託其流也. 造, 音千到反"이라 함. '敬弔先生'은 선생 屈原을 공경히 애도함. '弔'는
弔와 같음.《漢書》,《史記》등에 모두 '弔'로 표기되어 있음.

【遭世罔極兮, 迺殞厥身】'遭世罔極'은 참언이 끝없는 세상을 만남. 혹 '罔極'은 中正
之道가 없음을 뜻함.《漢書》注에 "張晏曰:「讒言罔極.」師古曰:「罔, 無也. 極, 中
也. 無中正之道, 一曰:極, 止也.」"라 함. '迺殞厥身'은 이에 자신의 몸을 물에 던져
죽이고 말았음. '迺'는 乃, '殞'은 隕, '厥'은 其와 같음.《史記》에는 '乃隕厥身'으로
되어 있음.

【烏虖哀哉兮, 逢時不祥】'烏虖'는 嗚呼와 같음.《史記》에는 '嗚呼'로 되어 있음.

【鸞鳳伏竄兮, 鴟鴞翱翔】'鸞鳳'은 난새와 鳳凰. 聖人이나 賢人을 비유함. '伏竄'은 몸
을 엎드려 숨어버림. '鴟鴞'는 부엉이와 올빼미. 惡人과 小人을 비유함.《漢書》注
에 "師古曰:「鴟, 鵂鶹, 怪鳥也; 鴞, 惡聲之鳥也.」"라 함.《史記》에는 '鴟梟'로 되어
있음. '翱翔'은 빙빙 돌며 낢. 跋扈함. 그들 세상이 됨.

【闒茸尊顯兮, 讒諛得志】'闒茸'(탑용)은 어리석고 용렬한 사람.《漢書》注에 "師古
曰:「闒茸, 下材不肖之人也」"라 함. '尊顯'은 존경을 받고 현달함. '讒諛'은 참언하고
아첨하는 사람.

【賢聖逆曳兮, 方正倒植】'逆曳'는 거꾸로 끌려 다님. 성현들은 기를 펴지 못하는
세상이 되었음을 뜻함. '方正'은 올곧고 바른 선비. '倒植'의 '植'는 '치'로 읽음.
《漢書》注에 "師古曰:「植, 立也. 音值.」"라 함. 倒置와 같음.

【謂隨夷溷兮, 謂跖蹻廉】'隨夷'는 卞隨와 伯夷. 아주 결백한 사람들.《漢書》注에
"應劭曰:「隨, 卞隨. 湯時廉士. 湯以天下讓而不受. 夷, 伯夷也. 不食周粟, 餓于首陽
之下.」"라 함. 卞隨는 殷 湯王 때의 인물로 湯이 천하를 물려주려 하였으나 거부
하였고, 伯夷는 周 武王 때 孤竹國의 왕자로 아우 叔齊와 함께 서쪽 周 文王을
찾아가다가 文王의 아들 武王이 殷을 정벌하러 나서는 것을 만나자 이를 반대
하다가 뜻을 이루지 못하여 首陽山에 들어가 採薇를 하다가 굶어 죽음.《莊子》
讓王篇에 "湯將伐桀, 因卞隨而謀, 卞隨曰:「非吾事也.」湯曰:「孰可?」曰:「吾不知
也.」湯又因務光而謀: 務光曰:「非吾事也.」湯曰:「孰可?」曰:「吾不知也.」湯曰:「伊尹
如何?」曰:「强力忍垢, 吾不知其他也.」湯遂與伊尹謀伐桀, 剋之, 以讓卞隨. 卞隨辭

曰:「后之伐桀也謀乎我, 必以我爲賊也;勝桀而讓我, 必以我爲貪也. 吾生乎亂世, 而无道之人再來漫我以其辱行, 吾不忍數聞也.」乃自投椆水而死. 湯又讓務光曰:「知者謀之, 武者遂之, 仁者居之, 古之道也. 吾子胡不立乎?」務光辭曰:「廢上, 非義也; 殺民, 非仁也; 人犯其難, 我享其利, 非廉也. 吾聞之曰:非其義者, 不受其祿, 无道之世, 不踐其土. 況尊我乎! 吾不忍久見也.」乃負石而自沈於盧水」라 하였고, 《史記》伯夷列傳에 "及夏之時, 有卞隨, 務光者. 此何以稱焉? ……伯夷, 叔齊, 孤竹君之二子也. 父欲立叔齊, 及父卒, 叔齊讓伯夷. 伯夷曰:「父命也.」遂逃去. 叔齊亦不肯立而逃之. 國人立其中子. 於是伯夷, 叔齊聞西伯昌善養老, 盍往歸焉. 及至, 西伯卒, 武王載木主, 號爲文士, 東伐紂. 伯夷, 叔齊叩馬而諫曰:「父死不葬, 爰及干戈, 可謂孝乎? 以臣弑君, 可謂仁乎?」左右欲兵之. 太公曰:「此義人也.」扶而去之. 武王已平殷亂, 天下宗周, 而伯夷, 叔齊恥之, 義不食周粟, 隱於首陽山, 采薇而食之. 及餓且死, 作歌"라 함. '溷'(혼)은 혼탁함. 《漢書》注에 "溷, 濁也. 音胡困反"이라 함. 그러나 이 구절은 《史記》에는 "世謂伯夷貪兮"로 되어 있음. '跖蹻'는 춘추시대 秦나라 대도 盜跖과 楚나라의 도둑 莊蹻. 《漢書》注에 "李奇曰:「跖, 秦大盜也. 楚之大盜爲莊蹻.」師古曰:「跖音之石反, 蹻音居畧反. 莊周云:盜跖柳下惠之弟, 蓋寓言也.」"라 함. 《莊子》盜跖篇을 참조할 것.

【莫邪爲鈍兮, 鈆刀爲銛】'莫邪'는 名劍의 이름. 吳나라의 干將이 만든 두 자루 검의 하나. 《史記》〈索隱〉에 "莫邪, 吳大夫也, 作寶劍, 因名焉. 《吳越春秋》曰:「吳王使干將造劍二枚, 一曰干將, 二曰莫邪.」莫邪, 干將, 劍名也"라 함. '鈍'은 《史記》에는 頓으로 되어 있으며, 注에 "頓, 鈍也"라 함. '鈆刀'는 납으로 만든 칼. 매우 물러 쓸 수 없는 열악한 칼을 뜻함. '鈆'은 鉛의 異體字. 납. 《史記》에는 鉛刀로 되어 있음. '銛'은 예리함. 《眞寶》注에 "息廉反"이라 하여 '섬'으로 읽음. 《史記》〈索隱〉에 "鉛者, 錫也. 銛, 利也, 音纖. 言其暗惑也"라 함.

【于嗟黙黙, 生之亡故兮】'黙黙'은 《史記》에는 '嘿嘿兮'으로 되어 있어 '兮'자도 더 있음. 말을 하지 못하는 모양. '生'은 先生. 屈原을 가리킴. '亡故'의 亡는 無와 같으며 '무'로 읽음. 《史記》에는 '生之無故'로 되어 있어 '兮'자가 없음. 《漢書》注에 "應劭曰:「黙黙, 不得意也.」鄧展曰:「言屈原無故遇此禍也.」師古曰:「生, 先生也.」"라 하였고, 《史記》注에도 "瓚曰:「生, 謂屈原也.」"라 함.

【幹棄周鼎, 寶康瓠兮】'幹棄'는 내다버림. '幹'은 轉과 같으며 《眞寶》注에 "音管"이라 하여 '관'으로 읽음. '周鼎'은 夏禹가 九州의 銅을 모아 만든 9개의 寶鼎. 뒤에 나라를 상징하는 말로 쓰임. 이 뒤에 《史記》에는 '兮'자가 있음. '康瓠(강호)는 진흙으로 빚어 만든 바가지. 가치 없는 물건을 비유함. 《漢書》注에 "鄭氏曰:「康瓠,

瓦盆底也.《爾雅》曰:「康瓠謂之甈.」師古曰:「甈音五列反.」'이라 함.

【騰駕罷牛, 驂蹇驢兮】'騰駕罷牛'는 지친 소를 수레에 매어 끌게 함. '罷'는 疲와 같음. '피'로 읽음. '驂蹇驢兮'는 절름발이 노새를 곁말로 삼음.《漢書》注에 "師古曰:「罷讀曰疲; 蹇, 跛也.」'라 함.

【驥垂兩耳, 服鹽車兮】'驥垂兩耳'는 천리마가 맥이 빠져 두 귀를 늘어뜨린 채 상심해 있음. '服鹽車'는 천리마가 겨우 소금 끄는 일이나 하고 있음.《史記》注에 "〈索隱〉:《戰國策》曰:「夫驥服鹽車上太山中坂, 遷延負轅不能上, 伯樂下車哭之也.」'라 함.

【章甫薦屨, 漸不可久兮】'章甫薦屨'는 머리에 써야 할 章甫冠을 신발로 삼아 밟고 있음. '章甫'는 殷나라 때 현인들이 쓰던 모자.《漢書》에는 '章父'로 표기되어 있음. '薦屨'는 신발로 삼아 깖.《漢書》注에 "師古曰:「章父, 殷冠名也. 言冠乃居下, 屨反在上也. 父, 讀曰甫.」○劉奉世曰:「薦之, 言藉也. 言以冠藉屨, 貴賤顚倒.」'라 함. '漸不可久兮'는 점차 나라가 어지러워져 오래 지속될 수 없음.

【嗟苦先生, 獨離此咎兮】'嗟苦先生'은 '아, 선생 굴원이시여'의 뜻. '離此咎'는 이러한 허물을 만남.《漢書》注에 "應劭曰:「嗟, 呑嗟也. 苦, 勞苦. 屈原遇此難也.」師古曰:「離, 遭也.」'라 함.

【誶曰已矣, 國其莫吾知兮】'誶曰'은 辭賦의 글에서 終篇을 표현하는 말. 앞의 뜻을 개괄하고 결론을 지음. '訊曰', '亂曰' 등으로도 씀. '誶'는《眞寶》注에 "音碎'라 함.《史記》와《新書》에는 '訊曰'로 되어 있음.《漢書》注에 "李奇曰:「誶, 告也.」張晏曰:「誶,《離騷》下章亂也.」師古曰:「誶音碎.」'라 하였고,《史記》注에는 "李奇曰:「訊, 告也.」張晏曰:「訊,《離騷》下章亂辭也.」'라 함. '國其莫我知'는《漢書》注에 "師古曰:「一國之人不知我也.」'라 함.

【予獨壹鬱其誰語】'予獨壹鬱兮'은《漢書》에는 '兮'자가 없으며,《史記》에는 '獨堙鬱兮'로 되어 있어 '予'자가 없음.《眞寶》의 '子'자는 '予'의 오류. '壹鬱'은 '堙鬱'로 되어 있음. '壹鬱'과 '堙鬱'은 모두 가슴이 답답함을 뜻하는 雙聲連綿語.《漢書》注에는 "師古曰:「壹鬱, 猶抑鬱也.」'라 하였고,《史記》注에는 "《漢書》作壹鬱, 意亦通'이라 함.

【鳳縹縹其高逝兮, 夫固自引而遠去】'縹縹'는 飄飄와 같음. '逝'는《史記》에는 '遰'로 되어 있으며, 注에 "音逝也'라 함. '自引'은 스스로 물러남. 그러나《史記》에는 '自縮'으로 되어 있으며, 注에 "《漢書》作 '引'也'라 함.

【襲九淵之神龍兮, 沕淵潛以自珍】'襲'은 거듭. '九淵'은 아홉 굽이로 도는 깊은 못.《漢書》注에 "鄧展曰:「襲, 重也.」師古曰:「九淵, 九旋之川. 言至深也.」'라 하였고,《史記》〈集解〉에는 "鄧展曰:「襲, 重也.」或曰: 襲, 覆也. 猶言察也. 〈索隱〉莊子曰

「千金之珠, 必在九重之淵, 而驪龍頷下」, 故云九淵之神龍也」라 함. '汔'(물)은 깊이 잠김. 《史記》〈集解〉에 "汔, 潛藏也.」라 하였고, 〈索隱〉에 "汔, 潛藏也. 音密, 又音 勿也」라 함. '自珍'은 자신을 소중히 여김. 自重함. 《眞寶》注에 "自此以下, 惜原不 早去而罹讒毁也」라 함.

【価蟂獺以隱處兮, 夫豈從蝦與蛭螾】 '価'(면)은 背와 같음. 蟂獺(교달)은 물고기를 해치는 벌레. 그러나 물고기를 잡아먹는 올빼미와 수달로 봄. 《漢書》注에 "服虔曰: 「蟂, 音梟.」應劭曰:「蟂獺, 水蟲害魚者也. 価, 背也. 欲舍蟂獺, 從神龍遊也.」師古 曰:「価, 音面.」"이라 함. 그러나 《史記》에는 '価蟂獺'이 '彌融爓'으로 되어 있으며, 注에 "〈集解〉: 徐廣曰:「一云価蟂獺.」〈正義〉: 顧野王云:「彌, 遠也. 融, 明也. 爓, 光 也. 没深藏以自珍, 彌遠明光以隱處也.」"라 함. '蝦與蛭螾'은 새우와 거머리, 지렁이. '蝦'는 혹 두꺼비라 함. 모두 小人들을 비유한 것임. 그러나 《史記》에는 '蝦'가 '蟥' 로 되어 있으며, 注에 "〈集解〉: 駰案:《漢書》, 蟥字, 作蝦.」韋昭曰:「蝦, 蝦蟆也. 蛭, 水蟲. 螾, 邱(蚯)螾也.」〈索隱〉: 蟥, 音蟻. 《漢書》作蝦. 言価然絶於蟂獺, 況從蝦與蛭 螾也? 蛭音質. 螾音引.〈正義〉: 言「寧投水合神龍, 豈陸葬從蟥與蛭螾?」"이라 함.

【所貴聖之神德兮, 遠濁世而自臧】 '自臧'은 자신을 숨김. '臧'은 藏과 같음. 《史記》에 는 '藏'으로 되어 있음.

【使麒麟可係而羈兮, 豈云異夫犬羊】 '麒麟'은 상서로운 동물로 성인군자에 비유함. 그러나 《史記》에는 '騏驥', 즉 天理馬로 되어 있어 훨씬 뜻이 명확함. '係而羈'는 묶어서 맴. '羈'는 羈와 같음. 그러나 《史記》에는 이 구절이 '得係而羈兮'로 되어 있어 '得'자가 더 있음. '豈云異夫犬羊'은 《史記》注에 "〈正義〉:使騏驥可得係縛羈 絆, 則與犬羊無異. 責屈原不去濁世, 以藏隱其文也. 驥, 千里馬.」라 함.

【般紛紛其離此郵兮, 亦夫子之故也】 '般紛紛'은 난세에 처하여 머뭇거리며 얽힌 채 빠져나오지 못함. '般'은 盤과 같으며, 盤桓의 뜻. '離此郵'의 '離'는 遭와 같으며, '郵'는 尤와 같음. 《史記》에는 '離此尤'로 되어 있으며 注에 "〈集解〉: 蘇林曰:「般, 音盤.」孟康曰:「般, 音班. 或曰般桓不去. 紛紛, 搆讒音也.」〈索隱〉:「尤, 謂怨咎也.」 라 함. '夫子之故'는 屈原의 잘못. '故'는 《史記》에는 '辜'로 되어 있으며, 注에 "〈索 隱〉:《漢書》: 辜, 作故. 夫子, 謂屈原也. 李奇曰:「亦夫子不如麟鳳翔逝之故, 罹此咎 也.」라 함.

【歷九州而相其君兮, 何必懷此都也】 '歷九州'는 천하를 두루 돌아다님. '歷'은 《史 記》에는 '瞻'로 되어 있으며, 注에 "〈索隱〉: 瞻, 音丑知反. 謂歷觀也.《漢書》作歷九 州"라 함. '相其君'은 훌륭한 임금인지를 살펴봄. '此都'는 楚나라의 首都. 그 무렵 楚나라 都邑은 郢이었으며 지금의 湖北 荊州市 郢都路.

【鳳凰翔于千仞兮, 覽德輝而下之】'千仞兮'는 천 길이나 됨.《史記》에는 '千仞之上 兮'로 '之上' 두 글자가 더 있음. '德輝'는《史記》에는 '悳煇'로 표기되어 있으며, 注에 〈索隱〉:言鳳凰翔, 見人君有德乃下, 故禮曰「德輝動乎內」是也'라 함.

【見細德之險微(徵)兮, 遙增擊而去之】'細德'은 미세한 덕, 덕이 적음. 無德함. '險微'는 '險徵'의 오류. 위험이 닥쳐올 징조. '遙增擊'은 날개를 더욱 세차게 쳐서 멀리 사라짐.《史記》에는 '搖增翮逝'로 되어 있고, '逝'자가 더 있으며, 注에 〈集解〉:徐廣曰:「一云'遙增擊'也.」〈正義〉:「搖, 動也. 增, 加也. 言見細德之人, 又有險難微(徵)起, 則合加動羽翮, 遠逝而去之.」라 함.

【彼尋常之汙瀆兮, 豈容吞舟之魚】'尋常'은 평범함. '汙瀆'은 더러운 물이 괸 웅덩이나 도랑.《史記》注에 〈集解〉:應劭曰:「八尺曰尋, 倍尋曰常.」〈索隱〉:「汙, 潢也. 瀆, 小渠也.」라 함. '豈容'은《史記》에는 '豈能容'이라 하여 '能'자가 더 있음. '吞舟之魚'은 배를 삼킬 만한 아주 큰 물고기. 大人을 가리킴. 屈原과 같은 대인을 용납할 수 없음을 비유함.

【橫江湖之鱣鯨兮, 固將制於螻螘】'鱣鯨'은 전어[鐘魚]와 고래. 역시 대인군자를 비유함.《史記》에는 '鱣鱏'으로 되어 있으며, 注에 〈集解〉:如淳曰:「大魚也.」瓚曰:「鱣魚, 無鱗口近腹下.」라 함. '固將制於螻螘'는 진실로 장차 땅강아지나 개미에게 제압당하게 될 것임. '螻螘'는 '螻蟻'와 같음.《史記》에는 '蟻螻'로 되어 있으며, 注에 〈索隱〉:《莊子》云:庚桑楚謂弟子曰:「吞舟之魚, 蕩而失水, 則螻蟻能苦之.」《戰國策》齊人說靖郭君亦同. 案:以此喻小國暗主, 不容忠臣, 而爲讒賊小臣之所見害也'라 하였고,《漢書》注에도 "如淳曰:「鱣鯨, 皆大魚也.」臣瓚曰:「鱣魚, 無鱗口在腹下. 鯨魚, 長者長數里.」晉灼曰:「小水不容大魚, 而橫鱣鯨于汙瀆, 必爲螻螘所制. 以況小朝主闇, 不容受忠逆之言, 亦爲讒賊小臣所害.」師古曰:「鱣, 音竹連反. 字或作鱏, 鱏亦大魚也. 音淫, 又音尋. 螻, 音樓. 謂螻蛄也.」라 함.

### 참고 및 관련 자료

1. 작자: 가의(賈誼) 앞장(005) 참조.

2. 이 글은《史記》(84),《漢書》(48),《新書》(10),《通志》(97),《文選》(60),《楚辭集注》(8),《湖廣通志》(83),《崇古文訣》(3),《事文類聚》(前集 31),《經濟類編》(45),《古賦辯體》(3),《文章辨體彙選》(744),《漢魏六朝百三家集》(1),《歷代賦彙》(112) 등에 실려 있음.

## 007. <聖主得賢臣頌> ·················· 王褒

## 어진 임금이 현명한 신하를 얻음에 대한 송가

\*<聖主得賢臣頌>: 이 글은 漢 宣帝 때 王褒(王襃)가 '聖主가 賢臣을 얻으면 政敎
가 저절로 이루어질 것임을 피력하여 頌으로 읊어' 宣帝에게 올린 글임. 《文選》
注에 "善曰:《漢書》曰: 王襃旣爲益州刺史, 王褒作<中和樂職宣布詩>, 襃因奏言襃
有軼才. 上乃徵褒, 旣至詔爲<聖主得賢臣頌>"이라 하였고, 《古文淵鑑》에도 "王褒,
字子淵, 蜀人也. 以益州刺史, 薦令待詔擢爲諫大夫. 褒爲益州刺史王襃, 作<中和>,
<樂職>, <宣布>詩, 襃因奏言褒有軼才. 宣帝乃徵褒, 旣至詔爲此頌"이라 하여 益州
刺史 王襃이 그의 시 3편을 보고 뛰어난 재능이 있다고 여겨, 宣帝에게 上奏하
자, 宣帝가 불러 이 글을 짓도록 하였으며, 끝에 "是時, 上頗好神僊, 故褒對及之"
라 하여, 그 무렵 宣帝가 神仙術에 빠져 있어 이를 경계하기 위해 이 글을 지어
올렸다고 하였음.

\*《眞寶》注에 "此篇起句, 有策體. 蓋前漢, 王褒, 字子淵, 本蜀人, 爲漢宣帝徵召, 詔
爲此頌. 起四句設譬自叙, 第一節且謙辭叙應詔之意, 第二節勉宣帝審己正統, 第
三節方論賢者國家之器用, 第四節論聖主得賢臣之功, 第五節論人臣之遭遇, 第六
節總論臣主相得之美. 時上頗好神仙, 故末段不取彭祖喬松之事"라 함.


무릇 털가죽 옷이나 모포를 둘러 입은 자들에게는 비단과 솜의 곱고
촘촘함을 말해주기 어렵고, 명아주 국이나 마른 밥을 우물거리는 자에
게는 진수성찬의 훌륭한 맛을 일러주기에 부족합니다.

이제 저는 서쪽 촉蜀의 편벽한 곳에 살고 있으며 궁벽한 골목에서 태
어나 쑥부쟁이로 이엉을 이은 집 아래에서 자랐고, 많은 곳을 돌아다니
며 구경한 적도, 많은 책을 읽은 지식도 없으니, 생각건대 우매하고 더없
이 누추한 허물만 있어, 임금의 두터운 기대를 채워드릴 수도 없으며 또
영명하신 뜻에 부응해 드리기에도 부족합니다.

비록 그렇다 해도 감히 어리석은 심경을 대략 진술하여 저의 뜻과 진

정성과 소심素心을 서술하지 아니할 수가 있겠습니까?

　기記에 이렇게 서술합니다.
　공경히 생각건대《춘추春秋》필법에 오시五始의 요체는 자신을 살펴 바르게 통솔하는 데에 있을 뿐입니다.
　무릇 현자賢者는 국가의 그릇이니, 임용한 자가 현명하면 나아감과 물러남이 생략되어도 공의 베풂은 넓게 되며, 연장이 날카로우면 적게 힘을 써도 효과는 많은 쪽으로 가게 됩니다.
　그러므로 공인工人이 둔한 기구를 사용하면 근골만 힘들고 고생을 하면서 종일 힘만 들이다 말지만, 공교한 풀무장이가 명검 간장干將의 쇠붙이를 주조하여 맑은 물에 그 끝을 담금질하고, 월越에서 나는 좋은 숫돌에 그 칼날을 날카롭게 갊에 이르러서는, 물에서 교룡蛟龍을 베고, 뭍에서 물소 가죽을 자를 때 시원스럽기가 마치 먼지 나는 길을 빗자루질하듯 쉽게 할 수 있습니다.
　이와 같다면 이루離婁로 하여금 먹줄을 감독하게 하고, 공수公輸로 하여금 먹줄을 따라 깎게 하면 비록 높은 누대가 오층이나 되고, 길이와 폭이 백 장丈이나 된다 해도 혼란함이 없을 것이니 이는 공인과 연장이 서로 맞기 때문입니다.
　용렬한 사람이 노마駑馬를 부리게 되면 말의 입술이 터지고 채찍이 다 닳도록 해도 앞으로 나아갈 수가 없어, 말은 가슴이 헐떡거리고 살갗에는 땀이 흐르며, 사람은 힘이 극도에 이르고 말은 말대로 피로에 지치게 됩니다. 그러나 설슬齧膝에게 멍에를 메우고, 승단乘旦을 타고 왕량王良이 고삐를 잡고 한애후韓哀侯가 수레에 함께 붙어 있다면, 말은 마음껏 달리고 내달려 빠르기가 마치 그림자가 사라지듯 하여 도읍을 통과하고 국경을 흙덩이 하나를 넘어가듯하며, 내리치는 번개를 추적하며 질풍을 쫓아가듯 하며, 팔극八極을 두루 돌아다니고 만 리를 단숨에 달릴 것입니다. 어찌하여 그리 멀리 갈 수 있겠습니까? 바로 사람과 말이 서로 잘 맞기 때문입니다.

그러므로 칡베로 만든 시원한 옷을 입은 자는 찌는 듯한 무더위를 고통스러워하지 않으며, 여우와 담비 가죽의 따뜻한 옷을 껴입은 자는 한겨울 혹독한 추위를 걱정하지 않습니다.

어찌 그렇겠습니까? 갖추고 있는 것이 있어 쉽게 대비하기 때문입니다.

현인賢人과 군자君子도 성왕聖王이 해내海內를 쉽게 다스리기에 필요한 이들이니, 이 까닭으로 즐거운 마음으로 받아들이고 여유롭게 넓은 길을 열어 천하의 영재와 준걸들을 맞아들여야 하는 것입니다.

무릇 지혜를 다해 현명한 이를 곁에 붙여두는 자는 반드시 어진 책략을 세우게 되고, 먼 곳까지 선비를 찾아 나서는 자는 반드시 패자霸者의 공적을 세울 수 있게 되는 것입니다.

옛날 주공周公은 토포악발吐哺握發의 노고로움을 몸소 실천하였기에, 그 덕분에 감옥이 텅 비는 융성함이 있게 되었고, 제齊 환공齊桓은 정료庭燎의 예禮를 설치하였기에 그로 인해 일광천하一匡天下하고 구합제후九合諸侯하는 공적을 이룰 수 있었던 것입니다.

이로 말미암아 보건대 임금 된 자는 어진 사람을 찾느라 힘이 들지만, 사람을 얻고 나면 편안하게 되는 것입니다.

신하 된 자 또한 마찬가지이니, 옛날 현명한 자로서 아직 성군을 만나지 못했을 때는 일을 도모하고 책략을 헤아리면 임금은 그의 모책을 써주지 않았고, 지극한 정성을 진술해도 윗사람은 그의 신실함을 그렇다고 여겨주지 않았습니다.

벼슬길에 나가서도 효과를 펴 보일 기회도 얻지 못하고, 쫓겨나기도 하는데 그것은 그의 허물 때문이 아니었습니다. 이 까닭으로 이윤伊尹은 정조鼎俎에 부지런하였고, 태공太公은 푸줏간에서 칼을 쓰느라 큰 어려움을 겪었으며, 백리해百里奚는 자신을 검은 양가죽 다섯 장에 팔았고, 영척甯戚은 소를 먹이는 일을 하였으니, 모두 이러한 환난을 만났기 때문이었습니다.

그러다가 명군明君을 만나고 성주聖主를 만남에 이르자 계책을 세우면 윗사람과 뜻이 맞았고, 간언을 하면 들어주어 진퇴에 그 충성이 통하였고, 직책을 맡으면 그 술책이 실행되어 비천함과 치욕, 어둠과 더러움을 버리고 본 조정에 등용되어 먹던 푸성귀를 버리고 짚신을 벗고는 고량膏粱의 진미를 누리며, 부절符節을 쪼개어 제후가 되었음을 징표로 받고, 땅을 하사받아 그 조고祖考를 빛내며, 그 자손에게 전해주어 유세하는 선비들의 자료가 되었습니다. 그러므로 세상에는 반드시 성스러운 지혜를 가진 군주가 있은 다음에야 현명한 신하가 있게 되는 것입니다.

그 까닭으로 호랑이가 포효하면 바람이 거세지고, 용이 일어나면 구름이 일게 되며, 귀뚜라미는 가을을 기다려 울고, 하루살이는 날이 어두워져야 나오는 것입니다.

《역易》에 이르기를 "비룡飛龍이 하늘에 있으니, 대인大人을 만남이 이롭다"라 하였고, 《시詩》에는 "저토록 많은 선비들, 이 왕국에 태어났네"라 하였으니, 그 까닭으로 세상이 태평하고 임금이 성스러우면 준사俊士들이 스스로 찾아오는 것입니다.

이를테면 요堯, 순舜, 우禹, 탕湯, 문왕文王, 무왕武王과 같은 임금은 후직后稷, 설契, 고요皐陶, 이윤伊尹, 여망呂望과 같은 신하를 얻어, 임금은 조정에서는 모든 일이 명명明明하고, 온화하고 위엄 있는(穆穆) 신하들은 포진하여 줄을 서고, 정신精神이 함께 모여 서로 더욱 창성하게 되었던 것입니다. 비록 백아伯牙가 체종遞鍾을 연주하고 방문(逢門, 逢門)이 오호烏號를 당긴다 해도, 오히려 이들의 뜻을 비유해 표현해낼 수가 없을 정도였습니다.

그 까닭으로 성주聖主는 반드시 어진 신하를 기다려 공적과 업적을 넓히는 것이요, 훌륭한 선비 또한 현명한 성주(明主)를 기다려 그 덕을 드러내는 것입니다.

임금과 신하가 함께 원하는 것이기에 즐겁게 서로 기쁨을 나누니, 천 년에 한 번 만나 논설論說에 의심이 없다면, 날아오르기가 마치 홍모鴻毛가 순풍을 만난 것과 같을 것이요, 시원스럽기가 마치 큰 물고기가 큰 바다에서 마음껏 노니는 것과 같을 것입니다.

그처럼 뜻을 얻음이 이와 같다면 어찌 금하여 중지시키지 못할 것이 있겠으며, 무엇인들 명령만 하면 실행되지 않을 것이 있겠습니까?


교화敎化가 곳곳으로 퍼져 넘치며 끝없이 먼 곳에 있는 이족夷族도 공물을 바쳐오며 만 가지 상서로움이 틀림없이 이르는 것입니다.

이 까닭으로 성주는 두루 들여다보거나 바라보지 않아도, 보는 것이 분명해질 것이며, 귀를 기울여 들으려 하지 않아도 듣는 것이 밝아질 것이며, 은혜는 상서로운 풍교를 따라 높이 날아오르고, 덕은 온화한 기운과 함께 어울릴 것이니, 태평한 세상을 만들어야 할 책임은 그로써 끝날 것이요, 즐겁고 한가하게 놀려고 하는 바람을 얻게 될 것입니다.

자연의 추세를 따라 놀기만 하면 되고, 무위無爲의 경지에서 염담恬淡을 즐기기만 하면, 아름다운 징조가 저절로 이르러 올 것이요, 장수를 누림도 끝이 없을 것이니, 온화한 얼굴에 옷깃을 늘어뜨리고 팔짱을 낀 채 영원히 만년을 이어갈 텐데, 어찌 누웠다 일어나(偃仰)고 굽혔다 폈다(屈伸)하는 양생법을 배워 팽조彭祖와 같아지려 하며, 후허煦噓와 호흡呼吸하는 양생법을 익혀 왕자교王子喬나 적송자赤松子와 같아져, 묘연眇然히 세속을 등지고 속세를 떠나려 할 필요가 있겠습니까!

《시》에 "많고 많은 선비들이여! 문왕은 이들로 하여 편안함을 누렸네"라 하였는데, 대체로 그들로 말미암아 편안함을 누렸다는 그 말은 믿을 만한 것입니다.

夫荷旃被毳者, 難與道純緜之麗密; 羹藜含糗者, 不足與論太牢之滋味.

今臣僻在西蜀, 生於窮巷之中, 長於蓬茨之下, 無有游觀廣覽之知, 顧有至愚極陋之累, 不足以塞厚望, 應明旨.

雖然敢不略陳其愚心, 而抒情素?

記曰:

恭惟《春秋》法五始之要, 在乎審己正統而已.

夫賢者, 國家之器用也, 所任賢, 則趨舍省而功施普; 器用利, 則用力少而就效衆.

故工人之用鈍器也, 勞筋苦骨, 終日矻矻, 及至巧冶, 鑄干將之樸, 清水淬其鋒; 越砥斂其鍔, 水斷蛟龍, 陸剸犀革, 忽若篲泛塵塗.

如此, 則使離婁督繩, 公輸削墨, 雖崇臺五層, 延袤百丈, 而不溷者, 工用相得也.

庸人之御駑馬, 亦傷吻敝策, 而不進於行, 胷喘膚汗, 人極馬倦, 及至駕齧膝, 參乘旦, 王良, 執靶; 韓哀, 附輿, 縱馳馳騖, 忽如景靡, 過都越國, 蹶如歷塊, 追奔電, 逐遺風, 周流八極, 萬里一息, 何其遼哉! 人馬相得也.


故服絺綌之凉者, 不苦盛暑之鬱燠; 襲狐狢之暖者, 不憂至寒之凄愴.

何則? 有其具者, 易其備.

賢人君子, 亦聖王之所以易海內, 是以嘔喻受之, 開寬裕之路, 以延天下之英俊.

夫竭智附賢者, 必建仁策; 索遠求士者, 必樹伯迹.

昔周公躬吐握之勞, 故有圄空之隆; 齊桓設庭燎之禮, 故有匡合之功.

由此觀之, 君人者, 勤於求賢, 而逸於得人.

人臣亦然, 昔賢者之未遭遇也, 圖事揆策, 則君不用其謀; 陳見悃誠, 則上不然其信.

進仕, 不得施效; 斥逐, 又非其愆, 是故, 伊尹, 勤於鼎俎; 太公, 困於鼓刀; 百里自鬻, 甯子飯牛, 離此患也.

及至遇明君, 遭聖主也, 運籌合上意, 諫諍則見聽, 進退得關其忠, 任職得行其術, 去卑辱奧渫, 而升本朝, 離蔬釋蹻, 而享膏粱, 剖符錫壤, 而光祖考, 傳之子孫, 以資說士, 故世必有聖知之君, 而後有賢明之臣.

故虎嘯而風冽, 龍興而致雲, 蟋蟀俟秋吟, 蜉蝣出以陰.

《易》曰:「飛龍在天, 利見大人」;《詩》曰:「思皇多士, 生此王國.」故世平主聖, 俊乂將自至.

若堯舜禹湯文武之君, 獲稷契皋陶伊尹呂望之臣, 明明在朝, 穆穆布列; 聚精會神, 相得益章, 雖伯牙操遞鍾, 逢門子彎烏號, 猶未足以喻其意也.

故聖主, 必待賢臣, 而弘功業; 俊士, 亦俟明主, 以顯其德.

上下俱欲, 歡然交欣, 千載一會, 論說無疑, 翼乎如鴻毛遇順風, 沛乎若巨魚縱大壑.

其得意如此, 則胡禁不止, 曷令不行?

化溢四表, 橫被無窮, 遐夷貢獻, 萬祥必臻.

是以聖主不偏窺望, 而視已明; 不殫傾耳, 而聽已聰, 恩從祥風翱, 德與和氣游, 太平之責, 塞; 優游之望, 得.

遵遊自然之勢, 恬淡無爲之場, 休徵自至, 壽考無疆; 雍容垂拱, 永永萬年, 何必偃仰屈伸, 若彭祖; 呴噓呼吸, 如喬松, 眇然絕俗離世哉!

《詩》曰:「濟濟多士, 文王以寧」, 蓋信乎以寧也.

【夫荷旃被毳者, 難與道純縣之麗密】'荷旃被毳'(하전피취)는 夷狄들의 복장을 뜻함.
《書叙指南》(19)에 "荷旃被毳, 夷狄之衣"라 함. '荷'는 負의 뜻. '짊어지다'의 뜻이나
여기서는 '몸에 걸쳐 옷으로 삼다'로 해석함. '旃'은 氈과 같으며 털로 짜서 걸치
는 성근 毛布 조각. '毳'는 거친 털옷. '道'는 言, 說 등과 같음. '純縣'은 좋은 綿織
物. 中原에서 입는 좋은 옷. '麗密'은 곱고 촘촘함.《漢書》注에 "師古曰:「純, 絲
也.」 謂織爲繒帛之麗, 絲纊之密也. 一說, 純綿, 不雜綿也"라 함. 文明한 지역에서
사용하는 질이 좋은 옷을 뜻함.《眞寶》注에 "呂, 野菜;含, 食也. 糗, 麥飯也;太牢,
牛也. 言人食羹糗飯者, 不足與論太牢之滋味也. 此二句謂賤者不足言貴"라 함.

【羹藜含糗者, 不足與論太牢之滋味】'羹藜'는 명아주 풀로 국을 끓임. '含糗'은 볶
은 쌀을 입에 넣고 우물거림. '含'은《漢書》에는 '唅'으로 되어 있으며, 注에 "唅音
含. 師古曰:「糗, 卽今之熬米麥所爲者. 音丘九反, 又音昌少反.」"이라 함. 食의 뜻.
'糗'는 볶은 쌀 또는 말린 밥. 거친 음식을 뜻함. '太牢'는 소, 양, 돼지 세 가지 희
생을 갖춘 잔치나 祭祀. 아주 훌륭한 음식을 뜻함. '滋味'는 훌륭한 맛.

【今臣僻在西蜀, 生於窮巷之中, 長於蓬茨之下】'僻'은 편벽된 곳에서 삶.《漢書》에는
'辟'으로 되어 있으며, 注에 "辟, 讀曰僻"이라 함. '西蜀'은 王褒의 고향이 서쪽의
蜀이었음. '蓬茨'은 쑥과 떼. 그것으로 이엉을 만들어 지붕을 이은 누추한 집.《漢
書》注에 "蓬茨, 以蓬蓋屋也. 茨, 音才私反"이라 함.《眞寶》注에는 "蓬茨, 所以覆
屋者"라 함.

【無有游觀廣覽之知, 顧有至愚極陋之累, 不足以塞厚望, 應明旨】'游觀廣覽'은 널리
名山大川 및 各地를 두로 돌아다니며 見聞을 넓히고 많은 책을 널리 읽어서 知
識을 얻음. '顧'는 '돌아보건대, 생각건대' 등의 뜻. '累'는 허물.《漢書》注에 "顧,
猶反也. 累, 音力瑞反"이라 함. '塞厚望'은 큰 기대를 채움.《漢書》注에 "塞, 當也"
라 함. '應明旨'는 임금의 英名한 뜻에 맞추어줌.

【雖然敢不略陳其愚心, 而抒情素】'略陳'은 대략 陳言함. '抒'는 풀어냄.《漢書》注에
"抒, 猶泄也. 音, 食汝反"이라 함. '情素'는 가지고 있는 뜻이나 본바탕.《眞寶》注에
"言雖不足充厚望, 敢不逑愚心而申情素也"라 함.

【記曰】'記'는 아래 문장이 〈聖主得賢臣頌〉임을 뜻함.《眞寶》注에 "爲此頌之記也"
라 함.

【恭惟《春秋》法五始之要, 在乎審己正統而已】'恭惟'는《漢書》에는 '共惟'로 되어 있
으며, 注에 "服虔曰:「共, 敬也.」 共, 讀曰恭"이라 함.《春秋》法'은 孔子가《春秋》를
쓴 방법. '五始之要'는《春秋》는 每 王의 첫 구절을 '元年', '春', '王', '正月', '卽位'의

다섯 가지 기본 틀을 만들어 기록을 시작하였으며 이를 '五始之要'라 함.《漢書》注에 "張晏曰:「要,《春秋》稱『元年春王正月』, 此五始也.」 師古曰:「元者, 氣之始; 春者, 四時之始; 王者, 受命之始; 正月者, 政敎之始; 公卽位者, 一國之始. 是爲五始.」라 하였음.《眞寶》注에도 "五始, 謂元年春王正月公卽位也. 元者, 氣之始; 春者, 四時之始; 王者, 受命之始; 正月者, 政令之始; 公卽位者, 一國之先也. 此五者, 在乎群王審己而行之, 正位以統理天下而已"라 함.

【夫賢者, 國家之器用也】현명한 자는 나라의 그릇이 됨.

【所任賢, 則趨舍, 省而功施普; 器用利, 則用力少, 而就效衆】'趨舍'는 取捨와 같음. '趨'는《漢書》에는 '趣'로 되어 있으며, 注에 "趨, 讀曰趣"라 함. '普'는《漢書》注에 "普, 博也"라 함.《眞寶》注에 "此二句, 是比上二句"라 함.

【故工人之用鈍器也, 勞筋苦骨, 終日矻矻, 及至巧冶, 鑄干將之樸, 淸水淬其鋒】'勞筋苦骨'은 筋肉과 뼈가 노고로움을 당함.《孟子》告子(下)에 "天將降大任於是人也, 必先苦其心志, 勞其筋骨, 餓其體膚, 空乏其身, 行拂亂其所爲, 所以動心忍性, 曾益其所不能"이라 함. '矻矻'(골골)은 부지런함을 뜻하는 疊語.《漢書》注에 "矻矻, 勞極貌. 如淳曰:「健作貌也.」 師古曰:「如說是也. 矻, 音口骨反.」"이라 하여 '골'로 읽음. 그러나《眞寶》注에 "矻, 五骨反"이라 하여 '올'로 읽었음. '巧冶'는 기술이 뛰어난 대장장이. '干將'은 막야(莫邪)와 함께 吳王 闔閭가 뛰어난 刀工 干將을 시켜 만든 명검. 陽을 干將, 陰을 莫邪라 하며 莫邪는 간장의 아내 이름이기도 함. '樸'은 원래 다듬지 않은 나무를 뜻하나 여기서는 아직 製鍊하지 않은 쇠붙이를 말함. '淬'(쉬)는 물에 담금질을 함.《漢書》에는 '焠'로 되어 있으며 注에 "焠, 謂燒而內水中以堅之也"라 함. '鋒'은 칼의 끝.《漢書》注에 "鋒, 刀芒端也"라 함.

【越砥斂其鍔, 水斷蛟龍, 陸剸犀革, 忽若篲泛塵塗】'越砥'는 越지역(南昌)에서 나는 좋은 숫돌.《漢書》注에 "晉灼曰:「砥, 出南昌, 故曰越也.」"라 함. '鍔'은 칼날.《漢書》에는 '咢'으로 되어 있으며 注에 "咢, 刀旁也. 音五各反"이라 함.《眞寶》注에는 "干將, 劍名. 樸, 劍未理也. 淬, 燒刀令熱, 漬於水中. 鋒, 刃也. 越砥, 磨石名, 得以謂磨也. 鍔, 刃也. 良冶, 鑄劍人冶. 鍔音萼"이라 함. '蛟龍'은 이무기. 龍의 일종으로 아직 승천하지 못한 상태일 때를 말함. '剸'은 끊음. 절단함.《漢書》注에 "剸, 截也, 音之兗反, 又音徒官反"이라 함. '篲'(수)는 彗와 같음. 빗자루.《漢書》에는 '彗'로 되어 있으며 注에 "彗, 帚也"라 함. '泛塵塗'는 티끌, 먼지, 진흙 등을 쓸어냄. '泛'은 拂과 같으며 물을 뿌려 씻어냄을 뜻함.《漢書》에는 '氾畫塗'로 되어 있으며, 注에 "氾, 氾灑地也. 塗, 泥也. 如以帚埽氾灑之地, 以刀畫泥中, 言其易"라 함.《眞

寶》注에는 "泛, 猶掃也. 言以利劍斬斷蛟犀, 忽若以篲掃於路塵, 言甚易也. 若國用賢臣, 化惡反善, 自如此也"라 함.

【如此, 則使離婁督繩, 公輸削墨, 雖崇臺五層, 延袤百丈, 而不溷者, 工用相得也】 '離婁'는 黃帝 때 視力이 아주 뛰어났던 사람. 《孟子》離婁(上)에 "離婁之明, 公輸子之巧, 不以規矩, 不能成方員;師曠之聰, 不以六律, 不能正五音;堯舜之道, 不以仁政, 不能平治天下"라 하였고, 注에 "離婁, 古之明目者"라 함. 《莊子》天地篇·駢拇篇에는 '離朱'로 되어 있으며 司馬彪 注에 "離朱. 黃帝時人, 百步見秋毫之末"이라 함. 《眞寶》注에 "離婁, 古明目人"이라 함. '督繩'의 '督'은 正의 뜻. '繩'은 먹줄. '公輸'는 魯나라의 이름난 匠人 公輸子. 이름은 班. 楚惠王이 宋을 칠 때 雲梯를 만들자 墨子가 이를 저지한 사건으로 유명함. 《孟子》離婁(上), 《禮記》檀弓篇, 《戰國策》, 《墨子》 등에 널리 그 이름이 보임. 《眞寶》注에 "公輸, 古之巧匠"이라 함. '延袤'은 길이와 너비. 폭과 길이. '不溷'은 혼란하지 않음. 정확함. 《漢書》注에 "溷, 亂也, 音胡頓反"이라 함. 이 구절에 대해 《漢書》注에는 "離婁, 黃帝時明目者也. 應劭曰:「公輸, 魯班, 性巧者也.」師古曰:「督, 察視也.」"라 하였고, 《眞寶》注에는 "言巧拙之理, 且使上之所迿, 則更使名目者正繩, 雖高臺五層, 長廣百尺, 而規矩不亂者, 工用之相得故也. 國不亂者, 得賢之效也"라 함.

【庸人之御駑馬, 亦傷吻敝策, 而不進於行, 胷喘膚汗, 人極馬倦】 '庸人'은 庸劣한 사람. '駑馬'는 둔한 말. '傷吻敝策'은 상한 재갈과 해진 채찍. 《漢書》注에 "吻 口角也. 策, 所以擊馬也"라 함. '胷喘膚汗'은 가슴을 헐떡거리고 살갗에는 땀이 솟음. 《眞寶》注에 "言人駕劣馬, 則傷馬空勞, 鞭杖而不進行, 胷喘而膚汗, 人亦極困, 馬亦病倦. 不肖之人理國, 則勞下;人繁國法, 國旣亂矣, 身亦危矣"라 함.

【及至駕齧膝, 參乘旦, 王良, 執靶】 '齧膝'는 名馬 이름. 《漢書》에는 '膝'이 '郄'로 되어 있으며, 注에 "孟康曰:「良馬低頭, 口至郄, 故曰齧郄.」"이라 함. '參'은 驂과 같으며 곁말. 四匹馬車의 경우 가운데의 두 말을 服, 양 옆의 두 말을 驂이라 함. '乘旦' 또한 명마 이름. 《漢書》注에 "張晏曰:「駕則旦至, 故曰乘旦.」"이라 함. '王良'은 말을 잘 다루던 사람. 王子期, 王於期, 王子於期로 표기하기도 함. 春秋시대 趙襄子의 마부. 於期는 그의 字. 《左傳》哀公 2年 "郵無恤御簡子"의 杜預 注에 "郵無恤, 王良也"라 하였고, 같은 곳에서 다시 '子良'이라 불렸음. 《孟子》滕文公(下)에는 "昔者, 趙簡子使王良與嬖奚乘"이라 하여 郵無恤, 王良, 子良, 王子期, 王子於期, 王於期는 모두 동일인으로 보이며 곳에 따라 趙襄子와 趙簡子의 마부로 엇갈림. 《漢書》注에 "張晏曰:「王良, 郵無恤, 字伯樂.」師古曰:「參驗《左氏傳》及《國

語》,《孟子》, 郵無恤, 郵良, 劉無止, 王良, 總一人也.《楚辭》云『驥躊躇於敝輦, 遇孫
陽而得代』. 王逸云孫陽, 伯樂姓名也.《列子》云伯樂, 秦穆公時人. 考其年代不相當,
張說云良字伯樂, 斯失之矣.」라 함. '靶'는 轡와 같으며 고삐.

【韓哀, 附輿, 縱騁馳騖, 忽如景靡, 過都越國, 蹶如歷塊, 追奔電, 逐遺風, 周流八極,
萬里一息, 何其遼哉! 人馬相得也】'韓哀'는 韓 哀侯. 戰國시대 韓나라 군주.
B.C.376−B.C.375년까지 2년간 재위함. 嚴遂와 韓傀의 사사로운 원한 때문에 곁
에 있다가 聶政에게 억울하게 피해를 입기도 하였으며, 말을 부리는 솜씨가 뛰어
났었다 함.《漢書》注에 “應劭曰:「《世本》『韓哀作御』. 師古曰:「宋衷云韓哀, 韓文侯
也. 時已有御, 此復言作者, 加其精巧也. 然則善御者耳, 非始作也.」라 함. '附輿'는
마차에 동승함.《眞寶》注에 “齧膝, 乘旦, 良馬名; 王良, 韓哀, 古善御者. 靶, 轡也”
라 함. '騖'(무)는《漢書》注에 “亂馳曰騖”라 함. '景靡'의 '景'은 影과 같음. '靡'는 沒
과 같음. 해 그림자가 사라짐.《漢書》注에 “景靡者, 如光景之徙靡也”라 함.《眞
寶》注에 “靡, 沒也. 言良馬良御, 縱騁奔馳, 忽如景之疾沒”이라 함. '歷塊'는 흙덩
이를 지나감.《漢書》注에 “如經歷一塊, 言其速疾之甚”이라 하였고,《眞寶》注에
“言過都國, 疾如行歷一小塊之間”이라 함. '奔電'은 내리치는 번개. '遺風'은 疾風.
《漢書》注에 “師古曰:「《呂氏春秋》云『遺風之乘』, 言馬行尤疾, 每在風前, 故遺風於
後. 今此言逐遺風, 則是風之遺逸在後者, 馬能逐及也.」라 함.《眞寶》注에 “電, 風,
皆曰疾急”이라 함. '周流'는 周遊와 같음. 두루 돌아다님. '遼'는《漢書》注에 “遼,
謂所行遠”이라 함. '八極'과 '一息'은《眞寶》注에 “八極, 猶言八荒之極邊; 一息, 言一
呼吸之間”이라 함. '人馬相得'은《眞寶》注에 “言此良馬良御, 可期遠哉! 此人馬相
得之勢也. 使聖王得賢臣而用之, 亦如此也. ○以上論賢者, 國家之器用”이라 함.

【故服絺綌之凉者, 不苦盛暑之鬱燠】'絺綌'(치격)은 가는 칡베와 굵은 칡베. 갈포 옷.
여름에 입는 아주 시원한 옷을 말함. '鬱燠'(울욱)은 찌는 듯한 무더위를 뜻함.
《漢書》注에 “鬱, 熱氣也. 燠, 溫也. 音於六反”이라 함.

【襲狐貉之暖者, 不憂至寒之淒愴】'襲'은 옷을 꺼입음. '狐貉'은 여우와 담비. 겨울철
의 아주 따뜻한 옷을 말함. '淒愴'은 추위 등이 혹독함을 뜻하는 雙聲連綿語.
'悽愴'과 같음.《漢書》에는 '悽愴'으로 되어 있으며, 注에 “悽愴, 寒冷也”라 함.

【何則? 有其具者, 易其備】《眞寶》注에 “服葛衣之凉, 不苦盛暑之熱; 衣狐裘之暖,
不憂至寒之甚者, 蓋有其具而易爲備也. 故國有賢臣, 亦無憂也”라 함.

【賢人君子, 亦聖王之所以易海內, 是以嘔喩受之, 開寬裕之路, 以延天下之英俊】'嘔
喩'는 화평하고 즐거운 모습을 뜻하는 疊韻連綿語.《漢書》注에 “應劭曰:「嘔喩,

和悅貌.」師古曰:「嘔, 音於付反.」이라 하여 '嘔'는 '우'로 읽도록 되어 있음.《眞寶》
注에 "嘔喩, 喜悅貌; 受, 謂用賢臣也"라 함. '裕'는 넉넉함, 풍요로움.《漢書》注에
"裕, 饒也"라 함.

【夫竭智附賢者, 必建仁策; 索遠求士者, 必樹伯迹】'伯迹'은 霸者의 자취, 공적. '伯'
는 霸와 같은 뜻이며, '패'로 읽음.《漢書》注에 "伯, 讀曰霸"라 함.

【昔周公躬吐握之勞, 故有囹空之隆】'吐握'는 吐哺握髮의 줄인 말. 周 成王 때 周公
이 자신의 봉지 魯나라로 아들 伯禽을 보내면서 선비를 존중하도록 일러준 말
에서 유래됨.《史記》魯周公世家에 "於是卒相成王, 而使其子伯禽代就封於魯. 周
公戒伯禽曰:「我文王之子, 武王之弟, 成王之叔父, 我於天下亦不賤矣. 然我一沐三
捉髮, 一飯三吐哺, 起以待士, 猶恐失天下之賢人. 子之魯, 愼無以國驕人.」"이라 함.
'囹空'은 감옥이 비어 있음. 죄인이 없는 화평한 치적을 뜻함.《漢書》注에 "一飯
三吐飱, 一沐三捉髮, 以賓賢士; 故能成太平之化, 刑措不用, 囹圄空虛也"라 함.《眞
寶》注에 "吐握, 言三吐哺三握髮. 周公吐握, 以禮賓士, 故能太平, 囹圄空虛"라 함.

【齊桓設庭燎之禮, 故有匡合之功】'齊桓'은 齊桓公. 春秋五霸의 첫 首長. 이름은 小
白. 齊나라에 난이 일어나자 鮑叔이 모시고 莒나라로 피신하였고, 管仲은 公子
糾를 모시고 魯나라로 피신함. 뒤에 난이 진압되고 나서 먼저 귀국하는 자가 왕
이 될 수 있는 기회에 管仲 일행이 小白이 오는 길을 막고 활을 쏘아 소백의 허
리띠 고리에 맞추자, 소백은 죽은 척 쓰러져 있다가 지름길로 귀국하여 왕위에
오름. 뒤에 포숙의 추천으로 관중을 등용하여 제나라를 부강하게 하여 九合諸
侯, 一匡天下하여 첫 패자가 됨. B.C.685-643년까지 43년간 재위함.《史記》齊太
公世家를 참조할 것. '庭燎'는 밤에 대궐 뜰에 피우던 불.《說苑》尊賢篇에 "齊桓
公設庭燎, 爲士之欲造見者, 期年而士不至. 於是東野鄙人有以九九之術見者, 桓公
曰:「九九何足以見乎?」鄙人對曰:「臣非以九九爲足以見也, 臣聞主君設庭燎以待士,
期年而士不至, 夫士之所以不至者, 君天下賢君也; 四方之士, 皆自以論而不及君,
故不至也. 夫九九薄能耳, 而君猶禮之, 況賢於九九乎? 夫太山不辭壤石, 江海不逆
小流, 所以成大也, 詩云:『先民有言, 詢于芻蕘.』言博謀也.」桓公曰:「善.」乃因禮之.
期月, 四方之士, 相攜而竝至,《詩》曰:『自堂徂基, 自羊徂牛.』言以內及外, 以小及大
也"라 함.《漢書》注에 "應劭曰:「有以九九求見桓公, 桓公不納. 其人曰:『九九小術,
而君不納之, 況大於九九者乎?』於是桓公設庭燎之禮而見之. 居無幾, 隰朋自遠而
至, 齊桓遂以霸.」師古曰:「九九, 計數之書, 若今算經也. 匡, 謂一匡天下也. 合謂九
合諸侯.」라 함. 한편《詩》小雅 庭燎篇에는 "夜如何其, 夜未央, 庭燎之光. 君子至

止, 鸞聲將將. 夜如何其, 夜未艾, 庭燎晣晣. 君子至止, 鸞聲噦噦. 夜如何其, 夜鄕晨, 庭燎有煇. 君子至止, 言觀其旂."라 함. '匡合'은 一匡天下, 九合諸侯의 줄인 말. 《眞寶》注에 "桓公好賢, 公必夙興, 設庭燎之火, 以禮見之. 故能匡輔周室, 會合諸侯"라 함.

【由此觀之, 君人者, 勤於求賢, 而逸於得人】'逸於得人'은 똑똑한 사람을 얻은 뒤에는 편안해짐. '逸'은 安逸, 편안함을 뜻함.《漢書》注에 "師古曰:「逸, 閒(閑)也.」"라 함.《眞寶》注에 "以上論聖主得賢臣之功"이라 함.

【人臣亦然, 昔賢者之未遭遇也】'遭遇'는 만남. 자신을 알아주는 聖主를 만나는 것.

【圖事揆策, 則君不用其謀;陳見悃誠, 則上不然其信】'揆策'은 책략을 세우고 이를 건의함. '悃誠'은 至誠과 같음. 온갖 생각을 모아 성의를 다함. '悃'은《漢書》注에 "師古曰:「悃, 至也, 音口本反.」"이라 함.

【進仕, 不得施效;斥逐, 又非其愆】'斥逐'은 배척을 당하여 쫓겨남. '愆'은 허물. 過와 같음.

【是故, 伊尹, 勤於鼎俎;太公, 困於鼓刀;百里自鬻, 甯子飯牛, 離此患也】'伊尹'은 殷나라 湯王의 재상. 이름은 摯. 湯이 有莘氏의 딸을 아내로 맞을 때 媵臣으로 따라가면서 조리 기구를 짊어지고 가서 주방장이 되어 湯에게 접근하였음. 뒤에 탕에게 발탁되어 재상에 올랐으며 夏의 末王 桀을 쳐서 殷왕조를 일으키는 데에 큰 공을 세웠음.《史記》殷本紀 및《墨子》尙賢篇을 볼 것. '鼎俎'의 '鼎'은 음식물을 끓이는 고대 요리기구의 하나. '俎'는 도마 모양의 음식 담는 그릇.《韓非子》難言篇에 "上古有湯, 至聖也;伊尹, 至智也. 夫至智說至聖, 然且七十說而不受, 身執鼎俎爲庖宰, 昵近習親, 而湯乃僅知其賢而用之."라 함.《漢書》注에 "師古曰:「勤於鼎俎, 謂負鼎俎以干湯也. 鼓刀, 謂屠牛於朝歌也.」"라 함. '太公'은 周나라 공신 太公望 呂尙. 자는 子牙. 周 武王을 도와 殷의 紂를 멸하고 천하를 안정시킴. 성은 姜, 先代가 呂 땅에 살아 呂를 성으로 삼기도 함. 이름은 尙. 자는 尙父. 齊나라에 봉을 받아 춘추시대 齊나라 始祖가 됨. '困於鼓刀'는 呂望(呂尙, 太公)은 文王을 만나기 전에는 푸줏간 백정이었다 함. '百里奚'는 百里傒로도 표기하며 百里는 성. 五羖(五羖)大夫라 불림. 처음에는 虞公을 섬겼으나 7년 동안 그 정치가 그른 것을 보고 낙담하다가 晉이 虞를 쳐 포로가 되어 秦으로 가는 길에 도망하여 길에서 구걸하면서 楚나라로 가서 목동이 되었음. 秦 穆公에게 발탁되어 그를 패자로 만들었음. 穆公이 그를 楚나라에서 다섯 마리 검은 양가죽 값으로 샀기 때문에 '五羖大夫'라 부름.《說苑》〈善說篇〉에 "百里奚自賣五羊之皮, 爲秦人

虜, 穆公得之, 時强也"라 함.《史記》秦本紀에 그의 일화가 실려 있음. '甯子'는 齊
桓公 때의 賢相 甯戚(寧戚, 甯戚). 그가 齊나라 성문 밖에서 소에게 먹이를 주면
서 소뿔을 두드리며 노래를 부르고 있었음. 桓公은 이를 듣고 그를 불러 만나보
고 뒤에 재상으로 삼았음.《說苑》尊賢篇에 "甯戚擊牛角而商歌, 桓公聞而擧之"
라 하였고,〈善說篇〉에도 "甯戚飯牛, 康衢擊車輻而歌, 顧見桓公得之, 時霸也"라
함.《史記》秦本紀를 볼 것.《漢書》注에 "師古曰:「鬻, 賣也.《呂氏春秋》云: 百里奚
之未遇時也, 虞亡而虜縛, 鬻以五羊之皮公. 孫枝得而悅之, 獻諸穆公. 飯牛, 解在鄒
陽傳. 鬻, 音弋六反.」"이라 함. '離此患'의 '離'는 遭와 같음.《漢書》注에 "師古曰:
「離, 遭也.」"라 함. 賢人이 明君聖主를 만나지 못하여 받는 고통.《眞寶》注에 "伊
尹, 殷相;太公, 封於齊;百里奚, 虞人;甯子, 卽甯戚. 伊尹未遇, 勤勞於調鼎;太公未
遇, 困於屠牛鼓刀;百里奚爲晉虜而賣之, 秦以五羖皮贖之;甯戚未逢桓公, 而於齊門
飯牛, 皆罹此不遇之患"이라 함.

【及至遇明君, 遭聖主也, 運籌合上意, 諫諍則見聽, 進退得關其忠, 任職得行其術】
'運籌'는 책략을 운용함. '諫諍'은 諫言을 뜻함. '關其忠'은 그 충성을 사용함.《眞
寶》注에 "關, 猶用也"라 함.

【去卑辱奧渫, 而升本朝, 離蔬釋蹻, 而享膏粱, 剖符錫壤, 而光祖考, 傳之子孫, 以資
說士】'奧渫(오설)은 구석진 곳. 남이 알아주지 않는 곳.《漢書》注에 "張晏曰:「奧,
幽也;渫, 狎也, 汙也. 言歠奧渫汙, 不章顯也.」師古曰:「渫, 音先列反.」"이라 함. '離
蔬釋蹻'는 거친 음식에서 떠나고 나막신을 벗어버림. '蹻'는 짚신, 草履. '膏粱'은
기름진 고기와 기장으로 지은 좋은 밥.《漢書》注에 "應劭曰:「離此疏食, 釋此木
蹻也.」臣瓚曰:「以繩爲蹻也.」師古曰:「蹻即今之鞋耳. 瓚說是也. 蹻, 音居畧反.」"이
라 함.《眞寶》注에 "言賢人旣遇聖主, 榮以職位, 惠以祿食. 故去卑辱幽汙之事, 以
升用於朝;離去蔬食, 釋去蹻履, 而食滋味, 衣朝服也"라 함. '剖符錫壤'은 부절을
잘라 제후가 된다는 징표로 받고 토지를 하사받음. '錫'은 賜와 같으며, 壤은 封
地를 뜻함. '資'는 자료가 됨. 이야깃거리가 됨. 遊說家의 예화로 사용됨. '說士'는
《漢書》注에 "師古曰:「談說之士, 傳以爲資也.」"라 함.《眞寶》注에 "說士, 遊說之
士. 以上論人臣之遭遇"라 함.

【故世必有聖知之君, 而後有賢明之臣】성스럽게 앎이 있는 군주가 있은 연후에 현
명한 신하가 있게 됨.

【故虎嘯而風冽, 龍興而致雲, 蟋蟀俟秋吟, 蜉蝣出以陰】'風冽'은《漢書》注에 "師古
曰:「冽冽, 風貌也. 音列.」"이라 함. '興龍而致雲'은 용은 구름을 따라 움직임을 뜻

함. 《周易》文言傳(上)에 "雲從龍, 風從虎"라 함. 《眞寶》注에 "喩君之所以感召其臣"이라 함. '蟋蟀'은 귀뚜라미. 雙聲連綿語의 蟲名. 여기서는 어진 신하를 가리킴. '蜉蝣'는 하루살이. 疊韻連綿語의 蟲名. 《漢書》에는 '蜉蝤'로 표기되어 있으며注에 "孟康曰:「蜉蝤, 渠畧也.」師古曰:「蟋蟀, 今之促織也. 蜉蝤, 甲蟲也. 好叢聚而生也. 朝生而夕死. 蝤, 音由, 字亦作蟉, 其音同也.」"라 함. '陰'은 聖君을 비유함. 《眞寶》注에 "喩賢人待明君而後仕"라 함.

【《易》曰:「飛龍在天, 利見大人」;《詩》曰:「思皇多士, 生此王國.」】 '飛龍在天'은 《周易》乾卦 九五의 爻辭에 "九五, 飛龍在天, 利見大人"이라 하였고, 象辭에는 "飛龍在天, 大人造也"라 함. 《漢書》注에 "師古曰:「乾卦九五爻辭也. 言王者居正陽之位, 賢才見之, 則利用也.」"라 함. '思皇多士'는 《詩》大雅 文王篇에 "世之不顯, 厥猶翼翼. 思皇多士, 生此王國"이라 한 구절을 인용한 것. 《漢書》注에 "師古曰:「大雅文王之詩也. 思, 語辭也. 皇, 美也. 言美哉! 此衆多賢士, 生此周王之國也.」"라 함.

【故世平主聖, 俊乂將自至】 '俊乂'는 아주 뛰어난 人才. '乂'는 《漢書》에는 '艾'로 표기되어 있으며, 注에 "師古曰:「艾, 讀曰乂.」"라 함.

【若堯舜禹湯文武之君, 獲稷契皐陶伊尹呂望之臣, 明明在朝, 穆穆布列】 '稷'은 堯舜 때의 農官 后稷(姬棄). 周나라 始祖. 《史記》周本紀를 참조할 것. '契'(설)은 殷의 시조로 堯舜 때의 司徒였음. 《漢書》注에 "師古曰:「契, 讀與卨同字. 本作偰, 後從省耳.」"라 함. '皐陶'는 堯舜 때의 명신. 司寇였음. '穆穆'은 威儀를 갖춘 모습. 《漢書》注에 "師古曰:「明明, 察也;穆穆, 美也.」"라 함.

【聚精會神, 相得益章, 雖伯牙操遞鍾, 逢門子彎烏號, 猶未足以喩其意也】 '益章'의 '章'은 彰과 같음. '밝다'의 뜻. 《漢書》注에 "師古曰:「章, 明也.」"라 함. '伯牙'는 春秋시대 琴의 연주에 뛰어난 인물. 鍾子期와의 사이에 '伯牙絶絃'의 고사를 남김. 《列子》湯問篇에 "伯牙善鼓琴, 鍾子期善聽. 伯牙鼓琴, 志在登高山. 鍾子期曰:「善哉! 峩峩兮若泰山!」志在流水. 鍾子期曰:「善哉! 洋洋兮若江河!」伯牙所念, 鍾子期必得之. 伯牙游於泰山之陰, 卒逢暴雨, 止於巖下;心悲, 乃援琴而鼓之. 初爲霖雨之操, 更造崩山之音. 曲每奏, 鍾子期輒窮其趣. 伯牙乃舍琴而嘆曰:「善哉! 善哉! 子之聽夫! 志想象猶吾心也. 吾於何逃聲哉!」"라 하였고, 《韓詩外傳》(9)에는 "伯牙鼓琴, 鍾子期聽之. 方鼓琴, 志在山, 鍾子期曰:「善哉! 鼓琴! 巍巍乎如太山」志在流水, 鍾子期曰:「善哉! 鼓琴! 洋洋乎若江河.」鍾子期死, 伯牙擗琴絶絃, 終身不復鼓琴, 以爲世無足與鼓琴也. 非獨琴如此, 賢者亦有之. 苟非其時, 則賢者將奚由得逢其功哉?"라 하였으며, 그 외 《說苑》(尊賢篇), 《呂氏春秋》(本味篇) 등에 널리 전하고 있

음. '遞鍾'은 名琴의 이름. 號鍾이라고도 함. 《漢書》注에 "晉灼曰:「遞, 音遞送之
遞. 二十四鍾各有節奏, 擊之不常, 故曰遞.」臣瓚曰:「《楚辭》云『奏伯牙之號鍾』. 號
鍾, 琴名也. 馬融〈笛賦〉曰『號鍾高調』. 伯牙以善鼓琴, 不聞說能擊鍾也.」師古曰:
「琴名是也, 字旣作遞, 則與《楚辭》不同, 不得卽讀爲號, 當依晉音耳.」○宋祁曰:「景
本作號鍾, 校作遞. 又注文中當字上當有遞字.」라 함. '逢門子'는 '逢'은 '逢'으로도
표기함. 逢門子(逢門子)는 고대 활의 명수 逢蒙(逢蒙)을 가리킴. 고대 夏나라 때
활로 유명했던 명수. '逢門'으로도 표기함. 《孟子》'離婁(下)'에 '逢蒙學於羿'라 함.
《列子》仲尼篇에 "子輿曰:「吾笑龍之詒孔穿, 言'善射者能令後鏃中前括, 發發相及,
矢矢相屬; 前矢造準而無絶落, 後矢之括猶銜弦, 視之若一焉.' 孔穿駭之. 龍曰:'此
未其妙者. 逢蒙之弟子曰鴻超, 怒其妻而怖之. 引烏號之弓, 綦衛之箭, 射其目. 矢來
注眸子而眶不睫, 矢隧地而塵不揚.' 是豈智者之言與?」라 하였고, 《太平御覽》(350)
에는 "《列子》曰:逢蒙之弟子曰鴻超, 怒其妻而怖之. 引烏號之弓, 綦衛之箭, 射其目.
矢來注眸子而瞬不睫, 矢墜地而塵不揚"이라 함. '彎'은 활을 당김. '烏號'는 고대
黃帝가 사용하던 활. 전설상 가장 뛰어난 활로 알려짐. 《十八史略》(1)에 "黃帝采
銅鑄鼎, 鼎成, 有龍垂胡髥下迎. 帝騎龍上天, 羣臣後宮從者七十餘人, 小臣不得上,
悉持龍髥, 髥拔, 墮弓, 抱其弓而號. 後世名其處曰鼎湖; 其弓曰烏號"라 함. 《漢書》
注에 "師古曰:「逢門, 善射者, 卽逢蒙也. 烏號, 弓名也. 並解在前也.」라 함. 《眞寶》
注에 "伯牙, 操琴; 逢門子, 彎弓. 其音韻合和, 弓矢必中, 亦未足以喩君臣之意也. 遞
鍾, 琴名; 烏號, 弓名"이라 함.

【故聖主, 必待賢臣, 而弘功業; 俊士, 亦俟明主, 以顯其德】聖主와 賢臣이 서로 만
나게 되면 각기 자신의 뜻을 크게 펼 수 있음을 말함.

【上下俱欲, 歡然交欣, 千載一會, 論說無疑】서로의 욕구가 맞으면 기쁨을 느끼게
되며 이러한 이론은 의심할 여지가 없음.

【翼乎如鴻毛遇順風, 沛乎若巨魚縱大壑】'翼乎'는 날개를 활짝 펴고 나는 모양. '沛
乎'는 성대한 모양. '縱'은 자유롭게 노닒. '大壑'은 아주 큰 바다. 《列子》湯問篇에
"革曰:「渤海之東不知幾億萬里; 有大壑焉, 實惟無底之谷, 其下無底, 名曰歸墟.」라
하였고, 《莊子》天地篇에는 "諄芒將東之大壑, 適遇苑風於東海之濱"이라 함. 《漢
書》注에 "師古曰:「巨, 亦大也. 沛音普大反.」○宋祁曰:「越本:'遇'作'過'.」라 함.

【其得意如此, 則胡禁不止, 曷令不行】'胡'는 疑問詞. 《漢書》注에 "師古曰:「胡, 曷,
皆何也.」라 함.

【化溢四表, 橫被無窮, 遐夷貢獻, 萬祥必臻】'臻'은 《漢書》에는 '湊'로 되어 있으며,

注에 "師古曰:「湊字, 與臻同.」"이라 함.

【是以聖主不偏窺望, 而視已明; 不殫傾耳, 而聽已聰】'偏窺望'은 모든 것을 들여다 보고 바라봄. '殫傾'은 《漢書》에는 '單頃'으로 되어 있으며 注에 "師古曰:「單, 盡 極也; 頃, 讀曰傾.」"이라 함. '殫'은 盡과 같음. 빠짐없이, 널리, 모두.

【恩從祥風翔, 德與和氣游, 太平之責, 塞; 優游之望, 得】'翔'는 새가 날개를 위아래로 흔들며 낢. 《漢書》注에 "師古曰:「翔, 翔也.」"라 함. '塞'는 充, 滿의 뜻. 《漢書》注에 "師古曰:「塞, 滿也.」"라 함. '優游'는 한가로움을 뜻하는 雙聲連綿語.

【遵遊自然之勢, 恬淡無爲之場, 休徵自至, 壽考無疆; 雍容垂拱, 永永萬年】'休徵'은 아름다운 징조. 《眞寶》注에 "休徵, 吉祥之兆"라 함. '壽考無疆'은 천수를 누려 끝이 없음. '雍容'은 온화한 얼굴 표정을 뜻하는 雙聲連綿語. '垂拱'은 옷자락을 드리우고 팔짱을 낌. 임금의 덕화를 칭송하는 표현.

【何必偃仰屈伸, 若彭祖; 呴嘘呼吸, 如喬松, 眇然絶俗離世哉】'偃仰'은 눕고 쳐다보고 하는 의미의 雙聲連綿語. '屈伸'은 몸을 굽히고 펴고 함. 두 가지 모두 養生法을 가리킴. 그 무렵 宣帝는 神仙術에 迷惑해 있어 이를 거론하여 警戒한 것. '彭祖'는 仙人으로 7백 세를 살았다 함. 이름은 籛鏗. 《列仙傳》(上)에 "彭祖者, 殷大夫也. 姓籛名鏗, 帝顓頊之孫, 陸終氏中子. 歷夏至殷末, 八百餘歲. 常食桂芝, 善導引行氣. 歷陽有彭祖仙室. 前世禱請風雨, 莫不輒應. 常有兩虎, 在祠左右. 祠訖, 地卽有虎迹. 云後昇仙而去. 遐哉碩仙, 時惟彭祖. 道與化新, 綿綿歷古. 隱倫玄室, 靈著風雨. 二虎嘯時, 莫我猜侮"라 하였고, 《搜神記》(1)에도 "彭祖者, 殷時大夫也. 姓籛, 名鏗. 帝顓頊之孫. 陸終氏之中子. 歷夏而至商末, 號七百歲. 常食桂芝. 歷陽有彭祖仙室. 前世云:「禱請風雨, 莫不輒應. 常有兩虎在祠左右.」今日祠之訖, 地則有兩虎跡"이라 하였으며, 그 외 《列仙傳》(1)에 자세히 실려 있음. '呴嘘呼吸'은 道家養生法의 하나로 체내의 묵은 기운을 내쉬고 새로운 기운을 들이마시는 호흡법. '喬松'은 周 靈王의 太子 王子喬(晉)와 仙人 赤松子. 모두 不老長生의 神仙術을 터득한 신선들. 《列仙傳》(上)「王子喬」에 "王子喬者, 周靈王太子晉也. 好吹笙作鳳凰鳴. 遊伊洛之間. 道士浮丘公, 接以上嵩高三十餘年. 後求之於山上, 見桓良曰:「告我家, 七月七日, 待我於緱氏山巓.」至時, 果乘白鶴, 駐山頭. 望之不得到, 擧手謝時人, 數日而去. 亦立祠於緱氏山下及嵩高首焉"이라 하였고, 「赤松子」에는 "赤松子者, 神農時雨師也. 服水玉以教神農, 能入火自燒. 往往至崑崙山上, 常止西王母石室中, 隨風雨上下. 炎帝少女追之, 亦得仙, 俱去. 至高辛時, 復爲雨師. 今之雨師本是焉"이라 하였으며, 《神仙傳》, 《搜神記》, 《抱朴子》 등 아주 널리 실려 있음. 《漢書》

注에 "如淳曰:《五帝紀》:彭祖, 堯舜時人.《列仙傳》:彭祖殷大夫也, 歷夏至商末, 壽年七百.」師古曰:「信, 讀曰伸. 呴嘘, 皆開口出氣也. 僑, 王僑;松, 赤松子, 皆仙人也. 呴, 音許于反. 嘘音虛.」"라 함. '眇然'은 아득한 모습.《漢書》注에 "師古曰:「眇然, 高遠之意也.」"라 함.《眞寶》注에 "何必羨於彭祖八百之壽, 喬松千年之仙? 言不足尙也"라 함.

【《詩》曰「濟濟多士, 文王以寧」, 蓋信乎! 以寧也】 '濟濟'는 威儀가 훌륭함을 표현한 것.《詩》大雅 文王篇에 "世之不顯, 厥猶翼翼. 思皇多士, 生此王國. 王國克生, 維周之楨. 濟濟多士, 文王以寧"이라 함.《眞寶》注에 "《詩》文王之篇云. 濟濟, 威儀之盛貌;多士, 衆賢也. 有濟濟之賢, 以佐文王, 此文王之所以安寧. ○以上論臣主之相得如此, 引援《毛詩》證結, 尤有斷案"이라 함. '文王'은 周文王 姬昌. 后稷(姬棄)의 후손으로 季歷의 아들이며 古公亶甫의 손자. 商(殷)나라 말 紂임금 때 西伯이 되어 인정을 베풀었으며 紂의 미움을 받아 羑里(牖里, 지금의 河南 湯陰縣)의 감옥에 갇히는 등 고초를 겪기도 하였으나 그 아들 武王(姬發)에 이르러 紂를 牧野에서 멸하고 周나라를 일으킴.《史記》周本紀 참조.《漢書》注에 "師古曰:「亦文王之詩也. 濟濟, 盛貌也. 言文王能多用賢人, 故邦國得以安寧也.」"라 함. 한편 이 구절을 이어《漢書》에는 "是時, 上頗好神僊, 故襃對及之. 上令襃與張子僑等, 並待詔, 數從襃等放獵, 所幸宮館, 輒爲歌頌, 第其高下, 以差賜帛. 議者多以爲淫靡不急. 上曰:「不有博奕者乎? 爲之猶賢乎已.」"라 하여 당시 宣帝는 神仙術과 사냥, 歌頌에 빠져 있었음을 摘示하고 있음.

참고 및 관련 자료

1. 왕포(王襃:?-B.C.61, 혹 B.C.90-B.C.51)

자는 子淵, 西漢 때 인물로 蜀 資中(지금의 四川 資陽) 사람. 辭賦에 뛰어나 揚雄(子雲)과 함께 '淵雲'이라 불렸음.《漢書》藝文志에 16편의 저록이 실려 있으나 지금은《漢書》본전에 실려 있는 〈聖主得賢臣頌〉과《藝文類聚》에 들어 있는 〈甘泉宮頌〉및《文選》의 〈洞簫賦〉,《楚辭》의 〈九懷〉등만 전함. 그에 대한 傳記로는《桐柏眞人王君外傳》1卷이 있음.《漢書》(64 下)의 王襃傳에 "王襃, 字子淵, 蜀人也. 宣帝時修武帝故事, 講論六藝群書, 博盡奇異之好, 徵能爲《楚辭》九江被公, 召見誦讀, 益召高材劉向, 張子僑, 華龍, 柳襃等侍詔金馬門. 神爵, 五鳳之間, 天下殷富, 數有嘉應. 上頗作歌詩, 欲興協律之事, 丞相魏相奏言知音善鼓雅琴者渤海趙定, 梁國龔德, 皆召見待詔. 於是益州刺史王襄欲宣風化於衆庶, 聞王襃有俊材, 請與相見,

使襃作《中和》, 《樂職》, 《宣布》詩, 選好事者令依《鹿鳴》之聲習而歌之. 時, 氾鄉侯何武爲僮子, 選在歌中. 久之, 武等學長安, 歌太學下, 轉而上聞. 宣帝召見武等觀之, 皆賜帛, 謂曰:「此盛德之事, 吾何足以當之!」 襃既爲刺史作頌, 又作其傳, 益州刺史因奏襃有軼材. 上乃徵襃. 既至, 詔襃爲聖主得賢臣頌其意. 襃對曰:〈聖主得賢臣頌〉"이라 함.

2. 이 글은 《漢書》(64 下), 《文選》(47), 《通志》(99), 《事文類聚》(別集 8), 《經濟類編》(81), 《文編》(37), 《西漢文紀》(13), 《文章辨體彙選》(456), 《漢魏六朝百三家集》(6), 《古文淵鑑》(14) 등에 실려 있음.

# 008. 〈樂志論〉 ·················· 仲長統

## 지조대로 사는 것을 즐김

*〈樂志論〉:자신의 지조대로 사는 것을 즐겁게 여긴다는 논리. '論'은 문장의 한
 體裁로 《字彙》에 "紬繹討論也. 議也, 辯也"라 함. 이 글은 後漢 仲長統이 벼슬
 에 뜻을 두지 않고 悠悠自適하며 사는 삶의 恬靜한 맛을 표현한 것.
*《眞寶》注에 "後漢仲長統, 字公理, 少好學, 性倜儻敢言, 不矜小節. 每州郡命召,
 輒稱疾不就, 常以爲「凡遊帝王者, 欲以立身揚名耳, 而名不常存, 人生易滅, 優游
 偃仰, 固以自娛其志, 故爲之著論」云"이라 함.


거처하는 곳은 좋은 논밭과 넓은 집이 있고, 산을 등지고 물이 앞에
흐르며, 도랑과 연못이 빙 둘러 있고, 대나무와 수목이 주위에 퍼져 있
으며, 마당과 채마밭이 축대 앞에 있고, 과수원이 집 뒤에 있도록 한다.

배와 수레는 거뜬히 걷거나 물을 건너는 어려움을 대신해 줄 수 있고,
심부름하는 이는 충분히 육신의 고역에서 쉴 수 있게 해준다.

부모를 봉양함에 진미珍味를 갖춘 음식을 드리고, 아내와 아이들에게
는 몸을 고달프게 하는 일이 없다.

좋은 벗들이 모여들면 술과 안주를 차려서 즐기며, 좋은 명절과 매월
초하루에는 염소와 돼지를 삶아 내놓는다.

밭이랑이나 동산을 머뭇거려보기도 하고 평평한 숲에서 거닐어보기
도 하며, 맑은 물에 몸을 씻고 시원한 바람을 뒤쫓으며 헤엄치는 잉어를
낚고, 높이 나는 고니를 주살로 잡으며, 무우舞雩 아래에서 읊조리다가
좋은 집으로 흥얼거리며 돌아온다.

안방에서 정신을 편안히 하고, 노자老子의 현묘하고 공허한 도道를 생
각하며, 양생에 필요한 정기를 호흡하여 지인至人과 비슷해지기를 바라
며, 통달한 사람 몇 명과 도를 논하고 책을 강론하며, 하늘과 땅을 우러

러보고 굽어보며 고금의 인물들을 종합하여 품평해 보기도 한다. 〈남풍
南風〉의 아름다운 곡조를 연주하고, 〈청상곡清商曲〉의 미묘한 곡도 소리
내어 불러보며, 한 세상을 소요하면서 천지 사이의 사물을 슬쩍 곁눈질
하여, 당대當代의 책임을 맡지 않으며, 기약된 목숨을 길이 보존한다.

이렇게 하면 하늘과 은하를 넘어 저 우주 밖으로 나갈 수 있을 터이
니, 어찌 제왕帝王의 문으로 들어가는 것을 부러워하겠는가!


使居有良田廣宅, 背山臨流, 溝池環匝, 竹木周布, 場圃築前, 果
園樹後.

舟車足以代步涉之難, 使令足以息四體之役.

養親有兼珍之膳, 妻孥無苦身之勞.

良朋萃止, 則陳酒肴以娛之; 嘉時吉日, 則烹羔豚以奉之.

躕躇畦苑, 遊戱平林, 濯清水, 追凉風, 釣游鯉, 弋高鴻; 諷於舞
雩之下, 詠歸高堂之上.

安神閨房, 思老氏之玄虛, 呼吸精和, 求至人之彷彿; 與達者數
子, 論道講書, 俯仰二儀, 錯綜人物; 彈〈南風〉之雅操, 發〈清商〉
之妙曲, 逍遙一世之上, 睥睨天地之間, 不受當時之責, 永保性命
之期.

如是則可以凌霄漢, 出宇宙之外矣, 豈羨夫入帝王之門哉!


【背山林流, 溝池環匝】'背山臨流'는 背山臨水와 같음. '溝池'는 도랑과 못. 環匝(환
잡)은 둘러져 있음. '匝'은 '帀'과 같으며《後漢書》등에는 '帀'으로 표기되어 있음.
【竹木周布, 場圃築前】'周布'는 두루 펼쳐져 있음. '場圃'는 마당과 채마밭.
【舟車代步涉之難, 使令足以息四體之役】'步涉'는 길을 걷는 수고와 물을 건너는 어
려움. '使令'은 심부름하는 사람.《孟子》梁惠王(上) "曰:「爲肥甘不足於口與? 輕煖
不足於體與? 抑爲采色不足視於目與? 聲音不足聽於耳與? 便嬖不足使令於前與?
王之諸臣, 皆足以供之, 而王豈爲是哉!」"라 함. '息'은 휴식함. '四體'는 四肢. 여기서
는 육체적 苦役을 뜻함.

【兼珍之膳】'兼'은 幷, 備와 같은 뜻. '膳'은 음식. 顔師古 注에 "熟食曰餐, 具食曰膳, 又美食也"라 함.

【妻孥】妻와 子女. '孥'는 子의 뜻.《後漢書》注에 "孥, 讀曰奴"라 함.

【良朋萃止】좋은 친구들이 모여듦. '萃'는 聚와 같으며, '止'는 集과 같음.

【陳酒肴以娛之】'陳'은 陳設함. '酒肴'는 술과 안주. '肴'는 餚와 같음.

【嘉時吉日, 則烹羔豚以奉之】'佳時'는 좋은 명절, 즉 여러 절기. '吉日'은 매월 초하루. 새 달이 되었음을 기뻐하여 모여서 먹음.《論語》鄕黨篇 "吉月必朝服而朝"의 朱子 注에 "吉月, 月朔也"라 함. '烹'은 '삶다, 조리하다'의 뜻. '羔'(고)는 殺와 같으며 염소. '豚'은 돼지고기.《周禮》에 "春行羔豚"이라 함.

【躕躇畦苑】'躕躇'는 '躊躇'와 같음. 雙聲連綿語. 여기서는 일이 없이 한가히 서성 댐을 뜻함.《後漢書》注에 "躕躇, 猶跉躕也"라 함. '畦苑'(휴원)은 밭이랑과 동산. '苑'은 林苑.

【釣游鯉, 弋高鴻】'釣游鯉'는 유영하고 있는 잉어를 낚음.《史記》齊太公世家〈正義〉에 "《說苑》云:呂望年七十, 釣於渭渚, 三日三夜, 魚無食者. 望卽忿脫其衣冠. 上有農人者古之異人(一作老賢人)也, 謂望曰:「子姑復釣, 必細其綸, 芳其餌, 徐徐而投之, 無令魚駭.」望如其言. 初下, 得鮒, 次得鯉. 剖魚腹得書, 書文曰:「呂望封於齊」, 望知其異"라 함. '弋高鴻'은 높이 나는 고니를 활로 잡음. '弋'은 살 끝에 실을 매어 잡는 새 사냥법. 繳과 같음.《論語》述而篇에 "子釣而不綱, 弋不射宿"이라 함.

【諷於舞雩之下】'雩'는 기우제. 舞雩는 기우제를 지내는 제단.《論語》先進篇에 曾晳이 "莫春者, 春服旣成, 冠者五六人, 童子六七人, 浴乎沂, 風乎舞雩, 詠而歸"라고 한 말을 인용한 것.《後漢書》注와《眞寶》注에 똑같이 "雩, 祭旱之名也. 爲壇而儛(舞)其上, 以祈雨焉.《論語》曾點曰:「春服旣成, 冠者五六人, 童子六七人, 浴乎沂, 風乎舞雩, 詠而歸.」"라 함.

【安神閨房】'安神'은 정신을 편안히 함. '閨房'은 內室. 여기서는 편안한 집안 안방을 뜻함.

【老氏之玄虛】'老氏'는 老子 李耳. '玄虛'는 현묘하고 공허함을 주제로 한 老子 道家의 사상.《老子》(1)에 "道可道, 非常道;名可名, 非常名. 無, 名天地之始;有, 名萬物之母. 故常無, 欲以觀其妙;常有, 欲以觀其徼. 此兩者, 同出而異名, 同謂之玄. 玄之又玄, 衆妙之門."이라 함.

【呼吸精和】'精和'는 조화를 이루어 養生에 필요한 신선한 정기.

【求至人之彷彿】'至人'은 道家에서 설정한 이상적인 사람. '眞人'과 같음.《莊子》逍

遙遊篇 "至人無己, 神人無功, 聖人無名"의 注에 "此乃有迹無迹之分也, 至於無迹, 則謂之至人矣"라 함. '彷彿'은 髣髴과 같으며 비슷하게 닮은 형상을 뜻하는 雙聲 連綿語. 《後漢書》注와 《眞寶》注에 《老子》曰:「玄之又玄, 虛其心, 實其腹.」 呼吸, 謂咽氣養生也.《莊子》曰:「吹煦呼吸, 吐故納新.」又曰:「至人無己也.」라 함. 다만 '吹煦'는 《眞寶》注에는 '噓煦'로 되어 있음.

【與達者數子】'達子'는 道에 통달한 사람. '數子'는 몇 사람.

【俯仰二儀, 錯綜人物】'俯仰'은 내려다보고 쳐다봄. '俛仰'과 같음. 두루 구경하며 편안함을 즐김. '二儀'는 兩儀와 같으며 天地, 乾坤, 하늘과 땅.《周易》繫辭傳에 "《易》有太極, 是生兩儀"라 함.《眞寶》注에 "二儀, 指天地"라 함. '錯綜'은 가로세로로 배치함. 綜合과 같으며 雙聲連綿語.

【彈南風之雅操】'南風'은 舜임금이 읊었다는 詩歌.《孔子家語》辨樂解에 "昔者, 舜彈五弦之琴, 造南風之詩, 其詩曰:「南風之薰兮, 可以解吾民之慍兮; 南風之時兮, 可以阜吾民之財兮.」 唯修此化, 故其興也勃焉"이라 함. '雅操'는 아름다운 곡조.

【發淸商之妙曲】'淸商'은 〈樂府〉의 일종인 淸商曲調.《後漢書》注와 《眞寶》注에 똑같이 《家語》曰: 舜彈五絃之琴, 造南風之詩曰:『南風之薰兮, 可以解吾民之慍兮; 南風之時兮, 可以阜吾民之財兮.』《三禮圖》曰:「今本五絃曰宮商角徵羽, 文王增二曰少宮, 少商, 絃最淸也.」라 함.

【逍遙一世之上】'逍遙'는 한가히 거닐며 悠悠自適함을 뜻하는 疊韻連綿語.《後漢書》에는 '消搖'로 표기되어 있음.《眞寶》注에는 "逍遙, 言遊放"라 함.

【睥睨天地之間】'睥睨'는 무심히 곁눈질로 보며 관여하지 않음. 구속 없이 무심하며 편안함을 뜻함.

【不受當時之責】'當時之責'은 살아 있는 當代에 자신이 책임져야 할 일. 官職을 맡아 權勢와 榮華를 누리다가 자칫 重責에 매어 禍를 당하는 경우를 말함.

【永保性命之期】'性命'은 목숨.《周易》乾卦 象辭에 "乾道變化, 各正性命, 保合大和, 乃利貞. 首出庶物, 萬國咸寧"이라 함.

【可以凌霄漢, 出宇宙之外矣】'凌'은 훨씬 넘어섬. 乘, 干과 같은 뜻.《後漢書》에는 '陵'으로 표기되어 있음. '霄漢'은 하늘과 銀河. '宇宙'는 《淮南子》原道訓에 "橫四維而含陰陽, 紘宇宙而章三光"이라 하였고, 高誘 注에 "四方上下曰宇, 古往今來曰宙. 以喩天地"라 함.

【豈羨夫入帝王之門】'羨'은 부러워함. '入帝王之門'은 帝王의 조정으로 들어가 벼슬하며 권세를 누림.

1. 仲長統(179–219)

後漢 때의 인물. 字는 公理, 山陽 高平 사람으로 젊어서 학문을 좋아하여 많은 책을 섭렵하였으며, 20여 년 간 靑州, 徐州, 幷州, 冀州 등을 유람하며 친구를 사귐. 벼슬에 뜻을 두지 않고 저술에 힘써 그의 《昌言》 34편 10만 言은 당시에 이미 널리 알려졌으며 西漢시대 董仲舒, 賈誼, 揚雄에 비견하기도 하였음. 특히 韓愈는 〈後漢三賢贊〉을 지어 王充, 王符, 仲長統을 東漢三大學者라 추앙하였으며, 이에 王充의 《論衡》, 王府의 《潛夫論》과 仲長統의 《昌言》은 '東漢三大著述'로 높이 평가받고 있음. 《後漢書》(49) 仲長統傳에 "仲長統字公理, 山陽高平人也. 少好學, 博涉書記, 贍於文辭. 年二十餘, 游學靑, 徐, 幷, 冀之間, 與交友者多異之. 幷州刺史高幹, 袁紹甥也. 素貴有名, 招致四方遊士, 士多歸附. 統過幹, 幹善待遇, 訪以當時之事. 統謂幹:「君有雄志而無雄才, 好士而不能擇人, 所以爲君深戒也.」幹雅自多, 不納其言, 統遂去之. 無幾, 幹以幷州叛, 卒至於敗. 幷, 冀之士皆以是異統. 統性俶儻, 敢直言, 不矜小節, 默語無常, 時人或謂之狂生. 每州郡命召, 輒稱疾不就. 常以爲凡遊帝王者, 欲以立身揚名耳, 而名不常存, 人生易滅, 優游偃仰, 可以自娛. 欲卜居淸曠, 以樂其志, 論之曰:「使居有良田廣宅, 背山臨流, 溝池環匝, 竹木周布, 場圃築前, 果園樹後. 舟車足以代步涉之艱, 使令足以息四體之役. 養親有兼珍之膳, 妻孥無苦身之勞. 良朋萃止, 則陳酒肴以娛之; 嘉時吉日, 則亨羔豚以奉之. 躕躇畦苑, 遊戲平林, 濯淸水, 追涼風, 釣遊鯉, 弋高鴻, 諷於舞雩之下, 詠歸高堂之上. 安神閨房, 思老氏之玄虛; 呼吸精和, 求至人之仿佛. 與達者數子, 論道講書, 俯仰二儀, 錯綜人物. 彈《南風》之雅操, 發淸商之妙曲. 消搖一世之上, 睥睨天地之間. 不受當時之責, 永保性命之期. 如是, 則可以陵霄漢, 出宇宙之外矣. 豈羨夫入帝王之門哉!」"(下略)이라 함.

2. 이 글은 《後漢書》(49) 仲長統傳, 《東漢文紀》(25), 《文章辨體彙選》(422), 《何氏語林》(10), 《淵鑑類函》(291), 《冊府元龜》(778), 《山東通志》(35–11) 등에 실려 있음.

## 009. ⟨出師表⟩ ·················· 諸葛孔明(諸葛亮)
### 출사표

＊⟨出師表⟩: 이 글은 三國時代 蜀漢의 宰相 諸葛亮이 先主 劉備가 죽고 後主 劉禪
이 나라를 잇자 그로부터 5년 뒤인 建興 5년(227), 군사를 모아 魏를 치고 中原
을 회복하려고 출정하면서 後主에게 자신의 심정과 결의, 그리고 나라 안의 治
理에 대해 간곡하게 부탁하며 올린 疏로 역대 이래 名文으로 널리 알려짐.《三
國志》蜀志 諸葛亮傳에는 "五年, 率諸軍北駐漢中, 臨發上疏曰⟨出師表⟩······遂行
屯于沔陽"으로 되어 있으며,《崇古文訣》(迂齋)에는 "規模正大, 志念深遠, 詳味乃
見. 吳魏二國, 未識有此人物, 有此文章否"라 하였고,《古文淵鑑》注에는 "建興五
年, 丞相亮, 出屯漢中, 以圖中原, 臨發上疏"라 함.

＊《眞寶》注에 "陳靜觀云:「前段起處, 便提先帝中道崩殂, 後面又繼以深追先帝遺
詔, 後段提起先帝臨崩寄臣以大事, 後面又繼以不效告先帝之靈. 此最是感激痛苦
懇切處, 盖緣先帝臨崩, 祇分付後主孔明兩人, 今日如何忘得?」○大槩後主此時,
自有危急存亡之懼, 付天下於無復可爲者矣. 故孔明此篇專謂事勢, 固是如此. 然
坐待其弊, 如先帝付託何? 故前一段, 專是提撕後主精神, 使盡興隆漢室之道;後一
段, 專是感激自任以興復漢室之功. 大槩終篇之意, 歸重後主身上意重, 若後主裏
面, 不自提撕, 孔明獨力在外, 亦理會不得, 此意良可哀也. ○段段提先帝兩字, 盖
謂臣惟念及先帝, 所以不敢辭興復之責, 後主倘念及先帝, 亦如何不自念興隆之
道? 前輩謂讀此表, 不墮淚者, 是眞無人心, 仔細看來, 孔明之志, 眞可陨英雄之淚
於千載之下者, 盖此時事勢, 以孔明之志, 豈不知其不可爲? 獨以草廬驅馳之許,
難食言也. 臨崩大事之屬, 尚在耳也. 務北伐以報先帝, 孔明惟盡吾心而已. 雖然,
孔明之師出矣, 亦必後主能追先帝遺詔, 事事振刷否乎? 若孔明旣行之後, 宮府之
事, 不能必後主施行之審;臣下賢否, 不能必後主用舍之精, 則孔明外焉, 興復之志,
雖勤, 後主內焉, 興隆之志, 全靡. 天下事, 亦終付之無可奈何而已. 故臨行一踈,
述「吾今日所以不敢不北伐之由, 勉後主今日所以不可自菲薄之意, 務使後主專以興
隆漢室爲心」, 孔明專以興復漢室爲責, 求相與以濟危急存亡之會, 而實有所不能必
者, 故終之曰「願陛下託臣以討賊之效」, 而又繼之曰「不效, 告先帝之靈」, 又曰「陛下
亦宜自謀」, 繼之曰「追先帝之遺詔」. 孔明此謀, 亦是負先帝之遺詔, 其責皆有所不
可逃者, 幾行斷簡, 萬古凄凉. 此吾所以有感於不陨淚無人心之說也"라 함.

선제先帝께서 창업創業하신 지 반도 되지 않아 중도에서 붕어하시고, 이제 천하는 셋으로 나뉘어 우리 익주益州는 피폐疲弊해 있으니, 이는 진실로 나라의 존망存亡을 위급하게 하는 때입니다.

그러나 곁에 모시고 지켜주는 신하는 안에서 게으름이 없고, 충성과 지조를 다하는 사졸들은 밖에서 자신의 몸조차 잊은 채 싸우고 있는 것은, 대체로 선제께서 특이하게 대우해주셨음을 추모하여 이를 폐하께 보답하고자 해서입니다.

진실로 성스러운 견문을 열고 베푸시어, 선제의 유덕遺德을 빛내셔서 지사志士들의 기운을 회복시켜 넓히셔야지, 마구 스스로를 변변치 못하다 여기시어, 의義에 어긋난 비유를 들어 충간의 길을 막아서는 안 될 것입니다.

궁중宮中과 부중府中은 함께 한 몸이 되어, 상으로 벼슬을 내리거나 벌을 줌에 있어 달리하는 일이 있어서는 안 됩니다.

만약 간특한 짓을 하거나 법을 어기는 자 및 충과 선善을 다하는 자가 있게 되면 마땅히 유사有司에게 맡겨 그에 맞는 형벌과 상을 논하시어 폐하의 평명平明한 치도를 밝히실 것이며, 안팎이 다른 법을 적용하도록 해서는 안 됩니다.


시중侍中, 시랑侍郎을 맡고 있는 곽유지郭攸之와 비의費禕, 동윤董允 등은 모두가 선량하고 착실하며 생각이 충직하고 곧아, 이 까닭으로 선제께서 가려 뽑으시어 폐하께 물려주신 분들입니다.

어리석은 저의 생각으로 궁중의 일은 일의 대소에 관계없이 모두 이들에게 자문을 구한 다음에 시행하시면 틀림없이 빠뜨리거나 누락된 것을 채울 수 있어, 널리 유익한 바가 있을 것입니다.

장군 상총向寵은 성행性行이 선량하고 공평하며 군사軍事에 밝아, 지난날 시용試用해 보았을 때 선제께서 능하다고 말씀하시어, 이 까닭으로 중의衆議로써 상총을 독군督軍으로 삼으신 것입니다.

어리석은 저의 생각으로 영중營中의 일은 일의 대소에 관계없이 모두 그에게 자문을 구하시면 틀림없이 능히 진중을 화목하게 하여, 인물을 우열優劣에 맞게 배치하게 할 수 있을 것입니다.

현신賢臣을 가까이 하고 소인小人을 멀리한 것, 이는 한漢나라 초기가 흥성했던 까닭이요, 소인을 가까이 하고 현신을 멀리한 것, 이는 한나라 후기가 기울어 무너진 이유입니다.

선제께서 살아 계실 때에 매번 저와 이 사례를 논할 때마다 환제桓帝와 영제靈帝를 통한히 여기면서 탄식하지 않은 적이 없었습니다.

시중侍中, 상서尙書, 장사長史, 참군參軍, 이들은 모두가 마음이 곧고 성실하며 죽음을 무릅쓰는 절의의 신하들이니, 원컨대 폐하께서 친히 여기시고 믿으시기만 하면, 한실漢室의 흥성함은 날짜를 세면서 기다려도 될 것입니다.


저는 본래 평민으로서 남양南陽에서 몸소 농사지으며 난세에 구차히 생명이나 보전하려 하였고, 제후들에게 명성을 구하지 않고 있었는데, 선제께서 저를 비천하다 여기지 아니하시고, 외람되이 몸을 굽히시어 세 번 저의 초려草廬를 찾아오셔서 당세의 일을 물으셨기에, 이로 말미암아 감격하여 드디어 선제께 신명을 다하여 나랏일을 하겠노라 허락한 것입니다.

뒤에 나라가 기우는 위기를 만나 패전의 때에 임무를 받게 되었고, 위난危難의 시기에 명을 받들어 온 지 21년이 되었습니다.

선제께서는 저의 근신謹愼함을 아시고, 그 때문에 붕어하심에 임하여 대사大事를 저에게 맡기신 것입니다.

저는 명을 받은 이래로 밤낮 근심하고 탄식하며, 부탁하신 것을 제대로 이루어내지 못하여 선제의 영명하심을 손상하면 어쩌나 하고 걱정하여, 그 까닭으로 5월에 노수瀘水를 건너 불모의 땅으로 들어갔습니다.

이에 이제 남방南方은 이미 평정되었고 군사와 무기도 이미 충족하게 되었으니, 의당 삼군三軍을 거느리고 북쪽 중원中原을 안정시켜, 저의 노둔駑鈍한 능력을 다하여 간흉姦兇을 없애버리고, 한실을 부흥하여 옛 도읍으로 돌아가고자 하오니, 이것이 제가 선제께 보답하는 길이요, 폐하께 충성을 다하는 직분입니다.

손익損益을 짐작斟酌하여 충성된 말을 모두 올리는 일에 이르러서라면 이는 비의와 동윤의 임무입니다.

원컨대 폐하께서 저에게 적을 토벌하여 한실을 부흥시키는 공로를 맡겨 주시되, 공로를 이루지 못하면 저의 죄를 다스리시어 선제의 영령英靈께 고해주시기를 원합니다.

(만약 덕을 흥하게 하는 말을 내놓지 못할 경우), 곽유지와 비의, 동윤 등의 태만함을 문책하시어 그들의 허물을 드러내어 밝히십시오.

폐하께서도 스스로 계책을 세우시어 훌륭한 치도를 자문하시고, 바른 간언을 살펴 받아들이시어, 선제의 유조遺詔를 깊이 좇으시옵소서.

저는 받은 은혜에 감격함을 이겨내지 못하여 지금 멀리 떠나려 이 표表를 올리고자 하니 눈물이 흘러 아뢸 바를 모르겠나이다.


先帝創業未半, 而中道崩殂, 今天下三分, 益州疲弊, 此誠危急存亡之秋也.

然侍衛之臣, 不懈於內; 忠志之士, 忘身於外者, 蓋追先帝之殊遇, 欲報之於陛下也.

誠宜開張聖聽, 以光先帝遺德, 恢弘志士之氣; 不宜妄自菲薄, 引喩失義, 以塞忠諫之路也.

宮中府中, 俱爲一體, 陟罰臧否, 不宜異同.

若有作奸犯科, 及爲忠善者, 宜付有司, 論其刑賞, 以昭陛下平明之理(治); 不宜偏私, 使內外異法也.

侍中, 侍郎, 郭攸之, 費褘, 董允等, 此皆良實, 志慮忠純, 是以先帝簡拔, 以遺陛下.

愚以爲宮中之事, 事無大小, 悉以咨之, 然後施行, 必能裨補闕漏, 有所廣益(也).

將軍向寵, 性行淑均, 曉暢軍事, 試用於昔日, 先帝稱之曰能, 是以衆議擧寵爲督.

愚以爲營中之事, 事無大小, 悉以咨之, 必能使行陣和睦, 優劣得所也.

親賢臣, 遠小人, 此先漢所以興隆也; 親小人, 遠賢臣, 此後漢所以傾頹也.

先帝在時, 每與臣論此事, 未嘗不歎息痛恨於桓靈也.

侍中, 尚書, 長史, 參軍, 此悉貞亮死節之臣(也), 願陛下親之信之, 則漢室之隆, 可計日而待也.


臣本布衣, 躬耕(於)南陽, 苟全性命於亂世, 不求聞達於諸侯, 先帝不以臣卑鄙, 猥自枉屈, 三顧臣於草廬之中, 咨臣以當世之事, 由是感激, 遂許先帝以驅馳.

後値傾覆, 受任於敗軍之際, 奉命於危難之間, 爾來二十有一年矣.

先帝知臣謹愼, 故臨崩寄臣以大事也.

受命以來, 夙夜憂嘆(勤), 恐託付不效, 以傷先帝之明, 故五月渡瀘, 深入不毛.

今南方已定, 兵甲已足, 當奬率三軍, 北定中原, 庶竭駑鈍, 攘除姦兇, 興復漢室, 還于舊都, 此臣所以報先帝, 而忠陛下之職分也.


至於斟酌損益, 進盡忠言, 則攸之, 褘, 允之任也.

願陛下託臣以討賊興復之效, 不效則治臣之罪, 以告先帝之靈.

(若無興德之言), 責攸之, 禕, 允等之咎(慢), 以彰其慢(咎).
陛下亦宜自謀 以諮諏善道, 察納雅言, 深追先帝遺詔.
臣不勝受恩感激, 今當遠離, 臨表涕泣, 不知所云.


【先帝創業未半, 而中道崩殂】'先帝'는 三國시대 蜀漢의 劉備(161-223), 字는 玄德.
東漢 말 幽州 涿郡 涿縣(지금의 河北省 涿州市) 출신. 西漢 中山靖王(劉勝)의 후손.
삼국시대 蜀漢의 개국황제. 역사적으로는 先主라 칭함. 소년시절 公孫瓚과 함께
盧植을 찾아가 배웠으며 뒤에 黃巾賊을 진압하는 일에 참여하면서 關羽, 張飛와
함께 北海의 孔融과 徐州의 陶謙을 구하러 나섰다가 陶謙이 죽으면서 劉備에게
徐州를 맡김. 뒤에 赤壁之戰에서 孫權과 연합하여 曹操를 격파한 다음 荊州를
차지하고 益州로 들어가 章武 元年(221), 成都에서 稱帝하고 年號를 章武라 함.
역사적으로 이를 '蜀' 혹은 蜀漢이라 부름. 그는 三顧草廬로 諸葛亮을 찾아가 재
상으로 등용하여 한때 세력을 떨쳤으나 章武 3년(223), 遠征에서 돌아오던 중 白
帝城(지금의 重慶市 奉節縣)에서 63세로 생을 마쳤으며 諡號는 昭烈皇帝. 廟號는
烈祖. 그 뒤를 後主 劉禪이 이었으나 263년 魏에게 투항하여 나라가 종말을 고
함. '創業'은 처음으로 나라를 세움. 劉備가 漢室을 부흥시키기 위해 蜀을 세웠음
을 말함. '崩殂'는 제왕의 죽음을 말함. 《眞寶》注에 "先帝, 指昭烈皇帝"라 함.

【今天下三分, 益州疲弊, 此誠危急存亡之秋也】'天下三分'는 당시 天下가 曹丕의 魏,
孫權의 吳, 劉備의 蜀으로 三分鼎立되었음을 말함. '益州'는 四川省 成都의 옛 지
명. 蜀漢 後主(劉禪)와 諸葛亮 자신들의 근거지. '疲弊'는 여러 차례의 전쟁으로
인해 피로에 지치고 폐잔해짐. 《文選》에는 '罷弊'로 되어 있음. 《文選》(六臣 注)에
"言蜀小兵弱, 敵大國, 故云疲敝"라 함. '危急'은 《文選》(六臣 注)에 "危, 傾; 急, 迫也.
言傾迫存亡在今時者也"라 함. '秋'는 때, 시기. 《文選》(六臣 注)에 "歲以秋爲功畢,
故以喩時之要也"라 함. 《眞寶》注에 "三分, 指魏漢吳"라 함.

【然侍衛之臣, 不懈於內; 忠志之士, 忘身於外者】'侍衛之臣'은 임금 劉備를 곁에서
호위하는 신하들. '忘身於外'는 밖에서 싸우는 군사들은 자신의 몸조차 잊고 열
심을 다함. 《文選》(六臣 注)에는 '亡身'으로 되어 있으며, "懈, 惰也; 內, 宮中也. '亡
身'謂以身許國於邊疆也. 言此人等皆追先帝, 顧遇欲申報於陛下"라 함.

【盖追先帝之殊遇, 欲報之於陛下也】'殊遇'는 아주 특이한 대우. '殊'는 異와 같음.
劉備는 智略은 曹操에게 미치지 못하였으나 寬厚함은 훨씬 뛰어나 신하들이 목

숨을 걸고 따랐음.《文選》에는 '殊'자가 없음.

【誠宜開張聖聽, 以光先帝遺德, 恢弘志士之氣】'聖聽'은 천자의 聽聞. '恢弘'은 크게 넓힘.《文選》에는 '弘'자가 없음.

【不宜妄自菲薄, 引喩失義, 以塞忠諫之路也】'菲薄'은 거칠고 얇음을 뜻하는 雙聲 連綿語. '引喩失義'는 의에 어긋난 사례를 비유로 끌어들임.《眞寶》注에 "此時別 人猶不懈, 猶忘身, 以追先帝殊遇. 後主却如何妄自菲薄不思先帝遺德?"이라 함.

【宮中府中, 俱爲一體, 陟罰臧否, 不宜異同】'宮中'은 황제의 궁궐. '府中'은 宰相이나 將軍이 집무하는 官衙. '陟罰'은 '黜陟'과 같음. 승진시키거나 주벌함. '臧否'는 잘 하는 일과 그렇지 못한 일.《詩》抑篇에 "於乎小子, 未知臧否. 匪手攜之, 言示之事" 라 함.《眞寶》注에 "臧否, 猶言賢否"라 함. '異同'은 같지 아니함. 기준이 없음.《文 選》(六臣 注)에 "宮中, 禁中也; 府中, 大將軍幕府也. 陟, 升也; 臧否, 善惡也"라 함.

【若有作奸犯科, 及爲忠善者, 宜付有司, 論其刑賞, 以昭陛下平明之理(治)】'作奸犯科' 는 간악한 짓을 저지르는 자와 법을 범하는 자. '科'는 법률, 科條. '有司'는 그 일 을 맡은 담당자.《眞寶》注에 "犯科, 卽犯罪; 有司, 按法之官"이라 함. '平明之理'는 《文選》에는 '平明之治'로 되어 있음.

【不宜偏私, 使內外異法也】'偏私'는 한쪽으로 치우쳐 사사롭게 처리함. 편파적임.

【侍中, 侍郎, 郭攸之, 費褘, 董允等】'侍中'은 황제 측근의 높은 자리. '侍郎'은 宮中 의 門戶를 警備하고 車騎를 호위하는 직책. '郭攸之'와 '費褘'(비의)는 당시 侍中이 었던 두 사람. 費褘는 자는 文偉. 董允은 자는 休昭이며 黃門侍郎을 지냈음.《文 選》(六臣 注)에 "善曰:《楚國先賢傳》曰:「郭攸之, 南陽人, 以器業知名.」《蜀志》曰: 「費褘, 字文偉, 江夏人也. 後主襲位.」 亮上疏曰「鄧攸之, 費褘」, 然攸之與褘, 俱爲 侍中, 又曰董允, 字休昭, 後主襲位, 遷黃門侍郎"이라 함.《眞寶》注에 "攸之, 褘, 侍中; 允, 黃門侍郎"이라 함.

【此皆良實, 志慮忠純, 是以先帝簡拔, 以遺陛下】'志慮'는 뜻과 염려. 마음, 생각. '忠純'은 충직하고 순진함. '簡拔'은 簡擇하여 選拔함.

【愚以爲宮中之事, 事無大小, 悉以咨之】'愚以爲'는 자신의 생각을 겸손하게 표현할 때 쓰는 말. '咨'는 윗사람이 아랫사람에게 의견을 咨文함. '咨'는 諮와 같음.

【然後施行, 必能裨補闕漏, 有所廣益(也)】'裨補闕漏'는 빠지거나 샌 것을 보충하고 도움을 받음. '廣益'은 넓히고 이익이 되게 함.《文選》에는 끝에 '也'자가 더 있음.

【將軍向寵, 性行淑均, 曉暢軍事】'向寵'은 劉備의 장수로 中領軍을 지냄.《文選》(六 臣 注)에 "善曰:《蜀志》曰:「向寵, 襄陽人也. 建興元年爲中部督典宿衛兵, 遷中領軍"

이라 함. 한편 '向'은 성씨일 경우 '상'으로 읽음. '性行'은 성품과 행동. '淑均'은 선량하고 공평함. '曉暢'은 훤히 알고 있음. 《廣雅》에 "暢, 達也"라 함.

【試用於昔日, 先帝稱之曰能, 是以衆議擧寵爲督】옛날 先帝 劉備가 試用해 보고 능력이 있다고 인정을 받아 衆議를 거쳐 向寵을 督軍(督率)의 임무를 맡긴 것임.

【愚以爲營中之事, 事無大小, 悉以咨之】'營中'은 陣營, 陣中. '事無大小'는 《文選》과 《諸葛忠武書》 등에는 이 4자가 없으며, '咨'는 諮로 되어 있음.

【必能使行陣和睦, 優劣得所也】'和睦'은 《文選》에는 '和穆'으로 되어 있음. 《文選》(六臣 注)에 "能使士卒和美彊弱, 得其所宜也"라 함. 《眞寶》 注에 "此三節, 並是提撕, 後主闇冗不振之精神. 故曰開張聖德, 曰先帝遺德, 曰恢弘, 曰不宜妄自菲薄, 曰昭平明之治, 曰必能使和睦得所, 皆是勉以有爲"라 함.

【親賢臣, 遠小人, 此先漢所以興隆也】'先漢'은 漢나라 초기. 西漢, 東漢의 개국의 초기. 興盛하며 安定되었던 시기를 말함.

【親小人, 遠賢臣, 此後漢所以傾頹也】'傾頹'는 기울어 무너짐. 《文選》에는 '傾積'로 되어 있음. '後漢'은 漢나라 後期. 서한, 동한의 末期.

【先帝在時, 每與臣論此事, 未嘗不歎息痛恨於桓靈也】'桓靈'은 後漢 말기의 桓帝(劉志. 147-167)와 靈帝(劉宏. 168-189). 宦官에 의해 나라가 기울어 陳蕃, 李膺 등이 宦官剔抉을 주장하다가 거꾸로 공격을 받아 '黨錮之禍'가 일어남. 그 뒤 결국 獻帝(劉協. 189-220)를 끝으로 魏의 曹丕에게 나라를 禪讓하여 종말을 고함. 《文選》(六臣 注)에 "桓靈, 漢二帝. 用閹豎所敗也"라 함.

【侍中, 尙書, 長史, 參軍, 此悉貞亮死節之臣(也)】당시 陳震은 尙書를, 張裔는 長史를, 蔣琬은 參事를 맡고 있었으며 이들은 모두 諸葛亮이 추천하여 先帝가 등용한 인물들임. '貞亮'은 곧고 信義가 있음. 《文選》(六臣 注)에 "侍中尙書謂陳震; 長史參軍謂蔣琬也. 此二人皆亮所進用. 出師後恐帝不能用, 故屬之貞正亮明也, 建興二年中, 張裔領留府長史"라 함.

【願陛下親之信之, 則漢室之隆, 可計日而待也】'計日而待'는 날짜를 세면서 기다림. 곧 이루어질 것임을 강조한 말. 《眞寶》 注에 "意謂能親信君子, 便會興隆, 何危急存亡之有? 一篇有兩大段, 此段專勉後主以興隆漢室之事, 後段專自任以興復漢室之責"이라 함.

【臣本布衣, 躬耕(於)南陽, 苟全性命於亂世, 不求聞達於諸侯】'布衣'는 베옷. 평민을 가리킴. '南陽'은 지금의 河南省 南陽縣. '性命'은 生命과 같음. 《周易》 乾卦 象辭에 "乾道變化, 各正性命, 保合大和, 乃利貞. 首出庶物, 萬國咸寧"이라 함. '聞達'은

널리 알려져 명성을 떨침. 《文選》注에 "善曰:《論語》: 子張曰:「在邦必聞.」又孔子曰:「在邦必達.」"이라 함.

【先帝不以臣卑鄙, 猥自枉屈, 三顧臣於草廬之中】'卑鄙'은 신분이 비천함. '枉屈'은 몸을 굽혀 방문함. 枉臨과 같은 뜻. '草廬'는 초가집. '三顧草廬'의 故事成語는 여기에서 비롯된 것임.

【咨(諮)臣以當世之事, 由是感激, 遂許先帝以驅馳】'驅馳'는 남의 일로 분주히 돌아다님. 남에게 부림을 당함.

【後値傾覆, 受任於敗軍之際, 奉命於危難之間, 爾來二十有一年矣】'値傾覆'의 '치'는 만남. 나라가 기울어 뒤집히려는 상황을 만남. '敗軍'은 建安 13년(208) 劉備가 當陽의 長阪에서 曹操에게 크게 패한 것을 말함. '奉命於危難之間'은 劉備가 曹操에게 대패하여 추격을 당하자, 劉備는 吳의 孫權에게 援軍을 청하도록 諸葛亮에게 명령을 내림. 이에 吳의 周瑜와 蜀의 諸葛亮이 연합하여 赤壁에서 曹操의 군사를 크게 패배시킨 사건을 말함. '二十一年'은 《三國志》(蜀志) 注에 "裴松之按: 劉備以建安十三年敗, 遣亮使吳. 亮以建興五年抗表北伐, 自傾覆至此整二十年. 然則備始與亮相遇, 在軍敗前一年也"라 함.

【先帝知臣謹愼, 故臨崩寄臣以大事也】'大事'는 나라의 큰 일. 社稷을 뜻함. 劉備가 白帝城에서 臨終에 成都에 있던 諸葛亮을 불러 "나의 아들 劉禪이 제대로 하지 못하거든 그대가 나라를 맡아 대업을 이을 것"을 遺囑했던 일을 말함. 《文選》注에 "善曰:《蜀志》曰: 先主於永安病篤, 召亮成都, 屬以後事謂亮曰:「君才十倍曹丕, 必能安國, 終定大業. 若嗣子可輔, 輔之如其不才, 君可自取.」亮涕泣曰:「臣敢竭股肱之力, 效忠貞之節, 繼之以死也.」"라 함.

【受命以來, 夙夜憂嘆(勤), 恐託付不效, 以傷先帝之明】'夙夜憂嘆'은 《三國志》에는 '夙夜憂勤'으로 되어 있음.

【故五月渡瀘, 深入不毛】'瀘'는 물 이름. 《三國志》에 《漢書》地理志를 인용하여 "瀘水出牂牁郡句町縣"이라 함. 《文選》注에 "建興元年, 南中諸部, 並皆叛亂. 三年春, 亮率衆征之, 其秋悉平"이라 함. '不毛'는 《眞寶》注에 "不毛之地"라 함.

【今南方已定, 兵甲已足, 當獎率三軍, 北定中原】'獎率'은 거느려 인솔함. 《文選》에는 '帥將'으로 되어 있으며 '帥'(솔)은 率과 같음. '中原'은 지금의 河北, 河南, 山東, 陝西 일대의 황하 지역. 당시 曹魏가 차지하고 있던 지역. 《文選》注에 "中原, 謂魏也"라 함.

【庶竭駑鈍, 攘除姦兇, 興復漢室, 還于舊都】'駑鈍'은 재주가 없음. 제갈량이 자신

을 낮추어 한 말. 姦兇은 '姦凶'으로도 표기하며 曹丕를 가리킴. '舊都'는 지난날
劉氏 漢나라 때의 도읍. 즉 西漢의 長安이나 東漢의 洛陽.《文選》注에 "備中山
王後, 故云興復漢室也. 舊都謂雍洛二州, 兩漢所都"하 함.

【此臣所以報先帝, 而忠陛下之職分也】'職分'은 諸葛亮이 할 일.《文選》注에 "相則
謀存社稷, 將則開拓境土, 而亮兼之, 故云職分也"라 함.

【至於斟酌損益, 進盡忠言, 則攸之, 禕, 允之任也】'斟酌'은 사정을 미루어 헤아림
을 뜻하는 雙聲連綿語. '損益'은《文選》에는 規益으로 되어 있음.《眞寶》注에
"眞西山曰:「當時有此數人, 故孔明得以專討賊之任, 所謂張仲孝友也.」○靜觀曰:
「旣自任了, 依舊倚重在此, 此是孔明深識治體, 此事, 正與興復相關, 所以不效治臣,
倂當及攸之費允.」"이라 함.

【願陛下託臣以討賊興復之效, 不效則治臣之罪, 以告先帝之靈】'效'는 功의 뜻.《文
選》注에 "效, 功也"라 함.

【(若無興德之言), 責攸之, 禕, 允等其咎(慢), 以彰其慢(咎)】이 구절은《文選》에는 "(若
無興德之言), 則戮允等, 以章其慢"으로 되어 있어, 앞에 '若無興德之言' 6자가 더
있고, 뒤의 구절도《諸葛忠武書》과《三國志》에는 "責攸之, 禕, 允等之慢, 以彰其
咎"라 하여 '慢'과 '咎'의 두 글자가 바뀌어 있음. '章'은 '彰'과 같음. 이에 대해《諸
葛忠武書》에 "楊愼曰:「孔明〈出師表〉, 今世所傳者皆本《三國志》. 按《文選》所載'先
帝之靈'下'若無興德之言'六字. 他本皆無, 於義有缺, 當以《文選》爲正"이라 함.

【陛下亦宜自謀 以諮諏善道, 察納雅言, 深追先帝遺詔】'諮諏'는 諮問과 같음.《文
選》注에 "《毛詩》曰:「載馳載驅, 周爰咨諏.」毛萇曰:「訪問於善爲咨, 事爲諏.」"라 함.
'察納'은 잘 살펴 받아들임. '雅言'은 바른말.《論語》述而篇에 "子所雅言,《詩》、
《書》執《禮》, 皆雅言也."라 함. '遺詔'는 임금이 죽으면서 내린 조칙.

【臣不勝受恩感激, 今當遠離, 臨表涕泣, 不知所云】'臨表涕泣, 不知所云'은《諸葛忠
武書》와《三國志》에는 '臨表涕零, 不知所言'으로 되어 있음.《眞寶》注에 "孔明此
時之意, 只謂今日事勢, 雖是如此, 皆受先帝之託, 後主先帝之子, 孔明受先帝之託,
攸之禕允, 亦先帝之簡拔, 只得大家協力, 以求無負先帝付託之意. 盖孔明所任亦只
可任討賊興復事, 裡面是後主自謀, 始得全靠孔明不可"라 함.

한편 끝에《眞寶》注에는 "右蜀漢丞相諸葛武侯亮孔明, 臨出師伐魏時所上後主之
表也. 孔明, 初隱南陽, 無意斯世, 昭烈以帝室之胄, 三顧之, 有成湯待伊尹意度, 孔
明感激, 起而輔之. 不幸昭烈崩殂, 託孔明以輔後主興漢室, 而後主之才, 庸弱殊甚.
孔明不敢負昭烈之託, 盡忠竭力, 慷慨出師, 以興復之責, 自任而興復之本也. 責之

後主, 故臨行拜表, 忠愛激切, 有不可以言語形容盡者. 陳靜觀之批, 盡之矣, 而猶有當提撕者, 宮府一體, 是也. 宮, 謂天子宮中; 府, 謂丞相府. 周公作《周禮》, 以冢宰統宮寺, 宮府一體也. 前漢此意, 猶有存者, 鄧通, 文帝弄臣, 丞相申屠嘉, 得召而欲斬之. 宣帝以後, 體統浸壞, 近習之權, 重於宰相. 後漢卒以宮寺亡, 宮府不一體故也. 孔明, 深識治體, 故慮及此, 其後孔明旣沒, 所薦忠賢, 蔣琬, 費禕, 董允, 相繼秉政, 皆能確守此意, 後主猶賴以存. 諸賢皆沒, 陳祗進而嬖幸黃皓用事, 後主遂亡, 惟不能遵宮府一體之戒, 以至於此, 哀哉! 蘇東坡曰:「孔明, 不以文章自名, 而〈出師〉一表, 與〈伊訓〉,〈說命〉, 相爲表裡.」朱文公曰:「胡致堂議論英發, 人物偉然, 向嘗侍之坐, 見其數杯後, 每歌孔明〈出師表〉, 前輩於此篇, 尊尙如此, 豈苟然哉!」라 함.

## 참고 및 관련 자료

1. 諸葛孔明(諸葛亮: 191−234)

諸葛亮. 자는 孔明. 漢末 瑯琊 陽都人. 南陽에 은거하여 스스로 밭을 갈며 자신을 管仲과 樂毅에 비교하여 사람들이 그를 臥龍先生이라 불렀음. 뒤에 蜀漢 劉備의 三顧草廬로 불려가 天下三分之策을 정하고 劉備를 도와 荊州와 益州를 차지하여 吳, 蜀, 魏 삼국정립을 이루었음. 劉備의 遺囑에 의해 그 아들 劉禪을 도와 〈出師表〉를 쓰고 北伐을 시도했으나 五丈原에서 생을 마침. 죽은 뒤 武鄕侯에 봉해졌으며 諡號는 忠武.《三國志》(35)에 傳이 있음.《眞寶》諸賢姓氏事略에 "諸葛孔明, 名亮. 寓襄陽隆中, 蜀先主三顧草廬, 乃出. 後相蜀爲名臣, 諡忠武侯"라 함.《眞寶》前集〈梁甫吟〉(228)을 참조할 것.

2. 이 글은《諸葛忠武書》(6),《三國志》(5 蜀志),《文選》(37),《資治通鑑》(70),《通鑑紀事本末》(10 上),《通志》(118 上),《歷代名臣奏議》(78),《崇古文訣》(7),《文章正宗》(11),《古文集成》(22),《文章軌範》(6),《三國志文類》(21),《文編》(9),《文章辨體彙選》(126),《漢魏六朝百三家集》(22),《古文淵鑑》(22),《古文雅正》(5),《大事記續編》(21),《蕭氏續後漢書》(7),《郝氏續後漢書》(15),《史傳三編》(17),《蜀中廣記》(47),《兩漢筆記》(12),《冊府元龜》(315, 413),《經濟類編》(57)《淵鑑類函》(270),《成都文類》(18),《妙絶古今》(3),《全蜀藝文志》(27),《蘆浦筆記》(2)《斐然集》(24) 등에 실려 널리 실려 있음.

## 010. 〈後出師表〉 ·················· 諸葛孔明(諸葛亮)
### 후출사표

\*〈後出師表〉: 이는 앞서 〈出師表〉를 올린 이듬해인 建興 6년(228) 11월, 당시 魏나라 曹休의 군대가 吳나라 장수 陸遜과 싸워 石亭에서 패하자, 이를 구원하기 위해 魏나라는 모든 군사들을 대거 동남쪽으로 내려보냈음. 이에 諸葛亮은 關中이 비게 되었음을 알고, 이 기회를 이용하여 北征에 나서 關中을 공격하고자 하였음. 그런데 君臣들이 자신감을 잃고 불안해하자 이 表를 올리며 출전을 결심하고 독려한 것임. 그리하여 散關을 나와 陳倉을 포위하였으나 魏將 曹眞이 방어에 나섰고, 제갈량의 군대도 군량이 다하여 결국 되돌아오고 말았음. 《通志》에 "厲兵講武, 以爲後圖. 旣而聞孫權破曹休, 魏兵東下, 關中虛弱, 亮欲出兵攻魏. 羣臣多以爲疑, 十一月, 亮上言曰〈後出師表〉 ······ 於是有散關之役"으로 되어 있으며, 《諸葛忠武書》에도 "厲兵講武, 以爲後圖. 聞孫權破曹休, 魏兵東下, 關中虛弱, 十一月上言曰"로 시작됨. 한편 《崇古文訣》에는 "一篇首尾多是說'事不可已'之意, 所以'不可已'者, 以漢賊不兩, 立王業不偏安 故也. 血脉聯屬, 條貫統紀, 森然不亂, 宜與前表兼看"이라 하였고, 《文選補遺》에는 "愚曰: 國讎必報, 國恥必雪. 故古人用兵, 有爲弔民伐罪出者, 湯武是也;有爲復讎刷恥出者, 光武是也. 孔明之用蜀亦難矣. 今年出祁山, 明年出五丈原, 蓋其勢有不容已者. 讀〈出師前表〉, 賢邪臧否, 見孔明識治國之大規;讀〈出師後表〉, 偏安兩立, 見孔明識立國之大本. 比之宴安江左者, 豈知孔明心事哉!"라 함. 그리고 《性理大全》(62)에는 "南軒張氏(張栻)曰:「諸葛武侯左右昭烈父子, 立國於蜀, 明討賊之義, 不以强弱利害二其心, 蓋凜凜乎三代之佐也. 侯之言曰:『漢賊不兩立, 王業不偏安.』又曰:『臣鞠躬盡力, 死而後已, 至於成敗利鈍, 非臣之明所能逆覩.』嗟乎! 誦味斯言, 則侯之心可見矣. 雖不幸功業未窮, 中道而殞, 然其扶皇極, 正人心, 挽回先王仁義之風, 垂之萬世, 與日月同其光明可也.」라 함.


선제(先帝, 劉備)께서는 우리 촉한은 역적[魏]과는 양립할 수 없고, 우리의 왕업도 구석에 처한 채 편안함을 느끼고 있을 수 없다고 걱정하신 끝에 저에게 역적을 토벌하도록 부탁하셨습니다.

선제께서는 명확한 판단으로 저의 재능을 헤아려 진실로 제가 역적을 칠 수 있음을 아셨으나, 저는 재주가 빈약하고 적은 강합니다.

그러나 적을 토벌하지 않고서는 왕업도 사라지는 것인데, 오직 앉아서 망하기를 기다리는 것과 토벌하는 것 중에 어느 것이 낫겠습니까? 이 때문에 선제께서는 저에게 부탁하시면서 전혀 의심하지 않으셨던 것입니다.

저는 명령을 받은 날부터 잠을 자도 잠자리가 편안하지 않았고 밥을 먹어도 단맛을 느끼지 못한 채, 생각은 오직 북쪽 정벌을 하려면 마땅히 먼저 남쪽으로 들어가야 한다고 여겼습니다.

그 까닭으로 5월에 노수瀘水를 건너 불모지인 남쪽으로 들어가서는 하루 식량을 이틀에 나누어 먹으면서 고생하였습니다.

저라고 제 몸을 스스로 아끼지 않은 것은 아니지만, 돌아보건대 왕업은 촉도蜀都에 치우쳐 편안히 여기는 것으로서는 이룰 수 없다고 여겼던 것입니다.

그 때문에 위난危難을 무릅쓰고 선제께서 남기신 뜻을 받들었으나, 논의하는 이들이 이를 잘못된 계책이라 말하였습니다.

이제 역적들은 마침 서쪽에서 피로에 지쳤음에도 다시 동쪽 오吳를 차지하겠다고 힘쓰고 있어, 병법兵法에 '적이 지친 틈을 노려라' 하였으니 이런 기회야말로 진격해 달려 나갈 때입니다.


삼가 그 사정을 진술하면 아래와 같습니다.

한漢 고제(高帝, 劉邦)만 해도 그 명석함이 해나 달과 같았고 게다가 모신謀臣들의 책략도 못처럼 깊었건만, 그럼에도 온갖 험난함을 건너고 상처를 입으며 위험을 겪은 뒤에야 안정을 얻었습니다.

그런데 지금 폐하는 고조에 미치지 못하고, 모신들도 장량張良이나 진평陳平만 못한데도, 뛰어난 책략으로 승리를 얻어 천하를 앉아서 안정시키겠다고 하시니, 이것이 제가 이해할 수 없는 첫 번째입니다.

유요劉繇, 왕랑王朗 같은 무리들은 저마다 주군州郡을 점거하고 안전을 논하고 계책을 말하면서 걸핏하면 성인聖人을 끌어들이고 있지만, 많은 의문이 뱃속에 가득하고 여러 어려움이 가슴을 막고 있습니다.

그런데 금년에 그들과 싸우지 아니하고, 내년에도 정벌에 나서지 않아, 손책孫策이 가만히 앉아서 세력을 키워 드디어 강동江東을 차지하게 해 주었으니, 이것이 제가 이해할 수 없는 두 번째입니다.

조조曹操의 지모와 계략은 남보다 훨씬 뛰어나고, 그의 용병술用兵術은 손자孫子나 오기吳起와 다름없습니다.

그럼에도 그는 남양南陽에서 곤액을 당하였고, 오소烏巢에서 위험에 빠졌었으며, 기련祁連에서 위기를 겪었고, 여양黎陽에서 곤핍을 당하였으며, 북산北山에서는 거의 무너질 뻔하였고, 동관潼關에서는 거의 죽음에 이를 정도였는데, 그런 다음에 황제를 참칭하며 한때 안정을 얻을 수 있었습니다.

하물며 재주가 빈약한 저를 통해 위험도 겪지 않고 천하를 안정시키기를 바라고 계시니, 이것이 제가 이해할 수 없는 세 번째입니다.

조조는 다섯 번이나 창패昌霸를 공략했지만 함락시키지 못하였고, 네 번이나 소호巢湖를 넘었으나 성공하지 못하여 이복李服을 임용하였지만 이복은 도리어 조조를 칠 계획을 세웠고, 하후연夏侯淵을 임용하여 맡겼으나 하후연은 패망하여 죽고 말았습니다.

선제께서는 매번 조조를 능력 있는 자라 말씀하였음에도 그는 오히려 이렇게 실패하였는데, 하물며 저는 노마와 같은 하수下手인데 어찌 능히 승리를 거둘 수 있겠습니까? 이것이 제가 이해할 수 없는 네 번째입니다.

제가 한중漢中에 도착한 뒤 만 1년이 되었을 뿐인데도, 조운趙雲, 양군陽羣, 마옥馬玉, 염지閻芝, 정립丁立, 백수白壽, 유합劉郃, 등동鄧銅 및 곡장

曲長, 둔장屯將 등 70여 명을 잃고 돌장突將, 무전無前, 종수實叟, 청강靑羌, 산기散騎, 무기武騎 등 기병 1천여 명을 잃었습니다.

이들은 모두 수십 년 동안 사방의 정예精銳를 규합하여 모은 이들로서, 한 주州에서 모은 병사들이 아닙니다.

만약 다시 몇 년이 지나면 3분의 2는 잃고 말 것인데 무엇으로써 적과 대적하겠습니까? 이것이 제가 이해할 수 없는 다섯 번째입니다.

지금 백성은 곤궁하고 병사들은 지쳐 있지만 그렇다고 정벌의 사업을 그만둘 수도 없으니 정벌의 사업을 그만둘 수 없다면, 그대로 멈추고 있으나 실행에 옮기거나 노고와 비용은 똑같습니다.

그런데도 서둘러 도모하지도 않으면서 한 고을의 땅으로 적과 지구전持久戰을 하고자 하시니, 이것이 제가 이해할 수 없는 여섯 번째입니다.

무릇 미리 예측하기 어려운 것이 사물의 변화입니다.

지난날, 선제께서 초楚에서 패하셨을 때 그때 조조는 손뼉을 치면서 '천하는 이미 결정났다' 하였습니다.

그러나 뒤에 선제께서 동쪽 오월吳越과 연합하여 서쪽으로 파촉巴蜀을 취하고 군사를 일으켜 북정에 나서자 하후연이 머리를 바쳤으니, 이는 조조의 계책이 실패한 것이요, 우리 촉한의 사업이 앞으로 이루어지려는 것이었습니다.

그런데 뒤에 오나라가 다시 우리와의 연맹을 위배하고 관우關羽가 무너져 참패하였으며, 자귀秭歸에서 차질蹉跌을 빚어 조비曹丕가 칭제稱帝하였으니, 무릇 일이란 이처럼 예측하기가 어려운 것입니다.

저는 몸을 굽혀 지칠 대로 지치더라도 죽은 이후에야 그만둘 것이지만, 성패와 이해득실에 대해서는 제가 능히 미리 명확하게 예측해드릴 수 있는 바가 아닙니다.

先帝慮漢賊不兩立, 王業不偏安, 故託臣以討賊也.

以先帝之明, 量臣之才, 固知臣伐賊, 才弱敵彊也.

然不伐賊, 王業亦亡, 惟坐而待亡, 孰與伐之? 是故託臣而弗疑也.

臣受命之日, 寢不安席, 食不甘味, 思惟北征, 宜先入南.

故五月渡瀘, 深入不毛, 幷日而食.

臣非不自惜也, 顧王業不可得偏安於蜀都.

故冒危難, 以奉先帝之遺意(也), 而議者謂爲非計.

今賊適疲於西, 又務於東, 兵法「乘勞」, 此進趨之時也.


謹陳其事如左:

高帝明幷日月, 謀臣淵深, 然涉險被創, 危然後安.

今陛下未及高帝, 謀臣不如良平, 而欲以長策取勝, 坐定天下, 此臣之未解一也.


劉繇, 王朗, 各據州郡, 論安言計, 動引聖人, 羣疑滿腹, 衆難塞胸.

今歲不戰, 明年不征, 使孫策坐大, 遂幷江東, 此臣之未解二也.


曹操智計, 殊絕於人, 其用兵也, 髣髴孫吳.

然困於南陽, 險於烏巢, 危於祁連, 偪於黎陽, 幾敗北山, 殆死潼關, 然後僞定一時爾.

況臣才弱, 而欲以不危而定之, 此臣之未解三也.


曹操五攻昌霸不下, 四越巢湖不成, 任用李服, 而李服圖之; 委任夏侯, 而夏侯敗亡.

先帝每稱操爲能, 猶有此失, 況臣駑下, 何能必勝? 此臣之未解四也.

自臣到漢中, 中間朞年耳, 然喪趙雲, 陽羣, 馬玉, 閻芝, 丁立, 白
壽, 劉郃, 鄧銅等, 及曲長, 屯將七十餘人, 突將, 無前, 賨叟, 青羌,
散騎, 武騎一千餘人.

此皆數十年之內, 所糾合四方之精銳, 非一州之所有.

若復數年, 則損三分之二也, 當何以圖敵? 此臣之未解五也.


今民窮兵疲, 而事不可息, 事不可息, 則住與行, 勞費正等.

而不及蚤圖之, 欲以一州之地與賊持久, 此臣之未解六也.


夫難平者, 事也.

昔先帝敗軍於楚, 當此時, 曹操拊手謂「天下已定」.

然, 後先帝東連吳越, 西取巴蜀, 擧兵北征, 夏侯授首, 此操之失
計, 而漢事將成也.

然, 後吳更違盟, 關羽毀敗, 秭歸蹉跌, 曹丕稱帝, 凡事如是難可
逆見.

臣鞠躬盡瘁, 死而後已, 至於成敗利鈍, 非臣之明所能逆覩也.


【先帝慮漢賊不兩立, 王業不偏安, 故託臣以討賊也】'漢賊'은 劉備의 蜀漢과 曹操
(당시 曹丕)의 魏. 《眞寶》注에 "漢謂昭烈, 賊謂曹操"라 함. '偏安'은 한 구석에 치
우쳐 있는 대로 만족하며 편안히 지냄. 더 발전하거나 舊地를 회복하려고 하는
의욕이 없음. 《眞寶》注에 "天下一統, 則四方無虞; 三分割據, 則戰守多難. 今漢都
于蜀, 則僻守一隅, 豈能安乎?"라 함.
【以先帝之明, 量臣之才, 固知臣伐賊, 才弱敵彊也】'固'는 《諸葛忠武書》에는 '故'로
되어 있음. '才弱敵彊'은 제갈량 자신의 재능은 미약하고, 敵 曹丕의 힘은 강함.
'彊'은 强과 같음.
【然不伐賊, 王業亦亡, 惟坐而待亡, 孰與伐之? 是故託臣而弗疑也】'王業亦亡'은 《眞
寶》注에 "魏賊是被夷難據中原. 地大兵强, 必有幷蜀之勢, 故云"이라 함. '孰與伐
之'는 '정벌하는 것과 그렇지 않은 것, 어느 것이 나은가?'의 뜻.

【臣受命之日, 寢不安席, 食不甘味, 思惟北征, 宜先入南】‘北征’은《眞寶》注에 “北討曹操”라 함. ‘宜先入南’은 北征에 앞서 우선 남쪽 蠻夷부터 정벌하여 뒤쪽의 위험을 없애야 함을 뜻함.

【故五月渡瀘, 深入不毛, 幷日而食, 臣非不自惜也】‘五月渡瀘’는 앞의〈前出師表〉를 볼 것. ‘幷日而食’은 하루치의 식량을 이틀에 나누어 먹음.《禮記》儒行篇 “易衣而出, 幷日而食”의 注에 “二日用一日食也”라 함.

【顧王業不可得偏安於蜀都】‘顧’는 ‘돌아보건대, 생각건대’의 뜻. ‘偏安’은《諸葛忠武書》에는 ‘偏全’으로 되어 있음. ‘蜀都’는 지금의 四川省 成都. 蜀漢의 도읍.

【故冒危難, 以奉先帝之遺意(也), 而議者謂爲非計】‘謂爲非計’는 그릇된 계책이라 말함.

【今賊適疲於西, 又務於東, 兵法乘勞, 此進趨之時也】‘適’은 副詞로 ‘마침’. ‘疲於西’는 建興 6년(228) 諸葛亮이 祁山을 공격하자, 南安, 天水, 安定 등 세 郡이 魏를 등지고 蜀漢에 항복하였음.《三國志》諸葛亮傳에 “亮身率諸軍攻祁山, 戎陣整齊, 賞罰肅而號令明, 南安, 天水, 安定三郡, 叛魏應亮, 關中響應”이라 함.《眞寶》注에 “疲, 困也. 後主五年, 亮攻祁山, 南安天水安定三郡, 皆叛魏應亮, 關中響震”이라 함. ‘務於東’의 ‘東’은 東吳를 가리킴. 魏의 曹休가 吳의 陸遜과 石亭에서 싸워 패한 사건.《三國志》魏志 曹休傳을 참조할 것.《眞寶》注에 “曹休, 東與吳陸遜戰于石亭, 大敗”라 함. ‘兵法乘勞’의 병법은《孫子兵法》. ‘乘勞’는 적이 피로에 지친 틈을 타서 공격해야 승산이 있음.《孫子兵法》計篇에 “兵者, 詭道也. 利而誘之, 亂而取之, 實而備之, 强而避之, 怒而撓之, 卑而驕之, 佚而勞之, 親而離之, 攻其無備, 出其不意”라 하였고,〈虛實篇〉에는 “孫子曰:「凡先處戰地而待敵者佚, 後處戰地而趨戰者勞.」”라 함. ‘趍’는《諸葛忠武書》에는 ‘趨’로 되어 있으며 異體字.

【謹陳其事如左】삼가 그러한 사례를 왼쪽에 陳述함. ‘左’는 고대 從書向左로 글을 써내려갔으므로 이렇게 말한 것.

【高帝明幷日月, 謀臣淵深, 然涉險被創, 危然後安】‘高帝’는 漢 高祖 劉邦(季)을 가리킴. 項羽와 싸워 승리한 끝에 漢帝國을 건설한 開國皇帝.《史記》와《漢書》에 紀가 있음. ‘謀臣’은 劉邦이 거느리고 있던 지략에 뛰어난 신하들. ‘淵深’은 못처럼 깊음. ‘涉險被創’은 漢 高祖가 숱한 위험을 섭렵하고 創傷을 입고 나서야 천하를 통일함. ‘被創’은 漢高祖 劉邦이 廣武의 싸움에서 項羽의 화살을 맞고 상처를 입은 것과 白登에서 匈奴에게 고통을 당한 일 등을 말함.《眞寶》注에 “創音愴. 傷也”라 함.

【今陛下未及高帝, 謀臣不如良平】'陛下'는 後主 劉禪을 가리킴. '良平'은 漢高祖의
功臣 張良과 陳平을 말함. '張良'은 漢興三傑의 하나. 字는 子房. 원래 韓나라 출
신으로 韓나라가 秦始皇에게 망하자 복수를 결심하고 始皇을 博浪沙에서 저격,
실패로 끝나자 下邳로 도망갔다가 黃石公을 만났고, 다시 劉邦에게 합류하여
項羽를 멸하는데 큰 공을 세워 留侯에 봉해짐.《史記》留侯世家 참조. '陳平'은
처음에는 項羽를 섬겼으나 뒤에 劉邦에게로 갔음. 字는 孺子, 陽武人으로 黃老
術을 익혔으며, 뒤에 曲逆侯에 봉해짐. 惠帝와 文帝 때에 丞相을 지냈음.《史記》
陳丞相世家 및《漢書》陳平傳 참조.《眞寶》注에 "良, 張子房名, 封留侯; 平, 姓陳,
佐高祖定天下, 後相文帝"라 함.

【而欲以長策取勝, 坐定天下, 此臣之未解一也】'長策'은 좋은 계책. 원대한 계책.
《諸葛忠武書》에는 '長計'로 되어 있음. '未解'는 理解할 수 없음.《眞寶》注에 "解
音骸, 去聲, 諭也"라 함.

【劉繇, 王朗, 各據州郡, 論安言計, 動引聖人, 羣疑滿腹, 衆難塞胷】'劉繇'는 자는
正禮로 漢末 牟平 사람. 楊州刺史로 曲阿縣에 있었으나 吳나라 孫策에게 쫓겨
丹徒로 달아났음.《三國志》吳志 劉繇傳에 "劉繇字正禮, 東萊牟平人也. 齊孝王少
子封牟平侯, 子孫家焉. 繇伯父寵, 爲漢太尉. 繇兄岱, 字公山, 歷位侍中, 兗州刺史.
繇年十九, 從父韙爲賊所劫質, 繇篡取以歸, 由是顯名. 擧孝廉, 爲郞中, 除下邑長.
時郡守以貴三國志卷戚託之, 遂棄官去. 州辟部濟南, 濟南相中常侍子, 貪穢不循,
繇奏免之. 平原陶丘洪薦繇, 欲令擧茂才. 刺史曰:「前年擧公山, 奈何復擧正禮乎?」
洪曰:「若明使君用公山於前, 擢正禮於後, 所謂御二龍於長塗, 騁騏驥於千里, 不亦
可乎!」會辟司空掾, 除侍御史, 不就. 避亂淮浦, 詔書以爲揚州刺史. 時袁術在淮南,
繇畏憚, 不敢之州. 欲南渡江, 吳景, 孫賁迎置曲阿. 術圖爲僭逆, 攻沒諸郡縣. 繇遣
樊能, 張英屯江邊以拒之. 以景, 賁術所授用, 乃逼逐使去. 於是術乃自置揚州刺史,
與景, 賁并力攻英, 能等, 歲餘不下. 漢命加繇爲牧, 振武將軍, 衆數萬人, 孫策東渡,
破英, 能等. 繇奔丹徒, 遂溯江南保豫章, 駐彭澤. 笮融先至, 殺太守朱皓, 入居郡中.
繇進討融, 爲融所破, 更復招合屬縣, 攻破融. 融敗走入山, 爲民所殺, 繇尋病卒, 時
年四十二."라 함. '繇'는《眞寶》注에 "音由"라 함. '王朗'은 자는 景興. 漢末 會稽太
守였을 때 孫策의 공격을 받아 대패함.《三國志》魏志 王朗傳에 "王郞字景興, 東
海人也. 以通經, 拜郞中, 除菑丘長. ……天子嘉其意, 朗會稽太守. 孫策渡江略地.
朗功曹虞翻以爲力不能拒, 不如避之. 朗自以身爲漢吏, 宜保城邑, 遂擧兵與策戰,
敗績, 浮海至東冶. 策又追擊, 大破之. 朗乃詣策. 策以儒雅, 詰讓而不害. 雖流移窮

困, 朝不謀夕, 而收恤親舊, 分多割少, 行義甚著."라 함. '論安言計'는 安危를 의논
하고 계책을 거론함. '彙'는《眞寶》注에 "皆當時名士, 各據州郡, 能談王霸, 後盡
爲孫策所據, 故亮以譏當時坐談之士"라 함. '各據州郡'은《眞寶》注에 "劉彙, 字正
禮, 據曲阿;王朗, 字景興, 守魏郡"이라 함. '動引聖人'은 걸핏하면 聖人을 끌어들
임. 崇文輕武의 정책으로 다스리다가 실패함..

【今歲不戰, 明年不征, 使孫策坐大, 遂幷江東, 此臣之未解二也】'孫策'(175−200)은
자는 伯符. 孫堅의 맏아들. 孫堅이 죽자 남은 병력을 모아 각처에서 승전하여
마침내 江東을 평정함. 周瑜와 친구였음. 26세에 죽어 그 王業을 이루지는 못하
였으나 그 아우 孫權이 그 무리를 이끌고 吳나라를 세움.《三國志》(46)에 傳이
있음.《三國志》吳志 孫堅傳에 "策, 字伯符. 堅初興義兵, 策將母徙居舒, 與周瑜相
友, 收合士大夫, 江淮間人咸向之. 堅薨, 還葬曲阿. 已乃渡江居江都. ……至夜卒,
時年二十六. 權稱尊號, 追諡策曰長沙桓王."이라 함.《眞寶》注에 "孫策, 乃孫權兄"
이라 함. '江東'은 長江 동쪽. 지금의 江蘇 지역으로 吳나라의 근거지.

【曹操智計, 殊絶於人, 其用兵也, 髣髴孫吳】'曹操'는 魏武帝(155−220). 자는 孟德.
어릴 때는 阿瞞으로 불렸음. 沛國 출신으로 기지와 변화는 물론 문장에도 뛰어
났으며 曹丕의 아버지로 漢末 세력을 키워 魏나라를 건립하는 기초를 세움.
아들 조비가 獻帝로부터 선양을 받아 魏를 세운 후 아버지 曹操를 武帝로 추존
함.《孫子略解》,《兵書接要》,《曹操集》등이 있음.《三國志》(1)에 紀가 있음. '殊絶'
은 아주 특별히 뛰어남. '髣髴'은 서로 비슷하여 구별하기 어려움을 뜻하는 雙聲
連綿語. 彷佛, 仿佛로도 표기함. '孫吳'은 春秋시대 齊나라 孫武(혹 孫臏)와 戰國
시대 衛나라 吳起. 둘 모두 유명한 병법가이며 名將. 각기 兵法書《孫子》와《吳
子》가 전함.《史記》孫子吳起列傳을 참조할 것.《眞寶》注에 "孫吳, 孫臏, 吳起. 古
名將"이라 함.

【然困於南陽】建安 2년(197) 曹操가 南陽에서 張濟의 從子 張繡와 싸우다가 流矢
에 맞은 사건.《三國志》魏志 曹操傳에 "建安元年, 張濟自關中走南陽, 濟死從子
繡領其衆. 二年春正月, 曹公到宛, 張繡降, 旣而悔之, 復反, 公與戰, 軍敗爲流矢所
中"이라 함.《眞寶》注에 "操與張繡戰於宛, 爲流矢所中. 宛, 卽南陽縣名"이라 함.

【險於烏巢】袁紹가 曹操의 군사를 官渡에서 막고 많은 軍糧과 武器를 모아 烏巢
에서 버티고 있었음. 이에 曹操는 그들의 持久戰에 견디다 못해 결국 烏巢를 불
태우고 도망하였음.《三國志》魏志 曹操傳 및 袁紹傳을 참고할 것.《眞寶》注에
"袁紹拒操於官渡, 紹輜重萬餘在故市烏巢, 時曹公糧少, 議欲還許避之"라 함.

【危於祁連】祁連은 甘肅省 西域으로 가는 길이 있는 큰 산맥으로 曹操가 이곳에서 벌인 匈奴와의 전투에서 苦戰을 함. 또는 曹操가 祁連에서 袁尙을 포위 공격할 때의 苦役을 가리키는 것이라고도 함. 《眞寶》注에 "祁連, 西域國名"이라 함.

【偪於黎陽】曹操가 吳와 蜀을 공격하기 위해 출정하자 黎陽에 주둔하고 있던 袁譚이 背後에서 공격하여 궁지에 몰렸던 사건. 《三國志》魏志 武帝紀에 "(建安七年), 袁紹自軍破後, 發病歐血, 夏五月死. 小子尙代, 譚自號車騎將軍, 屯黎陽. 秋九月, 公征之, 連戰. 譚, 尙數敗退, 固守. 八年春三月, 攻其郭, 乃出戰, 擊, 大破之, 譚, 尙夜遁. 夏四月, 進軍鄴. 五月還許, 留賈信屯黎陽."이라 하였고, 〈袁紹傳〉에는 "太祖渡河攻譚, 譚告急於尙. 尙欲分兵益譚, 恐譚遂奪其衆, 乃使審配守鄴, 尙自將兵助譚, 與太祖相拒於黎陽. 自月至(九)月, 大戰城下, 譚, 尙敗退, 入城守. 太祖將圍之, 乃夜遁. 追至鄴, 收其麥, 拔陰安, 引軍還許. 太祖南征荊州, 軍至西平. 譚, 尙遂擧兵相攻, 譚敗奔平原. 尙攻之急, 譚遣辛毗詣太祖請救. 太祖乃還救譚, 十月至黎陽. 尙聞太祖北, 釋平原還鄴. 其將呂曠, 呂翔叛尙歸太祖, 譚復陰刻將軍印假曠, 翔. 太祖知譚詐, 與結婚以安之, 乃引軍還. 尙使審配, 蘇由守鄴, 復攻譚平原. 太祖進軍將攻鄴, 到洹水, 去鄴五十里, 由欲爲內應, 謀泄, 與配戰城中, 敗, 出奔太祖. 太祖遂進攻之, 爲地道, 配亦於內作塹以當之. 配將馮禮開突門, 內太祖兵三百餘人, 配覺之, 從城上以大石擊突中柵門, 柵門閉, 入者皆沒. 太祖遂圍之, 爲塹, 周四十里, 初令淺, 示若可越. 配望而笑之, 不出爭利. 太祖一夜掘之, 廣深二丈, 決漳水以灌之, 自五月至八月, 城中餓死者過半. 尙聞鄴急, 將兵萬餘人還救之, 依西山來, 東至陽平亭, 去鄴十七里, 臨滏水, 擧火以示城中, 城中亦擧火相應. 配出兵城北, 欲與尙對決圍. 太祖逆擊之, 敗還, 尙亦破走, 依曲漳爲營, 太祖遂圍之. 未合, 尙懼, 遣陰夔, 陳琳乞降, 不聽. 尙還走濫口, 進復圍之急, 其將馬延等臨陳降, 衆大潰, 尙奔中山. 盡收其輜重, 得尙印綬, 節鉞及衣物, 以示其家, 城中崩沮. 配兄子榮守東門, 夜開門內太祖兵, 與配戰城中, 生禽配. 配聲氣壯烈, 終無撓辭, 見者莫不歎息. 遂斬之. 高干以幷州降, 復以干爲刺史. 太祖之圍鄴也, 譚略取甘陵, 安平, 勃海, 河間, 攻尙於中山. 尙走故安從熙, 譚悉收其衆. 太祖將討之, 譚乃拔平原, 幷南皮, 自屯龍湊. 十二月, 太祖軍其門, 譚不出, 夜遁奔南皮, 臨淸河而屯. 十年正月, 攻拔之, 斬譚及圖等. 熙, 尙爲其將焦觸, 張南所攻, 奔遼西烏丸. 觸自號幽州刺史, 驅率諸郡太守令長, 背袁向曹, 陳兵數萬, 殺白馬盟, 令曰:「違命者斬!」衆莫敢語, 各以次歃. 至別駕韓珩, 曰:「吾受袁公父子厚恩, 今其破亡, 智不能救, 勇不能死, 於義闕矣; 若乃北面於曹氏, 所弗能爲也.」一坐爲珩失色. 觸曰:「夫興大事, 當立大義, 事之濟否, 不

待一人, 可卒珩志, 以勵事君.」高干叛, 執上黨太守, 擧兵守壺口關. 遣樂進, 李典擊
之, 未拔. 十一年, 太祖征干. 干乃留其將夏昭, 鄧升守城, 自詣匈奴單于求救, 不得,
獨與數騎亡, 欲南奔荊州, 上洛都尉捕斬之. 十二年, 太祖遼西擊烏丸. 尙, 熙與
烏丸逆軍戰, 敗走奔遼東, 公孫康誘斬之, 送其首."라 함.《眞寶》注에 "黎陽, 屬河
朔. 袁譚據之, 曹公用兵, 吳蜀譚兵, 逼迫其後"라 함.

【幾敗北山】'北山'은 伯山.《諸葛忠武書》에는 '伯山'으로 되어 있음. 夏侯淵이 패하
자 曹操는 漢中을 공격하기 위해 北山(伯山)에 많은 군량미를 운반 중이었음. 그
때 蜀漢의 趙雲(子龍)이 이들과 마주치자 진지 안으로 들어가 문을 닫아 버렸음.
曹操는 그들과 싸우지 않고 그냥 지나가려고 하였는데 갑자기 우레 같은 북소
리가 일어나고 화살이 비 오듯 쏟아져 조조의 군사가 대패한 사건을 말함.《三
國志》蜀志 趙雲傳 注에《雲別傳》을 인용하여 "夏侯淵敗, 曹公爭漢中地, 運米北
山下, 數千萬囊. 黃忠以爲可取, 雲兵隨忠取米. 忠過期不還, 雲將數十騎輕行出圍,
迎視忠等. 値曹公揚兵大出, 雲爲公前鋒所擊, 方戰, 其大衆至, 勢偪, 遂前突其陳,
且鬪且卻. 公軍敗, 已復合, 雲陷敵, 還趣圍. 將張著被創, 雲復馳馬還營迎著. 公軍
追至圍, 此時沔陽長張翼在雲圍內, 翼欲閉門拒守, 而雲入營, 更大開門, 偃旗息鼓.
公軍疑雲有伏兵, 引去. 雲雷鼓震天, 惟以戎弩於後射公軍, 公軍驚駭, 自相蹂踐, 墮
漢水中死者甚多. 先主明旦自來至雲營圍視昨戰處, 曰:「子龍一身都是膽也.」作樂
飲宴至暝, 軍中號雲爲虎威將軍"이라 함.《眞寶》注에 "北山, 卽伯山也. 夏侯淵敗
曹公爭漢中, 運米北山下數千萬囊. 趙雲遇之, 乃入營閉門, 曹公引去, 雲雷鼓震天
以大弩射之, 曹公軍驚駭蹂踐, 墮漢水中"이라 함.

【殆死潼關, 然後僞定一時爾】'殆死潼關'은 曹操가 자신을 배반한 馬超와 韓遂를
토벌하려고 潼關을 향해, 河水를 건너 정예부대 백여 명을 거느리고 남쪽 강기
슭에 올랐을 때, 馬超가 만여 명의 군사를 거느리고 공격해 왔음. 이에 許褚가
화살을 막으며 曹操를 배에 태워 겨우 살아난 사건.《三國志》曹操傳에 "建安
十六年(211), 馬超遂與韓遂, 楊秋, 李堪, 成宜等叛. 遣曹仁討之. 超等屯潼關, 公敕
諸將:「關西兵精悍, 堅壁勿與戰. 秋七月, 公西征, 與超等夾關而軍. 公急持之, 而潛
遣徐晃, 朱靈等夜渡蒲阪津, 據河西爲營. 公自潼關北渡, 未濟, 超赴船急戰. 校尉丁
斐因放牛馬以餌賊, 賊亂取牛馬, 公乃得渡, 循河爲甬道而南.」이라 하였고, 〈許褚
傳〉에는 "從討韓遂, 馬超於潼關. 太祖將北渡, 臨濟河, 先渡兵, 獨與褚及虎士百餘
人留南岸斷後. 超將步騎萬餘人, 來奔太祖軍, 矢下如雨. 褚白太祖, 賊來多, 今兵渡
已盡, 宜去, 乃扶太祖上船. 賊戰急, 軍爭濟, 船重欲沒. 褚斬攀船者, 左手擧馬鞍蔽

太祖. 船工爲流矢所中死, 褚右手幷溯船, 僅乃得渡. 是日, 微褚幾危. 其後太祖與遂, 超等單馬會語, 左右皆不得從, 唯將褚. 超負其力, 陰欲前突太祖, 素聞褚勇, 疑從騎是褚. 乃問太祖曰:「公有虎侯者安在?」太祖顧指褚, 褚瞋目盼之. 超不敢動, 乃各罷. 後數日會戰, 大破超等, 褚身斬首級, 遷武衛中郎將. 武衛之號, 自此始也. 軍中以褚力如虎而癡, 故號曰虎癡; 是以超問虎侯, 至今天下稱焉, 皆謂其姓名也."라 함. 《眞寶》注에 "曹操討馬超·韓遂於潼關, 操將北渡, 與許褚留南岸斷, 後超將步騎萬餘人來, 奔操軍矢下如雨, 褚白操云:「賊來.」多乃扶上船, 微褚幾危"라 함. '僞定'은 曹操가 天子인 양 행세를 하며 천하를 안정시킴. 《眞寶》注에 "時暫平定"이라 함.

【況臣才弱, 而欲以不危而定之, 此臣之未解三也】諸葛亮 자신은 그러한 曹操에 비해 재능이 미약하건만 그런데도 後主 劉禪은 위험을 겪지 않고 천하를 평정하기를 바라고 있으니 이는 이해할 수 없음.

【曹操五攻昌霸不下, 四越巢湖不成】'昌霸'는 당시 東海郡의 地名. 그곳 사람들이 曹操를 등지고 劉備에게 향하자 曹操는 병사를 이끌고 다섯 번이나 昌霸를 공격하였으나 항복을 받아내지 못하였음. 《三國志》蜀志 先主傳에 "東海昌霸及郡縣, 多叛曹公屬先主衆萬人, 遣孫乾與袁紹連和. 曹公遣劉岱, 王忠擊之, 不克"이라 함. 그러나 《眞寶》注에는 "昌霸, 地名. 未詳所出"이라 함. '巢湖'는 合肥 동남쪽에 있는 湖水 이름. 曹操는 合肥를 차지하고자 네 번이나 巢湖를 건너 合肥를 포위하였으나 정복하지 못하였음. 《三國志》魏志 曹操傳에 "建安十三年二月, 孫權爲有志攻合肥, 公自江陵征, 備至巴丘, 遣張喜救合備, 權聞喜至, 乃走. 公至赤壁與備戰不利, 於是大疫, 吏士多死者, 引軍還. 備遂有荊州"라 함. 《眞寶》注에 "魏以合肥爲重鎭, 其東南巢湖在焉. 孫權圍合肥, 魏自渦入淮, 出肥水, 軍合肥者數矣"라 함.

【任用李服, 而李服圖之; 委任夏侯, 而夏侯敗亡】'李服'은 《三國志》에 傳이 없어 확실치 않음. 혹 董承과 함께 曹操를 암살하려 했던 王服이 아닌가 함. '夏侯'는 夏侯淵. 曹操와 인척 관계였으며 曹操가 漢中을 맡겼으나 뒤에 蜀漢의 장수 黃忠의 공격을 받아 漢中을 빼앗기고 죽었음. 《三國志》魏志 夏侯淵傳에 "夏侯淵, 字妙才, 惇族弟也. 建安十七年, 太祖以淵行護軍將軍"이라 하였고, 〈先主傳〉에는 "建安二十年, 曹公使夏侯淵, 張郃屯漢中. 二十三年, 先主次於陽平關, 與淵, 郃等相拒. 二十四年春, 自陽平南渡沔水, 緣山稍前於定軍山. 淵兵來爭其地, 先主命黃忠乘高, 鼓譟攻之, 大破淵軍, 斬淵, 郃及曹公所署益州刺史趙顒等"이라 함. 《眞寶》注에 "操降張魯留夏侯淵屯守, 北還, 後先主擊之淵授首"라 함.

【先帝每稱操爲能, 猶有此失, 況臣駑下, 何能必勝? 此臣之未解四也】 '駑下'은 駑馬처럼 우둔하여 아래가 됨. 諸葛亮이 자신을 낮추어 한 말.

【自臣到漢中, 中間朞年耳】 '朞年'은 만 1년. 《眞寶》 注에 "章武五年, 北駐漢中"이라 함.

【然喪趙雲, 陽羣, 馬玉, 閻芝, 丁立, 白壽, 劉郃, 鄧銅等】 '喪'은 '死亡'의 뜻. 《眞寶》 注에 "喪, 去聲. 喪, 謂死亡也. 自趙雲以下凡八人"이라 함. '趙雲'은 字는 子龍. 趙子龍으로 널리 불림. 劉備가 曹操에게 패하여 처자식조차 버리고 남쪽으로 달아났을 때 劉備의 아들 劉禪을 안고 甘夫人(劉禪의 어머니)을 보호하여 무사히 구출해냈음. 《三國志》 蜀志 趙雲傳에 "趙雲字子龍, 常山眞定人也. 本屬公孫瓚, 瓚遣先主爲田楷拒袁紹, 雲遂隨從, 爲先主主騎. 及先主爲曹公所追於當陽長阪, 棄妻子南走, 雲身抱弱子, 即後主也, 保護甘夫人, 即後主母也, 皆得免難. 遷爲牙門將軍. 先主入蜀, 雲留荊州. 先主自葭萌還攻劉璋, 召諸葛亮. 亮率雲與張飛等俱溯江西上, 平定郡縣. 至江州, 分遣雲從外水上江陽, 與亮會於成都. 成都既定, 以雲爲翊軍將軍. 建興元年, 爲中護軍, 征南將軍, 封永昌亭侯, 遷鎮東將軍. 五年, 隨諸葛亮駐漢中. 明年, 亮出軍, 揚聲由斜穀道, 曹眞遣大衆當之. 亮令雲與鄧芝往拒, 而身攻祁山. 雲, 芝兵弱敵强, 失利於箕谷, 然斂衆固守, 不至大敗. 軍退, 貶爲鎮軍將軍. 七年卒, 追諡順平侯."라 함. '陽羣'은 巴西太守였으며 黃忠에게 죽임을 당함. '馬玉', '閻芝', '丁立', '白壽', '劉郃', '鄧銅' 등은 모두 蜀漢의 장수들. 그러나 《三國志》에 傳이 없어 자세히는 알 수 없음.

【及曲長, 屯將七十餘人, 突將無前, 賨叟, 靑羌, 散騎, 武騎一千餘人】 '曲長'은 部曲의 長. '屯將'은 駐屯부대의 장군. '突將'은 돌진할 때 장수가 거느리는 부대. '無前'은 앞을 가로막는 적이 없을 정도로 용감한 특수 부대. '賨叟'는 '賨'은 巴 지역 및 지금의 貴州省 일대의 소수민족을 가리킴. '靑羌'은 西南夷 출신의 長. '羌' 또한 四川省 西南部 및 雲南 북부에 분포하던 소수민족임. 諸葛亮이 西南夷를 정벌하고 얻은 이들로서, 그들에게 직책을 주어 활용한 인물들로 여겨짐. '散騎'와 '武騎'는 騎馬部隊를 일컬음. 《眞寶》 注에 "夷稅曰: 「賨, 亮南征, 南中既平, 皆卽其渠率而用之. 賨叟·靑羌, 皆此屬也. 散騎·武騎, 皆騎兵. 以上乃計其士卒物故也」"라 함.

【此皆數十年之內, 所糾合四方之精銳, 非一州之所有】 '糾合'은 끌어 모음. '精銳'는 정예부대. 날래고 뛰어난 군사들.

【若復數年, 則損三分之二也, 當何以圖敵? 此臣之未解五也】 '圖敵'은 적을 물리치려고 도모함.

【今民窮兵疲. 而事不可息, 事不可息, 則住與行, 勞費正等】'住與行'은 머물러 지키는 일과 나아가 정벌하는 일.《眞寶》注에 "雖三國並立, 籍民爲兵, 悉師攻守. 住則有守成之勞, 行則有戰伐之苦, 而糧食財用, 皆不可闕, 若不伐敵, 必須嚴守, 是住與行, 勞費同也"라 함.

【而不及蚤圖之, 欲以一州之地與賊持久, 此臣之未解六也】'蚤圖'는 일찍 도모함. '蚤'는 早와 같음. 그러나《諸葛忠武書》에는 '今圖'로 되어 있음.

【夫難平者, 事也】《眞寶》注에 "或作'難乎'者, 非"라 함. '平'은 豫測, 衡量, 平量, 評量의 의미. 따라서 '일의 변화를 미리 예측하기란 매우 어렵다'는 뜻.

【昔先帝敗軍於楚, 當此時, 曹操拊手謂「天下已定」】'先帝敗軍於楚'는 建安 12년(207), 劉琮이 劉備에게 항복하자 劉備는 항복한 군대를 이끌고 楚地인 襄陽으로 갔음. 이때 曹操는 劉備가 江陵에 웅거할 것임을 예측하고 추격하여 대패시켰음.《眞寶》注에 "先主十二年, 劉琮降, 先主乃將其衆過襄陽, 荊州人多歸之. 此到襄陽, 衆十餘萬. 曹公曰:「江陵有軍 實.」恐先主據之, 乃追之, 先主棄妻子與諸葛亮·張飛等數十騎去. 曹公大獲其人衆, 輜重濟沔遁去"라 함. '拊手'는 손뼉을 치면서 기뻐함.

【然, 後先帝東連吳越, 西取巴蜀, 擧兵北征】'東連吳越'은 敗走하던 劉備가 夏口에 이르러 諸葛亮을 동쪽 吳에 보내 孫權과 동맹을 맺었음. '吳越'은 吳나라를 지칭함.《眞寶》注에 "及到夏口, 遣亮結好孫權. 孫權據江東, 國號吳, 其地亦屬越所"라 함. '西取巴蜀'은 劉備가 赤壁大戰에서 曹操를 물리친 다음 荊州를 차지하고, 이어서 建安 19년(214), 서쪽으로 巴蜀(益州, 四川省)으로 진격하여 成都를 포위, 劉璋의 항복을 받고 그곳을 차지하게 됨.《眞寶》注에 "十九年, 先主進圍成都, 劉琮降, 遂領益州牧"이라 함. '北征'은 이어서 드디어 북쪽 曹操를 토벌하고자 출정함.《眞寶》注에 "北征曹魏"라 함.

【夏侯授首, 此操之失計, 而漢事將成也】'夏侯授首'는 夏侯淵이 목을 내놓음. 斬首를 당하였음을 말함.《眞寶》注에 "斬夏侯淵"이라 함.

【然, 後吳更違盟, 關羽毁敗, 秭歸蹉跌, 曹丕稱帝, 凡事如是難可逆見】'吳更違盟'은 吳나라가 孫權이 蜀과 맺었던 맹약을 어김. 吳나라는 曹操의 계략에 빠져 關羽를 습격하여 죽이고 荊州를 차지하였음. '關羽'는 자는 雲長, 河東 解縣(지금의 山西 臨猗縣) 출신. 시호는 壯繆侯.《三國志》蜀志 關羽傳을 참조할 것.《眞寶》注에 "先主二十四年, 權襲殺羽, 取荊州"라 함. '秭歸'는 秭歸縣. 지금의 湖北省 歸州. '蹉跌'은 차질을 빚음. 실패함.《眞寶》注에 "上挫下迭. 秭與姊同. 袁山松曰:「屈原旣

被流放, 忽然蹔歸, 其姊亦來, 因名其地爲秭歸. 縣屬南郡, 古夒, 今歸州.」 蹉跌, 言
失措也. ○同上. 權旣取荊州, 徙劉璋爲益州牧, 駐秭歸也"라 함. '曹丕'는 曹操의
長子. 220년 마침내 後漢 獻帝를 추방하여 山陽公으로 강등시키고 魏나라를 세
워 魏文帝(220-226년 재위)가 되었으며 年號를 黃初라 함. 아버지 曹操를 武帝로
추존함. 《眞寶》 注에 "丕, 曹操子名, 是爲魏文帝"라 함. 한편 曹丕는 아우 曹植(東
阿王)과 많은 갈등을 빚기도 하였으며, 三曹가 모두 文學에 뛰어났음. '逆見'은
미리 예측함. 《眞寶》 注에 "逆見, 猶言預逆"이라 함.

【臣鞠躬盡瘁, 死而後已, 至於成敗利鈍, 非臣之明所能逆覩也】 '鞠躬'은 존경의 뜻
으로 허리를 굽힘. 《論語》 鄕黨篇에 "入公門, 鞠躬如也"라 하였고, 注에 "鞠, 曲也"
라 함. '盡瘁'는 몸이 지치도록 마음과 힘을 다함. 일부 판본에는 '盡力'으로 되어
있음. '死而後已'는 죽은 다음에야 끝남. 《論語》 泰伯篇에 "曾子曰:「士不可以不弘
毅, 任重而道遠. 仁以爲己任, 不亦重乎? 死而後已, 不亦遠乎?」"라 함. '利鈍'은 예
리함과 둔탁함. 즉 이익과 손해. '逆覩'는 逆見과 같음. 《眞寶》 注에 "此篇大意, 皆
在結末數語"라 함.

### 참고 및 관련 자료

1. 작자: 諸葛孔明(諸葛亮) 앞장(010) 참조.
2. 이 글은 《諸葛忠武書》(6), 《大事記續編》(21), 《通志》(118 上), 《崇古文訣》(7), 《古
文集成》(22), 《三國志文類》(18), 《文選補遺》(24), 《全蜀藝文志》(27), 《郝氏續後漢書》
(15), 《歷代名臣奏議》(78), 《史傳三編》(17), 《冊府元龜》(312), 《淵鑑類函》(211), 《成都
文類》(18), 《妙絶古今》(3), 《文章辨體彙選》(126), 《古文淵鑑》(22), 《古文雅正》(5), 《漢
魏六朝百三家集》(22), 《陝西通志》(87) 등에 실려 있음.

## 011. 〈酒德頌〉 ················ 劉伯倫(劉伶)

### 술의 덕을 노래함

\*〈酒德頌〉: 劉伶(伯倫)이 술의 덕을 칭송한 글. 자신을 大人先生으로 가탁하여 公子와 處士가 자신의 好酒를 못마땅히 여긴다는 敍事를 마련, 이에 맞서 자신의 志氣이 曠遠함을 표현한 것.

\*《眞寶》注에 "劉伶, 字伯倫, 沛國人. 貌甚醜悴, 而志氣放曠, 以宇宙爲狹. 性好酒, 常携酒自隨, 使人荷鍤從之, 云:「死, 便埋我.」故著此頌, 頌酒德之美也"라 하였고, 六臣注《文選》에도 "善曰: 臧榮緒《晉書》曰:「劉伶, 字伯倫, 沛國人也. 志氣曠放, 以宇宙爲狹, 著〈酒德頌〉, 爲建威參軍卒, 以壽終"이라 함.

대인선생大人先生은 천지 개벽 이래의 긴 시간을 하루아침처럼 여기고, 만백 년(萬期)의 긴 시간을 순간(須臾)으로 여기며, 해와 달을 창문에 비치는 작은 빛으로 여기고, 광활한 천지(八荒)를 뜰이나 길거리처럼 여긴다.

어디를 다녀도 그 바퀴 자국의 흔적이 없고 거처함에 정해진 집이 없이, 하늘을 천막으로 삼고 땅을 자리로 삼으며 뜻을 풀어놓고 마음이 가는 대로 간다.

머물러 있을 때는 크고 작은 술잔을 잡고, 움직일 때는 술통과 술병을 들고 다니며, 오직 술 마시는 일에만 힘을 쏟으니 어찌 그 밖의 일을 알겠는가?

어떤 귀족 공자公子와 높은 관리(搢紳)와 처사處士가 대인선생의 풍문과 명성을 듣고 그러한 까닭을 논의하게 되었다.

그들은 옷소매를 떨치며 옷깃을 걷어붙이고 노한 눈으로 이를 갈면서, 예법을 늘어놓고 설명하여 시비를 칼끝처럼 날카롭게 따졌다.

선생은 이에 바야흐로 술 단지를 들고 술통을 받들고는, 술잔을 입에 물고 탁주로 입을 헹구면서 수염을 털고 두 다리를 쭉 뻗고 앉아서는 누룩을 베개로 삼고 술지게미를 깔고 누웠다.

생각도 없고 염려도 없이 그 즐김이 도도陶陶한 모습이었으며, 홀연히 취해 있더니 황홀히 깨어나기도 하였다.

조용히 들어보아도 우레 소리처럼 큰 소리도 들리지 않고, 자세히 보아도 태산처럼 큰 모습도 보이지 않으며, 살을 에는 추위와 더위도, 좋아함과 욕심의 감정도 느끼지 못하는 것이었다.

만물을 굽어 어지러이 얽힌 모습이 마치 강한江漢에 떠 있는 부평초와 같다고 여겼다.

따지러 왔던 두 호걸이 옆에 모시고 있어도 마치 나나니벌〔螺蠃〕이 배추벌레〔螟蛉〕를 대하듯이 하고 있었다.


有大人先生, 以天地爲一朝, 萬期爲須臾, 日月爲扃牖, 八荒爲庭衢.

行無轍跡, 居無室廬, 幕天席地, 縱意所如.

止則操卮執觚, 動則挈榼提壺, 唯酒是務, 焉知其餘?

有貴介公子, 搢紳處士, 聞吾風聲, 議其所以.

乃奮袂揚衿, 怒目切齒, 陳說禮法, 是非鋒起.

先生於是, 方捧甖承糟, 銜盃漱醪, 奮髥踑踞, 枕麴藉糟.

無思無慮, 其樂陶陶, 兀然而醉, 恍爾而醒.

靜聽不聞雷霆之聲, 熟視不見泰山之形, 不覺寒暑之切肌, 嗜慾之感情.

俯觀萬物擾擾焉, 如江漢之浮萍.

二豪侍側焉, 如螺蠃之與螟蛉.


【大人先生】작자 劉伶이 자신을 객관화하여 설정한 것.《眞寶》注에 "假託此辭"라 함. 六臣注《文選》에 "向曰: 假爲辭也"라 함. '大人'은 道家에서 天地自然의 大道를

깨우친 사람.

【以天地爲一朝, 萬期爲須臾】'朝'는 하루아침. 아주 짧은 시간. 천지가 개벽하고 나서 이제까지를 그저 하루 시간이라 여김. '期'는 백 년을 뜻함. '須臾'는 아주 잠깐의 시간을 뜻하는 疊韻連綿語.

【日月爲扃牖, 八荒爲庭衢】'扃牖'는 창문. 해와 달은 그 창문을 통해 들어오는 작은 빛에 불과한 것이라 여김. '八荒'은 광활한 천지. 《眞寶》 注에 "八荒, 卽八方"이라 함. '庭衢'는 집 뜰이나 사람들이 오가는 거리. 《眞寶》 注에 "以天地開闢已來爲一日, 萬歲之期爲少時, 言志廣大也"라 함. 六臣注《文選》에도 "銑曰: 言志廣大也. 以天地開闢以來爲一日也. 萬歲之期爲少時也. 扃牖, 門也; 八荒, 八方也"라 함.

【行無轍跡, 居無室廬】수레바퀴의 자취. 어디를 다니는지, 어디에 사는지 알 수 없음을 말함. 六臣注《文選》에 "善曰:《老子》曰:「善行無轍迹.」 馬融〈琴賦〉曰:「遊閑公子, 中道失志, 居無室廬, 罔所自置.」 翰曰:「潛隱守愚, 時人不見其行跡, 人不知其所居室, 故云無也.」"라 함.

【幕天席地, 縱意所如】'幕'은 천막. 《晉書》에는 '幙'으로 되어 있음. 하늘을 천막으로 삼고 땅을 자리로 삼음. '縱意所如'는 마음이 가고자 하는 대로 풀어놓음. '如'는 往과 같음.

【止則操卮執觚, 動則挈榼提壺】'卮'는 큰 술잔, '觚'는 작은 술잔. '挈榼提壺'는 술통을 끌어당기고 술병을 듦. '榼'은 술통. '壺'는 술 주전자. 《眞寶》 注에 "挈, 執也. 卮觚榼壺, 皆酒器也"라 함. 六臣注《文選》에 "善曰:《說文》曰:「榼, 酒器也. 苦闔切.」 濟曰:「操挈, 皆執也; 卮觚榼壺, 皆酒器也"라 하여 '榼'은 '갑'으로 읽도록 되어 있음.

【唯酒是務, 焉知其餘】오직 술에 대하여 專務할 뿐 그 나머지는 알지 못함. 六臣注《文選》에 "翰曰: 專於飮酒, 不知其餘事也"라 함.

【有貴介公子, 搢紳處士】'貴介'의 '介'는 大의 뜻. '公子'는 王族의 자제. '搢紳'은 허리띠에 홀을 꽂음. 朝廷에서 朝會 때 笏을 꽂고 임함. 귀한 신분을 뜻함. '縉紳'으로도 표기함. '處士'는 草野에 묻혀 사는 덕이 높은 선비. 《眞寶》 注에 "介, 大也. 搢紳, 服飾也. 處士, 有德之稱"이라 함.

【聞吾風聲, 議其所以】자신의 風聞이나 聲譽를 듣고는 그 까닭을 의논하러 옴. '所以'는 이유, 까닭. 六臣注《文選》에 "銑曰: 吾, 則先生自稱也. 言公子處士, 風聞我好酒之聲, 議論我所以得失也"라 함.

【奮袂揚衿, 怒目切齒】'衿'은 《晉書》에는 '襟'으로 표기되어 있음. 옷깃. '切齒'는 분하여 이를 갊. 《眞寶》 注에 "此公子處士, 怒先生好酒"라 함. 六臣注《文選》에 "善

曰:〈北征賦〉曰:「遂奮袂而北征.」《戰國策》:張儀說魏王曰:「天下遊士, 莫不瞋目切
齒.」良曰:此公子處士, 怒先生好酒라 함.

【陳說禮法, 是非鋒起】禮法을 陳述하여 설명하며 그 是非에 대해서는 칼날 끝으
로 찌르듯 날카롭게 서로 일어나 공격함.《眞寶》注와 六臣注《文選》에 "說禮經
法制, 以示先生, 言其是非如劍戟之鋒刃, 相競逐而起"라 함.

【捧甖承槽, 銜盃漱醪】'甖'은 작은 술 단지. '糟'는 「槽」의 오기.《晉書》및《文選》등
에 모두 '槽'로 되어 있음. 술을 저장한 나무통. '漱醪'의 '漱'는 양치질을 뜻하며,
'醪'는 매우 거친 탁주를 의미함. 이러한 탁주로 입 안을 가심. 술을 마심을 뜻함.
《眞寶》注와 六臣注《文選》에 "先生不聽二人之說, 飮酒自若也. 醪, 濁酒"라 함.

【奮髯踑踞, 枕麴藉糟】'奮髯'은 수염을 움직임. 술이 묻은 수염을 털어버림. '踑踞'
는 箕踞와 같으며 두 다리를 쭉 뻗고 앉음을 뜻하는 雙聲連綿語.《晉書》에는
'箕踞'로,《文選》에는 '踑踞'로 표기되어 있음. '麴'은 누룩.《晉書》에는 '麯'으로 되
어 있음. '藉糟'는 술지게미를 자리로 깔고 누움.《眞寶》注와 六臣注《文選》에
"奮, 動;髯, 鬚也. 踑踞, 展足倚據而坐也. 藉 鋪也. 言動髯展足倚據而坐, 旋復枕麴
鋪糟而臥"라 함.

【無思無慮, 其樂陶陶】'無思無慮'는 無念無想과 같음. 六臣注《文選》에 "善曰:《莊
子》曰:知反於帝宮, 見黃帝而問焉, 曰:「何思何慮, 則知道?」黃帝曰:「無思無慮, 始
知道.」라 함. '陶陶'는 和樂한 모양.《眞寶》注에 "陶陶, 和樂貌"라 함.《詩》王風
君子陽陽에 "君子陶陶, 左執翿, 右招我由敖. 其樂只且"라 함.

【兀然而醉, 怳爾而醒】'兀然'은 忽然과 같음. '怳爾'는 '恍惚히, 豁然히'의 뜻.《晉書》
에는 '怳爾'로,《文選》에는 '豁爾'로 되어 있음.

【靜聽不聞雷霆之聲, 熟視不見泰山之形】조용한 속에 우렛소리를 들어도 들리지
아니하며 자세히 들여다보아도 泰山처럼 큰 물건의 형상도 보이지 않음. 泰山은
구체적인 泰山이 아니라 큰 산을 의미는 것임. 한편 '不見'은《晉書》에는 '不睹'로,
《文選》에는 '不覩'로 되어 있음.

【不覺寒暑之切肌, 嗜慾之感情】'寒暑之切肌'는 살을 파고드는 추위와 더위. '嗜慾'
은《晉書》와《文選》에 모두 '利欲'으로 되어 있음.

【俯觀萬物擾擾焉, 如江漢之浮萍】만물의 擾擾(요요)함을 굽어보며 마치 江水나
漢水의 浮萍草처럼 여김. '擾擾'는 뒤얽혀 있는 모습. '浮萍'은 개구리밥. 물 위에
떠다니며 사는 水上植物. 한편 이 구절은《晉書》와《文選注》에는 모두 "若江海之
載浮萍"으로 되어 있으며,《六臣注文選》에는 "如江漢之載浮萍"이라 하여 '載'가
더 들어 있음.《眞寶》注와 六臣注《文選》에 "言見萬物, 如水中萍草, 隨其風波"라

함. '江漢', '江海' 등은 큰물을 대신하는 말로 쓰인 것.

【二豪侍側焉, 如蜾蠃之與螟蛉】'二豪'는 大人先生의 술버릇을 비판하는 公子와 處士 두 사람. 이들이 그래도 大人先生을 곁에서 모시고 있음. '蜾蠃'은 나나니벌. 허리가 가늘고 작은 벌. 細腰蜂. 疊韻連綿語의 蟲名. '螟蛉'은 역시 疊韻連綿語의 蟲名. 또는 배추벌레의 幼蟲, 또는 桑蟲이라고도 함.《詩》小雅 小宛에 "螟蛉有子, 蜾蠃負之. 敎誨爾子, 式穀似之"라 하여 蜾蠃가 螟蛉을 잡아 새끼에게 먹여 키운다고 여겼음.《眞寶》注에 "二豪, 謂公子處士也. 蜾蠃, 螟蛉, 微小蟲. 言此二人侍我之側, 有如此蟲. 言見之微小也"라 함. 六臣注《文選》에 "善曰: 二豪, 公子處士也. 隨己而化, 類蜾蠃之變螟蛉也.《法言》曰:「螟蛉之子, 蜾蠃祝曰:『類我!』久則肖之矣. 速哉, 二三子之化仲尼也.」李軌曰: 螟蛉, 桑蟲也; 蜾蠃, 蜂蟲也. 肖, 類也. 蜂蟲無子, 取桑蟲蔽而殪之, 幽而養之, 祝曰:「類我!」久則化而成蜂蟲矣. 速, 疾; 哉, 二三子受學仲尼之化疾也. 向曰: 二豪, 謂公子處士也. 蜾蠃, 螟蛉, 彼小蟲也. 言此二人侍我之側何? 如此蟲. 言見之微小也. 焉, 何也"라 함.

### 참고 및 관련 자료

1. 유령(劉伶: ?-300?)

자는 伯倫. 용모가 못생겼었다 하며 魏末 司馬氏가 정권을 휘두르자 自然으로 돌아가 老莊을 신봉하여 無爲而治를 주장하면서 음주로 세월을 보냄. 阮籍, 山濤, 向秀, 阮咸, 嵇康, 王戎과 더불어 '竹林七賢'의 한 사람. 唐 이전에는 '劉靈'으로 표기하였음. 그는 竹林七賢 중 술로 가장 이름이 나 있었고 늘 시중드는 사람을 시켜 삽을 차고 따라다니게 하여 술 취해 쓰러져 죽는 순간 그 자리를 파서 묻어 달라고 할 정도였다 함. 〈酒德頌〉을 남김. 建威參軍을 역임하였으며《晉書》(49)에 전이 있음. 〈嵇康傳〉에 "阮籍, 山濤, 向秀, 劉伶, 籍兄子咸, 王戎, 嵇康爲竹林之遊, 世所謂竹林七賢也"라 함.《世說新語》容止篇에는 "劉伶身長六尺, 貌甚醜顇; 而悠悠忽忽, 土木形骸"이라 하였고,《名士傳》(劉伶)에는 "伶字伯倫, 沛郡人. 肆意放蕩, 以宇宙爲狹. 常乘鹿車, 攜一壺酒, 使人荷鍤隨之. 云:「死便掘地以埋.」土木形骸, 遨遊一世"라 함.

2. 이 글은《文選》(47),《晉書》(49),《藝文類聚》(72),《太平御覽》(776),《事文類聚》(續集 15),《淵鑑類函》(393),《西晉文紀》(8),《通志》(123),《經濟類編》(98),《山堂肆考》(131) 등에 실려 있음.

3.《晉書》(49) 劉伶傳

劉伶, 字伯倫, 沛國人也. 身長六尺, 容貌甚陋, 放情肆志. 常以細宇宙, 齊萬物爲心. 澹默少言, 不妄交游, 與阮籍, 嵇康相遇, 欣然神解, 携手入林. 初不以家產, 有無介意. 常乘鹿車, 攜一壺酒, 使人荷鍤而隨之, 謂曰:「死, 便埋我」其遺形骸如此. 嘗渴甚求酒於其妻, 妻捐酒毀器, 涕泣諫曰:「君酒太過, 非攝生之道, 必宜斷之.」伶曰:「善! 吾不能自禁, 惟當祝鬼神自誓耳. 便可具酒肉.」妻從之, 伶跪祝曰:「天生劉伶, 以酒爲名. 一飲一斛五斗解酲, 婦兒之言, 慎不可聽!」仍引酒銜肉, 隗然復醉. 嘗醉與俗人相忤, 其人攘袂奮拳而往, 伶徐曰:「雞肋不足以安尊拳.」其人笑而止. 伶雖陶兀昏放, 而機應不差, 未嘗厝意文翰, 惟著〈酒德頌〉一篇, 其辭曰:「有大人先生, 以天地爲一朝, 萬期爲須臾, 日月爲扃牖, 八荒爲庭衢. 行無轍迹, 居無室廬, 幕天席地. 縱意所如, 止則操卮執觚, 動則挈榼提壺, 惟酒是務, 焉知其餘? 有貴介公子, 搢紳處士, 聞吾風聲, 議其所以, 乃奮袂攘襟, 怒目切齒, 陳說禮法, 是非鋒起, 先生於是方捧罌承槽, 銜盃漱醪, 奮髯箕踞, 枕麴藉糟, 無思無慮, 其樂陶陶. 兀然而醉, 怳爾而醒, 靜聽不聞雷霆之聲, 熟視不睹泰山之形, 不覺寒暑之切肌, 利欲之感情, 俯觀萬物, 擾擾焉若江海之載浮萍. 二豪侍側焉, 如蜾蠃之與螟蛉.」嘗爲建威參軍. 泰始初, 對策盛言無爲之化, 時輩皆以高第得調, 伶獨以無用, 罷竟以壽終.

4.《竹林七賢論》劉伶

伶處天地間, 悠悠蕩蕩, 無所用心. 嘗與俗士相迕, 其人攘袂而起, 欲必築之. 伶和其色曰:「雞肋豈足以當尊拳!」其人不覺廢然而返. 未嘗措意文章, 終其世, 凡著酒德頌一篇而已. 其辭曰:「有大人先生者, 以天地爲一朝, 萬朞爲須臾, 日月爲扃牖, 八荒爲庭衢. 行無轍迹, 居無室廬, 幕天席地, 縱意所如. 止則操卮執觚, 動則挈榼提壺, 唯酒是務, 焉知其餘. 有貴介公子, 縉紳處士, 聞吾風聲, 議其所以; 乃奮袂攘襟, 怒目切齒, 陳說禮法, 是非鋒起. 先生於是放捧罌承槽, 銜杯漱醪, 奮髯箕踞, 枕麴藉糟, 無思無慮, 其樂陶陶; 兀然而醉, 慌爾而醒, 靜聽不聞雷霆之聲, 熟視不見太山之形, 不覺寒暑之切肌, 利欲之感情. 俯觀萬物之擾擾, 如江漢之載浮萍; 二豪侍側焉, 如蜾蠃之與螟蛉.

5.《世說新語》任誕篇

劉伶病酒渴甚, 從婦求酒, 婦捐酒毀器, 涕泣諫曰:「君飲太過, 非攝生之道, 必宜斷之!」伶曰:「甚善. 我不能自禁, 唯當祝鬼神自誓斷之耳, 便可具酒肉.」婦曰:「敬聞命.」供酒肉於神前, 請伶祝誓. 伶跪而祝曰:「天生劉伶, 以酒爲名; 一飲一斛, 五斗解酲. 婦人之言, 慎不可聽.」便引酒進肉, 隗然已醉矣.

6. 梁祚《魏國統》

劉伶字伯倫, 形貌醜陋, 身長六尺; 然肆意放蕩, 悠焉獨暢. 自得一時, 常以宇宙狹.

# 012. 〈蘭亭記〉 ·················· 王逸少(王羲之)
## 난정기

*〈蘭亭記〉: 이는 〈蘭亭集序〉가 原義이며 東晉 穆帝(司馬聃) 永和 9년(353), 그 무렵 會稽內史였던 王羲之가 會稽 山陰 蘭亭에서 3월 삼짇날, 당시 名士 41(혹 43)명을 모아 계사(禊事)를 치르고 그 행사에서 지은 시들을 모아 詩集을 만들기 위해 王羲之가 그 서문으로 쓴 것임. 그러나 淸 倪濤(撰)《六藝之一錄》(151)에는 "〈蘭亭脩禊序〉: 晉人謂之〈臨河序〉, 唐人稱〈蘭亭詩序〉, 或言〈蘭亭記〉, 歐公云〈脩禊序〉, 蔡君謨云〈曲水序〉, 東坡云〈蘭亭文〉, 山谷云〈禊飮序〉, 通古今雅俗所稱, 俱云'蘭亭'. 至高宗皇帝所御宸翰題曰〈禊帖〉"이라 하여 여러 명칭으로 불렸음을 거론하고 있음.《晉書》(80) 王羲之傳에 "羲之雅好服食養性, 不樂在京師, 初渡浙江, 便有終焉之志. 會稽有佳山水, 名士多居之. 謝安未仕時, 亦居焉. 孫綽, 李充, 許詢, 支遁等, 皆以文義冠世, 並築室東土, 與羲之同好. 嘗與同志宴集於會稽山陰之蘭亭, 羲之自爲之序, 以申其志曰〈蘭亭集序〉. 或以潘岳〈金谷詩序〉方其文, 羲之比於石崇, 聞而甚喜"라 하여 본 문장이 실려 있음. 이 글은 名文임에도 "天朗氣淸"이 가을을 표현하는 것으로 계절에 맞지 않다는 이유로 昭明太子 당시《文選》에 채록되지 못하였고, 宋代 陳仁子의《文選補遺》에 실렸음. 문장 못지않게 글씨로 더욱 유명하며, 蠶繭紙에 鼠鬚筆로 쓴 모두 28行 324자. 唐 太宗이 글씨를 아껴 眞帖은 太宗의 무덤 昭陵에 함께 묻혔다가 唐末 도굴에 의해 다시 나왔으나 진본 여부는 확인할 수 없다 함.

*《眞寶》注에 "越州"라 함. 越州는 지금의 浙江省 紹興으로, 春秋시대 越나라 도읍이었으며 고대 會稽로 불렸음.


영화永和 9년 계축癸丑년 모춘暮春 초순에 회계산會稽山 북쪽 산음山陰 난정蘭亭에 모여 계사禊事를 치렀다.

많은 현재賢才들이 모이고 젊은이와 어른들이 모두 모였는데, 이곳은 높은 산, 험준한 고개들과 무성한 숲, 잘 자란 대나무가 있으며, 또한 맑은 물과 격한 여울이 정자 양옆을 띠처럼 서로 비추며 흘러, 시냇물을 끌어들여 술잔을 띄울 굽은 물길을 만들어 놓고 차례로 줄지어 둘러앉았다.

비록 관현악의 성대한 연회는 아니나 한 잔 술에 시 한 수 읊으니, 역시 그윽한 정과 회포를 풀기에 족하였다.

이날 하늘은 밝고 공기는 맑고 깨끗하며, 혜풍惠風이 화창하니 우러러 우주의 광대함을 보고, 고개 숙여 만물의 무성함을 살피며, 이로써 눈을 놀려 마음껏 생각을 내달리게 하니 족히 보고 듣는 즐거움을 다할 수 있어 참으로 즐겁도다.

무릇 사람이 한 세상을 살아가면서 어떤 자는 마음속에 품은 생각을 한 방 안에서 이야기하기도 하며 깨닫기도 하고, 또 어떤 자는 자신이 품고 있는 생각을 근거로 육신 밖으로 마음놓고 방랑하기도 하니, 비록 취하고 버리는 것이 만 가지로 다르고, 정조靜躁가 같지 않다 하더라도, 그 처하는 경우가 기쁘게 느껴져 잠시 자신에게 쾌연함을 느낄 때에는 한때 앞으로 늙음이 다가오는 것조차 모르게 된다.

그러나 그러한 즐김에 이윽고 권태를 느끼게 되고, 정회는 일에 따라 변하게 되는 것이니 감개感慨란 그러한 것에 매인 것이다.

그리하여 방금까지 즐겁다고 여긴 것이 잠깐 사이에 묵은 자취라 여기게 되는 터라, 더욱 감회가 일어나지 않을 수 없는데, 하물며 목숨의 장단은 자연 조화에 따라 변하고 마침내는 모두가 사라지는 것임에랴!

옛 사람이 "죽고 사는 것은 역시 큰 일"이라 하였으니 어찌 통한스럽지 않으리오!

매번 옛사람들이 감흥을 일으켰던 이유를 찾아 볼 때마다 마치 두 개의 부절符節을 하나로 맞춘 듯 내 생각과 똑같아, 고인의 문장을 대할 때마다 탄식하고 슬퍼하지 않은 적이 없고, 마음에 품은 생각을 달래려 해도 그리 되지 않으니, 진실로 죽고 사는 일이 한 가지로 같다고 주장하는 것은 허탄한 논리요, 팽조彭祖의 장수와 어린 나이에 죽은 것이 같다고 하는 말도 망령된 것임을 알게 되도다.

후세 사람들이 지금 우리를 봐도 오늘 우리가 옛사람들을 보는 것과 같을 터이니, 슬프도다!

그런 까닭으로 지금 여기에 모인 사람들을 열거하고 그들이 지은 바를 기록하노니, 비록 세상은 달라지고 일은 다르다 해도 흥회를 일으키는 바는 하나같이 일치할 것이다.

앞으로 이 글을 보는 자 또한 이 문장에 느낌이 있으리라!


永和九年歲在癸丑暮春之初, 會于會稽山陰之蘭亭, 修禊事也.

羣賢畢至, 少長咸集, 此地有崇山峻嶺, 茂林脩竹, 又有清流激湍, 映帶左右, 引以爲流觴曲水, 列坐其次.

雖無絲竹管絃之盛, 一觴一詠, 亦足以暢敍幽情.

是日也, 天朗氣清, 惠風和暢, 仰觀宇宙之大, 俯察品類之盛, 所以遊目騁懷, 足以極視聽之娛, 信可樂也.

夫人之相與俯仰一世, 或取諸懷抱, 悟言一室之內; 或因寄所託, 放浪形骸之外, 雖趣舍萬殊, 靜躁不同, 當其欣於所遇, 暫得於己, 快然自得, 曾不知老之將至.

及其所之旣倦, 情隨事遷, 感慨係之矣.

向之所欣, 俛仰之間, 以爲陳迹, 尤不能不以之興懷, 況脩短隨化, 終期於盡!

古人云「死生亦大矣」, 豈不痛哉!

每攬昔人興感之由, 若合一契, 未嘗不臨文嗟悼, 不能諭之於懷, 固知一死生爲虛誕, 齊彭殤爲妄作.

後之視今, 亦猶今之視昔, 悲夫!

故列敍時人, 錄其所述, 雖世殊事異, 所以興懷, 其致一也.

後之覽者, 亦將有感於斯文!

【永和九年歲在癸丑暮春之初】'永和'는 東晉의 다섯 번째 임금 穆帝(司馬聃)의 연호. 9년은 353년에 해당함. '癸丑'은 그 해의 干支가 癸丑년이었음. '暮春'은 季春과 같음. 음력 3월. '初'는 初巡 上巳日. 원래는 3월 첫 巳日에 이 행사를 하였으나 뒤에는 3월 3일 삼짇날로 고정되었다 함.

【會于會稽山陰之蘭亭】'會稽'는 옛 지명으로 會稽山에서 유래되었으며 춘추시대 越나라의 도읍이었음. 지금의 浙江省 紹興. '山陰'은 會稽山의 북쪽을 뜻하며 동시에 山陰縣의 행정 지명이기도 함. '蘭亭'은 그곳에 있는 정자. 물가에 있음.

【修禊事】3월 삼짇날, 겨울을 넘겨 처음으로 물가에 나와 몸을 씻고 재앙을 없애기 위해 기원하는 禊祭祀의 행사. '修'는 脩와 같으며 행사를 행함. '禊事'는 깨끗이 씻음을 뜻하는 제사나 행사 이름.《蘭亭考》(12)에 "上巳日, 於流水上洗濯, 祓除去宿垢, 故謂之祓禊. 禊者, 潔也"라 함.《文選補遺》注에 "《韓詩》曰:「鄭國之俗三月上巳, 於溱洧兩水上, 執蘭招蒐, 祓除不祥」.《韻語陽秋》云:「上巳, 於流水上, 洗濯祓除, 去宿垢, 謂之祓禊. 禊者, 潔也"라 하였으며《眞寶》注에도 같으나 뒤에 "自魏以後, 但用初三, 不用初巳"라 함.

【羣賢畢至, 少長咸集】'羣賢'은 여러 賢者, 名士들. '畢至'는 모두 모임. '少長'은 젊은이와 어른. 이 날 부근 여러 곳의 명사 41(또는 43)명이 모였다 함.

【崇山峻嶺, 茂林脩竹】'崇山峻嶺'은 높은 산과 험준한 고개. 그곳 둘레의 지형을 표현한 것. '茂木脩竹'은 무성한 수풀과 잘 길러진 긴 대나무.

【清流激湍, 映帶左右】'清流激湍'은 맑은 시냇물과 급격히 흐르는 여울물. 蘭亭 둘레의 흐르는 물을 표현한 것. '映帶左右'는 좌우에 비치어 띠를 이루고 있음.

【引以爲流觴曲水, 列坐其次】'引'은 그 물을 끌어들임. '流觴曲水'는 물을 굽이쳐 흐르도록 하고 그 물에 잔을 띄워 차례로 마시는 놀이. 차례가 되어 그 잔을 받은 자는 시를 지어야 함.《文選補遺》注에 "晉束晳傳:武帝問三日曲水之義. 晳曰:「昔周公城洛邑, 因流水以汎酒」.〈逸詩〉云:「羽觴隨波」."라 함. '列坐其次'는 각기 그 차례에 따라 자리에 앉음.

【絲竹管絃之盛, 一觴一詠, 亦足以暢敍幽情】'絲竹管絃'의 '絲'와 '絃'은 絃樂器, '竹'과 '管'은 管樂器. 음악을 대신하는 말. '一觴一詠'은 한 잔 술에 한 수 시를 읊음. '流觴'의 놀이를 말함. '暢敍幽情'은 그윽한 정취를 술과 시로서 시원하게 풀어냄.《眞寶》注에 "《韻語陽秋》云: 羲之, 與謝安以下十有一人, 四言五言各一首; 王豐之等十五人, 或四言, 或五言各一首; 王獻之等十有六人, 詩各不成, 罰酒三觚. 景祐(宋 仁宗 때의 연호)中, 會稽太守蔣堂修永和故事嘗云:「一派西園曲水聲, 水邊終日會簪纓.

幾多詩筆無停綴, 不似當年有罰觥.」"이라 함.

【天朗氣淸, 惠風和暢】'天朗氣淸'은 날씨는 맑고 공기는 청숙함. 그러나 이 표현은 가을을 뜻하는 것이라 하여 《文選》에 채록되지 못하였음. 《文選補遺》 題下의 注에 "〈蘭亭記〉, 其文甚麗, 但'天朗氣淸'春言, 秋景以此不入《選》. 余亦謂'絲竹管絃' 語亦重復"이라 함. '惠風和暢'의 '惠風'은 봄바람. 향기로운 바람. 《文選補遺》 注에 "《選》謝叔源詩:「惠風滿繁囿.」 註謂:「春風施惠萬物也.」"라 하였고, 《眞寶》 注에도 "惠, 或作蕙, 非也. 《選》謝叔源詩云:「惠風蕩繁囿.」 注:「春風施惠萬物也.」"라 함.

【仰觀宇宙之大, 俯察品類之盛】우러러는 우주의 큼을 보고, 굽어는 만물의 풍성함을 관찰함. '品類'는 온갖 동물, 식물, 초목 등 봄에 볼 수 있는 만물.

【所以遊目騁懷, 足以極視聽之娛, 信可樂也】'遊目騁懷'는 눈길을 자유롭게 움직이며 품은 생각을 마구 달려봄. '視聽之娛'는 눈으로 보고 귀로 듣는 즐거움. 여기서는 우주자연의 봄 풍경을 즐김을 말함. '信'은 副詞로 '진실로'의 뜻. 강조의 의미임.

【俯仰一世, 或取諸懷抱, 悟言一室之內;或因寄所託, 放浪形骸之外】'俯仰一世'는 한 세상 함께 살면서 굽어보기도 하고 쳐다보기도 함. 두루 세상을 봄. '取諸懷抱'는 '이를 회포에서 취함'. '諸'는 '저'로 읽으며 '之於, 之于, 之乎'의 合音字. '悟言一室之內'는 방에 함께 있으면서 하는 말에서 깨닫기도 함. 남을 통해 생각을 넓혀 나감을 뜻함. '悟'는 《晉書》 등에는 '晤'로 되어 있으며 이는 '만나 말을 나누어 밝게 사리를 깨우치다'의 뜻임. '因寄所託'은 '자신에게 의탁한 바에 붙여 원인으로 삼다'의 뜻. 자신이 평소 가지고 있던 정서나 생각을 바탕으로 함을 뜻함. '放浪形骸之外'의 '形骸'는 肉身. 자신 몸 밖의 세계로 방랑하여 멀리 내달려 봄. 현실의 속박을 벗어나 많은 상상을 펼침.

【趣舍萬殊, 靜躁不同】'趣舍'는 取捨와 같음. '萬殊'의 殊는 異와 같음. 취하고 버림이 만 가지로 서로 다름. '靜躁'는 고요함과 시끄러움이 같지 않음. 사람들의 생각과 취향, 정서, 일상 등이 각기 다양함을 말함.

【欣於所遇, 暫得於己, 快然自得】'欣於所遇'는 만나는 일에 따라 즐거움을 느낌. '暫得於己'는 잠시 자신이 이를 얻음. '暫'은 暫과 같음. '快然自得'은 쾌연히 스스로 체득함.

【不知老之將至】늙음이 오고 있는 것을 모름. 《論語》 述而篇에 "葉公問孔子於子路, 子路不對. 子曰:「女奚不曰:『其爲人也, 發憤忘食, 樂以忘憂, 不知老之將至』云爾?」"라 함.

【及其所之旣倦, 情隨事遷, 感慨係之矣】'旣倦'은 이윽고 싫증을 느낌. 흥이 사라짐. '情隨事遷'은 감흥이 사안을 따라 옮겨감. 다른 것에 흥취를 느낌. '感慨係之'는 感慨가 그에 매어 있게 됨. '感慨'는 感興을 의미함.

【向之所欣, 俛仰之間, 以爲陳迹】'向之所欣'은 방금 신나게 여기던 바. '向'은 '曏', '嚮', '饗'과 같으며, '앞서, 방금, 이전의' 등의 뜻. '俛仰之間'은 머리를 숙였다 다시 드는 사이. 짧은 시간을 뜻함. '以爲陳迹'은 '이미 묵은 陳腐해진 자취라 여기게 됨'의 뜻.

【尤不能不以之興懷】더욱이 능히 興懷로써 하지 않을 수 없음.

【脩短隨化, 終期於盡】'脩短'은 長短, 壽夭와 같음. '脩'는 長의 뜻. 생명의 길고 짧음. '隨化'는 自然의 造化를 따름.

【古人云死生亦大矣, 豈不痛哉】'古人'은 구체적으로 孔子를 가리킴. '死生亦大'는 삶과 죽음은 인생의 대사임.《莊子》德充符에 "仲尼曰:「死生亦大矣, 而不得與之變, 雖天地覆墜, 亦將不與之遺. 審乎無假而不與物遷, 命物之化而守其宗也.」"라 함. '豈不痛哉'는 매우 애통함을 말함.

【每攬昔人興感之由, 若合一契】'每攬'은 매번 찾아봄. 뽑아서 살펴봄. '昔人感興之由'는 옛사람들이 감흥을 느끼게 되는 이유. '若合一契'는 하나의 符節을 맞춘 것 같음. 똑같음. 다르지 않음. '契'는 符契, 符節. 나무로 符信을 만들어 둘로 쪼개어 각기 보관하였다가 나중에 맞추어 확인하는 부절.

【未嘗不臨文嗟悼, 不能諭之於懷】'未嘗不臨文嗟悼'는 옛사람의 글을 대하고 탄식하여 애처로워하지 않은 적이 없음. '不能諭之於懷'는 '이를 품고 있던 마음을 타일러도 그렇게 할 수 없음.' 슬퍼하지 않으려 해도 그렇게 되지 않음.

【固知一死生爲虛誕, 齊彭殤爲妄作】'固'는 강조를 의미하는 副詞. '참으로, 진실로, 틀림없이' 등의 뜻. '一死生'은 살고 죽는 것은 차이가 없는 것이며 하나라는 주장. 老莊의 道家思想. '虛誕'은 허황되고 근거 없음. 사실이 아님. 거짓임. 맞는 논리가 아님. '齊彭殤'은 彭祖의 長壽나 일찍 죽은 아이의 短命은 같은 것이라는 주장. '齊'는 '같다'의 뜻. '彭'은 彭祖. 이름은 籛鏗이라 하며 중국 전설상 최고 장수를 누린 神仙. 767년을 살았다 하며《神仙傳》(上)에 "彭祖者, 殷大夫也. 姓籛名鏗, 帝顓頊之孫, 陸終氏之中子. 歷夏至殷末八百餘歲, 常食桂芝, 善導引行氣. 歷陽有彭祖仙室, 前世禱請風雨, 莫不輒應. 常有兩虎在祠左右, 祠訖, 地卽有虎跡. 云後昇仙而去. 遐哉碩仙, 時惟彭祖. 道與化新, 綿綿歷古. 隱倫玄室, 靈著風雨. 二虎嘯時, 莫我猜侮"라 함.《莊子》齊物論에 "天下莫大於秋毫之末, 而大山爲小; 莫壽於殤子,

而彭祖爲夭"라 함. '妄作'은 망령된 짓. 맞지 않는 논리.《文選補遺》注에도 "《莊子》齊物論:「天下莫大於秋毫之末, 而泰山爲小; 莫壽於殤子, 而彭祖爲夭"라 하였고, 《眞寶》注에 "《莊子》齊物論:「莫壽於殤子, 而彭祖爲夭.」當時蘭亭之集, 謝安五言詩曰:「萬殊混一象, 安復齊彭殤?」逸少此語, 蓋反謝安一時之所言爾"라 함.

【後之視今, 亦猶今之視昔】'後之視今'은 뒷사람이 지금 살아 있는 우리를 보는 경우를 말함. '猶今之視昔'의 '猶'는 如와 같음. 지금 우리가 옛 사람을 보는 것과 같음.《漢書》儒林傳(京房)에 "後之視今, 猶今之視前"이라 함.

【列敍時人, 錄其所述】'列敍時人'은 지금 이때 이곳 蘭亭에 모인 사람들을 차례로 나열하여 서술함. '錄其所述'은 그들이 기술한 바를 기록. 여기에 참여하였던 인물로는 王羲之, 謝安, 謝萬, 孫綽, 孫緖, 孫統, 徐豐之, 王彬之, 王凝之, 王肅之, 王徽之, 袁嶠, 郄曇, 王豐之, 華茂, 庚友, 虞說, 魏滂, 謝繹, 庚蘊, 曹茂之, 曹華, 桓偉, 王玄之, 王蘊之, 王渙之, 孫嗣, 謝瑰, 卞迪, 丘旄, 王獻之, 楊模, 孔熾, 劉密, 虞谷, 勞夷, 后綿, 華耆, 任凝, 謝藤, 呂係, 呂本, 曹禋 등이었다 함.

【世殊事異, 所以興懷, 其致一也】'世殊事異'는 세상이 달라지고 일이 변함. '其致一'은 그 감흥을 일으키는 이치는 하나로 같음.

【後之覽者, 亦將有感於斯文】뒤에 이 글을 보는 자가 역시 앞으로 같은 느낌이 있을 것임.《眞寶》注에 "王羲之, 字逸少. 東晉人, 才之傑出者也. 一時宗尙老莊, 淸談無實. 右軍獨論建議時務, 且嘗沮桓溫請遷都之議, 斯人不多見也. 此篇'以一死生齊彭殤爲誕妄', 蓋闢莊周矯流俗. 不但文字之工而已, 且其字畫之妙, 流聲萬世, 與文章相爲不朽焉.〈蘭亭〉眞帖, 初入唐太宗陵, 至唐末, 盜發諸陵, 始復行世. 世所摹刻, 多非眞本. 余嘗得二本, 一本差古健, 亦未知出於眞本否耳. ○晉〈束哲傳〉:「武帝問曲水之義. 哲曰:「昔周公成洛邑, 因流水泛酒.」詩曰:「羽觴隨波.」"라 함.

### 참고 및 관련 자료

1. 王羲之(303−361, 혹은 309−365, 321−379).

자는 逸少. 어릴 때 이름은 虎犢. 王尊의 조카. 어려서는 訥言하였으나 뒤에 정치와 예술에 큰 업적을 남김. 특히 글씨에 뛰어나 書聖으로 추앙받았음. 右軍將軍, 會稽內史, 臨川太守 등을 지냈으며, 그 때문에 '王右軍'으로도 불림. 山陰道士와《道德經》글씨를 거위와 바꾼 고사(《眞寶》前集 034를 볼 것)를 남겼으며 그 외에 작품으로〈樂毅論〉,〈黃庭經〉,〈東方朔畫讚〉,〈姨母〉,〈初月〉,〈憂懸〉,〈喪亂〉등이 있음. 그 중〈蘭亭集序〉가 가장 유명함.《晉書》(80)에 전이 있음. 王右軍, 王

逸少, 王羲之 등으로 불림. 그 아들 王獻之와 함께 글씨에 뛰어나 '二王'이라 불림.

2. 이 글은 《晉書》(80) 王羲之傳, 《文選補遺》(27), 《會稽集》(20), 《書法要錄》(10), 《墨池編》(5), 《通志》(129 上), 《會稽志》(12), 《蘭亭考》(8), 《六藝之一錄》(151, 156), 《說郛》(75 下), 《事文類聚》(前集 8), 《山堂肆考》(10), 《淵鑑類函》(18), 《古詩紀》(43), 《石倉歷代詩選》(3), 《文章辨體彙選》(331) 등에 실려 있음.

3. 宋, 兪松(撰) 《蘭亭續考》(1)

杜守云:〈蘭亭記〉, 永嘉之亂亡其石, 而張彦遠《書斷》云:右軍修禊事, 時三十三歲, 揮毫製序, 於時寶之. 貞觀中入於內府, 文皇帝令搨書人趙模, 韓道政, 馮承素, 諸葛貞等四人, 各搨數本以賜皇太子諸王近臣, 後以玉匣盛貯, 隨葬於昭陵. 然永嘉之亂, 乃是惠帝, 惠帝蒙塵辛未歲, 至穆帝永和癸丑歲相去四十二年, 豈非傳之誤耶? 因誌於此, 用祛羣惑耳. 治平乙巳中元日閑閑堂記.

4. 《事文類聚》(前集 8)에 인용된 《書法要錄》

蘭亭脩禊:穆帝永和九年三月三日, 王羲之與太原孫統等四十有一人, 會于會稽山陰之蘭亭, 脩禊事. 酒酣賦詩製序, 用蠒繭紙鼠鬚筆, 書凡二十八行三百二十四字, 字有重者, 皆構別體, 就中之字最多.

# 013. <陳情表> ·················· 李令伯(李密)

## 사정을 진술하여 올리는 표

*<陳情表>: 晉 武帝가 李密을 太子洗馬로 부르자 李密이 병든 조모를 모셔야 하
기 때문에 갈 수 없다는 實情을 陳述하여 올린 表文.《文選》注에 "善曰:《華陽
國志》曰:「李密, 字令伯. 犍爲武陽人. 父早亡, 母何氏更適人. 密見養於祖母, 以孝
聞. 侍疾日夜, 未嘗解帶. 蜀平後, 晉武帝徵爲太子洗馬. 詔書累下郡縣逼迫, 密上
疏. 武帝覽其表, 嘉其誠款, 賜奴婢二人, 使郡縣供祖母奉膳. 祖母卒, 服終徙尙書
郞, 爲河內溫令, 左遷漢中太守一年, 去官卒. 密一名虔"이라 하였고,《古文淵鑑》
注에도 "泰始初, 徵爲太子洗馬. 密以祖母年高, 無人奉養, 遂不應命, 乃上疏"라
함. 한편《西晉文紀》注에는 "密少事祖母, 以孝聞, 仕蜀爲郞. 蜀平, 泰始初詔徵爲
太子洗馬. 密不應命, 上表陳情. 武帝覽表曰:「密不空有名也.」乃停召見"이라 함.

*《眞寶》注에 "《蜀志》《晉書》의 오류): 李密父早亡, 母何氏更適人, 密見養於祖母, 以
孝聞. 侍疾日夜未嘗解帶. 蜀平, 晉帝徵爲太子洗馬, 密上表, 帝嘉其誠款, 賜奴婢
二人, 使郡縣供祖母奉膳, 服遷漢中太守"라 함.

저는 운명이 사나워 일찍이 불쌍하고 흉한 일을 만나 태어난 지 여섯
달 만에 아버지는 별세하셨고, 나이 네 살 되던 때에는 외삼촌이 어머니
의 뜻을 빼앗아 어머니는 개가하셨습니다.

조모 유씨劉氏가 저의 외롭고 약함을 불쌍히 여기시어 몸소 거두어
길러주셨습니다.

저는 어려서 병이 많아 아홉 살이 되도록 제대로 걷지도 못하였고, 홀
로 고달피 고생하며 어른의 나이에 이르렀습니다.

집안에는 백부나 숙부의 항렬도 없고 형제도 적었으며, 가문은 쇠락
하고 복은 야박하여 늙어서야 자식을 두게 되었습니다.

밖으로는 상복을 입을, 억지로 촌수를 따질 만한 친척도 없고, 안으로
는 손님을 맞이해 응대할 만한 오척五尺 동자도 없이, 쓸쓸히 홀로 서서

내 몸과 그림자나 서로 위로해 주는 형편입니다.

그런데 조모 유씨는 일찍이 질환과 병에 얽매여 언제나 침상이나 자리에만 계시어, 제가 약을 달여 모시면서 이제껏 그 일을 그만두거나 자리를 떠난 적이 없었습니다.

그러다가 성스러운 이 진晉나라를 받들게 되어, 맑은 교화로 목욕을 한 듯 깨끗해짐에, 전의 태수 가규賈逵가 저를 살피어 효렴孝廉으로 추천해주었고, 뒤에 자사 고영顧榮이 저를 수재秀才로 천거해 주었습니다.

그러나 저는 조모 공양을 맡아 줄 사람이 없기에 사양하고 명에 따르지 않았습니다.

그런데 마침 특별한 조서詔書가 하달되어 저를 낭중郎中에 배임拜任하시고, 얼마 뒤에는 국은國恩을 입어, 태자세마太子洗馬의 벼슬을 주셨습니다.

이처럼 외람되게도 미천한 제가 동궁東宮을 모시는 일을 담당하게 되었으니, 이는 제가 목숨을 다 바친다 해도 능히 윗사람에게 보답해 낼 수 있는 것이 아닙니다.

저는 이에 사실을 갖추어 표表를 올려 아뢰어 사양하고 그 직책에 나가지 않았습니다.

그러자 조서는 절박하고 준엄하여 저의 회피와 태만을 질책하되, 군현郡縣에서는 핍박逼迫하여 어서 출발할 것을 재촉하였고, 주사州司는 문에 이르러 성화星火보다 급히 재촉하고 있습니다.

저는 조서를 받들어 빨리 달려가려고 하나, 그렇게 되면 조모 유씨의 병은 날로 위독해질 것이요, 저의 사사로운 사정을 구차스럽게 내세우면 저의 하소연을 허락해 주시지 않을 것이니, 저의 진퇴進退는 참으로 낭패狼狽스럽습니다.

엎드려 생각건대 조정에서는 효孝로써 천하를 다스리고 있어, 옛 노인들도 불쌍히 여겨 보살핌을 받고 있는데, 하물며 저의 외롭고 고달픔은 특별히 더욱 심하옵니다!

게다가 저는 젊었을 때 위조僞朝 촉蜀에게 벼슬을 하여 낭서郎署의 직책을 역임하면서, 본래 벼슬길로 영달하기를 도모하였을 뿐, 은둔 따위의 명분이나 절의를 자랑으로 여기지 않았습니다.

지금 저는 망국亡國의 천한 포로로서 지극히 미천하고 지극히 비루한데도 외람되이 과분하게 발탁拔擢되어, (寵命이 優渥한데) 어찌 감히 머뭇거리면서 달리 바라는 바가 있겠습니까?

다만 조모 유씨가 해가 서산에 걸린 듯 숨이 거의 끊어져 가고 있어, 사람으로서의 목숨이 위급하여 아침에 저녁을 생각할 수 없습니다.

저는 조모가 없으면 오늘에 이를 수 없었을 것이며, 조모는 제가 없으면 남은 삶을 제대로 마칠 수 없습니다.

조모와 손자 둘이 서로 생명을 돌보고 있으니 그 때문에 함부로 조모를 버리고 멀리 떠날 수 없는 것입니다.

저는 올해 나이가 마흔넷이요, 조모 유씨는 아흔여섯이니, 이는 제가 폐하께 절의를 바칠 날은 길지만 조모 유씨를 보양報養해 드릴 날은 짧습니다.

반포反哺의 효를 다하고자 하는 사사로운 사정으로, 바라건대 조모 봉양을 끝까지 다하고자 애걸하옵니다.

저의 고생은 비단 촉지방의 두 주州 목백牧伯인 가규와 고영 두 사람이 보고 밝혀 알 뿐만 아니라 황천후토皇天后土도 실로 함께 보아 알고 있는 바입니다.

엎드려 원하건대 폐하께서는 어리석은 저의 정성을 불쌍히 여기시고, 저의 미천한 뜻을 들으시어, 조모 유씨가 요행으로라도 남은 삶을 끝까지 보살핌을 받을 수 있도록 해 주시옵소서.

저는 살아서는 마땅히 목숨을 바칠 것이며, 죽어서는 모름지기 결초

結草로써 은혜를 갚을 것입니다.

저는 두려운 마음을 이길 수 없어, 삼가 절하며 표를 올려 아뢰옵
니다.


臣以險釁, 夙遭閔凶, 生孩六月, 慈父見背; 行年四歲, 舅奪母志.
祖母劉閔臣孤弱, 躬親撫養.
臣少多疾病, 九歲不行, 零丁辛苦, 至于成立.
旣無伯叔, 終鮮兄弟; 門衰祚薄, 晚有兒息.
外無朞功强近之親, 內無應門五尺之童, 煢煢孑立, 形影相弔.
而劉夙嬰疾病, 常在牀蓐, 臣侍湯藥, 未嘗廢離.


逮奉聖朝, 沐浴淸化, 前太守臣逵, 察臣孝廉; 後刺史臣榮, 擧臣
秀才.
臣以供養無主, 辭不赴命.
會詔書特下, 拜臣郎中, 尋蒙國恩, 除臣洗馬.
猥以微賤, 當侍東宮, 非臣隕首所能上報.
臣具以表聞, 辭不就職.
詔書切峻, 責臣逋慢; 郡縣逼迫, 催臣上道; 州司臨門, 急於星火.
臣欲奉詔奔馳, 則劉病日篤; 欲苟順私情, 則告訴不許, 臣之進退,
實爲狼狽.


伏惟聖朝以孝治天下, 凡在故老, 猶蒙矜育, 況臣孤苦, 特爲尤甚!
且臣少仕僞朝, 歷職郎署, 本圖宦達, 不矜名節.
今臣亡國賤俘, 至微至陋, 猥蒙拔擢, (寵命優渥), 豈敢盤桓, 有
所希冀?
但以劉日薄西山, 氣息奄奄, 人命危淺, 朝不慮夕.
臣無祖母, 無以至今日; 祖母無臣, 無以終餘年.

母孫二人, 更相爲命, 是以區區不能廢遠.

臣密今年四十有四, 祖母劉今年九十有六, 是臣盡節於陛下之日
長, 而報養劉之日短也.

烏鳥私情, 願乞終養.

臣之辛苦, 非獨蜀之人士及二州牧伯之所見明知, 皇天后土, 實
所共鑒.

伏願陛下, 矜憫愚誠, 聽臣微志, 庶劉僥倖, 卒保餘年.

臣生當隕首, 死當結草.

臣不勝怖懼之情, 謹拜表以聞.

【臣以險釁, 夙遭閔凶】 '險釁'(험흔)은 상황이 아주 좋지 않음. 불행함. 運命이 奇薄
함. '閔凶'은 부모를 잃은 불행. 《晉書》와 《文選》에는 '閔凶'으로 되어 있음.

【生孩六月, 慈父見背; 行年四歲, 舅奪母志】 '生孩'는 막 태어난 갓난아이. 《文選》注
에 "孟子曰:「孩提之童」趙岐曰:「知孩笑可提抱也.」"라 함. '見背'는 등짐, 사별함. '行
年'는 그때의 나이. '舅奪母志'는 외삼촌이 어머니의 뜻을 빼앗음. 守節하지 못하
도록 하여 개가시켰음을 말함. 《文選》注에 "奪志, 謂舅嫁其母不得守節"이라 함.

【祖母劉閔臣孤弱, 躬親撫養】 '閔'은 憫과 같음. 《晉書》에는 '湣'으로, 《文選》에는
'愍'으로 되어 있음. '躬親撫養'은 몸소 어루만져 길러줌. 《文選》注에 "《毛詩》曰:
「父兮生我, 母兮鞠我. 撫我畜我, 長我育我.」"라 함.

【臣少多疾病, 九歲不行, 零丁孤苦, 至于成立】 '零丁'은 외롭고 쓸쓸함을 표현하는
疊韻連綿語. 《眞寶》注에 "零丁, 失志貌"라 함. '孤苦'는 《晉書》에는 '辛苦'로 되어
있음. '成立'은 성장하여 어른이 됨. 《論語》에 "三十而立"이라 함.

【既無伯叔, 終鮮兄弟; 門衰祚薄, 晩有兒息】 '叔伯'은 《眞寶》注에 "謂伯叔父"라 함.
'門衰祚薄'은 家門은 衰落하고 福도 薄함.

【外無朞功强近之親, 內無應門五尺之童】 '朞功'은 朞服과 功服. '朞服'은 조부모나
伯叔父母의 喪에 입는 1년 동안의 喪服. '功服'은 大功과 小功이 있으니, 大功은
종형제의 상에 입는 9개월의 상복이며, 小功은 再從兄弟나 외조부모의 상에 입
는 5개월의 상복. 《眞寶》注에 "朞功, 謂大功小功親"이라 함. '强近之親'은 억지로

라도 촌수를 따질 만한 친척. '應門'은 문 앞에서 손님을 응대함. '五尺之童'은 미
성년의 어린 아이. 《文選》에는 '童'자가 僮으로 되어 있음. 이 경우 '僮僕'을 뜻함.

【煢煢孑立, 形影相弔】'煢煢'은 '惸惸'으로도 표기하며 홀로 외로운 모습. '孑立'은
六臣 注《文選》에는 '獨立'으로 되어 있음. '形影相弔'는 자신의 몸과 그림자가 서
로 위로함. 더불어 말을 나누거나 위로할 대상이 없음.

【而劉夙嬰疾病, 常在牀蓐】'劉'는 할머니 劉氏. '夙嬰'은 일부 판본에는 '早嬰'으로
되어 있음. '嬰'은 '만나다, 당하다, 앓다, 매이다, 묶이다' 등의 뜻. 《眞寶》注에 "嬰,
猶絆也"라 함. '常在牀蓐'은 늘 平牀과 이부자리에 있음. 병으로 인해 제대로 활
동하지 못함. '蓐'은 褥, 茵과 같음.

【臣侍湯藥, 未嘗廢離】'湯藥'은 달인 약. '廢離'는 약을 올리는 일을 그만두고 그
곁을 떠남. 《禮記》에 "父母有疾, 飮藥, 子先嘗之"라 함.

【逮奉聖朝, 沐浴淸化, 前太守臣逵, 察臣孝廉; 後刺史臣榮, 擧臣秀才】'逮奉聖朝'는
《晉書》에는 '自奉聖朝'로 되어 있음. 蜀이 망하고 새롭게 晉나라가 들어서 이를
받들고 있음을 말함. 《眞寶》注에 "及蜀亡歸晉"이라 함. '沐浴淸化'는 목욕을 하
듯 맑은 교화가 시작됨. '前太守臣逵'는 三國 때 魏나라 太守였던 賈逵. 賈逵
(174-228)는 자는 梁道, 曹丕를 魏王으로 세우는 일에 공을 세웠으며 石亭之戰
에 曹休를 구했던 인물. 뒤에 豫州刺史, 建威將軍 등을 지냈으며 시호는 肅侯. 東
漢의 유명한 天文學者이며 經學家인 賈逵(30-101, 자 景伯)와는 다른 인물임. '察
臣孝廉'은 자신(李密)을 살펴본 다음 孝廉으로 발탁함. '孝廉'은 과거 과목의 하
나. '後刺史臣榮'은 吳나라 사람으로 刺史를 지낸 顧榮(彦先. ?-312)을 말함. 吳郡
吳縣(江苏 苏州)사람으로 東吳 때 승상 顧雍의 손자. 弱冠에 吳나라에 벼슬하였
으나 吳나라가 망한 뒤 陸機, 陸雲 등과 함께 洛陽으로 들어가 西晉 때의 '洛陽
三俊'이라 불렸음. 郎中을 거쳐 廷尉正에 올랐음. 惠帝 때 散騎常侍가 되었으며
安東軍司 등의 직책을 맡았음. 시호는 元. '秀才'는 과거 과목의 하나.《眞寶》注
에 "後刺史顧榮禮"라 함.

【臣以供養無主, 辭不赴】'供養無主'는 《眞寶》注에 "以密就擧, 則祖母無人主供養之
事"라 함. '辭不赴'는 사양하고 부임하지 않음.《眞寶》注에 "辭不赴召"라 함.《晉
書》등에는 '辭不赴命'으로 되어 있음.

【會詔書特下, 拜臣郎中, 尋蒙國恩, 除臣洗馬】'會'는 副詞로 '마침'의 뜻.《晉書》에는
이 글자가 없음. '詔書'는《晉書》에는 '明詔'로 되어 있음. '詔書'는 천자의 명령을
적은 글. '拜'는 拜受함. 벼슬을 내림. '郎中'은 尙書省의 尙書를 보좌하여 政務에

참여하는 직책. '尋'은 얼마 뒤, 평상 큰 일이 없는데도.《眞寶》注에 "尋, 猶乃也"라 함. '除'는 벼슬을 내림. '洗馬'는 東宮洗馬. 太子宮의 屬官으로 太子를 모시며 출입을 관리하는 직책.

【猥以微賤, 當侍東宮, 非臣隕首所能上報】'東宮'은 太子의 궁전. 正宮의 동쪽에 위치하여 東宮이라 부르며 太子를 대신하는 말로도 쓰임.《眞寶》注에 "東宮, 卽太子宮"이라 함. '隕首'는 목이 떨어짐. 목숨을 바쳐 은혜에 보답함. 斷頭와 같음.

【臣具以表聞, 辭不就職】'以表聞'은 表를 올려 들려드림. '聞'은 아랫사람이 윗사람에게 사실을 아뢰어 알려드림을 뜻함.

【詔書切峻, 責臣逋慢;郡縣逼迫, 催臣上道;州司臨門, 急於星火】'切峻'은 절실하고 준엄함. '逋慢'은 책임을 회피하고 태만히 함. '逋'는 避와 같음. '逼迫'은 압박하여 억지로 하게 함. '上道'는 길에 오름. 벼슬길로 나아감. 출발함. '州司'는 州의 有司. '急於星火'는 星火보다 급함. 流星보다 급히 다그침.

【臣欲奉詔奔馳, 則劉病日篤;欲苟順私情, 則告訴不許】'奔馳'는 내달려 빨리 감. '欲苟順私情'은 구차스럽게 사사로운 사정을 따르려고 함.《晉書》에는 '苟循私情'으로 되어 있어 '欲'자가 없음.

【臣之進退, 實爲狼狽】'狼狽'는 일이 해결하기기 매우 어려운 상황임을 뜻하는 連綿語. 唐 段成式의 《酉陽雜俎》(16) 廣動植(毛)에 "或言狼狽是兩物, 狽前足絶短, 每行常駕于狼腿上. 狽失狼, 則不能動. 故世言事乖者稱狼狽"라 함.《眞寶》注에는 "狼狽, 狼短前足, 狽短後足, 相依而行"이라 함.

【伏惟聖朝以孝治天下, 凡在故老, 猶蒙矜育】'伏惟'은 '엎드려 생각하건대'의 뜻. '孝治天下'는 晉 武帝(司馬炎)의 시대를 높이 칭한 것.《眞寶》注에 "晉武帝朝"라 함. '故老'는 前朝로부터 살아온 노인들. '矜育'은 가엾게 여겨 양육함.《晉書》에는 '矜恤'로 되어 있음.

【況臣孤苦, 特爲尤甚】'特爲尤甚'은 특히 심함. 그러나《晉書》에는 '尩羸之極'으로 되어 있음. '尩羸'(왕리)는 굽고 파리함.

【且臣少仕僞朝, 歷職郎署, 本圖宦達, 不矜名節】'僞朝'는 이미 망한 蜀나라를 폄하하여 지칭하는 말. 이에 대해《眞寶》注에는 "言年少嘗仕於蜀, 今蜀人先主帝室之胄紹漢正統, 名正言順, 大非曹操漢賊之比. 密又在孝子順孫之列, 國亡歸晉, 尤當不忘舊君, 何忍自稱蜀爲僞朝乎? 予每讀至此, 爲之不滿, 惜哉!"라 함. '郎署'는 尙書郎이 있는 관사. 자신이 蜀나라 때 郎官의 벼슬을 지냈음을 말함. '宦達'은 출세함. 벼슬하여 영달함.《文選》注에 "銑曰:僞朝, 謂蜀朝也. 郎署, 謂尙書郎. 言我本

謀爲官職, 非隱逸以名節自矜也"라 함. 이 구절은 자신은 벼슬에 나아가 영달하기를 꿈꾸는 사람이니 마땅히 부름에 응하고 싶다는 뜻을 강하게 피력한 것임.

【今臣亡國賤俘, 至微至陋, 猥蒙拔擢】'賤俘'는 천한 포로. '俘'는 俘虜.《眞寶》注에 "俘, 謂虜獲"이라 함.《文選》注에 "軍所虜獲曰俘. 蜀爲晉滅故云"이라 함. '猥蒙拔擢'은 외람되게 발탁되는 영광을 입음.《晉書》에는 '過蒙拔擢'으로 되어 있음.

【寵命優渥, 豈敢盤桓, 有所希冀】'寵命優渥'은《眞寶》에는 누락되어 있으나《文選》에 의해 보충해 넣음. 총애하여 내리는 명령이 풍성하고 두터움. '優渥'은 풍성하고 두터움을 뜻하는 雙聲連綿語.《詩》小雅 信南山에 "上天同雲, 雨雪雰雰. 益之以霢霂, 旣優旣渥"이라 함. 한편《晉書》에는 이 구절에 '寵命殊私'로 되어 있음. '盤桓(磐桓)은 결정을 하지 못한 채 머뭇거리며 躊躇함을 뜻하는 疊韻連綿語. 觀望과 같은 뜻임.《易》屯卦 初九에 "初九, 磐桓, 利居貞, 利建侯. 象曰: 雖磐桓, 志行正也;以貴下賤, 大得民也"라 함. '希冀'는 희망함. 바람. 원함.《眞寶》注에 "盤桓, 不進貌"라 함.

【但以劉日薄西山, 氣息奄奄, 人命危淺, 朝不慮夕】'日薄西山'은 해가 西山에 걸려 있는 것처럼 남은 목숨이 얼마 되지 않음을 말함. '薄'은 '迫'과 같음. '氣息奄奄'은 숨이 곧 끊어지려 함.

【臣無祖母, 無以至今日;祖母無臣, 無以終餘年】'無以終餘年'은 남은 삶을 잘 마칠 수 없음. '餘年'은 殘年과 같음.

【母孫二人, 更相爲命, 是以區區不能廢遠】'廢遠'은 팽개치고 멀리 떠남.《文選》注에 "廢遠, 謂廢養而遠離祖母"라 함. '區區不能廢遠'은《晉書》에는 '私情區區不敢棄遠'으로 되어 있음. '區區'는 미련이 남아 머뭇거림.

【臣密今年四十有四, 祖母劉今年九十有六, 是臣盡節於陛下之日長, 而報養劉之日短也】'盡節'은 절의를 다 바침. '報養劉'는 조모 劉氏를 보답하여 봉양함.《晉書》에는 이 앞에 '而'자가 더 있음.

【烏鳥私情, 願乞終養】'烏鳥'는 '反哺之孝'를 가리킴. 까마귀는 자기를 길러준 어미 새가 늙으면 먹이를 물어다 주어 은혜를 갚음.《本草綱目》禽部에 "慈烏:此鳥初生, 母哺六十日, 長則反哺六十日"이라 하였고,《初學記》鳥賦에 "雛旣壯而能飛兮, 乃銜食而反哺"라 함.《眞寶》注에 "烏鳥, 孝鳥. 長則反哺其母"라 함. 본《眞寶》(前篇)〈慈烏夜啼〉(082)를 참조할 것.

【臣之辛苦, 非獨蜀之人士及二州牧伯之所見明知, 皇天后土, 實所共鑒】'辛苦'는 매운 맛과 쓴 맛. 고통이나 고생을 비유함. '非獨'은 五臣 注《文選》에는 '非徒'로,

《晉書》에는 '非但'으로 되어 있음. '二州牧伯'는 앞서 李密을 추천하고 발탁해준 梁州刺史 賈逵와 益州刺史 顧榮을 가리킴. '牧伯'은 지방장관, 즉 刺史를 가리킴. 《晉書》에는 이 다음에 '之'자가 더 있음. '皇天后土'는 하늘의 신과 땅의 신. 천지. 《左傳》僖公 15년에 "晉大夫三拜稽首曰:「君履后土而戴皇天, 皇天后土實聞君之言, 羣臣敢在下風.」"이라 함. 《文選》注에 "言非但人知我辛苦, 天地亦知也"라 함.

【伏願陛下, 矜愍愚誠, 聽臣微志, 庶劉僥倖, 卒保餘年】'願陛下'는 《晉書》에는 '伏願陛下'로 되어 있으며, '卒保'는 '保卒'로 되어 있음.

【臣生當隕首, 死當結草】'結草'는 '結草報恩'의 줄인 말. 春秋시대 晉나라 魏武子가 병이 들자 아들 魏顆에게 자신의 첩을 개가시키도록 하였다가 병이 깊어 죽게 되자 말을 바꾸어 殉葬해 주도록 遺言하였음. 그러나 魏顆는 그 庶母를 불쌍히 여겨 아버지가 그래도 정신이 있을 때의 말을 근거로 개가시켰음. 그 뒤 魏顆가 秦나라 杜回와의 전투에 나섰을 때 庶母의 아버지 혼백이 나타나 풀을 엮어 杜回를 넘어뜨려 그를 사로잡을 수 있었음. 《左傳》宣公 15년에 "初, 魏武子有嬖妾, 無子. 武子疾, 命顆曰:「必嫁是.」疾病, 則曰:「必以爲殉!」及卒, 顆嫁之, 曰:「疾病則亂, 吾從其治也.」及輔氏之役, 顆見老人結草以亢杜回. 杜回躓而顚, 故獲之. 夜夢之曰:「余, 而所嫁婦人之父也. 爾用先人之治命, 余是以報.」"라 하였고, 《國語》晉語(7)에도 "使令狐文子佐之, 曰:「昔克潞之役, 秦來圖敗晉功, 魏顆以其身卻退秦師于輔氏, 親止杜回, 其勳銘於景鍾, 至于今不育, 其子不可不興也.」"라 함. 《眞寶》注에 "他日九泉下死而有知, 猶當報國. ○《史記》:魏顆, 武子之子. 武子有妾, 病, 謂顆曰「我死, 嫁此妾」;病亟, 又曰「殺以殉葬」. 及死, 顆曰「寧從治時言.」而嫁之. 及秦晉之戰, 魏顆見老人結草而抗杜回, 回躓而顚, 遂獲之. 後顆蒙老人云:「我乃所嫁婦人之父也. 爾從先人之治命, 余是以報耳.」"라 함.

【臣不勝怖懼之情, 謹拜表以聞】'怖懼之情'은 두려움을 뜻함.

### 참고 및 관련 자료

1. 이밀(李密: 224–285?)

이름은 일명 虔. 《郝氏後漢書》注에는 "謹按《華陽國志》作宓, 又作虔. 《晉書》作虔. 恐是虔字之訛"라 함. 자는 令伯. 三國과 西晉 시대의 인물. 蜀漢 犍爲郡 武陽縣(지금의 四川 彭山縣) 사람. 아버지가 일찍 죽고 어머니 何氏는 개가하여 할머니 劉氏가 거두어 길렀음. 성장하자 할머니를 지극 정성으로 모셔 향리에 효로써 이름이 알려졌으며, 촉한 後主(劉禪) 때 尙書郞을 지내기도 하였음. 뒤에 여러 차례 東吳

에도 벼슬하였으며, 蜀漢이 망하자 晉 武帝(司馬炎) 泰始 3년(267)에 太子洗馬에 부름을 받았으나 조모가 늙고 병이 깊어 이 〈陳情表〉를 올려 사의를 표함. 이에 武帝는 깊이 감동하여 그에게 노비 2인을 내리고 그 지방에 필요한 물자를 공급하도록 명함. 李密은 뒤에 漢中太守를 지내기도 하였으나 武帝를 비판한 詩를 지어 탄핵을 받고 벼슬에서 면직되어 집에서 생을 마침. 《晉書》(88) 孝友傳에 "李密, 字令伯, 犍爲武陽人也, 一名虔. 父早亡, 母何氏醮. 密時年數歲, 感戀彌至, 烝烝之性, 遂以成疾. 祖母劉氏, 躬自撫養, 密奉事以孝謹聞. 劉氏有疾, 則涕泣側息, 未嘗解衣, 飮膳湯藥必先嘗後進. 有暇則講學忘疲, 而師事譙周, 周門人方之遊夏. 少仕蜀, 爲郎. 數使吳, 有才辯, 吳人稱之. 蜀平, 泰始初, 詔征爲太子洗馬. 密以祖母年高, 無人奉養, 遂不應命. 乃上疏曰:(〈陳情表〉) ……帝覽之曰:「士之有名, 不虛然哉!」乃停召. 後劉終, 服闋, 復以洗馬征至洛. 司空張華問之曰:「安樂公何如?」密曰:「可次齊桓.」華問其故, 對曰:「齊桓得管仲而霸, 用竪刁而蟲流. 安樂公得諸葛亮而抗魏, 任黃皓而喪國, 是知成敗一也.」次問:「孔明言敎何碎?」密曰:「昔舜, 禹, 皋陶相與語, 故得簡雅;《大誥》與凡人言, 宜碎. 孔明與言者無已敵, 言敎是以碎耳.」華善之. 出爲溫令, 而憎疾從事, 嘗與人書曰:「慶父不死, 魯難未已.」從事白其書司隷, 司隷以密在縣淸愼, 弗之劾也. 密有才能, 常望內轉, 而朝廷無援, 乃遷漢中太守, 自以失分懷怨. 及賜餞東堂, 詔密令賦詩, 末章曰:「人亦有言, 有因有緣. 官無中人, 不如歸田. 明明在上, 斯語豈然!」武帝忿之, 於是都官從事奏免密官. 後卒於家. 二子:賜, 興."이라 함.

2. 이 글은 《文選》(37), 《晉書》(88), 《通志》(167), 《郝氏續後漢書》(69 中), 《孝經衍義》(80), 《古文集成》(22), 《西晉文紀》(18), 《文章辨體彙選》(127), 《古文淵鑑》(23), 《冊府元龜》(752), 《事文類聚》(後集 3), 《淵鑑類函》(271), 《經濟類編》(24), 《文編》(9) 등에 실려 있음.

# 014. 〈歸去來辭〉 ·················· 陶淵明(陶潛)
## 귀거래사

＊〈歸去來辭〉: 일부 판본에는 제목이 〈歸去來兮辭〉로 되어 있으며 '來'자와 '兮'자
는 의미가 없는 語助辭임. 錢鍾書는 《管錐編》(4)에서 "辭作於'歸去'之前, 故'去'後
著'來', 白話中尙多同此, 如西遊記第五回女王曰:'請上龍車, 和我同上金鑾寶殿, 匹
配夫婦去來!' 又女妖曰:'那裡走! 我和你要風月兒去來!' 皆將而猶未之詞也"라 함.
＊《眞寶》注에 "朱文公(朱熹)曰:〈歸去來辭〉者, 晉處士陶潛淵明所作也. 潛有高志遠
識, 不能俯仰時俗. 嘗爲彭澤令, 督郵行縣且至, 吏白:「當束帶見之.」潛歎曰:「吾安
能爲五斗米, 折腰向鄕里小兒邪?」卽日解印綬去, 作此詞以見志. 後以劉裕將移晉
祚, 恥事二姓, 遂不復仕. 宋文帝時, 特徵不至, 卒, 諡靖節徵士. 歐陽公言:「兩晉無
文章, 幸獨有此篇耳. 然其詞義夷曠蕭散, 雖託楚聲, 而無有尤怨切蹙之病云.」○
淵明原序曰:「余家貧, 幼稚稚盈室, 瓶無儲粟, 親故多勸余爲長吏, 脫然有懷, 家叔
以余貧苦, 遂見用於小邑. 于時風波未靜, 心憚遠役; 彭澤去家百里, 公田之利, 足
以爲酒, 及少日, 眷然有歸歟之情. 何則? 質性自然, 非矯勵所得; 飢凍雖切, 違己交
病. 於是悵然慷慨, 深愧平生之志. 猶望一稔, 當斂裳宵逝; 尋, 程氏妹喪于武昌,
情在駿奔, 自免去職. 仲秋至冬, 在官八十餘日. 因事順心, 命之曰歸去來兮. 乙巳歲
十一月也.」淵明是年四十一歲"라 함.

★이 글은 원전에 '序'가 있으며, 우선 이를 전재하고 풀이하면 다음과 같음.

"나는 집이 가난하여 농사를 지어도 자급自給하기가 부족하였다. 어린
아이는 집 안에 가득하고 쌀독에는 양식도 없어 살아가는 데에 바탕이
되는 바의 그 어떤 드러난 기술도 없었다. 친척과 벗들이 나에게 벼슬을
해보도록 여러 번 권하였고, 나도 탈연脫然히 그러한 뜻을 품어 이를 구
하였으나 길이 없었다.

마침 사방지사四方之事가 있어 제후께서의 은혜롭게 사랑하심을 덕
으로 여겼고, 가숙家叔도 나의 빈곤함을 들어 추천하여 드디어 소읍小

邑에 임용되었다. 그 무렵에는 세상 풍파가 아직 가라앉지 않아 먼 곳에 나가 일하는 것을 마음속으로 꺼려 하였지만, 팽택彭澤은 집으로부터 백 리 거리요, 공전公田의 이익은 술까지 얻을 수 있으리라 여겨 곧바로 가겠다고 나선 것이었다. 그런데 며칠이 지나자 그만 권연眷然한 마음에 고향으로 돌아가고 싶은 애절한 심정[歸歟之情]이 솟구쳤으니 어찌된 일인가? 나는 원래 타고난 질성質性이 자연을 그리워하여 이를 억지로 고치려고 한다고 될 일이 아니었기 때문이다. 배고픔과 추위가 절박하다고 해도 내 자신을 어기는 것은 더욱 괴로운 일이었다. 일찍이 남에게 복종하여 일한 것은 모두가 입과 배가 스스로 그렇게 시킨 것이었다. 이에 창연悵然히 강개하여 평소 지녔던 뜻을 깊이 부끄러워하였다. 오히려 1년만 참아내고 그때에는 마땅히 옷을 거두어 밤에 조용히 떠나리라고 기대하였었다. 그런데 얼마 되지 않아 정씨程氏에게 시집간 누이동생이 무창武昌에서 죽어, 어서 달려가고 싶은 심정에 그만 직책을 내던지고 사직하게 된 것이다. 중추仲秋에서 겨울까지 관직에 머문 것은 80여 일, 사정을 이유로 마음 내키는 대로 따라 이 글을 써서 〈귀거래혜歸去來兮〉라 하였다. 을사乙巳 11월이다."

「余家貧, 耕植不足以自給; 幼稚盈室, 缾無儲粟, 生生所資, 未見其術. 親故多勸余爲長吏, 脫然有懷, 求之靡途; 會有四方之事, 諸侯以惠愛爲德, 家叔以余貧苦, 遂見用於小邑. 於時風波未靜, 心憚遠役; 彭澤去家百里, 公田之利, 足以爲酒, 故便求之. 及少日, 眷然有歸歟之情. 何則? 質性自然, 非矯屬所得; 飢凍雖切, 違己交病. 嘗從人事, 皆口腹自役. 於是悵然慷慨, 深愧平生之志. 猶望一稔, 當斂裳宵逝; 尋程氏妹喪于武昌, 情在駿奔, 自免去職. 仲秋至冬, 在官八十餘日. 因事順心, 命篇曰歸去來兮. 乙巳歲十一月也.」

【幼稚盈室, 缾無儲粟, 生生所資】‘幼稚盈室’은 방안에 어린 아이들만 가득함. ‘缾’

은 쌀독 항아리. '生生'은 생활을 유지하고 영위해 나감. 生計를 뜻함.

【親故多勸余爲長吏】친척과 친구들이 나에게 '長吏' 벼슬이라도 할 것을 권함. '長吏'는 縣丞, 縣尉와 같음. 《漢書》百官公卿表(上)에 "縣令, 長, ……皆有丞, 尉, 秩四百石至二百石, 是謂長吏"라 함.

【脫然有懷, 求之靡途】'脫然'은 '홀연히, 훌훌 벗어버리고' 등의 뜻. '靡'는 未, 無 등의 뜻.

【四方之事】명을 받들고 사방을 다녀야 하는 업무. 도연명 자신의 벼슬 생활 중에 겪었던 일들을 말함.

【諸侯以惠愛爲德】'諸侯'는 여기서는 지방 장관을 뜻함. 구체적으로 建武將軍과 江州刺史를 지냈던 劉敬宣을 가리킴.

【家叔以余貧苦, 遂見用於小邑】'家叔'은 집안의 삼촌. 陶淵明의 叔父 陶夔. 太常卿을 지냈음. '見'은 被動의 문장을 구성함. '小邑'은 彭澤縣을 가리킴.

【風波未靜】나라의 혼란이 아직 安靜되지 못한 상태였음을 말함. 역사적으로 安帝 때 桓玄이 비록 元興 3년(404)에 馮遷에게 피살되었지만 桓玄의 구세력인 桓振이 江陵을 함락시켜 安帝가 구금을 당하자 장군 劉懿와 何無忌가 물러나 潯陽(九江)을 지키고 있었음. 그런가 하면 10월에는 盧循이 다시 廣州를 공격하였으며 義熙 원년(405) 3월에는 安帝가 江陵에서 建康으로 풀려나자 桓振이 다시 江陵을 공격하였고 5월에는 桓玄의 옛 장수 桓亮이 湘州를 공격하는 등 전란이 끊이지 않았음.

【彭澤】현 이름. 彭蠡湖(鄱陽湖) 근처에 있어 얻은 이름으로 지금의 江西省 동북쪽 安徽省과의 접경지대 長江 南岸에 있음. 이곳은 도연명의 고향 柴桑(지금의 江西 九江 서쪽 星子縣)에서 약 1백여 리 거리였음.

【歸歟之情】'歸歟'(歸與)의 정. 《論語》公冶長篇에 "子在陳, 曰:「歸與! 歸與! 吾黨之小子狂簡, 斐然成章, 不知所以裁之.」"라 하여 고향으로 돌아가고 싶어하는 애절한 思鄕病을 말함.

【矯勵所得】'矯勵'는 비틀어 조작함. 억지로 함.

【嘗從人事, 皆口腹自役】'人事'는 벼슬살이에서의 대인 관계 및 업무들.

【深愧平生之志, 猶望一稔】'平生'은 平素. '稔'(임)은 곡식이 익음. 한 해를 뜻함.

【斂裳】행장을 수습하여 짐을 쌈. 벼슬을 버리고 귀향함.

【尋程氏妹喪于武昌】'尋'은 尋常. '일상생활 중에'의 뜻. '程氏妹'는 程氏 집안으로 시집간 도연명의 누이동생. 陶淵明의 〈祭程氏妹文〉에 "維晉義熙三年五月甲辰,

程氏妹服制再周, 淵明以少牢之奠, 俛而酹之. 嗚呼哀哉! 寒往暑來, 日月寢疏; 梁塵委積, 庭草荒蕪. 寥寥空室, 哀哀遺孤, 肴觴虛奠, 人逝焉如! 誰無兄弟, 人亦同生, 嗟我與爾, 特百常情. 慈妣早世, 時尙孺嬰; 我年二六, 爾纔九齡. 爰從靡識, 撫髫相成. 咨爾令妹, 有德有操, 靖恭鮮言, 聞善則樂. 能正能和, 惟友惟孝; 行止中閨, 可象可傚. 我聞爲善, 慶自己蹈; 彼蒼何偏, 而不斯報! 昔在江陵, 重罹天罰, 兄弟索居, 乖隔楚越. 伊我與爾, 百哀是切. 黯黯高雲, 蕭蕭冬月. 白雲掩晨, 長風悲絶, 感惟崩號, 輿情泣血. 尋念平昔, 觸事未遠; 書疏猶存, 遺孤滿眼. 如何一往, 從天不返! 寂寂高堂, 何時復踐! 藐藐孤女, 曷依曷恃? 煢煢遊魂, 誰主誰祀? 奈何程妹, 於此永已! 死如有知, 相見蒿里. 嗚呼哀哉!"라 함. '武昌'은 지금의 湖北 鄂城. 晉나라 때는 荊州에 속했었음.

【駿奔】달려가 奔喪함.

【自免去職】스스로 벼슬을 그만두고 사직함. 이로 보아 《宋書》 隱逸傳과 蕭統의 〈陶淵明傳〉에 보이는 '五斗米' 때문에 사직한 것과 다름.

【乙巳年】晉 安帝(司馬德宗) 義熙 元年(405년).


돌아가리로다.

전원이 차츰 잡초만 무성해 가는데 어찌 돌아가지 않으리오?

이미 스스로 마음이 육신을 노역시켰으니,

어찌 괴로워하여 홀로 슬퍼만 하겠는가!

지나간 일은 이러쿵저러쿵 할 수 없음을 깨달았고,

다가올 일이나 가히 추구追求할 수 있음을 알았다네.

길을 잃었으나 아직 멀리 벗어남이 아님을 사실로 여기고,

오늘은 옳고 어제가 그릇됨을 깨달았도다.

배는 흔들흔들 가볍게 바람을 타고,

바람은 한들한들 옷깃에 불어오네.

길손에게 앞길을 물어보고,

새벽 빛 희미함을 한스럽게 여기네.

드디어 우리 집이 바라보이니,

즐거워 내달아 달려가도다.

동복僮僕은 즐겁게 맞이해주고,
어린 아이들은 문에서 기다려주네.
세 갈래 오솔길은 황폐해졌으나,
소나무 국화꽃은 그래도 남아 있네.
아이들 손을 잡고 방안에 들어가 보니,
술동이에 술이 가득 차 있네.
술병과 잔을 끌어 홀로 따르면서,
뜰 앞 나뭇가지 내다보니 얼굴이 편안하네.
남쪽 창가에 기대어 오만한 표정도 지어보고,
무릎이 겨우 들어가는 좁은 집이건만 편안함을 느낀다네.
정원을 날마다 거니는 것으로써 즐거움을 삼고,
비록 문은 만들어 세웠으나 언제나 닫혀 있네.
지팡이로 늙은 몸 의지하여 흐르는 대로 쉬다가,
때때로 고개 돌려 먼 곳도 바라보네.
구름은 무심히 산굴에서 피어오르고,
새는 날다가 지치면 돌아올 줄 아는구나.
날이 어둑어둑 서쪽으로 기울려 하니,
한 그루 소나무 어루만지며 그저 어슬렁거린다네.

돌아가리로다.
사귐도 그만두고 교유도 끊기를 청하노라.
세상과 나와는 서로 맞지 않으니,
수레 타고 나서서 다시 무엇을 구하겠는가?
친척들과 정다운 대화 즐겁기만 하고,
거문고와 독서로 근심 녹이는 즐거움.
농부가 봄이 왔다고 나에게 일러주니,
앞으로 서쪽 밭두둑에 할 일이 있구나.

혹은 작은 수레 갖추도록 명령도 하고,
때로는 배 한 척 저어 가기도 하네.
이미 그윽한 골짜기를 찾아도 보고,
역시 험한 언덕도 올라가 보았네.
나무는 즐거워 무성하게 치솟고,
샘물은 졸졸 첫 흐름을 시작하네.
만물이 제때를 얻음을 훌륭하다 여기면서,
내 삶의 행휴行休에 감회가 서리네.

그만둘지어다.
이 몸 세상에 붙어 삶이 그 얼마나 되겠는가!
어찌 마음을 거류去留에 맡기지 않으리오?
무엇을 위하여 허겁지겁 어디로 가려는가?
부귀는 내가 바라는 것이 아니요,
천제가 사는 곳도 기약할 수 없는 것.
좋은 시절이라 기꺼워하며 홀로 살아가면서,
혹 지팡이 꽂아놓고 김매기도 하면 되지.
동쪽 언덕에 올라 편안히 휘파람도 불고,
맑은 물 가에 이르르면 시도 지으면서,
애오라지 자연의 조화를 따르다가 끝을 마치면 되고,
무릇 천명을 즐기면 그뿐인데 무엇을 의심하리오!

歸去來兮, 田園將蕪胡不歸?
旣自以心爲形役, 奚惆悵而獨悲!
悟已往之不諫, 知來者之可追.
實迷塗其未遠, 覺今是而昨非.
舟搖搖以輕颺, 風飄飄而吹衣.

問征夫以前路, 恨晨光之熹微.
乃瞻衡宇, 載欣載奔;
僮僕歡迎, 稚子候門.
三逕就荒, 松菊猶存;
携幼入室, 有酒盈樽.
引壺觴以自酌, 眄庭柯以怡顏.
倚南窓以寄傲, 審容膝之易安;
園日涉以成趣, 門雖設而常關;
策扶老以流憩, 時矯首而遐觀.
雲無心而出岫, 鳥倦飛而知還;
景翳翳以將入, 撫孤松而盤桓.

歸去來兮, 請息交以絕游.
世與我而相違, 復駕言兮焉求?
悅親戚之情話, 樂琴書以消憂.
農人告余以春及, 將有事于西疇.
或命巾車, 或棹孤舟;
既窈窕以尋壑, 亦崎嶇而經丘.
木欣欣以向榮, 泉涓涓而始流;
善萬物之得時, 感吾生之行休.

已矣乎, 寓形宇內, 復幾時!
曷不委心任去留? 胡爲乎遑遑欲何之?
富貴非我願, 帝鄉不可期.
懷良辰以孤往, 或植杖而耘耔.
登東皋以舒嘯, 臨清流而賦詩.
聊乘化以歸盡, 樂夫天命復奚疑!

【歸去來兮, 田園將蕪胡不歸】'胡不歸'의 '胡'는 의문사. 《詩經》邶風 式微에 "式微
式微, 胡不歸?"의 구절을 원용한 것. '將蕪'는 《宋書》에는 '荒蕪'로 되어 있음.

【旣自以心爲形役】'心爲形役'은 마음이 몸의 욕구를 위해 사역을 당함. 糊口之策
의 삶을 위해 고생을 함. '形'은 肉身을 뜻함.

【奚惆悵而獨悲】'惆悵'은 '惆愴'과 같으며 괴로워하고 슬프게 느낌을 표현하는 雙
聲連綿語. 宋玉〈九辯〉에 "惆愴兮而私自憐"이라 함.

【悟已往之不諫, 知來者之可追】'來者之可追'는 다가올 일은 가히 뒤따라 좇을 수
있음. 《論語》微子篇의 楚狂接輿가 孔子를 향해 부른 노래. "楚狂接輿歌而過孔子
曰:「鳳兮鳳兮! 何德之衰? 往者不可諫, 來者猶可追. 已而, 已而! 今之從政者殆而!」
孔子下, 欲與之言. 趨而辟之, 不得與之言"이라 함.

【實迷塗其未遠】'迷塗'는 《晉書》,《陶淵明集》, 六臣注《文選》에는 모두 '迷途'로 되
어 있음. 길을 잃음. 적극적으로 벼슬에 가담하다가 옳은 길을 놓침을 뜻함. 屈原
의〈離騷〉에 "回朕車以復路兮, 及行迷之未遠"이라 함.

【舟搖搖以輕颺】'搖搖'는 《陶淵明集》,《晉書》,《南史》,《文選》 등에는 모두 '遙遙'로,
《宋書》에는 '超遙'로 되어 있으며, 陶澍의 《陶淵明集》校注에 "綠君亭本云: 一作
搖搖"라 함. 깃발이 흔들리는 모습. 《眞寶》注에 "淵明自彭澤歸柴桑, 可以行舟, 曰
輕颺, 無所有也. 與世之去官, 重載者相萬矣"라 함.

【問征夫以前路, 恨晨光之熹微】'征夫'는 길 가는 사람. 길손. 《詩》小雅 皇皇者華에
"駪駪征夫, 每懷靡及"이라 함. '晨光'은 새벽이 올 때의 黎明. '熹微'는 稀微와 같으
며 흐릿한 상태를 뜻하는 疊韻連綿語. 《晉書》와 《宋書》에는 '希微'로 되어 있음.
《陶淵明集》注에는 "日欲暮也"라 함. 그러나 《文選》注에는 "《聲類》曰: 熹, 亦煕字
也. 煕, 光明也"라 하여 '빛이 흐리다'의 뜻으로 보았음.

【乃瞻衡宇, 載欣載奔】'衡宇'는 衡門으로 대문을 삼아 대강 얽어 지은 집. 《詩》陳
風 衡門에 "衡門之下, 可以棲遲. 泌之洋洋, 可以樂飢"라 하였고 注에 "衡門, 橫木爲
門也"라 함. '宇'는 집. 《字彙》에 "四垂爲宇"라 하였고, 《釋名》에는 "宇, 羽也. 如鳥
羽翼自覆蔽也"라 함. 《眞寶》注에 "淵明所居"라 함. '載'는 '又'의 뜻. '載欣載奔'은
다시 즐거워하며 또다시 달려감.

【僮僕歡迎, 稚子候門】'歡迎'은 《晉書》에는 '來迎'으로 되어 있음. '稚秄'는 《南史》에
는 '弱子'로 되어 있음. '稚'는 穉와 같음. '候門'은 六臣注《文選》에 "候門, 謂於門
首伺候潛到也"라 함.

【三逕就荒, 松菊猶存】'三逕'은 오솔길 세 갈래. '逕'은 俓과 같음. 이는 東漢 趙岐

의 《三輔決錄》逃名篇에 실려 있는 羊仲과 求仲 두 사람의 隱士의 고사를 인용한 것. 西漢 말 兗州刺史 蔣詡는 王莽의 횡포를 보고 벼슬을 버리고 杜陵에 은거하였는데 그는 가시로 자신의 집을 가리고 살았음. 그의 집 곁에는 오직 세 갈래의 오솔길이 있어 이 길로는 그즈음 뜻을 함께 하며 은거하고 있던 羊仲과 求仲만이 왕래할 수 있었다 함. 陶淵明의 〈二仲〉에 "求仲, 羊仲:右二人不知何許人, 皆治車爲業, 挫廉逃名. 蔣元卿之去兗州, 還杜陵, 荊棘塞門. 舍中有三逕, 不出, 惟二人從之遊. 時人謂之「二仲」. 見嵇康《高士傳》"이라 함. 《陶淵明集》注에 "《三輔決錄》云:蔣詡舍中竹下, 開三逕. 唯古人求仲, 羊仲從之遊也"라 함. 《眞寶》注에 "淵明歸之在十一月, 猶有菊也"라 함.

【携幼入室, 有酒盈樽】'携'는 攜와 같음. '樽'은 罇과 같음. 술동이.

【引壺觴以自酌, 眄庭柯以怡顔】'眄庭柯'는 뜰의 柯나무를 봄. '怡顔'은 얼굴이 편안해짐. '眄'은 《宋書》에는 '盼'로 되어 있음.

【倚南窓以寄傲, 審容膝之易安】'窓'은 '窗', '窻', '牕' 등 여러 표기가 있음. '寄傲'는 세상을 오만하게 노려보는 정서나 눈빛. 陸機의 〈逸民賦〉에 "眄淸霄以寄傲兮"라 함. '容膝'은 무릎을 겨우 용납할 정도의 좁은 공간. 아주 초라한 집을 뜻함. 《韓詩外傳》(9)에 "楚莊王使使賚金百斤, 聘北郭先生. 先生曰:「臣有箕帚之使, 願入計之.」卽問婦人曰:「楚欲以我爲相, 今日相, 卽結駟列騎, 食方丈於前, 如何?」婦人曰:「夫子李以織屨爲食. 食粥毚履, 無怵惕之憂者, 何哉? 與物無治也. 今如結駟列騎, 所安不過容膝;食方丈於前, 所甘不過一肉. 以容膝之安, 一肉之味, 而殉楚國之憂, 其可乎?」於是遂不應聘, 與婦去之. 詩曰:『彼美淑姬, 可與晤言.』"이라 한 데서 나온 말. '易安'은 쉽고 편안히 여김.

【園日涉以成趣, 門雖設而常關】'日涉'은 날마다 다녀봄. 관심을 가지고 살피고 가꿈. '常關'은 늘 닫혀 있음. 《文選》注에 "《爾雅》曰:堂上謂之行, 堂下謂之步;門外謂之趨, 中庭謂之走. 郭璞曰:「此皆人行步趨走之處, 因以名趨避聲也.」"라 함.

【策扶老以流憩, 時矯首而退觀】'扶老'는 '늙은 몸을 부축하다'의 뜻으로 지팡이를 가리킴. '憩'는 《宋書》에는 '愒'로 되어 있음. '矯首'는 《晉書》에는 '翹首'로 되어 있음. '退觀'은 멀리 봄. 먼 곳을 편안히 살펴 구경함.

【雲無心而出岫, 鳥倦飛而知還】'出岫'는 出岫로도 표기하며 '岫'는 산의 굴. 《說文》에 "岫, 山穴也"라 함. '鳥倦'은 새가 날기를 싫증내거나 피곤하다 여김. 도연명 자신이 벼슬살이로 힘들었음을 상징한 것. '倦'은 《宋書》와 《南史》에는 '勌'으로 되어 있음. 《眞寶》注에 "借雲鳥以自喩, 言前之出本無心, 而今之還以倦飛也"라 함.

【景翳翳以將入, 撫孤松而盤桓】'景'은 '影'과 같음. 날이 저물어 그림자가 짐. '翳翳'는 가려져 어두움. '以將入'은 《晉書》, 《宋書》, 《南史》에는 모두 '其將入'으로 되어 있음. '盤桓'은 어슬렁거리며 한가히 산책함을 표현하는 疊韻連綿語. 《易》屯卦에 "盤桓利居貞"이라 함. 《爾雅》에 "盤桓, 不進也"라 함. 六臣 注 《文選》에 "翰曰: 言雲自然之氣, 無心意以出於山岫之中. 自喩心不營事, 自爲縱逸. 言鳥晝飛劬而暮還, 故林亦猶人日出而作, 日入而息'也"라 함.

【請息交以絶游】'游'는 遊와 같음. 仕宦의 交遊를 뜻함.

【世與我而相違, 復駕言兮焉求】'相違'는 《陶淵明集》에는 '相違'로 되어 있으나, 《晉書》, 《宋書》, 《南史》, 六臣 注 《文選》 등에는 모두 '相遺'로 되어 있음. '駕言'은 '나들이 나가다'의 뜻. '言'은 語助辭. 《詩》邶風 泉水와 衛風 竹竿에 똑같이 "駕言出遊, 以寫我憂"라 함. 한편 桓譚 《新論》에 "凡人性難極也, 難知也. 故其絶異者, 常爲世俗所遺失焉. 知我者謂我「心憂」, 不知者者謂我「何求?」"라 함.

【悅親戚之情話, 樂琴書以消憂】'情話'는 情談. '琴書'는 거문고와 책. 이로써 편안한 생활을 즐기며 근심을 소멸시킴.

【農人告余以春及, 將有事于西疇】'余'는 予와 같음. '春及'은 《晉書》에는 '暮春'으로, 《宋書》에는 '上春'으로 되어 있음. '事于西疇'는 서쪽 밭에서 해야 할 농사 일. '疇'는 농토 한 뙈기. 《文選》注에 "賈逵《國語》注曰:「一井爲疇.」"라 하였고 六臣 注에는 "西疇, 謂潛所居之西也. 疇, 田也"라 함.

【或命巾車, 或棹孤舟】'巾車'는 수건 따위로 대강 덮은 수레. 《眞寶》注에 "巾車, 猶小車"라 함. '孤舟'는 배 한 척. 《宋書》와 《南史》에는 '扁舟'로 되어 있음. 鄱陽湖(彭蠡湖)와 長江이 가까이 있어 배로도 자주 나들이를 하였음.

【旣窈窕以尋壑, 亦崎嶇而經丘】'窈窕'는 깊고 그윽함을 뜻하는 疊韻連綿語. '尋壑'은 골짜기를 찾아봄. 근처 廬山이 있어 자주 산을 찾음. 《宋書》와 《南史》에는 '窮壑'으로 되어 있음. '壑'은 '학'으로 읽음(杭入. 杭의 入聲으로 읽음. 참고로 본 《眞寶》에서의 音注는 入聲을 모두 이런 식으로 표시하였음. 즉 '-ng→-k', '-n→-t(l)', '-m→-p'가 됨). '崎嶇'는 울퉁불퉁하여 험한 상태를 뜻하는 雙聲連綿語. '經丘'는 언덕을 경유함.

【木欣欣以向榮, 泉涓涓而始流】'欣欣'은 신이 난 모습. '向榮'은 나무나 풀 등이 아름다운 榮茂를 향해 신나게 자라고 있음.

【善萬物之得時, 感吾生之行休】'善'은 훌륭하게 여김. 혹 '羨慕하다'의 뜻으로도 봄. '行休'는 行動과 休息. 생활의 일상. 벼슬길에 나서기도 하고 사직하고 쉬기도 하

는 두 가지 상황. 出處와 같음.

【已矣乎, 寓形宇內, 復幾時】'已矣乎'는 《論語》 公冶長篇에 "子曰:「已矣乎! 吾未見 能見其過而內自訟者也.」"라 하였고, 朱熹 注에 "已矣乎者, 恐其終不得見而歎之也" 라 함. '寓形宇內'는 형체(육신)를 宇宙 안에 기탁하고 있음. 살아감. '復幾時'는 혹 《陶淵明集》 일부 板本에는 '能復幾時'라 하여 '能'자가 더 있음.

【曷不委心任去留】'曷'은 의문사. 胡, 安, 焉, 何 등과 같음. 《宋書》에는 '奚'로 되어 있음. '委心'은 마음 가는 대로 내버려 둠. '委性'과 같음. 嵇康의 〈琴賦〉에 "齊萬 物兮超自得, 委性命兮任去留"라 함. '去留'는 가고 머무는 두 가지 상황.

【胡爲乎遑遑欲何之】'遑遑'은 마음이 급해 초조히 여기며 허겁지겁함. 《孟子》 滕文 公(下)에 "孔子三月無君, 則皇皇如也"라 하여 '皇皇'과 같으며, 朱熹 注에 "皇皇如, 有求而弗得之意也"라 함. '欲何之'는 《孔叢子》에 "孔子歌曰:「天下如一, 欲何之?」" 라 함.

【富貴非我願, 帝鄉不可期】'富貴'는 《大戴禮記》 哀公問五義에 "孔子曰:「所謂賢人 者, 躬爲匹夫而不願富貴.」"라 함. '帝鄉'은 天帝가 사는 곳. 理想世界. 《莊子》 天地 篇에 "華封人謂堯曰:「乘彼白雲, 至于帝鄉.」"이라 함.

【懷良辰以孤往, 或植杖而耘耔】'懷'는 기꺼워함. '良辰'은 날씨나 상황이 좋은 날. '孤往'은 혼자 행동함. 獨行과 같음. 《文選》 注에 《淮南子》要略曰:「山谷之人, 輕天 下細萬物, 而獨往者也.」 司馬彪曰:「獨往任自然, 不復顧世.」"라 함. '植杖'은 지팡이 를 꽂아 둠. 《論語》 微子篇의 "子路從而後, 遇丈人, 以杖荷蓧. 子路問曰:「子見夫 子乎?」丈人曰:「四體不勤, 五穀不分, 孰爲夫子?」植其杖而芸. 子路拱而立. 止子路 宿, 殺雞爲黍而食之, 見其二子焉. 明日, 子路行以告. 子曰:「隱者也.」使子路反見之. 至, 則行矣. 子路曰:「不仕無義. 長幼之節, 不可廢也; 君臣之義, 如之何其廢? 欲 潔其身, 而亂大倫. 君子之仕也, 行其義也. 道之不行, 已知之矣.」"라 한 고사를 원 용한 것. '耘耔'의 耘은 '김을 매다'이며, '耔'(자)는 《晉書》에는 '秄'로 되어 있으며 '흙을 북돋워주다'의 뜻. 농사일을 말함. 《詩經》 小雅 甫田에 "今適南畝, 或耘或耔" 라 함.

【登東皋以舒嘯, 臨淸流而賦詩】'東皋'는 東皐와 같음. 동쪽 언덕. 동쪽에 봄이 일 찍 온다고 여겨 봄에는 동쪽 언덕에 올라봄. '舒嘯'는 편안히 낮은 음으로 부는 휘파람. '嘯'는 歠와 같음. 《說文》에 "嘯, 吹聲也, 或作歠"라 함. 《詩》 召南 江有汜 에 "不我過, 其嘯也歌"라 하였고, 箋에 "蹙口而出聲, 又吟也"라 함.

【聊乘化以歸盡, 樂夫天命復奚疑】'聊'는 애오라지. 《詩》 邶風 泉水 "變彼諸姬, 聊與

之謀"의 箋에 "聊, 且略之辭"라 함. '乘化'는 자연 조화를 타고 변화함. '化'는 《孔子
家語》本命解에 "魯哀公問於孔子曰:「人之命與性, 何謂也?」孔子對曰:「分於道爲之
命, 形於一謂之性, 化於陰陽, 象形而發謂之生, 化窮數盡謂之死. 故命者, 性之始
也; 死者, 生之終也. 有始則必有終矣.」라 함. '歸盡'은 모두 盡(無, 虛)로 돌아감. 죽
음을 뜻함. '天命'은 《周易》繫辭(上)에 "樂天知命, 故不憂"라 하였고, 《論語》爲政
篇 "五十而知天命"의 朱熹 注에 "天命, 卽天道之流行而賦於物者, 乃事物所以當然
之故也"라 함. 《眞寶》注에 "按淵明以不欲束帶見督郵而去官, 而其序其辭略不及之,
無怨天尤人之心. 惟見其有安土樂天之趣, 可謂賢矣! 自以晉室宰輔陶侃之曾孫, 恥
復屈身後代, 宋業漸隆, 不肯復仕. 於是宋元嘉四年, 而朱文公《綱目》, 特筆書之曰:
「晉徵士潛卒.」可謂又賢矣. 且節義之耿介者, 多過於矯激; 襟懷之和適者, 易流於頹
靡. 淵明以和適之襟懷, 而全耿介之節義, 不偏不倚, 蓋兩得之. 且篇兩提起'歸去來
兮', 而始之曰'胡不歸', 終之曰'乘化歸盡'. '胡不歸'之歸, '歸歟'之歸也. '歸盡'之歸, 子
全而'歸之'之歸也. 惟其有前之歸, 養高全節, 故能生願死安; 歸盡無歉, 使枉己違性
徇祿忘歸, 則易姓之際, 不能全節, 其歸盡也. 抱恨抱羞, 漸盡泯滅草木俱腐而已, 安
能雖死猶生, 千古流芳如此哉! 始末兩'歸'字, 爲一篇之眼目, 讀者其毋忽略於此云."
이라 함.

## 참고 및 관련 자료

### 1. 도연명(陶淵明: 365-427)

陶潛. 晉, 宋 시기의 詩人으로 이름은 淵明으로 더 널리 알려져 있으며 일명 潛
이라고도 함. 字는 元亮, 私諡는 靖節. 尋陽(潯陽) 柴桑(지금의 江西省 九江市 星子
縣) 출신. 그의 曾祖인 陶侃은 東晉의 開國功臣으로 大司馬 등을 지냈으며 祖父
는 太守를 지내기도 하였음. 아버지는 일찍 죽었으며 어머니는 東晉때 名家인 孟
嘉의 딸이었음. 도연명은 한때 州의 祭酒, 鎭軍, 建威參軍을 지냈으나 彭澤令이
되자 80여 일 만에 「五斗米」고사를 남긴 채 낙향하며 〈歸去來辭〉를 지은 것으
로 알려져 있음. 그 밖에 〈田園詩〉와 〈桃花源記〉, 〈五柳先生傳〉 등을 남겨 중국
최고의 田園詩人으로 추앙받고 있음. 다만 鍾嶸은 《詩品》에서 그의 시를 中品에
넣어 당시 詩風과 차이에서 질박하다는 이유로 낮추고 있음. 韓國文學에도 至大
한 영향을 미쳐 時調, 歌辭, 한문 문장에 거의 많은 이들이 도연명을 인용하거나
거론하여 은일과 전원의 생활, 致仕落鄕의 이상적인 인간상을 노래하는 문학에
매우 깊은 영향을 미쳤음. 그의 전기는 《晉書》(94), 《宋書》(93), 《南史》(75)에 전하고

있으며, 《陶淵明集》이 여러 판본으로 전하고 있음. 특히 남조 梁나라 때 昭明太子 蕭統이 도연명에 대한 자료를 모아 《陶淵明集》8권을 편집하였으나 여기에는 〈五孝傳〉과 〈四八目〉(聖賢群輔錄)은 들어 있지 않았음. 그 뒤 北齊 때 陽休之가 처음으로 〈蕭統本〉에 없던 각 편의 〈幷序〉, 目錄 등을 합하여 10권으로 편찬, 이것이 正本으로 널리 알려지게 되었음. 그 밖에 근세에 전하는 판본으로는 曾集, 湯漢, 李公煥 세 사람의 판본이 널리 전해져 오고 있음. 그리고 《陶淵明集》에 주석을 가한 이들로는 湯漢, 李公煥, 何孟春, 吳瞻泰, 邱家穗, 陶澍, 古直, 丁福保 등이 있음. 《眞寶》諸賢姓氏事略에 "陶淵明, 字元亮, 長沙桓公侃之曾孫. 晉末爲彭澤令, 棄官賦歸去來辭. 劉裕纂晉, 遂不仕, 更名潛, 宋元嘉中卒, 諡靖節先生"이라 함. 한편 이 작품은 작자 陶淵明이 晉 安帝 義熙 元年(405, 작자 41세) 乙巳年 11월에 쓴 것으로 알려져 있음. 작품 앞에 幷記하는 序文과 본문에 해당하는 〈歸去來辭〉를 함께 연결한 것으로 辭는 원래 楚辭에서 연유된 것이며 이를 漢代 賦와 묶어 '辭賦'라고도 함. 이 〈歸去來辭〉는 일종의 抒情賦에 속한다고 할 수 있음. 도연명은 세속의 벼슬에 뜻이 맞지 않아 致仕하고 田園으로 돌아갈 수밖에 없는 자신의 심회를 아름답게 읊어 田園文學의 眞髓를 보여주고 있으며, 특히 벼슬을 그만두고 과감히 歸去來하게 된 상황을 그가 彭澤令으로 있을 때의 「五斗米」 사건과 결부시킴으로써 더욱 흥미를 유발하고 있음.

2. 이 글은 《陶淵明集》(5), 《文選》(45), 《晉書》(94) 隱逸傳(陶潛), 《宋書》(93) 隱逸傳(陶潛), 《南史》(75) 隱逸傳(陶潛), 《江西通志》(146), 《古文集成》(71), 《古賦辯體》(9), 《漢魏六朝百三家集》(62), 《古文雅正》(6), 《淵鑑類函》(291), 《通志》(177), 《藝文類聚》(36) 등에 널리 실려 있음.

3. 《陶淵明集》(5) 評語

○陽文忠公曰 : 「晉無文章, 惟陶淵明〈歸去來兮辭〉一篇而已.」

○李格非曰 : 「陶淵明〈歸去來兮辭〉, 沛然如肺腑中流出殊, 不見有斧鑿痕.」

○朱文公曰 : 「其詞義夷曠蕭散, 雖託楚聲, 而無尤怨切蹙之病.」

4. 《宋書》(93) 隱逸傳 陶潛 ………… 南朝 梁, 沈約

陶潛字淵明, 或云淵明字元亮, 潯陽柴桑人也. 曾祖侃, 晉大司馬. 潛少有高趣, 嘗著五柳先生傳以自況, 曰 : 『先生不知何許人, 不詳姓字, 宅邊有五柳樹, 因以爲號焉. 閑靜少言, 不慕榮利. 好讀書, 不求甚解, 每有會意, 欣然忘食. 性嗜酒, 而家貧不能恒得. 親舊知其如此, 或置酒招之, 造飲輒盡, 其在必醉, 其醉而退, 曾不吝情去留. 環堵蕭然, 不蔽風日, 短褐穿結, 簞瓢屢空, 晏如也. 嘗著文章自娛, 頗示其志, 忘懷得

失, 以此自終.

其自序如此, 時人謂之實錄.

親老家貧, 起爲州祭酒, 不堪吏職, 少日, 自解歸. 州召主薄, 不就. 躬耕自資, 遂抱羸疾, 復爲鎭軍, 建威參軍, 謂親朋曰:「聊欲弦歌, 以爲三逕之資, 可乎?」執事者聞之, 以爲彭澤令. 公田悉令吏種秫稻, 妻子固請種秔, 乃使二頃五十畝種秫, 五十畝種秔. 郡遣督郵至, 縣吏白應束帶見之, 潛嘆曰:「我不能爲五斗米折要鄕吏小人.」卽日解印綬去職. 賦〈歸去來〉, 其詞曰:『歸去來兮, 園田荒蕪, 胡不歸. 旣自以心爲形役, 奚惆悵而獨悲. 悟已往之不諫, 知來者之可追. 實迷塗其未遠, 覺今是而昨非. 舟超遙以輕颺, 風飄飄而吹衣. 問征夫以前路, 恨晨光之希微. 乃瞻衡宇, 載欣載奔. 僮僕歡迎, 稚子候門. 三逕就荒, 松菊猶存. 攜幼入室, 有酒停尊. 引壺觴而自酌, 眄庭柯以怡顏. 倚南窗而奇傲, 審容膝之易安. 園日涉而成趣, 門雖設而常關. 策扶老以流憩, 時矯首而遐觀. 雲無心以出岫, 鳥倦飛而知還. 景翳翳其將入, 撫孤松以盤桓. 歸去來兮, 請息交而絶遊. 世與我以相遺, 服駕言兮焉求. 說親戚之情話, 樂琴書以消憂. 農人告余以上春, 將有事于西疇. 或命巾車, 或棹扁舟. 旣窈窕以窮壑, 亦崎嶇而經丘. 木欣欣以向榮, 泉涓涓而始流. 善萬物之得時, 感吾生之行休. 已矣乎, 寓形宇內復幾時. 奚不委心任去留, 胡爲遑遑欲何之. 富貴非吾願, 帝鄕不可期. 懷良辰以孤往, 或植杖而耘耔. 登東皐以舒嘯, 臨淸流而賦詩. 聊乘化以歸盡, 樂夫天命復奚疑.』

義熙末, 徵著作佐郞, 不就. 江州刺史王弘欲識之, 不能致也. 潛嘗往廬山, 弘令潛故人龐通之齎酒具於伴道栗里之, 潛有脚疾, 使一門生二兒轝藍輿, 旣至, 欣然便共飲酌, 俄頃弘至, 亦無忤也. 先是, 顏延之爲劉柳後軍功曹, 在尋陽, 與潛情款. 後爲始安郡, 經過, 日日造潛, 每往必酣飲致醉. 臨去, 留二萬錢與潛, 潛悉送酒家, 稍就取酒. 嘗九月九日無酒, 出宅變菊叢中坐久, 値弘送酒至, 卽便醉酌, 醉而後歸. 潛不解音聲, 而畜素琴一張, 無絃, 每有酒適, 輒撫弄以寄其意. 貴賤造之者, 有酒輒設, 潛若先醉, 便語容:「我醉欲眠, 卿可去.」其眞率如此. 郡將候潛, 値其酒熟, 取頭上葛巾漉酒, 畢, 還復著之.

潛弱年薄宦, 不潔去就之迹, 自以曾祖晉世宰輔, 恥復屈臣後代, 自高祖王業漸隆, 不復肯仕. 所著文章, 皆題其年月, 義熙以前, 則書晉氏年號, 自永初以來唯云甲子而已. 與子書以言其志, 并爲訓戒曰:

『天地賦命, 有往必終, 自古賢聖, 誰能獨免. 子夏言曰:「死生有命, 富貴在天.」四友之人, 親受音旨, 發斯談者, 豈非窮達不可妄求, 壽夭永無外請故邪? 吾年過五十, 而窮苦荼毒, 以家貧弊, 東西遊走. 性剛才拙, 與物多忤, 自量爲己, 必貽俗患, 俛俛辭世, 使汝幼而飢寒耳. 常感孺仲賢妻之言, 敗絮自擁, 何慙兒子. 此既一事矣. 但恨隣靡二仲, 室無萊婦, 抱玆苦心, 良獨罔罔. 少年來好書, 偶愛閑靜, 開卷有得, 便欣然忘食. 見樹木交蔭, 時鳥變聲, 亦復歡爾有喜. 嘗言五六月北窓下臥, 遇涼風暫至, 自謂是羲皇上人. 意淺識陋, 日月遂往, 緬求在昔, 眇然如何. 疾患以來, 漸就衰損, 親舊不遺, 每以藥石見救, 自恐大分將有限也. 恨汝輩稚小, 家貧無役, 柴水之勞, 何時可免, 念之在心, 若何可言. 然雖不同生, 當思四海皆弟兄之義. 鮑叔, 敬仲, 分財無猜, 歸生, 伍舉, 班荊道舊, 遂能以敗爲成, 因喪立功, 他人尙爾, 況共父之人哉. 穎川韓元長, 漢末名士, 身處卿佐, 八十而終, 兄弟同居, 至于沒齒. 濟北氾稚春, 晉時操行人也, 七世同財, 家人無怨色. 詩云:「高山仰止, 景行行止.」汝其愼哉! 吾復何言.』

又爲命子詩以貽之曰:『悠悠我祖, 爰自陶唐. 邈爲虞賓, 歷世垂光. 御龍勤夏, 豕韋翼商. 穆穆司徒, 厥族以昌. 紛紜戰國, 漠漠衰周. 鳳隱于林, 幽人在丘. 逸虯撓雲, 奔鯨駭流. 天集有漢, 眷予愍侯. 於赫愍侯, 運當攀龍. 撫劍夙邁, 顯玆武功. 參誓山河, 啓土開封. 亹亹丞相, 允迪前蹤. 渾渾長源, 蔚蔚洪柯. 羣川載導, 衆條載羅. 時有默語, 運固隆汙. 在我中晉, 業融長沙. 桓桓長沙, 伊勳伊德. 天子疇我, 專征南國. 功遂辭歸, 臨寵不惑. 孰謂斯心, 而可近得. 肅矣我祖, 愼終如始. 直方二臺, 惠和千里. 於皇仁考, 淡焉虛止. 寄迹夙運, 冥玆慍喜. 嗟余寡陋, 瞻望靡及. 顧慙華鬢, 負景集立. 三千之罪, 無後其急. 我誠念哉, 呱聞爾泣. 卜云嘉日, 占爾良時. 名爾曰儼, 字爾求思. 溫恭朝夕, 念玆在玆. 尙想孔伋, 庶其企而. 厲夜生子, 遽而求火. 凡百有心, 奚待于我. 既見其生, 實欲其可. 人亦有言, 斯情無假. 日居月諸, 漸免于孩. 福不虛至, 禍亦易來. 夙興夜寐, 願爾斯才. 爾之不才, 亦已焉哉!』

潛元嘉四年卒, 時年六十三.

5.《南史》(75) 隱逸傳 陶潛 ………… 唐, 李延壽

陶潛字淵明, 或云字深明, 名元亮. 尋陽柴桑人, 晉大司馬侃之曾孫也. 少有高趣, 宅邊有五柳樹, 故常著〈五柳先生傳〉云:『先生不知何許人, 不詳姓字. 閑靜少言, 不慕榮利. 好讀書, 不求甚解, 每有會意, 欣然忘食. 性嗜酒, 而家貧不能恒得. 親舊知其如此, 或置酒招之, 造飲輒盡, 期在必醉. 既醉而退, 曾不吝情去留. 環堵蕭然, 不蔽風日, 短褐穿結, 簞瓢屢空, 晏如也. 常著文章自娛, 頗示己志, 忘懷得失, 以此自終.』

其子序如此. 蓋以自況, 時人謂之實錄.

親老家貧, 其爲州祭酒, 不堪吏職, 少日自解而歸. 州召主簿, 不就, 躬耕自資, 遂抱贏疾. 江州刺史檀道濟往候之, 偃臥瘠餒有日矣, 道濟謂曰:「夫賢者處世, 天下無道則隱, 有道則至. 今子生文明之世, 奈何自苦如此.」對曰:「潛也何敢望賢, 志不及也.」道

濟饍以粱肉, 麾而去之. 後爲鎭軍, 建威參軍, 謂親朋曰:「聊欲絃歌, 以爲三徑之資, 可乎?」執事者聞之, 以爲彭澤令. 不以家累自隨, 送一力給其子, 書曰:「汝旦夕之費, 自給爲難, 今遣此力, 助汝薪水之勞. 此亦人子也, 可善遇之.」公田悉令吏種秫稻, 妻子固請種秔, 乃使二頃五十畝種秫, 五十畝種秔. 郡遣督郵至縣, 吏白應束帶見之. 潛嘆曰:「我不能爲五斗米切要鄕里小人.」卽日解印綬去職, 賦〈歸去來〉以遂其志, 曰:『歸去來兮, 田園將蕪胡不歸? 旣自以心爲形亦兮, 奚惆悵而獨悲. 悟已往之不諫, 知來者之可追. 實迷塗其未遠, 覺今是而昨非. 舟遙遙以輕颺, 風飄飄而吹衣, 問征夫以前路, 恨晨光之熹微. 乃瞻衡宇, 載欣載奔, 僮僕歡迎, 弱子候門. 三徑就荒, 松菊猶存, 攜幼入室, 有酒盈罇. 引壺觴以自酌, 眄庭柯以怡顔, 倚南牕以寄傲, 審容膝之易安. 園日涉而成趣, 門雖設而常關. 雲無心以出岫, 鳥倦飛而知還. 景翳翳其將入, 撫孤松而盤桓. 歸去來兮, 請息交以絶遊, 世與我相遺, 復駕言兮焉求. 悅親戚之情話, 樂琴書以消憂, 農人告余以春及, 將有事於西疇. 或命巾車, 或棹扁舟, 旣窈窕以窮壑, 亦崎嶇而經丘. 木欣欣而向榮, 泉涓涓而始流, 善萬物之得時, 感吾生之行休. 已矣乎, 寓形宇內復幾時, 曷不委心任去留, 胡爲遑遑欲何之. 富貴非吾願, 帝鄕不可期. 懷良辰以孤往, 或植杖而芸耔. 登東皐以舒嘯, 臨淸流而賦詩. 聊乘化以歸盡, 樂夫天命復奚疑!』

義熙末, 徵爲著作佐郎, 不就. 江州刺史王弘欲識之, 不能致也. 潛嘗往廬山, 弘令潛故人龐通之齎酒具於半道栗里要之. 潛有脚疾, 使一門生二兒舉籃輿. 及之, 欣然便共飮酌, 俄頃弘至, 亦無忤也.

先是, 顔延之爲劉柳後軍功曹, 在尋陽與潛情欵. 經過潛, 每往必酣飮致醉. 弘欲要延之一坐, 彌日不得. 延之臨去, 留二萬錢與潛, 潛悉送酒家稍就取酒. 嘗九月九日無酒, 出宅邊菊叢中坐久之. 逢弘送酒至, 卽便就酌, 醉而後歸.

潛不解音聲, 而畜素琴一張. 每有酒適, 輒撫弄以寄其意. 貴賤造之者, 有酒輒設. 潛若先醉, 便語客:「我醉欲眠卿可去.」其眞率如此. 郡將候潛, 逢其酒熟, 取頭上葛巾漉酒, 畢, 還復著之. 潛弱年薄宦, 不潔去就之迹. 自以曾祖晉宰輔, 恥復屈臣後代, 自宋武帝王業漸隆, 不復肯仕. 所著文章, 皆題其年月. 義熙以前, 明書晉氏年號, 自永初以來, 唯云甲子而已. 餘子書以言其志, 幷爲訓戒曰:『吾年過五十, 吾窮苦荼毒. 性剛才拙, 與物多忤. 自量爲己, 必貽俗患. 俛俛辭事, 使汝幼而飢寒耳. 常感孺仲賢妻之言, 敗絮自擁, 何慙兒子? 此其一事矣. 但恨隣靡二仲, 室無萊婦, 抱玆苦心, 良獨罔罔. 少來好書, 偶愛閑靖, 開卷有得, 便欣然忘食. 見樹木交蔭, 時鳥變聲, 亦復歡爾有喜. 嘗言五六月北窗下臥, 遇涼風暫至, 自謂是羲皇上人. 意淺識陋, 日月遂往, 疾患以來, 漸就衰損. 親舊不遺, 每有藥石見救, 自恐大分將有限也. 汝輩幼小, 家貧無役, 柴水之勞, 何時可免. 念之在心, 若何可言. 然雖不同生, 當思四海皆兄弟之義. 鮑叔, 敬仲, 分在無猜, 歸生, 伍擧, 班荊道舊, 遂能以敗爲成, 因喪立功. 佗人尙爾, 況共父之人哉. 潁川韓元長, 漢末名士, 身處卿佐, 八十而終, 兄弟同居, 至於沒齒. 濟北氾幼春, 晉時操行人也. 七世同財, 家人無怨色. 詩云「高山景行」, 汝其愼哉!」

又爲命子詩以貽之.

元嘉四年, 將復徵命, 會卒. 世號靖節先生. 其妻翟氏, 志趣亦同, 能安苦節, 夫耕於田, 妻鋤於後云.

6.《晉書》(94) 隱逸傳 陶潛 ………… 唐, 房玄齡

陶潛字元亮, 大司馬侃之增損也. 祖茂, 武昌太守. 潛少懷高尙, 博學善屬文, 穎脫不羈, 任眞自得, 爲鄕鄰之所貴. 嘗著五柳先生傳以自況曰:「先生不知何許人, 不詳好字, 宅邊有五柳樹, 因以爲號焉. 閑靖少言, 不慕榮利. 好讀書, 不求甚解, 每有會意, 欣然忘植. 性嗜酒, 而家貧不能恒得. 親舊知其如此, 或置酒招之, 造飮必盡, 期在必醉, 旣醉而退, 曾不吝情. 環堵蕭然, 不蔽風日, 短褐穿結, 簞瓢屢空, 晏如也. 嘗著文章自娛, 頗示己志, 忘懷得失, 以此自終.」其自序如此, 時人謂之實錄. 以親老家貧, 起爲州祭酒, 不堪吏職, 少日自解歸. 州召主薄, 不就, 躬耕自質, 遂抱羸疾. 後爲鎭軍, 建威參軍, 謂親朋曰:「聊欲絃歌, 以爲三徑之資可乎?」執事者聞之, 以爲彭澤令. 在縣公田悉令種秫穀, 曰:「令吾常醉於酒足矣.」妻子固請種秔, 乃使一頃五十畝種秫, 五十畝種秔. 素簡貴, 不私事上官. 郡遣督郵至縣, 吏白應束帶見之, 潛歎曰:「吾不能爲五斗米折腰, 拳拳事鄕里小人邪!」義熙二年, 解印去縣, 乃賦〈歸去來〉. 其辭曰:『歸去來兮, 園田荒蕪, 胡不歸. 旣自以心爲形役, 奚惆悵而獨悲. 悟已往之不諫, 知來者之可追. 實迷塗其未遠, 覺今是而昨非. 舟超遙以輕颺, 風飄飄而吹衣. 問征夫以前路, 恨晨光之希微. 乃瞻衡宇, 載欣載奔. 僮僕歡迎, 稚子候門. 三徑就荒, 松菊猶存. 攜幼入室, 有酒停尊. 引壺觴而自酌, 眄庭柯以怡顏. 倚南窗而寄傲, 審容膝之易安. 園日涉而成趣, 門雖設而常關. 策扶老以流憩, 時矯首而退觀. 雲無心以出岫, 鳥倦飛而知還. 景翳翳其將入, 撫孤松而盤桓. 歸去來兮, 請息交而絶遊. 世與我以相遺, 服駕言兮焉求. 說親戚之情話, 樂琴書以消憂. 農人告余以上春, 將有事于西疇. 或命巾車, 或棹扁舟. 旣窈窕以窮壑, 亦崎嶇而經丘. 木欣欣以向榮, 泉涓涓而始流. 善萬物之得時, 感吾生之行休. 已矣乎! 寓形宇內復幾時, 奚不委心任去留, 胡爲遑遑欲何之. 富貴非吾願, 帝鄕不可期. 懷良辰以孤往, 或植杖而耘耔. 登東皐以舒嘯, 臨淸流而賦詩. 聊乘化以歸盡, 樂夫天命復奚疑!』

頃之, 徵著作郎, 不就. 旣絶州郡覲謁, 其鄕親張野及周旋人, 羊松齡, 龐遵等或有酒要之, 或要之共至酒坐, 雖不識主人, 亦欣然無忤, 酣醉便反. 未嘗有所造詣, 所之唯至田舍及廬山游觀而已.

刺史王弘以元熙中臨州, 甚欽遲之, 後自造焉. 潛稱疾不見. 旣而語人云:「我性不狎世, 因疾遂閑, 幸非潔志慕聲, 豈敢以王公紆軫爲榮邪! 夫謬以不賢, 此劉公幹所以招謗君子, 其罪不細也.」弘每令人候之, 密知當往廬山, 乃遣其故人龐通之等齎酒, 先於半道要之. 潛其遇酒, 便人酌野亭, 欣然忘進. 弘乃出與相見, 遂歡宴窮日. 潛無履, 弘顏左右爲之造履. 左右請履度, 潛便於坐申脚令度焉. 弘要之還州, 問其所乘, 答云:「素有脚疾, 向乘藍輿, 亦足自反.」及令一門生二兒共轝之至州, 而言笑賞適, 不覺其有羨於華軒也. 弘後欲見, 輒於林澤間候之. 誌於酒米乏絶, 亦時相贍.

其親朋好事, 或載酒看而往, 潛亦無所辭焉. 每一醉, 則大適融然. 又不營生業, 家無悉委之兒僕. 未嘗有喜慍之色, 惟遇酒則飮, 時或無酒, 亦雅詠不輟. 嘗言夏月虛閑, 高臥北窓之下, 淸風颯至, 自謂羲皇上人. 聲不解音, 而畜素琴一張, 絃徽不具, 每朋酒之會, 則撫而和之, 曰:「但識琴中趣, 何勞絃上聲!」以宋元嘉中卒, 時年六十三, 所有文集並行於世.

7. 《詩品》陶淵明 ················ 南朝 梁, 鍾嶸

『宋徵士陶潛詩』

宋徵士陶潛詩, 其源出於應璩, 又協左思風力. 文體省淨, 殆無長語. 篤意眞古, 辭興婉愜. 每觀其文, 想其人德, 世歎其質直. 至如「歡言酌春酒」,「日暮天無雲」, 風華淸靡, 豈直爲田家語耶? 古今隱逸詩人之宗也.

8. 〈陶淵明傳〉 ············ 南朝 梁, 蕭統

陶淵明, 字元亮. 或云潛, 字淵明. 潯陽柴桑人也. 曾祖侃, 晉大司馬.

淵明少有高趣, 博學, 善屬文, 穎脫不群, 任眞自得. 嘗著〈五柳先生傳〉以自況, 曰:「先生不知何許人也, 亦不詳姓字, 宅邊有五柳樹, 因以爲號焉. 閑靜少言, 不慕榮利. 好讀書, 不求甚解, 每有會意, 欣然忘食. 性嗜酒, 而家貧不能恒得. 親舊知其如此, 或置酒招之. 造飮輒盡, 期在必醉. 旣醉而退, 曾不恡情去留. 環堵蕭然, 不蔽風日. 短褐穿結, 簞瓢屢空, 晏如也. 嘗著文章自娛, 頗示己志. 忘懷得失, 以此自終.」時人謂之實錄.

親老家貧, 起爲州祭酒. 不堪吏職, 少日, 自解歸. 州召主簿, 不就. 躬耕自資, 遂抱羸疾. 江州刺史檀道濟往候之, 偃臥瘠餒有日矣. 道濟謂曰:「賢者處世, 天下無道則隱, 有道則至. 今子生文明之世, 奈何自苦如此?」對曰:「潛也, 何敢望賢? 志不及也.」

道濟饋以粱肉, 麾而去之. 後爲鎮軍建威參軍, 謂親朋曰:「聊欲弦歌, 以爲三徑之資, 可乎?」執事者聞之, 以爲彭澤令. 不以家累自隨, 送一力給其子, 書曰:「汝旦夕之費, 自給爲難, 今遣此力, 助汝薪水之勞. 此亦人子也, 可善遇之.」公田悉令吏種秫, 曰:「吾常得醉於酒, 足矣!」妻子固請種秔, 乃使二頃五十畝種秫, 五十畝種秔. 歲終, 會郡遣督郵至, 縣吏請曰:「應束帶見之.」淵明歎曰:「我豈能爲五斗米折腰向鄉里小兒!」即日解綬去職, 賦〈歸去來〉.

徵著作郎, 不就. 江州刺史王弘, 不能致也. 淵明嘗往廬山, 弘命淵明故人龐通之齎酒具, 於半道栗里之間邀之. 淵明有脚疾, 使一門生二兒舁籃輿. 既至, 欣然便共飮酌. 俄頃, 弘至, 亦無迕也. 先是顔廷之爲劉柳後軍功曹, 在潯陽, 與淵明情欵. 後爲始安君, 經過潯陽, 日造淵明飮焉. 每往, 必酣飮致醉. 弘欲邀延之坐, 彌日不得. 延之臨去, 留二萬錢與淵明, 淵明悉遣送酒家, 稍就取酒. 嘗九月九日出宅邊菊叢中, 坐久之, 滿手把菊, 忽值弘送酒之, 即便就酌, 醉而歸. 淵明不解音律, 而蓄無絃琴一張, 每酒適, 輒撫弄, 以寄其意. 貴賤造之者, 有酒輒設, 淵明若先醉, 便於客:「我醉欲眠, 卿可去.」其眞率如此. 郡將常侯之, 值其釀熟, 取頭上葛巾漉酒, 漉畢, 還復著之.

時周續之入廬山, 事釋惠遠; 彭城有遺民, 亦遁迹匡山; 淵明又不應徵命, 謂之潯陽三隱. 後刺史檀韶苦請續之出州, 與學士祖企, 謝景夷三人, 共在城北講禮, 可以讎校. 近於馬隊, 是故淵明示其詩, 云:「周生述孔業, 祖謝響然臻. 馬隊非講肆, 校書亦已勤.」其妻翟民, 亦能安勤苦, 與其同志. 自以曾祖晉世宰輔, 恥復屈身後代. 自宋高祖王業漸隆, 不復肯仕. 元嘉四年, 將復徵命, 會卒. 時年六十三. 世號靖節先生. (李公煥,《箋注陶淵明集》卷十.)

9.〈陶徵士誄〉(幷序) ………… 南朝 宋, 顔延之

夫璿玉致美, 不爲池隍之寶; 桂椒信芳, 而非園林之寶. 豈其深而好遠哉? 蓋云殊性而已. 故無足而至者, 物之籍也; 隨踵而立者, 人之薄也. 若乃巢, 高之抗行, 夷, 皓之峻節, 故已父老. 堯, 禹, 錙銖周, 漢, 而緜世浸遠, 光靈不屬, 至使菁華隱沒, 芳流歇絕, 不其惜乎! 雖今之作者, 人自爲量, 而首路同塵, 輟塗殊軌者多矣. 豈所以昭末景, 汎餘波!

有徵晉士尋陽陶淵明, 南岳之幽居者也. 弱不好弄, 長實素心. 學非稱師, 文取指達. 在衆不失其寡, 處言愈見其黙. 少而貧病, 居無僕妾. 幷臼弗任, 藜菽不給. 母老子幼, 就養勤匱. 遠惟田生致親之議, 追悟毛子捧檄之懷. 初辭州府三命, 後爲彭澤令. 道不偶物, 棄官從好. 遂乃解體世紛, 結志區外, 定迹深棲, 於是乎遠. 灌畦鬻蔬, 爲供魚菽之祭; 織絇緯蕭, 以充糧粒之費. 心好異書, 性樂酒德, 簡棄煩促, 就成省曠. 殆所

謂國爵屏貴, 家人忘貧者與?

有詔徵爲著作郎, 稱疾不到. 春秋若干, 元嘉四年月日, 卒于尋陽縣之某里. 近識悲悼, 遠士傷情. 冥黙福應, 嗚呼淑貞! 夫實以誄華, 名有諡高, 苟允德義, 貴賤何筭焉? 若其寬樂令終之美, 好廉克己之操, 有合諡典, 無愆前志. 故詢諸友好, 宜諡曰靖節徵士. 其辭曰:物尙孤生, 人固介立. 豈伊時遘, 曷云世及? 嗟乎若士! 望古遙集. 韜此洪族, 蔑彼名級. 睦親之行, 至自非敦. 然諾之信, 重於布言. 廉深簡絜, 貞夷粹溫. 和而能峻, 博而不繁. 依世尙同, 詭時則異. 有一於此, 兩非黙置. 豈若夫子, 因心違事? 畏榮好古, 薄身厚志. 世覇虛禮, 州壤追風. 人之秉彝, 不隘不恭. 爵同下士, 祿等上農. 度量難鈞, 進退可限. 子之悟之, 何悟之辯? 賦詩歸來, 高蹈獨善. 亦旣超曠, 無適非心. 晨烟暮藹, 春照秋陰. 陳書輟卷, 置酒絃琴. 居備勤儉, 躬兼貧病. 人否其憂, 子然其命. 隱約就閑, 遷延辭聘. 非直也明, 是惟道性. 孰云與仁? 實疑明智. 謂天蓋高, 胡愆斯義? 履信曷憑? 思順何眞? 年在中身, 疢維痁疾. 視死如歸, 臨凶若吉. 藥劑非嘗, 禱祀非恤. 儼幽告終, 懷和長畢. 嗚呼哀哉! 遭壤以穿, 旋葬而窆. 嗚呼哀哉! 深心追往, 遠情逐化. 自爾介居, 及我多暇. 伊好之洽, 接閣鄰舍. 宵盤晝憩, 非舟非駕. 念昔宴私, 擧觴相誨. 獨正者危, 至方則礙. 哲人卷舒, 布在前載. 取鑒不遠, 吾規子佩. 爾實愀然, 中言而發. 違衆速尤, 迕風善蹶. 身才非實, 榮聲有歇. 叡音永矣, 誰箴余闕? 嗚呼哀哉! 仁焉而終, 智焉而斃. 黔婁旣沒, 展禽亦逝. 其在先生, 同塵往世. 旌此靖節, 加彼康惠. 嗚呼哀哉!

10.〈蓮士高賢傳〉 ………… 佚名

陶潛字淵明, 晉大司馬侃之曾孫. 少懷高尙, 著〈五柳先生傳〉以自況, 時以爲實錄初爲建威參軍, 謂親朋曰:「聊欲弦歌, 爲三徑之資.」執事者聞之, 以爲彭澤令. 郡遣郵至縣, 吏曰:「應束帶賢之.」潛嘆曰:「吾不能爲五斗米折腰, 拳拳事鄕里小兒耶!」解印去縣, 乃賦〈歸去來〉. 及宋受禪, 自以晉世宰輔之后. 職復屈身异代. 居潯陽柴桑, 與周續之, 劉遺民幷不應辟命, 世號「潯陽三隱.」嘗言夏月虛閑, 高臥北窓之下, 淸風颯至, 自謂羲皇上人. 性不解音, 畜素琴一張, 弦徽不具, 每朋酒之會, 則撫而叩之, 曰:「但識琴中趣, 何勞弦上聲.」常往來廬山, 使一門生二兒舁籃輿以行. 遠法師與諸賢及蓮杜, 以書招淵明. 淵明曰:「若許陰則往.」許之, 遂造焉, 忽攢眉而去.」宋元嘉四年卒. 世號靖節先生. (明程榮《漢魏總書》本)

《古文眞寶》[後集] 卷二

## 015. 〈五柳先生傳〉 ·················· 陶淵明(陶潛)
### 오류선생전

*〈五柳先生傳〉:《陶淵明集》에는 "〈五柳先生傳〉(幷贊)"이라 하여 傳과 贊을 함께
표시하였음. 이 글은 작자 陶淵明이 晉 義熙 6년(410, 작자 46세)에 쓴 것으로 알
려져 있음. 傳記體로 자신을 객관화하여 표현한 것으로, 실제로는 자신의 抒懷
를 散文 傳記體 形式을 빌려 쓴 것임. '傳'은 사람의 사적을 기록한 傳記.《韻會》
에 "史氏紀載事迹以傳于世, 亦曰傳. 諸史列傳是也"라 함.
*《眞寶》注에 "陶淵明門栽五柳, 因自著五柳先生傳"이라 함.

전傳 :
선생은 어디 사람인지 알 수 없으며, 그 성씨나 자도 상세하지 않다.
집 주변에 다섯 그루의 버드나무가 있어 이를 그의 호로 삼았다.
한가롭고 평안하여 말이 적으며 영리榮利를 바라지 않았다.
독서를 좋아하되 속속들이 알려고 하지 않으나 매번 뜻에 맞는 것이
있으면 흔연欣然히 밥 먹는 것도 잊을 정도였다.
술을 즐기는 성품이지만 집이 가난하여 언제나 술을 얻을 수 있는 것
은 아니었다.
친척과 친구들이 이와 같음을 알고 혹시 술상을 차려놓고 초대하면, 곧
바로 가서 이를 다 비워 반드시 취하는 데에 이르기까지를 정하여 놓는다.
이윽고 취하고 나서 물러설 때에는 일찍이 떠나고 남고 하는 정에 인
색함을 보인 적이 없다.
사방의 벽은 적막하고 공허하여 바람이나 해를 가릴 수 없었고, 짧은
베옷은 구멍이 나고 기워 입은 것이었으며, 대나무 밥그릇과 표주박은
자주 비었으나 걱정이 없고 편안하였다.
항상 문장을 지어 스스로의 즐김으로 삼아, 자못 자신의 뜻을 나타

내되 마음속에 득실은 잊은 채 이렇게 하여 자신의 일생을 마치리라 여겼다.

찬贊 :

금루黔婁의 아내가 "가난하고 천함에 안쓰러워하지 않으며, 부귀에 안달하지 않는다"라 하였는데,

이런 말을 한 것을 끝까지 해보면 이 사람과 같은 무리가 아니겠는가?

술에 취하여 시詩를 짓고 그 뜻을 이로써 즐겼으니,

무회씨無懷氏의 백성인가? 갈천씨葛天氏의 백성인가?


先生不知何許人, 亦不詳其姓字.

宅邊有五柳樹, 因以爲號焉.

閑靖少言, 不慕榮利.

好讀書, 不求甚解, 每有會意, 便欣然忘食.

性嗜酒, 家貧不能常得.

親舊知其如此, 或置酒而招之, 造飮輒盡, 期在必醉.

旣醉而退, 曾不吝情去留.

環堵蕭然, 不蔽風日; 短褐穿結, 簞瓢屢空, 晏如也.

常著文章自娛, 頗示己志.

忘懷得失, 以此自終.


贊曰:

「黔婁之妻有言:『不戚戚於貧賤, 不汲汲於富貴.』

極其言兹, 若人之儔乎?

酣觴賦詩, 以樂其志.

無懷氏之民歟? 葛天氏之民歟?」

【先生不知何許人, 亦不詳其姓字】 '何許'의 '許'는 시간과 공간으로 보아 '쯤'에 해당하는 말. 여기서는 '何處'의 의미로 봄. 다른 판본에는 '許人' 다음에 '也'자가 더 있음. '姓字'는 성씨와 자. 字는 冠禮를 치른 후 本名 이외로 지어 부르는 것. 《禮記》曲禮(上)에 "男子二十, 冠而字"라 함.

【閑靖少言, 不慕榮利】 '閑靖'은 '閑靜', '閒靜'과 같음. '靖'은 《韻會》에 "安也. 又安之也"라 함. 《陶淵明集》에는 '閒靜'으로 표기되어 있음. '榮利'는 榮華와 利慾. 世俗의 富貴를 뜻함.

【好讀書, 不求甚解】 '不求甚解'는 깊이 파고들어 그 뜻을 끝까지 窮究하거나 訓詁하고자 하지 않음. 대강 뜻이 맞는 곳을 찾아 읽거나 죽 훑어보는 독서법. '解'는 《禮記》經解篇 注에 "解者, 分析之名"이라 함.

【每有會意, 便欣然忘食】 '會意'는 글의 내용이 자신의 뜻과 맞음. '忘食'은 밥 먹는 것도 잊음. 어떤 일에 빠져 汨沒함을 말함. 《論語》述而篇에 "葉公問孔子於子路, 子路不對. 子曰:「女奚不曰:『其爲人也, 發憤忘食, 樂以忘憂, 不知老之將至』云爾.」"라 함.

【家貧不能常得】 '不能常得'은 항상 술이 있는 것은 아님. 部分 否定.

【親舊知其如此, 或置酒而招之】 '親舊'는 親戚(親族)과 舊友(親舊).

【造飮輒盡, 期在必醉】 '造'는 찾아감. 詣, 至와 같음. '輒'은 '곧바로, 즉시'의 뜻. '期'는 期約함, 限界로 삼음.

【旣醉而退, 曾不吝情去留】 '旣醉'는 이윽고 취함. 《詩》大雅 旣醉篇에 "旣醉以酒, 旣飽以德"이라 함. '吝'은 恡, 悋과 같음. 인색(吝嗇)함. 《眞寶》注에 "㤁, 與吝同"이라 함. 《說文》에 "吝, 恨惜也. 又悋鄙也. 慳也"라 하였고, 《增韻》에는 "俗作㤁. 通作吝"이라 함. 《論語》堯曰篇 "猶之與人也, 出納之吝謂之有司"의 注에 "嗇於出納也"라 함. '去留'는 떠나거나 머물거나 하는 정. 이 구절은 인사나 예를 갖추는 형식적인 일에는 인색함. 세속의 규범에 얽매이지 않음을 뜻함.

【環堵蕭然, 不蔽風日】 '環堵'는 둘러치고 있는 사방의 벽. 담장이 곧 방의 벽이 됨을 말함. 《禮記》儒行篇 "儒有一畝之宮, 環堵之室"의 疏에 "環, 謂周廻也. 東西南北唯一堵"라 하였고, 《說文》에는 "堵, 垣也. 五版爲一堵"라 함.

【短褐穿結, 簞瓢屢空, 晏如也】 '短褐'의 '褐'은 賤人의 옷. 《左傳》哀公 13年 傳 "旨酒一盛兮, 余與褐之父睨之"의 杜預 注에 "褐, 寒賤之人也"라 함. '穿結'은 옷이 낡아 구멍이 나기도 하고 기워 입은 모습이 드러나기도 함. '簞瓢屢空'의 '簞瓢'는 '一簞食一瓢飮'의 줄인 말. 貧寒함을 거역하지 않고 견뎌내는 顔回를 칭찬한 말.

《論語》雍也篇에 "一簞食, 一瓢飮, 在陋巷, 人不堪其憂, 回也不改其樂, 賢哉回也"라 함. '屢空'은 먹을 것이 자주 떨어져 굶는 경우가 많음. 《論語》先進篇에 "子曰:「回也其庶乎, 屢空. 賜不受命, 而貨殖焉, 億則屢中.」"이라 함. '晏如也'는 편안히 여김.

【常著文章自娛, 頗示己志】'頗'는 副詞로 '자못'의 뜻. 《韻會》에 "差多曰頗多, 良久曰頗久, 多有曰頗有"라 함.

【忘懷得失, 以此自終】'得失'은 榮利, 富貴 등과 같음.

【黔婁】春秋시대 魯나라 사람으로 曾子와 동시대 인물. 《列女傳》과 《高士傳》 등에 그 행적이 실려 있음.

【不戚戚於貧賤, 不汲汲於富貴】'戚戚'은 慽慽과 같으며 《說文》에 "慽, 憂也, 通作戚"이라 함. 《論語》述而篇에 "子曰:「君子坦蕩蕩, 小人長戚戚.」"라 함. '汲汲'은 《增韻》에 "不休息貌, 又勤急貌"라 함. 《韓詩外傳》(5)에 "夫六經之策, 皆歸論汲汲"이라 함.

【極其言玆, 若人之儔乎】'極'은 《陶淵明集》에는 이 글자가 없음. '若人'은 이와 같은 사람. 《論語》憲問篇에 "子曰:君子哉若人!"이라 함. '儔'는 類와 같음. 같은 무리나 짝.

【酣觴賦詩, 以樂其志】'酣'(감)은 《說文》에 "酣, 酒樂也"라 함.

【無懷氏之民歟? 葛天氏之民歟】'無懷氏'와 '葛天氏'는 고대 전설상의 帝王들. 太平聖代에 그 백성들이 아무런 근심 없이 살았던 시대를 말함. 《資治通鑑綱目前編》(首)에 "葛天氏:其治世也, 不言而信, 不化而行, 蕩蕩乎! 無能名之俗, 以熙熙其作樂也. 三人操牛尾, 投足以歌. 八闋:一曰載民, 二曰玄鳥, 三曰遂草木, 四曰奮五穀, 五曰謹天常, 六曰達帝功, 七曰依地德, 八曰總萬物之極, 是謂廣樂;無懷氏:其撫世也, 以道存生, 以德安形, 其民甘食而樂居, 懷土而重生. 形有動作, 心無好惡, 雞犬之音相聞, 民至老死不相往來, 命之曰無懷氏之民"이라 하였고, 《十八史略》(1)에는 "女媧氏沒, 有共工氏, 太庭氏, 柏皇氏, 中央氏, 歷陸氏, 驪連氏, 赫胥氏, 尊盧氏, 混沌氏, 昊英氏, 朱襄氏, 葛天氏, 陰康氏, 無懷氏, 姓相承者十五世"라 함. 《眞寶》注에는 "二氏, 皆太古之時也"라 함.

1. 작자:陶淵明(陶潛, 陶靖節, 陶徵士, 元亮) 앞장(014) 참조.

2. 이 글은《陶淵明集》(5),《晉書》(94),《宋書》(93),《南史》(75),《昭明太子集》(4,〈陶淵明傳〉),《通志》(177),《江西通志》(142),《太平御覽》(504, 956),《事文類聚》(前集 32, 後集 23),《淵鑑類函》(289),《漢魏六朝百三家集》(62, 81),《文章辨體彙選》(542) 등에 널리 실려 있음.

3. 皇甫謐《高士傳》(中) 黔婁先生

黔婁先生者, 齊人也. 修身淸節, 不求進於諸侯. 魯恭公聞其賢, 遣使致禮賜粟三千鍾, 欲以爲相, 辭不受. 齊王又禮之以黃金百斤聘爲卿, 又不就. 著書四篇, 言道家之務, 號黔婁子, 終身不屈以壽終.

4.《列女傳》(2) 魯黔婁妻

魯黔婁先生之妻也. 先生死, 曾子與門人往弔之. 其妻出戶, 曾子弔之. 上堂, 見先生之尸在牖下, 枕墼席稿, 縕袍不表. 覆以布被, 首足不盡斂. 覆頭則足見, 覆足則頭見. 曾子曰:「邪引其被則斂矣.」妻曰:「邪而有餘, 不如正而不足也. 先生以不邪之故, 能至於此. 生時不邪, 死而邪之, 非先生意也.」曾子不能應. 遂哭之曰:「嗟乎! 先生之終也, 何以爲謚?」其妻曰:「以康爲謚.」曾子曰:「先生在時, 食不充虛, 衣不蓋形, 死則手足不斂, 旁無酒肉. 生不得其美, 死不得其榮, 何樂於此? 而謚爲康乎?」其妻曰:「昔先生, 君嘗欲授之政, 以爲國相, 辭而不爲, 是有餘貴也;君嘗賜之粟三十鍾, 先生辭而不受, 是有餘富也. 彼先生者, 甘天下之淡味, 安天下之卑位;不戚戚於貧賤, 不忻忻於富貴, 求仁而得仁, 求義而得義, 其謚爲康, 不亦宜乎?」曾子曰:「唯斯人也而有斯婦.」君子謂:「黔婁妻爲樂貧行道.」詩曰:『彼美淑姬, 可與寤言.』此之謂也. 頌曰:『黔婁旣死, 妻獨主喪, 曾子弔焉, 布衣褐衾, 安賤甘淡, 不求豐美, 尸不揜蔽, 猶謚曰康.』

# 016. 〈北山移文〉 ·················· 孔德璋(孔稚珪)
## 북산이 보내는 이첩 공문

* 〈北山移文〉: '北山'은 지금의 南京 외곽에 있으며 蔣山, 鍾山, 紫金山, 聖遊山으로도 불림. '移文'은 公文의 일종. 문서를 작성하여 해당자에게 移牒하는 공문으로, '徊文', 혹은 '觸文'이라고도 함. 여기서는 孔稚珪가 北山(蔣山)의 신령을 대신하여 周彦倫에게 '공문을 이첩해 보내다'의 뜻. 周彦倫(周顒)이 北山에서 은거하다가 世俗의 利慾에 물들어 海鹽縣 縣令으로 벼슬길에 나가자 이를 못마땅히 여긴 孔稚珪가 北山 神靈의 명령을 대신하여 그가 다시 그 산으로 돌아오는 것을 허락하지 않겠다는 뜻을 가설하여 표현한 것임. 한편 '周彦倫'은 周顒. 자는 彦倫. 南朝 宋나라 때 인물로 晉나라 周顗의 7세손.《事文類聚》(前集 33)에 "周顒, 字彦倫. 隱北山, 後應詔出爲海鹽令, 欲過此山. 孔德璋假山靈, 作文以却之"라 하였고,《南齊文紀》(6)의 注에도 "周顒嘗隱鍾山, 昔經在蜀, 以蜀草堂寺, 林壑可懷, 乃於鍾嶺立寺, 因號草堂, 亦名山茨. 後出爲海鹽令. 稚圭乃假山靈之意, 移之"라 함.《南齊書》(41)에 傳이 있음.

* 《眞寶》注에 "孔稚圭(珪), 字德璋, 會稽人. 少涉學有美譽, 仕至太子詹事. 鍾山在郡北, 其先周彦倫隱於北山, 後應詔出爲海鹽縣令, 欲却適北山. 孔生乃假山靈之意, 移之使不許再至. 故云〈北山移文〉. 迂齋(樓昉)云:「建康蔣山是也.」"라 함.


종산鍾山의 영령英靈과 초당草堂의 신령이 안개[煙]로 하여금 역로驛路를 달려가 이문移文을 종산의 뜰에 이렇게 새기도록 하노라.


"무릇 (은자란) 굳은 지조와 속세를 뛰어넘는 풍모, 속세를 벗어나는 소쇄蕭洒한 생각, 백설白雪을 건너온 결백함, 청운에 닿아 곧바로 솟구치는 기상으로써 해야 하는 것, 나는 지금까지 이렇게 알고 있다.

만물의 밖에서 우뚝하며, 세속에 물들지 않아 천금을 초개처럼 여겨 거들떠보지도 않으며, 높은 지위도 헌신짝을 벗어버리듯 하고, 낙수洛水

가에서 봉황의 울음 소리를 들으며, 연뢰延瀨에서 만난 나무꾼과 같은 모습이어야 하는 것이니 진실로 역시 그러함이 있어야 하는 것이다.

그런데 어찌 시작과 끝이 어그러지고 푸른색과 누런색이 번복되어, 묵적墨翟이 슬픔에 눈물 흘리고, 양주楊朱의 통곡한 일처럼, 그대가 갑자기 발을 돌려 마음이 세속에 물들고, 앞서서는 곧다가 뒤에 이렇게 때가 묻을 줄을 알았으랴? 어찌 그렇게도 잘못되고 말았는가?

아! 상장尚長도 살아 있지 아니하고, 중장통仲長統도 이미 가버려, 산언덕이 고요하고 적막해졌으니 천 년을 두고 누가 감상해 줄 것인가?


세상에 주옹周顒이라는 사람이 있는데, 세속에서는 아주 뛰어난 선비로서 글도 잘 짓고 학문도 넓었으며 도가의 현묘함에도 뛰어났고 역사에도 밝았었다.

그러나 학문은 동로東魯 안합顔闔의 은둔사상을 배우고, 남곽자기南郭子綦의 무아無我를 익히는 척하면서, 남곽처사南郭處土가 우竽도 불 줄 모르면서 임금을 속였듯이 초당 생활을 훔쳐, 북악北岳 종산에 들어와 은자들이 쓰는 두건을 쓰고 자신도 은자인 척하면서, 나(北山)의 소나무와 계수나무를 유혹하였고 나의 구름과 골짜기를 속였으니, 비록 그가 강호에서는 은자의 모습을 가장하였으나 내심으로는 좋은 관직에 마음이 얽매여 있었던 자였다.

그가 처음 이 산에 들어왔을 때엔 장차 소보巢父 따위도 밀어내고, 허유許由도 끌어내릴 듯하여, 백세를 두고 오만함을 자랑하며 왕후도 깔보았다. 그 풍류의 모습은 햇살처럼 퍼져나가고 서릿발 같은 기상은 가을하늘을 가로지르듯이 하며, 때로는 은자들이 사라진 지 오래임을 탄식하기도 하고, 또는 왕손王孫이 와서 노닐지 않은 곳이라 하여 원망하기도 하였고, 불가佛家의 공空을 담론하고 도가道家의 현玄을 탐구하기도 하였으니, 무광務光이 어찌 그와 비교될 수 있었겠으며, 연자涓子조차도 그와 짝이 될 수 없을 정도였다.

그러나 그를 찾으러 오는 사자를 태운 말이 울음소리를 내며 골짜기에 들어오고, 그를 부르는 학두서鶴頭書가 산언덕을 넘어오자, 몸은 뛰쳐나가고 혼은 흩어져 지조는 변하고 정신은 흔들리고 말았다.

이에 눈썹이 치켜 올라간 채 벼슬 순서에 따라 자리를 잡고 앉자, 자리 위에서는 소맷자락을 펄럭이더니 그만 마름옷은 불살라버리고 연잎옷은 찢어버린 채 먼지 낀 얼굴을 꼿꼿하게 쳐들고 속된 모습으로 마구 달려나갔다.

그러자 바람과 구름은 슬퍼하며 분노하였고, 돌샘은 오열嗚咽하며 슬픔을 아래로 흘려보내면서, 수풀 우거진 산봉우리를 바라보며 실망한 듯 여겼고, 초목을 돌아보며 상실하였다고 여겼다.

그러나 그는 금장金章을 몸에 차게 되었고, 인장을 맨 검은 끈을 꿰어 차기에 이르자 속성屬城의 웅장함에 걸터앉아 관할 지역 백 리 땅의 우두머리가 되어 해전海甸에서 영풍英風을 펼쳐 나갔고, 절우浙右에서 묘한 명예를 내달려 나갔다. 이리하여 도가道家의 책은 오래도록 버려졌고 불법을 강론하던 자리도 오랫동안 묻히고 말았다.

그런데 죄인을 매질하는 시끄러운 소리가 그의 생각을 침해하였고, 공문서와 송사 때문에 바쁜 업무가 그의 마음에 가득 담기면서, 점차 금가琴歌도 이윽고 단절되고, 술마시고 시 짓는 것도 더 이상 지속되지 못한 채, 항상 결과의 실적과 근무 성적에 묶이게 되었으며, 매번 옥사獄事의 시비를 판단하는 재판에 마음이 어지럽게 되었다.

그럼에도 그는 한漢나라 때 장창張敞과 조광한趙廣漢 같은 이를 본보기로 훌륭한 관리가 되어야 한다는 다짐과, 후한後漢 탁무卓茂와 노공魯恭을 옛 본보기로 삼아야 한다는 생각, 그리고 삼보三輔의 훌륭한 인물들의 발자취를 좇아야 하고, 구주九州의 목牧처럼 명예가 내달려야 한다고 여겼다.

그는 자신이 은거했던 이 북산의 높은 노을은 홀로 비치도록 내버려

두었고, 밝은 달은 홀로 높이 떠 있도록 내버려두었으며, 푸른 소나무는 낙락히 그늘을 이루고 있도록 내버려두었으니 흰 구름인들 누구와 짝을 하겠는가?

그가 살던 골짜기의 집은 부서져 돌아가도 함께 할 사람이 없게 되었고, 돌 깔린 오솔길은 황량하여 그저 멍하니 목을 빼고 누군가를 기다리고 있었다.

심지어 돌개바람이 장막 안으로 불어들고, 쏟아내듯 하는 안개는 기둥 사이에 피어나며, 혜초蕙草로 엮은 장막은 텅 비어 있어, 밤이면 학이 원망의 울음을 울고, 산에서 사람이 떠난 새벽이면 원숭이들이 놀라서 울고 있었다.

옛날 소광疏廣은 벼슬을 내던지고 바닷가에서 여생을 편안히 보냈다고 들었는데, 지금 주옹은 난초蘭草 띠를 풀어 던지고 속세의 먼지 묻은 갓끈을 매고 있구나!

이에 남악南嶽은 나를 조롱하고, 북산의 언덕들은 나 북산을 크게 비웃고 있으며, 줄지어 있는 골짜기들은 다투어 나를 놀리고, 뾰족뾰족 모여 있는 봉우리들도 소리 높여 나를 꾸짖으면서, 떠돌이 녀석 주옹이 나 북산을 속인 것을 분개하고 있으며, 누구도 나를 위로하러 오는 자가 없음을 비통해 하고 있다.

그 때문에 우거진 숲의 부끄러움은 끝이 없고, 나 북산 시냇물의 부끄러움은 다함이 없어, 가을 계수나무는 바람을 보내고, 봄 댕댕이풀은 달을 밀쳐 버리고 있다.


서산西山의 백이伯夷와 숙제叔齊의 은둔에 대한 논의를 널리 선포하고, 동고東皐에 은거하던 완적阮籍의 소박한 뜻을 널리 선포하노라!

지금 이에 주옹은 하읍 해염海鹽에서 행장을 서둘러 파도를 헤치며 벼슬을 얻고자 경사京師로 노를 저어 가고 있을 것인데, 비록 그의 속마음은 높은 대궐에 있다 해도, 혹 거짓으로 이 북산의 입구에 발을 들여

놓을 수도 있으니, 어찌 내 산의 두약杜若으로 하여금 얼굴을 두껍게 하며, 벽려薜荔로 하여금 수치를 모르게 하며, 벽령碧嶺으로 하여금 재차욕을 보게 하며, 단애丹崖로 하여금 거듭 더럽도록 하며, 속세에 노닐던 발길이 혜초蕙草의 길을 밟도록 할 수 있겠으며, 녹지淥池의 깨끗한 물이 주옹의 귀를 씻는 일로 더럽혀지도록 할 수 있겠는가?

마땅히 산 입구에 장막을 쳐 빗장으로 삼고, 구름으로 관문을 삼아 덮어버리며, 가벼운 안개 풍경도 거두어들이고, 소리 내어 흐르는 냇물도 숨겨버려, 그가 타고 오는 수레의 끌채를 골짜기 입구에서 분질러버리고, 교외 끝에서 잡고 마구 들어오는 고삐를 막을 것이다.

이에 떨기를 이룬 나뭇가지들은 쓸개로부터 화를 내어 눈을 부릅뜰 것이며, 첩첩이 난 풀 이삭들은 혼백이 노할 것이며, 때때로 날아오르는 나뭇가지들은 수레바퀴를 부수어버릴 것이며, 나뭇가지는 갑자기 낮게 드리워 그의 흔적을 쓸어내어버리며, '속된 선비의 수레는 돌려보냅니다. 우리 주인님을 위해 도망간 나그네는 사절합니다!'라고 청할 것이다."

鍾山之英, 草堂之靈, 馳煙驛路, 勒移山庭:

「夫以耿介拔俗之標, 蕭洒出塵之想, 度白雪以方潔, 干青雲而直上, 吾方知之矣.

若其亭亭物表, 皎皎霞外, 芥千金而不眄, 屣萬乘其如脫, 聞鳳吹於洛浦, 值薪歌於延瀨, 固亦有焉.

豈期始終參差, 蒼黃反覆, 淚翟子之悲, 慟朱公之哭, 乍廻迹以心染, 或先貞而後黷? 何其謬哉?

嗚呼! 尚生不存, 仲氏旣往, 山阿寂寥, 千載誰賞?

世有周子, 雋俗之士, 旣文旣博, 亦玄亦史.
然而學遁東魯, 習隱南郭, 竊吹草堂, 濫巾北岳, 誘我松桂, 欺我雲壑, 雖假容於江皐, 乃纓情於好爵.

　其始至也, 將欲排巢父, 拉許由; 傲百世, 蔑王侯, 風情張日, 霜氣橫秋, 或歎幽人長往, 或怨王孫不游, 談空空於釋部, 覈玄玄於道流, 務光何足比, 涓子不能儔.


　及其鳴騶入谷, 鶴書赴隴, 形馳魄散, 志變神動.

　爾乃眉軒席次, 袂聳筵上, 焚芰製而裂荷衣, 抗塵容而走俗狀.

　風雲悽其帶憤, 石泉咽而下愴, 望林巒而有失, 顧草木而如喪.

　至其紐金章, 綰墨綬, 跨屬城之雄, 冠百里之首, 張英風於海甸, 馳妙譽於浙右, 道帙長擯, 法筵久埋.

　敲扑諠囂, 犯其慮; 牒訴倥傯, 裝其懷, 琴歌旣斷, 酒賦無續, 常綢繆於結課, 每紛綸於折獄.

　籠張趙於往圖, 架卓魯於前籙, 希蹤三輔豪, 馳聲九州牧.


　使其高霞孤映, 明月獨擧, 青松落陰, 白雲誰侶?

　磵戶摧絕無與歸, 石逕荒涼徒延竚.

　至於還飆入幕, 寫霧出楹, 蕙帳空兮夜鶴怨, 山人去兮曉猿驚.

　昔聞投簪逸海岸, 今見解蘭縛塵纓!

　於是南嶽獻嘲, 北隴騰笑; 列壑爭譏, 攢峰竦誚, 慨遊子之我欺, 悲無人以赴吊.

　故其林慙無盡, 澗愧不歇, 秋桂遣風, 春蘿擺月.


　騁西山之逸議, 馳東皐之素謁!

　今乃促裝下邑, 浪栧上京, 雖情投於魏闕, 或假步於山扃, 豈可使芳杜厚顏, 薜荔無恥, 碧嶺再辱, 丹崖重滓, 塵遊躅於蕙路, 汙淥池以洗耳?

　宜扃岫幌掩雲關, 斂輕霧藏鳴湍, 截來轅於谷口, 杜妄轡於郊端.

於是叢條瞋膽, 疊穎怒魄, 或飛柯以折輪, 乍低枝而掃迹, 請
『迴俗士駕, 爲君謝逋客!』」

【鍾山之英, 草堂之靈】'鍾山'은 北山. '英'은 다음 구절 '靈'과 합해 英靈을 뜻함. 원
래 '英'은 초목의 혼령을 뜻하며 靈은 神靈. '草堂'은 옛날 蜀의 法師가 鍾山에 와
서 山水의 빼어남에 빠져 지은 草堂寺.《文選》注에 "梁簡文帝〈草堂傳〉曰: 汝南周
顒, 昔經在蜀, 以蜀草堂寺, 林壑可懷. 乃於鍾嶺雷次宗學館, 立寺因名草堂, 亦號山
茨"리 함. 혹은 周顒(周彦倫)이 은거할 때 지었던 草堂이라고도 함.《眞寶》注에
"二神. ○假山靈而言"이라 함.

【馳煙驛路, 勒移山庭】'馳煙驛路'는 안개[煙]로 하여금 驛路로 달리게 함. 산신령
이 안개로 하여금 驛路를 달려 移文을 가지고 가도록 심부름을 시킴. '勒'은 돌이
나 쇠에 새겨 기록함. '刻'과 같음. '移'는 移文. '山庭'은 종산의 뜰. 산으로 들어오
는 입구.

【夫以耿介拔俗之標, 蕭洒出塵之想】'夫'는 發語詞. 그 다음의 주어는 '隱者'를 뜻하
는 말이 숨어 있음. '耿介'는 굳은 지조.《眞寶》注에 "耿介, 言志介光大"라 함. '拔
俗之標'는 속세를 뛰어넘는 풍모.《文選》注에 "《楚辭》曰:「獨耿介而不隨.」 孫盛
《晉陽春秋》曰:「呂安志量開廣, 有拔俗風氣.」"라 함. '標'는 드러난 標範. '蕭洒'는
瀟灑와 같음.《文選》에는 '蕭灑'로 되어 있음. 깨끗이 씻어 시원하게 함을 뜻하는
雙聲連綿語. '出塵'은 塵世를 벗어 떠남.《文選》注에 "《莊子》曰:「孔子彷徨塵垢之
外, 逍遙無爲之業.」"이라 함.

【度白雪以方潔, 干靑雲而直上, 吾方知之矣】'度'와 '干'은 둘 모두 動詞로 쓰였음.
'度'는 渡와 같음. '潔'은《文選》에는 '絜'로 되어 있음. '干'은 능가함. 닿음. '吾方知
之矣'는 '나는 바야흐로 산중 隱者라면 그렇게 해야 한다고 알고 있음.' 작자가
周顒이 그렇기를 기대하였음을 말함.

【若其亭亭物表, 皎皎霞外】'亭亭'은 우뚝함.《眞寶》注에 "亭亭, 特立貌"라 함. '物
表'는 만물의 겉. 그보다 위. '皎皎'는 희고 깨끗함. '霞外'는 놀 밖. 속세에서 벗어
남을 뜻함.

【芥千金而不眄, 屣萬乘其如脫】'芥'는 草芥. 별것 아닌 것. 사소한 것. '屣'는 짚신.
역시 사소한 것. '萬乘'은 천자의 높은 지위.《文選》注에 "《爾雅》曰:「芥, 草也.」
《史記》曰: 秦軍引去, 平原君乃置酒, 酒酣起前以千金爲魯連壽. 魯連笑曰:「所貴於

天下之士者, 爲人排患釋難解紛而不取也. 即有取者, 是商賈之事, 而連不忍爲也.」遂辭平原君而去.《淮南子》曰:「堯年衰志閔, 擧天下而傳之舜, 猶却行而脫屣也.」許愼曰:「言其易也.」劉熙《孟子》注曰:「屣, 草屨, 可履.」라 함.《眞寶》注에《史記: 秦軍引去, 平原君乃置酒, 以千金爲魯連壽, 魯連笑曰:「所貴於天下之士者, 爲人排患釋難解紛而不取也. 即有取者, 是商賈之事, 而連不忍爲也.」遂辭平原君而去.《淮南子》曰:「堯年衰志閔, 擧天下而傳之舜, 猶却行而脫屣也.」《爾雅》:「芥, 草也.」라 하여 같음.

【聞鳳吹於洛浦, 値薪歌於延瀨, 固亦有焉】'聞鳳吹於洛浦'는 洛浦에서 봉황의 울음소리를 들음. 周 靈王의 太子 晉(王子喬)은 笙簧을 불어 봉황새 소리를 내며 伊水와 洛水 가에 놀면서 신선이 되었다는 故事에서 유래됨.《文選》注에《列仙傳》曰: 王子喬, 周宣王太子晉也. 好吹笙, 作〈鳳鳴〉, 遊伊洛之間"이라 함.《列仙傳》(上)에 "王子喬者, 周靈王太子晉也. 好吹笙作鳳凰鳴. 遊伊洛之間. 道士浮丘公, 接以上嵩高三十餘年. 後求之於山上, 見桓良曰:「告我家, 七月七日, 待我於緱氏山巓.」至時, 果乘白鶴, 駐山頭. 望之不得到, 擧手謝時人, 數日而去. 亦立祠於緱氏山下及嵩高首焉"이라 하였고, 이 고사는《太平廣記》(4),《後漢書》(82上 方術傳) 注 등에 널리 실려 있음.《眞寶》注에《文選》註:周靈王太子晉, 吹笙作鳳鳴, 遊於伊洛"이라 함. '値薪歌於延瀨'의 '値'는 '만나다'의 뜻. 延瀨에서 나무꾼의 노래를 듣게 됨. 그러한 도사를 만남. 晉나라 孫登이 蘇門山에 은거하여 蘇門先生으로 불렸음. 어느 날 延瀨에서 한 나무꾼을 만나자 "그대는 이곳에서 평생을 보낼 것인가?"라고 물었음. 나무꾼은 "나는 이렇게 들었노라. '성인은 상념을 모두 끊고 오직 도덕만을 마음의 기둥으로 삼는다'라고. 무엇을 이상히 여기고 슬퍼할 것인가?"라고 답하고는 사라졌다 함.《文選》에는 "薪歌延瀨, 未聞"이라 하였으나 六臣注《文選》注에는 "蘇門先生游於延瀨, 見一人採薪, 謂之曰:「子以終此乎?」採薪人曰:「吾聞聖人無懷以道德爲心, 何怪乎而爲哀也?」遂爲歌二章而去, 言有堅固如此"라 함.《眞寶》注에도 "蘇門先生遊於延瀨, 見一人採薪, 謂曰:「子以終此乎?」薪人曰云云, 遂爲歌二章而去"라 함.

【豈期始終參差, 蒼黃反覆】'豈期'는 豫想도 하지 못하였음을 뜻함. '參差'는 '참치'로 읽으며 원래는 올망졸망한 모습을 표현하는 雙聲連綿語.《詩》關雎에 "參差荇菜, 左右流之. 窈窕淑女, 寤寐求之"라 함. 여기서는 마음이 한결같지 않음을 뜻함. 楊朱의 '歧路'를 미리 말한 것. '蒼黃'은 푸른빛이 되기도 하고 누런빛이 되기도 함. 墨翟의 染絲를 미리 말한 것.《眞寶》注에 "終始, 參差, 歧路也; 蒼黃, 反

覆, 素絲也."라 함. 反覆은 《文選》에는 '翻覆'으로 되어 있음.

【淚翟子之悲, 慟朱公之哭】'翟子'는 戰國시대 魯나라 墨翟. 염색하는 모습을 보고 사람의 선한 마음도 이와 같음을 두고 눈물을 흘렸다는 고사. '墨悲絲染'의 成語를 낳음. 《墨子》 所染篇에 "子墨子言: 見染絲者而歎曰:「染于蒼則蒼, 染于黃則黃. 所入者變, 其色亦變. 五入必, 而已則爲五色矣. 故染不可不愼也.」"라 함. '朱公之哭'은 楊朱가 歧路의 사건을 두고 사람의 마음 쓰기에 따라 이 길처럼 남으로 북으로 갈라짐을 슬퍼함. '楊朱泣歧'의 성어를 낳음. 《列子》 說符篇에 "楊朱之鄰人亡羊, 旣率其黨, 又請楊子之豎追之. 楊子曰:「嘻! 亡一羊, 何追者之衆?」鄰人曰:「多歧路.」旣反, 問:「獲羊乎?」曰:「亡之矣.」曰:「奚亡之?」曰:「歧路之中又有歧焉, 吾不知所之, 所以反也.」楊子戚然變容, 不言者移時, 不笑者竟日. ……心都子曰:「大道以多歧亡羊, 學者以多方喪生. 學非本不同, 非本不一, 而末異若是. 唯歸同反一, 爲亡得喪. 子長先生之門, 習先生之道, 而不達先生之況也, 哀哉!」"라 함. 《文選》 注에 "《淮南子》: 楊子見歧路而哭之, 爲其可以南, 可以北; 墨子見練絲而泣之, 爲其可以黃, 可以黑"이라 하였고, 高誘 注에 "閔其別與化也"라 함. 《眞寶》 注에 "翟, 墨翟; 楊, 楊朱也. 楊子見歧路而哭之, 爲其可以南, 可以北; 墨子見練絲而泣之, 爲其可以黃, 可以黑"이라 함.

【乍廻迹以心染, 或先貞而後黷】'乍廻迹以心染'은 갑자기 걸음을 돌려 마음이 검게 물들어 버림. 周顒이 隱者인 척하여 잠시 입산하였던 것을 비꼰 것임. 《眞寶》 注에 "暗說周顒"이라 함. '貞'은 곧음. 貞潔함. '黷'은 '貞'에 상대되는 뜻으로 더럽고 추악함. 《文選》 注에 "《蒼頡篇》曰:「黷, 垢也.」"라 함. 《眞寶》 注에 "應在後"라 함.

【何其謬哉】이는 내(鍾山의 神靈)가 그대 周顒에 대해 잘못 판단하였음을 탄식한 것. 혹 周顒의 잘못을 심하게 한탄한 것으로도 볼 수 있음.

【尙生不存, 仲氏旣往】'尙生不存'은 後漢 尙長의 고사를 말함. 尙長(向長, 자는 子平)은 자녀들을 모두 결혼시키고 나서 모든 것을 털고 입산하여 사라짐. 《眞寶》 注에 "尙長, 子平"이라 함. 皇甫謐 《高士傳》(中)에 "向長, 字子平, 河內朝歌人也. 隱居不仕, 性尙中和, 好通《老》,《易》. 貧無資食, 好事者更餽焉, 受之, 取足而反其餘. 王莽大司空王邑辟之連年, 乃至, 欲薦之於莽, 固辭, 乃止. 潛隱於家, 讀《易》至〈損〉,〈益〉卦, 喟然歎曰:「吾已知富不如貧, 貴不如賤. 但未知死何如生耳!」建武中, 男女娶嫁旣畢, 敕:「斷家事, 勿相關, 當如我死也.」於是遂肆意, 與同好北海禽慶俱遊五嶽名山, 竟不知所終"이라 하였고, 陶淵明의 〈尙長禽慶贊〉에도 "尙子昔薄宦, 妻孥共早晩; 貧賤與富貴, 讀易悟益損. 禽生善周遊, 周遊日已遠; 去矣尋名山, 上反豈知

反?"이라 하였으며, 《蒙求》(子平畢娶)에도 "後漢, 向長字子平, 河内朝歌人. 隱居不仕. 性尙中和, 好通《老》,《易》. 貧無資食, 好事者更饋焉. 受之, 取足而反其餘. 讀《易》至〈損, 益〉卦, 歎曰:「吾已知富不如貧, 貴不如賤. 但未知死何如生耳」建武中, 男女娶嫁旣畢, 敕斷家事勿相關, 遂肆意遊五嶽名山, 不知所終"이라 함. 한편 《後漢書》逸民傳에도 "向長字子平, 河内朝歌人也. 隱居不仕, 性尙中和, 好通《老》,《易》. 貧無資食, 好事者更饋焉, 受之取足而反其餘. 王莽大司空王邑辟之, 連年乃至, 欲薦之於莽, 固辭乃止. 潛隱於家. 讀《易》至〈損〉,〈益〉卦, 喟然歎曰:「吾已知富不如貧, 貴不如賤, 但未知死何如生耳.」建武中, 男女娶嫁旣畢, 勅斷家事勿相關, 當如我死也. 於是遂肆意, 與同好北海禽慶俱遊五嶽名山, 竟不知所終"이라 하였으며 《藝文類聚》(36) 隱逸(上)에는 嵇康《高士傳》을 인용하여 "尙長, 字子平; 禽慶, 字子夏. 二人相善, 慶隱避不仕王莽. 長通《易》《老子》, 安貧樂道, 好事者更饋遺, 輒受之, 自足還餘, 如有不取也, 擧措必於中和. 司空王邑辟之連年, 乃欲薦之於莽, 固辭乃止. 遂求退, 讀《易》至損益卦, 喟然歎曰:「吾知富貴不如貧賤, 未知存何如亡爾?」爲子嫁娶畢, 勅:「家事斷之, 勿復相關, 當如我死矣.」是後肆意, 與同好遊五嶽名山, 遂不知所在"이라 함. '仲氏'는 後漢의 仲長統을 가리킴. 《眞寶》注에 "仲長統"이라 함. 그는 郡에서 벼슬자리로 불러도 그 때마다 병을 핑계로 나가지 아니하였다 함. 《文選》注에 "范曄《後漢書》曰: 仲長統, 字公理, 山陽人也. 性倜儻, 默語無常. 每州郡命召, 輒稱疾不就"라 함.

【山阿寂寥, 千載誰賞】'山阿'는 산언덕, 자연. 은사들이 은거하던 곳.

【世有周子, 雋俗之士】'周子'는 周顒. 자는 彦倫. 南朝 宋나라 때 인물로 晉나라 周顗의 7세손.《南齊書》(41)에 傳이 있음.《眞寶》注에 "周子, 謂顒"이라 함.《文選》注에 "蕭子顯《齊書》曰: 周顒, 字彦倫, 汝南人也. 釋褐海陵國侍郎, 元徽中, 出爲剡令. 建元中, 爲長沙王後車參軍, 山陰令, 稍遷國子博士, 卒於官"이라 함. '雋俗之士'는 속세에서 뛰어난 선비. '雋'은 儁, 俊과 같음.《眞寶》注에 "先奬"이라 함.

【旣文旣博, 亦玄亦史】'玄'은 道家의 老莊 철학. '史'는 野에 상대되는 말.《論語》雍也篇에 "質勝文則野, 文勝質則史"라 함.

【學遁東魯, 習隱南郭】'東魯'는 顔闔을 가리킴.《莊子》讓王篇에 "魯君聞顔闔得道之人也, 使人以幣先焉. 顔闔守陋閭, 苴布之衣而自飯牛. 魯君之使者至, 顔闔自對之. 使者曰:「此顔闔之家與?」顔闔對曰:「此闔之家也.」使者致幣, 顔闔對曰:「恐聽謬而遺使者罪, 不若審之.」使者還, 反審之, 復來求之, 則不得已."라 하였음.《眞寶》注에 "《莊子》: 魯君聞顔闔得道人也. 使人以幣先焉, 顔闔守陋閭, 使者至曰:「此

顏闔之家歟?」闔對曰:「此闔之家.」使者致幣, 闔曰:「恐聽謬而遺使者罪, 不若審
之.」使者反審之, 復來求之, 則亦不可得也.」라 함. '南郭' 南郭子綦를 가리킴. 역
시 《莊子》齊物論에 "南郭子綦隱机而坐, 仰天而噓, 荅焉似喪其耦. 顏成子游立侍
乎前, 曰:「何居乎? 形固可使如槁木, 而心固可使如死灰乎? 今之隱机者, 非昔之隱
机者也.」子綦曰:「偃, 不亦善乎, 而問之也! 今者吾喪我, 汝知之乎? 汝聞人籟而未
聞地籟;汝聞地籟而未聞天籟夫!」子游曰:「敢問其方.」子綦曰:「夫大塊噫氣, 其名
爲風. 是唯無作, 作則萬竅怒呺. 而獨不聞之翏翏乎? 山陵之畏佳, 大木百圍之竅穴,
似鼻, 似口, 似耳, 似枅, 似圈, 似臼, 似洼者, 似污者;激者, 謞者, 叱者, 吸者, 叫者,
譹者, 宎者, 咬者. 前者唱于而隨者唱喁. 泠風則小和, 飄風則大和, 厲風濟則衆竅爲
虛. 而獨不見之調調之刁刁乎?」子游曰:「地籟則衆竅是已, 人籟則比竹是已. 敢問
天籟」子綦曰:「夫天籟者, 吹萬不同, 而使其自己也, 咸其自取, 怒者其誰邪!」라 함.
《文選》注에도 "《莊子》曰:魯君聞顏闔得道人也, 使人以幣先焉. 顏闔守陋閭, 使者
至曰:「此顏闔之家與?」顏闔對曰:「此闔之家.」使者致幣, 顏闔對曰:「恐聽謬而遺使
者罪, 不若審之.」使者反, 審之復來求之, 則不得已. 又曰:「南郭子綦隱几而坐, 仰
天嗒然, 似喪其偶.」郭象曰:嗒焉, 解體若失其配匹也"라 함. 《眞寶》注에 《莊子》:
「南郭子綦隱几而坐, 仰天嗒然, 似喪其偶.」라 함.

【竊吹草堂, 濫巾北岳】'竊吹'는 《文選》에는 '偶吹'로 되어 있으며 注에 "偶吹, 即齊
竽也. 偶, 匹對之名"라 함. 그리고 〈文選考異〉에는 "〈袁本〉, 〈茶陵本〉'偶'作'竊', 案:
五臣作'竊', 善作'偶', 注皆有明文. 二本不著校語, 非也. 唯此本爲未誤, 或尤校改正
之"라 함. '竽吹'는 齊나라 笙簧의 일종으로 《韓非子》內儲說上篇에 "齊宣王使人
吹竽, 必三百人. 南郭處士請爲王吹竽, 宣王說之, 廩食以數百人. 宣王死, 湣王立,
好一一聽之, 處士逃"라 하여, 齊宣王이 생황을 잘 부는 사람을 3백 명이나 두었
는데, 南郭處는 전혀 불 줄 모르면서 그 사이에 끼어 봉록을 먹고 있었음. 宣王
이 죽고 湣王이 들어서서 한 사람씩 이를 불어보도록 하자 남곽선생은 도망쳐
버렸다 함. 周顒이 은자가 아니면서 초당에서 은거한 것을 이에 비유하여 비꼰
것. '濫巾'의 巾은 은자들이 쓰고 다니는 두건. 《文選》注에 "巾, 隱者之飾. 《東觀
漢記》曰:江革專心養母, 幅巾屐屬"이라 함. 周顒이 이러한 두건을 함부로 쓰고 다
닌 것을 말함. '北岳'은 北山, 즉 鍾山. 《眞寶》注에 "言顒盜名草堂, 濫服幅巾, 有如
南郭濫吹竽也"라 함.

【誘我松桂, 欺我雲壑】'我'는 北山을 擬人化한 것. '松桂'와 '雲壑'은 자연을 뜻함.
周顒이 北山의 松桂와 雲壑을 유혹하고 속임.

【雖假容於江皐, 乃纓情於好爵】'江皐'는 江湖. 자연. '纓'은 얽어맴. '好爵'은 좋은 爵祿. 周顯은 거짓으로 자연에 의탁한 은사의 용태를 지었으나 속뜻은 好爵에 얽혀 있었음. 《文選》注에 《楚辭》曰:「將馳騖兮江皐.」《周易》曰:「我有好爵, 吾與 爾縻之.」라 함.

【排巢父, 拉許由;傲百世, 蔑王侯】'巢父'는 堯임금 때의 은자. 나무 위에 둥지를 짓 고 살아 巢父라 하였음. '許由'는 巢父의 친구. 堯가 천하를 선양하려 하자 潁川 에서 귀를 씻었다 함. 《高士傳》(上)에 "巢父者, 堯時隱人也. 山居不營世利. 年老以 樹爲巢, 而寢其上, 故時人號曰巢父. 堯之讓許由也, 由以告巢父. 巢父曰:「汝何不 隱汝形, 藏汝光? 若非吾友也.」擊其膺而下之. 由悵然不自得. 乃過清泠之水, 洗其 耳, 拭其目, 曰:「向聞貪言, 負吾之友矣.」遂去, 終身不相見"이라 하였고, 같은 곳에 "許由, 字武仲, 陽城槐里人也. 爲人據義履方, 邪席不坐, 邪膳不食, 後隱於沛澤之中. 堯讓天下於許由曰:「日月出矣, 而爝火不息, 其於光也, 不亦難乎? 時雨降矣, 而猶 浸灌, 其於澤也, 不亦勞乎? 夫子立而天下治, 而我猶尸之. 吾自視缺然, 請致天下.」 許由曰:「子治天下, 天下旣已治矣. 而我猶代子, 吾將爲名乎? 名者, 實之賓也. 吾將 爲賓乎? 鷦鷯巢於深林, 不過一枝;偃鼠飲河, 不過滿腹. 歸休乎君, 予無所用天下 爲. 庖人雖不治庖, 尸祝不越樽俎而代之矣.」不受而逃去. 齧缺遇許由曰:「子將奚 之?」曰:「將逃堯.」曰:「奚謂邪?」曰:「夫堯知賢人之利天下也, 而不知其賊天下也. 夫唯外乎賢者知之矣.」由於是遁耕於中岳潁水之陽·箕山之下, 終身無經天下色. 堯 又召爲九州長, 由不欲聞之, 洗耳於潁水濱. 時其友巢父牽犢欲飲之, 見由洗耳, 問 其故. 對曰:「堯欲召我爲九州長, 惡聞其聲, 是故洗耳.」巢父曰:「子若處高岸深谷, 人道不通, 誰能見子? 子故浮游欲聞, 求其名譽, 汚吾犢口.」牽犢上流飲之. 許由沒, 葬箕山之巔, 亦名許由山, 在陽城之南十餘里. 堯因就其墓, 號曰箕山公神, 以配食 五岳, 世世奉祀, 至今不絶也"이라 함. 이 '許由巢父' 고사는 《莊子》(徐无鬼, 逍遙遊), 《呂氏春秋》(愼行論), 《說郛》(57), 《史記》(伯夷列傳 〈正義〉) 등에 널리 전하고 있음. 《眞寶》注에 "應上先貞二字"라 함.

【風情張日, 霜氣橫秋】'風情'은 풍류의 情趣. '霜氣'는 서릿발 같은 기상.

【或歎幽人長往, 或怨王孫不游】'幽人'은 숨어사는 은자. 《文選》注에 《周易》曰:「幽 人貞吉.」〈西征賦〉曰:「悵山潛之逸士, 卓長往而不反.」《楚辭》曰:「王孫游兮不歸, 春 草生兮萋萋.」라 함.

【談空空於釋部, 覈玄玄於道流】'空空'은 '一切皆空'의 사상을 강조한 佛敎의 宗旨. '釋部'는 釋迦의 가르침. 佛書. '覈'은 탐구함. 考覈함. '玄玄'은 '玄之又玄'의 진리

를 주장한 도가 老莊의 가르침.《文選》注에 "蕭子顯《齊書》曰:「顯汎涉百家, 長於佛理, 著《三宗論》, 兼善老易釋部内典也.」《漢書》曰:「道家流者, 出於史官, 歷記成敗存亡禍福古今之道也.」"라 함.

【務光何足比, 涓子不能儔】 '務光'은 夏나라 때의 은자. 湯王이 夏의 폭군 桀을 치려고 務光에게 상의하려 하자, 세상일은 자신이 관여할 바가 아니라며 상대하지 않았음. 뒤에 湯이 천하를 그에게 물려주려 하자 멀리 숨어버림.《莊子》讓王篇에 "湯將伐桀, 因卞隨而謀, 卞隨曰:「非吾事也.」湯曰:「孰可?」曰:「吾不知也.」湯又因務光而謀: 務光曰:「非吾事也.」湯曰:「孰可?」曰:「吾不知也.」湯曰:「伊尹如何?」曰:「强力忍垢, 吾不知其他也.」湯遂與伊尹謀伐桀, 剋之, 以讓卞隨. 卞隨辭曰:「后之伐桀也謀乎我, 必以我爲賊也; 勝桀而讓我, 必以我爲貪. 吾生乎亂世, 而无道之人再來漫我以其辱行, 吾不忍數聞也.」乃自投椆水而死. 湯又讓務光曰:「知者謀之, 武者遂之, 仁者居之, 古之道也. 吾子胡不立乎?」務光辭曰:「廢上, 非義也; 殺民, 非仁也; 人犯其難, 我享其利, 非廉也. 吾聞之曰: 非其義者, 不受其祿, 无道之世, 不踐其土. 況尊我乎! 吾不忍久見也.」乃負石而自沈於廬水"라 하였고,《列仙傳》(上)에는 "務光者, 夏時人也. 耳長七寸, 好琴, 服蒲, 韭根. 殷湯將伐桀, 因光而謀. 光曰:「非吾事也.」湯曰:「孰可?」曰:「吾不知也.」湯曰:「伊尹何如?」曰:「强力忍訽, 吾不知其他.」湯旣克桀, 以天下讓於光, 曰:「智者謀之, 武者遂之, 仁者居之, 古之道也. 吾子胡不遂之? 請相吾子!」光辭曰:「廢上, 非義也; 殺人, 非仁也. 人犯其難, 我享其利, 非廉也. 吾聞: 非義不受其祿, 無道之世不踐其位, 況於尊我? 我不忍久見也.」遂負石自沈于蓼水. 已而自匿, 後四百餘歲, 至武丁時, 復見. 武丁欲以爲相, 不從. 武丁以興迎而從逼, 不以禮. 遂投浮梁山, 後遊尙父山"이라 함.《眞寶》注에 "《列仙傳》: 務光者, 夏時人, 耳長七寸, 好琴, 服蒲韭根. 湯伐桀, 因光而謀; 湯得天下, 而已讓光. 光遂負石沈河水而自溺"이라 함. '涓子'는 齊나라 사람으로 宕山에서 採藥하며 은거하여 仙術을 익혔다 함.《列仙傳》(上)에 "涓子者, 齊人也. 好餌朮, 接食其精, 至三百年, 乃見於濟, 著《天人經》四十八篇. 後釣於荷澤, 得鯉魚, 腹中有符. 隱於宕山, 能致風雨, 受伯陽九仙法. 淮南王安, 少得其文, 不能解其旨也. 其《琴心》三篇有條理焉"이라 함. '儔'는 類, 偶와 같음.《文選》注에 "《列仙傳》曰:「務光者, 夏時人也. 耳長七寸, 好琴, 服蒲韭根. 殷湯伐桀, 因光而謀, 光曰:『非吾事也.』湯得天下已而讓光, 光遂負石沉窾水, 而自匿.」《列仙傳》曰:「涓子者, 齊人也. 好餌术, 隱於宕山能風.」"이라 함.《眞寶》注에 "涓子者, 齊人, 餌朮, 隱於宕山, 能風"이라 함.

【鳴騶入谷, 鶴書赴隴】‘鳴騶’는 소리치며 오는 騶馬. 周顒을 초빙하고자 보내온 官家의 말. ‘鶴書’는 천자가 은자를 부를 때 보내는 詔書로, 문서 모습이 학의 모습이었으며 ‘鶴頭書’, ‘尺一簡’이라고도 불렀음《文選》注에 “如淳《漢書》注曰:「騶馬, 以給騶使乘之.」臧榮緖《晉書》曰:「騶, 六人.」蕭子良〈古今篆隷文體〉曰:「鶴頭書與偃波書俱詔板所用, 在漢則謂之尺一簡. 髣髴鵠頭, 故有其稱”이라 함.

【形馳魄散, 志變神動. 爾乃眉軒席次, 袂聳筵上】‘眉軒’은 기분이 고조되어 눈썹이 높이 올라감. ‘袂聳筵上’은 소맷자락이 돗자리 위에서 춤을 춤. 벼슬길에 오른 周顒이 흥에 찬 모습을 표현한 것.

【焚芰製而裂荷衣, 抗塵容而走俗狀】‘芰製’는 마름풀로 만들어 입는 은자들의 옷. ‘荷衣’는 연잎으로 만든 은자들의 옷. ‘抗塵容’은 먼지 낀 얼굴을 꼿꼿하게 쳐듦. 《文選》注에 “《楚辭》曰:「製芰荷以爲衣, 集芙蓉而爲裳.」王逸曰:「製, 裁也.」라 함. 《眞寶》注에 “應上後黷二字”라 함.

【風雲棲其帶憤, 石泉咽而下愴】風雲은 그 분함을 가진 채 불쌍히 여기고, 石泉은 소리내며 슬프게 아래로 흐름.《眞寶》注에 “下字工”이라 함. 周顒에게 실망한 모습을 표현한 것.

【望林巒而有失, 顧草木而如喪】‘林巒’은 숲이 가득한 산.

【至其紐金章, 綰黑綬】‘紐’는 끈으로 묶음. ‘金章’은 縣令의 職印. 銅으로 만든 印章. ‘綰’은 꿸. ‘黑綬’는 《文選》에는 ‘墨綬’로 되어 있으며 도장을 맨 검은 끈. 《文選》注에 “金章, 銅印也. 《漢書》:「萬戶以上爲令, 秩千石至六百石.」 又曰:「秩六百石以上, 皆銅印墨綬.」라 함. 《眞寶》注에 “金章, 銅印也. 《漢書》:「秩六百石理想, 皆銅印黑綬.」라 함.

【跨屬城之雄, 冠百里之首】‘跨’는 걸터앉음. ‘屬城’은 本州에 딸려 있는 성.《文選》注에 “蔡邕〈陳留太守行縣頌〉曰:「府君勸耕桑於屬縣.」《漢書》曰:「縣大率百里.」라 함.

【張英風於海甸, 馳妙譽於浙右】‘英風’은 영웅과 같은 위풍. ‘海甸’은 바닷가에 지역. 여기서는 周顒이 海鹽縣의 縣令이 되어 英風과 妙譽를 자랑함을 뜻함. ‘浙右’는 浙江의 오른쪽. 會稽를 가리킴. 그러나〈文選考異〉에는 “陳云似不當言爲‘浙右’, 疑有誤也. 案:陳所說最是, ‘右’當作‘江’. 考《說文》水部‘浙’字下, 與善所引〈字書〉文同, 可證. ‘右’字必涉正文誤改也”라 함.《文選》注에 “阮籍〈詠懷詩〉曰:「英風截雲霓.」《字書》曰:「江水東至會稽山陰爲浙右.」라 함.

【道帙長擯, 法筵久埋】‘道帙’은 道家의 책. ‘擯’은《文選》에는 ‘殯’으로 되어 있으며〈文選考異〉에 “〈茶陵本〉云五臣作擯,〈袁本〉云善作殯. 何校‘殯’改‘擯’. 按:‘長殯’與下

'久埋'偶句, '殯'字是矣. 何改非'라 하여 '殯'이 옳은 것이라 하였음. '法筵'은 불법을 강론하던 자리.

【敲扑諠囂, 犯其慮;牒訴倥傯, 裝其懷】'敲扑'(고복)은 죄인을 매질하며 심문함. '諠囂'는 시끄럽고 떠들썩함을 뜻하는 雙聲連綿語. '牒訴'는 공문서와 송사. '倥傯'은 '倥傯'으로도 표기하며 困苦하고 바쁨을 뜻하는 疊韻連綿語. 《文選》注에 "〈過秦論〉曰:「執敲扑以鞭笞天下.」《楚辭》曰:「悲余生之無歡兮, 愁倥傯於山陸.」王逸曰:「倥傯, 困苦也.」"라 함.

【琴歌旣斷, 酒賦無續】'琴歌'는 琴과 노랫소리. '酒賦'는 술 마시며 시를 읊음.《文選》注에 "《董仲舒集》:「〈七言琴歌〉二首.」《西京雜記》:「鄒陽〈酒賦〉.」"라 함.

【常綢繆於結課, 每紛綸於折獄】'綢繆'는 얽매임을 뜻하는 疊韻連綿語. '結課'는 관리들의 결과 실적과 考課를 말함. '紛綸'은 매우 어지럽고 바쁨을 표현하는 疊韻連綿語. '折獄'은 재판에서 판결을 내림.《文選》注에 "《廣雅》曰:「課, 第也.」然今考第, 爲課也.《尚書》:王曰:「哀敬折獄, 明啓刑書.」"라 함.

【籠張趙於往圖, 架卓魯於前錄】'籠'은 둥지에 가두듯이 간직함. 혹 속박을 당함. '張趙'는 漢代의 명망이 높았던 循吏 張敞과 趙廣漢. 張敞은 山陽太守, 趙廣漢은 陽翟令을 거쳐 京輔都尉에 올랐으며 둘 모두 훌륭한 치적을 이루었음.《漢書》(76)에 함께 傳이 있음.《文選》注에 "《漢書》曰:張敞, 字子高, 稍遷至山陽太守. 又曰:趙廣漢, 字子都, 涿郡人也, 爲陽翟令, 以化行九異, 遷京輔都尉"라 함.《眞寶》注에 "漢張敞, 稍遷至山陽太守. 趙廣漢爲陽翟令, 以化行尤異, 遷京輔都尉"라 함. '架'는 시렁에 얹어두고 있듯이 간직함. 또는 부담을 느낌. '卓魯'는 東漢의 卓茂와 魯恭. 卓茂는 密縣令이 되자 관리들이 그를 속이지 못하였고, 魯恭은 中牟令이 되자 螟蟲이 그 고을에 들어오지 않았다 함.《後漢書》(55)에 함께 傳이 있음. '前錄'은 前代의 모범이 될 기록들.《文選》注에 "范曄《後漢書》曰:卓茂字, 子康, 南陽人也. 遷密令, 視人如子, 吏人親愛, 而不忍欺. 又曰:魯恭, 字仲康, 扶風人也. 拜中牟令, 螟傷稼, 犬牙緣眄, 不入中牟"라 함.《眞寶》注에 "後漢卓茂, 遷密令, 吏人親愛而不忍欺;魯恭, 拜中牟令, 螟不入境"이라 함.

【希蹤三輔豪, 馳聲九州牧】'三輔'는 京兆府, 左馮翊, 右扶風을 함께 일컫는 말. '豪'는 훌륭한 치적을 이룬 인물들. '九州'는 천하를 뜻함. '牧'은 지방 장관. 여기서는 치적을 이루어 朝廷에 공물을 바쳐 실적을 이룸을 뜻함.《文選》注에 "《漢書》曰:「內史, 武帝更名京兆尹;左內史, 更名左馮翊;主爵中尉, 更名右扶風, 是爲三輔.」《左氏傳》:王孫滿曰:「夏之方有德也, 貢金九牧.」杜預曰:「九州之牧, 貢金也.」"

라 함.《眞寶》注에 "《漢書》:「內史, 武帝更名京兆尹; 左內史, 更名左馮翊, 主爵中尉, 更名右扶風, 是爲三輔.」《左傳》:「夏之方有德也, 貢金九牧.」注:「九州之牧, 貢金也.」"라 함.

【高霞孤映, 明月獨擧】'高霞'는 높이 뜬 놀.《文選》注에 "成公〈綏鷹賦〉曰:「陵高霞而輕擧.」"라 함.

【靑松落陰, 白雲誰侶】《眞寶》注에 "看他造語"라 하여 달리 靑松과 白雲 등을 내세워 그들의 말을 만든 것이라 함.

【磵戶摧絶無與歸, 石逕荒凉徒延佇】'磵戶'는《文選》에는 '磵石'으로 되어 있으며, 〈文選考異〉에 "《茶陵本》云「五臣作'磵戶'」,〈袁本〉云「善作'磵石'. 案: 此與下'石逕'偶句, 文必相廻避. 各本所見'石'字, 必傳寫寫誤, 恐善自作'磵戶'"라 함. 은자가 살던 골짜기의 집을 말함. '延佇'는《文選》에는 '延佇'로 되어 있음. 목을 빼고 기다림.

【至於還飇入幕, 寫霧出楹】'寫霧'의 '還飇'는 돌개바람. '飇'는 '飆'로도 표기함. '寫霧'는 토해 내듯이 솟아나는 안개. '寫'는 瀉의 뜻.

【蕙帳空兮夜鶴怨, 山人去兮曉猿驚】'蕙帳'은 蕙草로 엮은 장막. '鶴'은《文選》에는 '鵠'으로 되어 있으며 '猿'은 '猨'으로 되어 있음.

【昔聞投簪逸海岸, 今見解蘭縛塵纓】'投簪逸海岸'은 '簪'을 비녀를 던져버리고 벼슬을 떠나 바닷가에서 은거함. '簪'은 관직의 모자에 꽂는 비녀. 漢 宣帝 때 疏廣(疏廣)은 조카 疏受(疏受)와 함께 太子의 스승이었으나 벼슬을 버리고 고향으로 돌아가 재물을 풀어 나누어 줌.《漢書》(71)에 傳이 있으며,《蒙求》,《小學》 등에 널리 실려 있음. '解蘭'은 차고 있던 난초를 풀어버림. '縛'은 속박됨. '塵纓'은 塵世의 갓끈을 맴.《文選》注에 "投簪, 疎廣也. 東海人, 故曰海岸也. 摯虞〈徵士胡昭贊〉曰:「投簪卷帶, 韜聲匿跡.」 蘭, 蘭佩也"라 함.《眞寶》注에 "投簪, 疏廣也. 東海人, 故曰海岸. 摯虞, 徵士, 胡昭贊. 投簪, 卷帶韜聲匿迹. 蘭, 蘭佩也"라 함.

【南嶽獻嘲, 北隴騰笑】'獻嘲'는 크게 조롱함. '騰笑'는 크게 웃음.《文選》에는 '南岳', '北壟'으로 되어 있음. 南嶽과 北隴이 나 北山에게 '그토록 멋진 은자 周顒을 품고 있다더니 겨우 그런가?' 하고 嘲笑함.

【列壑爭譏, 攢峰竦誚】'攢峰'은 뾰족뾰족 모여 있는 봉우리들. '竦誚'는 크게 꾸짖음. 列壑과 攢峰들도 모두 나 北山을 기롱하고 꾸짖음.

【慨遊子之我欺, 悲無人以赴吊】'赴吊'는 위로하러 옴.《文選》에는 '赴弔'로 되어 있음.《文選》注에 "《禮記》曰:「凡訃於其君之臣曰某死.」 鄭玄曰:「訃或作赴. 赴, 至也.」"라 함.

【林慙無盡, 澗愧不歇】'歇'은 '멈추다, 쉬다, 그만두다, 그치다'의 뜻.《眞寶》注에 "非林澗之愧, 乃周子之愧"라 함.

【秋桂遣風, 春蘿擺月】'遣風'은《文選》에는 '遺風'으로 되어 있으며〈文選考異〉에 "〈袁本〉,〈茶陵本〉, '遺'作'遣', 是也. 何校'遺'改'遣'"이라 함.

【騁西山之逸議, 馳東皐之素謁】'騁'과 '馳'는 '宣布하다, 내달리다'의 뜻임. '西山'은 首陽山. '逸議'는 伯夷와 叔齊가 隱居를 논의하던 뜻. '東皐之素謁'은 東皐에서 은거하던 阮籍의 소박한 뜻.《文選》注에 "馳, 騁, 猶宣布也. '逸議', 隱逸之議也; '素謁', 貧素之謁也.《史記》伯夷叔齊詩曰:「登彼西山兮, 採其薇矣.」阮藉〈奏記〉曰:「將耕東皐之陽.」《稚珪集》〈訓張長史詩〉曰:「同貧清風館, 共素白雲室.」杜預《左氏傳》注曰:「謁, 告也. 謂告語於人, 亦談議之流.」"라 함.

【促裝下邑, 浪栧上京】'下邑'과 '上京'은 서로 상대되는 말. 지방 縣과 京師. '栧'는《文選》에는 '枻'(枻制)로 되어 있으며 注에 "《楚辭》曰:「漁父鼓枻而去.」王逸曰:「船舷也. 浪, 猶鼓也.」韋昭《漢書》注曰:「枻, 楫也.」"라 함.

【雖情投於魏闕, 或假步於山扃】'魏闕'은 높은 대궐의 문. '魏'는 高의 뜻. '扃'은 빗장.《文選》에는 '扃'으로 되어 있으며 注에 "《呂氏春秋》曰:中山公子牟謂詹子曰:「身在江海之上, 心居魏闕之下.」高誘曰:「魏闕, 象闕也.《說文》曰:「扃, 外閉之關也.」"라 함.

【豈可使芳杜厚顏, 薜荔無恥】'芳杜'는 杜若. 藥材 이름. 陶弘景의《本草》注에 "葉似薑而有文理, 根似高良薑而細, 味辛. 又絶似旋葍根. 殆欲相亂, 葉小異爾.《楚辭》云「山中人兮芳杜若」是也"라 함. '薜荔'는 香草 이름. 혹 '昔邪', '垣衣', '木饅頭' 등으로도 불림. '厚顏'은 부끄러움을 모름. '厚顏無恥'의 뜻.《文選》注에 "《尙書》曰:「余心顏厚, 有忸怩.」"라 함.

【碧嶺再辱, 丹崖重滓】碧嶺(푸른 고개)이 다시 周顒으로 인해 치욕을 당하고, 丹崖(붉은 벼랑)가 다시 찌꺼기로 더럽혀짐.《眞寶》注에 "言山之草木, 且羞見周子, 周子尙何面目, 復見山靈乎?"라 함.

【塵遊躅於蕙路, 汚淥池以洗耳】'汚'는 汙와 같음. '洗耳'는 앞서 설명한 許由와 巢父의 고사를 말함.《文選》注에 "皇甫謐《高士傳》曰:巢父聞許由爲堯所讓也, 以爲汙, 乃臨池而洗耳"라 함.《眞寶》注에 "皇甫謐《高士傳》:巢父聞許由爲堯所讓也, 以爲汚, 乃臨池而洗耳"라 함.

【宜扃岫幌掩雲關, 斂輕霧藏鳴湍】'幌'은 장막을 침. '藏'은 가려서 감춤.

【截來轅於谷口, 杜妄轡於郊端】'截'은 끊어버림. '杜'는 막아버림. '來轅'과 '妄轡'는

周顒이 타고 오는 수레와 그를 태우고 오는 수레의 고삐를 말함.

【叢條瞋膽, 疊穎怒魄】'叢條'는 떨기를 이룬 나뭇가지. '瞋'은 성을 내어 눈을 부릅뜸. '疊穎'은 겹겹이 모인 풀의 이삭. '叢條'의 偶句.

【或飛柯以折輪, 乍低枝而掃迹】'折輪'은 수레바퀴를 분질러버림. '掃迹'은 그 자취를 비로 쓸어내듯이 없애버림.

【請廻俗士駕, 爲君謝逋客】'請' 이하는 산의 여러 나무와 풀, 나뭇가지가 周顒에게 하는 요청. '俗士'와 '逋客'은 周顒을 가리킴. '逋客'은 도망하여 떠났던 사람. '君'은 풀과 나뭇가지가 자신들의 주인으로 여기는 北山의 신령. 《文選》注에 "孔安國《尙書傳》曰: 「逋, 亡也.」晉灼《漢書》注曰: 「以辭相告曰謝.」"라 함. 《眞寶》注에 "前截結掇. ○俗士, 逋客, 蓋謂周顒也"라 함.

참고 및 관련 자료

1. 孔德璋

孔稚珪. 자는 德璋. 會稽(지금의 浙江 紹興) 출신. 南朝 齊나라 明帝 때 인물로 《南史》(49)에는 孔珪로 되어 있음. 《眞寶》에는 孔稚圭로 되어 있으나 '圭'는 자가 德璋인 것으로 보아 '珪'가 맞음. 문장에 뛰어나고 세속에 초탈하여 벼슬을 거부하였으나, 그도 역시 齊나라에 나가 太子詹事를 지냈음. 《文選》注에 "孔德璋: 蕭子顯《齊書》曰: 「孔稚珪, 字德璋, 會稽人也. 少涉學, 有美譽. 擧秀才, 解褐宋安成佳車騎法曹行參軍. 稍遷至太子詹事, 卒.」"이라 함.

2. 이 글은 《文選》(43), 《會稽志》(20), 《事文類聚》(前集 33), 《崇古文訣》(7), 《南齊文紀》(6), 《文章辨體彙選》(769), 《漢魏六朝百三家集》(79), 《淵鑑類函》(291), 《古賦辯體》(10), 《四六法海》(8) 등에 실려 있음.

3. 《南史》(49) 孔珪傳

孔珪字德璋, 會稽山陰人也. 祖道隆, 爲侍中. ……建武初, 爲平西長史, 南軍太守. 珪以魏連歲南伐, 百姓死傷, 乃上表陳通和之策, 帝不從. 徵侍中, 不行, 留本任. 珪風韻淸疎, 好文詠, 飮酒七八斗. 與外兄張融情趣相得, 又與琅邪王思遠, 廬江何點, 點弟胤並款交, 不樂世務. 居宅盛營山水, 憑几獨酌, 傍無雜事. 門庭之內, 草萊不翦. 中有蛙鳴, 或問之曰: 「欲爲陳蕃乎?」珪笑答曰: 「我以此當兩部鼓吹, 何必效蕃?」王晏嘗鳴鼓吹候之, 聞群蛙鳴, 曰: 「此殊聒人耳.」珪曰: 「我聽鼓吹, 殆不及此.」晏甚有慚色.(下略)

4. 《蒙求》「稚珪蛙鳴, 彦倫鶴怨」

○《南史》:孔珪字德璋, 會稽山陰人. 齊明帝時, 爲南郡太守. 珪風韻淸疎好文詠, 飮酒七八斗, 不樂世務, 居宅盛營山水, 憑几獨酌, 傍無雜事. 門庭之內, 草萊不翦, 中有蛙鳴. 或問之曰:「欲爲陳蕃乎?」珪曰:「我以此當兩部鼓吹, 何必效蕃?」王晏嘗鳴鼓吹候之, 聞群蛙鳴曰:「此殊聒人耳.」珪曰:「我聽鼓吹, 殆不及此!」晏有慙色. 仕至散騎常侍. 舊本:作稚圭.

○《南史》:周顒字彥倫. 宋元徽中, 爲剡令. 音辭辯麗, 長於佛理, 著《三宗論》, 言空假義. 入齊, 終國子博士兼著作郎. 太學諸生慕其風, 爭事華辯. 始著《四聲切韻》, 行於時. 初隱鍾山, 及出爲縣令, 孔稚珪過鍾山草堂, 作〈北山移文〉. 其詞有曰:「蕙帳空兮夜鶴怨, 山人去兮曉猿驚.」

## 017. 〈滕王閣序〉(幷詩) ·················· 王勃
## 등왕각서

*〈滕王閣序〉:《王子安集》에는 〈滕王閣詩序〉로,《初唐四傑集》,《文苑英華》,《四六
法海》 등에는 〈秋日登洪府滕王閣餞別序〉로 되어 있음. '序'는 文體의 한 종류로
《說文》에는 "東西墻也. 徐曰:按書傳所以序, 別內外也. 廬曰:夫序者, 次第之語也.
前之說勿施於後, 後之序勿施於前. 其語次第, 不可顚倒, 故曰次第其語曰序"라
하였고,《文選》昭明太子序 注에는 "序, 舒也. 舒其物理"라 하였으며,《尙書注疏》
毛傳에는 "序者, 緖也, 則緖述其事, 使理相胤續, 若繭之抽緒"라 함. 唐 高祖(李
淵)의 아들 滕王(滕은 지금의 山東省 지명, 그곳을 封地로 받음) 李元嬰이 洪州刺
史로 재직할 때 지은 滕王閣을 그 뒤 高宗 上元 2년(675)에 洪州太守 閻伯嶼가
중수하고 9월 9일 重陽節에 큰 잔치를 베풀었음. 이 때 그는 사위 吳子章의 문
필을 자랑시키고자 미리 그로 하여금 중수를 기념하는 서문을 지어놓도록 하
고 참석한 빈객들에게 서문을 짓도록 제안하였음. 이에 빈객들은 그의 의도를
알고 사양하였으나 그때 어린 王勃이 사정을 모른 채 이 글을 짓게 된 것임. 염
백서는 설마하는 심정으로 기다렸으나 "落霞與孤鶩齊飛, 秋水共長天一色"의 구
절을 보고받고 감탄을 금치 못하며 그의 文才를 칭찬하였다 함. 당시 王勃은
〈鬪鷄檄文〉을 지었다가 왕의 노여움을 사서 벼슬이 깎이고, 아버지 王福時가
근무하던 交趾로 가던 길에, 배로 그곳 南昌(洪州)의 장강을 건너던 중, 갑자기
바람이 불어 배가 등왕각 아래로 잘못 흘러가 그곳에 내려 우연히 그 잔치를
구경하게 되었던 것임. 이 글로 왕발은 즉시 유명해졌으며 그 때문에 "時來風
送滕王閣, 運退雷轟薦福碑"의 속담이 생기게 된 것임. 이 문장은 내용과 형식
에 있어서 唐初에 지어져 南北朝 시대 유행하던 '騈儷體'(四六文)로 되어 있으며
典故와 技巧를 한껏 부리고 있음.

*《眞寶》注에 "唐高祖子元嬰, 爲洪州子思, 置此閣. 始封滕王, 故曰滕王閣. 咸亨二
年, 閻伯嶼爲洪州牧, 大宴于此, 宿命其婿爲序以誇客, 因出紙筆徧請客, 莫敢當.
勃在席最少, 受之不辭. 都督怒, 遣吏伺其文輒報, 一再報, 語益奇, 乃瞿然, 曰:「天
才也, 請遂成文.」極歡而罷. 勃, 字子安, 少有逸才, 高宗召爲博士, 因作〈鬪鷄檄
文〉, 高宗怒謂有交構之漸, 乃黜. 後到父任所, 省侍, 道過鍾離. 九月九日會此亭而
作此序"라 함.

서序 :

남창南昌은 옛 군군郡의 이름이며, 홍도洪都는 새롭게 부부府를 둔 곳. 별자리로는 익성翼星과 진성軫星에 해당되며, 땅은 형산衡山과 여산廬山에 접해 있다.

세 강이 옷깃처럼 두르고 있으며, 다섯 호수는 띠처럼 둘러져 있어, 만형蠻荊을 억누르고, 구월甌越을 끌어당기는 위치이다.

물산은 화려하니 하늘이 내린 보배의 땅으로, 용천검龍泉劍의 광채가 견우성牽牛星과 북두성北斗星 사이를 쏘았던 곳이요, 인물들은 걸출하고 땅에는 영기靈氣가 있어, 태수 진번陳蕃이 서치徐稚에게 자리를 내려주며 대접해 드리던 곳이기도 하다.

웅장한 고을들이 안개처럼 깔려 있고, 준걸들의 광채는 별처럼 내달리며, 누대와 해자는 이夷와 하夏 사이에 교차하듯 놓여 있고, 모인 손님들과 주인은 모두 동남東南의 대단한 인물들이다.

도독都督 염백서閻伯嶼께서는 고아한 성망을 갖추어, 계극棨戟을 앞세우고 멀리서 부임해 오신 분이요, 우문균宇文鈞은 신임태수로 부임해 가던 도중, 예의범절에 모범을 갖춘 모습으로 휘장 친 수레가 잠시 이곳에 머무른 것이다.

십순十旬의 휴가를 내어, 훌륭한 벗들이 구름처럼 모여들었고, 천리 먼 곳에 있는 이들까지도 맞아들이니, 고명한 분들이 자리에 가득하다.

솟아오르는 교룡蛟龍 같고 날아오르는 봉황 같은 문장을 짓는 맹학사孟學士는 문장의 대가요, 자줏빛 번개 같고 맑은 서릿발 같은 무위武威를 갖춘 왕장군王將軍은 무기고처럼 모든 것을 다 갖추었다.

나의 부친께서 벼슬길에 계시기에 그곳으로 가던 길에 유명한 이곳을 지나게 되니, 어린 내가 무엇을 안다고 이 훌륭한 잔치에 직접 참여하게 되었는가?

때는 9월, 계절은 삼추三秋에 속하여 길에 고였던 빗물은 다 말랐고,

차가운 못물은 맑으며, 안개와 햇빛이 엉기어 저녁 산은 자줏빛으로 물들어 있다.

윗길에 곁말 수레를 엄정하게 배치하고 높은 언덕 풍경을 찾아가서, 황제의 아들이 누각을 세운 장주長洲에 이르러, 선인들이 살던 옛 관사를 방문하게 되었다.

충을 이루고 있는 산봉우리는 비취빛을 띤 채 겹겹이 높은 하늘을 향해 솟아 있고, 날아갈 듯한 누각은 단청의 붉은 빛이 강물에 비쳐 땅에 세워진 것이 아닌 듯 보인다.

학이 노는 물가와 오리가 노는 모래톱은 섬을 빙 둘러 끝없이 얽혀 있고, 계수桂樹나무 궁전과 난초 가득한 궁궐은 연이은 산의 형세를 따라 줄지어 있다.

색칠된 작은 문을 헤치고, 조각한 용마루 얹은 누각에서 내려다보니, 산과 들은 확 트여 시야에 가득 차고, 시내와 못은 멀리 보고 있는 눈을 놀라게 한다.

여염閭閻집들은 땅에 빽빽하게 들어차 있으며, 종을 울리고 큰 솥으로 식사하는 집들도 있으며, 큰 배와 전함들은 댈 곳을 찾지 못해 청작青雀과 황룡黃龍을 그린 뱃머리만 보인다.

무지개는 사라지고 비는 개어 광채가 구름 밖의 거리까지 꿰뚫고 있으며, 낙조 노을은 외로운 따오기와 나란히 떠 있고, 가을 강물은 길게 펼쳐진 하늘과 같은 색깔이다.


고기잡이배에서 저녁 노래 소리를 울리니 그 메아리가 팽려彭蠡의 물가까지 들리고, 기러기 떼는 추위에 놀라 우는 소리가 형양衡陽의 포구에서야 끊어진다.

멀리 읊조리며 머리 숙이니 마음이 시원해지고 편안한 흥취는 급하게 날아오르며, 상쾌한 퉁소소리 일어나니 맑은 바람 생겨나고, 고운 노랫소리 엉기니 흰 구름이 막아선다.

휴원睢園의 푸른 대나무는 그 기상이 팽택현령彭澤縣令의 술잔을 넘어서고, 업수鄴水 가의 붉은 연꽃 같은 광채는 임천내사臨川內史 왕희지의 붓에 비친다.

네 가지 아름다움이 모두 갖추어져 있고 두 가지 어려움도 함께 가지고 있으니, 중천中天의 끝까지 바라보고, 휴일의 즐거운 놀이를 끝까지 즐겨본다.

하늘은 높고 땅은 아득하니 이 우주의 무궁함을 깨닫겠고, 흥이 다하면 슬픔이 오니 성쇠에는 정해진 운명이 있음을 알겠도다.

멀리 태양 아래 장안長安을 바라보며, 구름 사이에 있는 오군吳郡과 회계會稽를 손으로 가리키니 지세의 끝이 다하여 남쪽 바다가 깊고, 천주天柱는 높고 북극성은 멀도다.

관산關山은 넘기 어려우니 누가 길 잃은 자를 슬퍼해 주겠는가? 그러나 부평초浮萍草는 떠돌다 물을 만나듯이 모두가 타향의 나그네들이로다.

제왕의 궁문은 그리워해도 보이지 않으니, 궁궐 선실宣室에서 어명을 받들 날이 언제이겠는가?


아! 시운時運이 고르지 못하고 운명의 길은 어긋남도 많으니, 풍당馮唐은 등용되기도 전에 이미 늙어버렸고, 이광李廣은 공적이 있어도 봉을 받기 어려웠네.

가의賈誼를 장사長沙로 굴복시킨 것은 성주聖主가 없었기 때문이 아니요, 양홍梁鴻이 바닷가로 쫓겨난 것이 어찌 밝은 세상이 아니어서 그랬겠는가?

믿을 것이란, 군자는 가난을 편안하게 여기고 달인達人은 자신의 운명을 아는 것.

늙을수록 더욱 강해지는 것이니, 어찌 백수 노인의 마음을 알겠는가? 궁할수록 더욱 굳건해는 것이니 청운의 뜻을 추락시키지 않을 것이다.

탐천貪泉의 물을 마셔도 상쾌함을 느끼고, 학철涸轍에 처해져도 도리어 기쁘기만 하며, 북해北海가 비록 멀다 해도 회오리바람을 타면 가히 이를 수 있고, 동우東隅의 젊은 시절이 이미 지나갔다 해도, 상유桑楡의 노년기는 아직 늦은 것이 아니다.

맹상孟嘗은 고결하였으나 부질없이 나라에 보답할 마음뿐이었고, 완적阮籍은 미친 듯이 날뛰었으니, 어찌 길이 끝나는 곳에서는 통곡한 것을 본받으리오?

나(勃)는 삼척동자의 보잘것없는 일개 서생이어서, 긴 갓 줄을 청할 길은 없지만 약관弱冠의 종군終軍과 대등한 정도요, 붓을 던질 생각도 품고 있으니 종각宗慤이 긴 바람을 타고자 하는 일을 흠모하고 있노라.

백세까지 잠홀簪笏을 차고 벼슬하겠다는 생각은 버리고, 만 리 먼 곳 계신 부친께 가서 혼정성신昏定省晨의 도리로 봉양하고자 하며, 사씨謝氏 집안에서 바라던 보배로운 나무는 못되더라도 맹자孟子 어머니가 찾던 훌륭한 이웃은 만나야겠다.

뒷날 공리孔鯉가 뜰에서 아버지孔子 앞을 종종 걸음으로 내달리다 공경스럽게 모셨듯이 할 것이며, 지금 이 아침에는 소매를 떨치며 훌륭한 등룡문登龍門의 이응李膺 같은 분에 의탁하고 있음을 즐겁게 여기노라.

양의楊意 같은 이를 만나지 못해 〈능운부凌雲賦〉를 어루만지며 스스로 안타깝게 여기지만, 이미 종자기鍾子期 같은 사람을 만났으니 흐르는 물을 연주함이 어찌 부끄럽겠는가?

아! 명승지는 항상 있는 것이 아니요, 성대한 잔치는 두 번 만나기가 어려운 법, 난정蘭亭도 이미 끝나고 말았으며, 재택梓澤도 빈터 언덕이 되고 말았다.

작별에 임하여 이 글을 지어 올리니, 이는 요행히 이 성대한 잔치에 은혜를 받았기 때문이요, 높은 곳에 올라가 부賦를 지으니, 이는 여러 공公들에게 바라는 바가 있어서이다.

　감히 이 비천한 정성을 다하여, 공경스럽게 이 짧은 서문(引)을 짓고, 한 마디 부부賦를 짓되 사운四韻으로 함께 완성하였다.


　시詩 :

등왕滕王이 지은 높은 누각, 강가에 임해 있는데,

패옥佩玉과 명란鳴鑾들 모였던 가무도 다 끝나가고 있네.

그림 장식의 누각 용마루 위에 아침에는 남포南浦의 구름 피어오르고,

붉은 구슬로 엮은 주렴은 저녁이면 서산의 비를 말아올리네.

한가로운 구름 연못에 비추며 해는 유유히 지나가는데,

만물이 바뀌고 별자리 옮겨간 것, 몇 해나 지났는가?

누각 안에 황제의 아들 지금 어디에 있는가?

난간 밖의 장강長江만은 부질없이 흐르고 있는데.


南昌故郡, 洪都新府; 星分翼軫, 地接衡廬.

襟三江而帶五湖, 控蠻荊而引甌越.

物華天寶, 龍光射牛斗之墟; 人傑地靈, 徐孺下陳蕃之榻.

雄州霧列, 俊彩星馳; 臺隍枕夷夏之交, 賓主盡東南之美.

都督閻公之雅望, 棨戟遙臨; 宇文新州之懿範, 襜帷暫駐.

十旬休暇, 勝友如雲; 千里逢迎, 高朋滿座.

騰蛟起鳳, 孟學士之詞宗; 紫電清霜, 王將軍之武庫.

家君作宰, 路出名區; 童子何知, 躬逢勝餞?


時維九月, 序屬三秋; 潦水盡而寒潭清, 煙光凝而暮山紫.

儼驂騑於上路, 訪風景於崇阿; 臨帝子之長洲, 得仙人之舊館.

層巒聳翠, 上出重霄; 飛閣流丹, 下臨無地.

鶴汀鳧渚, 窮島嶼之縈廻; 桂殿蘭宮, 列岡巒之體勢.

披繡闥, 俯雕甍; 山原曠其盈視, 川澤盱其駭矚.

閭閻撲地, 鍾鳴鼎食之家; 舸艦迷津, 靑雀黃龍之舳.

虹銷雨霽, 彩徹雲衢; 落霞與孤鶩齊飛, 秋水共長天一色.


漁舟唱晚, 響窮彭蠡之濱; 鴈陣驚寒, 聲斷衡陽之浦.

遙吟俯暢, 逸興遄飛; 爽籟發而淸風生, 纖歌凝而白雲遏.

睢園綠竹, 氣凌彭澤之樽; 鄴水朱華, 光照臨川之筆.

四美具, 二難幷; 窮睇眄於中天, 極娛遊於暇日.

天高地迥, 覺宇宙之無窮; 興盡悲來, 識盈虛之有數.

望長安於日下, 指吳會於雲間; 地勢極而南溟深, 天柱高而北辰遠.

關山難越, 誰悲失路之人? 萍水相逢, 盡是他鄉之客.

懷帝閽而不見, 奉宣室以何年?


嗚呼! 時運不齊, 命途多舛; 馮唐易老, 李廣難封.

屈賈誼於長沙, 非無聖主; 竄梁鴻於海曲, 豈乏明時?

所賴君子安貧, 達人知命.

老當益壯, 寧知白首之心? 窮且益堅, 不墜靑雲之志.

酌貪泉而覺爽, 處涸轍以猶懽; 北海雖賒, 扶搖可接; 東隅已逝, 桑楡非晚.

孟嘗高潔, 空懷報國之心; 阮籍猖狂, 豈效窮途之哭?

勃三尺微命, 一介書生; 無路請纓, 等終軍之弱冠; 有懷投筆, 慕宗愨之長風.

舍簪笏於百齡, 奉晨昏於萬里; 非謝家之寶樹, 接孟氏之芳鄰.

他日趨庭, 叨陪鯉對; 今晨捧袂, 喜託龍門.

楊意不逢, 撫凌雲而自惜; 鍾期旣遇, 奏流水以何慙?

嗚呼! 勝地不常, 盛筵難再; 蘭亭已矣, 梓澤丘墟.

臨別贈言, 幸承恩於偉餞; 登高作賦, 是所望於羣公.

敢竭鄙誠, 恭疏短引; 一言均賦, 四韻俱成.


滕王高閣臨江渚, 佩玉鳴鑾罷歌舞.

畫棟朝飛南浦雲, 朱簾暮捲西山雨.

閑雲潭影日悠悠, 物換星移度幾秋?

閣中帝子今何在? 檻外長江空自流.


【南昌故郡, 洪都新俯】'南昌'은 지금의 江西省(옛 豫章郡) 首府로 옛날 郡 단위였음. '洪都'(洪州)는 같은 곳을 새롭게 州府로 승격시킨 곳을 의미함. 漢나라 때는 南昌郡있으며 隋나라 때 洪州로 고쳐 府를 두었음.《方輿勝覽》에 "洪都, 隋文帝以洪崖所居, 遂以名州"라 함.《文苑英華》에는 '豫章'으로 되어 있음.《眞寶》注에 "在隆興府"라 함.

【星分翼軫, 地接衡廬】'星分'은 九州를 별자리와 연계시켜 分野로 나눈 것. 翼星과軫星은 二十八宿의 남방 七宿(井, 鬼, 柳, 星, 張, 翼, 軫)의 두 별로 荊楚 地域 分野에 해당함.《史記》正義에 "楚地, 翼軫之分野. 今之南郡, 江夏, 零陵, 桂陽, 武陵,長沙及漢中, 汝南郡, 後陳魯屬焉"이라 함. 南昌(洪州)도 역시 고대 南方 楚地에 속함.《眞寶》注에 "以星之分野觀之, 南方楚荊州之域, 翼軫之宿直焉"이라 함. '衡廬'는 衡山과 廬山. 衡山은 五嶽의 南嶽으로 湖南 衡山縣에 있음. 廬山은 江西 九江市에 있는 명산.

【襟三江而帶五湖, 控蠻荊而引甌越】'襟'은 옷깃.《字彙》에 "襟, 衣之交衽處"라 함. '三江'은 荊江. 松江, 浙江. '五湖'는 太湖, 都陽湖, 靑草湖, 丹陽湖, 洞庭湖를 가리킴.《幼學瓊林》에 "饒州之都陽, 岳州之靑草, 潤州之丹陽, 鄂州之洞庭, 蘇州之太湖.此爲天下之五湖"라 함.《眞寶》注에 "三江者: 荊江在荊州, 松江在蘇州, 浙江在杭州. 五湖者: 太湖在蘇州, 都陽湖在饒州, 靑草湖在岳州, 丹陽湖在潤州, 洞庭湖在鄂州"라 함. '控'은 억누름. 끌어들임.《字彙》에 "控, 引也"라 함. '蠻荊'은 남방 蠻族과 荊地(楚地). '荊'은 고대 楚의 異稱이며 湖南, 湖北 지역을 가리킴. '甌越'은 지금의 福建, 廣東 일대. 고대 南越, 百越, 甌越 등의 나라가 있었음.

【物華天寶, 龍光射牛斗之墟】'物華'는 산물이 華茂함. '龍光'은 龍泉劍의 광채. '牛

斗'는 牽牛星과 北斗星. '墟'는 그 위치. 그 사이. 《晉書》(36) 張華傳에 실려 있는 고사로 "張華字茂先, 范陽方城人也. 父平, 魏漁陽郡守. 華少孤貧, 自牧羊, 同郡盧欽見而器之. 鄉人劉放亦奇其才, 以女妻焉. 華學業優博, 辭藻溫麗, 朗贍多通, 圖緯方伎之書莫不詳覽. 少自修謹, 造次必以禮度. 勇於赴義, 篤於周急. 器識弘曠, 時人罕能測之. 初未知名, 著〈鷦鷯賦〉以自寄. ……陳留阮籍見之, 歎曰:「王佐之才也!」由是聲名始著. ……初, 吳之未滅也, 斗牛之間常有紫氣, 道術者皆以吳方强盛, 未可圖也, 惟華以爲不然. 及吳平之後, 紫氣愈明, 華聞豫章人雷煥妙達緯象, 乃要煥宿, 屛人曰:「可共尋天文, 知將來吉凶.」因登樓仰觀. 煥曰:「僕察之久矣, 惟斗牛之間頗有異氣.」華曰:「是何祥也?」煥曰:「寶劍之精, 上撤於天耳.」華曰:「君言得之. 吾少時有相者言, 吾年出六十, 位登三事, 當得寶劍佩之. 斯言豈效與!」因問曰:「在何郡?」煥曰:「在豫章豐城.」華曰:「欲屈君爲宰, 密共尋之, 可乎?」煥許之. 華大喜, 卽補煥爲豐城令. 煥到縣, 掘獄屋基, 入地四丈餘, 得一石函, 光氣非常, 中有雙劍, 並刻題, 一曰龍泉, 一曰太阿. 其夕, 斗牛間氣不復見焉. 煥以南昌西山北巖下土以拭劍, 光芒艷發. 大盆盛水, 置劍其上, 視之者精芒炫目. 遣使送一劍幷土與華, 留一自佩. 或謂煥曰:「得兩送一, 張公豈可欺乎?」煥曰:「本朝將亂, 張公當受其禍. 此劍當繫徐君墓樹耳. 靈異之物, 終當化去, 不永爲人服也.」華得劍, 寶愛之, 常置坐側. 華以南昌土不如華陰赤土, 報煥書曰:「詳觀劍文, 乃干將也, 莫邪何復不至? 雖然, 天生神物, 終當合耳.」因以華陰土一斤致煥. 煥更以拭劍, 倍益精明. 華誅, 失劍所在. 煥卒, 子華爲州從事, 持劍行經延平津, 劍忽於腰間躍出墮水. 使人沒水取之, 不見劍, 但見兩龍各長數丈, 蟠縈有文章, 沒者懼而反. 須臾光彩照水, 波浪驚沸, 於是失劍. 華歎曰:「先君化去之言, 張公終合之論, 此其驗乎!」華之博物多此類, 不可詳載焉. ……華著博物志十篇, 及文章並行于世"라 하였고, 《蒙求》「雷煥送劍」에도 "晉書:初吳之未滅, 斗牛間常有紫氣. 道術者, 皆以吳方强盛, 未可圖. 惟張華以爲不然. 及吳平, 紫氣愈明. 華聞豫章雷煥妙達緯象, 乃要煥宿, 屛人共尋天文, 登樓仰觀. 煥曰:「惟斗牛間有異氣, 寶劍之精, 上徹於天耳.」華問:「在何郡?」曰:「在豫章豐城.」華卽署煥爲豐城令, 煥到縣, 掘獄基得石函. 中有雙劍, 並刻題, 一曰『龍泉』, 一曰『太阿』. 其夕氣不復見, 煥遣使送一與華, 留一自佩. 或曰:「得兩送一, 張公可欺乎?」煥曰:「本朝將亂, 張公當受其禍. 此劍當繫徐君墓樹耳. 靈異之物, 終當化去.」華得劍, 報煥書曰:「詳觀劍文, 乃『干將』也, 『莫邪』何不至? 雖然天生神物, 終當合耳.」華誅, 失劍所在. 煥卒, 子華爲州從事, 持劍行經延平津, 忽於腰間躍出墮水. 使人沒水取之, 不見劍, 但見兩龍, 各長數丈, 蟠縈有文章. 沒者懼而反. 須臾光彩照水, 波浪驚

沸. 於是失劍"이라 함. 《眞寶》注에 "豐城有劍曰干將, 曰莫邪. 其龍文光彩, 直射於
斗牛二星之間, 雷煥得之, 張華分其一也"라 함.

【人傑地靈, 徐孺下陳蕃之榻】'人傑地靈'은 이곳 洪州에서 걸출한 인물이 나오고
있으며 이는 땅의 靈氣 때문이라 여긴 것. '徐孺'는 後漢의 徐稺(97~168). 자는 孺
子. 豫章의 高士이며 賢人. 《後漢書》(53)에 전이 있음. '陳蕃'은 자는 仲擧(?~168).
汝南人. 太傅에 이르렀으며 桓帝때 대장군 竇武와 宦官을 탄핵하다가 해를 입었
음. 《後漢書》(66)에 傳이 있음. 陳蕃은 徐稺를 지극히 존경하여 그만을 위하여 따
로 자리[榻]를 마련하였다가 그가 떠나면 그 자리를 다시 걸어두었다 함. 《後漢
書》徐稺傳에 "時陳蕃爲太守, 以禮請署功曹, 稺不免之, 旣謁而退. 蕃在郡不接賓
客, 唯稺來特設一榻, 去則縣之"라 하였고, 《蒙求》「陳蕃下榻」에도 "(陳蕃)後爲豫
章太守, 以禮待徐稺爲功曹. 性方峻, 不接賓客, 惟稺來, 特設一榻, 去則懸之"라 함.
《眞寶》注에 "徐稺字孺子, 洪州人. 陳蕃爲豫章太守, 特設榻以待之"라 함.

【雄州霧列, 俊彩星馳】'雄州'는 地勢가 雄壯한 땅. 洪州를 가리킴. '霧列'은 안개가
깔리듯 대단한 모습. '俊彩星馳'은 빛을 발하는 인물들이 별처럼 내달리며 활약함.

【臺隍枕夷夏之交, 賓主盡東南之美】'臺'는 누대. '隍'은 성 둘레에 방어용으로 파 놓
은 물이 없는 구덩이. 《字彙》에 "觀四方而高者曰臺; 隍, 城下池也, 無水曰隍"이라
함. '枕'은 藉, 臨과 같음. '夷'은 中國(中原) 둘레에 있는 이민족. 여기서는 남만을
가리킴. '夏'는 夏華, 곧 中原을 뜻함. 東南은 南昌이 中原 長安에서의 동남쪽임.

【都督閻公之雅望, 棨戟遙臨】'都督'은 지방 군사를 감독하는 최고 장관. 《事物紀
原》에 "魏文帝黃初三年 初置都督諸軍事. 然魏初受漢禪時, 已有持節都督, 則非三
年初置也. 大抵魏所建官耳"라 함. '閻公'은 당시 洪州刺史 閻伯嶼. '雅望'은 端雅
한 令望. 《詩》大雅 卷阿에 "顒顒卬卬, 如圭如璋, 令聞令望"이라 함. 《眞寶》注에
"閻伯嶼爲洪州刺史"라 함. '棨戟'은 崔豹《古今註》에 "前驅之器, 以木爲之. 一說:
棨形如戟有旛. 漢制:假棨戟以代斧鉞, 以赤油韜之, 亦謂之油戟"이라 하여 군대
무리 앞에 세우고 가는 의장용 나무창.

【宇文新州之懿範, 襜帷暫駐】'宇文'은 潭州牧으로 부임해가는 길에 이 잔치에 참
여하게 된 宇文鈞을 가리킨다 함. 宇文은 鮮卑族의 姓氏로 그 시조 晉廻가 사냥
중에 하늘로부터 玉璽를 받았다 하여 성씨가 宇文이 되었다 함. '宇'는 鮮卑語로
'天'을 뜻함. '新州'는 宇文鈞이 부임하게 될 潭州. 《眞寶》注에 "宇文鈞, 新除潭州
牧, 道經于此"라 함. '懿範'은 威儀와 儀範. 훌륭함을 뜻함. '襜帷'는 수레의 휘장.

【十旬休暇, 勝友如雲】十旬休暇 '旬'은 열흘. '十旬'은 백 일. '勝友如雲'는 훌륭한

벗들이 구름처럼 모임.

【千里逢迎, 高朋滿座】 '逢迎'은 손님을 맞아 접대함. '高朋'은 높은 벗.

【騰蛟起鳳, 孟學士之詞宗】 '騰蛟起鳳'은 하늘로 솟아오르는 蛟龍과 깃을 펴고 날아오르는 鳳凰. 문장이 화려함을 칭송한 것. '孟學士'는 《眞寶》注에 "孟浩然也"라 하여 孟浩然이라 하였으나 시기로 보아 王勃은 初唐 사람이며 孟浩然은 玄宗 때 인물로 맞지 않음. 한편 凌稚隆은 "孟學士, 舊注謂孟浩然, 非也. 序作於高宗時, 浩然方生. 且足跡未嘗到江西, 亦未嘗爲學士, 必當時座中人"이라 함. '孟嘉'로 보아야 함. 孟嘉는 晉나라 때 桓溫이 매우 아꼈던 인물로 《晉書》(98)에 전이 있음. 그가 9월 9일 桓溫을 모시고 龍山으로 놀이를 나갔을 때 자신의 모자가 바람에 벗겨졌는데도 알아차리지 못하여 孫盛으로 하여금 글로 지어 놀려주도록 하여 그 글을 보여주자 답을 지었는데 그 문장이 매우 훌륭했다는 고사가 있음. 따라서 王勃이 이 滕王閣 잔치에 참여한 것이 9월 9일이어서 이를 연관시킨 것. 《陶淵明集》〈晉故征西大將軍長史孟府軍傳〉에 "九月九日, 溫游龍山, 參佐畢集. 四弟二甥咸在坐. 時佐吏並著戎服, 有風吹君帽墮落, 溫目左右及賓客勿言, 以觀其擧止. 君初不自覺, 良久如廁, 溫命取以還之. 廷尉太原孫盛爲諮議參軍, 時在坐, 溫命紙筆, 令嘲之. 文成示溫, 溫以著坐處; 君歸, 見嘲笑, 而請筆作答"라 하였고, 《晉書》孟嘉傳에도 "九月九日, 溫燕龍山, 僚佐畢集. 時佐吏並著戎服, 有風至, 吹嘉帽墮落, 嘉不之覺. 溫使左右勿言, 欲觀其擧止. 嘉良久如廁, 溫令取還之, 命孫盛作文嘲嘉, 著嘉坐處. 嘉還見, 卽答之, 其文甚美, 四坐嗟歎"이라 하였으며, 《蒙求》「孟嘉落帽」에도 같은 내용이 실려 있음. '詞宗'은 문장의 대가. 참여한 손님들의 글이 맹가의 글을 이을 정도로 훌륭함을 말함.

【紫電淸霜, 王將軍之武庫】 '紫電淸霜'은 자줏빛 번개나 차가운 서릿발 같음. 《眞寶》注에 "騰蛟起鳳, 喩文體; 紫電淸霜, 喩兵刃"이라 함. '王將軍'은 《眞寶》注에 "晉王濬, 金吾將軍"이라 하여 晉나라 때의 王濬으로 보았으나, 혹은 王僧辨이라고도 함. 《晉書》(42) 王濬傳에 "王濬, 字士治, 弘農湖人也. 家世二千石. 濬博墳典, 美姿貌, 不修名行, 不爲鄕曲所稱. 晩乃變節, 疏通亮達, 恢廓有大志"라 하였으며 晉武帝가 吳나라를 정벌할 때 큰 공을 세움. 한편 《瑯琊臺醉編》(34)에는 "《三國典略》曰: 蕭明與王僧辨書, 霜戈電戟, 無非武庫之兵, 龍用犀渠, 盡是雲臺之仗. 王勃 '紫電靑霜, 王將軍之武庫', 正用此事"라 하여 王僧辨을 가리킨다 하였음. 그러나 凌稚隆은 "王將軍謂王濬者, 亦非, 蓋當時人也"라 함. '武庫'는 무기고. 공격과 방어에 무기고의 무기들을 꺼내어 쓰듯이 많은 준비가 되어 있는 사람. 원래는 晉나

라 杜預의 재능을 칭송한 말. 《晉書》 杜預傳에 "杜預, 字元凱, 京兆杜陵人也. ……
預在內七年, 損益萬機, 不可勝數, 朝野稱美, 號曰「杜武庫」, 言其無所不有也"라 함.
【家君作宰, 路出名區】'家君'은 자신의 아버지. 여기서는 王勃의 아버지 王福時를
가리킴. 말함. '宰'는 縣令. 당시 王福時는 交趾令을 지내고 있었음. 《眞寶》注에
"勃父福時爲交趾令"이라 함. '名區'는 유명한 구역. 즉 洪州를 칭송한 말.

【童子何知? 躬逢勝餞】'童子'는 어린 나이. 《增韻》에 "十五以下謂之童子"라 하였
고, 《論語》 憲問篇 "闕黨童子"의 邢昺 疏에 "未冠者之稱"이라 함. 王勃 자신을 가
리킴. '勝餞'은 훌륭한 송별잔치. '餞'은 祖餞의 줄인 말. '餞行'과 같으며 먼 길을
떠나는 사람을 위해 여는 잔치. 《四民月令》에 의하면 고대 黃帝의 아들 유조(纍
祖)가 먼 길을 떠나 도중에 죽자 사람들이 그를 '路神'으로 여겨 길 떠나는 자를
보호해 달라는 뜻으로 祭를 올리기 시작한 것에서 유래되었다 함.

【時維九月, 序屬三秋】'時'와 '序'는 時序. 四時, 춘하추동의 순서. '三秋'는 가을 석
달. 孟秋, 仲秋, 季秋. 음력, 7, 8, 9월.

【潦水盡而寒潭淸, 煙光凝而暮山紫】'潦水'는 비가 온 뒤에 길에 괴어 있는 물. '寒
潭'은 가을 못. '煙光'은 안개와 햇빛.

【儼驂騑於上路, 訪風景於崇阿】'儼'은 威儀가 있는 모습이나 분위기. '驂騑' 곁말.
세 마리 말이 수레를 끌 때 좌우의 곁말. '訪'은 '찾아보다'의 뜻. '崇阿'는 높은
언덕.

【臨帝子之長洲, 得仙人之舊館】'帝子'는 황제의 아들 滕王 李元嬰. 《眞寶》注에 "帝
子謂滕王元嬰, 唐祖之子也"라 함. '長洲'는 긴 모래톱. 滕王閣을 세운 곳. '仙人之
舊館'은 신선들이 사는 오래된 舘舍. 등왕각의 좌우에 있는 오래된 별관으로 등
왕각에 오르기 전에 우선 그곳에서 쉬면서 오를 준비를 함.

【層巒聳翠, 上出重霄】'層巒'은 층층이 솟아 있는 산봉우리. '聳翠'는 비취빛을 띠
고 높이 솟아 있음. '重霄'는 몇 겹은 높은 하늘.

【飛閣流丹, 下臨無地】'飛閣' 나는 듯한 모습의 누각. '流丹'은 붉게 칠한 누각의 단
청이 강물에 비쳐 흐르는 듯함을 표현한 것. '無地'는 둘레의 물빛으로 말미암아
등왕각이 땅에 세워진 것이 아닌 듯이 보임.

【鶴汀鳧渚, 窮島嶼之縈廻】'鶴汀鳧渚'는 학이 노는 물가와 물오리가 노니는 모래
톱. 汀과 渚는 물가의 沙洲나 巖磯. '窮島嶼之縈廻'는 그러한 모습이 섬을 빈틈없
이 빙 둘러싸고 있음.

【桂殿蘭宮, 列岡巒之體勢】'桂殿蘭宮'은 滕王閣 左右의 殿宮에 계수나무와 난초

가 심어져 있음. '崗巒之體勢'는 언덕과 산의 모습과 형세.

【披綉闥, 俯雕甍】'綉'는 '繡'와 같음. '闥'은 궁중의 작은 문. '綉闥'은 《王子安集》과 《初唐四傑集》에 모두 '繡闥'로 되어 있음. '雕甍'은 조각한 기와를 얹은 용마루. 《說文》에 "甍, 屋棟也. 徐曰:「所以承瓦.」"라 함.

【山原曠其盈視, 川澤盱其駭矚】'盱'는 눈을 크게 뜨고 멀리 바라봄.《文選》'睢盱'의 注에 "張目望遠也"라 함. '駭矚'은 보는 사람의 눈을 놀라게 함.

【閭閻撲地, 鍾鳴鼎食之家】'閭閻'은 일반 서민이 사는 마을. '撲地'는 땅에 가득함. 빈터가 없을 정도로 밀집해 있음. '撲'은 盡의 뜻으로 빈틈이 없음을 말함. '鍾鳴鼎食之家'은 가족이 많고 부유하여 솥을 늘어놓고 식사 때에는 종을 울려 식사 시간임을 알릴 정도의 큰 집이나 대가족을 말함.

【舸艦迷津, 靑雀黃龍之舳】'舸艦'은 큰 배와 戰艦. '迷津'은 나루에 이미 배들이 들어차서 뒤에 온 배들이 정박할 곳을 찾지 못하고 있는 상태. 그러나 《王子安集》에는 '舸艦彌津'으로 되어 있음. '靑雀黃龍之舳'의 '靑雀'은 鷁鳥. 바람의 방향을 알아 배를 안전하게 해 준다는 전설이 있어 이 새의 모양을 만들어 뱃머리에 세움. '黃龍'은 노란 색 용의 형상으로 장식함. '舳'은 이물. 뱃머리.《王子安集》에는 '黃龍之軸'으로,《初唐四傑集》에는 '黃龍之舳'으로 되어 있음.

【虹銷雨霽, 彩徹雲衢】'虹銷雨霽'는 무지개가 녹아 흐르고 비는 갬. '彩徹雲衢'는 광채가 허공에서 맑게 뚫고 구름은 넓은 길을 가듯 떠감.《王子安集》에는 '雲衢'가 '區明'으로 되어 있음.

【落霞與孤鶩齊飛, 秋水共長天一色】'落霞'는 落照, 저녁놀. '孤鶩'은 외롭게 홀로 날고 있는 鶩. '鶩'은 따오기. 水鳥의 일종. '齊飛'는 똑같이 같은 높이고 떠서 날고 있음. '共'은 앞의 '與'와 대를 이룸. '長天'은 끝없이 길게 펼쳐진 하늘. 가을 물과 하늘의 색이 같음. 閻伯嶼는 이 두 구절을 보고 감탄하여 자신의 계획을 포기했다 함.《眞寶》注에 "作此兩句, 閻公撫掌嘆曰:「奇哉!」"라 함.

【漁舟唱晚, 響窮彭蠡之濱】'彭蠡'는 彭蠡湖. 지금은 鄱陽湖라 부름. 洪州(南昌) 동북쪽 廬山 동쪽에 있는 큰 호수.

【鴈陣驚寒, 聲斷衡陽之浦】'鴈陣'은 기러기가 대열을 이루어 마치 陣을 치고 있는 상태로 나는 모습. '衡陽'은 衡山의 남쪽. 衡山 남쪽에 回雁峰이 있으며 기러기가 이곳까지 와서 되돌아간다고 여겼음.

【遙吟俯暢, 逸興遄飛】'遙吟俯暢'은 먼 곳을 바라보며 읊조리고 고개 숙여 시원함을 맛봄. 그러나 《王子安集》에는 '遙襟府暢'으로,《初唐四傑集》에는 '遙吟府暢'으

로, 《古文觀止》에는 '逞襟甫暢'으로 되어 있고 注에 "甫, 始也"라 함. '逸興'은 세속을 벗어난 흥취. '遄飛'는 급히 날아가 버림. '遄'은 '급하다'의 뜻. 《詩》鄘風 相鼠에 "人而無禮, 胡不遄死"라 함.

【爽籟發而淸風生, 纖歌凝而白雲遏】'爽籟'는 상쾌한 퉁소 소리. 《說文》에 "三孔. 侖大者謂之笙, 其中謂之籟, 小者謂之箹"이라 함. '纖歌'는 고운 노랫소리. 미인이 부르는 가냘프고 고운 音色. '遏'은 '막다, 정지시키다'의 뜻.

【睢園綠竹, 氣凌彭澤之樽】'睢園'(휴원)은 楚나라의 정원 이름. 漢 文帝의 아들 梁 孝王(劉武)이 만들었던 苑囿로 대나무를 많이 심었음. 滕王閣을 여기에 비유한 것. '彭澤之樽'은 陶淵明의 술독. 陶淵明은 彭澤令을 지어 그를 陶彭澤으로도 부름. '樽'은 《王子安集》과 《初唐四傑集》에는 모두 '罇'으로 표기되어 있음.

【鄴水朱華, 光照臨川之筆】'鄴水'는 河南 鄴(지금의 河南 臨漳縣, 曹操의 封地)을 흐르는 물. '朱華'는 붉은 연꽃. 曹操의 아들 曹植이 鄴宮에서 잔치를 베풀면서 그곳 연못의 붉은 연꽃을 두고 "朱華冒綠池"라 표현하였음. 《眞寶》(前集) 〈公讌〉(070)을 참조할 것. '臨川'은 晉나라의 명필 王羲之를 가리킴. 그가 臨川內史를 역임한 적이 있어 이를 援用한 것.

【四美具, 二難幷】四美 '四美'는 謝靈運의 〈擬魏太子鄴中集詩序〉에 "良晨, 美景, 賞心, 樂事. 四者難幷"이라 하여 지금 이 滕王閣 宴會의 良辰(9월 9일), 美景(등왕각 풍경), 賞心(이를 상탄하는 審美眼), 樂事(잔치) 네 가지를 뜻함. 《眞寶》注에 "良辰, 美景, 賞心, 樂事"라 함. '二難幷'은 갖추기 어려운 두 가지를 함께 갖춤. '二難'은 훌륭한 주인(賢主, 閻伯嶼)과 훌륭한 손님(嘉賓, 참가자들)을 뜻함. 《眞寶》注에 "賢主, 嘉賓"이라 함.

【窮睇眄於中天, 極娛遊於暇日】'睇眄'은 눈을 가늘게 뜨고 힐끗힐끗 살펴봄. 《說文》에 "睇, 目小視也; 眄, 邪視也"라 함. 그러나 《王子安集》에는 '睇盼'로, 《初唐四傑集》에는 '睇盻'으로 되어 있음. '娛遊'는 즐거운 遊覽. '暇日'은 休暇 중인 날.

【天高地逈, 覺宇宙之無窮】'逈'(형)은 '멀다, 아득하다'의 뜻. '宇宙'는 《眞寶》注에 "上天下地曰宇, 古往今來曰宙"라 함. 《淮南子》原道訓에 "橫四維而含陰陽, 紘宇宙而章三光"이라 하였고, 高誘 注에 "四方上下曰宇, 古往今來曰宙. 以喩天地"라 함.

【興盡悲來, 識盈虛之有數】盈虛之有數 '興盡悲來'는 흥이 다하면 슬픔이 다가옴. '盈虛'는 盛衰와 같은 뜻. '數'는 운수, 운명.

【望長安於日下, 指吳會於雲間】'長安'은 唐나라 首都. 지금의 西安. '日下'는 저 태양 아래에 있음을 뜻함. 王勃이 〈鬪鷄檄文〉을 지었다가 高宗의 노여움을 사서 쫓겨

난 상태였음을 은근히 표현한 것. '吳會'는 吳(지금의 蘇州)와 會稽(지금의 紹興).
'吳'는 지금의 江蘇省, '會'는 지금의 浙江省.《王子安集》에는 '指吳會於雲間'이 '指
吳會雲間'으로 되어 있어 '於'자가 없음.

【地勢極而南溟深, 天柱高而北辰遠】'地勢'는 중국 지형은 西高東低로 동남쪽 끝
으로 갈수록 바다가 깊을 것이라 여긴 것. '南溟'은 남쪽 바다. '天柱'는 하늘을
받치고 있는 기둥.《史記》伯夷列傳〈索隱〉에 "諸侯有共工氏, 任智刑以强霸而不
王. 以水承木, 乃與祝融戰, 不勝而怒, 乃頭觸不周山, 崩天柱折地維缺, 女媧乃鍊
五色石以補"라 함. '北辰'은 北極星.《論語》爲政篇 "子曰:「爲政以德, 譬如北辰居
其所而象星共之.」"의 注에 "北辰, 北極. 天之樞也"라 하였고,《爾雅》釋天에 "北極
謂之北辰"이라 함.

【關山難越, 誰悲失路之人】'關山'은 關門과 산. 산 길, 또는 고향, 혹은 邊塞 등을
뜻함. 杜甫〈登岳陽樓〉에 "戎馬關山北, 憑軒涕泗流"라 하였고, 孟浩然의〈涼州
詞〉에 "坐看今夜關山月, 思殺邊城遊俠兒"라 하는 등 唐詩 등에 상투적으로 쓰임.

【萍水相逢, 盡是他鄉之客】'萍水'는 浮萍草. 물이 떠다니다 서로 만나듯 우연히
타향에서 만나 알게 됨.

【懷帝閽而不見, 奉宣室以何年】'帝閽'은 帝王 宮城의 문. '閽'은《說文》에 "常以昏閉
門隷也"라 함.《楚辭》에 "吾令帝閽開關兮"라 함. '宣室'은 漢나라 未央宮의 正殿.
漢나라의 賈誼가 참소를 입어 長沙王의 太傅로 좌천되었을 때 文帝가 나중에
그의 재주를 아깝게 여겨 다시 불러 宣室에서 귀신에 관한 일을 물어보고 그의
설명에 놀라 그를 梁懷王 太傅로 삼았다는 고사가 있음.《漢書》賈誼傳에 "天子
後亦疎之, 不用其議, 以誼爲長沙王太傅. 誼旣以適去, 意不自得, 及渡湘水爲賦, 以
弔屈原. ……後歲餘, 文帝思誼徵之, 至入見, 上方受釐坐宣室, 上因感鬼神事, 而問
鬼神之本. 誼具道所以然之故. 至夜半, 文帝前席, 旣罷曰:「吾久不見賈生, 自以爲
過之, 今不及也.」廼拜誼爲梁懷王太傅"라 함.《眞寶》注에 "漢賈誼少有才, 文帝謫
爲長沙太傅, 後召見宣室, 前席賈生"이라 함.

【嗚呼! 時運不齊, 命途多舛】'嗚呼'는《王子安集》과《初唐四傑集》에는 모두 '嗟乎'
로 되어 있음. '命途多舛'는 운명의 길이 많이 어그러짐. 왕발 자신이〈鬪鷄檄文〉
사건으로 인해 벼슬길이 순탄치 않았음을 말함.

【馮唐易老, 李廣難封】'馮唐'은 漢나라 文帝 때 郞中署長이었다가 뒤에 車騎都尉
에 오른 인물. 武帝가 즉위하여 賢良을 찾았을 때 그가 천거되어 郞을 삼으려 하
였으나 이미 그는 90여 세가 넘어 관직을 맡을 수 없어 대신 그 아들을 郞으로

삼음. 《史記》(102) 馮唐列傳과 《漢書》(50) 馮唐列傳을 참조할 것. 《漢書》에 "武帝即位, 求賢良, 擧唐. 唐時年九十餘, 不能爲官, 乃以子遂爲郎"라 함. '李廣'은 漢나라 때 장군. 文帝 때 70여 차례나 흉노 토벌에 나서서 큰 공을 세웠으나 봉을 받지 못했음. 《史記》(109) 李將軍列傳과 《漢書》(54) 李廣傳을 참조할 것. 《史記》에 "曰:「自漢擊匈奴而廣未嘗不在其中, 而諸部校尉以下, 才能不及中人, 然以擊胡軍功取侯者數十人, 而廣不爲後人, 然無尺寸之功以得封邑者, 何也? 豈吾相不當侯邪? 且固命也!」……至莫府, 廣謂其麾下曰:「廣結髮與匈奴大小七十餘戰, 今幸從大將軍出接單于兵, 而大將軍又徙廣部行回遠, 而又迷失道, 豈非天哉! 且廣年六十餘矣, 終不能復對刀筆之吏.」遂引刀自剄."이라 함.

【屈賈誼於長沙, 非無聖主】'屈'은 몸을 굽힘. 뜻을 얻지 못해 실의한 모습. '賈誼'(B.C.200−B.C.168)는 漢나라 때 賦에 뛰어났던 문학가이며 文帝로부터 미움을 사서 長沙王 太傅로 좌천되어 가던 중 〈弔屈原賦〉를 지었으며 그 외 〈鵩鳥賦〉 등이 유명함. 《史記》(084) 屈原賈生列傳 및 《漢書》(048) 賈誼傳을 참조할 것. 《眞寶》注에 "賈誼, 文帝議以誼, 任公卿之位, 絳灌之屬, 毁之, 遂疏以爲長沙太傅"라 함.

【竄梁鴻於海曲, 豈乏明時】'梁鴻'은 字는 伯鸞. 後漢의 處士. 그의 아내 孟光을 데리고 바닷가에 숨어살면서 '梁鴻五噫', '孟光荊釵', '擧案齊眉' 등의 고사를 낳은 것으로 유명함. 《後漢書》(逸民傳), 《列女傳》(續集), 《東觀漢記》(梁鴻傳), 袁宏《後漢紀》(11), 皇甫謐《高士傳》(下), 《蒙求》(「梁鴻五噫」, 「孟光荊釵」) 등이 아주 널리 전하고 있음. 그러나 여기서의 '梁鴻'은 '梁鵠'의 오류라 함. 《眞寶》注에 "梁鴻(鵠), 善八分書. 魏武帝重之, 其後爲佞臣所毁, 逐於北海"라 함. 《晉書》衛恆傳에 "至靈帝好書, 時多能者, 而師宜官爲最, 大則一字徑丈, 小則方寸千言, 甚矜其能. 或時不持錢詣酒家飮, 因書其壁, 顧觀者以酬酒, 討錢足而滅之. 每書輒削而焚其柎. 梁鵠乃益爲版而飮之酒, 候其醉而竊其柎, 鵠卒以書至選部尙書. 宜官後爲袁術將, 今鉅鹿宋子有〈耿球碑〉, 是術所立, 其書甚工, 云是宜官也. 梁鵠奔劉表, 魏武帝破荊州, 募求鵠. 鵠之爲選部也, 魏武欲爲洛陽令, 而以爲北部尉, 故懼而自縛詣門, 署軍假司馬; 在秘書以勤書自效, 是以今者多有鵠手跡. 魏武帝懸著帳中, 及以釘壁玩之, 以爲勝宜官. 今宮殿題署多是鵠篆. 鵠宜爲大字, 邯鄲淳宜爲小字. 鵠謂淳得次仲法, 然鵠之用筆盡其勢矣."라 하였고, 《書法要錄》(8), 《三國志補注》(1), 《太平廣記》(206), 《墨池編》(3), 《書小史》(4)에 등에 대체로 "梁鵠, 字孟皇, 安定烏氏人. 少好書受法於師宜官, 以善八分知名. 擧孝廉爲郎. 靈帝重之. 亦在鴻都門下, 遷幽州刺史. 魏武甚愛其書, 常懸帳中, 又以釘壁, 以爲勝宜官也. 時邯鄲淳亦得次仲法, 淳宜爲小字,

鵠宜爲大字, 不如鵠之用筆盡勢也"라 하여, 漢末부터 魏初에 八分書에 뛰어났던 인물로, 魏武帝(曹操)가 그의 글씨를 매우 아꼈었다 함. 심지어《分隷偶存》(下)에 "梁鵠書如太祖忘寢觀之喪目"이라 할 정도로 대단한 글씨였다는 것을 칭송할 뿐 그가 핍박을 받아 바닷가로 쫓겨났다는 기록은 보이지 않은 것으로 보아, 오히려 '梁鴻'이 맞을 듯함. 따라서 '海曲'은 梁鴻이 東吳의 바닷가에 숨어 살았던 사실을 말한 것임. '明時'는 태평시대.

【所賴君子安貧, 達人知命】'安貧'은 가난도 安樂으로 여김.《論語》雍也篇에 "子曰:「賢哉, 回也! 一簞食, 一瓢飮, 在陋巷, 人不堪其憂, 回也不改其樂. 賢哉, 回也!」"라 함. '知命'은 天命을 알고 자연에 순응함.《周易》繫辭(上)에 "樂天知命, 故不憂"라 하였고,《申鑒》(5) 雜言(下)에는 "君子樂天知命, 故不憂; 審物明辨, 故不惑; 定心致公, 故不懼"라 하였으며,《論語》堯曰篇에는 "子曰:「不知命, 無以爲君子也; 不知禮, 無以立也; 不知言, 無以知人也.」"라 함.

【老當益壯, 寧知白首之心】'老當益壯'은 늙어갈수록 더욱 뜻이 강해짐.《後漢書》馬援傳에 "援年十二而孤, 少有大志, 諸兄奇之. ……常謂賓客曰:「丈夫爲志, 窮當益堅, 老當益壯.」"이라 함. '寧知白首之心'은 '늙을수록 더욱 뜻을 굳게 세워 벼슬길에 나가려고 하는 노인의 마음을 누가 알아주겠는가?'의 뜻. '寧知'는《王子安集》에는 '寧移'로 되어 있음.

【窮且益堅, 不墜靑雲之志】'靑雲'은 원래 벼슬길을 뜻하나 여기서는 원대한 꿈을 말함.《史記》伯夷列傳에 "悲夫! 閭巷之人, 欲砥行立名者, 非附靑雲之士, 惡能施于後世哉?"라 함.

【酌貪泉而覺爽, 處涸轍以猶懽】'貪泉'은 廣東의 廣州 시내 밖 10리쯤 石門에 있는 샘. 이를 마시면 貪欲이 생긴다는 전설이 있었음. 晉나라 때 吳隱之가 廣州刺史가 되어 부임하여 자신의 청렴함을 자신하며 "古人云此水, 一歃懷千金. 試使夷齊飮, 終當不易心"이라 읊은 다음 이를 마시고 '廉泉'이라 바꿔 부르도록 하였다 함.《眞寶》注에 "吳隱之酌貪泉, 賦詩曰:「古人云此水, 一歃懷千金. 試使夷齊飮, 終當不易心.」"이라 함. 본《眞寶》(前集) 吳隱之의〈貪泉〉(020)을 참조할 것. '涸轍'(학철)은 '涸轍鮒魚'의 줄인 말. 수레바퀴 자국에 괸 물에 사는 붕어.《莊子》外物篇에 "莊周家貧, 故往貸粟於監河侯. 監河侯曰:「諾. 我將得邑金, 將貸子三百金, 可乎?」莊周忿然作色曰:「周昨來, 有中道而呼者. 周顧視車轍中, 有鮒魚焉. 周問之曰:『鮒魚來! 子何爲者邪?』對曰:『我, 東海之波臣也. 君豈有斗升之水而活我哉?』周曰:『諾. 我且南遊吳越之土, 激西江之水而迎子, 可乎?』鮒魚忿然作色曰:『吾失我常

與, 我无所處. 吾得斗升之水然活耳, 君乃言此, 曾不如早索我於枯魚之肆!」』라 함. 아주 심하게 곤궁에 처한 경우를 비유함. '懽'은 《王子安集》에는 '歡'으로 되어 있음. 《眞寶》注에 "《莊子》: 轍中有鮒魚, 邀西江之水, 不足以活之"라 함.

【北海雖賒, 扶搖可接】'北海'는 北溟(北冥)과 같음. 《莊子》逍遙遊에 "北冥有魚, 其名爲鯤. 鯤之大, 不知其幾千里也. 化而爲鳥, 其名爲鵬"이라 하였고, 明 德淸(僧)은 "北冥, 卽北海, 以曠遠非世人所見之地, 以喩玄冥大道. 海中之鷗, 以喩大道體中, 養成大聖之胚胎, 喩如大鷗, 非北海之大不能養成也"라 함. '賒'는 賒의 異體字. '멀다, 아득하다'의 뜻. '扶搖'는 회오리바람. 폭풍. 《莊子》逍遙遊에 "《諧》之言曰: 「鵬之徙於南冥也, 水擊三千里, 搏扶搖而上者九萬里. 去以六月息者也.」"라 하였고, 林希逸 注에 "風勢也"라 함. 《眞寶》注에 "《莊子》: 北溟有魚, 其名爲鯤, 化以爲鵬, 搏扶搖而上者九萬里"라 함.

【東隅已逝, 桑楡非晚】'東隅'는 동쪽의 아침 해 뜨는 귀퉁이. 젊은 시절을 비유함. '桑楡'는 해가 지는 서쪽, 해의 그림자가 뽕나무와 느릅나무 끝에 남아 있음을 비유함. 여기에서는 노년의 황혼기를 말함. 《後漢書》(17) 馮異傳에 後漢 光武帝(劉秀)때 馮異가 赤眉軍에게 패하자 광무제(유수)가 馮異에게 "馮異字公孫, 潁川父城人也. ……賊見勢弱, 遂悉衆攻異, 異乃縱兵大戰. 日昃, 賊氣衰, 伏兵卒起, 衣服相亂, 赤眉不復識別, 衆遂驚潰. 追擊, 大破於崤底, 降男女八萬人. 餘衆尙十餘萬, 東走宜陽降. 璽書勞異曰: 「赤眉破平, 土吏勞苦, 始雖垂翅回谿, 終能奮翼澠池, 可謂'失之東隅, 收之桑楡'. 方論功賞, 以答大勳.」"이라 함. 한편 《通鑑綱目》의 같은 글 注에 "回谿(回溪), 在澠池之北. 異與鄧禹共攻赤眉, 大戰於回谿敗績. 隅, 陬也; 東隅, 日出處也; 桑楡, 木名, 謂晩也, 或作日入處也. 《淮南子》曰: 西日垂景在樹端, 謂之桑楡也"라 함. 《幼學瓊林》에도 "事先敗而後成, 曰失之東隅, 收之桑楡"라 함. 《眞寶》注에 "漢馮異曰: 「始雖垂翅回溪, 終能奮翼澠池, 可謂失之東隅, 收之桑楡.」"라 함.

【孟嘗高潔, 空懷報國之心】'孟嘗'은 後漢 때 사람으로 자는 伯周, 會稽 사람. 《後漢書》(76) 循吏傳(孟嘗)에 "孟嘗字伯周, 會稽上虞上也. 其先三世爲郡吏, 並伏節死難. 嘗少修操行, 仕郡爲戶曹史. 上虞有寡婦至孝養姑. 姑年老壽終, 夫女弟先懷嫌忌, 乃誣婦厭苦供養, 加鴆其母, 列訟縣庭. 郡不加尋察, 遂結竟其罪. 嘗先知枉狀, 備言之於太守, 太守不爲理. 嘗哀泣外門, 因謝病去, 婦竟冤死. 自是郡中連旱二年, 禱請無所獲. 後太守殷丹到官, 訪問其故, 嘗詣府具陳寡婦冤誣之事. 因曰: 「昔東海孝婦, 感天致旱, 於公一言, 甘澤時降. 宜戮訟者, 以謝冤魂, 庶幽枉獲申, 時雨可期.」丹從

之, 即刑訟女而祭婦墓, 天應澍雨, 穀稼以登. 嘗後策孝廉, 擧茂才, 拜徐令. 州郡表其能, 遷合浦太守. 郡不産穀實, 而海出珠寶, 與交阯比境, 常通商販, 留糴糧食. 先時宰守並多貪穢, 詭人采求, 不知紀極, 珠逐漸徙於交阯郡界. 於是行旅不至, 人物無資, 貧者餓死於道. 嘗到官, 革易前敝, 求民病利. 曾未逾歲, 去珠復還, 百姓皆反其業, 商貨流通, 稱爲神明. 以病自上, 被徵當還, 吏民攀車請之. 嘗既不得進, 乃載鄕民船夜遁去. 隱處窮澤, 身自耕傭. 鄰縣士民慕其德, 就居止者百餘家"라 하여 東海孝婦의 억울함을 풀어주고 다시 合浦太守로 있을 때 선정을 베풀었으며, 뒤에 그가 병으로 상경하려 하자 그곳 백성들이 수레를 잡고 만류하여 결국 그곳에 남아 은거하게 되었다 함. 한편 《蒙求》「孟嘗還珠」에도 "後漢, 孟嘗字伯周, 會稽上虞人. 遷合浦太守, 郡不産穀實, 而海出珠寶. 與交阯比境, 常通商販, 貿糴粮食. 先時宰守, 並多貪穢, 詭人採求, 不知紀極. 珠漸徙於交阯郡界, 行旅不至, 人物無資, 貧者餓死於道. 嘗到官, 革易前弊, 求民病利. 未踰歲, 去珠復還, 百姓皆反業, 商貨流通. 稱爲神明. 徵還, 吏民攀車請之, 乃夜遁去. 隱處自耕. 隣縣士民, 慕德就居止者, 百餘家."라 함. 한편 舊注에 孟嘗을 戰國시대 齊나라 孟嘗君(田文)으로 보았으나 이는 오류임. '空懷報國之心'은 《王子安集》에는 '空餘報國之情'으로, 《初唐四傑集》에는 '空懷報國之情'으로 되어 있음.

【阮籍猖狂, 豈效窮途之哭】'阮籍'(210–263)은 晉나라 때 竹林七賢의 하나. 자는 嗣宗. 陳留의 尉氏人. 阮瑀의 아들. 老莊에 밝았으며 거문고, 바둑, 시문 등에도 능하였음. 步兵校尉를 역임하여 흔히 阮步兵이라 불림. 〈豪傑詩〉, 〈詠懷詩〉, 〈達莊論〉, 〈大人先生傳〉 등이 있으며 《三國志》(21), 《晉書》(49)에 전이 있음. 禮敎의 拘束을 거부하고 술과 任誕으로 일생을 보냄. '猖狂'은 미쳐 날뜀을 疊韻連綿語로 표현한 것. '窮途之哭'은 완적이 길이 끝나는 곳에 이르자 통곡하며 돌아섰다는 고사. 《白公六帖》(64) 注에 "《魏氏春秋》: 阮籍率意獨住, 不由徑路, 車迹所窮, 輒慟哭而反"이라 함. 《眞寶》注에 "晉阮籍, 時率易, 獨駕入山徑路, 車跡所窮, 輒痛哭而返"이라 함.

【勃三尺微命, 一介書生】'三尺微命'은 작고 어린 몸. '微命'은 보잘것없고 천한 목숨. 자신을 낮추어 표현한 것.

【無路請纓, 等終軍之弱冠】'請纓'은 갓끈을 청함. 漢나라 때 終軍은 18세에 博士弟子로 선발되고 후에 諫大夫로 발탁되었음. 武帝가 그에게 南越을 굴복시킬 임무를 주어 사신으로 보내자 그는 武帝에게 왕의 갓끈을 주시면 南越王을 그 갓끈으로 묶어 오겠다고 자청하였음. 《漢書》(64) 終軍傳에 "終軍字子雲, 濟南人也. 少

好學, 以辯博能屬文聞於郡中. 年十八, 選爲博士弟子. ……南越與漢和親, 乃遣軍使南越, 說其王, 欲令入朝, 比內諸侯. 軍自請:「願受長纓, 必羈南越王而致之闕下.」軍遂往說越王, 越王聽許, 請擧國內屬.'이라 하였으며《蒙求》「終軍棄繻」에도 "後擢諫大夫, 使南越, 自請:「願受長纓, 必羈南越王而致之闕下.」軍往說越王, 越請擧國內屬. 其相呂嘉不欲內屬, 發兵攻殺其王, 及漢使者皆死. 軍死時年二十餘, 故世謂之『終童』'이라 함. '弱冠'은 관례를 치른 나이. 20세.《禮記》曲禮(上)에 "人生十年曰幼, 學. 二十曰弱, 冠. 三十曰壯, 有室. 四十曰强, 而仕. 五十曰艾, 服官政. 六十曰耆, 指使. 七十曰老, 而傳. 八十九十曰耄, 七年曰悼, 悼與耄, 雖有罪, 不加刑焉. 百年曰期, 頤'라 함.《眞寶》注에 "南越與漢和親, 終軍年二十餘, 自願受長纓, 必羈南越王, 而致之闕下"라 함.

【有懷投筆, 慕宗慤之長風】'投筆'은 붓을 던져버림. 文을 버리고 武를 택함.《後漢書》班超傳에 "班超字仲升, 扶風平陵人, 徐令彪之少子也. 爲人有大志, 不修細節. 然內孝謹, 居家常執勤苦, 不恥勞辱. 有口辯, 而涉獵書傳. 永平五年, 兄固被召詣校書郞, 超與母隨至洛陽. 家貧, 常爲官傭書以供養. 久勞苦, 嘗輟業投筆歎曰:「大丈夫無它志略, 猶當效傅介子, 張騫立功異域, 以取封侯, 安能久事筆硏間乎?」'라 함. 뒤에 그는 50여 국의 西域을 정벌하여 그 공으로 定遠侯에 봉해짐. '宗慤'(宗殼)은 南朝 宋나라 사람.《宋書》(76)와《南史》(37) 宗慤(宗殼)傳에 "宗慤, 字元幹, 南陽人也. 叔父炳, 高尙不仕. 慤年少時, 炳問其志, 慤曰:「願乘長風破萬里浪.」炳曰:「汝不富貴, 即破我家矣.」'라 함. 뒤에 그는 振武將軍이 되어 林邑國을 정벌하여 洮陽侯에 봉해짐. 한편《萬姓統譜》에도 "宗慤, 字元幹, 南陽人, 少時其叔父嘗問其所志. 慤答曰:「願從乘長風, 破萬里浪.」仕劉宋爲振武將軍, 伐林邑國剋之, 珍寶山積, 一毫無犯, 後封洮陽侯"라 함.《眞寶》注에 "宗慤曰:「願乘長風, 破萬里浪.」"이라 함.

【舍簪笏於百齡, 奉晨昏於萬里】'簪'은 冠에 꽂는 비녀.《釋名》에 "簪, 連冠於髮也"라 함. '笏'은 왕명을 기록하기 위해 띠에 꽂는 板.《釋名》에 "笏, 忽也. 君有敎命及所啓白, 則書其上, 非忽忘也"라 하였고,《字彙》에도 "音忽, 手板. 公及士所搢也"라 하였으며,《廣韻》에는 "品官所執:天子以玉, 諸侯以象, 大夫魚鬚文竹, 士木籓文"이라 함. 여기서는 관리를 말함. '晨昏'은 昏定晨省을 말함.《禮己》曲禮(上)에 "凡爲人子之禮:冬溫而夏凊, 昏定而晨省"이라 하였고, 注에 "定, 定其床衽也;省, 問其安否如何"라 함.

【非謝家之寶樹, 接孟氏之芳鄰】'謝家'는 晉나라 謝氏 집안. 謝玄은 숙부 謝安의 총

애를 받고 있었는데 謝安이 소원을 묻자 謝玄은 대뜸 "비유컨대 靈芝나 蘭草 같은 것을 정원에 자라게 하고 싶다"고 하여 훌륭한 아들을 원하였음. 《世說新語》言語篇에 "謝太傅問諸子姪:「子弟亦何預人事, 而正欲使其佳?」諸人莫有言者. 車騎答曰:「譬如芝蘭玉樹, 欲使其生於階庭耳.」"라 함. '寶樹'는 훌륭한 자녀를 뜻함. 《眞寶》注에 "謝玄爲叔父安所器重, 玄曰:「譬如芝蘭玉樹, 使其生於庭階耳.」"라 함. '孟氏'는 孟母三遷之教를 말함. 孟子의 어머니(仉氏)가 아들 교육을 위해 좋은 이웃 환경을 찾아 세 번이나 이사를 다녔던 고사. 《列女傳》(1) '鄒孟軻母'에 "鄒孟軻之母也, 號孟母. 其舍近墓, 孟子之小也, 嬉遊爲墓間之事: 踊躍築埋. 孟母曰:「此非吾所以居處子也.」乃去, 舍市傍, 其嬉戲爲賈人衒賣之事. 孟母又曰:「此非吾所以居處子也.」復徙舍學宮之傍, 其嬉遊乃設俎豆揖讓進退. 孟母曰:「眞可以居吾子矣.」遂居之. 及孟子長, 學六藝, 卒成大儒之名. 君子謂:「孟母善以漸化.」"라 함. 《眞寶》注에 "孟母三徙, 爲子擇隣"이라 함.

【他日趨庭, 叨陪鯉對】 '趨庭'은 뜰을 종종걸음으로 지나감. 어른 앞을 지나갈 때의 예법. '叨陪'는 공경의 태도로 모심. '鯉對'는 孔鯉(伯魚)가 아버지 孔子의 물음에 대답의 庭教. 《論語》季氏篇에 "陳亢問於伯魚曰:「子亦有異聞乎?」對曰:「未也. 嘗獨立, 鯉趨而過庭. 曰:『學《詩》乎?』對曰:『未也.』『不學《詩》, 無以言.』鯉退而學《詩》. 他日, 又獨立, 鯉趨而過庭. 曰:『學《禮》乎?』對曰:『未也.』『不學《禮》, 無以立.』鯉退而學《禮》. 聞斯二者.」陳亢退而喜曰:「問一得三, 聞《詩》, 聞《禮》, 又聞君子之遠其子也.」"라 함. 《眞寶》注에 "事見《論語》"라 함.

【今晨捧袂, 喜託龍門】 '捧袂'는 소매를 눈높이까지 받쳐 들고 절을 함. '龍門'은 원래 黃河 상류 山西 河津縣과 陝西 韓城縣 사이의 급류로 잉어가 이 급류를 오르면 용이 된다고 여겼음. 《後漢書》李膺傳 注에 인용된 《三秦記》에 "河津, 一名龍門, 水險不通, 魚鼈之屬莫能上, 江海大魚薄集龍門下數千; 不得上, 上則爲龍也. 又曰: 龍門, 河水所下之口, 在今絳州龍門縣."이라 함. 한편 後漢 李膺(元禮. 110–169)을 비유하여 흔히 '登龍門'이라 함. 《世說新語》德行篇에 "李元禮風格秀整, 高自標持, 欲以天下名教是非爲己任. 後進之士, 有升其堂者, 皆以爲「登龍門」"이라 하였고, 《後漢書》(67) 李膺傳에도 "是時, 朝廷日亂, 綱紀頹阤, 膺獨持風裁, 以聲名自高. 士有被其容接者, 名爲登龍門"이라 함. 李膺은 당시 인물 품평에 가장 뛰어나 그에게 높은 평가를 받으면 대단한 인물로 인정을 받는 것이 되어 그의 품평을 통과하면 마치 登龍門을 넘어서는 것 같다고 여겼음. 孔融과의 '小時了了'로도 유명함. 뒤에 黨爭에 얽혀 자결함. 《眞寶》注에 "漢李膺以聲名自高, 士有被其容接

者, 名爲登龍門"이라 함. 여기서는 閣公을 비유한 것임.

【楊意不逢, 撫凌雲而自惜】'楊意'는 漢 武帝 때 狗監을 지낸 楊得意. 司馬相如와 같은 고향 사람으로 어느 날 武帝가 〈子虛賦〉를 읽고 감탄하면서 그 글을 지은 자를 만나보았으면 하자 양득의가 자신의 고향 사람이라 하여 司馬相如가 武帝를 만나 이름을 날리게 된 것임. 《史記》 司馬相如傳에 "蜀人楊得意爲狗監, 侍上. 上讀《子虛賦》而善之, 曰:「朕獨不得與此人同時哉!」 得意曰:「臣邑人司馬相如自言爲此賦.」 上驚, 乃召問相如. 相如曰:「有是. 然此乃諸侯之事, 未足觀也. 請爲天子游獵賦, 賦成奏之.」 上許, 令尙書給筆札"이라 함. '撫'는 '어루만지다'의 뜻. 즉 司馬相如의 작품을 어루만지며 안타까워함. '凌雲'은 구름을 넘어 높이 솟음. 司馬相如가 지은 〈大人賦〉를 말함. 《史記》 司馬相如傳에 "相如旣奏《大人之頌》, 天子大說, 飄飄有凌雲之氣, 似游天地之閒意"이라 함. 《眞寶》 注에 "楊得意曾薦司馬相如, 後相如遂顯. ○勃不逢楊得意之薦, 但誦相如凌雲之賦, 而自惜其不遇耳"라 함.

【鍾期旣遇, 奏流水以何慙】'鍾期'는 春秋시대 楚나라 사람 鍾子期. '伯牙絶絃'의 고사를 낳은 인물. 伯牙가 연주하는 琴을 듣고 그 樂想을 반드시 알아냈다 함. 《列子》 湯問篇에 "伯牙善鼓琴, 鍾子期善聽. 伯牙鼓琴, 志在登高山. 鍾子期曰:「善哉! 峩峩兮若泰山!」 志在流水. 鍾子期曰:「善哉! 洋洋兮若江河!」 伯牙所念, 鍾子期必得之. 伯牙游於泰山之陰, 卒逢暴雨, 止於巖下;心悲, 乃援琴而鼓之. 初爲霖雨之操, 更造崩山之音, 曲每奏, 鍾子期輒窮其趣. 伯牙乃舍琴而嘆曰:「善哉! 善哉! 子之聽夫! 志想象猶吾心也. 吾於何逃聲哉!」"라 함. '慙'은 《王子安集》에는 '慚'으로 되어 있음. 《眞寶》 注에 "《列子》:伯牙鼓琴, 志在流水. 子期曰:「洋洋乎若江河!」 ○勃謂苟遇知音, 奏流水以何愧?"라 함.

【勝地不常, 盛筵難再】'勝地'는 풍경이 아주 좋은 곳. '盛筵'은 훌륭한 筵席, 잔치.

【蘭亭已矣, 梓澤丘墟】'蘭亭'은 浙江省 紹興 서남쪽에 있는 정자 이름. 東晉의 명필 王羲之가 賢者들을 불러 모아 잔치를 베풀던 곳. 앞의 〈蘭亭序〉(012)를 참조할 것. 《眞寶》 注에 "蘭亭, 王逸少宴集之地"라 함. '梓澤'은 金谷園을 가리킴. 晉나라 石崇의 별장. 《眞寶》 注에 "梓澤, 卽金谷園也"라 함. 《眞寶》 前集 〈金谷園〉(022)을 참조할 것. '丘墟'은 빈 터 언덕.

【臨別贈言, 幸承恩於偉餞】'臨別'은 왕발 자신이 '떠나면서 글을 남기다'의 뜻. '偉餞'은 크고 훌륭한 잔치.

【登高作賦, 是所望於羣公】'登高'는 높은 곳에 올라감. 대체로 9월 9일 重陽節에는 茱萸 열매를 머리에 꽂고 登高를 하며 菊花酒를 마시는 풍속이 있었음. 王維의

〈九月九日憶山東兄弟〉에 "遙知兄弟登高處, 遍揷茱萸少一人"이라 함. 王勃이 참여한 이 잔칫날은 9월 9일이었으므로 이렇게 표현한 것, 한편 《漢書》藝文志에는 "傳曰:「不歌而誦謂之賦, 登高能賦可以爲大夫.」言感物造耑而, 材知深美, 可與圖事, 故可以爲列大夫也"라 함.

【敢竭鄙誠, 恭疏短引】'鄙誠'은 왕발이 자신의 성의를 겸손히 표현한 것. '恭疏短引'의 '疏'는 疏, 疎, 疎 등과 같으며 '진술하다'의 뜻. '引'은 문장을 뜻하여 여기서는 본 '滕王閣序'를 가리킴.

【一言均賦, 四韻俱成】'四韻'은 네 句에 押韻한 八句의 시. 韻字는 '舞', '雨', '秋', '流'임. '俱成'은 서문[引]과 시를 함께 완성하였음을 말함. 한편 이 뒤에 《王子安集》과 《初唐四傑集》에는 '請灑潘江, 各傾陸海云爾'의 10글자가 더 있음.

【滕王高閣臨江渚, 佩玉鳴鑾罷歌舞】'江渚'는 강가. '佩玉'은 걸을 때마다 서로 부딪쳐 맑은 소리가 나도록 한 옥. '鳴鑾'은 수레를 끄는 말의 고삐에 다는 방울. 鑾鈴.

【畫棟朝飛南浦雲, 朱簾暮捲西山雨】'畫棟'은 丹靑을 한 아름다운 용마루. '南浦'는 남쪽 포구. 《方輿勝覽》에 "洪州府南浦, 在廣潤門外, 有南浦亭, 往來艤舟之所. 唐已有之"라 함. '西山'은 《方輿勝覽》에 "在縣西四十里, 巖棲四出, 千峰北來, 嵐光染空. 高七千丈, 屬連三百里"라 함.

【閑雲潭影日悠悠, 物換星移度幾秋】'物換星移'는 사물이 바뀌고 별의 위치가 옮겨감. 세월이 지남을 뜻함. '度幾秋'는 '얼마나 많은 세월이 지났는가'의 뜻. '秋'는 春秋, 歲月, 時間, 四時를 뜻함.

【閣中帝子今何在? 檻外長江空自流】'帝子'는 滕王 李元嬰을 가리킴. '檻'은 欄檻, 欄干. '空自流'는 세월의 무상함을 안타까워한 것.

### 참고 및 관련 자료

1. 王勃(649-676)

'初唐四傑'(楊炯, 盧照鄰, 駱賓王, 王勃)의 하나로 자는 子安. 太原 출신으로 隋末의 유명한 학자 文中子 王通의 손자이며, 특히 이 〈滕王閣序〉로 이름을 날렸음. 그 외 〈送杜少府之任蜀州〉의 "海內存知己. 天涯若比隣"은 널리 알려진 구절임. 《新唐書》藝文志에 《王勃集》 30권이 저록되어 있으며 지금의 〈四庫全書〉에 《王子安集》이, 그 밖에 〈四部備要本〉《初唐四傑集》이 들어 있음. 저술로는 《周易發揮》 5권, 《次論語》 10권, 《舟中纂序》 5권, 《千歲曆》 등이 있었다 하나 실전되었음. 《全唐詩》에 그의 詩 2권이 실려 있으며(55, 56), 《全唐詩外編》 및 《全唐詩續拾》에 16首

와 1句를 補遺로 싣고 있음.《唐詩紀事》(7)에 그에 관한 기록이 있으며, 그의 전기
는 《舊唐書》(190 上) 文苑傳(上),《新唐書》(201 文藝傳 上)에 자세히 실려 있음.《舊唐
書》(190)에 "楊炯與王勃, 盧照隣, 駱賓王以文詞齊名, 海內稱爲王楊盧駱, 亦號爲
「四傑」"이라 함.

2. 이 글은 《王子安集》(5),《初唐四傑集》(5),《文苑英華》(718),《文章辨體彙選》
(354),《江西通志》(150),《事文類聚》(續集 7),《四六法海》(10),《淵鑑類函》(277) 등에
실려 있음.

3.《唐才子傳》(1) 王勃

勃, 字子安, 太原人, 王通之諸孫也. 六歲善辭章. 麟德初, 劉道祥(祥道)表其材, 對
策高第. 未及冠, 授朝散郎. 沛王召署府修撰. 時諸王鬪雞會, 勃戲爲文檄英王雞, 高
宗聞之怒, 斥出府. 勃旣廢, 客劍南, 登山曠望, 慨然思諸葛之功, 賦詩見情. 又嘗匿死
罪官奴, 恐事洩, 輒殺之, 事覺當誅, 會赦除名, 父福時坐爲左遷交趾令. 勃往省觀,
途過南昌, 時都督閻公新修滕王閣成, 九月九日, 大會賓客, 將令其壻作記, 以誇盛事.
勃至入謁, 帥知其才, 因請爲之. 勃欣然對客操觚, 頃刻而就, 文不加點, 滿座大驚.
酒酣辭別, 帥贈百縑, 卽擧帆去. 至炎方, 舟入洋海溺死, 時年二十九. 勃屬文綺麗,
請者甚多, 金帛盈積, 心織而衣, 筆耕而食. 然不甚精思, 先磨墨數升, 則酣飲, 引被
覆面臥, 及寤, 援筆成篇, 不易一字, 人謂之「腹稿」. 嘗言人子不可不知醫, 時長安曹
元有秘方, 勃盡得其術, 又以虢州多藥草, 求補參軍. 倚才陵藉, 僚吏疾之. 有集三十
卷, 及《舟中纂序》五卷, 今行於世. ◎ 勃嘗遇異人, 相之曰:「子神强骨弱, 氣淸體羸,
腦骨虧陷, 目睛不全. 秀而不實, 終無大貴矣.」故其才長而命短者, 豈非相乎!

4.《唐詩紀事》(7) 王勃

勃爲沛王府修撰, 時諸王鬪雞, 勃戲爲文檄英王雞. 高宗曰:「是且交構, 斥出府.」勃
旣廢. 客劍南, 嘗登葛憒情山曠望, 慨然思諸葛之功, 賦詩見情, 爲虢州參軍, 坐罪除名.
父福時, 以左遷交趾令, 勃往省 度海溺水, 瘁而卒, 年二十九.

5.《全唐詩》(55) 王勃

王勃, 字子安, 絳州龍門人. 文中子通之孫, 六歲善文辭, 未冠. 應擧及第, 授朝散郎,
數獻頌闕下. 沛王聞其名, 召署府修撰, 是時諸王鬪雞. 勃戲爲文, 檄英王雞, 高宗斥
之. 勃旣廢, 客劍南, 久之, 補虢州參軍, 坐事, 復除名, 勃父福時, 坐勃故, 左遷交趾
令. 勃往交趾省父. 渡海溺水, 悸而卒, 年二十八. 勃好讀書, 屬文初不精思, 先磨墨數
升, 引被覆面而臥. 忽起書之, 不易一字. 時人謂之腹稿, 與楊炯, 盧照鄰, 駱賓王皆
以文章齊名. 天下稱王楊盧駱, 號四傑. 勃有集三十卷, 今編詩二卷.

6. 王定保《唐摭言》(5)

王勃著〈滕王閣序〉, 時年十四. 都督閣公不之信, 勃强在座, 而閣公意屬子婿孟學士者爲之, 已宿構矣. 及以紙筆巡讓賓客. 勃不辭讓, 公大怒, 拂衣而起, 專令人伺其下筆. 第一報云:「南昌故郡, 洪都新府.」公曰:「亦是老先生常談!」又報云:「星分翼軫, 地接衡廬.」公聞之, 沈吟不言. 又云:「落霞與孤鶩齊飛, 秋水共長天一色.」公矍然而起曰:「此眞天才, 當垂不朽矣!」遂亟請宴所, 極歡而罷.

7.《說郛》(35 上)

王勃著〈滕王閣叙〉, 時年十四, 都督閣公不之信, 令人伺其下筆. 初報云'南昌故郡, 洪都新府'. 公曰:「老生常談.」又云'星分翼軫, 地接衡廬', 公不語, 至'落霞與孤鶩齊飛, 秋水共長天一色', 公矍然曰:「此眞天才, 垂不朽矣!」

8.《太平廣記》(175)

王勃字, 子安六歲能屬文, 清才濬發, 構思無滯. 年十三, 省其父至江西, 會府帥宴於滕王閣, 時帥府有壻善爲文章, 帥欲誇之賓友, 乃宿構〈滕王閣序〉, 俟賓合而出之, 爲若即席而就者. 既會帥果授牋諸客. 諸客辭, 次至勃勃, 輒受帥, 旣拂其意, 怒其不讓. 乃使人俟其下筆. 初報曰「南昌故郡, 洪都新府.」帥曰:「此亦老生常談耳.」次曰:「星分翼軫, 地接衡廬.」帥沈吟移晷, 又曰:「落霞與孤鶩齊飛, 秋水共長天一色.」帥曰:「斯不朽矣!」

# 018. 〈春夜宴桃李園序〉 ·················· 李太白(李白)
## 봄밤 도리원에서 연회를 열면서

*〈春夜宴桃李園序〉: 봄밤에 복사꽃과 오얏꽃(자두꽃)이 피어 있는 정원에서 잔치를 열며 지은 序體의 글.《李太白文集》에는 제목이 〈春夜宴從弟桃花園序〉로 되어 있음.

무릇 천지天地는 만물이 쉬어 가는 객사요, 광음(시간)은 긴 세월을 지나가는 길손이다.

게다가 덧없이 흘러가는 삶은 꿈과 같으니 얼마나 즐길 수 있겠는가?

옛사람들이 촛불을 들고 밤에도 놀았다는 것은 정말로 그럴 만한 이유가 있었던 것이다.

하물며 따뜻한 봄날이 나를 아름다운 경치로써 부르고 천지가 나에게 글재주까지 빌려주었고, 복사꽃, 오얏꽃의 꽃다운 정원에 모여 천륜天倫의 즐거운 일을 펴고 있음에랴!

여러 아우들은 빼어나고 뛰어나 모두가 사혜련謝惠連 정도인데, 내가 읊은 시와 노래는 유독 사강락謝康樂에게 부끄러울 뿐이다.

그윽이 봄 경치 감상이 끝나지 않았는데 고아한 담론은 더욱 맑아져 가고, 구슬자리를 펴서 꽃 사이에 앉아 술잔을 주고받으며 달에 취하는구나.

이럴 때 좋은 작품을 짓지 않는다면 무엇으로 고아한 심정을 펼 수 있겠는가?

만약 시를 짓지 못하면 벌주는 금곡金谷의 벌주 술잔 수대로 하리라.

夫天地者, 萬物之逆旅; 光陰者, 百代之過客.
而浮生若夢, 爲歡幾何?

古人秉燭夜遊, 良有以也.

況陽春召我以煙景, 大塊假我以文章, 會桃李之芳園, 序天倫之樂事!

羣季俊秀, 皆爲惠連; 吾人詠歌, 獨慚康樂.

幽賞未已, 高談轉清; 開瓊筵以坐花, 飛羽觴而醉月.

不有佳作, 何伸雅懷?

如詩不成, 罰依金谷酒數!

【夫天地者, 萬物之逆旅】'逆旅'는 나그네를 맞이해 주는 곳. 旅館, 旅舍, 客館, 客舍. '逆'은 '迎'과 같음. 《左傳》僖公 2년 "今虢爲不道, 保於逆旅"의 疏에 "逆, 迎也; 旅, 客也. 迎止賓客之處也"라 하였고, 《莊子》知北遊篇 "悲夫! 世人直爲物逆旅耳"의 注에 "逆旅, 客舍也"라 함. 《眞寶》注에 "天地如客舍"라 함. 한편 《李太白集分類補註》에 "一本作「萬物者, 天地之逆旅也」"라 함.

【光陰者, 百代之過客】'光陰'은 日月. 시간, 세월. '百代'는 아주 긴 시간. '天地'는 空間, '光陰'은 時間을 뜻함. '過客'은 길손. 곧 시간이라는 것은 거쳐 지나가는 길손과 같음. 《眞寶》注에 "日月流行如過客也"라 함.

【浮生若夢, 爲歡幾何】'若夢'은 李白의 〈春日醉起言志〉(《眞寶》前集 062)에 "處世若大夢, 胡爲勞其生? 所以終日醉, 頹然臥前楹"이라 함. 《莊子》齊物論에는 "方其夢也, 不知其夢也. 夢之中又占其夢焉, 覺而後知其夢也. 且有大覺而後知此其大夢也"라 함. '浮生'은 떠도는 삶. 덧없는 삶. '幾何'는 '얼마나 될까? 얼마의 시간을 누릴 수 있을까?'의 뜻

【古人秉燭夜遊, 良有以也】'秉燭夜遊'는 밤 시간이 아까워 촛불을 잡고 놂. 〈古詩十九首〉(15)에 "生年不滿百, 常懷千歲憂. 晝短苦夜長, 何不秉燭游? 爲樂當及時, 何能待來玆. 愚者愛惜費, 但爲後世嗤. 仙人王子喬, 難可與等期"라 함. '良有以也'는 '진실로 이유가 있다'의 뜻. '良'은 副詞, '以'는 所以와 같으며, 이유, 까닭. 《眞寶》注에 "〈古詩〉:「晝短苦夜長, 何不秉燭遊?」"라 함.

【況陽春召我以煙景】'況'은 矧과 같음. 副詞로 '하물며'의 뜻. '陽春'은 따뜻한 봄날. '煙景'은 내(아지랑이) 낀 봄날의 아름다운 경치.

【大塊假我以文章】'大塊'는 大地, 天地, 造物主. 《莊子》大宗師에 "夫大塊載我以形, 勞我以生, 佚我以老, 息我以死. 故善吾生者, 乃所以善吾死也"라 함. 《眞寶》注에

《莊子》:「大塊假我以形」大塊, 卽天地夜"라 함.

【會桃李之芳園】'會'는 모임을 가짐. '芳園'은 꽃다운 동산.

【序天倫之樂事】'序'는 舒와 같음. '天倫'은 부자형제 등 하늘이 정해준 질서. 여기서는 형제를 가리킴. '樂事'는 즐겁게 함께 함.

【羣季俊秀, 皆爲惠連】'羣季'는 여러 아우들. '季'는 아우 막내. '惠連'은 南朝 宋의 謝惠連(397-433). 시인 謝靈運의 族弟로 10세에 이미 글을 지을 정도였다 함. 《眞寶》注에 "謝靈運之弟曰惠連"이라 함.

【吾人詠歌, 獨慚康樂】'康樂'은 謝靈運(385-433)의 爵號. 康樂侯에 봉해졌음. 謝靈運은 중국 최고의 山水詩人. 南朝 劉宋 陽夏(지금의 河南省 太康縣) 출신. 謝玄의 손자이며 집안의 封號인 康樂公을 세습받아 흔히 '謝康樂'이라 불림. 晉나라 때에는 劉毅의 記室參軍을 지냈고, 이어 劉裕(뒤에 宋을 세운 인물)의 參軍이 됨. 劉裕가 북벌할 때 〈撰征賦〉를 지었고, 宋이 들어서자 黃門侍郞, 相國從事中郞 등을 역임함. 다시 宋 少帝 때에는 永嘉太守가 되었으나 山水에 정을 두고 결국 사직한 후 會稽로 들어가 隱士 王弘之 등과 어울림. 이때에 〈山居賦〉를 지었음. 文帝 때에 다시 벼슬길로 나와 臨川太守를 거쳐 秘書監, 侍中 등을 역임함. 族弟인 謝惠連 및 何長瑜, 荀雍, 羊璿之 등과 산수를 유람하였으며, 뒤에 모반의 죄명으로 廣州에서 棄市됨. 《宋書》(67)와 《南史》(19)에 傳이 있음.

【幽賞未已, 高談轉淸】'幽賞'은 그윽이 감상함. '高談'은 고상한 담론. '轉淸'은 갈수록 더욱 맑아짐.

【開瓊筵以坐花, 飛羽觴而醉月】'瓊筵'은 옥처럼 아름다운 자리. 화려한 연회를 뜻함. '瓊'은 瓊과 같음. '飛羽觴'은 술잔이 분주하게 오고감. '羽觴'은 새 깃털 모습으로 장식을 꾸며 만든 술잔. 멋진 술잔을 표현한 것.

【不有佳作, 何伸雅懷】'雅懷'는 高雅한 心懷. 분위기.

【如詩不成, 罰依金谷酒數】'金谷酒數'는 晉나라 石崇(249-300)이 金谷園에서 연회를 베풀 때, 각각 시를 짓게 하여 시를 짓지 못하면 罰酒 三盃로 규칙을 정했다 함. '金谷'은 河南 洛陽의 서쪽 金水가 흐르는 골짜기로 그곳에 石崇이 별장을 만들어 호탕하게 즐겼음. 石崇은 자는 季倫. 修武令, 城陽太守 등을 지냈으며 吳나라를 벌한 공으로 安陽鄕侯에 봉해짐. 뒤를 이어 散騎常侍, 侍中, 荊州刺史 등을 역임하였으며 당시 최고의 부자로 金谷園을 지어 온갖 사치와 부를 누렸던 인물. 특히 羊琇, 王愷 등과 사치를 다툰 일화로도 유명함. 潘岳 등과 賈后, 賈謐을 모함하였으며 다시 淮南王(司馬允), 齊王(司馬冏)과 결탁하였다가 趙王(司馬倫)에게

참살당함.《晉書》(33)에 전이 있음.

### 참고 및 관련 자료

1. 이백(李白)

이태백(李太白:701-762). 자는 太白, 호는 靑蓮居士. 그의 출신지에 대해서는 이설이 많음. 흔히 錦州 昌明(지금의 四川 曲江) 사람이라 하며, 任俠과 道家的 성격을 띠고 있었음. 어머니의 태몽에 長庚星을 품고 낳았다 함. 西漢 李廣의 후손이라 하며 대대로 隴西 成紀에 살다가 뒤에 四川 廣漢으로 옮겨 살았다 함. 25세에 고향을 떠나 江南을 유람하였으며 재상 許圉의 손녀를 아내로 삼았고 幷州에서 장수 郭子儀를 알게 되어 山東 任城으로 옮겨서는 공소보(孔巢父) 등과 徂徠山 竹溪에 은거하기도 하였음. 天寶 초 다시 浙江 嵊縣으로 옮겨가 吳筠과 알게 되었으며, 얼마 뒤 오균이 長安으로 가자 그를 따라 장안에 이르렀음. 그곳에서 賀知章이 그의 시를 보고 처음으로 '謫仙'이라 칭하면서 玄宗에게 추천, 비로소 翰林學士의 직위를 얻게 되었음. 天寶 14년(755) 安祿山의 난이 발발하자 廬山으로 피난하였으며 永王(李璘)이 반란을 일으켰을 때 그에게 불려가 幕府를 돕기도 하였음. 李璘이 형 李亨(뒤에 肅宗이 됨)과의 제위 쟁탈에 실패하자 이백도 그에 연루되어 멀리 夜郎으로 유배를 가게 되었으나 도중에 사면을 받아 풀려나게 되었음. 그는 만년에 當塗에서 李陽冰에게 의지하였으나 代宗 寶應 元年(762) 62세로 병사하였음. 중국 당대 최고 시인으로 杜甫와 함께 盛唐을 대표하며 杜甫를 '詩聖', 이백을 '詩仙'이라 불러 李杜로 병칭됨. 그의 시집은《新唐書》(藝文志, 4)에《草堂集》20卷이 著錄되어 있으며,《全唐詩》에는 25卷(161-185)이 실려 있고,《全唐詩外編》및《全唐詩續拾》에 시 36首와 斷句 10句가 補入되어 있음.《舊唐書》(190, 下)와《新唐書》(202)에 傳이 실려 있음. 기타 자세한 사항은 본《眞寶》(前集)〈王昭君〉(016) 참고란을 볼 것.

2. 이 글은《李太白文集》(26),《李太白集分類補註》(28),《李太白集注》(36),《唐文粹》(97),《文苑英華》(710),《事文類聚》(前集 6),《山堂肆考》(8),《淵鑑類函》(350),《文章辨體彙選》(331) 등에 실려 있음.

# 019. &lt;與韓荊州書&gt; ·················· 李太白(李白)
## 한형주에게 보내는 글

*&lt;與韓荊州書&gt;: 韓荊州(韓朝宗)에게 보내는 自薦의 편지. 韓朝宗은 玄宗 때 韓思
復의 아들. 荊州長史, 襄州刺史, 京兆尹, 高平太守 등을 지낸 인물로 後進을 선
발하기에 힘써 당시 많은 士人들이 경모했다 함.《舊唐書》(101)와《新唐書》(118)
韓思復傳에 그의 전기 실려 있으며《新唐書》에 "(韓思復子朝宗), 朝宗, 初历左拾
遺. 睿宗詔作乞寒胡戲, 諫曰:「昔辛有過伊川, 見被髮而祭, 知其必戎. 今乞寒胡,
非古不法, 無乃爲狄? 又道路藉藉, 咸言皇太子微服觀之. 且匈奴在邸, 刺客卒發,
大憂不測, 白龍魚服, 深可畏也. 況天象變見, 疫癘相仍, 厭兵助陰, 是謂無益.」帝
稱善, 特賜中上考. 帝傳位太子, 朝宗與將軍龐承宗諫曰:「太子雖睿聖, 宜且養成盛
德.」帝不聽. 累遷荊州長史. 開元二十二年, 初置十道采訪使, 朝宗以襄州刺史兼
山南東道. 襄州南楚故城, 有昭王井, 傳言汲者死, 行人雖暍困, 不敢視, 朝宗移書
諭神, 自是飲者亡恙, 人更號韓公井. 坐所任吏擅賦役, 貶洪州刺史. 天寶初, 召爲
京兆尹, 分渭水入金光門, 汇爲潭, 以通西市材木. 出爲高平太守. 始, 開元末, 海內
無事, 訛言兵當興, 衣冠潛爲避世計, 朝宗廬終南山, 爲長安尉霍仙奇所發, 玄宗
怒, 使侍御史王訊之. 貶吳興別駕, 卒. 朝宗喜識拔後進, 嘗薦崔宗之, 嚴武於朝,
當時士咸歸重之."라 함. 이는 李白이 32세 때에 올린 글이라 함.
*《眞寶》注에 "韓朝宗, 元宗時人, 爲荊州刺史. 人皆景慕之, 李白與此書, 膾炙人口,
學者不可不讀"이라 함.


    제가 들건대 시세를 담론하는 천하의 선비들이 서로 모여 "태어나서
만호의 제후가 될 필요가 없다. 다만 한조종韓朝宗과 한 번 만날 수 있기
를 바랄 뿐"이라고 말들 하더이다.

    사람들로 하여금 우러러 사모하도록 함이 어찌 이에 이르게까지 할
수 있습니까?

    어찌 주공周公과 같은 풍도로서 몸소 포토악발哺吐握髮하는 일을 실
천하시어, 해내의 호걸 준사들로 하여금 분주히 내달아 그대에게 귀의

하여 한 번 용문龍門에 오르면 그 성가聲價가 열 배가 되도록 하셨기 때문이 아니겠습니까?

그 때문에 때를 얻지 못한 용반봉일龍蟠鳳逸의 선비들이 모두가 귀하에게 명예를 얻고 값을 인정받고자 하는 것입니다.

귀하께서는 부귀하다 하여 교만하지 않으시며, 상대가 미천하다 해서 홀대하지 않으신다면 3천 식객 중에 모수毛遂와 같은 자가 있을 것이니, 저로 하여금 영탈이출穎脫而出의 기회를 주신다면 바로 제가 그런 사람이 될 것입니다.

저는 농서隴西의 평민으로 초한楚漢 지역을 떠돌다가, 나이 열다섯에 검술劍術을 좋아하여 두루 제후들을 찾아다니며 간여하였고, 서른이 되어서는 문장을 짓게 되어 가는 곳마다 경상卿相들을 만나보았으니, 비록 키는 7척이 못 되지만 마음은 만 명의 장부들을 상대할 웅지를 가지고 있습니다.

모든 왕공王公과 대인大人들이 나의 의기義氣를 인정하였으니 이것이 지난날 나의 마음 씀과 행적이었는데, 어찌 감히 귀하에게 모든 것을 다 아뢰지 않을 수 있겠습니까?

귀하의 문장은 신명神明과 같고, 덕행은 천지를 움직이며, 필법은 조화造化에 참여하였고, 학문은 하늘과 인간의 원리를 궁구하였으니, 바라건대 마음을 여시고 안색을 펴시어 길게 읍揖하고 있는 저를 거절하지 마시고, 반드시 성대한 연회로써 저를 접견해 주시고, 담론을 마음 놓고 펼 수 있게 해 주시면서, 하루에 만언萬言의 글을 써 올리도록 저를 시험해 보신다 해도, 말에 기대어 그 자리에서 기다려도 될 것입니다.

지금 천하는 귀하가 문장의 사명司命이며 인물을 재어보는 저울로 여기고 있어, 한 번 귀하로부터 품평을 받고 나면 곧바로 실력 있는 선비가 된다고 여기고 있습니다.

그런데 지금 귀하께서는 어찌 계단 앞 한 자 남짓의 땅을 아깝게 여기시어, 저로 하여금 눈썹을 치켜 올리고 기상을 토해내며, 청운靑雲의 뜻을 격앙시켜보도록 하지 않으십니까?

옛날 왕자사王子師는 예주자사豫州刺史가 되어 수레에서 내리기도 전에 순자명荀慈明을 찾아보았고, 수레에서 내려서는 다시 공문거孔文擧를 찾았으며, 산도山濤는 기주자사冀州刺史가 되어 30여 명의 인재를 선발하였는데, 그 중에는 시중侍中과 상서尙書에 오른 자도 있었으니 이는 전대前代에 찬미하는 바입니다.

그런데 귀하께서도 한 번 엄협률嚴協律을 추천하여 조정에 들어가 비서랑秘書郎이 되도록 하셨고, 중간에는 최종지崔宗之, 방습조房習祖, 여흔黎昕, 허영許瑩 등의 무리는 혹 재명才名으로 알려지게 되었으며, 혹 청백淸白으로 상찬賞贊을 받기도 하였으니, 저는 매번 그들이 귀하의 은혜를 잊지 않고 몸을 바로하며 충의로써 분발하는 것을 보았습니다.

저는 이로써 감격하면서 귀하께서 여러 현사賢士들의 복중腹中에 참된 마음을 밀어넣어 주셨기에 그들이 다른 사람에게 자신을 의탁하지 않고, 귀하와 같이 국사國士에게 몸을 맡겨 만약 급난急難한 일이 있으면 거기에 쓰여, 감히 미천한 몸을 바치기 원하고 있음을 알게 되었습니다.

또한 사람이 모두가 요순堯舜이 아닐진대 누군들 완선完善할 수 있겠습니까!

제가 도모하고 계획하는 것을 어찌 감히 스스로 자랑할 수 있겠습니까?

그러나 문장을 짓는 일에 있어서는 수많은 권축卷軸을 쌓아놓은 터라 귀하께 보여드림으로써 눈과 귀를 더럽히고자 하나, 조충소기雕蟲小伎에 지나지 않아 대인에게 부합하지 못할까 두렵습니다.

만약 귀하께서 추요芻蕘의 보잘것없는 상대이지만 보아주신다면 청컨대 종이와 붓, 그리고 글씨를 받아 쓸 사람을 함께 내려 주십시오. 그런 연후에 조용한 방으로 물러나 깨끗이 청소한 다음 잘 다듬어 베끼도록 하여 귀하게 올릴 것이니, 청평靑萍이나 결록結綠이 이를 감정한 설촉薛燭이나 변화卞和의 문하에 있어 값이 오른 것처럼 되기를 바랍니다.

다행히 비천한 저를 밀어주셔서 칭찬과 장식을 통해 크게 열려지도록 해 주실 것을 바라오니, 오직 귀하께서 도모해 주시옵소서!


白聞: 天下談士, 相聚而言曰:「生不用封萬戶侯, 但願一識韓荊州.」

何令人之景慕, 一至於此?

豈不以周公之風, 躬吐握之事, 使海內豪俊, 奔走而歸之, 一登龍門, 則聲價十倍?

所以龍蟠鳳逸之士, 皆欲收名定價於君侯.

君侯不以富貴而驕之, 寒賤而忽之, 則三千之中, 有毛遂, 使白得穎脫而出, 卽其人焉.


白隴西布衣, 流落楚漢, 十五好劍術, 徧干諸侯; 三十成文章, 歷抵卿相, 雖長不滿七尺, 而心雄萬夫.

皆王公大人, 許與氣義, 此疇曩心跡, 安敢不盡於君侯哉!

君侯制作, 侔神明, 德行動天地, 筆參造化, 學究天人, 幸願開張心顏, 不以長揖見拒, 必若接之以高晏, 縱之以清談, 請日試萬言, 倚馬可待.

今天下以君侯, 爲文章之司命, 人物之權衡, 一經品題, 便作佳士.

而今君侯何惜階前盈尺之地, 不使白揚眉吐氣, 激昂青雲耶?


昔王子師爲豫州, 未下車, 卽辟荀慈明, 旣下車, 又辟孔文擧; 山濤作冀州, 甄拔三十餘人, 或爲侍中尚書, 先代所美.

而君侯亦一薦嚴恊律, 入爲秘書郎, 中間崔宗之, 房習祖, 黎昕, 許瑩之徒, 或以才名見知, 或以淸白見賞, 白每觀其銜恩撫躬, 忠義奮發.

白以此感激, 知君侯推赤心於諸賢腹中, 所以不歸他人, 而願委身國士, 儻急難有用, 敢效微軀.

且人非堯舜, 誰能盡善!

白謨猷籌畫, 安能自矜?

至於制作, 積成卷軸, 則欲塵穢視聽, 恐雕蟲小伎, 不合大人.

若賜觀芻蕘, 請給紙筆, 兼之書人, 然後退掃閑軒, 繕寫呈上, 庶靑萍結綠, 長價於薛下之門.

幸推下流, 大開獎飾, 惟君侯圖之!

【白聞: 天下談士, 相聚而言曰】'白聞'의 白은 李白. '談士'는 談論을 잘하는 선비들.
【生不用封萬戶侯, 但願一識韓荊州】'萬戶侯'는 萬戶의 食邑을 가진 제후. '韓荊州'는 韓朝宗. 玄宗(元宗) 때에 荊州刺史(荊州長史)를 지내면서 많은 인재를 추천함.
【何令人之景慕, 一至於此】'景慕'는 仰慕와 같음. '一'은 '한결같이'의 뜻.
【豈不以周公之風, 躬吐握之事】'周公'은 姬旦. 周 文王(姬昌)의 아들이며 武王(姬發)의 아우. 武王을 도와 商(殷)의 紂를 멸하였으며 周나라 文物制度를 완비함. 조카 成王(姬誦)이 어려 즉위하자 7년간 섭정함. 管叔과 蔡叔이 武庚을 부추겨 난을 일으키자 東征하여 진압하고 洛陽을 成周로 건설하기도 함. 魯나라 曲阜를 봉지로 받아 魯나라 시조가 됨. 儒家에서 聖人으로 높이 받듦. 그가 成王을 보필하느라 봉지 魯에 갈 수가 없어 대신 아들 伯禽을 보내면서 '握髮哺吐'로 선비를 놓치지 않으려 했던 일을 일러준 고사로 유명함. 《史記》魯周公世家에 "於是卒相成王, 而使其子伯禽代就封於魯. 周公戒伯禽曰:「我文王之子, 武王之弟, 成王之叔父, 我於天下亦不賤矣. 然我一沐三捉髮, 一飯三吐哺, 起以待士, 猶恐失天下之賢人. 子之魯, 愼無以國驕人.」"이라 함.
【使海內豪俊, 奔走而歸之】'豪俊'은 豪傑俊士. 《眞寶》注에 "〈魯世家〉:周公戒伯禽曰:「我一沐三握髮, 一飯三吐哺. 起於待士, 猶恐失天下之賢人.」"이라 함.

【一登龍門, 則聲價十倍】'登龍門'은 《三秦記》에 《江海集》을 인용하여 "龍門下登者化龍, 不登者點額暴腮"라 하였고 《符子》에는 "觀於龍門, 有一魚奮鱗, 鼓鬐而登乎龍門而爲龍"이라 함. '龍門'은 원래 黃河 상류 山西 河津縣과 陝西 韓城縣 사이급류로, 잉어가 이 급류를 오르면 용이 된다고 여겼음. 《後漢書》 李膺傳 注에 인용된 《三秦記》에 "河津, 一名龍門, 水險不通, 魚鼈之屬莫能上, 江海大魚薄集龍門下數千; 不得上, 上則爲龍也. 又曰: 龍門, 河水所下之口, 在今絳州龍門縣."이라 함. 한편 後漢 李膺(元禮)은 인물품평에 뛰어나 그에게 높은 품평을 받으면 마치 용문을 오른 것과 같다 하여 그를 비유하여 흔히 '登龍門'이라 함. 《世說新語》 德行篇에 "李元禮風格秀整, 高自標持, 欲以天下名敎是非爲己任. 後進之士, 有升其堂者, 皆以爲「登龍門」"이라 하였고, 《後漢書》(67) 李膺傳에도 "是時, 朝廷日亂, 綱紀積阤, 膺獨持風裁, 以聲名自高. 士有被其容接者, 名爲登龍門"이라 함. 孔融과의 '小時了了'로도 유명함. 뒤에 黨爭에 얽혀 자결함. 《眞寶》 注에 "《後漢》李膺傳: 人有被其容接者, 謂之登龍門"이라 함.

【所以龍蟠鳳逸之士, 皆欲收名定價於君侯】'龍蟠鳳逸'은 웅크린 용과 무리에서 빼어난 봉황. 때를 기다리는 훌륭한 선비들을 말함. '收名'은 명성을 얻음. '定價'는 값을 정함. '君侯'는 재상이나 제후를 지칭하는 말이나 여기서는 이백이 韓朝宗을 높여 부른 것.

【君侯不以富貴而驕之, 寒賤而忽之】'驕之'는 교만하게 굶. '寒賤'은 가난하고 신분이 낮음. '忽之'는 소홀히 대함.

【則三千之中, 有毛遂, 使白得穎脫而出, 卽其人焉】'毛遂'는 戰國시대 趙나라 平原君의 三千食客의 하나. '毛遂自薦', '囊中之錐', '穎脫而出' 등의 성어를 남긴 인물. 《史記》 平原君傳에 "秦之圍邯鄲, 趙使平原君求救, 合從於楚, 約與食客門下有勇力文武備具者二十人偕. 平原君曰:「使文能取勝, 則善矣. 文不能取勝, 則歃血於華屋之下, 必得定從而還. 士不外索, 取於食客門下足矣.」得十九人, 餘無可取者, 無以滿二十人. 門下有毛遂者, 前, 自贊於平原君曰:「遂聞君將合從於楚, 約與食客門下二十人偕, 不外索. 今少一人, 願君卽以遂備員而行矣.」平原君曰:「先生處勝之門下幾年於此矣?」毛遂曰:「三年於此矣.」平原君曰:「夫賢士之處世也, 譬若錐之處囊中, 其末立見. 今先生處勝之門下三年於此矣, 左右未有所稱誦, 勝未有所聞, 是先生無所有也. 先生不能, 先生留.」毛遂曰:「臣乃今日請處囊中耳. 使遂蚤得處囊中, 乃穎脫而出, 非特其末見而已.」平原君竟與毛遂偕. 十九人相與目笑之而未廢也."라 하였으며 뒤에 과연 楚나라에 가서 合從을 성취시켜 上客으로 대접을 받음. '穎脫'

은 주머니 속에 든 송곳 끝이 밖으로 삐져나옴. '穎'은 원래 식물의 이삭 끝 까끄라기로 송곳의 끝을 비유함.《眞寶》注에 "《史》平原君傳: 秦圍邯鄲, 趙使平原君求救合從於楚, 約與食客門下有勇力文武備者二十人偕, 得十九人, 餘無可取. 門下有毛遂者, 自薦於平原君曰:「遂聞君將二十人偕, 今少一人, 願以遂備員而行. 使遂早得處囊中, 乃脫穎而出, 非特末見而已.」平原君竟與遂偕. 至楚, 定從於殿上, 平原君已定而歸, 曰:「毛先生一至楚, 而使趙重於九鼎大呂.」以爲上客"이라 함.

【白隴西布衣, 流落楚漢】'隴西'는 옛 지명으로 지금의 甘肅省 隴西縣 서남쪽. '布衣'는 평민. '流落'은 떠돌아다니며 유랑함. '楚漢'은 荊州 지방의 옛 이름.

【十五好劍術, 徧干諸侯】'徧干'은 두루 다니며 간여함.《眞寶》注에 "干, 猶干與"라 함. 원래 '干'은 求와 같음. 여기서는 그들에게 찾아가 임무를 맡겨주기를 요구함.

【三十成文章, 歷抵卿相】'歷抵'는 가는 곳마다 만나봄. '抵'는 至의 뜻.

【雖長不滿七尺, 而心雄萬夫】'長'은 身長. 키. '雄萬夫'는 만 명의 장부에 맞설 만한 雄志.

【皆王公大人, 許與氣義】'許與'는 허락하고 긍정함. '氣義'는 氣節과 道義.

【此疇曩心跡, 安敢不盡於君侯哉】'疇曩'는 지난날.《李太白集注》에 "疇曩, 猶疇昔"이라 함. '心跡'은 마음 씀과 행적.

【君侯制作, 侔神明】'制作'은 문장을 짓는 일. '侔'는 같음. 均의 뜻. '神明'은 천지신명.

【德行動天地, 筆參造化, 學究天人】'參造化'는 造化(造物主)가 하는 일에 참여함. 〈中庸〉(23)에 "可以贊天地之化育, 則可以與天地參矣"라 함. '究天人'은 하늘과 인간의 일을 끝까지 궁구함.

【幸願開張心顔, 不以長揖見拒】'開張心顔'은 마음을 열고 안색을 폄. '長揖'은 길게 揖을 함. '揖'은《字彙》에 "拱"이라 하였고《說文》에는 "手著胸曰揖"이라 함.

【必若接之以高晏, 縱之以淸談】'高宴'은 盛宴과 같음. '縱之'는 하고 싶은 대로 할 수 있도록 해줌.《論語》子罕篇에 "大宰問於子貢曰:「夫子聖者與? 何其多能也?」子貢曰:「固天縱之將聖, 又多能也.」"라 함. '淸談'은 淸雅한 談論.

【請日試萬言, 倚馬可待】'日試萬言'은 날마다 萬言의 문장을 쓰도록 시험함. '倚馬可待'는 말을 세워놓고 즉시 문장을 지어 올릴 수 있도록 대기함.《世說新語》文學篇에 "桓宣武北征, 袁虎時從, 被責免官. 會須露布文, 喚袁倚馬前令作; 手不輟筆, 俄得七紙, 絶可觀. 東亭在側, 極歎其才. 袁虎云:「當令齒舌間得利.」"라 하여, 桓溫이 北征에 나섰을 때 그 자리에서 〈露布文〉을 지어올린 袁虎의 일화를 말

함.《眞寶》注에 "倚馬, 袁虎從軍倚馬作露布文, 手不停筆"이라 함.

【今天下以君侯, 爲文章之司命】'司命'은 生死를 주관하는 신. 원래는 하늘의 별자리.《史記》天官書에 "斗魁戴匡六星曰文昌宮, 一曰上將, 二曰次將, 三曰貴相, 四曰司命, 五曰司中, 六曰司祿"이라 함.

【人物之權衡, 一經品題, 便作佳士】'權衡'은 저울. '權'은 저울추. '衡'은 저울대. '品題'는 품격을 평가하여 값을 매김.《後漢書》許劭傳에 "好共覈論鄕黨人物, 每月輒更其品題"라 함.

【而今君侯何惜階前盈尺之地】'惜'은 아깝게 여김. '階前盈尺之地'는 堂 아래 계단 앞에 있는 한 자 남짓한 땅. 즉 李白이 들어와 서서 면담할 장소를 뜻함.

【不使白揚眉吐氣, 激昂靑雲耶】'靑雲'은 푸른 구름. 높은 뜻에 비유함.《史記》伯夷列傳에 "非附靑雲之士, 惡能施于後世哉!"라 함. 한편《丹鉛總錄》에는 "靑雲之士, 謂聖賢立言傳世者, 孔子是也. '附靑雲', 則伯夷, 顔淵是也. 後世謂登仕路爲靑雲, 謬矣"라 함.《眞寶》注에 "以上皆頌德自薦之辭"라 함.

【昔王子師爲豫州, 未下車, 卽辟荀慈明】'王子師'는 後漢 때의 王允.《後漢書》王允傳에 "王允字子師, 太原祁人也. 世仕州郡爲冠蓋. 同郡郭林宗嘗見允而奇之, 曰:「王生一日千里, 王佐才也.」遂與定交"라 하였으며, 黃巾賊의 난이 일어난 靈帝 때에 豫州刺史로 있었음. 豫州는 지금의 河南省. '未下車'는 임지로 가면서 수레에서 내리기도 전. '辟'은 불러 등용함. '荀慈明'는 後漢 荀爽(128–190). 荀淑의 여섯째아들로 荀諝로도 불림. 당시 "荀氏八龍, 慈明無雙"이라 칭해졌음.《後漢書》(62)에 전이 있으며《世說新語》에 그에 대한 많은 일화가 실려 있음. 王允과 함께 董卓을 제거하려고 했으나 뜻을 이루지 못한 채 병으로 죽음.

【旣下車, 又辟孔文擧;山濤作冀州】'孔文擧'는 後漢 때의 孔融(153–208). 자는 文擧. 建安七子 중의 하나. 東漢 魯國人. 孔子의 20세손으로 문장에 능하였고 기지가 있었음. 뒤에 曹操의 미움을 받아 가족이 모두 피살됨. 아버지 孔宙는 泰山都尉를 지냄.《後漢書》(70)에 傳이 있음. '山濤'(205–283)는 자는 巨源. 老莊에 심취하였으며 술을 좋아하였음. 嵇康, 阮籍, 呂安 등과 친하였으며 竹林七賢의 하나.《晉書》(43)에 傳이 있음. 魏 武帝 때 吏部尙書가 되었고 뒤에 冀州刺史를 역임함. '冀州'는 지금의 河北省 일대.

【甄拔三十餘人, 或爲侍中尙書】'甄拔'은 살펴서 발탁함. '侍中'은 漢代에는 天子를 모시며 乘輿와 服飾을 관장하던 직책이었으나 魏晉 시대에는 門下省의 장관을 侍中이라 불렀음. '尙書'는 궁중의 문서에 관한 일을 맡아보는 관직.

【先代所美, 而君侯亦一薦嚴恊律, 入爲祕書郎】'嚴恊律'은 協律郎, 協律都尉의 樂官 직책을 맡았던 嚴氏 성의 어떤 인물. 또는 嚴武가 아닌가 하나 확실치 않음. 協律郎. '恊'은 協과 같음. '祕書郎'은 궁중에서 도서에 관한 일을 맡아보는 직책.

【中間崔宗之, 房習祖, 黎昕, 許瑩之徒】'崔宗之'는 崔日用의 아들 成輔.《舊唐書》(99)와《新唐書》(121) 崔日用傳에 "子宗之, 襲封. 亦好學, 寬博有風檢, 與李白, 杜甫以文相知者"라 하여 幷州長史에 襲封되었음. '房習祖', '黎昕', '許瑩' 등은 史書에는 실려 있지 않으나 韓朝宗이 추천하여 淸白吏로서 이름이 높았던 인물들로 여겨짐.

【或以才名見知, 或以淸白見賞】'才名'은 재능과 명성. '見知'는 知遇를 받음. '見'은 피동. '淸白'은 청렴하고 결백함. '見賞'은 인정을 받음.

【白每觀其銜恩撫躬, 忠義奮發】'銜恩'은 은혜를 간직함. '撫躬'은 은혜를 갚기 위해 몸을 보중하고 있음.

【白以此感激, 知君侯推赤心於諸賢腹中】'推赤心'은 眞心(誠心)을 밀고 나감.《後漢書》光武紀에 "降者猶不自安, 光武知其意, 敕令各歸營勒兵, 乃自乘輕騎按行部陳. 降者更相語曰:「蕭王推赤心置人腹中, 安得不投死乎!」由是皆服"이라 하여 "蕭王(光武帝)은 진심을 사람들의 배 속에 밀어 넣어주니, 어찌 그를 위해 목숨을 던지지 않을 수 있겠는가!"라 하였다 함.

【所以不歸他人, 而願委身國士】'歸'는 귀의함, 의탁함. '委身'은 몸을 맡김. '國士'는 나라에서 으뜸가는 선비.《史記》豫讓傳에 "豫讓曰:「臣事范中行氏, 范中行氏皆衆人遇我, 我故衆人報之. 至於智伯, 國士遇我, 我故國士報之.」"라 함. 여기서는 韓朝宗을 가리킴.

【儻急難有用, 敢效微軀】'儻'은 倘과 같음. '만약'의 뜻. 假定節 문장을 구성함.《眞寶》注에 "儻, 猶倘也"라 함. '效'는 獻과 같음. '微軀'는 미미한 몸. 이 구절은 미구를 이백으로 보아 이백이 그렇게 하겠다는 뜻으로 보기도 하나, 전체 문의로 보아 '知' 아래는 모두 目的節이며 일반 선비들의 성향이 그러함을 말한 것으로 보는 것이 마땅할 것으로 여김.

【且人非堯舜, 誰能盡善】'堯舜'은 古代 五帝(黃帝, 顓頊, 帝嚳, 堯, 舜)의 두 임금. 完善한 인물을 뜻함. '盡善'은《論語》八佾篇에 "子謂韶:「盡美矣, 又盡善也.」謂武:「盡美矣, 未盡善也.」"라 함.《晉書》(75) 王湛傳에 "人非堯舜, 何得每事盡善?"이라 하였고,《靖康要錄》(5)에는 "人非堯舜, 其誰無過? 君有過, 臣且諫之; 臣有過, 君弗得問"이라 하였으며, 같은《靖康要錄》(6)에는 "蓋人非堯舜, 不能擧事皆善"이라 함.

【白謨猷籌畫, 安能自矜】'謨猷籌畫'는 도모함과 계획함. '謨'는 '謀'와 같음.《說文》에 "議謀也"라 함. '猷'는 역시 謀와 같음.《尙書》盤庚篇에 "聽予一人之作猷"라 함. '籌'는 算과 같음.《史記》留侯世家에 "運籌帳幄之中"이라 함. '畫'는 계획을 세움.

【至於制作, 積成卷軸】'制作'은 문장을 짓는 일. '卷軸'은 書冊을 뜻함.

【則欲塵穢視聽, 恐雕蟲小伎, 不合大人】'塵穢'는 더럽힘. '視聽'은 눈과 귀. '雕蟲小伎'의 '伎'는 '技'와 같으며 벌레들이 새겨놓은 篆書와 같은 잔재주. 자신의 문장을 겸손히 말한 것. 揚雄이 賦를 두고 '雕蟲篆刻'이라 한 말에서 비롯됨.《楊子法言》에 "或問吾子好賦, 曰:「然, 童子雕蟲篆刻」 俄而曰:「壯夫不爲也」"라 함.《幼學瓊林》에 "雕蟲小技, 自謙文學之卑;倚馬可待, 羨人作文之速"이라 함. '大人'은 어르신. 韓朝宗을 가리킴.

【若賜觀芻蕘, 請給紙筆, 兼之書人】'賜觀'은 보아주는 수고를 내림. '芻蕘'는 꼴을 베는 草童과 땔나무를 하는 나무꾼. 보잘것없는 상대이지만 그들에게도 자문을 구함.《詩》大雅 板에 "我言維服, 勿以爲笑. 先民有言, 詢于芻蕘"라 하였고 注에 "芻蕘, 采薪者, 古人尙詢及芻蕘, 況其僚友乎?"라 함. '書人'은 글씨를 쓰는 사람.

【然後退掃閑軒, 繕寫呈上】'掃'는 쓸다, 청소하다, 소제하다의 뜻. '閑軒'은 조용한 방. '繕寫'는 부족한 점을 보충하여 淨書함.

【庶靑萍結綠, 長價於薛卞之門】'庶'는 庶幾와 같음. '바라다'의 뜻. '靑萍'은 越王 勾踐의 名劍. 薛燭의 감정을 받고 명검임을 확인하였다 함. '結綠'은 宋나라에 있었던 寶玉의 이름. '薛卞'은 薛燭과 卞和. 薛燭은 명검 靑萍을 감정하였으며, 卞和는 寶玉 結綠을 얻어 楚王에게 바쳤으나 속였다고 팔다리가 잘리는 등 과정을 거쳐 천하 보옥으로 변하게 된 和氏之璧을 말함.《事文類聚》(續集)에《玉書》를 인용하여 "周有砥阨, 宋有結綠, 梁有懸黎, 楚有和璞, 晉有垂棘"이라 함. 여기서는 韓朝宗을 비유함. '薛'은《越絶書》(13)에 "昔者, 越王句踐有寶劍五, 聞於天下. 客有能相劍者, 名薛燭. 王召而問之, 曰:「吾有寶劍五, 請以示之」 薛燭對曰:「愚理不足以言, 大王請, 不得已」"라 하였고,《吳越春秋》(4)에도 "風湖子曰:「臣聞越王元常使歐冶子造劍五枚, 以示薛燭, 燭對曰:『魚腸劍逆理不順, 不可服也, 臣以殺君, 子以殺父』 故闔閭以殺王僚. 一名磐郢, 亦曰豪曹, 不法之物, 無益於人, 故以送死. 一名湛盧, 『五金之英, 太陽之精, 寄氣託靈, 出之有神, 服之有威, 可以折衝拒敵. 然人君有逆理之謀, 其劍卽出』 故去無道以就有道. 今吳王無道, 殺君謀楚, 故湛盧入楚」"라 하여 劍의 감정에 뛰어났던 인물. '卞'은 卞和.《韓非子》(13) 和氏篇에 "楚人和氏得玉璞楚山中, 奉而獻之厲王. 厲王使玉人相之, 玉人曰:「石也」 王以和爲誑, 而刖其

左足. 及厲王薨, 武王卽位, 和又奉其璞而獻之武王, 武王使玉人相之. 又曰:「石也.」王又以和爲誑, 而刖其右足. 武王薨, 文王卽位, 和乃抱其璞而哭於楚山之下, 三日三夜, 泣盡而繼之以血. 王聞之, 使人問其故, 曰:「天下之刖者多矣, 子奚哭之悲也?」和曰:「吾非悲刖也, 悲夫寶玉而題之以石, 貞士而名之以誑, 此吾所以悲也.」王乃使玉人理其璞而得寶焉, 遂命曰「和氏之璧」.」이라 하여 璞玉을 바쳐 '和氏之璧'이 탄생되도록 한 인물. 《眞寶》注에 "靑萍, 結綠, 劒名; 薛卞, 謂薛燭, 卞和"라 함.

【幸推下流, 大開獎飾, 惟君侯圖之】'下流'는 신분이 낮은 사람. 李白이 자신을 가리킴. '獎飾'의 '獎'은 칭찬함. '飾'은 꾸며주는 것. '圖之'는 그것을 시도해 줄 것을 바람.

---

( 참고 및 관련 자료 )

1. 작자: 李白(李太白) 앞장(017) 참조.

2. 이 글은 《李太白文集》(25), 《李太白集分類補註》(26), 《李太白集注》(26), 《唐文粹》(88), 《湖廣通志》(96), 《文章辨體彙選》(206) 등에 실려 있음.

# 020. <大寶箴> ·················· 張蘊古

## 대보잠

\* <大寶箴> : '大寶'는 《易》 繫辭傳(下)에 "天地大之德曰生, 聖人之大寶曰位"라 하여
帝位를 뜻하며, '箴'은 《文選》 陸機 <文賦> "箴頓挫而淸壯"의 注에 "銑曰: 「箴, 所
以刺前事之失者, 故須抑折前人之心, 使文淸理壯也.」"라 하였으며, 《說文》에는
"箴, 與鍼同"이라 하였고, 《韻會》에는 "箴, 綴衣箴也, 一曰誡也"라 하였으며, 《文
心雕龍》 註에는 "箴, 所以攻疾"이라 함. 한편 이 箴文은 吳兢 《貞觀政要》(31) 刑
法篇에 의하면 "蘊古, 初以貞觀二年自幽州總管府記室兼直中書省, 奏上 <大寶箴>,
文義甚美, 可爲規誡"라 하여 貞觀 2년(628) 張蘊古가 帝位에 오른 지 2년째 되
는 唐太宗(李世民)에게 올린 글이며, 대대로 帝王의 規誡로 널리 전해오게 된
것임.

\* 《眞寶》 注에 "聖人之大寶曰位. 此篇專箴人主以守位之難. 蓋自唐太宗, 初卽位,
時張蘊古直中書省, 乃上 <大寶箴>, 其辭委曲, 可是鑑戒"라 함.

지금부터 옛날까지 숙여 살피고 우러러 쳐다보아도 오직 임금만이 복
을 지을 수 있으니, 임금 노릇하기란 실로 어려운 일입니다.

하늘 아래에 있는 모든 것의 주인이 되고, 여러 제후와 삼공三公의 위
에 있으면서, 토지에 따라 필요한 것을 공물로 바쳐오며, 갖추어진 관리
들은 임금이 주창하는 바를 널리 펴나갑니다.

이 까닭으로 두려워하는 마음이 날로 해이해지고, 간사하고 편벽한
감정은 자꾸 돌아 방탕해지는 것이니, 사단事端은 소홀함에서 시작되고,
재앙이란 무망無妄한 데에서 생겨난다는 것을 어찌 알겠습니까?

진실로 성인은 천명을 받아 물에 빠진 자를 구제하고, 막힌 것을 뚫
어 형통하게 하며, 모든 죄는 자신에게 돌리고, 마음은 백성을 따랐던
것입니다.

태양은 사사롭게 비춤이 없고, 지극한 공평은 사사롭게 친함이 없으

니, 그 때문에 한 사람이 천하를 다스리되, 천하가 한 사람을 받들도록 해서는 안 되는 것입니다.

예禮는 사치를 금하기 위한 것이며, 악樂은 방종함을 방지하기 위한 것이며, 좌사左史는 제왕의 말을 기록하고 우사右史는 제왕의 일을 기록하며, 궁궐을 나설 때는 경警을, 들어올 때는 필蹕을 하니, 사시四時가 음양을 조화시키고, 삼광三光은 그 득실을 같이 되도록 해야 합니다.

그 때문에 제왕의 몸은 법도가 되고 말은 율법이 되는 것입니다.

하늘은 아무것도 모를 것이라 말하지 말아야 하는 것이니, 하늘은 높은 곳에 있지만 낮은 것을 다 듣고 있기 때문이요, 무슨 해가 되겠는가 라고 말하지 말아야 하는 것이니, 작은 것이 쌓여 큰 것이 되기 때문입니다. 즐거움은 끝까지 다해서는 안 되는 것이니, 즐거움을 끝까지 다하면 슬픔이 생기기 때문이요, 욕구는 마구 풀어놓아서는 안 되는 것이니, 욕구를 마구 풀어놓으면 재앙이 되기 때문입니다.

장엄하게 구중궁궐 안에 있다 해도 기거하는 자리는 겨우 무릎이 들어갈 정도이건만, 저 혼암한 임금은 이를 알지 못한 채 옥으로 누대를 꾸미고 구슬로 방을 만들었으며, 눈앞에 팔진미八珍味의 성찬이 차려져 있다 해도 먹는 것은 그저 입에 맞는 몇 가지면 되는 것이건만, 미친 자는 이런 생각을 못한 채 술지게미로 언덕을 만들고 술로 못을 만들었습니다.

안으로는 여색에 황폐함이 없도록 할 것이며, 밖으로는 사냥으로 황폐해지는 일이 없도록 하셔야 하며, 얻기 어려운 보화를 귀하게 여기지 않도록 하실 것이며, 나라를 망칠 음악을 듣지 않도록 해야 합니다. 안으로 황폐해지면 사람의 성품이 베어지고, 밖으로 황폐한 짓을 하시면 사람의 마음이 방탕해지며, 얻기 어려운 보화는 사치를 불러올 것이며, 나라를 망칠 음악은 음란함을 가져옵니다.

나는 존귀한 존재라고 말하면서 어진 선비에게 오만하게 대하지 말 것이며, 나는 지혜롭다고 하면서 간언을 거부하고 자기 자신을 뽑내는 일이 없도록 하십시오.

　듣건대 하후夏后 우禹는 찾아온 사람으로 인해 밥을 먹다가도 밥상을 짚고 자주 일어섰으며, 또한 위魏나라 문제文帝에게는 따라가며 옷소매를 잡고 바른 말을 멈추지 않은 신비辛毗가 있었다고 하더이다.

　저 뒤척이며 고민하는 이들을 편안히 해주시되 마치 봄볕이나 가을 서리처럼 하실 것이며, 높고 넓게 하시기를 한漢 고조高祖의 도량처럼 크게 하실 것이며, 여러 잡다한 일까지 어루만지시기를 마치 살얼음 밟듯, 깊은 못에 임하듯이 하실 것이며, 조심하고 두려워하기를 마치 주周 문왕文王의 소심익익小心翼翼하였던 태도로 하십시오.

　《시》에 주 문왕은 "아무것도 모르고 알지도 못하네"라 하였고, 《서》에는 "치우침도 없고 파당도 짓지 않는다"라 하였습니다. 저와 나의 흉금을 털어 하나로 만드시고, 마음속의 호오好惡는 덜어서 없애소서.

　많은 사람들이 포기한 다음에야 형벌을 가하시고, 많은 사람들이 기꺼워한 이후에야 상을 내리셔서, 지나치게 강한 자는 약하게 하시어 혼란을 다스리시고, 억울하게 눌려 있는 자는 펴주시어 굽은 자를 바르게 잡아주어야 합니다.

　그러므로 "임금은 저울대 같고 저울추 같아, 사물의 한계를 정하지 않아도, 저울에 달아 놓은 것처럼 저절로 그 무게가 드러나는 것이며, 마치 물과 같고 거울과 같아, 물건의 정황을 보여주지 않아도 거기에 비친 물건은 아름답고 추함이 저절로 드러나게 마련"이라 한 것입니다.

　흐리게 하다가 너무 탁하게 되는 일이 없도록 할 것이며, 희고 밝게 하다가 너무 맑게만 되는 일이 없도록 할 것이며, 더럽고 때 묻게 하다가 너무 어둡게 되는 일이 없도록 할 것이며, 깨끗하게 하다가 너무 캄캄하게 되는 일이 없도록 할 것이며, 지나치게 살피다가 너무 명찰하게 되는 일이 없도록 하십시오.

　비록 면류관이 눈을 가려주고 있다 해도 아직 형태가 나타나기 전의 형태를 보실 수 있어야 하며, 주광黈纊이 귀를 막고 있다 해도 소리가 아직 없을 때의 소리를 들을 수 있어야 합니다.

마음은 담연湛然한 경지에 풀어놓으시고, 정신은 지극한 도의 정밀함에 노니시어, 질문은 넓고 큰 것과 가늘고 미세한 크기에 응하여 효과와 메아리를 내셔야 하며, 재어보기는 깊고 얕음에 따라 모두가 채워져야 합니다.

그 때문에 "하늘의 경經, 땅의 영寧, 왕의 정貞"이라 말하는 것입니다.


사시는 말이 없지만 계절의 순서를 지키고, 만물은 말은 하지 않지만 조화가 이루어지는 것이니, 어찌 황제의 힘이 있기에 천하가 화평한 것이라 알도록 해야 하겠습니까?

우리 황제께서는 난세를 바로잡아 지혜와 힘으로써 승리를 거두시었으나, 백성들은 그 위세는 두려워하면서도 아직 황제의 덕은 품고 있지 않으며, 우리 황제께서는 천운을 잡으시고 순풍으로써 부채질하고 계시지만, 백성들은 그 시작은 알지만 아직 그 끝은 보장받을 수 있을지 모른다고 여기고 있습니다.

이에 금경金鏡, 곧 대보잠을 진술하오니 신성神聖함을 끝까지 다하시어 사람을 부리시되 마음으로 하시며, 말씀에 응하시되 실행으로 하시며, 다스림의 본체를 포괄하시고 사령詞令의 높낮이를 조절하소서.

천하를 공公으로 하시면 임금 한 사람에게 그 경사가 있을 것이니, 그 문을 열어 새들조차 은혜를 입도록 축원했었고, 금슬琴을 당겨 시를 지어 백성의 고통을 덜어달라고 명하였으니, 하루도 이틀도 이를 생각하고 염두에 두소서.

화와 복이란 오직 사람이 불러오는 것이며 스스로 잘하면 하늘이 돕는 것이니, 간쟁하는 신하 저는 사직司直의 임무에 따라 감히 전의前疑에게 고하여 올리나이다.

今來古往, 俯察仰觀, 惟辟作福, 爲君實難.

主普天之下, 處王公之上, 任土貢其所求, 具寮陳其所唱.

是故恐懼之心, 日弛; 邪僻之情, 轉放, 豈知事起乎所忽, 禍生乎無妄?

固以聖人受命, 拯溺亨屯, 歸罪於己, 因心於民.

大明無私照, 至公無私親, 故以一人治天下, 不以天下奉一人.

禮以禁其奢, 樂以防其佚, 左言而右事, 出警而入蹕, 四時調其慘舒, 三光同其得失.

故身爲之度, 而聲爲之律.

勿謂無知, 居高聽卑; 勿謂何害? 積小就大; 樂不可極, 樂極生哀; 欲不可縱, 縱欲成災.


壯九重於內, 所居不過容膝, 彼昏不知, 瑤其臺而瓊其室; 羅八珍於前, 所食不過適口, 唯狂罔念, 丘其糟而池其酒.

勿內荒於色, 勿外荒於禽, 勿貴難得貨, 勿聽亡國音; 內荒伐人性, 外荒蕩人心, 難得之貨侈, 亡國之音淫.

勿謂我尊而傲賢慢士, 勿謂我智而拒諫矜己.

聞之夏后, 據饋頻起; 亦有魏帝, 牽裾不止.

安彼反側, 如春陽秋露, 巍巍蕩蕩, 恢漢高大度, 撫茲庶事, 如履薄臨深, 戰戰慄慄, 用周文小心.


《詩》之「不識不知」, 《書》之「無偏無黨」, 一彼此於胷臆, 損好惡於心想.

衆棄而後加刑, 衆悅而後行賞, 弱其强而治其亂, 伸其屈而直其枉.

故曰:「如衡如石, 不定物以限, 物之懸者, 輕重自見; 如水如鏡, 不示物以情, 物之鑑者, 妍媸自生.」

勿渾渾而濁, 勿皎皎而清; 勿汶汶而闇, 勿察察而明.

雖晃疏蔽目, 而視於未形; 雖黈纊塞耳, 而聽於無聲.

縱心乎湛然之域, 遊神於至道之精, 知之者, 應洪纖而效響; 酌之者, 隨淺深而皆盈.

故曰:「天之經, 地之寧, 王之貞.」

四時不言而代序, 萬物無言而化成, 豈知帝力, 而天下和平?

吾王撥亂, 戡以智力, 民懼其威, 未懷其德; 我皇撫運, 扇以淳風, 民懷其始, 未保其終.

爰述金鏡, 窮神盡聖, 使人以心, 應言以行, 包括治軆, 抑揚詞令.

天下爲公, 一人有慶; 開羅起祝, 援琴命詩; 一日二日, 念茲在茲.

惟人所召, 自天祐之; 諍臣司直, 敢告前疑.

【今來古徃, 俯察仰觀】‘今來古徃’은 時間上의 무궁함을 뜻함. ‘俯察仰觀’은《易》繫辭傳(上)에 “仰以觀於天文, 俯以察於地理”라 하여 空間으로 모든 것을 말함.

【惟辟作福, 爲君實難】‘惟辟作福’은 오직 임금만이 福을 지을 수 있음. ‘辟’은 군주, 임금을 뜻함.《眞寶》注에 “辟, 指元后”라 함.《尙書》洪範에 “惟辟作福, 惟辟作威”라 함.《眞寶》注에《書》洪範: “惟辟作福, 惟辟作威.”」라 함. ‘爲君實難’은 임금 노릇하기가 진실로 어려움.《論語》子路篇에 “爲君難, 爲臣不易”라 하였고《尙書》大禹謨에도 “后克艱厥后, 臣克艱厥臣, 政乃乂, 黎民敏德”라 함.《眞寶》注에 “《語》: 子曰: 「爲君難, 爲臣不易.」”라 함.

【主普天之下, 處王公之上】‘普天之下’는 하늘 아래의 모든 것.《詩》北山에 “溥天之下, 莫非王土. 率土之濱, 莫非王臣”이라 함.《貞觀政要》에는 “宅普天之下”로 되어 있음. ‘王公’은 諸侯와 三公.《漢書》嚴助傳에 “景帝曰: 「朕奉先帝之休德, 處以眇眇之身, 託于王侯之上」”이라 함.

【任土貢其所求, 具寮陳其所唱】‘貢其所求’는 임금이 구하는 것을 자신의 산물로 바침.《尙書》禹貢에 “任土作貢”이라 함.《貞觀政要》에는 ‘所求’가 ‘所有’로 되어 있음. ‘寮’는 僚와 같음. 벼슬아치, 관리. ‘陳其所倡’은 군주가 제창하는 바를 널리 폄. ‘陳’은《貞觀政要》에는 ‘和’로 되어 있음.

【是故恐懼之心, 日弛; 邪僻之情, 轉放】'日弛'는 날로 解弛해짐. '轉放'은 放心하거나
　放縱하는 쪽으로 바뀜.

【豈知事起乎所忽, 禍生乎無妄】'無妄'은 망령됨이 없는 진실함.《易》(25) 无妄卦에
　"无妄: 元亨, 利貞; 其匪正有眚, 不利有攸往. 象曰: 无妄, 剛自外來而爲主於內, 動而
　健, 剛中而應; 大亨以正, 天之命也.「其匪正有眚, 不利有攸往」; 无妄之往, 何之矣?
　天命不祐, 行矣哉! 象曰: 天下雷行, 物與无妄; 先王以茂對時育萬物"이라 함. 그러
　나 여기서의 '妄'이 '望'의 뜻으로 '無望'은 더 이상 바랄 것이 없다고 자만함을 의
　미함. 朱熹〈本義〉에 "无妄, 實理自然之謂.《史記》作无望, 謂无所期望而有得焉者,
　其義亦通"이라 하였고,〈句解〉에는 "《易》无妄之災, 謂不測之禍也"라 함.

【固以聖人受命, 拯溺亨屯】'以'는 以爲의 뜻. '受命'은 天命을 받아 천자의 직무를
　행함.《尚書》咸有一德에 "咸有一德, 克享天心, 受天明命. 以有九有之師, 爰革夏正"
　이라 함. '拯溺'은 물에 빠진 자를 건져냄. '亨屯'은 막혀 통하지 않는 것을 형통하
　게 함. '屯'은《易》(3) 屯卦에 "屯, 剛柔始交而難生; 動乎險中, 大亨貞. 雷雨之動滿
　盈, 天造草昧; 宜建侯而不寧"이라 함.

【歸罪於己, 因心於民】'歸罪於己'는 죄를 자신에게 귀착시킴. 잘못이 있으면 자신
　의 탓으로 돌림.《尚書》湯誥에 "萬方有罪 在予一人"이라 하였고〈盤庚〉(上)에는
　"邦之臧, 惟汝衆; 邦之不臧, 惟予一人有佚罰"이라 함. '因心於民'의 '因'은 徇과 같
　음. 군주는 백성의 마음을 따라야 함.《老子》(49)에 "聖人無常心, 以百姓心爲心"이
　라 하였고, 注에 "百姓之心所便, 因而從也. 言民之所好好之, 民之所惡惡之, 而好
　惡必因乎民之心"이라 함. '因心於民'은《貞觀政要》에는 '推恩於民'으로 되어 있음.

【大明無私照, 至公無私親】'大明'은 태양처럼 크게 밝은 것.《禮記》孔子閒居에 "孔
　子曰:「奉三無私以勞天下.」子夏曰:「敢問何謂三無私?」孔子曰:「天無私覆, 地無私
　載, 日月無私照. 奉斯三者以勞天下, 此之謂三無私.」"라 함. '至公'은 지극히 공평함.
　《尚書》太甲(上)에 "惟天無親, 克敬惟親"과 같은 경우를 말함. '大明無私照'는《貞
　觀政要》에는 '大明無偏照'로 되어 있음.

【故以一人治天下, 不以天下奉一人】帝王 하나가 천하를 다스리는 것이지 천하가
　제왕 한 사람을 받드는 것이 아님.《六韜》文韜 文師篇에 "太公曰:「天下非一人之
　天下, 乃天下之天下也. 同天下之利者, 則得天下; 擅天下之利者, 則失天下. 天有時,
　地有財, 能與人共之者, 仁也; 仁之所在, 天下歸之. 免人之死, 解人之難, 救人之患,
　濟人之急者, 德也; 德之所在, 天下歸之. 與人同憂同樂, 同好同惡者; 義也; 義之所
　在, 天下赴之. 凡人惡死而樂生, 好德而歸利, 能生利者, 道也; 道之所在, 天下歸

之.」라 함.

【禮以禁其奢, 樂以防其佚】'佚'은 逸, 泆과 같으며 淫佚함. 放蕩逸樂에 빠짐.

【左言而右事, 出警而入蹕】'左言而右事'는 '左史記言, 右史記事'를 줄인 말. 이는 《漢書》藝文志 春秋類에 "古之王者, 世有史官, 君擧必書, 所以愼言行, 昭法式也. 左史記言, 右史記事, 事爲《春秋》, 言爲《尚書》, 帝王靡不同之"라 하였고, 《禮記》玉藻篇에 "動則左史書之, 言則右史書之"라 하여 左右의 임무가 바뀌어 있음. 고대 左史와 右史를 두어 말과 행동을 기록하여 군주를 통제하였음. 《眞寶》注에 "《前》藝文志: 古之王者, 世有史官, 擧必書, 所以謹言行, 昭法式也. 左史記言, 右史記事, 事爲《春秋》, 言爲《尚書》"라 함. '出警而入蹕'은 군주의 출입에 '警'과 '蹕'을 함. 황제가 출타하는 것을 '警'이라 하고, 들어오는 것을 '蹕'이라 함. '蹕'은 趨과 같음. '警蹕'은 길을 사람들을 경계시키고 호위하여 안전을 도모하는 일. 《新唐書》(103) 孫伏伽傳에 "伏伽諫曰:「臣聞天子之居, 禁衛九重, 出也警, 入也蹕, 非直尊其居處, 爲社稷生人計也."라 함. 그러나 《史記》梁孝王世家에는 "出言趨, 入言警"이라 하였고, 〈索隱〉에 "《漢舊儀》云: 黃帝輦動稱警, 出殿則傳趕. 止人淸道"라 함. 《眞寶》注에 "《孫伏伽傳》: 天子之居, 禁衛九重, 出也警, 入也蹕.」警者戒肅, 蹕止行人"이라 함.

【四時調其慘舒, 三光同其得失】'慘舒'는 계절의 陰陽을 말함. '慘'은 陰氣가 만물을 처참히 쇠퇴시키는 것이며 '舒'는 陽氣가 만물을 성장시키는 것. 〈西京賦〉에 "夫人在陽時則舒, 在陰時則慘"이라 함. 군주는 四時의 음양이 만물의 생장사멸에 조화를 이루도록 한다고 여긴 것. '三光'은 日, 月, 星. 정치의 득실에 따라 星宿의 변화나 妖星, 彗星, 脖星, 箒星 등이 출몰이 있다고 여긴 것임.

【故身爲之度, 而聲爲之律】'度, 律'은 군주의 몸은 곧 법도가 되며 말은 곧 법이 됨을 말함. 《史記》夏本紀 "禹聲爲律, 身爲度"라 함. 《眞寶》注에 "《史記》夏本紀: 「禹聲爲律, 身爲度.」"라 함.

【勿謂無知, 居高聽卑】'勿謂無知'는 '하늘이 아무것도 모를 것이라고 여기지 말라'의 뜻. '居高聽卑'은 하늘은 높은 곳에 있지만 낮은 곳의 일을 모두 듣고 있음.

【勿謂何害? 積小就大】'積小就大'는 작은 것이 쌓여 큰 것이 됨. 《易》繫辭傳(下)에 "小人以小善爲无益而弗爲也, 以小惡爲无傷而弗去也. 故惡積而不可掩, 罪大而不可解"라 함. '積小就大'는 《貞觀政要》에는 '積小成大'로 되어 있음.

【樂不可極, 樂極生哀】《禮記》曲禮(上)에 "敖不可長, 欲不可從, 志不可滿, 樂不可極"이라 함. '樂極生哀'는 《貞觀政要》에는 '樂極成哀'로 되어 있음.

【欲不可縱, 縱欲成災】"욕구는 마구 풀어놓지 말라. 마구 풀어놓으면 재앙이 된

다'의 뜻. '灾'는 災와 같음.

【壯九重於內, 所居不過容膝】'九重'은 九重宮闕을 뜻함. '容膝'은 겨우 무릎을 용납
할 정도의 좁은 공간. 陶淵明의 〈歸去來辭〉에 "倚南窓以寄傲, 審容膝之易安"이
라 함. 《眞寶》注에 "晉陶淵明〈歸去來辭〉:「倚南窓以寄傲, 審容膝之易安.」"이라 함.

【彼昏不知, 瑤其臺而瓊其室】'彼'는 夏桀과 殷紂를 가리킴. '昏'은 惛과 같음. '瑤
其臺而瓊其室'은 옥으로 누대를 짓고 옥으로 궁실을 지음. 《新序》刺奢篇에 "桀
作瑤臺, 罷民力, 殫民財, 爲酒池糟隄, 縱靡靡之樂, 一鼓而牛飮者三千人, 群臣相持
歌"라 함. 《眞寶》注에 "〈離騷經〉曰:「望瑤臺之偃蹇.」《通鑑外紀》:「紂作鹿臺, 爲瓊
室玉門.」"이라 함.

【羅八珍於前, 所食不過適口】'八珍'은 여덟 가지 진기한 요리. 《周禮》天官 膳夫 注
에 "淳熬, 淳母, 炮豚, 炮牂, 擣珍, 漬, 熬, 肝膋"을 들고 있으나 후대에는 龍肝, 鳳
髓, 豹胎, 鯉尾, 鴞炙, 猩脣, 熊掌, 酥酪蟬을 들기도 함. 《眞寶》注에 "《禮》天官膳
夫:「凡王之饋羞, 用百有二十品. 珍用八物.」注:珍謂淳熬, 淳母, 炮豚, 炮牂, 擣珍,
漬, 熬, 肝膋也"라 함.

【唯狂罔念, 丘其糟而池其酒】'唯狂罔念'은 桀과 紂는 狂暴하여 仁義를 염두에 두
지 않음. '罔'은 無와 같음. '丘其糟而池其酒'는 술 찌꺼기로 언덕을 쌓고 술로 못
을 만듦. 《新序》節士篇에 "桀爲酒池, 足以運舟;糟丘, 足以望七里, 一鼓而牛飮者
三千人"이라 하였고, 《史記》殷本紀에는 "帝紂……大冣樂戲於沙丘, 以酒爲池, 縣肉
爲林, 使男女倮相逐其閒, 爲長夜之飮"이라 하였으며, 그 외 《韓詩外傳》, 《說苑》,
《列女傳》 등에 널리 桀紂의 惡行을 演化하여 기록하고 있음. 《眞寶》注에 "《吳
志》:孫權於武昌, 臨釣臺飮醉, 以水酒羣臣面曰:「今日酣飮, 惟醉墮臺中乃止.」張昭
怒曰:「昔紂爲糟丘酒池, 長夜之飮, 當時亦以爲樂, 不以爲愚.」權默然"이라 하여
孫權의 일화를 싣고 있음.

【勿內荒於色, 勿外荒於禽】'荒於色'은 女色에 황폐하여 정신이 빠짐. '荒於禽'은 사
냥에 빠짐. 《尙書》五子之歌에 "內作色危, 外作禽荒"이라 함.

【勿貴難得貨, 勿聽亡國音】'難得貨'는 얻기 어려운 보화. 《老子》(3)에 "不貴難得之
貨, 使民不爲盜;不見可欲, 使民心不亂"이라 함. 《眞寶》注에 "《老子》不尙賢篇:「不
貴難得之貨, 使民不爲盜.」注:「黃金棄於山, 珠玉捐於淵.」"이라 함. '亡國音'은 나라
를 망하게 할 음악. 《韓詩外傳》(2)에 "桀爲酒池糟隄, 縱靡靡之樂"이라 하였고,
《史記》殷本紀에 "好酒淫樂, 嬖於婦人. 愛妲己, 妲己之言是從. 於是使師涓作新淫
聲, 北里之舞, 靡靡之樂"이라 하여 北里之舞나 靡靡之樂 따위를 말함. 衛靈公이

빠졌던 桑間濮上 지역의 淫亂한 음악도 이에 해당함. 《禮記》樂記 注에 "桑間濮上, 衛地. 濮水之上, 桑林之間也. 《史記》言: 衛靈公適晉, 舍濮上, 夜聞琴聲, 召師涓聽而寫之. 至晉命涓爲平公奏之. 師曠曰:「此師延靡靡之樂, 武王伐紂, 師延投濮水死.」故聞此, 聲必於濮水之上也. 政散, 故民罔其上; 民流, 故行其淫蕩之私也"라 함. 《眞寶》注에 "《記》樂記: 桑間濮上之音, 亡國之音也. 其政散, 其民流, 誣上行私, 而不可知也"라 함.

【内荒伐人性, 外荒蕩人心】'伐人性'은 여색으로 인한 폐해. 枚乘의 〈七發〉에 "皓齒蛾眉, 命曰伐性之斧"라 함. '蕩人心'은 수렵으로 인한 폐해를 말함.

【難得之貨侈, 亡國之音淫】'侈'는 難得之貨로 인한 폐해, '淫'은 亡國之音으로 인한 폐해를 말함.

【勿謂我尊而傲賢慢士, 勿謂我智而拒諫矜己】'傲賢慢士'는 현명한 사람에게 오만하게 굴고, 어진 선비에게 거만하게 대함. '慢士'는 《貞觀政要》에는 '侮士'로 되어 있음. '拒諫矜己'는 간언을 거부하고 자신의 똑똑함을 긍지로 여김. 《史記》殷本紀에 "帝紂資辨捷疾, 聞見甚敏; 材力過人, 手格猛獸; 知足以距諫, 言足以飾非; 矜人臣以能, 高天下以聲, 以爲皆出己之下"라 한 행동을 말함.

【聞之夏后, 據饋頻起】'夏后'는 夏王 禹를 가리킴. '饋'는 식사. 밥을 먹다가도 열 번이나 일어남. 《淮南子》注에 "饋者, 食也"라 함. 《淮南子》氾論訓에 "禹之時, 以五音聽治, 懸鐘鼓磬鐸置鞀, 以待四方之士, 爲號曰:「教寡人以道者, 擊鼓; 諭寡人以義者, 擊鐘; 告寡人以事者, 振鐸; 語寡人以憂者, 擊磬; 有獄訟者, 搖鞀.」當此之時, 一饋而十起, 一沐而三捉髮, 以勞天下之民."이라 함. 《眞寶》注에 "《淮南子》氾論訓:「禹當此之時, 一饋而十起.」"라 함.

【亦有魏帝, 牽裾不止】'魏帝'는 魏文帝(曹丕). 冀州의 백성 10만 호를 河南으로 옮기고자 할 때 辛毗가 간하자 文帝는 화를 내며 일어나 內殿으로 들어가려 하였음. 이에 辛毗가 그의 옷소매를 잡고 다시 간하였지만 문제는 소매를 뿌리치고 안으로 들어갔다가 한참 뒤에 다시 나와 타협을 한 다음 반만 이주시킴. 《三國志》魏志 辛毗傳에 "帝欲徙冀州士家十萬戶實河南. 時連蝗民饑, 群司以爲不可, 而帝意甚盛. 毗與朝臣俱求見, 帝知其欲諫, 作色以見之, 皆莫敢言. 毗曰:「陛下欲徙士家, 其計安出?」帝曰:「卿謂我徙之非邪?」毗曰:「誠以爲非也.」帝曰:「吾不與卿共議也.」毗曰:「陛下不以臣不肖, 置之左右, 廁之謀議之官, 安得不與臣議邪! 臣所言非私也, 乃社稷之慮也, 安得怒臣!」帝不答, 起入內; 毗隨而引其裾, 帝遂奮衣不還, 良久乃出, 曰:「佐治, 卿持我何太急邪?」毗曰:「今徙, 既失民心, 又無以食也.」帝

遂徙其牛."이라 함. 《眞寶》注에 "〈魏志〉辛毗傳: 文帝欲徙冀州人家十萬戶實河南, 毗曰云云. 帝不答起入內, 毗隨而引其裾牽之, 遂奮衣不還, 久乃出"이라 함.

【安彼反側, 如春陽秋露】 '反側'은 불안하며 이리저리 뒤척이는 것. 《詩》關雎에 "求之不得, 寤寐思服. 悠哉悠哉, 輾轉反側"이라 함. '春陽秋露'는 봄볕과 가을 이슬. 군주가 베푸는 은혜를 비유함.

【巍巍蕩蕩, 恢漢高大度】 '巍巍'는 높은 모습. 《論語》泰伯篇에 "子曰:「大哉! 堯之爲君也! 巍巍乎! 唯天爲大, 唯堯則之. 蕩蕩乎, 民無能名焉. 巍巍乎其有成功也, 煥乎其有文章!」"라 함. '蕩蕩'은 넓은 모양. 《尙書》洪範에 "無反無側, 王道蕩蕩"이라 함. '恢'는 광활하고 큼. 《老子》(73)에 "天網恢恢, 疏而不失"이라 함. 그러나 《貞觀政要》에는 '推'로 되어 있음. '漢高大度'는 漢 高祖(劉邦)와 같은 큰 도량. 《史記》高祖紀에 "高祖爲人, 隆準而龍顔, 美須髥, 左股有七十二黑子. 仁而愛人, 喜施, 意豁如也. 常有大度, 不事家人生産作業"이라 함. 한편 漢 高祖 劉邦은 부하들이 모반을 꾀하려 하자, 張良의 計策을 듣고 雍齒부터 侯로 봉하여 사태를 수습할 정도로 도량이 컸음. 《史記》留侯世家에 "(六年)上已封大功臣二十餘人, 其餘日夜爭功不決, 未得行封. 上在雒陽南宮, 從復道望見諸將往往相與坐沙中語. 上曰:「此何語?」留侯曰:「陛下不知乎? 此謀反耳.」上曰:「天下屬安定, 何故反乎?」留侯曰:「陛下起布衣, 以此屬取天下, 今陛下爲天子, 而所封皆蕭·曹故人所親愛, 而所誅者皆生平所仇怨. 今軍吏計功, 以天下不足遍封, 此屬畏陛下不能盡封, 恐又見疑平生過失及誅, 故卽相聚謀反耳.」上乃憂曰:「爲之奈何?」留侯曰:「上平生所憎, 群臣所共知, 誰最甚者?」上曰:「雍齒與我故, 數嘗窘辱我. 我欲殺之, 爲其功多, 故不忍.」留侯曰:「今急先封雍齒以示群臣, 群臣見雍齒封, 則人人自堅矣.」於是上乃置酒, 封雍齒爲什方侯, 而急趣丞相·御史定功行封. 群臣罷酒, 皆喜曰:「雍齒尙爲侯, 我屬無患矣.」"라 함. 《眞寶》注에 "〈前〉高祖紀:「常有大度, 不事家人生産作業.」"이라 함.

【撫玆庶事, 如履薄臨深】 '庶事'는 여러 가지 잡다한 政務. '履薄臨深'은 살얼음 밟듯, 깊은 연못에 임한 듯 두려운 마음을 가짐. 《詩》小雅 小旻에 "戰戰兢兢, 如臨深淵 如履薄冰"이라 하였고, 《論語》泰伯篇에는 曾子가 이를 인용하여 "曾子有疾, 召門弟子曰:「啓予足! 啓予手! 《詩》云,『戰戰兢兢, 如臨深淵, 如履薄冰.』而今而後, 吾知免夫! 小子!」"라 함.

【戰戰慄慄, 用周文小心】 '戰戰慄慄'은 두려워하며 몸을 떪. 戰戰兢兢과 같음. '周文小心'은 周 文王(姬昌)처럼 조심하고 삼가는 言行을 말함. 《詩》大雅 大明에 "維此文王, 小心翼翼. 昭事上帝, 聿懷多福. 厥德不回, 以受方國"이라 함. 《眞寶》注에

《詩》文王篇:「惟此文王, 小心翼翼.」이라 하여 출처를 〈文王篇〉이라 하였으나 이는 오류임.

【《詩》之不識不知,《書》之無偏無黨】'不識不知'는《詩》大雅 皇矣에 "帝謂文王, 予懷明德, 不大聲以色, 不長夏以革. 不識不知, 順帝之則"이라 하여 자신이 똑똑하여 아는 것이 아니라 天帝의 뜻을 따랐을 뿐이라는 뜻. '無偏無黨'은 不偏不黨과 같은 뜻으로《尚書》洪範에는 "無偏無陂, 遵王之義; 無有作好, 遵王之道; 無有作惡, 遵王之路. 無偏無黨, 王道蕩蕩; 無黨無偏, 王道平平; 無反無側, 王道正直"이라 함.《貞觀政要》에는《詩》云不識不知,《書》曰無偏無黨'으로 되어 있음.

【一彼此於胷臆, 損好惡於心想】'胷臆'은 가슴속에 담아 관심을 가짐. '心想'은 마음속의 생각.

【衆棄而後加刑, 衆悅而後行賞】'衆棄而後加刑'은 많은 사람들이 버리고 난 다음에야 형벌을 내림.《孟子》梁惠王(下)에 "孟子曰:「左右皆曰'可殺', 勿聽; 諸大夫皆曰'可殺', 勿聽; 國人皆曰'可殺', 然後察之; 見可殺焉, 然後殺之. 故曰'國人殺之'也. 如此, 然後可以爲民父母.」라 함. '衆悅而後行賞'은 많은 사람들이 즐거워한 다음에야 상을 내림. '行賞'은《貞觀政要》에는 '命賞'으로 되어 있음.

【弱其强而治其亂, 伸其屈而直其枉】'屈'은 죄가 없음에도 굴복하고 있는 자. '直其枉'은 굽은 것을 바르게 폄.《論語》爲政篇에 "哀公問曰:「何爲則民服?」孔子對曰:「擧直錯諸枉, 則民服; 擧枉錯諸直, 則民不服.」이라 하였고, 〈顔淵篇〉에 "樊遲未達. 子曰:「擧直錯諸枉, 能使枉者直.」樊遲退, 見子夏曰:「鄉也吾見於夫子而問知, 子曰,『擧直錯諸枉, 能使枉者直』, 何謂也?」"라 한 의미와 같음.

【如衡如石, 不定物以限】'如衡如石'은 저울대 같고 저울의 石錘와 같음. '不定物以限'은《尚書》伊尹篇의 "與人不求備" 및《論語》微子篇의 "無求備於一人"과 같은 뜻임. '限'은《貞觀政要》에는 '數'로 되어 있음.《眞寶》注에 "衡, 卽權衡; 石, 卽關石"이라 함.

【物之懸者, 輕重自見】'自見'의 '見'은 '현'으로 읽으며 '드러남'.《孟子》梁惠王(上)에 "權, 然後知輕重; 度, 然後知長短; 物皆然, 心爲甚. 王請度之!"라 함.

【如水如鏡, 不示物以情】'如水如鏡'은 마음이 물과 같이 맑고, 거울처럼 밝음.《莊子》德充符에 "仲尼曰:「人莫鑑於流水, 而鑑於止水, 唯止能止衆止. 受命於地, 唯松柏獨也正, 在冬夏青青; 受命於天, 唯堯舜獨也正, 在萬物之首.」라 함. '情'은《貞觀政要》에는 '形'으로 되어 있음.

【物之鑑者, 妍媸自生】'妍媸'는 美醜와 같음. 아름다운 모습과 흉한 모습.《貞觀政

要》任賢篇에 魏徵에 "太宗後嘗謂侍臣曰:「夫以銅爲鏡, 可以正衣冠; 以古爲鏡, 可以知興替; 以人爲鏡, 可以明得失. 朕常保此三鏡, 以防己過. 今魏徵殂逝, 遂亡一鏡矣!」"라 함. '妍媸自生'은《貞觀政要》에는 '妍蚩自露'로 되어 있음.

【勿渾渾而濁, 勿皎皎而清】'渾渾'은 혼탁한 상태.《老子》(15)에 "渾兮其若濁, 孰能濁以靜之徐清?"이라 함. '皎皎'는 희고 깨끗한 모습.

【勿汶汶而闇, 勿察察而明】'汶汶'은 더럽고 흐린 상태. '察察'은 자세하고 밝은 모습. '吹毛覓疵'하지 말 것을 권고한 것. 屈原〈漁父辭〉에 "安能以身之察察, 受物之汶汶者乎?"라 함.《眞寶》注에 "汶汶, 猶玷辱; 察察, 猶潔白"이라 함.

【雖冕旒蔽目, 而視於未形】'冕旒'는 冕旒冠의 구슬이 눈을 가림. '冕'은 冠. '旒'는 관 앞뒤에 드리워진 끈에 五彩의 구슬을 꿴 것. 天子는 열두 줄, 諸侯는 아홉 줄, 上大夫는 일곱 줄, 下大夫는 다섯 줄이었음.《禮記》玉藻에 "天子玉藻, 十有二旒, 前後邃延, 龍卷以祭"라 하였고,〈禮器篇〉에는 "天子之冕, 朱綠藻十有二旒, 諸侯九, 上大夫七, 下大夫五, 士三, 此以文爲貴也"라 함. '旒'는 신하가 임금의 표정을 살필 수 없도록 함과 동시에 천자가 邪曲한 것을 보지 않도록 하기 위한 것임.《漢書》東方朔傳에 "故曰:「水至清則無魚, 人至察則無徒.」冕而前旒, 所以蔽明; 黈纊充耳, 所以塞聰. 明有所不見, 聰有所不聞, 擧大德, 赦小過, 無求備於一人之義也."라 함. '視於未形'은《禮記》曲禮(上)에 "聽於無聲, 視於無形"이라 함.

【雖黈纊塞耳, 而聽於無聲】'黈纊'(주광)은 冕旒冠 좌우로 노란 솜을 뭉쳐 만든 솜 방울의 귀마개. 천자로 하여금 신하의 말을 마구 듣지 않도록 경계하기 위한 것임.《眞寶》注에 "《選》東方朔〈答客難〉:「冕而前旒, 所以蔽明; 黈纊塞耳, 所以塞聰. 黈, 勑口反, 纊, 音曠"이라 함. '無聲'은 말은 하지 않고 있지만 가슴 속에 품은 불만이나 욕구 등.

【縱心乎湛然之域, 遊神於至道之精】'湛然'은 물이 깊고 고요한 모양. '至道之精'은 지극한 道의 精髓.

【知之者, 應洪纖而效響】'知之'는 '扣之'의 오류. '두드리다'의 뜻으로 물어봄.《貞觀政要》에는 '扣之'로 되어 있음.《禮記》學記에 "善待問者, 如撞鐘, 叩之以小者則小鳴, 叩之以大者則大鳴, 待其從容, 然後盡其聲; 不善答問者反此. 此皆進學之道也"라 함. '洪纖'은 아주 넓고 큰 것과 아주 가늘고 미세한 것. 뒤의 '深淺'과 함께 상대적 의미의 結合語.

【酌之者, 隨淺深而皆盈】'酌之'는 물의 깊이나 양을 재어봄. '酌'은 斟酌의 뜻. '斟酌'은 '재어보다'의 雙聲連綿語 動詞. '皆盈'은 상대의 욕구에 충분하도록 채워줌.

【天之經, 地之寧, 王之貞】'天之經'은 하늘의 변하지 않는 일정한 도리. '地之寧'은 대지처럼 안정됨. '王之貞'은 제왕의 바르고 곧은 덕.《孝經》三才章에 "子曰:「夫孝, 天之經也, 地之義也, 民之行也. 天地之經, 而民是則之; 則天之明, 因地之利, 以順天下. 是以其敎不肅而成, 其政不嚴而治. 先王見敎之可以化民也.」"라 함. '王之貞'은《老子》(39)에 "昔之得一者. 天得一以淸, 地得一以寧, 神得一以靈, 谷得一以盈, 萬物得一以生, 侯王得一以爲天下貞"이라 함.

【四時不言而代序, 萬物無言而化成】'四時不言而代序'은 春夏秋冬의 사계절은 말이 없으나 정확하게 순서를 지킴.《論語》陽貨篇에 "子曰:「天何言哉? 四時行焉, 百物生焉, 天何言哉?」"라 함. '萬物無言而化成'은 만물은 말이 없이도 生成發展함. '萬物無言而化成'은《貞觀政要》에는 '萬物無爲而受成'으로 되어 있음.

【豈知帝力, 而天下和平】《十八史略》(1)에 "(堯)治天下五十年, 不知天下治歟, 不治歟? 億兆願戴己歟, 不願戴己歟? 問左右不知, 問外朝不知, 問在野不知. 乃微服游於康衢, 聞童謠, 曰:「立我烝民, 莫匪爾極. 不識不知, 順帝之則.」有老人, 含哺鼓腹, 擊壤而歌曰:「日出而作, 日入而息. 鑿井而飮, 畊田而食, 帝力何有於我哉!」"라 하였으며, 이는 皇甫謐《帝王世紀》에서 인용한 것임. '豈知帝力'은《貞觀政要》에는 '豈知帝有其力'으로 되어 있음.

【吾王撥亂, 戡以智力】'吾王'은 唐太宗(李世民)을 가리키며, '撥亂'은《詩》江漢 序에 "江漢, 尹吉甫美宣王也. 能興衰撥亂. 命召公平淮夷"라 하여 혼란을 수습함을 뜻함.《貞觀政要》納諫篇에 "黃門侍郎劉洎對曰:「陛下撥亂創業, 實功高萬古, 誠如無忌等言. 然頃有人上書, 辭理不稱者, 或對面窮詰, 無不慚退. 恐非獎進言者.」"라 하여 李世民이 隋末 天下 混亂을 바로잡아 천하를 안정시키고 唐나라를 건국하였음을 말함. '戡'은 勝과 같은 뜻.

【民懼其威, 未懷其德】백성들은 그 위엄을 두려워할 뿐 아직 그 덕은 그리워하지 않고 있음. '懷德'은 그 덕을 그리워함.《尙書》武成篇에 "大邦畏力, 小邦懷其德"이라 함.

【我皇撫運, 扇以淳風】'撫運'은 天運을 손에 잡음. 천자의 지위에 오름. '撫'는《字彙》에 "摩也, 持也, 循也"라 함. '扇'은 부채질하듯 바람을 일으킴.

【民懷其始, 未保其終】백성들이 은혜를 그리워하기 시작은 하였으나 그 끝을 보장받지는 못하고 있음.

【爰迷金鏡, 窮神盡聖】'金鏡'은 아주 귀한 거울을 뜻하며 鑑戒를 상징함. 太宗 李世民이《金鏡錄》을 唐 宣宗(李忱)이 令狐絢로 하여금 읽어 달라 한 기록이 있음.

《十八史略》(5) 宣宗黃帝에 "令狐綯同平章事, 先是綯爲學士, 上嘗以太宗所選《金鏡錄》, 授綯使讀之. 又書《貞觀政要》於屛風, 每正色拱手而讀. 嘗與學士畢誠論邊事, 誠具陳方略, 上悅曰:「不意頗牧在吾禁中」. 卽用爲邊帥, 果稱其任"이라 함. 여기서는 〈大寶箴〉을 가리킴. '窮神盡聖'은 神聖함을 끝까지 다할 것을 말한 것. 그러나 '盡聖'은 《貞觀政要》에는 '盡性'으로 되어 있음.

【使人以心, 應言以行】사람을 부릴 때는 자신의 마음으로써 하고, 남의 말에 응낙할 때는 행동으로 실천해야 함을 말함.

【包括治體, 抑揚詞令】'包括治體'는 정치의 본체를 포괄함. '抑揚詞令'은 천자가 내리는 詞令(詔勅과 命令)은 그 강도와 높낮이를 잘 조절함. '詞令'은 《貞觀政要》에는 '辭令'으로 되어 있음.

【天下爲公, 一人有慶】'天下爲公'은 천하를 만인의 公有로 여기는 것. 《禮己》禮運篇에 "大道之行也, 天下爲公"이라 하여 公天下 시대의 공평함을 뜻함. '一人有慶'은 《尙書》呂刑篇에 "雖畏勿畏, 雖休勿休. 惟敬五刑, 以成三德. 一人有慶, 兆民賴之, 其寧惟永"이라 하였고 〈秦誓篇〉에도 "邦之杌陧, 曰由一人; 邦之榮懷, 亦尙一人之慶"이라 함.

【開羅起祝, 援琴命詩】'開羅起祝'은 새그물을 열고, 새들이 그물에 걸리지 않도록 기도함. 《新序》(5)에 "湯見祝網者置四面, 其祝曰:「從天墜者, 從地出者, 從四方來者, 皆離吾網」. 湯曰:「嘻! 盡之矣, 非桀其孰爲此?」湯乃解其三面, 置其一面, 更敎之祝曰:「昔蛛蝥作網, 今之人循序, 欲左者左, 欲右者右; 欲高者高, 欲下者下, 吾取其犯命者」. 漢南之國聞之曰:『湯之德及禽獸矣』. 四十國歸之. 人置四面, 未必得鳥, 湯去三面, 置其一面, 以網四十國, 非徒網鳥也."라 하였고, 《史記》殷本紀에도 "湯出, 見野張網四面, 祝曰:「自天下四方皆入吾網」. 湯曰:「嘻, 盡之矣!」乃去其三面, 祝曰:「欲左, 左. 欲右, 右. 不用命, 乃入吾網」. 諸侯聞之, 曰:「湯德至矣, 及禽獸」. 當是時, 夏桀爲虐政淫荒, 而諸侯昆吾氏爲亂. 湯乃興師率諸侯, 伊尹從湯, 湯自把鉞以伐昆吾, 遂伐桀."이라 하였으며, 賈誼《新書》(諭誠篇), 《呂氏春秋》(異用篇), 《十八史略》(1) 등에도 널리 실려 있음. 《眞寶》注에 "《史》外紀: 湯初造商, 見野有張羅四面, 乃去其三面, 而祝之曰:「欲左左, 欲右右. 不用命者, 入吾網」."이라 함. '援琴命詩'는 舜임금의 〈南風歌〉를 가리킴. 《禮記》樂記에 "昔者, 舜作五弦之琴以歌南風, 蘷始制樂以賞諸侯. 故天子之爲樂也, 以賞諸侯之有德者也"라 하였고, 《孔子家語》辨樂解에는 "昔者, 舜彈五弦之琴, 造南風之詩, 其詩曰:「南風之薰兮, 可以解吾民之慍兮;南風之時兮, 可以阜吾民之財兮」. 唯修此化, 故其興也勃焉"이라 함. 《眞寶》

注에 "舜作五絃之琴, 以歌南風之詩"라 함.

【一日二日, 念玆在玆】'一日二日'은 '날마다'의 뜻.《尙書》皐陶謨에 "無敎逸欲, 有邦 兢兢業業, 一日二日萬幾! 無曠庶官, 天工, 人其代之. 天敍有典, 勑我五典五惇哉!" 라 하였고, 馬融은 "猶日日也"라 함.《眞寶》注에 "《書》曰:「一日二日萬幾」"라 함. '念 玆在玆' 역시《尙書》虞書 大禹謨에 "禹曰:「朕德罔克, 民不依. 皐陶邁種德, 德乃 降, 黎民懷之. 帝念哉! 念玆在玆, 釋玆在玆, 名言玆在玆, 允出玆在玆, 惟帝念功」"이 라 한 말을 원용한 것.《眞寶》注에 "《書》:「帝念哉! 念玆在玆, 釋玆在玆」"라 함.

【惟人所召, 自天祐之】'惟人所召'는 禍福은 자신이 불러들이는 것임을 말함.《左 傳》襄公 23년에 "閔子馬見之, 曰:「子無然. 禍福無門, 唯人所召. 爲人子者, 患不 孝, 不患無所. 敬共父命, 何常之有? 若能孝敬, 富倍季氏可也; 姦回不軌, 禍倍下民 可也」"라 한 말에서 유래됨.《眞寶》注에 "《老子》:「禍福無門, 惟人所召」"라 하여 《老子》를 출전으로 들고 있으나 이는 오류임. '自天祐之'는 선한 일을 하면 하늘 로부터 도움을 받음.《易》大有卦에 "上九, 自天祐之, 吉, 无不利. 象曰: 大有上吉, 自天祐也"라 함.《眞寶》注에 "《易》:「自天祐之, 吉, 無不利」"라 함.

【諍臣司直, 敢告前疑】'諍臣'은 諫諍하는 신하.《貞觀政要》에는 '爭臣'으로 되어 있 음. 張蘊古 자신을 가리킴. '司直'은 시비를 지적하는 관직.《事物紀原》에 "漢武初 置司直之官, 屬丞相府, 謂之丞相司直"이라 하였고,《淮南子》"湯有司直之人"의 注 에 "司直, 官名"이라 함.《詩》鄭風에도 "邦之司直"이 보임. '前疑'는 四輔, 혹 四近의 하나로 군주의 전후좌우에서 군주를 보좌하여 善을 권면하는 임무를 맡은 직책. 《孔叢子》論書篇에 "王者前有疑, 後有丞, 左有輔, 右有弼, 謂之四近. 言前後左右近 臣, 當畏敬之, 不可以非其人也"라 하였고,《禮記》文王世子篇 疏에 "四輔, 卽左輔, 右弼, 前疑, 後丞. 皆侑勸人君爲善"이라 함.

> 참고 및 관련 자료

1. 張蘊古(?-631)

相州(지금의 河北 成安, 廣平과 河南 일부 지역을 관할하던 주) 洹水 사람으로 太宗 (李世民) 즉위 초에 〈大寶箴〉을 올려 경계를 삼도록 하였음. 이로써 大理丞에 오 름.《舊唐書》(190 上) 文苑傳에 傳이 있으며,《新唐書》(201) 文藝傳(上)에는 "初, 帝卽 位, 直中書省張蘊古上《大寶箴》, 諷帝以民畏而未懷, 其辭挺切, 擢大理丞. ……蘊古, 洹水人. 敏書傳, 曉世務, 文擅當時. 後坐事誅"라 함. 〈太宗紀〉에는 "五年八月戊申, 殺大理丞張蘊古"라 하였고, 〈刑法志〉에는 "五年, 河內人李好德坐妖言下獄, 大理

丞張蘊古以爲好德病狂瞽, 法不當坐. 治書侍御史權萬紀劾蘊古相州人, 好德兄厚德
方爲相州刺史, 故蘊古奏不以實. 太宗怒, 遽斬蘊古, 既而大悔, 因詔「死刑雖令即決,
皆三覆奏.」라 하여 李好德의 治罪를 반대하다가 太宗의 노기를 사서 억울한 죽
임을 당하였으나 太宗이 後悔하여 그 뒤로는 五審制度가 처음으로 도입된 것으
로 되어 있음.

2. 이 글은《舊唐書》(190 文苑傳 上),《貞觀政要》(31),《唐文粹》(78),《歷代名臣奏
議》(1),《事文類聚》(別集 7),《古文集成》(53),《古文淵鑑》(30),《執中成憲》(7),《增注唐
策》(10),《淵鑑類函》(41),《洛水集》(2) 등에 실려 있음.

3.《貞觀政要》(31) 刑法篇

貞觀五年, 張蘊古爲大理丞. 相州人李好德素有風疾, 言涉妖妄, 詔令鞫於獄. 蘊古
言:「好德癲病有徵, 法不當坐.」太宗許將寬宥, 蘊古密報其旨, 仍引與博戲. 持書侍御
史權萬紀劾奏之, 太宗大怒, 令斬於東市. 既而悔之, 謂房玄齡曰:「公等食人之祿, 須
憂人之憂, 事無巨細, 咸當留意. 今不問則不言, 見事都不諫諍, 何所輔弼? 如蘊古身
爲法官, 與囚博戲, 漏泄朕言, 此亦罪狀甚重, 若據常律, 未至極刑. 朕當時盛怒, 即令
處置, 公等竟無一言, 所司又不覆奏, 遂即決之, 豈是道理?」因詔曰:「凡有死刑, 雖令
即決, 皆須五覆五奏.」五覆奏, 自蘊古始也. 又曰:「守文定罪, 或恐有冤, 自今以後, 門
下省覆, 有據法令合死而情可矜者, 宜錄奏聞.」

蘊古, 初以貞觀二年自幽州總管府記室兼直中書省, 奏上〈大寶箴〉, 文義甚美, 可爲
規誡. 其詞曰:

「今來古往, 俯察仰觀; 惟辟作福, 爲君實難. 宅普天之下, 處王公之上; 任土貢其所
有, 具僚和其所唱. 是故恐懼之心日弛, 邪僻之情轉放. 豈知事起乎所忽, 禍生乎無
妄? 固以聖人受命, 拯溺亨屯; 歸罪於己, 推恩於民. 大明無偏照, 至公無私親; 故以一
人治天下, 不以天下奉一人. 禮以禁其奢, 樂以防其佚. 左言而右事, 出警而入蹕. 四時
調其慘舒, 三光同其得失. 故身爲之度, 而聲爲之律. 勿謂無知, 居高聽卑; 勿謂何害,
積小成大. 樂不可極, 極樂成哀; 欲不可縱, 縱欲成災. 壯九重於內, 所居不過容膝;
彼昏不知, 瑤其臺而瓊其室. 羅八珍於前, 所食不過適口; 惟狂罔念, 丘其糟而池其酒.
勿內荒於色, 勿外荒於禽, 勿貴難得之貨, 勿聽亡國之音. 內荒伐人性, 外荒蕩人心;
難得之物侈, 亡國之聲淫. 勿謂我尊而傲賢慢士, 勿謂我智而拒諫矜己. 聞之夏后, 據
饋頻起, 亦有魏帝, 牽裾不止. 安彼反側, 如春陽秋露; 巍巍蕩蕩, 推漢高大度. 撫茲
庶事, 如履薄臨深, 戰戰慄慄, 用周文小心.《詩》云:『不識不知.』《書》曰:『無偏無黨.』一
彼此於胸臆, 捐好惡於心想. 衆棄而後加刑, 衆悅而後命賞. 弱其强而治其亂; 伸其屈

而直其枉. 故曰:『如衡如石, 不定物以數, 物之懸者, 輕重自見;如水如鏡, 不示物以形, 物之鑒者, 姸蚩自露.』勿渾渾而濁, 勿皎皎而清, 勿汶汶而闇, 勿察察而明, 雖晜旒蔽目, 而視於未形;雖黈纊塞耳, 而聽於無聲. 縱心乎湛然之域, 遊神於至道之精. 扣之者, 應洪纖而效響;酌之者, 隨淺深而皆盈. 故曰:『天之清, 地之寧, 王之貞.』四時不言而代序, 萬物無為而受成, 豈知帝有其力, 而天下和平. 吾王撥亂, 戡以智力. 人懼其威, 未懷其德. 我皇撫運, 扇以淳風;民懷其始, 未保其終. 爰述金鏡, 窮神盡性. 使人以心, 應言以行. 包括理體, 抑揚辭令. 天下為公, 一人有慶. 開羅起祝. 援琴命詩. 一日二日, 念玆在玆. 惟人所召, 自天祐之. 爭臣司直, 敢告前疑.」

　　太宗嘉之, 賜帛三百段, 仍援以大理寺丞.

# 021. 〈大唐中興頌〉 ·················· 元次山(元結)
## 당나라의 중흥을 찬양한 시

*〈大唐中興頌〉:安祿山의 난으로 唐 玄宗이 蜀으로 피난 가서 난의 수습이 여의
치 않자 태자 李亨(뒤의 肅宗)이 靈武에서 제위에 올라 郭子儀와 李光弼 등으
로 하여금 전력을 재정비하여 兩京(長安, 洛陽)을 수습하도록 하여 난이 진압되
었음. 이에 玄宗이 京師로 돌아오자 元結(次山)이 이를 듣고 이를 安祿山에게
망해가던 唐나라를 肅宗(李亨)이 다시 中興시킨 것이라 여겨 자신이 살고 있던
浯溪(湖南省 永州 祁陽縣 서남쪽에 있는 냇물로 元結이 살던 곳)에서 이 〈大唐中興
頌〉을 지어 칭송한 것임.《金石文字記》(4)에 의하면 그 뒤 顏眞卿이 大曆 6년
(771) 6월에 大字正書로 써서 그곳 절벽에 새겨 넣었으며, 이 〈磨崖碑〉를 주제
로《眞寶》(前集) 黃庭堅 〈題磨崖碑〉(148)와 張文潛(張耒)의 〈磨崖碑後〉(173) 등
많은 문인들이 시로 읊었음.

*《眞寶》注에 "安祿山反, 明皇幸蜀, 肅宗時爲太子, 自卽位於靈武, 命郭子儀, 李光
弼復兩京, 迎明皇, 還京師, 唐業中興. 元結遂於湖南永州祁陽縣南之浯溪石崖上,
刻此頌. 顏魯公眞卿書之. 後人因名〈磨崖碑〉, 詩人文士論此事者多矣. 黃山谷之
〈題磨崖碑〉, 楊誠齋之〈浯溪賦〉皆是也. 而范石湖一詩, 尤明言之焉. 謂頌者, 美盛
德之形容, 次山乃以魯史筆法, 婉辭含譏, 後之詞人, 又從而發明之則是碑乃一罪
案耳. 其詩曰:「三頌遺音和者希, 丰容寧有刺譏辭. 可憐元子春秋筆, 却寓唐家淸廟
詩. 歌詠但諧琴搏拊, 策書自管璧瑕疵. 紛紛健筆剛題破, 從此磨崖不是碑.」讀者
所當知也, 故倂錄焉"이라 함.


천보天寶 14년(755)에 안녹산安祿山이 낙양洛陽을 함락시키고, 이듬해
수도 장안長安도 함락시키자, 천자(현종)는 촉蜀으로 피신하고 태자(숙종)
가 영무靈武에서 즉위하였다.

이듬해 새 황제는 군사를 봉상鳳翔으로 이동시키고 그 해에 낙양과
장안을 수복하여 상황제上皇帝(현종)께서 경사京師로 돌아왔다.

아! 전대前代의 제왕들로서 성덕과 대업이 있는 분들은 반드시 가송

歌頌으로 이를 드러냈다.

지금 대업을 가송으로 표현하여 이를 금석金石에 새김에, 문학文學에 노련한 사람이 아니라면 그 누가 마땅히 지어낼 수 있겠는가?

송가頌歌는 다음과 같다.

『아, 전조前朝 현종 때에는 얼신孽臣과 간교姦驕들이 혼암한 짓, 요망한 짓을 하였네.

변방 장수 안녹산이 군대를 몰고 쳐들어와 국법에 독을 끼치고 혼란을 조성하니, 모든 백성들이 안녕을 잃었도다.

황제의 수레는 남쪽으로 피해가고, 모든 관리들도 몸을 숨기거나 역적을 받들어 모시면서 스스로 신하라 칭하기도 했네.

하늘은 장차 당唐나라를 창성케 하려고, 이에 우리 황제를 돌보시어 군사를 일으켜 북방으로 보내셨네.

홀로 우뚝 서서 큰 소리 외치시니, 천만 온갖 깃발 아래 병졸들이 앞으로 몰아갔네.

우리 군대는 동쪽으로 진군하고, 태자도 군사를 위무하시어 흉악한 무리들 소탕하셨네.

다시 수복할 기한을 지시하시며 한 번도 시일을 넘긴 일이 없으셨으니, 나라가 있은 이래 이런 경우 없었다네.

일에 지극한 어려움이 있었으나, 종묘사직은 다시 편안해졌고 두 성군께서는 다시 만나 기쁨을 나누셨네.

땅이 열리고 하늘이 열려 재앙이 말끔히 제거되니, 상서로운 경사가 크게 몰려왔네.

흉악한 무리와 반역의 무리들도 천자의 은택에 흠뻑 젖으니, 산 자나 죽은 자나 부끄러움을 감당해야 할 일이었네.

공로가 있는 신하들은 지위가 높아지고, 충신 열사들은 이름이 남아, 그 은택이 자손에게 전해지게 되었네.

성덕의 홍성함은 산처럼 높고 해처럼 떠오르니 만복을 가슴으로 받게 되었네.

능력 있고 영명하신 대군大君의 명성과 용태가 물 흐르듯 이어감은 이 글에 있게 되지 않겠는가?

상강湘江의 동쪽과 서쪽, 오계浯溪와 마주치는 중간, 절벽은 하늘과 같은 높이로 솟아 있어,

가히 갈고 팔 수 있어, 여기에 이 송가를 새기노니, 어찌 천만 년만 가겠는가?』


天寶十四年, 安祿山陷洛陽, 明年陷長安, 天子幸蜀, 太子即位於靈武.

明年, 皇帝移軍鳳翔, 其年復兩京, 上皇還京師.

於戲! 前代帝王, 有盛德大業者, 必見於歌頌.

若今歌頌大業, 刻之金石, 非老於文學, 其誰宜爲?


頌曰:
『噫嘻前朝, 孽臣姦驕, 爲昏爲妖.

邊將騁兵, 毒亂國經, 群生失寧.

大駕南巡, 百寮竄身, 奉賊稱臣.

天將昌唐, 緊睨我皇, 匹馬北方.

獨立一呼, 千麾萬旗, 戎卒前驅.

我師其東, 儲皇撫戎, 蕩攘群兇.

復復指期, 曾不踰時, 有國無之.

事有至難, 宗廟再安, 二聖重歡.

地闢天開, 蠲除祅災, 瑞慶大來.

兇徒逆儔, 涵濡天休, 死生堪羞.

功勞位尊, 忠烈名存, 澤流子孫.

盛德之興, 山高日昇, 萬福是膺.
能令大君, 聲容沄沄, 不在斯文?
湘江東西, 中直浯溪, 石崖天齊.
可磨可鑴, 刋此頌焉, 何千萬年?』

【天寶十四年】'天寶'는 唐 玄宗의 두 번째 연호. 742–755년까지 14년간이었음.
'十四年'은 755년. 唐 玄宗의 말년이며 安祿山의 난이 일어나고 楊貴妃가 馬嵬坡
에서 생을 마친 해.

【安祿山陷洛陽, 明年陷長安】'安祿山'은 唐 營州 柳城의 胡人으로 楊貴妃의 養子
를 자청하며 총애를 받아 平盧, 范陽, 河東 三鎮의 節度使가 되었다가 楊國忠과
반목이 생기자 755년에 반란을 일으켜 자칭 雄武皇帝라 하고 국호를 燕이라 함.
그들이 長安을 함락하자 玄宗은 蜀으로 피난 갔으며 肅宗(李亨)이 靈武에서 즉
위하여 兩京을 수복하게 되었고, 뒤에 安祿山이 아들 安慶緒에게 弑害를 당하
고 나서 난이 평정되었음. 《舊唐書》(200 上)와 《新唐書》(225 上)에 전이 있음. 이
사건은 杜甫, 白居易, 李白 등 당대 모든 시인묵객들의 작품 소재가 되었음. 《新
唐》玄宗紀에 "(天寶)十四載, 十一月, 安祿山反, 陷河北諸郡. ……丙子, 至自華清
宮. ……十二月丁亥, 安祿山陷靈昌郡. 辛卯, 陷陳留郡, 執太守郭納, 張介然死之. 癸
巳, 安祿山陷滎陽郡, 太守崔無詖死之. 丙申, 封常清及安祿山戰於甕子谷, 敗績. 丁
酉, 陷東京, 留守李憕, 御史中丞盧弈, 判官蔣清死之. ……"라 하였고, "(天寶)十五
載, 正月壬戌, 祿山陷恒山郡, 執顔杲卿, 辛卯, 遂陷潼關, 上洛郡. 甲午, 詔親征. 京
兆尹崔光遠爲西京留守, 招討處置使. 丙申, 行在望賢宮. 丁酉, 次馬嵬, 左龍武大將
軍陳玄禮殺楊國忠及御史大夫魏方進, 太常卿楊暄. 賜貴妃楊氏死. 庚午, 次巴西郡.
庚辰, 次蜀郡"이라 함. 《眞寶》注에 "安祿山, 唐玄宗時亂逆"이라 함. '明年'은 至德
2년(757).

【天子幸蜀, 太子即位於靈武】'幸'은 천자의 행차. 玄宗이 안녹산의 난을 피해 長安
을 떠나 蜀(지금의 四川 成都)으로 播遷 蒙塵한 것을 말함. '太子'는 玄宗(李隆基)
의 태자 李亨. 玄宗을 이어 帝位에 올랐으며 廟號는 肅宗. 756–762년까지 재위하
고 代宗(李豫)으로 이어짐. '靈武'는 甘肅省의 지명. 長安 서북쪽의 군 이름. 玄宗
이 蜀으로 간 뒤 太子 李亨이 靈武에 피난해 있다가 황제의 자리에 오르고, 玄
宗은 上皇이 됨. 《新唐書》玄宗紀 天寶 15년에 "八月癸巳, 皇太子即皇帝位於靈武,

以聞. 庚子, 上皇天帝誥遣韋見素, 房琯, 崔渙奉皇帝冊於靈武"라 함.《眞寶》注에 "玄宗入蜀, 駕至馬嵬, 父老遮道, 請留太子討賊, 上許之. 七月甲子, 太子卽位, 改元至德, 天子自幸蜀, 太子自卽位, 其詞凜然. 山谷云「撫軍監國太子事, 何乃趣取大物爲? 臣結春秋(春陵)二三策」者, 謂此處也"라 함.

【皇帝移軍鳳翔, 其年復兩京, 上皇還京師】'鳳翔'은 陝西省의 縣 이름.《眞寶》注에 "靈武, 地名; 鳳翔, 縣名"이라 함. '兩京'은 西京 長安과 東京 洛陽. '上皇'은 황제가 살아 있으면서 제위를 태자에게 물려주었을 때의 칭호.《文章軌範》注에 "天子退位, 則稱上皇"이라 함. 한편《通鑑綱目》에는 "太子卽位, 尊帝爲上皇天帝"라 하였고, 이에 대해 華陽范氏는 "肅宗以太子討賊, 遂自稱帝, 此則太子叛父, 何以討安祿山也?"라 하였으나 致堂胡氏는 "玄宗旣有傳位命, 太子非眞叛也. 其失在玄宗命不亟行, 而裴冕諸人急於榮貴, 是以致此咎也"라 함.《眞寶》注에 "曰皇帝, 曰上皇, 雖則紀實而過自見矣"라 함. '還'은 '선'(音旋)으로 읽음.

【於戲】'오호'로 읽으며 감탄, 또는 탄식하는 소리.《眞寶》注에 "於戲, 音烏呼"라 함.

【前代帝王, 有盛德大業者, 必見於歌頌】'歌頌'은 聖德 大業을 이룬 帝王은 반드시 歌頌을 지어 그 덕을 표현해 드러냄. '見'은 '현'(音現)으로 읽음.

【若今歌頌大業, 刻之金石】'今'은 현재 肅宗의 업적을 말함. '刻之金石'은 쇠붙이나 돌. 영원히 남도록 금석에 그 공을 새겨 넣음.《眞寶》注에 "上言'盛德大業', 此獨言'大業', 豈非謂其'盛德'有不足耶? 意顯然矣"라 함.

【非老於文學, 其誰宜爲】'老於文學'은 문학에 노련한 사람. '其誰宜爲'는 '그 누가 마땅히 이를 하겠는가'의 뜻.《眞寶》注에 "自負不淺"이라 함.

【噫嘻前朝, 孽臣姦驕, 爲昏爲妖】'噫嘻' 역시 감탄사. '前朝'는 肅宗에 앞선 玄宗의 시대. '孽臣'은 요망한 신하. 安祿山을 비호하거나 방치한 신하. 李林甫 등을 가리킴. '姦驕'는 간악하고 교만한 신하, 즉 楊國忠 등을 말함.《眞寶》注에 "謂李林甫, 楊國忠"이라 함. 본 구절에서 '朝', '驕', '妖'는 押韻. 이하 頌文은 세 구절씩으로 모두 押韻을 하고 있음.《眞寶》注에 "三句一換韻, 別一體"라 함.

【邊將騁兵, 毒亂國經, 群生失寧】'邊將'은 국경 수비를 맡은 장수. 范陽節度使의 임무를 맡았던 安祿山을 가리킴. '騁兵'은 군사를 일으켜 내달려 쳐들어 온 안녹산을 말함.《眞寶》注에 "祿山"이라 함.

【大駕南巡, 百寮竄身, 奉賊稱臣】'大駕'는 천자의 수레. 현종이 촉으로 피신한 상황을 말함. '竄'은 달아나 숨음. '奉賊稱臣'은 안녹산 반군을 받들고 신하를 자칭함. 안녹산에게 노골적으로 항복한 관료들. 예로 達奚珣, 火拔, 何千年, 陳希烈,

張鈞, 張垍, 令狐潮 등이 있음.《眞寶》注에 "陳希烈輩"라 함.

【天將昌唐, 繄睨我皇, 匹馬北方】'繄'는 虛詞로 쓰였음. 음은 '예'(烏奚反). '이에' 정도의 뜻. '睨'는 눈길을 보내어 살펴봄. 여기서는 '(하늘이) 보살펴주다'의 의미. '我皇'은 肅宗을 가리킴. '匹馬北方'은 태자 李亨이 겨우 匹馬를 타고 北方 靈武로 피해 당나라의 국운을 다시 中興시킬 수 있었음을 말함.

【獨立一呼, 千麾萬旟, 戎卒前驅】'獨立'은 肅宗이 홀로 隴西節度副使 李嗣業 등에게 명하여 군사를 모으기 시작하였고, 뒤에 李光弼, 郭子儀 등 군사를 지휘하기 위하여 난의 평정에 나섬. '一呼'는 한 번 크게 소리쳐 지휘함.《韓詩外傳》(6)과 《新序》에 "勇士一呼, 而三軍皆避, 士之誠也"라 함. '千麾萬旟'의 '麾'와 '旟'는 깃발을 말함. 장수의 지휘 깃발과 행군하는 군사들의 깃발. '戎卒'은 兵卒과 같음.

【我師其東, 儲皇撫戎, 蕩攘羣兇】'其東'은 서쪽 靈武에서 長安을 거쳐 동쪽 洛陽으로 가면서 安祿山 아들 安慶緒가 거느린 叛軍의 殘黨을 소멸해 나감. '儲皇'의 '儲'는 皇帝의 아들 太子와 王子, 즉 東宮을 뜻함. 여기서는 肅宗의 太子 廣平郡王 李俶을 가리킴.《眞寶》注에 "撫戎, 廣平王俶爲元帥, 卽代宗"이라 함. '撫戎'은 군대를 撫慰하고 指揮함. '蕩攘'은 소탕하여 물리침.《新唐書》肅宗紀에 "至德二年(757)丁卯, 廣平郡王俶爲天下兵馬元帥, 郭子儀副之, 以朔方, 安西, 回紇, 南蠻, 大食兵, 討安慶緒. 辛未, 京畿采訪宣慰使崔光遠及慶緒戰於駱谷, 敗之"라 함. '羣兇'은 安慶緒와 史思明의 잔당 무리들. 乾元 2년(759) 史思明이 安慶緒를 죽이고 자칭 大燕皇帝를 일컬었으나, 다시 上元 元年(760) 史思明의 아들 史朝義가 아버지를 죽이고 자립함. 다시 그 뒤 廣德 원년(代宗 원년, 763), 史朝義는 李懷仙의 추격을 받자 목을 매어 자결하여 安史의 亂은 종결을 고하게 된 것임.

【復復指期, 曾不踰時, 有國無之】'復復'은 '부복'으로 읽으며 '다시 회복하다'의 뜻. 그러나《事文類聚》(別集 18)에 '以復西京'으로 되어 있어 뜻이 훨씬 명확함.

【事有至難, 宗廟再安, 二聖重歡】'二聖'은 玄宗과 肅宗. '重歡'은 다시 만나 기쁨을 나눔.

【地闢天開, 蠲除祅灾, 瑞慶大來】'蠲除'는 제거해 없앰. '祅灾'는 '祅災'와 같으며 災殃. '瑞慶'은 祥瑞롭고 慶事스러움. 叛軍을 진압하고 다시 안정을 찾았음.

【兇徒逆儔, 涵濡天休, 死生堪羞】'兇徒'는 반란을 일으켰던 흉악한 무리들. 安祿山과 史思明, 安慶緒, 史朝義 등. '逆儔'는 반군에게 항복하거나 동조했던 무리들. '涵濡'는 흠뻑 젖음. 은덕을 입음. '天休'의 '休'는 善의 뜻. 하늘의 은덕.《尙書》湯誥 "各守爾典, 以承天休"의 蔡沈 注에 "承天之休命也"라 하였고,《左傳》宣公 3년

"用能協于上下, 以承天休"의 杜預 注에 "上下和而受天祐"라 함. 여기서는 肅宗의 은택을 말함. '死生堪羞'의 '死'는 이미 죽은 안녹산, 안경서, 사사명, 사조의 등 '兇徒'를 말하며, '生'은 반군에게 항복하거나 동조했으나 살아난 '逆傳'들을 가리킴. '堪羞'는 부끄러움을 堪耐해야 할 자들임을 말함.

【功勞位尊, 忠烈名存, 澤流子孫】'功勞'는 난을 진압하는 데 공로가 많았던 신하들. 郭子儀, 李光弼, 顔眞卿 등. '忠烈'은 난에 맞서 죽음을 당한 顔杲卿, 張巡, 許遠 등을 가리킴. 《眞寶》注에 "功勞謂郭子儀等, 忠烈謂顔杲卿等"이라 함.

【盛德之興, 山高日昇, 萬福是膺】'盛德之興'에 대해 《眞寶》注에는 "此却單言'盛德', 蓋以回護前序"라 함. '山高日昇'은 《詩》小雅 天保篇에 "如月之恆, 如日之升. 如南山之壽, 不騫不崩"이라 한 말을 원용한 것. '膺'은 가슴으로 받음. 응당한 보상이 있음.

【能令大君, 聲容沄沄, 不在斯文】'大君'은 大命을 받은 자. 《易》師卦에 "大君有命"이라 함. '聲容'은 音聲과 容態. '容聲'과 같음. 《禮記》祭義에 "肅然必有聞乎其容聲"이라 하였고, 陳澔 注에 "容聲, 擧動容止之聲也"라 함. '沄沄'은 물이 그치지 않고 흐르듯 肅宗의 명성이 길이 전해질 것임을 뜻함.

【湘江東西, 中直浯溪, 石崖天齊】'湘江'은 湘水. 湖南省 동쪽을 흘러 洞庭湖로 들어감. 《大明一統志》에 "衡州府, 湘水在府城東, 源出廣西興安縣, 縣陽海山, 流至分水嶺分流, 北流者謂之湘水"라 함. '浯溪'는 湖南省의 永州 祁陽縣 남쪽의 시냇물로 湘江으로 흘러들어감. 黃庭堅《山谷內集詩注》(20)의 〈浯溪圖〉注에 《陶岳零陵記》曰:浯溪在永州北, 水路一百餘里, 流入湘江, 此溪口水石奇絶. 唐上元中, 容管經畧使元結罷任居焉"이라 하였고, 〈書磨崖碑後〉의 注에는 "浯溪在今永州, 〈中興頌〉元結次山所作. 顔魯公書磨崖鐫刻. 蓋言安祿山亂, 肅宗復兩京事"라 하였으며, 《山堂肆考》(24)「元結命名」에 "浯溪在永州府祁陽縣南, 流入湘江. 唐元結自道州歸愛其山水, 因家焉. 作〈大唐中興頌〉, 顔眞卿大書刻於崖上, 結又爲峿臺, 唐亭石室諸銘. 宋陳衍曰:「元氏始命名之意:『因水以爲浯溪, 因山以爲峿山, 作室以爲唐亭, 三吾之稱, 我所自也, 字從水從山從. 唐我所命也. 三者之目, 皆自吾焉, 我所擅而有也』」라 함.

【可磨可鐫, 刊此頌焉, 何千萬年】'鐫', '刊' 등은 '파서 새기다'의 刻, 契와 같은 뜻. '何千萬年'은 '어찌 천만 년 정도만 가겠는가?'의 뜻. 영원히 이어질 것임을 강조한 것.

1. 원결(元結:719-772. 723?-772)

자는 次山, 호는 漫叟. 혹 漫郎, 聱叟, 猗玗子. 河南(지금의 河南 洛陽) 사람으로 31세인 天寶 12년(753) 進士에 올라 安祿山의 난을 토벌하는 데에 큰 공을 세움. 代宗 때 著作郎에 올랐으며 뒤에 道州(지금의 湖南 道縣)의 刺史로 부임하여 德政을 베풀었음. 〈大唐中興頌〉으로 유명함. 《新唐書》(藝文志, 4)에 《文編》 10卷이 著錄되어 있으며 지금도 전해오고 있음. 또한 그의 《篋中集》 1卷은 沈千運·王季友·于逖·孟雲卿·張彪·趙微明·原季川 등 7명이 詩 24首를 모은 것으로, 乾元 3年(760)에 자신이 序文을 썼으며 또한 지금도 전해짐. 그의 시는 《全唐詩》에 2卷(240-241)으로 실려 있고, 《全唐詩續拾》에 詩 3首와 斷句 2句가 補入되어 있음. 《新唐書》(143)에 傳이 있으며 《元次山集》이 있음.

2. 《唐詩紀事》(22)

蘇源明薦結於肅宗, 時思明攻河陽, 帝將幸河東, 召結詣京師. 結上〈時議〉三篇, 乃攝監察御史. 發宛葉軍屯泌陽, 全十五城. 帝善之. 代宗時, 侍親歸樊上. 後拜道州刺史, 民樂其教. 還京師卒. 始號猗玗子, 後稱浪士, 又曰漫郎, 更曰聱叟.

3. 《全唐詩》(240)

元結, 子次山, 河南人. 少不羈, 十七乃折節向學, 擢上第. 復舉制科, 國子司業蘇源明薦之, 結上〈時議〉三篇, 擢右金吾兵曹參軍. 攝監察羽御史, 爲山南西道節度參謀. 以討賊功. 遷監察女史裏行. 代宗立, 授著作郎. 久之, 拜道州刺史, 爲民營舍給田, 免徭役. 流亡歸者萬餘, 進容管經略使, 罷還京師. 卒年五十. 贈禮部侍郎, 集十卷, 今編詩二卷.

4. 《唐才子傳》(3) 元結

結, 字次山, 武昌人. 魯山令元紫芝族弟也. 少不羈, 弱冠始折節讀書. 天寶十三年進士. 禮部侍郎楊浚見其文曰:「一第恩子耳.」 遂擢高品. 後舉制科. 會天下亂, 沈浮人間, 蘇源明薦於肅宗, 授右金吾兵曹. 累遷御史, 參山南來瑱府, 除容管經略使. 始隱於商山中, 稱「元子」. 逃難入琦玗洞, 稱「琦玗子」. 或稱「浪士」; 漁者或稱「聱叟」, 酒徒「漫叟」. 及爲官, 呼「漫郎」. 皆以命所著. 性梗僻, 深憎薄俗, 有憂道閔世之心. 〈中興頌〉一文, 燦爛金石, 淸奪湘流. 作詩著辭, 尚聱牙, 天下皆知敬仰. 復嗜酒, 有句云:「有時逢惡客.」 自註:「非酒徒卽惡客也.」 有《文編》十卷, 及所集當時人詩爲《篋中集》一卷, 並傳.

5. 이 글은 《次山集》(6), 《唐文粹》(20), 《事文類聚》(別集 8), 《文章軌範》(6), 《文章辨體彙選》(457), 《甘肅通志》(46), 《湖廣通志》(95), 《唐摭言》(12), 《玉海》(60) 등에 실려 있음.

6. 歐陽修《集古錄》(7) 「唐中興頌」(大曆六年) (《文忠集》140도 같음)

〈大唐中興頌〉, 元結撰, 顔眞卿書. 書字尤奇偉, 而文辭古雅, 世多模以黃絹爲圖障. 碑在永州, 磨崖石而刻之. 模打旣多, 石亦殘缺. 今世人所傳字畫完好者多, 是傳模補足, 非其眞者, 此本得自故西京留臺御史李建中家, 蓋四十年前崖石眞本也, 尤爲難得爾.

## 022. 〈原人〉 ·················· 韓退之(韓愈)

### 원인

＊〈原人〉:'사람'의 原義를 밝힘. 天, 地, 人의 구체적 구분을 들어 '一視同仁', '篤近
　擧遠'의 원리를 설명한 것임. 이는 韓愈 雜文 '五原'(〈原道〉, 〈原性〉, 〈原毀〉, 〈原人〉,
　〈原鬼〉)의 네 번째 글로, 題注에 "或作仁"이라 하여 〈原仁〉으로도 불렸음.
＊《眞寶》注에 "論人者夷狄禽獸之主, 聖人一視而同仁"이라 함.

　위에서 형상을 이루고 있는 것을 일러 하늘이라 하고, 아래에서 형태
를 이루고 있는 것을 일러 땅이라 하며, 그 둘 사이에서 생명을 가지고
있는 것을 일러 사람이라 한다.

　위에서 형상을 이루고 있는 것은 해, 달, 별이니 모두 하늘의 것이요,
아래에서 형태를 이루고 있는 것은 초목과 산천이니 모두 땅의 것들이
며, 그 둘 사이에서 생명을 지닌 것은 이적夷狄과 금수禽獸이니 모두 사
람의 것들이다.

　그렇다고 내가 "금수는 사람이다"라고 말한다면 맞는 것인가? "아니
다"라고 할 것이다.

　산을 가리키며 "산인가?"라고 묻는다면 "산이 맞다"라고 할 것이다.

　산에는 초목과 금수가 있으니, 모두 함께 들어 말한 것이기는 하지만
산의 풀 한포기를 가리키며 "산인가?"라고 묻는다면 "산이라고 말하면
불가하다"라고 할 것이다.

　그러므로 천도天道가 혼란을 일으키면 해와 달, 별들이 운행을 할 수
없고, 지도地道가 혼란을 일으키면 초목과 산천이 그 평상을 지켜낼 수
없으며, 인도人道가 혼란을 일으키면 이적과 금수가 그 정황을 지켜낼
수 없다.

　하늘이란 해와 달, 별들의 주재자요, 땅이란 초목과 산천의 주재자이

며, 사람이란 이적과 금수의 주재자이다.

　주재자가 포악하게 굴면 그 주재자가 된 도리를 제대로 해낼 수가 없다.

　이 까닭으로 성인聖人은 모든 것을 같은 하나로 보아 똑같은 인仁을 베풀며, 가까운 것을 독실히 하여 먼 것을 들어 같은 원리로 대하는 것이다.


　形於上者, 謂之天; 形於下者, 謂之地; 命於其兩間者, 謂之人.

　形於上, 日月星辰, 皆天也; 形於下, 草木山川, 皆地也; 命於其兩間, 夷狄禽獸皆人也.

　曰然則吾謂:「禽獸曰人.」可乎? 曰:「非也.」

　指山而問焉曰:「山乎?」曰:「山, 可也.」

　山有草木禽獸皆擧之矣, 指山之一草而問焉曰:「山乎?」曰:「山, 則不可.」

　故天道亂, 而日月星辰, 不得其行; 地道亂, 而草木山川, 不得其平; 人道亂, 而夷狄禽獸, 不得其情.

　天者, 日月星辰之主也; 地者, 草木山川之主也; 人者, 夷狄禽獸之主也.

　主而暴之, 不得其爲主之道矣.

　是故聖人一視而同仁, 篤近而擧遠.


【形於上者, 謂之天; 形於下者, 謂之地; 命於其兩間者, 謂之人】'形'은 형상으로 나타나 형체를 이루고 있는 것. '上下'는 中(人)을 기준으로 위와 아래. 天地人 三才를 구분하여 나눈 것. '命'은 上下 사이에서 生命을 받아 가지고 있는 것. 《易象圖說》(外篇 上)에 "程子曰:「天地交而萬物生於中, 然後三才備, 人爲最靈. 故爲萬物之首, 凡生天地之中者, 皆人道也.」"라 하였고, 《史學提要》에 "天地未分, 唯一氣耳. 一氣混沌, 形如鷄子, 混沌旣判, 兩儀奠位, 陽淸爲天, 陰濁爲地, 人生其中, 負陰抱陽"이라 함. 《眞寶》注에 "鼎足立說"이라 함.
【形於上, 日月星辰】'星辰'은 별. '辰'은 '신'으로 읽음.
【夷狄禽獸皆人也】'夷狄'은 中原의 문명한 지역에 상대하여 거론한 것. 설령 문명

이 미개하다 해도 모두가 사람임을 강조한 것. '禽獸'는 날짐승과 길짐승. 여기서는 동물을 총칭하여 거론한 것. 《眞寶》注에 "辨析三說"이라 함.

【曰然則吾謂:「禽獸曰人」可乎? 曰:「非也」】'曰然'은 '그렇다고 말한다면'의 뜻.

【山有草木禽獸皆擧之矣】'擧'는 與의 뜻으로 보기도 함.

【故天道亂, 而日月星辰, 不得其行】'天道'는 하늘 운행의 기본 원칙. '行'은 運行.

【主而暴之, 不得其爲主之道矣】'暴'는 虐와 같음. 마구 하거나 원칙을 지키지 않음.

【聖人】사람 중에 가장 완결한 본성을 갖춘 자가 있다고 가설하여 내세운 표준.

【一視而同仁, 篤近而擧遠】'一視而同仁'하나같이 똑같은 것으로 보고 이에 똑같이 仁으로 대함. '篤近而擧遠'은 가까운 것에 敦篤히 하고 이로써 먼 것도 들어 같은 원리를 적용함. 朱熹《論語精義》(1 上)에 "推吾一視同仁之心, 雖四海之內, 皆兄弟也"라 함. 《眞寶》注에 "結得極好"라 함.

### 참고 및 관련 자료

1. 한유(韓愈:786-824).

唐代 대표적인 古文家이며 문장가. 자는 退之, 호는 昌黎先生. 鄧州 南陽(지금의 河南 孟縣) 사람으로 唐 代宗 大曆 3년에 태어나 穆宗 長慶 4년 향년 57세로 생을 마침. 일찍이 고아가 되어 형수 아래에서 자랐으며 貞元 8년 진사에 올라 吏部侍郎을 역임하였음. 시호는 文, 선대가 昌黎에 살아 宋 元豐 때 '昌黎伯'으로 봉해졌으며, 그 때문에 昌黎先生으로 불림. 또한 諡號가 文公이어서 韓文公이라고도 함. 경사백가에 박통하여 儒學을 존숭하며 佛學을 반대하였음. 당대 古文運動을 주도하였으며 柳宗元과 함께 六朝의 화려한 변려체를 반대함. 唐宋八大家의 영수이며 고문가의 종주로 받들고 있음. 송대 시에 영향을 주었으며 《昌黎先生集》40권과 《外集》10권, 《遺文》1권이 전함. 《全唐詩》에 시 10권(336-345)이 수록되어 있으며, 《舊唐書》(160)과 《新唐書》(176)에 전이 있음. 《眞寶》諸賢姓氏事略에 "韓退之, 名愈, 昌黎人, 以六經之文爲諸士倡, 仕至吏部侍郎, 諡文公, 封昌黎伯"이라 함.

2. 이 글은 《昌黎集註》(11), 《五百家注昌黎文集》(11), 《別本韓文考異》(11), 《唐文粹》(43), 《文苑英華》(上), 《古文集成》(68), 《唐宋八大家文鈔》(9), 《文章辨體彙選》(431), 《古文關鍵》(上) 등에 실려 있음.

## 023. 〈原道〉 ·················· 韓退之(韓愈)

### 원도

*〈原道〉: '道의 原義'에 대한 논문. 韓愈는 古文運動家로 철저하게 儒家만을 신봉하여, 佛教와 老莊을 배척하였음. 이에 孟子가 楊朱와 墨翟을 배척한 사례를 높이 여겨, 자신도 그처럼 老佛의 誤謬를 지적하며 儒家에서 주창하는 도의 원의에 대해 분석한 것임. 특히 이는 〈原性〉, 〈原毁〉, 〈原人〉, 〈原鬼〉와 함께 韓愈 雜著 '五原'의 하나임. 이 글은 뒤에 宋代 性理學에 큰 영향을 미쳐 理, 氣, 性, 情 등에 대한 穿鑿의 방법론상 前途를 개척하였음. 迂齋의 《崇古文訣》에는 "詞嚴意正, 攻擊佛老, 有開闔縱捨(橫). 文字如引繩貫珠"라 하였고, 《唐宋八大家文鈔》에는 "闢佛老, 是退之一生命脉. 故此文是退之集中, 命根其文源遠流洪, 最難鑒定, 兼之其筆下, 變化詭譎, 足以眩人, 若一下打破分明, 如時論中, 一冒一承六腹一尾"라 함. 《東雅堂昌黎集注》〈原道〉題下의 注에 《淮南子》以〈原道〉首篇, 許氏箋云: "原, 本也." 公所作〈原道〉, 〈原性〉等篇, 史氏謂其奧衍宏深, 與孟軻, 揚雄相表裏, 而佐佑六經, 誠哉是言! 東坡嘗曰: 「自孟子後, 能將許大見識尋求古人, 其斷然曰: 『孟子醇乎醇. 荀與揚也, 擇焉而不精, 語焉而不詳.』 若非有見識, 豈千餘年後便斷得如此分明?」 伊川亦曰: 「退之晚年作文, 所得甚多. 如曰 『軻之死, 不得其傳.』 似此言語, 非是蹈襲前人, 又非鑿空撰得, 必有所見.」 二先生之論, 豈輕發者哉? 山谷嘗曰: 「文章必謹布置, 每見後學, 多告以〈原道〉命意曲折. 後以此槩求古人法度, 如老杜〈贈韋見素詩〉, 布置最得正體, 如官府甲第廳堂房室, 各有定處, 不可亂也. 韓文公〈原道〉與《書》之〈堯典〉, 蓋如此.」 石介守道曰: 「孔子之《易》《春秋》, 自聖人以來未有也. 吏部〈原道〉, 〈原性〉, 〈原毁〉, 〈行難〉, 〈禹問〉, 〈佛骨表〉, 〈諍臣論〉, 自諸子以來未有也.」 라 함.

*《眞寶》注에 "程子曰: 「韓愈亦近世豪傑之士, 如〈原道〉之言, 雖不能無病, 然自孟子以來, 能知此者, 獨愈而已. 其曰 『孟氏醇乎醇』, 又曰 『荀與揚, 擇焉而不精, 語焉而不詳』, 若無所見, 安能由千載之後, 判其得失, 若是之明也?」 又曰: 「退之, 晚年之文, 所見甚高, 不可易而讀也. 古之學者, 修德而已, 有德則言不可學而能. 退之, 乃以學文之故, 日求所未至, 故其所見及此. 其爲學之序, 雖若有戾, 然其言曰 『軻之死, 不得其傳』, 此非襲前人語, 又非鑿空率然而言, 是必有所見矣. 若無所見, 則所謂

以是傳者, 果何事耶?」朱子曰:「諸賢之論, 唯此二段, 能極其深處.」然臨川王氏安石之詩, 有曰:『紛紛易盡百年身, 擧世何人識道眞? 力去陳言誇末俗, 可憐無補費精神.』其爲予奪, 乃有大不同者, 嘗折其衷而論之. 竊謂程子之言, 固爲得其大端, 而王氏之言, 亦自不爲無理, 蓋韓公之於道, 知其用之周於萬事, 而不知其體; 具於吾之一心, 知其可行於天下, 而不知其本, 當先於吾之一身也. 是以其言, 常詳於外, 而略於內; 其志常極於願大, 而其行, 未必近於細微, 雖知文與道, 有內外淺深之殊, 而終未能審其緩急輕重之序, 以決取舍, 雖汲汲以行道濟時, 抑邪與正爲事, 而未免雜乎貪位慕祿之私, 比其見於文字之中, 信有如王氏譏者. 但王氏雖能此言, 而其所謂道眞者, 實乃老佛之餘波, 正韓公所深詆. 是楚雖失而齊, 亦未爲得也. 以是而論, 韓公之學, 所以爲得失者, 庶幾其有分乎! 又曰『達摩未入中國時, 如支遁法師之徒, 只是談莊老, 後來人亦多以莊老助禪. 愚按: 老子與孔子同時, 佛則漢明帝時始入中國. 然後之譎誕者, 往往攘老子莊列之說, 以佐佛學, 其本雖異而末流一也. 故韓公此篇, 爲闢老佛而作. 始單擧老氏, 中搭上佛氏. 闢老卽闢佛也, 竟不復分別云.」○陳靜觀曰:「此篇, 雖有未醇, 然比之揚雄所謂『老氏言道德, 吾有取焉耳. 搥提仁義. 絶滅禮樂, 吾無取焉耳』, 豈不高? 他旣無禮樂仁義, 成甚道德本意, 是吾儒合仁義言道德, 老佛去仁義言道德, 所以吾儒之說, 可爲天下國家; 老佛之說, 皆外了天下國家. 可以爲天下國家, 便是天下之公言; 外了天下國家, 所以爲一人私言. 吾儒之言, 平常; 老佛之言, 怪異』라 함.


박애博愛를 일러 인仁이라 하고, 실행하여 마땅하게 됨을 일러 의義라 하며, 이를 말미암아 따라가는 것을 일러 도道라 하고, 자신에게 충족하여 밖에 기대지 않아도 되는 것을 일러 덕德이라 한다.

인과 의는 정명定名이 되고, 도와 덕은 허위虛位이다.

그러므로 도에는 군자와 소인이 있고, 덕에는 흉덕과 악덕이 있다.

노자老子가 인의를 하찮게 여긴 것은 그것을 헐뜯은 것이 아니라, 그 보는 것이 적다는 것이니, 우물 안에 앉아서 하늘을 보고 '하늘이 작다'고 말하는 것은, 하늘이 작은 것이 아니다.

저는 자그마한 은혜를 인이라 여기고, 자그마한 선행을 의라 여겼으니 그가 작다고 여긴 것은 마땅하다.

그가 말하는 바의 도라고 하는 것은 그가 도라고 여긴 것의 도이지, 내가 일컫는 바의 도가 아니며, 그가 말하는 바의 덕이라고 하는 것은 그가 덕이라고 여긴 바의 덕이지, 내가 말하는 바의 덕은 아니다.

무릇 내가 말하는 바의 도덕 운운하는 것은 인과 의를 합해서 말한 것으로, 천하에 공인된 말이다.

노자가 말하는 바의 도덕 운운하는 것은 인과 의를 제거한 것으로, 한 사람의 사사로운 말이다.


주周나라의 도가 쇠미해지고 공자孔子가 죽자, 진秦나라 때에는 책이 불태워졌고, 한漢나라 때에는 황로학黃老學이 성행하였으며, 불교는 진晉, 송宋, 제齊, 양梁, 북위北魏, 수隋를 거쳐 오는 사이 성행하였다.

그들이 말하는 도덕과 인의라는 것은 양주楊朱에 속하지 않으면 묵적墨翟에 속하였고, 노자老子에 속하지 않으면 불교에 속하였다.

저들에게 들어가면 이쪽 유가로부터 탈퇴하여, 거기에 속한 자는 자신들의 것을 주인으로 하고, 나간 자들은 노예로 여기고, 들어온 자에게는 달라붙고 나간 자들은 더럽게 여긴다.

아! 후세 사람들이 인의와 도덕에 대한 논리를 들으려 해도 그 누구를 좇아 듣겠는가?

노자를 따르는 자들은 "공자는 우리 스승의 제자"라 하고, 부처를 따르는 자들 또한 "공자는 우리 스승의 제자"라고 하며, 공자를 따르는 자들도 그러한 말을 들어 익숙하게 되고, 그들의 거짓말을 즐기며 스스로를 왜소하게 여기면서 역시 "우리 선생님께서도 일찍이 그런 적이 있었다더라"라고 한다.

다만 입으로만 그 일을 거론하는 것이 아니라, 나아가 다시 그들의 책에 이를 써넣기도 하였다.

아! 후세 사람들이 비록 인의와 도덕에 대한 이론을 들으려 해도 누구를 좇아서 찾아볼 수 있겠는가?

심하도다, 사람들이 괴이함을 좋아하는 것이!

그 실마리를 찾아보지도 않고, 그 결말을 물어보지도 않은 채 오직 괴이한 것만을 들으려고 한다.

옛날 백성들은 네 부류였는데 오늘날 백성들은 여섯 부류이며, 옛날 가르침은 한 가지면 되었는데 이제는 세 가지가 되었다.

농사짓는 집은 하나인데 곡식을 먹어야 할 자는 여섯이요, 공인工人은 한 사람인데 기물을 사용해야 할 집은 여섯이며, 장사하는 집은 하나인데 가져다 써야 할 집은 여섯이니, 어찌 곤궁한 백성들로서 도둑질을 하지 않을 수 있겠는가!

옛 시대에는 사람들에게 피해를 주는 것이 많았다.

성인聖人이 들어선 연후에야 그들에게 서로 도우며 살아가고 기르는 도리를 가르쳤다.

그리하여 임금이 되고 스승이 되어, 충사蟲蛇와 금수禽獸를 몰아내고 중원中原에 살 수 있게 되었다.

추위가 있은 연후에야 옷을 만들도록 하였었고, 굶주림이 있은 연후에 먹는 것을 마련하게 하였으며, 나무에서 살다가 떨어져 곤두박질하고, 땅에서 살다가 병이 난 연후에야 집을 지어 살도록 하였다.

공법工法을 만들어내어 이로써 기용器用을 풍족하게 하였고, 장사 방법을 만들어내어 있고 없는 물건을 유통시켰으며, 의약醫藥을 만들어 일찍 죽는 것을 구제하였고, 장례와 매장, 제사를 만들어 그 은혜와 사랑을 길이 품도록 하였으며, 예법을 만들어 나이의 선후에 질서가 있도록 하였고, 음악을 만들어 인울湮鬱함을 풀 수 있도록 하였으며, 정치를 만들어 태만하고 게으름을 통솔하도록 하였고, 형벌을 만들어 강하고 뻣뻣한 자들을 제거할 수 있도록 하였다.

서로 속이게 되자 부절符節과 도장, 두곡斗斛, 권형權衡 등의 도량형을 만들어 믿음이 있도록 하였으며, 서로 빼앗게 되자 성곽城郭과 갑병甲兵

을 만들어 지켜내도록 하였다.

이처럼 해코지가 다가오면 이를 대비하도록 하였고, 환난이 생기면 이를 방비하도록 한 것이다.

그런데 지금 "성인이 죽지 않으면, 대도가 그치지 않는다. 두斗를 부숴버리고 형衡을 꺾어버려야 백성들이 다툼이 없게 된다"라 하고 있다.

아! 그러한 논리는 역시 깊이 생각하지 않아서 그럴 따름이다.

만약 옛날에 성인이 없었다면 인류는 멸망한 지 오래되었을 것이다.

어찌 그렇겠는가? 사람의 몸에는 깃이나, 털, 비늘, 껍질도 없으므로 추위나 더위에 살아야 하고, 손발톱이나 이빨도 없이 먹을 것을 다투어야 하기 때문이다.

이 까닭으로 임금은 명령을 내는 자이고, 신하는 임금의 명령을 시행하여 백성들에게 미치도록 하는 자이며, 백성이란 곡식과 옷감을 내고, 기물을 만들며 재화를 유통시켜 윗사람을 섬기는 자들이다.

임금으로서 명령을 내지 않으면 그가 임금 된 도리를 잃는 것이요, 신하로서 임금의 명령을 시행하여 백성들에게 이르게 하지 않는다면 신하 된 도리를 잃는 것이며, 백성으로서 곡식과 옷감을 내는 일이나, 그릇을 만드는 일, 재화를 유통시키는 일 등을 하지 않아 윗사람을 섬기지 않는다면 벌을 받게 되는 것이다.

지금 그들의 법은 "반드시 너희 임금과 신하를 버리고, 너희 아버지와 아들을 떠나고, 너희들끼리 서로 돕고 서로 길러주는 도를 금한 채, 이른바 청정淸淨과 적멸寂滅을 구하라"라고 하고 있다.

아! 그들은 역시 다행히도 삼대三代 이후에 나와서 우禹, 탕湯, 문왕文王, 무왕武王, 주공周公, 공자孔子에게 배척당하지 않은 것이며, 한편으로는 역시 불행하게도 삼대 이전에 나오지 않아서 우, 탕, 문왕, 무왕, 주공, 공자에 의해 바르게 교정되지 못하였도다.

제帝와 왕王은 그 호칭은 저마다 다르지만, 그들의 성인聖人이 됨은 하나이니, 여름에는 갈의葛衣를 입고 겨울에는 갖옷을 입으며, 목마르면 물을 마시고 배고프면 먹게 되는 것처럼 그 일은 다르나 그들의 지혜로움은 같은 것이다.

그런데 지금 그들이 "어찌하여 태고 시절처럼 아무 일 없는 그런 생활을 하지 않는가?"라고 하고 있으니, 이 역시 겨울에 갖옷을 입은 자를 문책하여 "어찌하여 갈의처럼 간편한 옷을 입지 않는가?"라고 따지고, 배가 고파 음식을 먹는 자를 문책하여 "어찌 그냥 물만 마시면 되는 쉬운 일을 하지 않는가?"라고 따지는 것과 같다.

《전傳》에 "옛날 천하에 밝은 덕을 밝히고자 하는 자는 먼저 그 나라를 잘 다스렸고, 그 나라를 잘 다스리고자 하는 자는 먼저 그의 집안을 잘 다스렸으며, 그 집안을 잘 다스리고자 하는 자는 먼저 그 자신부터 잘 수양하였으며, 그 자신을 수양하고자 하는 자는 먼저 그 마음을 바르게 하였고, 그의 마음을 바르게 하고자 하는 자는 먼저 그 뜻을 성실하게 하였다"라고 하였다.

그렇다면 옛날에 소위 마음을 바르게 하고 뜻을 성실히 한다는 것은 장차 해야 할 바가 있었기 때문이었다.

지금은 그의 마음을 다스리고자 하면서 천하와 국가를 아랑곳하지 않는 자는 그 천상天常을 없애버리고, 아들이면서 그 아버지를 아버지로 여기지 아니하고, 신하이면서 그 임금을 임금으로 여기지 아니하며, 백성이면서 그 일을 일로 여기지 않고 있다.

공자가 《춘추春秋》를 지을 때 제후가 오랑캐의 예법을 쓰면 오랑캐로 대우하고, 오랑캐라도 중국(中原)의 예법을 받아들이면 중국으로 대우하였다.

《경經》에 "이적夷狄에 임금이 있다 해도 중국에 임금 없는 것만 못하다"라 하였고, 《시詩》에는 "융戎과 적狄은 치고, 형荊과 서舒는 징벌해야 한다"라 하였다.

이제는 이적의 법을 들어 선왕先王의 가르침 위에 놓고 있으니, 어찌 그 모두가 오랑캐가 되지 않겠는가?

　무릇 이른바 선왕先王의 가르침이란 무엇인가?

　박애를 일러 인이라 하고, 행하여 마땅히 함을 일러 의라 하며, 이를 따라서 가야만 하는 것을 도라 하고, 자신에게 충족되어 밖을 기다리지 않아도 되는 것을 일러 덕이라 한다.

　이러한 글은 《시詩》, 《서書》, 《역易》, 《춘추春秋》이며, 그 법은 예禮, 악樂, 형刑, 정政이요, 그 백성은 사士, 농農, 공工, 상商이며, 그 지위는 군신, 부자, 사우師友, 빈주賓主, 형제兄弟, 부부夫婦이며, 그 의복은 마사麻絲요, 그 집은 궁실宮室이며, 그 먹거리는 속미粟米, 소과蔬果, 어육魚肉이다.

　그것이 도가 됨은 쉽고 명확하며, 그것이 가르침이 됨은 쉽게 실행할 수 있다.

　이 까닭에 그것으로 자신을 다스리면 순조롭게 따를 수 있으며, 이것으로 남을 다스리면 사랑하면서도 공평하게 되며, 그것으로 마음을 삼으면 온화하고 평안하며, 그것으로 천하와 국가를 다스리면 어떤 경우에도 합당치 않음이 없게 된다.

　이 까닭에 살아 있을 때는 그 본성을 얻고, 죽으면 그 상리常理를 다하게 되며, 교제郊祭를 지내면 천신天神이 이르게 되고, 종묘제사宗廟祭祀를 지내면 죽은 조상 귀신이 흠향하게 된다.

　'이 도'라는 것이 무슨 도이겠는가? 이것이 내가 말하는 도이며, 앞서 말한 바의 도가道家나 불가佛家의 도는 아니다.

　요堯는 이를 순舜에게 전하였고, 순은 이를 우禹에게 전하였으며, 우는 이를 탕湯에게 전하였고, 탕은 이를 문왕文王과 무왕武王, 주공周公에게 전하였으며, 문왕과 무왕, 주공은 공자孔子에게 전하였고, 공자는 맹가孟軻에게 전하였다.

　그런데 맹가가 죽자 이것이 전해지지 않게 된 것이며, 순자荀子와 양웅揚雄은 잘 선택하기는 하였으나 정밀하지 못하였고, 말을 하였으나 상세하지 못하였다.

　주공으로부터 그 윗사람들은 윗자리에서 임금 노릇을 하였기 때문에 그 도가 시행되었으나, 주공으로부터 그 아래 사람들은 아랫자리에서 신하로 있었기 때문에 그 말만 뛰어났던 것이다.


　그렇다면 어떻게 해야 되겠는가?

　노불老佛을 막지 않으면 유가가 흘러갈 수 없고, 노불을 금지하지 않으면 유가가 실행될 수 없다. 그러니 그들을 바른 사람으로 만들고, 그들의 책을 불태워 없애며, 그들이 머무는 곳을 일반 백성들의 집으로 만들고, 선왕의 도를 밝혀 그들에게 말해주며, 홀아비·과부·고아·독거 노인과 폐질로 고통받는 자들에게 돌봄이 있어야 그렇게 될 수 있을 것이다.


　博愛之謂仁, 行而宜之之謂義, 由是而之焉之謂道, 足乎己無待於外之謂德.
　仁與義爲定名, 道與德爲虛位.
　故道有君子有小人, 而德有凶有吉.
　老子之小仁義, 非毁之也, 其見者小也; 坐井而觀天曰「天小」者, 非天小也.
　彼以煦煦爲仁, 孑孑爲義, 其小之也則宜.
　其所謂道, 道其所道, 非吾所謂道也; 其所謂德, 德其所德, 非吾所謂德也.
　凡吾所謂道德云者, 合仁與義言之也, 天下之公言也.
　老子之所謂道德云者, 去仁與義言之也, 一人之私言也.


　周道衰, 孔子沒, 火于秦, 黃老于漢, 佛于晉宋齊梁魏隋之間.
　其言道德仁義者, 不入于楊, 則入于墨; 不入于老, 則入于佛.
　入于彼, 則出于此; 入者主之, 出者奴之; 入者附之, 出者汙之.

噫! 後之人其欲聞仁義道德之說, 孰從而聽之?

老者曰:「孔子, 吾師之弟子也.」; 佛者曰:「孔子, 吾師之弟子也.」; 爲孔子者, 習聞其說, 樂其誕而自小也, 亦曰:「吾師亦嘗云爾.」

不惟擧之於其口, 而又筆之於其書.

噫! 後之人雖欲聞仁義道德之說, 其孰從而求之?

甚矣, 人之好怪也!

不求其端, 不訊其末, 惟怪之欲聞.

古之爲民者四, 今之爲民者六; 古之敎者, 處其一; 今之敎者, 處其三.

農之家一, 而食粟之家六; 工之家一, 而用器之家六; 賈之家一, 而資焉之家六; 奈之何民不窮且盜也!


古之時, 人之害多矣.

有聖人者立, 然後敎之以相生養之道.

爲之君, 爲之師; 驅其蟲蛇禽獸, 而處其中土.

寒, 然後爲之衣; 飢, 然後爲之食; 木處而顚, 土處而病也, 然後爲之宮室.

爲之工, 以贍其器用; 爲之賈, 以通其有無; 爲之醫藥, 以濟其夭死; 爲之葬埋祭祀, 以長其恩愛; 爲之禮, 以次其先後; 爲之樂, 以宣其湮鬱; 爲之政, 以率其怠勌; 爲之刑, 以鋤其强梗.

相欺也, 爲之符璽斗斛權衡以信之; 相奪也, 爲之城郭甲兵以守之.

害至而爲之備, 患生而爲之防.

今其言曰:「聖人不死, 大盜不止; 剖斗折衡, 而民不爭.」

嗚呼! 其亦不思而已矣,

如古之無聖人, 人之類滅, 久矣.

何也? 無羽毛鱗介以居寒熱也, 無爪牙以爭食也.

是故君者, 出令者也; 臣者, 行君之令而致之民者也; 民者, 出粟米麻絲, 作器皿, 通貨財, 以事其上者也.

君不出令, 則失其所以爲君; 臣不行君之令而致之民, 則失其所以爲臣; 民不出粟米麻絲, 作器皿, 通貨財, 以事其上, 則誅.

今其法曰:「必棄而君臣, 去而父子, 禁而相生相養之道, 以求其所謂清淨寂滅者.」

嗚呼! 其亦幸而出於三代之後, 而不見黜於禹湯文武周公孔子也; 其亦不幸而不出於三代之前, 不見正於禹湯文武周公孔子也!

帝之與王, 其號名殊, 其所以爲聖一也; 夏葛而冬裘, 渴飲而飢食, 其事雖殊, 其所以爲智一也.

今其言曰:「曷不爲太古之無事?」, 是亦責冬之裘者曰:「曷不爲葛之之易也?」, 責飢之食者曰:「曷不爲飲之之易也?」

《傳》曰:「古之欲明明德於天下者, 先治其國; 欲治其國者, 先齊其家; 欲齊其家者, 先脩其身; 欲脩其身者, 先正其心; 欲正其心者, 先誠其意.」

然則古之所謂正心而誠意者, 將以有爲也.

今也欲治其心, 而外天下國家者, 滅其天常, 子焉而不父其父, 臣焉而不君其君, 民焉而不事其事.

孔子之作《春秋》也, 諸侯用夷禮則夷之, 夷而進於中國則中國之.《經》曰「夷狄之有君, 不如諸夏之亡」,《詩》曰「戎狄是膺, 荊舒是懲」.

今也舉夷狄之法, 而加之先王之敎之上, 幾何其不胥而爲夷也?

夫所謂先王之敎者, 何也?

「博愛之謂仁, 行而宜之之謂義. 由是而之焉之謂道, 足乎己無待於外之謂德.」

其文《詩》,《書》,《易》,《春秋》; 其法禮, 樂, 刑, 政; 其民士, 農, 工,
賈; 其位君臣, 父子, 師友, 賓主, 昆弟, 夫婦; 其服麻絲; 其居宮室;
其食粟米, 蔬果, 魚肉.

其爲道易明, 而其爲教易行也.

是故以之爲己, 則順而從(祥); 以之爲人, 則愛而公; 以之爲心,
則和而平; 以之爲天下國家, 無所處而不當.

是故生則得其情, 死則盡其常, 郊焉而天神假, 廟焉而人鬼饗.

曰「斯道」也, 何道也? 曰: 斯吾所謂道也, 非向所謂老與佛之道也.

堯以是傳之舜, 舜以是傳之禹, 禹以是傳之湯, 湯以是傳之文,
武, 周公, 文, 武, 周公傳之孔子, 孔子傳之孟軻.

軻之死, 不得其傳焉; 荀與揚也, 擇焉而不精, 語焉而不詳.

由周公而上, 上而爲君, 故其事行; 由周公而下, 下而爲臣; 故其
說長.


然則如之何而可也?

曰: 不塞不流, 不止不行. 人其人, 火其書, 廬其居, 明先王之道,
以道之, 鰥寡孤獨廢疾者有養也, 其亦庶乎其可也.

---

【博愛之謂仁, 行而宜之之謂義】 '宜'는 마땅하고 옳음. 常理에 맞음. 《眞寶》注에
"先儒譏此語謂: 「愛自是情, 仁自是性, 以愛爲仁, 是按情爲性, 行而宜之, 始爲義,
亦有告子義外之失.」 愚以「仁者心之德愛之理; 義者心之制事之宜. 必如朱子此言,
始無遺憾然. 周子亦曰: 『愛曰仁, 宜曰義.』 韓公就仁義之用處言之, 亦可勿苟責也.」
라 함.

【由是而之焉之謂道, 足乎己無待於外之謂德】 '是'는 仁과 義를 가리킴. '足乎己'는
자신에게서 충족함. '無待於外'은 자신 이외의 사물이나 상황 및 조건 등을 기다
리지 않음. 《東雅堂昌黎集註》에 "楊誠齋曰: 「道德之實. 非虛也, 而道德之位則虛
也. 韓子之言, 實其虛者也. 其曰'仁'與義爲定名', 又曰'吾之所謂道德者, 合仁與義言
之也'而後道德之虛位, 可得而實矣.」 張無垢曰: 「此正是退之闢佛老要害處. 老子平

日談道德, 乃欲捶提仁義, 一味自虛無上去, 曾不知道德自仁義中出. 故以定名之實, 主張仁義在此二字. 旣言行仁義, 後必繼曰由是而之焉之謂道. 足乎已無待於外之謂德, 亦未始薄道德也. 特惡佛老, 不識仁義即是道德, 故不得不表出之.」楊龜山曰:「韓子意曰: 由仁義而之焉斯謂之道, 充仁義而足乎已斯謂之德, 所謂道德云者, 仁義而已, 故以仁義爲定名, 道德爲虛位. 〈中庸〉曰:'天命之謂性, 率性之謂道.' 仁義, 性所有也. 則拾仁義而言道者, 固非也. 道固有仁義, 而仁義不足以盡道, 則以道德爲虛位者, 亦非也.」라 함. 《眞寶》注에는 "是字指仁義, 由仁義而行之爲道; 行仁義之道, 而得之心爲德, 由是二字合仁義言, 道德之過血脉處"라 함.

【仁與義爲定名, 道與德爲虛位】'定名'은 고정된 이름. 定義. '虛位'는 定名에 상대되는 의미. 유동적인 위치.

【故道有君子有小人, 而德有凶有吉】'德有凶有吉'은 吉德과 凶德(惡德)이 있음. 《眞寶》注에 "樓云「得見是虛位」. 陳云「緣有吾儒所謂道德, 有老所謂道德, 所以援此」"라 함.

【老子之小仁義, 非毀之也, 其見者小也】'小仁義'는 仁義를 별것 아닌 작은 것으로 여김. 仁義를 최고의 것으로 여기지는 않음. '毀之'는 험담함.

【坐井而觀天曰天小者, 非天小也】'小'는 《眞寶》注에 "小, 作罪, 非"라 함. 坐井觀天하는 자가 하늘을 작다고 여긴다고 해서 하늘이 작은 것은 아님. 《昌黎集》注에 "《尸子》曰:「井中視星, 所視不過數星.」"이라 함.

【彼以煦煦爲仁, 孑孑爲義, 其小之也則宜】'煦煦'는 따뜻함. 여기서는 작은 은혜를 베풂. 《眞寶》注에 "小惠貌"라 함. '孑孑'은 별것 아닌 도움이나 선행.

【其所謂道, 道其所道, 非吾所謂道也】'道其所道'는 그들이 도라고 여기는 바의 도.

【其所謂德, 德其所德, 非吾所謂德也】'德其所德'은 그들이 덕이라고 여기는 바의 덕. 《眞寶》注에 "旣小了仁의, 所以道非吾道, 德非吾德, 蓋去仁義言道德也"라 함.

【凡吾所謂道德云者, 合仁與義言之也, 天下之公言也】'公言'은 공공연히 공개하여 공인되는 말.

【老子之所謂道德云者, 去仁與義言之也, 一人之私言也】'私言'은 앞의 公言에 상대하여 쓴 용어.

【周道衰, 孔子沒, 火于秦, 黃老于漢, 佛于晉宋齊梁魏隋之間】'周道衰'는 周代 禮樂이 무너져 春秋戰國의 혼란기로 들어섬. '火于秦'은 秦始皇의 焚書坑儒를 말함. '黃老于漢'은 한나라 때 들어서서는 黃老術이 유행함. '黃老'는 黃帝와 老子를 도가의 주체로 믿고 신봉하던 그 무렵의 풍조. '佛敎'는 東漢 明帝가 꿈에 부처를

본 뒤 傅毅가 "서방에 신이 있으니 그 이름이 부처"(西方有神, 其名曰佛)라는 해몽을 듣고 蔡愔 등으로 하여금 大月氏國으로 보내어 지금의 아프칸 경내에서 攝摩騰과 竺法蘭 등을 만나 이들과 함께 佛經을 白馬에 싣고 永平 10년(67) 洛陽으로 돌아와 처음 중국에 들여왔음. 그 뒤 東晉, 南朝의 宋, 齊, 梁, 그리고 北朝의 北魏, 隋를 거쳐 오면서 점차 교세가 확장되어 민간에 퍼져나갔으며 학자들도 관심을 갖고 믿기 시작하였음.《眞寶》注에 "至此始說佛, 他把佛老一衰說也"라 함.

【其言道德仁義者, 不入于楊, 則入于墨; 不入于老, 則入于佛】 '楊'은 楊朱. 戰國시대 '爲我說'을 내세워 풍미했던 주장. '墨'은 墨翟. 역시 戰國시대 '兼愛說'을 주장하여 풍미하였음.《孟子》滕文公(下)에 "聖王不作, 諸侯放恣, 處士橫議, 楊朱, 墨翟之言盈天下. 天下之言, 不歸楊, 則歸墨. 楊氏爲我, 是無君也; 墨氏兼愛, 是無父也. 無父無君, 是禽獸也"라 함.《眞寶》注에 "楊, 楊朱; 墨, 墨翟, 皆異端"이라 함.

【入于彼, 則出于此】 사람들은 그중 어느 하나를 선택하지 않으면 안 되게 되었음.

【入者主之, 出者奴之; 入者附之, 出者汗之】 '入者主之'는 하나의 사상에 들어가게 되면 그 주장과 도를 주인으로 삼음. '出者奴之'는 탈퇴하여 빠져나온 자는 믿던 도를 노예처럼 멸시함. 여기서는 애초 儒家가 일반적이었으나 그 儒家를 버리고 다른 주장이나 사상을 믿는 자들을 말함. '汗'는 汚와 같음.

【噫! 後之人其欲聞仁義道德之說, 孰從而聽之】 뒷사람들은 仁義道德을 듣고자 해도 들을 곳이 없게 됨.《眞寶》注에 "前言道德仁義, 此言仁義道德, 先後不同. 尋常獨過不覺, 誰復致思? 陳靜觀批:「道德仁義與仁義道德之說不同, 先道後德, 先德後仁, 先仁後義. 此老之說謂之道德仁義博愛爲仁, 行宜謂義之, 焉謂道足已謂德? 此韓之說謂之仁義道德, 看得仔細.」"라 함.

【老者曰:「孔子, 吾師之弟子也.」】 '老者'는 老子의 사상을 신봉하는 사람들.《史記》에 "孔子問禮於老子"를 들어 孔子는 老子의 제자라고 주장함을 말함.

【佛者曰:「孔子, 吾師之弟子也.」】 '佛者'는 불교를 믿는 사람들.《淸淨法行經》에는 孔子를 '儒童菩薩'이라 하였고,《廣弘明集》(止觀輔行傳弘訣 6-3)에는 孔子를 '光淨菩薩'이라 하였음.

【爲孔子者, 習聞其說, 樂其誕而自小也, 亦曰:「吾師亦嘗云爾.」】 '爲孔子者'는 공자를 믿던 자. 儒家를 인정하던 자들. '樂其誕而自小'는 그 허탄한 것을 즐겁게 여기면서 자신을 왜소하다 여김. '吾師亦嘗云爾'는 '내가 믿던 공자 또한 일찍이 그랬었구나'라고 여김. 그러나《昌黎集》注에는 "諸本'嘗'下'有師之'字"라 하여 '공자도 일찍이 스승이 있었음'으로 되어 있음.《眞寶》注에 "常本作之云爾"라 함.

【不惟擧之於其口, 而又筆之於其書】'筆之於其書'는 이를 책에 기록하기까지 함. 《孔子家語》觀周篇에 "공자는 南宮敬叔과 함께 周나라로 가서 老聃에게 예에 대해 물었다"라 기록하고 있음. 《眞寶》注에 "如曾子文中論禮處. 孔子曰「吾聞諸老聃」, 是也. 佛後孔子數百年, 始入中國, 佛者之說無稽太甚, 爲孔子者, 雷同如此. 是擧世孰視其無狀, 且將歸向之矣? 韓公不與之辨得乎?"라 함.

【噫! 後之人雖欲聞仁義道德之說, 其孰從而求之】'求之'는 찾아봄.

【甚矣, 人之好怪也】'好怪'는 괴이한 것을 좋아함. 儒家 이외의 荒誕하고 怪異한 내용을 좋아함.

【不求其端, 不訊其末, 惟怪之欲聞】'端'은 端緒, 始初, 端初. '不訊其末'은 그 결과를 물어보지도 않음.

【古之爲民者四, 今之爲民者六; 古之敎者, 處其一; 今之敎者, 處其三】'四'는 백성이 되어서의 4가지 부류. 즉 士農工商(賈)을 말함. '六'은 이상의 구분에 더하여 道家를 믿는 무리와 佛徒가 더 있음을 비유한 것. 《眞寶》注에 "陳云:「此是用古今對說, 六段前後兩段, 只是說平地添一介佛老, 不是中四段, 是就佛老所說上問之.」"라 함. '一'은 儒家. '三'은 儒家, 佛家, 道家. 《眞寶》注에 "古四民士農工商, 今添老佛, 故六; 古一儒敎, 今添老佛, 故三"이라 함.

【農之家一, 而食粟之家六; 工之家一, 而用器之家六; 賈之家一, 而資焉之家六】農, 工, 商에 종사하는 이들은 그대로인데 이들을 통해 필요로 하는 자는 과거 넷에서 여섯으로 늘어남. '賈'(고)는 商을 대신하여 쓴 것.

【奈之何民不窮且盜也】이렇게 되면 '어찌 백성으로서 궁해져서 도둑질을 하지 않을 수 있겠는가?'의 뜻.

【古之時, 人之害多矣】옛날에 사람에게 害가 되거나 불편한 것들이 많았음.

【有聖人者立, 然後敎之以相生養之道】'生養之道'는 삶에서 생존하고 길러주는 여러 가지 방법과 용도. 《眞寶》注에 "吾儒底只是相生養之道, 這便是博愛, 便是行而宜之"라 함.

【爲之君, 爲之師; 驅其蟲蛇禽獸, 而處其中土】'驅其蟲蛇禽獸'는 《孟子》滕文公(上)에 "當堯之時, 天下猶未平, 洪水橫流, 氾濫於天下; 草木暢茂, 禽獸繁殖; 五穀不登, 禽獸偪人; 獸蹄鳥跡之道, 交於中國. 堯獨憂之, 擧舜而敷治焉. 舜使益掌火, 益烈山澤而焚之, 禽獸逃匿. 禹疏九河, 瀹濟漯, 而注諸海; 決汝漢, 排淮泗, 而注之江. 然後中國可得而食也"라 함. '中土'는 中原 땅. 中原에 사람이 살 수 있게 되었음을 말함.

【寒, 然後爲之衣; 飢, 然後爲之食】 '爲之衣'는 옷을 만들어 추위와 더위를 해결함.
黃帝의 아내 嫘祖가 養蠶을 처음 가르쳤다 함. '爲之食'은 농사를 지어 먹을 것
을 해결함. 神農氏가 처음 농사법을 발명하였고, 后稷(姬棄)이 農稷之官이 되어
백성들에게 農耕을 가르쳤다 함.

【木處而顚, 土處而病也, 然後爲之宮室】 '爲之宮室'의 宮室은 집을 말함. '宮'은 고
대 일반인의 가옥을 칭하던 말이었음. 有巢氏가 穴居에서 巢居로, 黃帝 軒轅氏
가 각종 器具를 발명하여 집을 지어 살도록 하였다 함.

【爲之工, 以贍其器用; 爲之賈, 以通其有無】 '爲之工'은 필요한 工具 만드는 법을 말
함. 《易》繫辭傳(下)에 "古者, 包犧氏之王天下也, 仰則觀象於天, 俯則觀法於地, 觀
鳥獸之文, 與地之宜, 近取諸身, 遠取諸物, 於是始作八卦, 以通神明之德, 以類萬
物之情. 作結繩而爲罔罟, 以佃以漁, 蓋取諸離. 包犧氏沒, 神農氏作, 斲木爲耜, 揉
木爲耒, 耒耨之利, 以敎天下, 蓋取諸益. 日中爲市, 致天下之民, 聚天下之貨, 交易
而退, 各得其所, 蓋取諸噬嗑. 神農氏沒, 黃帝, 堯, 舜氏作, 通其變, 使民不倦, 神而
化之, 使民宜之"라 하여, 包犧氏는 그물, 神農氏는 농기구, 黃帝, 堯, 舜은 배를 만
드는 등 편리한 기물을 만들었으며, 日中에 시장을 열어 있고 없는 것을 서로 교
환하도록 하였다 함.

【爲之醫藥, 以濟其夭死; 爲之葬埋祭祀, 以長其恩愛】 '爲之醫藥'은 神農氏가 百草의
맛을 보고 약을 만들었다 함. 《三皇本紀》 및 《搜神記》(1)에 "神農以赭鞭鞭百草,
盡知其平, 毒, 寒, 溫之性, 臭味所主. 以播百穀. 故天下號神農也"라 함. '葬埋'는
《孟子》滕文公(上)에 "蓋上世嘗有不葬其親者; 其親死, 則擧而委之於壑. 他日過之,
狐狸食之, 蠅蚋姑嘬之; 其顙有泚, 睨而不視. 夫泚也, 非爲人泚, 中心達於面目. 蓋
歸反虆梩而掩之. 掩之誠是也, 則孝子仁人之掩其親, 亦必有道矣"라 함. '恩愛'는
《眞寶》注에 "此卽是仁義"라 함.

【爲之禮, 以次其先後; 爲之樂, 以宣其湮鬱】 '湮鬱'은 마음이 울적하고 슬퍼함, 또는
답답함을 뜻하는 雙聲連綿語.《東雅堂昌黎集》에는 '壹鬱'로 되어 있으며, 注에
"壹, 或作湮, 或作堙. 按《史記》賈誼傳「獨堙鬱其誰語?」《漢書》作「壹鬱」"이라 함.
《眞寶》注에 "湮, 一作壹"이라 함.

【爲之政, 以率其怠勌; 爲之刑, 以鋤其强梗】 '怠勌'은 怠倦과 같음.《眞寶》注에 "勌,
音倦"이라 함. 태만하고 게으름. '鋤其强梗'은 강하고 뻣뻣한 것을 호미질하듯 제
거해버림. '鋤'는 動詞로 쓰였음.

【相欺也, 爲之符璽斗斛權衡以信之; 相奪也, 爲之城郭甲兵以守之】 '相欺也'는 속임이

나타남.《眞寶》注에 "換文好"라 함. '符璽'는 부절과 도장. 계약 따위를 확실히 함.
'斗斛'은 量을 재는 기구. '權衡'은 무게를 재는 기구. 저울과 저울대. '甲兵'은 갑옷
과 무기. 방어를 위한 장비.《莊子》胠篋篇에 "爲之斗斛以量之, 則並與斗斛而竊
之; 爲之權衡以稱之, 則並與權衡而竊之; 爲之符璽以信之, 則並與符璽而竊之; 爲之
仁義以矯之, 則並與仁義而竊之. 何以知其然邪? 彼竊鉤者誅, 竊國者爲諸侯, 諸侯
之門而仁義存焉, 則是非竊仁義聖知邪? 故逐於大盜, 揭諸侯, 竊仁義並斗斛權衡符
璽之利者, 雖有軒冕之賞弗能勸, 斧鉞之威弗能禁. 此重利盜跖而使不可禁者, 是乃
聖人過也"라 함.《眞寶》注에 "有他連用, 十七介爲之字, 而五番換文"이라 함.

【害至而爲之備, 患生而爲之防】害와 患에 防備를 하게 되었음을 말함.

【今其言曰:「聖人不死, 大盜不止; 剖斗折衡, 而民不爭.」】'其言'은 道家와 佛家 등 異
端들이 주장하는 말.《莊子》胠篋篇에 "夫谷虛而川竭, 丘夷而淵實. 聖人已死, 則
大盜不起, 天下平而无故矣. 聖人不死, 大盜不止. 雖重聖人而治天下, 則是重利盜
跖也"라 함. '剖斗折衡'은 도량형기를 파괴해 버림.《眞寶》注에 "語見《莊子》. 六段
都是怪事"라 함.

【嗚呼, 其亦不思而已矣!】그것은 깊이 생각함이 없이 하는 짓이기 때문일 뿐임.

【如古之無聖人, 人之類滅, 久矣】만약 聖人이 없었다면 人類는 멸망한 지 오래되
었을 것임.

【何也? 無羽毛鱗介以居寒熱也, 無爪牙以爭食也】'羽毛鱗介'는 鳥類, 獸類, 魚類, 甲
殼類의 동물들. '爪牙'는 손톱 발톱과 이빨.《眞寶》注에 "羽毛, 羽虫毛虫; 鱗介,
鱗虫甲虫"이라 함.

【是故君者, 出令者也; 臣者, 行君之令而致之民者也; 民者, 出粟米麻絲, 作器皿, 通
貨財, 以事其上者也】'粟米麻絲'는 먹을 것과 입을 것. '器皿'은 기구와 그릇. '貨財'
는 상품과 재물.

【君不出令, 則失其所以爲君; 臣不行君之令而致之民, 則失其所以爲臣】앞의 구절
과 반대되는 상황을 말한 것.

【民不出粟米麻絲, 作器皿, 通貨財, 以事其上, 則誅】'誅'는 주벌을 당함.

【今其法曰:「必棄而君臣, 去而父子, 禁而相生相養之道. 以求其所謂清淨寂滅者.」】이
구절에서의 '而'는 모두 二人稱. 너. 你, 汝와 같음.《眞寶》注에 "而, 猶汝也"라 함.
'淸淨'은 道家의 사상. '寂滅'은 佛敎의 사상. 번뇌를 끊고 不生不滅의 경지에 들
어감을 뜻함.

【嗚呼! 其亦幸而出於三代之後, 而不見黜於禹湯文武周公孔子也】'三代'는 夏, 殷,

周의 세 왕조. 開國君主들이 모두 王道政治를 실행하여 儒家에서는 높이 여김. 《眞寶》注에 "三代, 謂夏殷周"라 함. '見黜'은 쫓겨남을 당함. 도가와 불교가 三代 시기에 나왔다면 聖人들에 의해 쫓겨났을 것임을 뜻함.

【其亦不幸而不出於三代之前, 不見正於禹湯文武周公孔子也】 '見正'은 바로잡음을 당함. 바르게 고쳐짐을 당함. 《眞寶》注에 "後一轉尤妙, 惻然憐之忠厚之至"라 함.

【帝之與王, 其號名殊, 其所以爲聖一也; 夏葛而冬裘, 渴飮而飢食, 其事雖殊, 其所以爲智一也】 '夏葛而冬裘'는 여름에는 칡베로 만든 옷을 입고 겨울에는 갖옷을 입어 더위와 추위를 막음. '智一'은 지혜는 같음. 《眞寶》注에 "陳曰:「此下兩段, 只是足前兩段之意. 蓋前說古之聖人如此, 他却說太古聖人不曾如此, 前說淸淨寂滅, 不當如此, 他又說我自要治心如此, 所以再就其說折之.」"라 함.

【今其言曰:「曷不爲太古之無事?」, 是亦責冬之裘者曰:「曷不爲葛之之易也?」, 責飢之食者曰:「曷不爲飮之之易也?」】 '曷'은 疑問詞, 何, 烏, 焉, 安 등과 같음. '太古之無事'는 태고 시대에는 인위적인 일을 꾸미지 않는 생활을 하였다고 주장하는 道家의 無爲自然의 소박한 생활을 말함. 道家는 그러한 시절로 돌아갈 것을 주장함을 말함. '責'은 책망함. 책임을 물음. 따짐.

【《傳》曰:「古之欲明明德於天下者, 先治其國; 欲治其國者, 先齊其家; 欲齊其家者, 先脩其身; 欲脩其身者, 先正其心; 欲正其心者, 先誠其意.」】 '傳'은 聖人의 말씀인 '經'을 해석한 것. 여기서는 〈大學〉을 가리킴. 〈大學〉은 《禮記》의 42번째 篇으로 孔伋(子思)이 지은 것으로 알려짐. 이 구절은 〈大學〉의 八條目인 (格物, 致知) 誠意, 正心, 修身, 齊家, 治國, 平天下를 말한 것임. 《眞寶》注에 "卽平天下"라 함.

【然則古之所謂正心而誠意者, 將以有爲也】 '有爲'는 의도적으로 사람으로서 해야 함이 있는 것임. '無爲'에 상대되는 개념. 《東雅堂昌黎集》注에 "尹彦明曰:「介甫謂:『退之'正心誠意, 將以有爲', 非是.』蓋介甫不知道也. 正心誠意便休, 却是釋氏也. 正心誠意, 乃所以將有爲也. 非韓子不能至是.」"라 함. 《眞寶》注에 "〈大學〉八條目, '格物', '致知'始. 韓公詳引之止於'正心', '誠意', 而不及'格物', '致知'. 朱子嘗譏之, 見《大學或問》. 中謂『不探其端, 而驟語其次, 亦未免於擇焉不精, 語焉不詳矣. 胡乃以是議荀楊哉!』"라 함.

【今也欲治其心, 而外天下國家者, 滅其天常, 子焉而不父其父, 臣焉而不君其君, 民焉而不事其事】 '天常'은 天理, 常理. 恒久不變의 이치.

【孔子之作《春秋》也, 諸侯用夷禮則夷之, 夷而進於中國則中國之】 '孔子之作《春秋》'는 《孟子》滕文公(下)에 "孔子懼, 作《春秋》.《春秋》, 天子之事也. 是故孔子曰:『知我

者其惟《春秋》乎! 罪我者其惟《春秋》乎!」라 함. 《眞寶》注에는 "此段結與第一段,
起意相似, 皆是統說"이라 함. '夷之'는 夷로 여김. '夷'는 中國(中原) 밖의, 未開하
여 禮와 仁義道德이 없는 사람들을 가리킴. '進於中國'은 夷가 中國(中原)에 들어
와 禮를 사용함. '中國之'는 중국으로 여김. '中國'은 文明한 中原을 뜻함.

【《經》曰「夷狄之有君, 不如諸夏之亡」,《詩》曰「戎狄是膺, 荊舒是懲」】'經'은《論語》八
佾篇에 "子曰:「夷狄之有君, 不如諸夏之亡也.」"(오랑캐에게 임금이 있는 것이 중국에
임금이 없는 것과 같지는 않으리라. 실제 이 구절은 여러 해석이 있음)라 한 말을 가
리킴. 뒤의 구절은《詩》魯頌 閟宮篇에 "公車千乘, 朱英綠縢, 二矛重弓. 公徒三萬,
貝冑朱綬. 烝徒增增, 戎狄是膺, 荊舒是懲, 則莫我敢承. 俾俺昌而熾, 俾爾壽而富,
黃髮台背, 壽胥與試. 俾爾昌而大, 俾爾耆而艾, 萬有千歲, 眉壽有無害"의 구절로,
'戎狄'은 西戎과 北狄. '膺'은 '정벌하다'의 뜻. '荊舒'는 남쪽 楚나라와 舒나라. '懲'
은 '징벌하다, 응징하다'의 뜻.

【今也擧夷狄之法, 而加之先王之敎之上, 幾何其不胥而爲夷也】'夷狄之法'은 道敎
와 佛敎를 가리킴. '先王之敎'는 儒家의 가르침을 말함.《眞寶》注에 "應在後"라
함. '胥'는 皆와 같음. 모두, 함께.

【夫所謂先王之敎者, 何也?】다시 한 번 先王의 가르침, 즉 儒道를 강조하기 위해
질문법을 사용한 것.

【博愛之謂仁, 行而宜之之謂義. 由是而之焉之謂道, 足乎己無待於外之謂德.】앞에
든 말을 거듭 거론하여 先王의 가르침은 仁과 義이며, 이를 근거로 한 것이 道와
德임을 강조한 것.《眞寶》注에 "與前面許多說話相應此, 作文之法, 陳止齊, 唐制
度紀綱論議後云, 然則爲唐之制度紀綱, 宜何加焉? 下再引原題十數句, 正是法韓
公此一轉文法也"라 함. '謂德' 다음에《眞寶》注에 "只以仁義爲道德"이라 함.

【其文《詩》,《書》,《易》,《春秋》; 其法禮, 樂, 刑, 政; 其民士, 農, 工, 賈; 其位君臣, 父子,
師友, 賓主, 昆弟, 夫婦; 其服麻絲; 其居宮室; 其食粟米, 蔬果, 魚肉】'其文'은《眞
寶》注에 "無老經佛書"라 함. '其服' 다음에《眞寶》注에 "無緇黃"이라 함. '其居'
다음에는《眞寶》注에 "無寺觀"이라 함. '其食' 다음에는《眞寶》注에 "無齋醮供"
이라 함. 先王의 가르침을 기록한 經書와 그 法, 그리고 그에 따라 일반화된 백성
의 身分, 地位, 衣服, 家屋, 식재료 등을 구분하여 설명한 것.

【其爲道易明, 而其爲敎易行也】'其爲道'는 그것이 道가 됨. '易明'은 쉽게 명료해짐.
《眞寶》注에 "易明易行, 那有許多怪寧?"이라 함.

【是故以之爲己, 則順而從(祥); 以之爲人, 則愛而公; 以之爲心, 則和而平; 以之爲天下

國家, 無所處而不當】'爲己'는 자신을 다스림. '順而從'은 순통하면서도 따를 수
있음. '從'은 《昌黎集》에는 '祥'으로 되어 있음. '愛而公' 다음에 《眞寶》注에 "可以
爲己, 卽可以爲人"이라 하였고, '不當' 다음에는 《眞寶》注에 "可以爲心, 卽可以爲
天下國家"라 함.

【是故生則得其情, 死則盡其常, 郊焉而天神假, 廟焉而人鬼饗】'得其情'은 사람의 常
情을 얻을 수 있음. '常'은 常道. 常理. 또는 葬禮와 祭禮 등 절차. '郊'는 郊祭. 天
神과 地祇에게 올리는 천자의 제사. '假'는 格과 같음. 이르러 옴. 《眞寶》注에
"郊, 卽郊祭;假, 猶格也"라 함. '人鬼饗'은 조상신이 흠향함. 《眞寶》注에 "樓迂齋
云:「此篇詞嚴, 義正有開闔. 文字如引繩貫珠.」 愚謂:一篇辭語雖多, 然自首至尾, 井
井有條, 首立議論, 起漸漸攻闘, 中開六段, 以古今對論, 闘倒佛老, 却一喚轉, 說吾
道之功用. 此下又喚起述吾道之淵源, 却又喚起說所以去佛老, 處老之方, 作一結尾,
妙哉!"라 함.

【曰「斯道」也, 何道也? 曰:斯吾所謂道也, 非向所謂老與佛之道也】'斯道'는 儒家의
道. 《論語》雍也篇에 "子曰:「誰能出不由戶? 何莫由斯道也?」"라 함. 여기서는 儒家
의 道를 뜻함. 《東雅堂昌黎集》注에 "今按「曰斯道也, 何道也?」是問詞, 而「曰斯吾
所謂道也」以下, 乃答語也. 「斯道也. 何道也?」或作「斯何道也?」, 「斯吾所謂道也」, 或
作「斯道也, 吾所謂之道也.」又或'無所謂'字, 皆非是"라 함.

【堯以是傳之舜, 舜以是傳之禹, 禹以是傳之湯, 湯以是傳之文, 武, 周公, 文, 武, 周
公傳之孔子, 孔子傳之孟軻】儒家에서는 堯, 舜, 禹, 湯, 文王, 武王, 周公, 孔子를
八大聖人으로 추앙하며 孟軻(孟子)를 亞聖으로 여김. 《眞寶》注에 "是指吾所謂
道"라 함.

【軻之死, 不得其傳焉】《東雅堂昌黎集》注에 "或問張無垢曰:「湯學於伊尹, 韓愈乃
謂其傳之禹. 揚雄自比孟子, 是得其傳者, 而愈以謂軻死無, 傳何也?」先生曰:「禹之
道, 堯舜之道也. 伊尹得以授湯, 置伊尹而言禹, 亦無害也. 揚雄雖自比孟子, 而愈以
小疵譏之. 其言無傳則捨之矣.」라 함. 《眞寶》注에 "道統至孟子而絶, 續千載之絶
者, 直至宋之周子, 程子, 朱子焉"이라 함.

【荀與揚也, 擇焉而不精, 語焉而不詳】'荀'은 荀子, 荀卿, 荀況. 戰國시대 思想家로
性惡說을 제창하여 正統 儒學에서 벗어난 것으로 본 것임. 法家인 韓非子가 그
의 제자였음. 《荀子》가 전함. 《史記》孟荀列傳을 참조할 것. '揚'은 자는 子雲
(B.C.53–A.D.18). '楊雄'으로도 표기하며 蜀郡 成都 사람. 西漢때 賦家, 哲學家.
〈甘泉賦〉, 〈羽獵賦〉 등과 《太玄經》, 《方言》 등의 저술이 있음. 《論語》를 본떠서

《法言》을 지었음.《漢書》揚雄傳을 참조할 것. '擇焉而不精'은 儒家의 내용을 택하기는 하였지만 精純하지는 못함. 孟子는 性善說을, 荀子는 性惡說을, 揚雄은 混合說을 주장하였음. 그러나《眞寶》注에는 "荀, 指荀況;楊, 指楊朱"라 하여 荀子와 楊朱로 보았음.

【由周公而上, 上而爲君, 故其事行;由周公而下, 下而爲臣;故其說長】周公 이전의 儒家 聖人들은 堯, 舜, 禹, 湯, 文王, 武王처럼 지위가 모두 임금이었으므로 그 일이 실행되었으며, 周公 이후의 유가들은 신하의 신분이었으므로 그 말에만 뛰어났던 것임. '長'은 뛰어남, 혹 장황하게 길어짐. '由周公而上'에 대해《眞寶》注에는 "又以七聖一賢, 分窮達說, 妙甚"이라 하였고, '其事行'에 대해서는 "堯舜禹湯文武皆爲君, 故其道見於行事"라 하였으며, '其說長'에 대해서는 "孔孟窮而爲臣, 故其道僅見於空言"이라 함.

【然則如之何而可也】《東雅堂昌黎集》注에 "今按: 此句復是問詞, 其下乃答語"라 함.

【曰:不塞不流, 不止不行】'不塞不流'는 道教와 佛教를 막지 않고는 儒家를 流行시킬 수 없음. 반드시 막아야 함을 강조한 것. '不止不行' 또한 그들의 확산을 금지시키지 않으면 儒家가 실행될 수 없음.《眞寶》注에 "不塞止老佛之道, 則吾道不流不行, 此是去處佛老"라 함.

【人其人, 火其書, 廬其居, 明先王之道, 以道之, 鰥寡孤獨廢疾者有養也, 其亦庶乎其可也】'人其人'은 道教나 佛教에 빠진 이들을 儒家를 信奉하는 바른 사람으로 만들어야 함. '火其書'는 道家와 佛教의 책을 불태워 없애야 함. '廬其居'는 道觀과 寺院을 일반 주택으로 바꾸어야 함. '道之'의 '道'는 言과 같음.《眞寶》注에 "道, 猶言也"라 함. '鰥寡孤獨'의 鰥은 홀아비. '寡'는 과부. '孤'는 고아. '獨'은 독거노인. '廢疾'은 질병으로 고통받는 사람. '廢'는《東雅堂昌黎集》에는 '癈'로 되어 있으며, 注에 "癈, 音廢"라 함. 이상 鰥寡孤獨, 廢疾者 등은 자신들의 삶이 힘들고 의지할 곳이 없어, 도가나 불교에 휩쓸린다고 여긴 것임. '庶'는 '거의 가깝다'의 뜻으로 희망을 나타낼 때 쓰는 말.《東雅堂昌黎集》注에 "蘇子由曰:「愈之學, 朝夕從事於仁義禮智刑名度數之間, 自形而上者, 愈所不如也.〈原道〉之作, 遂指道德爲虛位, 而斥佛老與楊墨同科, 豈爲知道哉? 韓愈工於文者也.」張芸叟曰:「張籍嘗勸愈排佛老不若著書, 愈亦嘗以書反復之. 旣而〈原道〉,〈原性〉等篇, 皆激籍而作. 其〈原道〉也, 大抵言教;其〈原性〉也, 大抵言情云云.」子由所云釋氏, 柳子厚在當時於〈送僧浩初序〉已有此論. 而芸叟指謫紛然, 蓋少作也, 今其《畫墁集》刪之矣. 學者其審之"라 함.《眞寶》注에는 "仁依舊以吾道之仁義待之, 此是說處佛老"라 함.

1. 작자: 韓愈(韓退之) 022 참조.

2. 이 글은《別本韓文考異》(11),《五百家注昌黎文集》(11),《東雅堂昌黎集註》(11),《唐宋八大家文鈔》(9),《唐文粹》(43),《文苑英華》(363),《崇古文訣》(8),《古文關鍵》(上),《文章正宗》(12),《古文集成》(68),《文章軌範》(4),《文編》(38),《文章辨體彙選》(431),《古文淵鑑》(35),《古文雅正》(8),《經濟類編》(95),《辨惑編》(4),《西山讀書記》36(),《歷代名賢確論》(28) 등에 실려 있음.

# 024. <重答張籍書> ·················· 韓退之(韓愈)
## 장적張籍에게 다시 보내는 글

*<重答張籍書>: 韓愈가 汴州(지금의 河南 開封)에 '佐戎'(벼슬 이름)의 일로 와 있을 때 張籍이 인사차 찾아와 뵙자 한유는 그를 잘 대해 주었음. 그때 張籍은 한유가 佛敎와 道敎를 배척하는 저술을 하지 않고 있다고 책망하자 한유는 이에 대한 답변으로 글을 써서 보내주었음(참고란을 볼 것). 그러자 張籍이 다시 편지(참고란을 볼 것)로 심하게 추궁하자 두 번째 답신으로 이 글을 보낸 것임. 한편 '張籍'(766-830)은 자는 文昌, 和州 烏江(지금의 安徽 和縣) 사람. 또는 蘇州 사람이라고도 함. 唐 德宗 貞元 15년(799) 진사에 올라 元和 초에 西明寺大祝이 되어 10년 동안 승진을 하지 못하였음. 50세에 이르자 안질이 생겨 고통을 겪기도 함. 孟郊의 소개로 韓愈를 알게 되었으며 韓愈의 추천으로 國子博士를 거쳐 水部員外郎에 오름. 唐 文宗 太和 2년(828)에는 國子司業을 역임하여 그를 張水部, 혹 張司業이라고도 부름. 樂府詩에 뛰어났음. 張籍의 詩風은 古風스러우면서도 담백하여 '古淡'이라 일컬어지기도 함. 그의 문집으로는 《張司業集》8권이 전함.

*《眞寶》注에 "張司業籍, 韓公門人也. 時初與公遊, 貽公書言排釋老事, 公前一書答之, 云:「吾子所論, 排釋老不如著書, 囂囂多言, 徒相爲訾, 若僕所見, 則異乎此. 化當世, 莫若口; 前來世, 莫若書. 請待五六十然後, 爲之.」又云:「吾子譏吾與人, 爲無實駁雜之說. 此吾所以戲耳. 若商論不能下氣, 當更思而悔之.」此書再答之. 不過申前書之意, 而加慷慨耳. 按公是時年未四十, 蓋未著<原道>以前文字也. 衛道之勇也, 若是, 至著<原道>時, 所見又進一格矣. 只觀己之道, 乃夫子, 孟軻, 揚雄所傳之道一句, 便可見. 此以揚雄與軻並稱, 彼謂軻死無傳, 苟揚擇不精, 語不詳, 其得失之判, 何如耶? 以其與<原道>相關, 故選以次之"라 함.


그대께서 나를 불초하다 여기지 아니하고 저를 성현들의 경지에 밀어 넣고자 하며, 사악한 마음을 떨쳐버리고 아직 높지 않은 바를 보충해 주면서, 나의 자질이 도에 이를 수 있다고 여겨, 그 근원을 파서 귀착할 바로 인도하며, 뿌리에 물을 주어 앞으로 그 열매를 먹을 수 있게 하지만, 이는 풍성한 덕을 가진 자라도 사양할 바인데 하물며 나 같은 사람임에랴!

그러나 글 중에 마땅히 답변해야 할 것이 있어 그 때문에 가히 그만둘 수가 없소이다.

옛날 성인 공자가 《춘추春秋》를 지으심에, 이미 그 문사文辭를 심오하게 하였으나 그럼에도 오히려 감히 공공연히 그것을 말하여 전하지 못하고 입으로 제자들에게 전하여, 후세가 되어서야 그 책이 나오게 되었으니, 그 까닭은 환난을 염려하는 도道를 겉으로 드러나지 않게 하였기 때문이었소.

지금 도교와 불교를 종주宗主로 삼아 섬기는 자들이 아래로 공경과 보상輔相에까지 이르고 있는데, 내가 어찌 감히 공공연한 말로 그들을 배척할 수 있겠습니까?

말해도 될 만한 것을 가려서 깨우쳐주어도 오히려 시대 분위기가 나의 의견과 맞지 않아 비방하는 소리가 시끄러울 터인데, 만일 내가 글로 써서 내놓는다면 이를 보고 노여워하는 자가 틀림없이 많을 것이며, 틀림없이 나아가 나를 두고 미쳤느니 미혹되었느니 할 것인데, 내 몸조차 제대로 돌보지 못하면서 글을 쓴들 나에게 무슨 보탬이 되겠습니까?

공자는 성인이셨음에도 오히려 "내가 자로子路를 제자로 얻고 나서부터, 나에 대한 악담이 내 귀에 들어오지 않았다"라고 하셨고, 그 밖에 보좌하면서 돕는 이들이 천하에 두루 있었음에도 오히려 진陳나라에서는 양식이 끊어졌고, 광匡 땅에서는 위협을 받았으며, 숙손씨叔孫氏에게는 비방을 들었고, 분주히 제齊, 노魯, 송宋, 위衛 등의 교외를 돌아다녀야 했으니, 그의 도는 비록 높았으나 그의 궁벽함은 매우 심했던 것이오!

따르는 제자들이 서로 그를 지켜준 데 힘입어, 마침내 그 가르침이 세상에 설 수 있었던 것이니, 그때 이를테면 그저 말이나 하고 그저 글로

만 써놓았더라면 그것들이 존속되기를 기대할 수 있었겠습니까?

이제 어느덧 도교와 불교가 중국 땅에 행해진 지가 거의 6백여 년이 되어, 그 심어진 뿌리가 견고하고 그 흐름은 널리 퍼져 있으니 아침에 명령하여 저녁에 금지시킬 수 있는 것이 아닙니다.

문왕文王이 죽은 뒤 무왕武王, 주공周公, 성왕成王, 강왕康王 등이 이를 서로 지켜내어 예악禮樂이 모두 보존되었으며, 공자에 이르기까지는 오랜 기간이 아니었으며, 공자로부터 맹자에 이르기까지도 오랜 기간이 아니었고, 맹자로부터 양웅에 이르기까지도 오랜 기간이 아니었는데도 오히려 그들의 수고함이 이와 같았고, 그들의 곤궁함이 이와 같은 연후에야 마침내 도를 세워놓을 수 있었는데, 내가 쉽게 이를 해낼 수 있겠소?

쉽게 해낸다면 그것이 전해짐이 멀리 가지 못할 터이니, 그 때문에 함부로 하지 못하는 것이오.


그러나 옛사람을 보건대 좋은 시대를 만나 그 도를 실행할 수 있다면 책을 지을 이유가 없었고, 책을 지어야 할 경우라면 모두가 당대에는 실행할 수가 없는 바가 있어 이를 후세에 행해지도록 하기 위함이었소.

지금 내가 나의 뜻을 얻었는지, 나의 뜻을 잃었는지는 아직 알 수 없는 나이이니, 5, 6십 세가 되기를 기다렸다가 짓는다 해도 때를 잃은 것은 아닐 것이오.

하늘이 이 세상 사람들에게 도를 알도록 하지 않는다면 나의 목숨도 기약할 수 없거니와, 만일 세상 사람들에게 도에 대해 앎이 있도록 하려 한다면 내가 아니고 그 누가 그 일을 담당하겠소!

내가 도를 행하는 일, 책을 쓰는 일, 오늘의 세상을 교화하는 일, 그리고 후세에 전하는 일이 틀림없이 그 때가 있을 것인데, 그대는 어찌 내가 해야 할 일에 대해 그리도 성급하게 걱정을 하고 있소?


지난번 편지에 "나를 두고 다른 사람들과 상의하고 논의할 때에 심기

心氣를 억제하지 못하는 것이 마치 자신이 이기기를 좋아하는 자 같다"
하였는데, 비록 그러한 점은 정말로 있을 터이지만 생각해보니 내가 이
기기를 좋아하는 것이 아니라 나의 도가 이기기를 좋아하는 것이니, 나
의 도란 바로 공자, 맹자, 양웅이 전해온 바의 도입니다.

만일 이기지 못한다면 그것은 도라 여길 수 없는데, 내 어떻게 이기기
를 좋아한다는 명분을 감히 피하겠소?

공자도 "내가 안회顔回와 이야기를 함에 종일토록 내 의견에 반대하
는 경우가 없어, 마치 어리석은 자인 줄로 여겼다"라 하였으니, 그렇다면
공자도 여러 사람들과 논쟁한 일이 있다는 말이지요.

그리고 나를 박잡駁雜하다고 비난하는 것에 대해서는 지난번 편지에
다 말하였으니 그대는 그것을 다시 읽어주시오.

지난날 공자께서도 농담을 하신 적이 있었고, 《시詩》에도 말하지 않
았소? "농담을 잘하지만 지나치지는 않았네!"라고. 그리고 《예기禮記》에
도 "팽팽하게 당기면서 늦추지 않는다면, 이는 문왕이나 무왕일지라도
어쩔 수 없다"라 하였으니, 그것이 어찌 도를 행하는 데 해가 되겠소?

그대는 아직 그것을 생각해 보지 못하였나 보오!

맹군孟君이 앞으로 길을 떠나게 되어 그대와 작별하고 싶어하니, 한번
와 주기를 바라오.

유유愈가 재배再拜함.


吾子不以愈無似, 意欲推而納之聖賢之域, 拂其邪心, 增其所未
高, 謂愈之質, 有可至於道者, 浚其源, 道其所歸; 溉其根, 將食其
實, 此盛德者之所辭讓, 況於愈者哉!

抑其中有宜復者, 故不可遂已.

昔者, 聖人之作《春秋》也, 旣深其文辭矣, 然猶不敢公傳道之,
口授弟子, 至於後世, 然後, 其書出焉, 其所以慮患之道微矣.

今夫二氏之所宗而事之者, 下及公卿輔相, 吾豈敢昌言排之哉?

擇其可語者誨之, 猶時與吾悖, 其聲讙讙; 若遂成其書, 則見而怒之者必多矣; 必且以我爲狂爲惑, 其身之不能恤, 書於吾何有?

夫子, 聖人也, 且曰:「自吾得子路, 而惡聲不入於耳.」其餘輔而相者周天下, 猶且絕糧於陳, 畏於匡, 毀於叔孫, 奔走於齊魯宋衛之郊, 其道雖尊, 其窮也亦甚矣!

賴其徒相與守之, 卒有立於天下, 向使獨言而獨書之, 其存也可冀乎?

今夫二氏之行乎中土也, 蓋六百餘年矣; 其植根固, 其流波漫, 非可(所)以朝令而夕禁也.

自文王沒, 武王, 周公, 成, 康, 相與守之, 禮樂皆在, 至乎夫子, 未久也; 自夫子而至乎孟子, 未久也; 自孟子而至乎揚雄, 亦未久也, 然猶其勤若此, 其困若此, 而後能有所立, 吾其可易而爲之哉?

其爲也易, 則其傳也不遠, 故余所以不敢也.

然觀古人得其時, 行其道, 則無所爲書; 爲書者, 皆所爲不得行乎今, 而行乎後者也.

今吾之得吾志, 失吾志, 未可知, 俟五六十爲之, 未失也.

天不欲使茲人有知乎, 則吾之命不可期; 如使茲人有知乎, 非我其誰哉!

其行道, 其爲書, 其化今, 其傳後, 必有在矣, 吾子其何遽戚戚於吾所爲哉!

前書謂:「吾與人商論, 不能下氣, 若好己勝者然.」雖誠有之, 抑非好己勝也, 好己之道勝也; 己之道, 乃夫子, 孟軻, 揚雄所傳之道也.

若不勝, 則無以爲道, 吾豈敢避是名哉!

夫子之言曰:「吾與回言終日, 不違, 如愚」, 則其與衆人辯也有矣.

駁雜之譏, 前書盡之, 吾子其復之.

昔者, 夫子猶有所戲, 《詩》不云乎?「善戲謔兮, 不爲虐兮!」《記》曰:「張而不弛, 文武不爲也.」豈害於道哉?

吾子其未之思乎!

孟君將有所適, 思與吾子別, 庶幾一來.

愈再拜.

【吾子不以愈無似】'吾子'는 '그대'. 상대를 친히 여겨 부르는 呼稱. 張籍을 가리킴. '愈'는 韓愈 자신. 《眞寶》注에 "吾子, 指張籍;愈, 韓愈自謂"라 함. '無似'는 '不肖'와 같은 뜻임. 謙讓을 표현한 것. 《禮記》哀公問篇 "公曰:「寡人雖無似也, 願聞所以行三言之道, 可得聞乎?」"의 注에 "無似, 猶言不肖"라 하였고, 疏에는 "肖, 亦似也. 哀公謙退, 言其愚蔽, 無能似類賢人也"라 함.

【意欲推而納之聖賢之域】'推而納'은 밀어서 넣음. '之'는 《昌黎集》에는 '諸'로 되어 있음. '聖賢之域'은 聖賢의 영역. 聖賢은 글을 짓거나 이를 풀이하는 정도의 높은 경지에 이른 자를 말함. 《博物志》(6) 「文籍考」에 "聖人制作曰經, 賢者著述曰傳, 曰章句, 曰解, 曰論, 曰讀"이라 함. 張籍은 앞서 書信에서 韓愈에게 著述을 적극 권유하였음.

【拂其邪心】邪心을 털어서 없애버림.

【增其所未高, 謂愈之質, 有可至於道者】아직 높은 경지에 이르지 않았지만 높여 줌. '有至於可道者'는 가히 도의 경지에 이를 수 있다고 여김.

【浚其源, 道其所歸;漑其根, 將食其實】'浚其源'은 그 근원을 깊이 파고 들어감. '道其所歸'의 '道'는 導와 같음. '漑其根'은 그 뿌리에 물을 대어줌. '將食其實'은 앞으로 그 열매를 먹을 수 있도록 함.

【此盛德者之所辭讓】'盛德者'는 덕을 풍성히 갖춘 사람.

【況於愈者哉】'하물며 나 韓愈로서 어찌 사양하지 않을 수 있겠는가!'의 뜻.

【抑其中有宜復者, 故不可遂已】'抑'은 논리 전개가 지나치게 급할 때 잠시 억누르는 의미를 가지고 있음. 해석은 '그러나' 정도로 할 수 있음. '其中有宜復者'는 그대의 서신 가운데는 마땅히 답변을 해야 할 것이 있음. '已'는 '그치다, 그만두다'의 동사.

【聖人之作《春秋》也】'聖人'은 孔子를 가리킴. '春秋'는 공자가 저술한 史書. 중국 최초의 編年體 史書. 본디는 魯나라의 역사를 기(紀)로 삼아 동시대 각국의 역사적 사실을 年度에 맞추어 기록한 著述. 이는 東周 平王 49년(魯 隱公 元年, BC 722)부터 敬王 39년(魯 哀公 14년, BC 481)까지의 242년간 魯나라 12公 시대의 역사를 기록한 것임. 漢나라 때에는 《春秋經》(今文 11卷)과 《春秋五經》(古文 12卷)의 단독 책이었음. 今文과 古文의 문체는 같으나 今文은 莊公과 閔公을 합해 1편으로 줄였으며, 今文은 魯 哀公 14년에 끝났으나 古文은 그보다 2년이 더 많음. 뒤에 杜預가 《左氏傳》과 《春秋古經》을 합해서 集解을 붙여 《春秋左氏傳》이라 칭하게 되었으며, 《公羊傳》과 《穀梁傳》은 《春秋今文經》과 합해져서 《公羊傳》은 唐의 徐彦에 의해, 《穀梁傳》은 晉의 范寧에 의해 독립된 편목으로 자리 잡아 《春秋經》單行本은 사라지고 九經, 十二經, 十三經 등의 변화에 각각 독립되어 열거되면서 '三傳'으로 불리게 되었음.

【旣深其文辭矣】그 文辭를 이미 심오하게 하였음. 문장은 간략하지만 微言大義, 褒貶 등이 숨겨져 있음을 말함.

【然猶不敢公傳道之, 口授弟子, 至於後世】'不敢公傳道之'는 공공연히 《春秋》의 내용을 설명해 전해주지는 않음. '口授'은 구술로 전해 줌.

【其書出焉, 其所以慮患之道微矣】'其書'는 《春秋》를 해설한 三傳 《左傳》, 《公羊傳》, 《穀梁傳》. '慮患之道微矣'는 환난의 도를 염려하여 은밀한 방법으로 전수함.

【二氏之所宗而事之者, 下及公卿輔相】'二氏'는 老氏(道家, 道教)와 釋氏(佛家, 佛教)를 가리킴. 이 둘은 유교에 대립되며 폐해를 주고 있다고 여긴 것임. 이에 한유는 憲宗이 佛骨을 궁중으로 들여놓으려 하자 〈論佛骨表〉를 써서 극력 반대하기도 하였음. '下及公卿輔相'은 아래로 공경 및 보필하는 재상에까지 파급되어 있음. 《眞寶》 注에 "二氏, 佛老. 猶'上自天子'一句, 當時上自天子下及公卿, 皆好佛老, 蓋微辭以見也"라 하여 '下及公卿輔相' 위에 '上自天子'의 구절이 있어야 하나 微辭로 의견을 표한 것이라 함.

【吾豈敢昌言排之哉】'昌言' 공공연히 크게 의견을 말함. '排之'는 불교와 도교를 배격함.

【擇其可語者誨之, 猶時與吾悖, 其聲嘵嘵】'可語者'는 말해도 문제를 일으키지 않을 사항. '誨之'는 그들을 가르치고 깨우침. '時與吾悖'는 時俗이 나의 의견과 맞지 않고 어긋남. '嘵嘵'는 다투는 소리. 요란하게 말다툼하는 소리. 나의 의견에 반대하는 소리들을 말함. 《眞寶》 注에 "嘵, 鬧平"이라 함.

【必且以我爲狂爲惑】틀림없이 앞으로 나를 미쳤다거나 미혹되었다고 여길 것임.

【其身之不能恤, 書於吾何有】'其身'은 그 자기 자신, 韓愈 자신을 말함. '不能恤'은 구휼하지 못함. '書於吾何有'은 '저술이 내게 무슨 의미가 있겠는가?'의 뜻.《眞寶》注에 "言無補也"라 함.

【夫子, 聖人也】'夫子'는 孔子를 가리킴.

【自吾得子路, 而惡聲不入於耳】'子路'는 공자의 제자 仲由. 용맹으로 이름이 났던 인물. 공자가 子路를 얻고 나서부터는 공자를 비방하는 말이 사라짐.《史記》仲尼弟子列傳에 "孔子聞衛亂, 曰:「嗟乎, 由死矣!」已而果死. 故孔子曰:「自吾得由, 惡言不聞於耳.」라 함.

【其餘輔而相者周天下】'其餘'는 자로 이외의 孔門弟子들. 72弟子와 3천 명의 門人들.《史記》仲尼弟子列傳 및《孔子家語》弟子解 등을 참조할 것.

【猶且絶糧於陳, 畏於匡, 毁於叔孫】'絶糧於陳'은 陳나라를 지나다가 식량이 바닥나서 고생함.《史記》孔子世家에 "孔子遷于蔡三歲, 吳伐陳. 楚救陳, 軍于城父. 聞孔子在陳蔡之閒, 楚使人聘孔子. 孔子將往拜禮, 陳蔡大夫謀曰:「孔子賢者, 所刺譏皆中諸侯之疾. 今者久留陳蔡之閒, 諸大夫所設行皆非仲尼之意. 今楚, 大國也, 來聘孔子. 孔子用於楚, 則陳蔡用事大夫危矣.」於是乃相與發徒役圍孔子於野. 不得行, 絶糧. 從者病, 莫能興. 孔子講誦弦歌不衰. 子路慍見曰:「君子亦有窮乎?」孔子曰:「君子固窮, 小人窮斯濫矣.」라 함. '畏於匡'는 匡(지금의 河南 長垣縣의 匡城) 땅을 지날 때 그곳 대부 陽虎의 폭정에 시달리던 이들이 孔子를 陽虎로 착각하여 그 일행을 둘러싸고 위협한 일.《論語》子罕篇에 "子畏於匡, 曰:「文王旣沒, 文不在茲乎? 天之將喪斯文也, 後死者不得與於斯文也; 天之未喪斯文也, 匡人其如予何?」라 하였고,《史記》孔子世家에도 "將適陳, 過匡, 顏刻爲僕, 以其策指之曰:「昔吾入此, 由彼缺也.」匡人聞之, 以爲魯之陽虎. 陽虎嘗暴匡人, 匡人於是遂止孔子. 孔子狀類陽虎, 拘焉五日. 顏淵後, 子曰:「吾以汝爲死矣.」顏淵曰:「子在, 回何敢死!」匡人拘孔子益急, 弟子懼. 孔子曰:「文王旣沒, 文不在茲乎? 天之將喪斯文也, 後死者不得與於斯文也. 天之未喪斯文也, 匡人其如予何!」孔子使從者爲甯武子臣於衛, 然後得去."라 함. '毁於叔孫'은 叔孫武叔에게 비방을 받은 일.《論語》子張篇에 "叔孫武叔語大夫於朝曰:「子貢賢於仲尼.」子服景伯以告子貢. 子貢曰:「譬之宮牆, 賜之牆也及肩, 窺見室家之好. 夫子之牆數仞, 不得其門而入, 不見宗廟之美, 百官之富. 得其門者或寡矣. 夫子之云, 不亦宜乎!」라 함. 叔孫은 魯나라 三桓氏의 하나.

【奔走於齊魯宋衛之郊】공자가 齊, 魯, 宋, 衛 등의 나라를 다니며 자신의 도를 전

하려고 부단한 노력을 기울였음. 《史記》孔子世家 등을 참조할 것.

【其道雖尊, 其窮也亦甚矣】道는 높았으나 아주 심하게 困窮을 당함.

【賴其徒相與守之, 卒有立於天下】'其徒'는 공자를 따르는 무리들. 그들이 서로 함께 공자를 지켜준 도움을 말함.

【向使獨言而獨書之, 其存也可冀乎】'向使'는 '지난날 만약'의 뜻. '冀'는 기대함. 바람.

【今夫二氏之行乎中土也, 盖六百餘年矣】'中土'는 중국 땅. '六百有餘年'는 東漢 明帝 때(67년)에 佛敎가 들어왔고, 魏晉 시대에는 불교와 도교가 함께 성행하기 시작하였으며 唐代에 이 두 종교가 극성을 이룸. 이를 대강 계산한 것.

【其植根固, 其流波漫, 非可以朝令而夕禁也】'漫'은 널리 퍼짐. '朝令而夕禁'은 아침에 令을 내리고 저녁에 금지함. 아주 쉽게 금지시킴을 말함. '可以'는 원전에는 '所以'로 되어 있음.

【自文王沒, 武王, 周公, 成, 康, 相與守之, 禮樂皆在】文王(姬昌), 武王(姬發), 周公(姬旦), 成王(姬誦), 康王(姬釗) 등은 周나라 초기의 성인 및 왕들로 儒家의 禮樂과 仁義를 지켜왔음.

【至乎夫子, 未久也】周初(B.C. 11세기) 왕들로부터 春秋 末 孔子(B.C.551−B.C.479)까지는 오랜 기간이 아님. 단 원전에는 '至'가 모두 '及'으로 되어 있음.

【孟子】전국시대 鄒邑 출신으로 이름은 軻(B.C.372−B.C.289). 자는 子輿. 子思(孔伋)의 문인에게 수업하였으며 儒家에서 亞聖으로 불림. 孔子의 사상을 이어받아 性善說, 仁政, 王道政治를 주창하였음. 《孟子》7편을 저술하였으며 宋代 十三經에 列入되었고, 朱子(朱熹)에 의해 四書에 들게 되었음. 《史記》孟子列傳 참조.

【揚雄】揚子. 자는 子雲(B.C.53−A.D.18). '楊雄'으로도 표기하며 蜀郡 成都 사람. 西漢때 賦家, 哲學家. 〈甘泉賦〉, 〈羽獵賦〉 등과 《太玄經》, 《方言》, 《法言(揚子法言)》 등의 저술이 있음. 《漢書》揚雄傳 참조. 흔히 '楊'과 '揚'은 구분을 하지 않고 표기하였음. 《眞寶》注에 "此等處, 以揚雄繼孟子, 論不分優劣, 未當"이라 함.

【其爲也易, 則其傳也不遠, 故余所以不敢也】그처럼 쉽게 저술하면 그것이 전하는 것이 오래 가지 못함. 그 때문에 감히 저술하지 않음.

【得其時, 行其道, 則無所爲書】'得其時'는 좋은 시대를 만남. '無所爲書'는 저술한 바가 없음.

【皆所爲不得行乎今, 而行乎後者也】'所爲不得行乎今'은 지금 當代에 이를 실행할 수 없음.

【俟五六十爲之, 未失也】'俟五六十'은 오륙십 나이가 되기를 기다림. '未失'은 늦은

것이 아님.

【天不欲使玆人有知乎, 則吾之命不可期】'玆人'은 지금 이 시대의 사람들. '不可期'
는 기약할 수 없음, 내가 언제 죽을지도 모름.

【如使玆人有知乎, 非我其誰哉】'非我其誰哉'는 '내가 하지 않으면 누가 해 내겠는
가?'의 뜻. 《孟子》公孫丑(下)에 "五百年必有王者興. 其閒必有名世者. 由周而來,
七百有餘歲矣. 以其數則過矣; 以其時考之則可矣. 夫天, 未欲平治天下也; 如欲平治
天下, 當今之世, 舍我其誰也?"라 한 말을 원용한 것. 《眞寶》注에 "倣《孟子》「天用
平治, 捨我其誰」之意"라 함.

【其行道, 其爲書, 其化今, 其傳後, 必有在矣】'其化今'은 그(韓愈)가 지금 세상을 교
화함. '必有在矣'는 반드시 그 때에는 상황이 있을 것임. 《眞寶》注에 "行道以化今,
爲書以傳後"라 함.

【吾子其何遽戚戚於吾所爲哉】'遽戚戚'은 조급히 여겨 걱정함.

【前書謂:「吾與人商論, 不能下氣, 若好己勝者然.」】'前書'는 지난번에 張籍이 韓愈
에게 보낸 서신. 참고란을 볼 것. '商論'은 상의하고 논의함. '下氣'는 心氣를 눌러
안정시킴. '好己勝者'는 스스로 고집을 내세워 남을 이기는 것을 좋아하는 사람.

【雖誠有之, 抑非好己勝也】'비록 그런 면이 있기는 하나 생각건대 스스로 이기기
를 좋아하는 것은 아님.'

【好己之道勝也】'好己之道勝'는 내 성격이 이기기를 좋아하는 것이 아니라 나의
도(주장)가 이기기를 좋아함. 原典에는 이 다음에 "非好己之道勝也"의 구절이 더
있으며 注에 "論上或無'商'字. 考張籍本書實有. '若好'下或有'己'字, 或無'然'字, 或
無'非好己之道勝也'一語, 雄下或無'所傳也'三字, 皆非是"라 함.

【己之道, 乃夫子, 孟軻, 揚雄, 所傳之道也】'己之道'는 내가 주장하는 도. 이는 바
로 孔子, 孟子, 揚雄이 전해준 유가의 도.

【若不勝, 則無以爲道, 吾豈敢避是名哉】'是名'은 이러한 명분. '好己勝者'라는 명분
이나 평판. 《眞寶》注에 "此句見韓公少時豪氣"라 함.

【吾與回言終日, 不違, 如愚】《論語》爲政篇에 "子曰:「吾與回言終日, 不違, 如愚. 退
而省其私, 亦足以發, 回也不愚.」"라 함. '回'는 顏回. 魯나라 출신으로 孔子가 가장
아꼈던 弟子. 字는 子淵. 孔子보다 30세 아래였음. 毛奇齡의 고증에 따르면 그는
B.C.511-480년으로 孔子보다 40세 아래였다 함. 《史記》仲尼弟子列傳에는 "顏回
者, 魯人也, 字子淵. 少孔子三十歲. ……回也如愚; 退而省其私, 亦足以發, 回也不
愚."라 하였고, 《孔子家語》七十二弟子解에는 "顏回, 魯人, 字子淵, 年二十九而髮

白, 三十一早死. 孔子曰:「自吾有回, 門人日益親.」回之德行著名, 孔子稱其仁焉"이
라 함.

【則其與衆人辯也有矣】'其與衆人辯'는 공자도 衆人들과 변론함이 있음.

【駁雜之譏, 前書盡之, 吾子其復之】'駁雜'은 순수하지 못하고 뒤섞여 低劣함. '前
書'는 지난번에 보낸 서신. 韓愈가 張籍에게 보낸 편지로 〈答張籍書〉를 가리킴.
참고란을 볼 것. '盡之'는 지난 번 편지에 "吾子又譏吾與人之爲無實駁雜之說, 此
吾所以爲戲耳. 比之酒色, 不有間乎? 吾子譏之, 似同浴而譏裸裎也"라 하여 그 문
제에 대해서는 모두 설명하였음. '其復之'는 그 글을 '다시 한 번 볼 것'을 말함.

【夫子猶有所戲】공자도 또한 戲言을 한 적이 있음.《論語》陽貨篇에 "子之武城, 聞
弦歌之聲. 夫子莞爾而笑, 曰:「割雞焉用牛刀?」子游對曰:「昔者, 偃也聞諸夫子曰:
『君子學道則愛人, 小人學道則易使也.』」子曰:「二三子! 偃之言是也. 前言戲之耳.」라
한 逸話를 말함.

【善戲謔兮, 不爲虐兮】《詩》衛風의 淇澳篇에 衛나라 武公이 농담을 잘하면서도 덕
이 높았음을 칭송하여 "瞻彼淇澳, 綠竹如簀. 有匪君子, 如金如錫, 如圭如璧. 寬兮
綽兮, 猗重較兮. 善戲謔兮, 不爲虐兮"라 한 구절을 가리킴.

【《記》曰「張而不弛, 文武不爲也.」】《禮記》雜記(下)에 "子貢觀於蜡. 孔子曰:「賜也樂
乎?」對曰:「一國之人皆若狂, 賜未知其樂也!」子曰:「百日之蜡, 一日之澤, 非爾所知
也. 張而不弛, 文武弗能也;弛而不張, 文武弗爲也. 一張一弛, 文武之道也.」"라 하
여 子貢이 蜡祭를 참관하고 있을 때 공자가 "端木賜야! 즐거우냐?"라고 묻자 "온
나라 사람들이 미친 듯이 좋아하나, 저는 즐거움을 모르겠습니다"라고 하였음.
이에 공자가 "그들은 백일을 고생하다가 하루를 즐기는 것인데 너는 모르리라.
팽팽히 당겼다가 느슨하게 해주지 않으면 文王, 武王도 다스릴 수가 없으며, 풀
어주기만 하고 당겨주지 않으면 문왕, 무왕도 다스릴 수가 없단다. 당기고 풀어
주는 것이 문무의 도란다"라고 하였음.

【吾子其未之思乎】'未之思'는 아직 그것을 생각 못하고 있음.

【孟君將有所適, 思與吾子別, 庶幾一來】'孟君'은 孟郊를 가리킴. 한유의 제자.《眞
寶》注에 "孟君, 孟郊, 東野"라 함. '將有所適'은 맹교가 한유에게 왔다가 앞으로
떠나야 하기에 그대와 만나 작별을 고하려고 생각하고 있음. '適'은 行의 뜻. '庶
幾'는 바람이나 부탁 등을 뜻하는 말.

【愈再拜】서신 끝의 마무리 인사말.

1. 작자: 韓愈(韓退之) 022 참조.

2. 이 글은 《五百家注昌黎文集》(14), 《別本韓文考異》(14), 《東雅堂昌黎集註》(14), 《古文關鍵》(上), 《文章正宗》(14), 《文編》(48), 《古文集成》(16), 《唐宋八大家文鈔》(5), 《文章辨體彙選》(217) 등에 실려 있음.

3. 韓愈가 張籍에게 이전에 보낸 서신(〈答張籍書〉(《昌黎文集》 14에 注에 "公佐戎汴州, 籍來謁, 公善之. 籍責公排佛老不著書, 公答書二首"라 하여 張籍에게 첫 답변서로 보냈던 글임))

愈始者望見吾子, 于衆人之中固有異焉. 及聆其音聲, 接其辭氣, 則有願交之志. 因緣幸會, 遂得所圖, 豈惟吾子之不遺, 抑僕之所遇有時焉耳? 近者嘗有意吾子之闕焉, 無言僕所以交之之道不至也. 今乃大得所圖, 脫然若沈疴去體, 灑然若執熱者之濯淸風也. 然吾子所論排釋老, 不若著書囂囂多言, 徒相爲訾, 若僕之見者, 則有異乎此也. 夫所謂著書者, 義止于辭耳, 宣之于口書之, 于簡何擇焉? 孟軻之書非軻自著, 軻旣及其徒萬章, 公孫丑, 相與記軻所言焉耳. 僕自得聖人之道而誦之, 排前二家有年矣. 不知者以僕爲好辨也, 然從而化之者, 亦有矣; 聞而疑之者, 又有倍焉. 頑然不入者, 親以言諭之, 不入, 則其觀吾書也, 固將無所得矣. 爲此而止, 吾豈有愛于力乎哉? 然有一說, 化當世莫若口傳, 來世莫若書. 又懼吾力之未至, 至之不能也. 三十而立, 四十而不惑, 吾于聖人旣過之? 猶懼不及, 矧今未至, 固有所未至耳. 請待五六十; 然後爲之, 冀其少過也. 吾子又譏吾與人之爲無實駁雜之說, 此吾所以爲戲耳. 比之酒色, 不有間乎? 吾子譏之, 似同浴而譏裸裎也. 若商論不能下氣, 或似有之, 當更思而悔之耳. 博塞之譏, 敢不承敎其他, 俟相見薄晩, 須到公府, 言不能盡. 愈再拜.

4. 張籍이 韓愈에게 두 번째 보냈던 서신(《張司業集》(8) 및 《五百家注昌黎文集》(14))

〈重與韓退之書〉(張籍遺公第二書)

籍不以其愚, 輒進說於執事執事. 以導進之分, 復賜還答. 曲折敎之, 使昏塞者不失其明. 然猶有所見, 願復於執事, 以畢其說焉. 夫老釋惑乎生人久矣, 誠以世相沿化, 而莫之知, 所以久惑乎耳. 執事材識明曠, 可以任著書之事, 故有告焉. 今以爲言諭之不入, 則雖觀書亦無所得, 爲此而止, 未爲至也. 夫處一位, 在一鄕, 其不知聖人之道, 可以言諭之; 諭之不入, 乃舍之, 猶有已化者爲證也. 天下至廣, 民事至衆, 豈可資一人之口, 而親諭之者? 近而不入則舍之, 遠而有可諭者, 又豈可以家至而說之乎? 故曰:

莫若爲書, 爲書而知者, 則可以化乎天下矣, 可以傳于後世矣. 若以不入者而止爲書, 則爲聖人之道奚傳焉? 士之壯也, 或從事於要劇, 或旅遊而不安宅, 或偶時之喪亂, 皆不遑有所爲, 況有疾疢凶虞其間哉! 是以君子汲汲於所欲爲, 恐終無所顯於後. 若皆待五六十, 而後有所爲, 則或有遺恨矣. 今執事雖參於戎府, 當四海弭兵之際, 優游無事, 不以此時著書, 而曰俟後, 或有不及, 曷可追乎? 天之與人性度不相遠也, 不必老而後有成立者. 昔顔子之庶幾, 豈待五六十乎? 執事目不睹聖人, 而究聖人之道, 材不讓於顔子矣. 今年已踰之, 曷懼於年未至哉? 顔子不著書者, 以其從聖人之後, 聖人已有定制故也. 若顔子獨立于世, 必有所云著也. 古之學君臣父子之道, 必資於師, 師之賢者, 其徒數千, 或數百人, 是以沒則紀其師之說以爲書, 若孟軻者是已. 傳者猶以孟軻自論集其書, 不云沒後其徒爲之也. 後軻之世, 發明其學者, 揚雄之徒, 咸自作書. 今師友大道喪, 寢不及揚雄之世, 不自論著, 以興聖人之道, 欲待孟軻之門人, 必不可冀也. 君子發言擧足, 不遠於理, 未嘗聞以駁雜無實之說爲戲也. 執事每見其說, 亦拊几呼笑, 是撓氣害性, 不得其正矣. 苟止之不得, 曷所不至焉? 或以爲中不失正, 將以苟悅於衆, 是戲人也, 是玩人也, 非示人以義之道也.

# 025. 〈上張僕射書〉 ················· 韓退之(韓愈)

## 장복야에게 올리는 글

*〈上張僕射書〉:張僕射는 張建封으로 자는 本立. 鄧州 南陽 사람으로 한때 兗州
에 隱居하기도 하였음. 貞元 4년(788) 徐州刺史兼徐泗濠節度使의 직무를 수행하
게 되었으며 貞元 12년(796) 檢校右僕射의 직함이 추가되었음. 韓愈가 貞元 15
년(799) 2월 汴州의 亂을 피해 徐州로 가서 張僕射(張建封)에게 의탁하자, 그해
가을 장복야는 한유를 節度推官(節度使 관할 구역의 형법을 담당하는 屬吏)의 자
리를 주고 업무를 맡기게 됨. 이때 勤務規定 중에 '晨入夜歸'(새벽 일찍 출근하여
밤늦게 퇴근)의 조항이 잘못되었다고 여겨 이 글을 올린 것이며, 이는 하나의
建議書로서 上書의 형식을 갖추고 있음. '僕射'는 벼슬이름. 《五百家注昌黎文集》
에 "〈集注〉:建封, 字本立, 兗州人. 貞元四年爲徐州刺史徐泗濠節度使, 十二年加
檢校右僕射. 公以十五年二月脫汴州之亂, 依建封于徐. 秋建封辟爲節度推官. 至是
供職, 意以'晨入夜歸'爲不可, 其不諂於富貴之人, 可知也"라 함. 한편 張建封은
《舊唐書》(140)와 《新唐書》(158)에 傳이 있음.


9월 1일, 유愈가 재배합니다.

임명장을 받은 다음날, 절도사의 청사에 있었을 때 어떤 소리小吏가
관청에서 예로부터 지켜왔다는 근무규정 10여 가지를 가지고 와서 저에
게 보여주었습니다.

그중 옳지 않은 것이 있었으니 "9월부터 이듬해 2월이 끝날 때까지는
모두 새벽에 출근하여 밤늦게 퇴근해야 하며, 질병이나 사고가 아니라
면, 나가는 것을 허락하지 않는다"라는 것이었습니다.

그 무렵은 처음으로 임명을 받은 때라서 감히 말씀드리지 못하였습
니다.

옛사람의 말에 "사람에게는 저마다 능히 할 수 있는 바와 할 수 없는
바가 있다" 하였으니, 이러한 규정은 저로서는 능히 할 수 있는 일이 아

닙니다.

생각건대 이를 실행한다면 틀림없이 미칠 것 같은 질병이 일어나, 위로는 공公에게 받은 일을 해낼 수 없게 되어 장차 갚아야 할 은덕을 잊게 될 것이며, 아래로는 저 자신이 홀로 설 수 없게 되어 마음을 써야 할 바를 상실하게 될 것이니, 무릇 이와 같은데 어찌 말씀을 올리지 않을 수 있겠습니까?

집사執事께서 저[愈]를 택하신 것은 능히 새벽에 출근했다가 밤에 귀가할 수 있다는 이유 때문이 아니었을 것이며, 틀림없이 앞으로 무언가 취할 점이 있다고 여겼기 때문이었을 것이요, 진실로 무언가 취할 만한 점이 있어서였다면 비록 새벽에 출근했다가 밤에 귀가하지 못한다 해도 그 취한 바는 여전히 그대로 있을 것입니다.

아랫사람이 윗사람을 섬김에는 그 일이 한 가지가 아니며, 윗사람이 아랫사람을 부림에도 그 일이 한 가지만은 아니어서, 힘을 헤아려 일을 맡기고 재능을 헤아려 자리에 처하게 하되 해낼 수 없는 것은 억지로 시키지 아니합니다.

이런 까닭으로 아래가 된 자는 윗사람에게 죄를 짓지 아니하고, 위가 된 자는 아랫사람에게 원망을 사지 않게 되는 것입니다.

《맹자孟子》에 이르되 "지금 제후들로서 남에게 크게 뛰어난 자가 없는 것은, 그들이 모두 가르치는 대로 따르는 자를 신하로 삼기 좋아하고, 자신이 가르침을 받아야 할 만한 자는 신하로 삼기 좋아하지 않기 때문"이라 하였는데, 이제 이 시대는 맹자 시대보다 더욱 그러한 풍조가 심해졌습니다.

모두가 명령을 듣고 뛰어다니는 사람을 좋아할 뿐, 자신을 곧게 지키면서 도를 실행하는 사람은 좋아하지 않는데, 명령을 듣고 뛰어다니는 자는 이利를 좋아하는 자요, 자신을 곧게 하여 도를 실행하는 사람은 의義를 좋아하는 자입니다. 이익을 좋아하면서 그 군주를 사랑하는 사람은 없었으며, 의를 좋아하면서 그 군주를 잊는 사람은 없었습니다.

　오늘의 왕족이나 공경대부들 중에 오직 집사만이 이러한 말씀을 들어주실 수 있고, 오직 저만이 집사께 이런 말씀을 올릴 수 있습니다.

　저(愈)는 집사께 총애를 입고 따른 지 오래되었으니, 만약 너그러이 용서해 주시어 저로 하여금 천성을 잃지 않도록 해주시고, 특별히 대우하시어 명분을 세우기에 족하도록 해주신다면, 인시(寅時 새벽 3~5시)에 출근하여 진시(辰時 아침 7~9시)가 끝날 때에 퇴근하거나, 또는 신시(申時 오후 3~5시)에 출근하여 유시(酉時 오후 5~7시)가 끝날 때 퇴근하며 이를 상규常規로 삼는다 해도 일을 그르치지는 않을 것입니다.

　천하의 모든 사람들이 집사께서 저에게 이와 같이 해 주신다는 것을 듣게 되면, 틀림없이 모두 "집사께서 선비를 좋아함이 이와 같고, 집사께서 선비를 예로써 대함이 이와 같으며, 집사께서 사람을 부림이 그 천성을 굽히지 않도록 하여 능히 허용할 수 있음이 이와 같고, 집사께서 남의 명성을 이루어 주고자 함이 이와 같으며, 집사께서 오랫동안 사귀어 온 사람에게 후하게 함이 이와 같다"라고 말할 것입니다.

　또 앞으로 "한유가 의탁할 상대를 알아봄이 이와 같고, 한유가 부귀한 사람에게 아첨하거나 굽히지 않음이 이와 같으며, 한유의 현명함은 능히 그 주인으로 하여금 예로써 대우하게 함이 이와 같다"라고 할 것이니, 그렇게 된다면 집사의 문하에서 죽는다 해도 후회가 없을 것입니다.

　만일 그저 행렬을 따라 출근하고, 대오隊伍를 쫓아 뛰어다니며, 말에 감히 성심을 다 펼쳐내지 아니하고, 도를 행함에 스스로 굽히는 바가 있도록 그렇게만 한다면, 천하 사람들은 집사께서 저를 그저 이와 같이 대함을 듣고는 모두들 "집사가 한유를 등용한 것은 그 궁함을 불쌍히 여겨 이를 거두어주고 있을 뿐이며, 한유가 집사를 모시는 것은 도 때문이 아니라 그저 이익을 위해서였을 뿐"이라고 말할 것입니다.

진실로 이와 같다면 비록 날마다 천금千金의 하사를 받고 한 해에 아홉 번 자리를 옮겨 승진한다 해도 은혜에 감사함은 있겠지만 앞으로 천하가 "둘은 지기知己"라 말할 리는 없을 것입니다.

엎드려 바라옵건대 저의 부족함을 불쌍히 여기시고 저의 어리석음을 긍휼히 여기시어, 저의 죄를 기록해 두지 마시고, 저의 말씀을 잘 살피시어 어짊을 내려주고 의견을 받아주시기 바랍니다.

유愈는 두려운 마음으로 재배합니다.


九月一日, 愈再拜.

受牒之明日, 在使院中, 有小吏持院中故事節目十餘事, 來示愈.

其中不可者有:「自九月至明年二月之終, 皆晨入夜歸, 非有疾病事故, 輒不許出」.

當時以初受命, 不敢言.

古人有言曰:「人各有能有不能.」若此者, 非愈之所能也.

抑而行之, 必發狂疾, 上無以承事于公, 忘其將所以報德者; 下無以自立, 喪失其所以爲心, 夫如是, 則安得而不言?


凡執事之擇於愈者, 非謂其能晨入夜歸也, 必將有以取之; 苟有以取之, 雖不晨入夜歸, 其所取者猶在也.

下之事上, 不一其事; 上之使下, 不一其事, 量力而任之, 度才而處之, 其所不能, 不彊使爲.

是故爲下者, 不獲罪於上; 爲上者, 不得怨於下矣.

《孟子》有云:「今之諸侯, 無大相過者, 以其皆好臣其所敎; 而不好臣其所受敎.」今之時與孟子之時, 又加遠矣.

皆好其聞命而奔走者, 不好其直己而行道者; 聞命而奔走者, 好利者也; 直己而行道者, 好義者也; 未有好利而愛其君者, 未有好義而忘其君者.

今之王公大人, 惟執事可以聞此言, 惟愈於執事也, 可以此言進.

愈蒙幸於執事, 其所從舊矣, 若寬假之, 使不失其性; 加待之, 使足以爲名, 寅而入, 盡辰而退; 申而入, 終酉而退, 率以爲常, 亦不廢事.
　天下之人, 聞執事之於愈如是也, 必皆曰「執事之好士也如此, 執事之待士以禮如此, 執事之使人不枉其性而能有容如此, 執事之欲成人之名如此, 執事之厚於故舊如此」.
　又將曰「韓愈之識其所依歸也如此, 韓愈之不詔屈於富貴之人如此, 韓愈之賢, 能使其主待之以禮如此」, 則死於執事之門, 無悔也.

若使隨行而入, 逐隊而趨, 言不敢盡其誠, 道有所屈於己, 天下之人, 聞執事之於愈如此, 皆曰「執事之用韓愈, 哀其窮, 收之而已耳; 韓愈之事執事, 不以道. 利之而已耳」.
　苟如是, 雖日受千金之賜, 一歲九遷其官, 感恩則有之矣, 將以稱於天下曰「知己」, 則未也.
　伏惟哀其所不足, 矜其愚, 不錄其罪, 察其辭, 而垂仁採納焉.
　愈恐懼再拜.

【九月一日, 愈再拜】9월 1일은 唐 德宗 貞元 15년(799) 己卯 9월 1일. 그 무렵 韓愈는 徐州節度推官에 갓 임명된 때였음.《昌黎文集》에 "嚴曰: 退之以貞元十五年二月, 從董晉之喪, 自汴之洛, 聞汴之亂, 遂來彭城, 依張建封. 至秋, 欲辭去, 建封奏爲節度推官, 因留幕中. 受命之明日, 見院中事目有'晨入夜歸'一件, 以爲不便, 乃於九月一日, 上書言之"라 함.
【受牒之明日, 在使院中, 有小吏持院中故事節目十餘事, 來示愈】'牒'은 任命狀.《昌黎文集》에 "節度推官牒"이라 함. '使院'은 節度使의 官府 廳舍. '故事節目'은 예로부터 지켜온 條例나 規程.

【其中不可者有: 「自九月至明年二月之終, 皆晨入夜歸, 非有疾病事故, 輒不許出」】'晨入夜歸'는 새벽에 출근하여 밤늦게 퇴근함. '輒'는 '문득, 곧' 등 강조의 뜻이 들어 있음. '不許出'은 나가는 것을 허락지 않음. 자리를 지키고 있어야 함.

【當時以初受命, 不敢言】당시에는 갓 임명을 받은 터라 감히 거론하지 못했었음.

【古人有言曰: 「人各有能有不能.」】《左傳》成公 5년에 "(趙)嬰曰: 「我在, 故欒氏不作. 我亡, 吾二昆其憂哉! 且人各有能, 有不能, 舍我, 何害?」"라 하였고, 定公 5년에도 "子西曰: 「不能, 如辭. 城不知高厚, 小大何知?」(由于)對曰: 「固辭不能, 子使余也. 人各有能有不能. 王遇盜於雲中, 余受其戈, 其所猶在.」祖而示之背, 曰: 「此余所能也, 脾洩之事, 余亦弗能也.」"라 함.

【若此者, 非愈之所能也】이와 같이 (조례대로 하는) 것은 나로서는 쉽게 지킬 수 있는 것이 아님.《眞寶》注에 "用事變化當如此"라 함.

【抑而行之, 必發狂疾】'抑'은 논리 전개가 너무 급할 때 잠시 억누르는 의미를 가지고 있음. 해석은 '그러나' 정도로 할 수 있음. '狂疾'은 미친병, 광증.

【上無以承事于公, 忘其將所以報德者】'承事'은 事務를 받들어 시행함. '忘其將所以報德者'는 앞으로 은덕을 갚아야 할 소임을 잊게 됨.《東雅堂昌黎集註》에 "忘, 或作望, 非是"라 함.

【下無以自立, 喪失其所以爲心】'無以自立'은 스스로 설 수 없게 됨. '喪失其所以爲心'은 마음 써야 할 바를 상실하게 됨.

【夫如是, 則安得而不言】'安得而不言'은 '어찌 말하지 않을 수 있겠는가?'의 뜻.

【凡執事之擇於愈者, 非謂其能晨入夜歸也, 必將有以取之】'執事'는 상대를 높여 부른 것. 張僕射를 가리킴. '擇於愈'는 이 직책에 나를 택한 이유. '必將有以取之'는 틀림없이 어떤 다른 이유가 있어 나를 취한 것일 것임. '以'는 이유.

【苟有以取之, 雖不晨入夜歸, 其所取者猶在也】'苟'는 '진실로, 만약' 등의 뜻. '猶在'는 그래도 그대로 있을 것임.

【下之事上, 不一其事】'不一其事'는 하는 일이 한 가지만 아님.

【上之使下, 不一其事, 量力而任之, 度才而處之】'量力'은 능력을 헤아려봄. '度才'의 '度'은 '탁'으로 읽음.《眞寶》注에 "度, 卽忖度"이라 함.

【其所不能, 不彊使爲】'不彊使爲'는 억지로 시켜서 하도록 하지는 않음. '彊'은 强과 같으며 '억지로'의 뜻.《眞寶》注에 "彊, 猶勉强"이라 함.

【是故爲下者, 不獲罪於上; 爲上者, 不得怨於下矣】'爲下'와 '爲上'은 각기 上下의 위치에 있는 자.

【孟子有云】《孟子》公孫丑(下)에 "今天下地醜德齊, 莫能相尙. 無他, 好臣其所敎, 而不好臣其所受敎"(지금 천하 나라의 영토가 비슷하고 덕도 똑같아 서로 능히 숭상할 바가 없다. 이는 다른 이유가 있어서 그런 것이 아니다. 그 가르치는 바대로 잘 따라주는 자를 신하로 삼기 좋아하면서, 자신이 가르침을 받아야 할 자는 신하로 삼기를 좋아하지 않기 때문이다)라 함. '無大相過者'는 크게 남보다 뛰어난 자가 없음. '皆好臣其所敎'는 모두들 가르치는 바대로 따라주는 자를 신하로 삼기를 좋아함. '不好臣其所受敎'는 자신이 가르침을 받아야 할 자는 신하로 삼기를 좋아하지 않음.《孟子》에서는 원래 의미는 湯은 伊尹에게서, 齊 桓公은 管仲에게 배웠으나 그즈음 제후들 중 크게 뛰어난 자가 없는 것은 그처럼 배우기에 힘쓰지 않고 명령하기를 즐기기 때문이라 하였음.

【今之時與孟子之時, 又加遠矣】'又加遠矣'는 아랫사람으로부터 배우지 않으려는 풍조가 맹자 시대보다 훨씬 심해졌음을 말함.

【皆好其聞命而奔走者, 不好其直己而行道者】'聞命而奔走者'는 명령을 받고 바삐 뛰어다니며 일하는 사람. '直己而行道者'는 자신을 곧게 지키며 도를 행하는 사람.

【聞命而奔走者, 好利者也】'好利'는 이익을 좋아하여 그렇게 하는 것임.

【直己而行道者, 好義者也】'好義'는 義를 좋아하기 때문에 그렇게 하는 것임.

【未有好利而愛其君者, 未有好義而忘其君者】이익을 좋아하면서 그 임금을 아껴주는 자는 없으며, 의를 좋아하면서 그 임금을 잊는 자는 없음.《眞寶》注에 "此一段, 分明是以孟子之言, 譏張公斡轉得婉曲可法"이라 함.

【今之王公大人, 惟執事可以聞此言】'王公大人'은 王族이나 公卿大夫들.

【惟愈於執事也, 可以此言進】나는 執事에게 이를 進言할 수 있음.《眞寶》注에 "此一章, 辭太直, 兩句救得好"라 함.

【愈蒙幸於執事, 其所從舊矣, 若寬假之, 使不失其性】'蒙幸'은 총애를 입음. '寬假'는 너그러이 용서해줌. '假'는 恕의 뜻. '使不失其性'은 그 天性을 잃지 않도록 해줌.

【加待之, 使足以爲名, 寅而入, 盡辰而退】'加待之'는 특별히 대우해 줌. '寅'은 寅時. 새벽 3시부터 5시 사이. '辰'은 辰時. 오전 7시부터 9시 사이. 고대 十二支(子, 丑, 寅, 卯, 辰, 巳, 午, 未, 申, 酉, 戌, 亥)는 子時(밤 11-새벽 1시)를 시작으로 2시간씩 나누어 구분하였음.

【申而入, 終酉而退, 率以爲常, 亦不廢事】'申'은 申時. 오후 3시부터 5시 사이. '酉'는 酉時. 오후 5시부터 7시 사이. '率以爲常'은 이를 常規로 삼음. '率'은 行의 뜻. '廢事'는 일을 폐함. 일에 태만히 하거나 팽개치거나 또는 그르침.

【天下之人, 聞執事之於愈如是也】남들이 집사께서 나에게 이와 같이 해줌을 듣게 됨.

【執事之使人不枉其性而能有容如此】'不枉其性'은 천성을 굽히지 않음. '能有容'은 능히 용납함. 너그러이 허용함.

【執事之欲成人之名如此】'成人之名'은 남의 명성을 이루어 줌. 《穀梁傳》隱公 元年에 "成人之美, 不成人之惡"이라 하였고, 《論語》顏淵篇에도 "子曰: 「君子成人之美, 不成人之惡. 小人反是.」"라 함.

【執事之厚於故舊如此】'故舊'는 옛 친구나 옛날부터 알고 지내던 사이. 《眞寶》注에 "九字句. ○連下五介'如此'字, 句法長短錯綜, 凡四變, 此章法也"라 함.

【韓愈之識其所依歸也如此】'識其所依歸'는 그 몸을 의탁할 곳을 앎.

【韓愈之不諂屈於富貴之人如此】'諂屈'은 아첨하며 굽실거림.

【韓愈之賢, 能使其主待之以禮如此】《眞寶》注에 "十四字句. ○又連下三介'如此'字, 長短錯綜, 此章法也"라 함.

【則死於執事之門, 無悔也】《眞寶》注에 "一段文勢如狂瀾浩波, 只此一句, 截斷有氣力"이라 함.

【若使隨行而入, 逐隊而趨, 言不敢盡其誠】'隨行而入'은 행렬을 따라 들어감. 함께 출근함을 뜻함. '逐隊而趨'은 隊伍를 쫓아 뛰어다님.

【執事之用韓愈, 哀其窮, 收之而已耳】'哀且窮'은 불쌍하면서도 궁벽함. '收之而已耳'는 그를 거두었을 뿐임.

【韓愈之事執事, 不以道. 利之而已耳】'不以道'는 도를 이유로 삼는 것이 아님. 즉 도를 행하기 위해서가 아님. '利之而已耳'는 이익을 취하기 위해서였을 뿐임. 《眞寶》注에 "前段說話此一反, 只用六句頓挫波瀾絶妙"라 함.

【苟如是, 雖日受千金之賜, 一歲九遷其官】'日受千金之賜'는 날마다 천금의 하사금을 받음. '九遷其官'은 아홉 번 관직을 옮김. 잦은 승진을 뜻함.

【感恩則有之矣, 將以稱於天下曰「知己則未也」】'知己則未也'는 '知己'는 아님. 서로 진실한 친교가 있어서 그렇게 한 것이 아님. 《眞寶》注에 "受人之恩與受人之知不同, 感恩易感知己難, 故曰「士爲知己者死」, 此兩句下得妙"라 함.

【伏惟哀其所不足, 矜其愚, 不錄其罪】'伏惟'는 간곡한 부탁을 할 때 사용하는 상투어. '哀其所不足'은 그 부족함을 불쌍히 여김. '矜其愚'은 어리석음을 긍휼히 여김. '不錄其罪'는 그 잘못을 기록해 두지 말 것.

【察其辭, 而垂仁採納焉】'垂仁採納'은 어짊을 내려주고 의견을 받아줌. 《眞寶》注

에 "此四句無緊要, 句法亦不苟且"라 함.

【愈恐懼再拜】두려움을 가진 채 두 번 절함.

## 참고 및 관련 자료

1. 작자: 韓愈(韓退之) 022 참조.

2. 이 글은 《五百家注昌黎文集》(17), 《東雅堂昌黎集註》(17), 《別本韓文考異》(17), 《韓集點勘》(4), 《文苑英華》(671), 《文章正宗》(12), 《文章軌範》(1), 《唐宋八大家文鈔》(2), 《唐宋文醇》(3), 《文編》(47), 《文獻通考》(62), 《容齋隨筆》(續筆 1), 《經濟類編》(24) 등에 실려 있음.

# 026. 〈爲人求薦書〉 ·················· 韓退之(韓愈)

## 추천서를 보냄

*〈爲人求薦書〉: 이 글은 韓愈가 어떤 이를 추천하면서 담당자에게 보낸 추천서
의 하나로 추천 대상자는 누구인지는 알 수 없으며, 다만 貞元 16년(800), 그 무
렵 貢擧를 맡았던 權德輿에게 陸傪(公佐)을 추천하여 祠部員外郎이 되도록 한
일이 있어 그를 추천한 글이 아닌가 함. 그러나 《別本韓文考異》와 《東雅堂昌黎
集註》 등에 "今按: 此書本爲人求薦, 而〈杭本〉曰‘執事其如某何哉’, 則似決以其人
力不能薦已矣. 故諸本或作‘執事其知某何如哉’, 語意似弱而亦未有懇切必求之意.
又無結末收拾之語, 故又繼以鬻馬之說. 文意方似粗足, 然亦重復, 無奇文意, 首尾
不甚通暢, 恐尙有脫誤處, 更詳之"라 하여 원래 간절한 추천의 뜻이 없었던 것
으로 여기기도 함.
*《眞寶》注에 "終篇, 以馬遇伯樂之故, 便增聲價. 此喩人才遇知己者之賞識, 便至
大用. 起以木與馬對說, 起亦的切, 文簡明而意圓活"이라 함.

나무가 산에 있고 말이 시장에 있을 때, 지나가면서 돌아보지 않는
자가 비록 하루에 수천 수만 명에 이른다 해서 아직 재목이 되지 못한
다거나 저급한 말이라 할 수 있는 것은 아닙니다. 또한 장석匠石이 그 앞
을 지나면서도 거들떠보지 않고 백락伯樂이 그런 말을 만나도 돌아보지
않는다면, 그런 뒤에야 그것은 동량棟梁의 재목감도, 초일超逸의 재빠른
말도 아님을 알 수 있게 되는 것입니다.

모某는 공의 문하에서 하루 이틀 있었던 것도 아니며, 또한 욕되게 인
척관계로 뒷자리를 차지하고 있었으니, 이는 장석의 뜰에서 생장하고 백
락의 마구간에서 자란 셈입니다.

이에 공에게 인정받지 못한다면, 혹 그를 보고 알아주는 다른 사람이
천만 명이나 있다 한들 어찌 충분하다 말할 만한 자이겠습니까?

지금은 다행히도 천자께서 해마다 공경대부들에게 선비들을 추천하

도록 조칙을 내리신 덕분에, 모某와 비슷한 사람들도 모두 천거되어 임금께 보고되었으니, 이 때문에 무례를 무릅쓰고 이 말씀을 올려 집사執事께 누를 끼치오니, 역시 제가 스스로 헤아리지 못한 것이오나, 그러나 집사께서는 모某를 어떻게 알고 계시는지요!

옛날 어떤 자가 말을 팔려고 시장에 내다 놓았으나 팔리지 않자, 백락이 말을 잘 감정함을 알고, 그에게 가서 말 한 마디 해줄 것을 부탁하여 백락이 한 번 보아주자, 그 말값이 세 배로 뛰었다 합니다. 모某의 경우 그 일과 자못 비슷하여, 이 까닭으로 시종 그 고사를 말씀드리는 것입니다.


木在山, 馬在肆, 過之而不顧者, 雖日累千萬人, 未爲不材與下乘也; 及至匠石過之而不睨, 伯樂遇之而不顧, 然後, 知其非棟梁之材, 超逸之足也.

以某在公之宇下非一日, 而又辱居姻婭之後, 是生于匠石之園, 長于伯樂之廐者也.

於是而不得知, 假有見知者千萬人, 亦何足云耳?

今幸賴天子每歲詔公卿大夫貢士, 若某等比, 咸得以薦聞, 是以冒進其說, 以累於執事, 亦不自量已, 然執事其知某何如哉!

昔人有鬻馬不售於市者, 知伯樂之善相也, 從而求之, 伯樂一顧, 價增三倍, 某與其事頗相類, 是故始終言之耳.


【木在山, 馬在肆】나무가 산에 있고 말이 말 시장에 있음. 평가를 받기 위해 대기하고 있음을 말함. '肆'는 저자 시장.

【過之而不顧者, 雖日累千萬人, 未爲不材與下乘也】'過之'는 《昌黎集》에는 '遇之'로 되어 있으며 注에 "遇, 或作過"라 함. '不材'는 나무가 재목감이 못 됨. '下乘'은 말이 둔하여 저급함.

【及至匠石過之而不睨, 伯樂遇之而不顧】'匠石'은 전국시대의 이름난 匠人으로 목재 감별에 뛰어났던 인물. '匠'은 匠人, '石'은 이름. 《莊子》人間世에 "匠石之齊, 至

於曲轅, 見櫟社樹. 其大蔽數千牛, 絜之百圍, 其高臨山, 十仞而後有枝, 其可以爲舟
者旁十數. 觀者如市, 匠伯不顧, 遂行不輟. 弟子厭觀之, 走及匠石, 曰:「自吾執斧斤
以隨夫子, 未嘗見材如此其美也. 先生不肯視, 行不輟, 何邪?」曰:「已矣, 勿言之矣!
散木也, 以爲舟則沈, 以爲棺槨則速腐, 以爲器則速毀, 以爲門戶則液樠, 以爲柱則
蠹. 是不材之木也, 無所可用, 故能若是之壽.」라 하였음.《眞寶》注도 같으며 "伯
樂, 事見下卷(〈雜說〉)"이라 함. '不睨'는 거들떠보지도 않음. '伯樂'은《淮南子》와
《列子》,《莊子》 등에는 춘추시대 秦 穆公 때 사람으로 相馬에 뛰어났던 孫陽(자
는 伯樂)이라 하였고,《荀子》와《呂氏春秋》 등에는 춘추 말 趙簡子의 마부였던
王良을 가리키는 것으로도 보았음. 그러나 뒤에 의술에 뛰어난 명의를 '扁鵲'이
라 하듯이 말에 대해 아주 잘 아는 자를 일컫는 사람을 지칭하는 의미로 널리
쓰임. 원래는 별 이름으로 天馬를 관장하였다 함. 그 뒤 知己, 知人의 뜻으로 쓰
이기도 함. 韓愈의《雜說》에 "世有伯樂, 然後有千里馬, 千里馬常有而伯樂不常有.
故雖有名馬, 秖辱於奴隸人之手, 駢死於槽櫪之間, 不以千里稱也"라 함.

【知其非棟梁之材, 超逸之足也】'棟梁'은 용마루와 들보. 아주 좋은 재목감을 뜻함.
'超逸之足'은 빠른 발을 가진 말. 駿馬나 千里馬.

【以某在公之宇下非一日, 而又辱居姻婭之後】'某'는 아무개. 韓愈가 이 推薦書를 통
해 추천하려는 사람. '宇下'는 '屋宇之下'와 같음.《左傳》昭公 13년 "諸侯事晉, 未
敢攜貳, 況衛在君之宇下, 敢異志?"의 注에 "屋宇之下"라 함. '辱居姻婭之後'는 욕
되게 인적 관계로서 뒷자리에 있음. 추천서를 받을 사람과 추천 대상이 姻戚관
계임을 겸손하게 표현한 것임. '姻婭'는《詩》節南山에 "式夷式已, 無小人殆. 瑣瑣
姻亞, 則無膴仕"라 하였고,《爾雅》에 "婿之父曰姻, 兩婿相謂曰婭"라 하여 인척을
뜻하는 雙聲連綿語로 볼 수 있음.

【是生于匠石之園, 長于伯樂之廐者也】'廐'는 마구간.

【於是而不得知, 假有見知者千萬人, 亦何足云耳】'假'는 설령. 가령. '耳'는《昌黎文
集》에는 '爾'로 되어 있으며, 注에는 "一無爾字"라 함.

【今幸賴天子每歲詔公卿大夫貢士】'貢士'는 선비를 뽑아 올려 조정에 천거하는 公
卿大夫의 임무.《禮記》射儀에 "射者, 男子之事也, 因而飾之以禮樂也. 故事之盡禮
樂, 而可數爲, 以立德行者, 莫若射, 故聖王務焉. 是故古者天子之制, 諸侯歲獻貢士
於天子, 天子試之於射宮. 其容體比於禮, 其節比於樂, 而中多者, 得與於祭"라 함.

【若某等比, 咸得以薦聞】'若某等比'는 某와 비슷한 사람. '等比'는 대등하여 나란함.

【是以冒進其說, 以累於執事】'冒進其說'은 무릅쓰고 그러한 이야기를 올림. '累於

執事'는 집사에게 누를 끼침. '執事'는 일을 맡은 사람. '有司'와 같음. 여기서는 貢擧를 맡은 자를 가리킴.

【亦不自量已, 然執事其知某何如哉】 '不自量'은 스스로를 헤아리지 못함. 자신의 행동을 겸손히 말한 것. '何如哉'는 《昌黎文集》에는 '如何哉'로 되어 있음. 《別本韓文考異》와 《東雅堂昌黎集註》 등에는 "諸本皆如此. 方獨從〈閣〉, 〈杭本〉, 以'其知某如何哉'爲'其如某何哉', 而無'昔人以下四十三字'"라 하여 이 뒤의 구절은 없었다고 함.

【昔人有鬻馬不售於市者, 知伯樂之善相也】 《戰國策》 燕策(2)에 "蘇代爲燕說齊, 未見齊王, 先說淳于髡曰:「人有賣駿馬者, 比三旦立市, 人莫之知. 往見伯樂曰:『臣有駿馬, 欲賣之, 比三旦立於市, 人莫與言, 願子還而視之, 去而顧之, 臣請獻一朝之賈.』 伯樂乃還而視之, 去而顧之, 一旦而馬價十倍. 今臣欲以駿馬見於王, 莫爲臣先後者, 足下有意爲臣伯樂乎? 臣請獻白璧一雙, 黃金千鎰, 以爲馬食.」 淳于髡曰:「謹聞命矣.」 入言之王而見之, 齊王大說蘇子."의 고사를 말함. 《眞寶》 注에도 "《春秋後語》: 蘇代欲見齊王, 齊王怨蘇秦, 欲用蘇代, 不說見. 代乃說淳于髡曰:「人有賣駿馬者, 比三旦立於市, 人莫與言. 及伯樂還而視之, 去而顧之, 一旦而馬價十倍. 足下有意爲臣伯樂乎?」라 하였으며, 여기의 《春秋後語》는 《戰國策》의 異稱임. 전국시대에 蘇代가 齊王을 만나기 위해 먼저 淳于髡에게 이 고사를 거론하여 목적을 이룬 계책. '鬻馬'의 '鬻'은 賣의 뜻. '不售'는 팔리지 않음.

【某與其事頗相類, 是故始終言之耳】 '某與其事'의 '其事'는 백락이 말을 파는 사람을 돌보아준 역할. '相類'는 相似, 類似와 같음. '言之'는 伯樂의 고사를 거론함. 한편 이 뒤에 모든 원문에는 '某再拜'의 세 글자가 더 있음.

### 참고 및 관련 자료

1. 작자: 韓愈(韓退之) 022 참조.

2. 이 글은 《五百家注昌黎文集》(18), 《別本韓文考異》(18), 《東雅堂昌黎集註》(18), 《文苑英華》(689), 《唐宋八大家文鈔》(3), 《文章辨體彙選》(217), 《文編》(50), 《事文類聚》(前集 30), 《野客叢書》(19), 《記纂淵海》(70), 《淵鑑類函》(141, 310) 등에 실려 있음.

# 027. <答陳商書> ·················· 韓退之(韓愈)
## 진상에게 보내는 답글

*<答陳商書>: 韓愈가 國子先生으로 있을 때 陳商이 글을 보내오자 이에 답한 것
임. 陳商은 唐 德宗 때 馬仁山에 은거하며 박학다식하여 그를 찾아 배우는 사
람이 많았음. 뒤에 조칙에 의해 元和 9년(814) 進士에 급제하였으며 그의 《陳商
集》 17권이 《唐書》 藝文志에 저록되어 있음. 그는 등용 전에 몹시 난해한 문장
을 즐겨 썼으며, 이것이 세상에 맞지 않음을 알고 한유에게 가르침을 청한 것
임. 이에 한유는 이 글로써 그에게 답신을 보낸 것임. 《萬姓統譜》에 "陳商, 德宗
時與王沖霄同隱馬仁山, 江表從學者衆, 後應詔射策, 仕至卿"이라 하였으며,
《五百家注昌黎文集》에는 "<集注>: 商元和九年進士, 會昌五年爲侍郎, 典貢擧. 此
書乃商未第前, 以文求益於公, 而公爲國子先生時作也"라 함.
*《眞寶》注에 "以明理之文而求仕於當世, 不投時好, 如操瑟而立於齊門, 不能投合
齊王之好竽. 然君子之所守, 不隨時而爲之遷就"라 함.

유愈가 아룁니다.

보내주신 서신은 어의語義가 높고 뜻이 깊어 서너 차례 읽었으나 그
래도 아직 시원하게 이해할 수가 없어, 망연히 부끄러움에 얼굴이 더욱
붉어집니다.

또한 저의 천하고 결점이 많으며 남다른 지혜와 식견이 없음을 인정
하지 아니하시고, 게다가 그대가 지키는 바로써 저를 일깨워주시니 아
주 다행입니다!

그러니 제가 감히 진실한 감정을 토로하지 않을 수 있겠습니까마는,
그러나 저는 그대께서 바라는 바에 보탬이 되기에 부족함을 스스로 잘
알고 있습니다.

제齊나라 왕은 우竽를 좋아하였는데, 벼슬을 구하려는 어떤 사람이
슬瑟을 가지고 가서 3년을 왕의 궁문에 서 있었으나 들어갈 수 없었

지요.

그러자 그는 이렇게 질책했습니다.

"내가 슬을 연주하면 능히 귀신도 오르내리게 할 수 있고, 내가 연주하는 슬은 헌원씨軒轅氏의 율려律呂와 맞는다."

그러자 한 객客이 이렇게 그를 꾸짖었지요.

"왕께선 우를 좋아하시는데, 그대는 슬을 연주하였소. 슬 연주가 비록 뛰어나다 해도 왕께서 좋아하시지 않음을 어찌하겠소?"

이것은 이른바 슬 연주에는 뛰어났지만, 제나라에서 벼슬을 구하는 데에는 훌륭하지 못하다는 것입니다.

지금 이 세상에서 진사進士로 천거되어 이록利祿을 구하여, 도를 이 세상에 실행하려 하면서 문장을 지음에는 모름지기 세상 사람들이 좋아하지 않도록 한다면, 슬을 가지고 제나라 궁문 앞에 서 있던 사람과 비교가 되지 않을 수 있겠습니까?

문장은 진실로 뛰어나다 하더라도 벼슬을 구하는 데에는 불리한데도, 구하여 얻지 못하면 노하고 게다가 원망까지 하니, 군자로서 반드시 그렇게 해야 하는지 그렇게 하지 말아야 하는지 모르겠습니다.

그 까닭으로 구구區區한 심정으로 매번 저를 찾아오는 사람은, 모두가 어리석은 저에게 뜻한 바가 있어서일 것입니다.

그러므로 사양치 않고 저는 모든 말을 다 하는 것이오니, 오직 그대께서는 너그러이 살펴주시기를!


愈白:

辱惠書, 語高而旨深, 三四讀, 尚不能通曉, 茫然增愧赧.

又不以其淺弊, 無過人智識, 且喩以所守, 幸甚!

愈敢不吐露情實, 然自識其不足補吾子所須也.

齊王好竽, 有求仕於齊者, 操瑟而往, 立王之門三年, 不得入.

叱曰「吾瑟鼓之, 能使鬼神上下; 吾鼓瑟, 合軒轅氏之律呂.」

客罵之曰：「王好竽，而子鼓瑟，瑟雖工，如王之不好何？」

是所謂工於瑟而不工於求齊也．

今舉進士於此世，求祿利行道於此世，而爲文必使一世人不好，得無與操瑟立齊門者比歟？

文誠工，不利於求；求不得，則怒且怨，不知君子必爾爲不也．

故區區之心，每有來訪者，皆有意於不肖者也．

略不辭讓，遂盡言，惟吾子諒察！

【愈白：辱惠書，語高而旨深】'白'은 '말씀드리다, 고하다'의 뜻. '辱惠書'의 '辱'은 남이 편지를 보내준 것에 대한 고마움을 겸손하게 표현한 것. '惠書'는 남의 편지를 높여 부른 것. '語高而旨深'은 語義가 높고 뜻이 심원함.

【三四讀，尙不能通曉，茫然增愧赧】'尙'은 '그래도, 아직, 오히려' 등의 뜻. '通曉'는 훤하게 이해함. '愧赧'은 부끄러워 얼굴이 붉어짐.

【不以其淺弊，無過人智識】나는 얕고 폐단이 있으며 남을 뛰어넘는 지혜나 식견이 없음에도 그대가 그렇게 여기지 않음.

【且喩以所守，幸甚】그대가 지키는 바로써 나를 깨우쳐 주니 매우 다행스럽게 여김.

【愈敢不吐露情實】'敢不'은 疑問文을 형성함. '吐露'는 《別本》과 《東雅堂》, 《五百家注》 등에는 모두 '吐'로만 되어 있음. '情實'은 정의 진실함.

【然自識其不足補吾子所須也】'自識'은 '나 스스로 인식하고 있음. 알고 있음. '吾子'는 상대를 높여 부르는 親密語. '所須'는 기다리는 바, 바라는 바. 《眞寶》注에 "須, 待也"라 하였으며, 《韓昌黎集》注에는 "須, 求也. 意所欲也"라 함.

【齊王好竽】이 고사는 《韓非子》(30) 內儲說上에 실려 있음. "齊宣王使人吹竽, 必三百人. 南郭處士請爲王吹竽, 宣王說之, 廩食以數百人. 宣王死, 湣王立, 好一一聽之, 處士逃. 一曰：韓昭侯曰：「吹竽者衆, 吾無以知其善者.」 田嚴對曰：「一一而聽之.」"라 하였고, 《眞寶》注에도 "《韓子》十三篇：齊宣王好竽, 南郭先生不知竽, 而濫於三百人之中以吹食祿"이라 함. 그러나 본 문장 내용과 일치하지는 않으며 齊王(齊宣王)이 竽를 좋아하였는데 엉뚱하게 瑟을 가지고 찾아갔다면 성공하지 못할 것이라는 寓言을 韓愈가 지어서 말한 것임. '竽'는 笙과 함께 管樂器 피리의 하나이며 36管으로 되어 있고 合奏에서 다른 악기를 領導하는 역할을 함. '瑟'은 絃樂器의 한 가지로 25현의 琴. '鬼神上下'는 《禮記》樂記에 "及夫禮樂之極乎天, 而蟠

乎地, 行乎陰陽而通乎鬼神, 窮高極遠而測深厚"라 함. '軒轅氏'는 고대 五帝의 하나인 黃帝. 그의 신하 伶倫이 명을 받고 陽의 六律과 陰의 六呂를 정하였다 함. '律呂'는 원래 고대 樂律의 음계를 조절하는 기구로서 대나무나 금속관으로 만들었으며 모두 12개. 그 구멍의 크기에 따라 음의 고도를 정하여 다른 악기의 음가를 정하는 것. 그중 홀수 6개를 '律', 짝수 6개를 '呂'라 하며 이를 합하여 '律呂'라 함. 이를 12달과 배합하여 《呂氏春秋》音律에는 黃鐘, 大呂, 太簇, 夾鐘, 姑洗, 仲呂, 蕤賓, 林鐘, 夷則, 南呂, 無射, 應鐘이라 하였으며, 이에 따라 "仲冬日短至, 則生黃鐘; 季冬生大呂, 孟春生太簇, 仲春生夾鐘, 孟夏生仲呂, 仲夏日長至, 則生蕤賓, 季夏生林鐘, 孟秋生夷則, 仲秋生南呂, 季秋生無射, 孟冬生應鐘"이라 함. 한편 고대 동짓날 바람이 통하지 않는 밀실에서 갈대 껍질을 태운 재로 六律에 맞게 대롱을 책상에 올려놓은 다음 어느 율에 재가 흩날리는가를 보고 음의 고저를 맞추고 아울러 절기를 예측했다 함. 《漢書》律曆志(上) 참조. 《幼學瓊林》에 "冬至到而葭灰飛, 立秋至而梧葉落"라 함. 《眞寶》注에 "《前》律曆志: 陽六爲律, 陰六爲呂. 黃帝之所作也. ○疊山譬喩學孟子"라 함. '皷瑟'의 皷(鼓)는 '악기를 연주하다'의 뜻임.

【如王之不好何】 '如何'의 如와 何 사이에 目的語를 넣은 구문임.

【是所謂工於瑟而不工於求齊也】 '工'은 뛰어남. 工巧함. '求齊'는 齊나라에서 벼슬을 구하는 일. 《眞寶》注에 "謝(謝疊山, 謝枋得)云: 文婉曲有味"라 함.

【今學進士於此世, 求祿利行道於此世】 '求祿利'는 녹의 이익을 구함.

【而爲文必使一世人不好】 '爲文'은 문장을 지음. 그 문장 속의 내용이 지금 한 세상 사람들이 좋아하지 않도록 함. 그러한 문장을 지어 자신의 뜻을 고집함.

【得無與操瑟立齊門者比歟】 '得無與 —比歟'는 '비교가 되지 않을 수 있겠는가?'의 反語法 문장. '歟'는 疑問, 혹은 反語 語氣辭.

【文誠工, 不利於求; 求不得, 則怒且怨】 '文誠工'은 《別本》에는 '文雖工'으로 되어 있으며, 注에 "雖, 或作誠, 或雖上有誠字"라 함. '不利於求'는 (문장이 비록 훌륭하나) 벼슬을 구하는 데에 도리어 불리함. 이는 문장이 훌륭한 것이 아니라 요령을 모르는 無知임을 말한 것.

【不知君子必爾爲不也】 '君子'는 군자를 자칭하는 자. '必爾爲不'은 반드시 그렇게 해야 하는지, 아니면 그렇게 하지 말아야 하는지에 대한 것. '爾'는 然의 뜻. 《眞寶》注에 "文婉曲而有味"라 함.

【故區區之心, 每有來訪者, 皆有意於不肖者也】 '區區'는 작고 변변치 못한 모습. '每

有來訪者'는 매번 자신 한유를 찾아오는 자. 《昌黎集》에는 "來, 一作求"라 함. '有意'는 자신 한유에게 요구하는 바가 있음. 무언가를 바라기 때문에 찾아오는 것. '不肖者'는 못난 사람. 한유가 자신을 가리킴. '不肖'는 不肖其父의 줄인 말.

【略不辭讓, 遂盡言, 惟吾子諒察】'盡言'은 말을 남김없이 다함. 하고 싶은 말을 숨김없이 내뱉음. '諒察'은 너그러이 살펴주기를 바라는 謙語. 한편 《五百家注》에는 이 다음 끝말로 "愈頓首", 《別本》과 《東雅堂》에는 "愈白" 등의 글자가 더 있음.

### 참고 및 관련 자료

1. 작자: 韓愈(韓退之) 022 참조.

2. 이 글은 《五百家注昌黎文集》(18), 《別本韓文考異》(18), 《東雅堂昌黎集註》(18), 《古文關鍵》(上), 《古文集成》(16), 《文章軌範》(1), 《文編》(48), 《唐宋八大家文鈔》(5) 등에 실려 있음.

# 028. <與孟簡尚書書> ·················· 韓退之(韓愈)
## 상서 맹간孟簡에게 보내는 글

＊<與孟簡上書書>: 孟簡은 자가 幾道이며 德州 平昌 사람. 孟郊(東野)의 從叔. 불교를 신봉하여 劉伯芻, 歸登, 蕭俛 등과 佛經을 번역하기도 하였으며, 尙書省 戶部侍郎을 역임하였음. 《舊唐書》(163), 《新唐書》(160)에 傳이 있음. 韓愈가 <論佛骨表>를 올려 불교를 반대하자 憲宗이 한유를 潮州로 귀양 보냈는데 그곳에서 한유가 도리어 승려 太顚과 교유하자, 맹간이 한유가 그동안 고집해온 排佛思想을 의심하여 서신을 보낸 것임. 그러자 한유가 이 글을 통해 儒學의 정통을 지키는 입장을 밝힌 것임. 한편 한유의 여러 문집에는 제목이 <與孟上書書>로 '簡'자가 생략되어 있음. 《東雅堂昌黎集註》에 "孟下一有'簡'字. 孟簡字幾道, 德州 平昌人, 最嗜佛, 嘗與劉伯芻, 歸登, 蕭俛譯次梵言者. 公元和十四年, 以言佛骨貶潮州, 與潮僧太顚遊, 人遂云奉佛氏. 其冬移袁州, 明年簡移書言及, 公作此書答之"라 함.

＊《眞寶》注에 "唐憲宗, 自鳳翔迎佛骨入宮, 韓公上表乞以此骨, 投之於水火, 因此得罪, 貶守潮州, 州有僧號太顚, 公召與之游. 及自潮移袁州, 又留衣贈別, 故人傳公, 因攻佛遭貶, 信奉釋氏. 孟簡者, 孟郊之從叔也, 以書問此事, 故公答書力辨之. 朱文公(朱熹)考異中, 有一段議論甚妙. 今載于後. ○樓迂齋(樓昉)曰:「出脫孟子, 是自出脫; 推尊孟子, 亦是自推尊.」文字抑揚, 此篇須看大開闔. ○愚謂攘斥佛老, 乃公平生大節, 公文字及此者, <答張籍書>最先, <原道>次之, <佛骨表>又次之, 此書最後作者也"라 함.


(한유가 아룁니다. 관직 일로 남쪽[潮州]으로부터 돌아오면서 길주吉州를 지나던 길에, 그대의 편지를 받아 여러 번 읽어보게 되어 기쁨과 송구스러움이 함께 다가오더이다. 곧 가을로 접어드는데 잠과 식사는 어떠하신지 미처 살피지 못했습니다. 엎드려 빌건대 만복이 있으시기를! 편지에 일러주시기를)

제가 그대의 편지를 받아보았더니 "어떤 사람이 '한유가 근래 불교를 조금 믿더라'라고 전해 주는 자가 있었다" 하셨는데, 이는 잘못된 말입니다.

조주潮州에 머물 때 호를 태전太顚이라 하는 한 노승이 있었는데 자못 총명하고 도리를 잘 알고 있어, 제가 먼 객지에서 함께 이야기할 만한 사람도 없었던 터라, 그를 산중으로부터 조주 외성外城으로 오도록 불러 십 며칠 동안 머물게 하였지요, (그는) 참으로 육신肉身을 안중에 두지 않고, 이치로서 스스로를 이겨내며 사물로부터 혼란스러움侵亂을 받지 않더이다.

그와 더불어 이야기를 나누면서 비록 모든 것을 이해하지는 못하였으나, 요컨대 흉중으로부터 걸리거나 막힘이 없었으니, 아주 대단한 경지라고 여겨 그 때문에 왕래하게 된 것이지요.

그러다가 해신海神에게 제사를 지내러 바닷가에 이르러 드디어 그의 움막을 방문하기도 하였으며, 원주袁州로 오게 되자 제가 입던 의복을 남겨놓고 작별하였는데, 이는 사람으로서의 정이었을 뿐, 불법을 숭상하여 믿거나 복전福田의 이익을 구하고자 함이 아니었습니다.

공자도 "내 기도해온 지 오래되었다" 하였으니, 무릇 군자라면 몸소 행하고 자신을 세움에 저절로 법도가 있게 마련이며, 성현이 한 일과 업적이 모두 방책方冊에 갖추어져 있어, 그것을 본받으면 되고 스승으로 삼으면 되며, 하늘을 우러러 부끄러움이 없고, 땅을 굽어보아 부끄러움이 없으며, 안으로 자신의 마음에 부끄러움이 없이 선을 쌓거나 악을 쌓음에 재앙과 경사가 저절로 각기 그 유별에 따라 이른다고 여기면 되는 것이지, 어찌 성인의 도를 저버리고 선왕의 법을 내팽개치고 이적夷狄의 가르침을 좇아 복과 이익을 구하겠습니까?

《시詩》에 이르지 않았습니까? "떳떳한 군자여, 복을 구함에 그릇되거나 비뚤어짐이 없네!"라고. 《전傳》에도 "위협을 두려워하지 아니하고, 이익에 갈등을 느끼지 않는다" 하였습니다.

이를테면 석씨釋氏가 사람에게 재난이나 복을 줄 수 있다 하더라도,

도道를 지키는 군자라면 두려워할 바가 아닌데, 하물며 수천만 번 그런 논리란 있을 수 없음에야 말입니다!

게다가 저 부처라는 자는 과연 어떤 사람입니까? 그가 행한 일이 군자와 비슷합니까? 아니면 소인과 비슷합니까?

만일 군자라면 틀림없이 도를 지키는 사람에게 마구 재앙을 내리지 않을 것이며, 만약 소인이라면 그의 몸은 이미 죽었고 그 귀신은 신령스럽지 않을 것입니다.

천신지지天神地祇가 밝게 퍼져 있고 빽빽이 나열되어 살피고 있으니 속일 수도 없을 터이며, 또 어찌 그 귀신으로 하여금 자신의 가슴속에 품고 있는 생각대로 행하며, 그 사이에서 위엄과 복을 만들어내게 할 수 있도록 두겠습니까?

앞으로 가거나 물러서나 근거할 바가 없는데도 이를 믿고 받든다면 역시 미혹된 것입니다.

게다가 제가 불교를 동조하지도 않고 이를 배척하는 데는 역시 그 논리가 있습니다.

《맹자孟子》에 "지금 천하는 양주楊朱의 논리에 휩쓸리지 않으면 묵적墨翟의 논리에 휩쓸리고 있다" 하였습니다.

양주와 묵적의 논리가 엇갈려 혼란을 일으키자, 성현의 도가 밝혀질 수 없었고, 성현의 도가 밝혀지지 못하자 삼강三綱이 윤함淪陷되고 구법九法이 무너졌으며, 예악禮樂이 붕괴되어 이적夷狄이 횡행하게 되었으니, 어찌 거의 금수禽獸에 가깝지 않을 수 있겠습니까?

그 때문에 "양주와 묵적의 논리를 막아야 한다고 말할 수 있는 자는 성인의 무리"라고 말한 것입니다.

양웅揚雄은 "옛날 양주와 묵적의 논리가 길을 메우고 있을 때, 맹자가 말로써 들고 일어나 길을 훤히 터놓았다" 하였습니다.

무릇 양주와 묵적의 이론이 행해지면서 왕도王道가 폐기되었고, 게다가 앞으로 수백 년이 지나 진秦나라에 이르자 마침내 선왕先王의 법이 멸실되어 경서經書를 불태워 없애고 선비들을 구덩이에 묻어 죽여, 천하는 드디어 큰 혼란에 빠지게 되었습니다.

진나라가 멸망하고 한漢나라가 일어나고 또 백년이 지나도록 아직도 선왕의 도를 닦고 밝힐 줄 모르다가, 그 뒤 비로소 〈협서지율挾書之律〉을 해제하고 차츰 사라진 책들을 찾았으며, 학자들을 불러들여 비록 경서들을 조금 찾아내기는 하였으나, 그래도 모두가 완전하지 못한 것들로 열에 두셋도 없는 상태였지요.

또한 학자들은 거의가 늙어 죽었고 새로운 학자들은 온전한 경서들을 볼 수가 없어, 능히 선왕들의 일을 완전히 알 수가 없는 상황에서, 저마다 자신들의 본 것을 지키느라 학파가 분리되고 어긋나며, 간격이 생겨 합당하지도 못하였고, 공인도 얻지 못하여 요·순 삼왕三王 등의 여러 성인들의 도가 크게 무너져버리고 말았던 것입니다.

후세의 학자들은 찾고 따를 것이 없어 오늘에 이르도록 민멸泯滅된 상태입니다.

그 재앙은 바로 양주와 묵적의 이론이 마구 횡행하고 있었음에도 이를 억제하지 못한 데에서 나온 것입니다.

맹자는 비록 성현聖賢이었지만 그럴 만한 힘을 가진 지위를 얻지 못하여, 헛되이 말로만 했을 뿐 시행은 할 수가 없었으니, 비록 절실하기는 했으나 무슨 보탬이 되었겠습니까?

그러나 그의 말에 힘입어 지금 학자들은 그래도 공자를 종주로 여기고, 인의를 숭상하며, 왕도를 귀히 여기고, 패도를 천히 여길 줄 알게 되었을 따름입니다.

그러나 대경大經과 대법大法은 모두가 사라져 멸실된 채 구제할 수가 없고, 파괴되고 문드러진 채 거두어들일 수 없어, 이른바 '천에 열, 백에 하나 남았다'는 것이니, '길을 훤히 터놓았다'는 것이 어디 있습니까?

그렇지만 만일 맹자가 없었다면 우리는 모두가 옷깃을 왼쪽으로 맨 채 만이蠻夷처럼 중얼거리는 말을 하고 있을 것입니다.

그러므로 제가 늘 맹자를 추존推尊하며, 그의 공은 우禹보다 아래가 아니라고 여기는 것은 바로 이 때문입니다.

한漢나라 이래로 많은 유학자들이 조금씩 수정하고 보충하였으나, 백 군데에 뚫린 구멍과 천 군데의 상처를 가진 채로 난亂을 따라 망실亡失되어가고 있어, 그 위험은 마치 천균千鈞의 무게를 머리카락 한 줄로 끌어당기는 것과 같더니, 그렇게 면면히 이어오던 것조차 차츰 희미해지며 마멸되어 가고 있습니다.

이러한 때 그 사이에 불교와 도교를 제창하며 천하의 군중을 고무시켜 이를 따르고 있으니, 아! 그 또한 불인不仁함이 심합니다.

불교나 도교의 폐해는 양주나 묵적보다 심한데, 저의 현명함은 맹자에 미치지 못하고, 맹자도 없어지기 전에는 이를 구제하지 못하였는데, 저는 이에 이미 파괴된 뒤에 이를 온전히 하고자 하니, 아! 그 또한 힘을 헤아리지 못한 것이요, 게다가 제 자신이 위험해질 것을 보고는 죽음으로써 구제하겠다고 나서지 못하고 있는 것입니다.

비록 그렇기는 하지만 그 도가 저로 말미암아 거칠게나마 전해진다면, 비록 멸하여 죽더라도 절대로 한이 없을 것입니다!

천지의 귀신이 위에 임하여 있고 곁에서 이를 질정해 주고 있는데, 또한 어찌 한 번 꺾였다고 스스로 그 도를 무너뜨려 사악한 것을 따를 수 있겠습니까?

장적張籍이나 황보식皇甫湜과 같은 사람들이 비록 저에게 여러 번 가르침을 주었으나, 과연 제가 배반하고 떠나버릴지 그것은 알 수 없습니다!

그대가 두텁게 아껴주심을 욕되게 하여 명령을 제대로 받아내지 못함에, 오직 부끄러움과 두려움만 더해갈 뿐입니다.

죽을죄를 짓고 죽을죄를 짓나이다! (한유재배)

(愈白: 行官自南回, 過吉州, 得吾兄二十四日手書, 數番, 忻悚兼
至, 未審入秋來眠食何似, 伏維萬福! 來示云:)

蒙惠書云「有人傳愈近少奉釋氏」者, (此傳之者)妄也.

潮州時, 有一老僧號太顚, 頗聰明, 識道理, 遠地無所可與語者,
故自山召至州郭, 留十數日, 實能外形骸, 以理自勝, 不爲事物侵亂.

與之語, 雖不盡解, 要自胷中, 無滯礙; 以爲難得, 因與往來.

及祭神至海上, 遂造其廬, 及來袁州, 留衣服爲別, 乃人之情, 非
崇信其法, 求福田利益也.

孔子云「丘之禱久矣」, 凡君子行己立身, 自有法度, 聖賢事業, 具
在方冊, 可效可師; 仰不愧天, 俯不愧人, 內不愧心, 積善積惡, 殃
慶自各以其類至, 何有去聖人之道, 捨先王之法, 而從夷狄之敎,
以求福利也?

《詩》不云乎?「愷悌君子, 求福不回!」《傳》又曰:「不爲威惕, 不爲
利疚.」

假與釋氏能與人爲禍福, 非守道君子之所懼也, 況萬萬無此理!

且彼佛者, 果何人哉? 其行事類君子邪? 小人邪?

若君子也, 必不妄加禍於守道之人; 如小人也, 其身已死, 其鬼
不靈.

天地神祇, 昭布森列, 非可誣也; 又肯令其鬼行胷臆, 作威福於
其間哉?

進退無所據, 而信奉之, 亦且惑矣.

且愈不助釋氏而排之者, 其亦有說.

孟子云:「今天下不之楊, 則之墨.」

楊墨交亂, 而聖賢之道不明, 聖賢之道不明, 則三綱淪而九法

斁, 禮樂崩而夷狄橫, 幾何其不爲禽獸也!」

故曰:「能言距楊墨者, 聖人之徒也.」

揚子雲曰:「古者, 楊墨塞路, 孟子辭而闢之, 廓如也.」

夫楊墨行, 王道廢, 且將數百年, 以至於秦, 卒滅先王之法, 燒除
經書, 坑殺學士, 天下遂大亂.

及秦滅漢興, 且百年, 尚未知脩明先王之道; 其後始除<挾書之
律>, 稍求亡書, 招學士, 經雖少得, 尚皆殘缺, 十亡二三.

故學士多老死, 新者不見全經, 不能盡知先王之事, 各以所見爲
守, 分離乖隔, 不合不公, 二帝三王羣聖人之道, 於是大壞.

後之學者, 無所尋逐, 以至于今, 泯泯也.

其禍出於楊墨肆行而莫之禁故也.

孟子雖聖賢, 不得位, 空言無施, 雖切何補?

然賴其言, 而今學者尚知宗孔氏, 崇仁義, 貴王賤霸而已.

其大經大法, 皆亡滅而不救, 壞爛而不收, 所謂'存十一於千百',
安在其能'廓如也?

然向無孟氏, 則皆服左衽而言侏離矣.

故愈常推尊孟氏, 以爲功不在禹下者, 爲此也.

漢氏以來, 羣儒區區脩補, 百孔千瘡, 隨亂隨失, 其危如一髮引千
鈞, 緜緜延延, 寖以微滅.

於是時也, 而唱釋老於其間, 鼓天下之衆而從之, 嗚呼! 其亦不
仁甚矣.

釋老之害, 過於楊墨, 韓愈之賢, 不及孟子; 孟子不能救之於未亡
之前, 而韓愈乃欲全之於已壞之後, 嗚呼! 其亦不量其力, 且見其
身之危, 莫之救以死也.

雖然, 使其道由愈而粗傳, 雖滅死, 萬萬無恨!

天地鬼神, 臨之在上, 質之在傍, 又安得因一摧折, 自毀其道, 而從於邪也?

籍湜輩, 雖屢指教, 不知果能不叛去否!

辱吾兄眷厚, 而不獲承命, 唯增慚懼.

死罪死罪!

(愈再拜)


【蒙惠書云】'惠書'는 상대의 서신을 높여 부르는 말. 한편 韓愈의 《文集》및 여러 인용 원문에는 이 글의 시작이 "愈白: 行官自南回, 過吉州, 得吾兄二十四日手書, 數番, 忻悚兼至, 未審入秋來眠食何似, 伏惟萬福. 來示云"로 되어 있고, 그 뒤가 "有人傳愈近少信奉釋氏…"로 이어지며 《東雅堂昌黎集註》에는 "或無'吉州'二字. 下云: '被吾兄二十四日示, 披讀數番', 《閣》,《杭》本, 無'行官'至'來示'三十八字. 但云'蒙惠書', 今按《閣》,《杭》乃節本, 諸本乃其本文. 今从之. '信', '此傳之', 《閣》,《杭》,《蜀》本, 無此四字"라 함. 한편 '吉州'에 대해서는 "元和十五年, 貶太子賓客分司, 孟簡吉州司馬"라 하여 孟簡이 吉州司馬로 있었으며, 한유가 吉州를 지나던 길에 孟簡의 편지를 받았던 것으로 되어 있음. '吾兄'은 상대를 높여 부르는 칭호.

【「有人傳愈近少奉釋氏」者, 妄也】어떤 사람이 '한유가 근래 조금씩 불교를 신봉한다'고 孟簡에게 전해주는 자가 있어, 이 말을 맹간이 편지에 써서 한유에게 알려왔으나 이는 터무니없는 것이었음. '釋氏'는 佛陀, 釋迦牟尼의 '釋'자를 姓氏로 여겨 칭한 것. '妄也'는 원본에는 "此傳之者妄也"로 되어 있음.

【潮州時, 有一老僧號太顚, 頗聰明, 識道理】'潮州'는 지금의 廣東省 지명. 唐 憲宗이 元和 14년(819) 鳳翔으로부터 佛骨을 궁중으로 모셔 들이자, 韓愈가 〈論佛骨表〉를 올려 심한 말로 반대하였음. 이 일로 憲宗의 미움을 사서 潮州로 귀양 갔다가 이듬해 袁州로 옮겨졌음. 《東雅堂昌黎集註》에 "元和十四年正月, 公謫潮州"라 함. '太顚'은 潮州에 있던 승려의 법명. '頗'는 副詞로 '자못, 매우'의 뜻.

【遠地無所可與語者, 故自山召至州郭】'無所可與語者'는 먼 곳에 함께 이야기를 나눌 만한 사람이 없었음. '州郭'은 外城, 밖의 성. 城 안까지 맞아들이지 않았음을 말함.

【實能外形骸, 以理自勝, 不爲事物侵亂】'外形骸'는 肉身의 일은 도외시함. 육신의 죽음 등은 연연하지 않음. '事物侵亂'은 사물이 마음을 침범하거나 혼란스럽게

하지 않음. 《東雅堂昌黎集註》에 "司馬溫公〈書心經後〉曰: 「世稱韓文公不喜佛, 嘗排之. 予觀其〈與孟尚書〉論太顚云: '能以理自勝, 不爲事物侵亂', 乃知公於書無所不觀, 蓋嘗徧觀佛書, 取其精粹, 而排其糟粕耳. 不然, 何以知不爲事物侵亂, 爲學佛者所先耶?」"라 함.

【要自胷中, 無滯礙;以爲難得】'無滯礙'은 걸리거나 막힘이 없음. '難得'은 얻기 어려움, 대단함. 높은 경지에 이르렀음. 《眞寶》注에 "方氏刪'胷中無滯礙'五字"라 하여 이 5글자의 표현은 승려 太顚을 너무 稱譽한다고 여겨 삭제하였음. 그러나 朱熹는 "今按此書, 稱許太顚之語多, 爲後人妄意刪節, 失其正意. 若此語中刪去五字, 則'要自'以爲難得一句, 不復成文理矣. 蓋韓公之學, 見於〈原道〉者, 雖有以識夫大用之流行, 而於本然之全體, 則疑其有所未睹, 且於日用之間, 亦未見其有以存養省察而體之於身也. 是以雖其所以自任者, 不爲不重, 而其平生用力深處, 終不離乎文字言語之工. 至其好樂之私, 又未能自拔於流俗. 所與游者, 不過一時之文士, 其於僧道, 則亦僅得毛于暢觀靈惠之流耳. 是其身心內外, 所立所資, 不越乎此, 亦何所據, 以爲息邪距詖之本, 而充其所以自任之心乎? 是以一旦放逐, 憔悴無聊之中, 無復平日飲酒博奕過從之樂, 方且鬱鬱不能自遣, 而卒然見夫瘴海之濱, 異端之學, 乃有能以義理自勝, 不爲事物侵害之人. 與之語, 雖不盡解, 亦豈不足滌蕩情累, 而暫空其滯礙之懷乎? 然則凡此稱譽之言, 自不必諱, 而於公所謂不求其禍, 不畏其禍, 不學其道者, 初自不相妨也. 使公於此, 慨然因彼稊稗之有秋, 而悟我黍稷之未熟, 一旦飜然, 反求諸身, 以盡聖賢之蘊, 則彼所謂以理自勝, 不爲外物侵亂者, 將無復羡於彼, 而吾之所以自任者, 益恢乎其有餘地矣, 豈不偉哉!"라 하여 儒家의 義理로 대처할 수 있었다고 여겼음.

【及祭神至海上, 遂造其廬】'祭神至海上'의 '祭神至海上'은 海神에게 제사를 올리러 바닷가에 갔음. '造其廬'는 그의 움막을 찾아감. '造'는 訪, 至, 詣, 就 등의 뜻. 《眞寶》注에 "守潮至海上祭海神, 太顚廬在焉"이라 함.

【及來袁州, 留衣服爲別, 乃人之情, 非崇信其法, 求福田利益也】'袁州'는 지금의 江西省 宜春縣. '留衣服'은 한유가 자신의 옷을 남겨 그에게 줌. '福田'은 佛敎 用語로 《無量壽經》淨影의 疏에 따르면 공양을 잘하는 것은 밭에 농사를 지어 추수를 하는 것과 같음을 비유한 것이라 함.

【孔子云「丘之禱久矣」】《論語》述而篇에 "子疾病, 子路請禱. 子曰: 「有諸?」子路對曰: 「有之;誄曰: 『禱爾于上下神祇.』」子曰: 「丘之禱久矣.」"라 함.

【聖賢事業, 具在方冊, 可效可師】'方冊'은 책, 圖書, 記錄物. 《眞寶》注에 "方冊, 猶

簡冊"이라 함. '可效可師'는 가히 본받고 가히 스승으로 삼을 만함.《眞寶》注에
"詞意洒落"이라 함.

【仰不愧天, 俯不愧人, 內不愧心】《孟子》盡心(上)에 "孟子曰:「君子有三樂, 而王天下
不與存焉. 父母俱存, 兄弟無故, 一樂也. 仰不愧於天, 俯不怍於人, 二樂也. 得天下
英才而敎育之, 三樂也. 君子有三樂, 而王天下不與存焉.」"이라 함.

【愷悌君子, 求福不回】《詩》大雅 旱麓에 "莫莫葛藟, 施于條枚. 豈弟君子, 求福不回"
라 함. '愷悌'는 豈弟로도 표기하며 즐겁고 떳떳하며 의젓함을 뜻하는 疊韻連綿
語. '回'는 邪曲의 뜻. 그릇되거나 비뚤어짐.

【不爲威惕, 不爲利疚】《左傳》哀公 16년에 "勝曰:「不爲利諂, 不爲威惕, 不洩人言以
求媚者, 去之.」"라 하였고, 昭公 29년에는 "仲尼曰:「齊豹之盜, 而孟縶之賊, 女何弔
焉? 君子不食姦, 不受亂, 不爲利疚於回, 不以回待人, 不蓋不義, 不犯非禮.」"라 함.
'威惕'은 위협으로 인한 두려움. '利疚'는 이익 때문에 마음에 갈등을 느끼며 병
을 앓듯 함.

【假與釋氏能與人爲禍福】'禍福'은《別本韓文考異》와 일부 인용에는 '禍祟'로 되어
있고, 注에 "祟, 一作福"이라 하였으며,《昌黎文集》에는 "禍福, 一作禍祟"라 함.

【況萬萬無此理】하물며 절대로 이러한 이치는 있을 수 없음.《眞寶》注에 "再喚起"
라 함.

【其身已死, 其鬼不靈】그 몸은 이미 죽고 그 귀신은 靈驗하지도 않음.

【天地神祇, 昭布森列, 非可誣也】'神祇'는 天神과 地祇. '昭布森列'은 빈틈없이 빽
빽이 밝히고 살피고 있음. '非可誣也'는 속일 수 있는 것이 아님.《眞寶》注에 "語
壯"이라 함.

【又肯令其鬼行胷臆, 作威福於其間哉】'肯令'은 하도록 함을 肯許함. '其鬼'는 부처
가 죽어서 된 귀신. '胷臆'(胸臆)은 가슴속에 품은 생각. '其間'은 천신지기가 밝게
비추며 살피고 있는 틈새.

【進退無所據, 而信奉之, 亦且惑矣】《眞寶》注에 "關鎖上意"라 함.

【且愈不助釋氏而排之者, 其亦有說】'其亦有說'은 그에 대한 논리도 가지고 있음.
《眞寶》注에 "又喚起引孟子闢楊墨, 來比並說"이라 함.

【孟子云】《孟子》滕文公(下)에 "聖王不作, 諸侯放恣, 處士橫議, 楊朱、墨翟之言盈天
下. 天下之言, 不歸楊, 則歸墨. 楊氏爲我, 是無君也; 墨氏兼愛, 是無父也. 無父無君,
是禽獸也. 公明儀曰:『庖有肥肉, 廐有肥馬, 民有飢色, 野有餓莩, 此率獸而食人也.』
楊墨之道不息, 孔子之道不著, 是邪說誣民, 充塞仁義也. 仁義充塞, 則率獸食人,

人將相食. 吾爲此懼, 閑先聖之道, 距楊墨, 放淫辭, 邪說者不得作. 作於其心, 害於 其事;作於其事, 害於其政. 聖人復起, 不易吾言矣. 昔者, 禹抑洪水而天下平, 周公 兼夷狄驅猛獸而百姓寧, 孔子成《春秋》而亂臣賊子懼.《詩》云:『戎狄是膺, 荊舒是懲, 則莫我敢承.』無父無君, 是周公所膺也. 我亦欲正人心, 息邪說, 距詖行, 放淫辭, 以 承三聖者;豈好辯哉? 予不得已也. 能言距楊墨者, 聖人之徒也.」라 함. 孟子 그 무 렵에 楊朱와 墨翟의 이론이 천하에 가득 차서, 천하가 그 쪽으로 휩쓸리고 있었 음을 말함. '楊朱'는 戰國시대 衛나라 사람으로 爲我派의 대표적 인물.《列子》楊 朱篇이 있으며,《孟子》盡心(上)에 "孟子曰:「楊子取爲我, 拔一毛而利天下, 不爲 也.」"라 함. '墨翟'(B.C.501~B.C.416)은 墨子. 戰國시대 魯나라 사람으로 兼愛와 節 葬, 短喪, 非樂, 尙賢, 節用, 尊天 등을 주장하였던 墨家의 창시자.《墨子》가 전하 며 孟子는 "墨氏兼愛, 是無父也. 無父無君, 是禽獸也"라 혹독하게 비판함.

【三綱淪而九法斁】'三綱'은《禮記》樂記에 "然後聖人作爲父子君臣以爲紀綱"이라 하였고, 疏에《禮緯含文嘉》를 인용하여 "君爲臣綱, 父爲子綱, 夫爲婦綱"이라 하 였음. 한편《白虎通》三綱六紀에 "三綱者, 何謂也? 謂君臣·父子·夫婦也"라 하여 五倫과 함께 儒家의 대표적인 德目 조항임. '淪'은 물에 빠져 멸실됨. '九法'은《尙 書》洪範篇의 '九疇'로 천하를 다스리는 아홉 가지 원리. ①五行, ②敬用五事, ③ 農用八政, ④協用五紀, ⑤建用皇極, ⑥乂用三德, ⑦明用稽疑, ⑧念用庶徵, ⑨嚮用 五福의 아홉 가지 조목. '斁'(두)는 무너짐.《眞寶》注에 "斁, 敗也. 九法, 九疇也" 라 함.

【揚子雲】揚雄(B.C.53~A.D.18), 揚子. 자는 子雲. '楊雄'으로도 표기하며 蜀郡 成都 사람. 西漢 때 賦家, 哲學家.〈甘泉賦〉,〈羽獵賦〉 등과《太玄經》,《方言》,《法言(揚 子法言)》 등의 저술이 있음.《漢書》揚雄傳 참조. 흔히 '楊'과 '揚'은 混淆하여 썼음. 揚雄.《法言》吾子篇에 "虐政虐世, 然後知聖人之爲郛郭也. 古者, 楊墨塞路, 孟子 辭而闢之, 廓如也. 後之塞路者, 有矣"라 함. '塞路'는 올바른 길을 막음. '廓如'는 텅 비어 훤함. 길을 터서 훤하게 함.

【燒除經書, 坑殺學士】秦始皇의 '焚書坑儒'를 말함. 秦始皇은 34년(B.C. 213)에 李斯 의 건의에 의해 焚書를 하고 다음해 盧生 등이 始皇을 誹謗하고 도망가자 坑儒 를 감행하였음.《史記》秦始皇本紀에 "三十四年, 丞相李斯曰:「五帝不相復, 三代 不相襲, 各以治, 非其相反, 時變異也. 今陛下創大業, 建萬世之功, 固非愚儒所知. 且越言乃三代之事, 何足法也? 異時諸侯並爭, 厚招游學. 今天下已定, 法令出一, 百 姓當家則力農工, 士則學習法令辟禁. 今諸生不師今而學古, 以非當世, 惑亂黔首

丞相臣斯昧死言: 古者天下散亂, 莫之能一, 是以諸侯並作, 語皆道古以害今, 飾虛言以亂實, 人善其所私學, 以非上之所建立. 今皇帝并有天下, 別黑白而定一尊. 私學而相與非法敎, 人聞令下, 則各以其學議之, 入則心非, 出則巷議, 夸主以爲名, 異取以爲高, 率群下以造謗. 如此弗禁, 則主勢降乎上, 黨與成乎下. 禁之便. 臣請史官非秦記皆燒之. 非博士官所職, 天下敢有藏詩, 書, 百家語者, 悉詣守, 尉雜燒之. 有敢偶語詩書者棄市. 以古非今者族. 吏見知不擧者與同罪. 令下三十日不燒, 黥爲城旦. 所不去者, 醫藥卜筮種樹之書. 若欲有學法令, 以吏爲師.」制曰:「可.」라 하였고, 35년에 "(始皇)大怒曰:「吾前收天下書不中用者盡去之. 悉召文學方術士甚衆, 欲以興太平, 方士欲練以求奇藥. 今聞韓衆去不報, 徐市等費以巨萬計, 終不得藥, 徒姦利相告日聞. 盧生等吾尊賜之甚厚, 今乃誹謗我, 以重吾不德也. 諸生在咸陽者, 吾使人廉問, 或爲訞言以亂黔首」於是使御史悉案問諸生, 諸生傳相告引, 乃自除犯禁者四百六十餘人, 皆阬之咸陽, 使天下知之, 以懲後"라 함.

【挾書之律】책을 옆구리에 끼고 다니는 것조차 금하였던 秦始皇의 가혹한 학문 탄압 법령. 이는 漢 惠帝 4년에 해제되었음.《漢書》惠帝紀에 "四年, 三月甲子, 皇帝冠, 赦天下. 省法令妨吏民者;除挾書律"이라 함.

【尙皆殘缺, 十亡二三】'殘缺'은 없어지고 缺落됨. '十亡二三'은 열에 두셋도 없음. '亡'는 '무(無)로 읽음.

【分離乖隔, 不合不公】'分離乖隔'은 分化되고 離散되며 어그러지고 서로 막힘. '不合不公'은 합당하지 못하며 공인되지도 못함.

【二帝三王羣聖人之道, 於是大壞】'二帝'는 堯(陶唐氏)와 舜(有虞氏). 黃帝, 顓頊, 帝嚳과 함께 五帝의 마지막 두 帝王. '三王'은 夏禹, 商湯, 周文王과 武王으로 三代(夏, 殷, 周)의 開國 군주로 儒家에서 모두 王道政治를 실행한 聖人으로 추앙함.

【後之學者, 無所尋逐, 以至于今, 泯泯也】'尋逐'은 찾고 따라감. '泯泯'은 모두 泯滅됨.

【其禍出於楊墨肆行而莫之禁故也】'肆行'은 멋대로 마구 행함.

【孟子雖聖賢, 不得位, 空言無施, 雖切何補】'聖賢'은 賢聖으로 표기된 판본도 있음. '不得位'는 지위를 얻지 못함. 평민 신분이어서 자신의 도를 힘 있게 실행할 수 없었음을 뜻함. '位'는 자신의 바른 도를 펼 수 있는 권한을 부릴 수 있는 힘을 말함.

【尙知宗孔氏】'孔氏'는 孔子. 儒家를 뜻함.《眞寶》注에 "此難孟子, 乃意與辭不與"라 함.

【貴王賤霸】王道政治(三王)을 귀하게 여기고 霸道政治(五霸 등)를 천하게 여김. 王

道는 덕으로, 霸道는 힘으로 다스림을 말함.

【大經大法, 皆亡滅而不救, 壞爛而不收】 '大經大法'은 위대한 綱領과 옳고 큰 法度.

【所謂存十一於千百, 安在其能廓如也】 《眞寶》注에 "自'夫楊墨行'至此四十餘句, 皆是因子雲之說, 抑而難之, 下文只以兩句, 斡轉, 揚而許之, 可謂有千鈞筆力"이라 함.

【向無孟氏】 '지난날 맹자가 없었다면'의 뜻. '向'은 지난날. 《眞寶》注에 "向, 謂前時"라 함.

【服左袵而言侏離】 '左袵'은 옷깃을 왼쪽으로 여미어 입는 것. 夷狄들의 옷차림을 뜻함. 《論語》憲問篇에 "子貢曰:「管仲非仁者與? 桓公殺公子糾, 不能死, 又相之.」子曰:「管仲相桓公, 霸諸侯, 一匡天下, 民到于今受其賜. 微管仲, 吾其被髮左袵矣. 豈若匹夫匹婦之爲諒也, 自經於溝瀆而莫之知也?」"라 하였고, 注에 "袵, 衣衿也. 被髮左袵, 夷狄之俗也"라 함. '侏離'는 夷狄들의 말소리. 《後漢書》南蠻傳에 "衣裳班蘭, 語言侏離, 好入山壑, 不樂平曠. 帝順其意, 賜以名山廣澤. 其後滋蔓, 號曰蠻夷"라 하였고, 《搜神記》(14)에도 "衣服褊褾, 言語侏離, 飲食蹲踞, 好山惡都. 王順其意, 賜以名山廣澤, 號曰蠻夷"라 함. 《眞寶》注에 "《後漢書》語言侏離', 注: 蠻夷語聲"이라 함.

【功不在禹下】 그의 업적은 禹임금보다 아래 있지 않음. 禹임금보다 더 높음. '禹'는 夏禹氏. 夏나라의 시조. 《眞寶》注에 "禹有治水之功, 孟有闢楊墨之功; 洪水之害, 溺人之身; 楊墨心害, 溺人之心. 故曰'孟氏之功, 不在禹下'. 朱子曰:「邪說橫流, 壞人之術, 甚於洪水之災.」"라 함.

【羣儒區區脩補, 百孔千瘡】 '區區'는 변변찮은 모습. '百孔千瘡'은 백 개의 구멍과 천 개의 瘡傷.

【隨亂隨失, 其危如一髮引千鈞】 '一髮引千鈞'은 머리카락 한 가닥으로 천 균의 무게를 당김. 鈞은 무게의 단위로 30斤을 1鈞이라 함.

【緜緜延延, 寖以微滅】 '緜緜延延'은 끊이지 않고 계속 이어감. '寖'은 寢, 浸으로도 표기하며 '점점, 차츰, 조금씩' 등의 뜻. 《眞寶》注에 "寖, 猶漸也"라 함.

【於是時也, 而唱釋老於其間, 皷天下之衆而從之】 '釋老'는 불교와 도교. '皷'(鼓)는 앞의 '唱'과 대를 이루며 '鼓舞시키다'의 뜻. 《眞寶》注에 "皷, 謂鼓動"이라 함.

【且見其身之危, 莫之救以死也】 그 몸의 위험을 당하여 구제를 받지 못한 채 죽고 말 것임. '見'은 被動法 문장을 구성함.

【乃欲全之於已壞之後】 이미 무너진 뒤에 이를 온전히 하고자 함. 《眞寶》注에 "此數句以前後輕重, 難易錯綜, 議論妙. 程子曰:「佛氏之言, 比之楊墨, 尤爲近理, 所以

其害尤爲甚.」樓迂齋迂齋(樓昉)曰:「上說不及孟子, 此句微見失過之之意, 非道德過之用力過之也.」라 함.

【使其道由愈而粗傳, 雖滅死, 萬萬無恨】그 儒家의 도로 하여금 나로 말미암아 거칠게나마 후세에 전해지도록 한다면 비록 나는 죽더라도 전혀 한이 없을 것임. '粗傳'은 거칠게나마 후세에 전해짐. 《眞寶》注에 "此一轉尤妙, 可見術道之用. 但惜乎公之所以反諸身者, 不能如朱子之說, 是以雖能著術道之功於一時, 而無以任傳道之責於萬世, 雖然, 能言闢佛老者, 聖賢之徒也, 而況於公? 世之以儒名而溺於異敎者, 豈非孔子孟韓之叛卒也哉!"라 함.

【臨之在上, 質之在傍】'質'은 質正함. 고쳐짐. 확인됨. 《眞寶》注에 "質, 猶訂參"이라 함.

【籍湜輩, 雖屢指敎, 不知果能不叛去否】籍湜은 張籍과 皇甫湜. 張籍은 앞 장 〈重答張籍書〉를 볼 것. 皇甫湜은 詩人으로 字는 持正. 睦州 사람으로 唐 憲宗 때 진사에 올라 工部郎中을 지냈으며, 韓愈에게 古文을 배웠던 인물. 《新唐書》(176)에 韓愈傳에 함께 그의 傳이 실려 있음. 그의 《皇甫持正集》(2) 〈送孫生序〉에 "浮屠之法, 入中國六百年. 天下脅而化, 其所崇奉, 乃公卿大夫, 野益荒, 人益飢, 敎益頹, 天下將蕪而始渾然也"라 하여 排佛論을 주장하고 있음.

【辱吾兄眷厚, 而不獲承命, 唯增慚懼】'吾兄'은 상대를 높여 부르는 칭호. '眷厚'는 돌보아줌이 두터움. '慚懼'는 부끄럽기도 하고 두렵기도 함.

【死罪死罪】이 다음에 원전에는 모두 '愈再拜' 세 글자가 더 있음.

**참고 및 관련 자료**

1. 작자: 韓愈(韓退之) 022 참조.

2. 이 글은 《原本韓集考異》(5), 《別本韓文考異》(18), 《五百家注昌黎文集》(18), 《東雅堂昌黎集註》(18), 《文章正宗》(14), 《唐宋八大家文鈔》(3), 《文章辨體彙選》(217), 《文編》(47), 《古文淵鑑》(35), 《古文雅正》(8), 《西山讀書記》(36), 《鐔律集》(19) 등에 실려 있음.

3. 韓愈 〈論佛骨表〉(《昌黎集》(39), 《舊唐書》(160), 《新唐書》(176)에 실려 있음)

臣某言:伏以佛者夷狄之一法耳. 自後漢時流入中國, 上古未嘗有也. 昔者, 黃帝在位百年, 年百一十歲;少昊在位八十年, 年百歲;顓頊在位七十九年, 年九十八歲;帝嚳在位七十年, 年百五歲;帝堯在位九十八年, 年百一十八歲;帝舜及禹, 年皆百歲. 此時天下太平, 百姓安樂壽考, 然而中國未有佛也. 其後殷湯亦年百歲. 湯孫太戊在位七十五年, 武丁在位五十九年, 書史不言其年壽所極, 推其年數, 蓋亦俱不減百歲. 周文王年九十七歲, 武王年九十三歲, 穆王在位百年, 此時佛法, 亦未入中國. 非因事佛而致然也. 漢明帝時, 始有佛法, 明帝在位纔十八年耳. 其後亂亡相繼, 運祚不長. 宋齊梁陳元魏以下, 事佛漸謹, 年代尤促. 惟梁武帝在位四十八年, 前後三度捨身施佛, 宗廟之祭, 不用牲牢, 盡日一食, 止於菜菓;其後竟爲侯景所逼, 餓死臺城, 國亦尋滅. 事佛求福, 乃更得禍. 由此觀之, 佛不足事, 亦可知矣! 高祖始受隋禪, 則議除之. 當時羣臣材識不遠, 不能深知先王之道, 古今之宜, 推闡聖明, 以救斯弊. 其事遂止, 臣常恨焉. 伏惟睿聖文武皇帝陛下, 神聖英武, 數千百年已來, 未有倫比. 卽位之初, 卽不許度人爲僧尼道士, 又不許創立寺觀. 臣常以爲高祖之志, 必行於陛下之手. 今縱未能卽行, 豈可恣之轉令盛也? 今聞陛下令羣僧迎佛骨於鳳翔, 御樓以觀, 昇入大內. 又令諸寺遞迎供養. 臣雖至愚, 必知陛下不惑於佛, 作此崇奉, 以祈福祥也. 直以年豐人樂, 徇人之心, 爲京都士庶設詭異之觀, 戲玩之具耳. 安有聖明若此, 而肯信此等事哉! 然百姓愚冥, 易惑難曉, 苟見陛下如此, 將謂眞心事佛, 皆云:「天子大聖, 猶一心敬信, 百姓何人, 豈合更惜身命!」焚頂燒指, 百十爲羣, 解衣散錢, 自朝至暮, 轉相倣效, 惟恐後時, 老少奔波, 棄其業次. 若不卽加禁遏, 更歷諸寺, 必有斷臂臠身, 以爲供養者. 傷風敗俗, 傳笑四方, 非細事也. 夫佛本夷狄之人, 與中國言語不通, 衣服殊制, 口不言先王之法言, 身不服先王之法服, 不知君臣之義, 父子之情. 假如其身至今尚在, 奉其國命, 來朝京師, 陛下容而接之, 不過宣政一見, 禮賓一設, 賜衣一襲, 衛而出之於境, 不令惑衆也. 況其身死已久, 枯朽之骨, 凶穢之餘, 豈宜令入宮禁? 孔子曰:「敬鬼神而遠之.」古之諸侯, 行弔於其國, 尙令巫祝先以桃茢祓除不祥, 然後進弔. 今無故取朽穢之物, 親臨觀之, 巫祝不先, 桃茢不用, 羣臣不言其非, 御史不擧其失, 臣實恥之. 乞以此骨付之有司, 投諸水火, 永絶根本, 斷天下之疑, 絶後代之惑, 使天下之人知大聖人之所作爲, 出於尋常萬萬也, 豈不盛哉! 豈不快哉! 佛如有靈, 能作禍祟, 凡有殃咎, 宜加臣身, 上天鑒臨, 臣不怨悔, 無任感激懇悃之至, 謹奉表以聞. 臣某誠惶誠恐.

# 029. <送浮屠文暢師序> ·················· 韓退之(韓愈)

## 승려 문창에게 보내는 글

\*<送浮屠文暢師序>: '浮屠'는 梵語 '붓다'(Budda)의 음역으로 佛陀, 부처, 불교, 塔
또는 僧侶 등 다양하게 불교와 관련된 사물을 지칭하는 말로 쓰임. '文暢'은 法
名이며, 師'는 경칭. 이 글은 文暢이라는 승려가 문학을 좋아한다는 柳宗元의
말을 듣고, 유종원의 청에 의해 한유가 이 글을 써서 문창에게 보내어 불교의
논리를 비판함과 아울러 儒家의 優秀함을 주장한 것임. 《昌黎文集》注에 "韓
曰: 公時爲四門博士作, 後有詩送<文暢師北遊>, 其略云:「昔在四門館, 晨有僧來謁.
謂僧當少安, 草序頗排訐.」蓋謂此也"라 함.

\*《眞寶》注에 "洪容齋(洪邁)曰:「韓公<送文暢>云: 文暢, 浮屠也. 欲聞浮屠之說, 當自
就其師而問之, 何故謁吾徒而來請也?」元微之(元稹)<永福寺石壁記>云:「佛書之妙
奧, 僧當爲予言, 予不當爲僧言.」二公之語, 可謂至當. ○此篇告以吾聖人之道, 而
欲拔之浮屠之中, 略與<原道>之說, 相表裏"라 함.


사람이 진실로 유가儒家의 명색을 가지고 있으면서 묵가墨家의 도로
써 행동하는 자가 있어, 그 명색을 물어보면 옳지만 그의 행실을 따져보
아 잘못되었다면 그러한 자와 더불어 교유해도 되겠는가?

만약에 묵가라는 명색을 가지고 있으면서 유가의 도로써 행동하는 자
가 있어, 그 명색을 물어보면 잘못되었지만 그 행실을 따져보면 옳다면
그러한 자와 더불어 교유해도 되겠는가?

양자운揚子雲은 "내 집 문 담장에서 그런 짓을 한다면 쫓아버릴 것이
다. 이적夷狄들이 사는 곳에서나 들어오라 할 것이다" 하였지만, 나는 이
를 취하여 법도로 삼을 것이다.

문창文暢은 문장 짓기를 좋아하여 천하를 두루 돌아다니면서, 가는
곳마다 반드시 진신搢紳들에게 자신이 뜻하는 바를 시로 읊어줄 것을
요청하였다.

정원貞元 19년 봄, 그가 동남쪽으로 갈 때 유종원柳宗元이 나에게 그를 위해 시를 지어줄 것을 청하였는데, 그의 행장 자루를 풀어보았더니 그렇게 하여 얻은 서문과 시가 수백 편이나 되었으니, 문학에 지극하고 독실히 좋아하지 않고서야 어찌 그토록 많을 수가 있겠는가?

그러나 안타까운 것은 그중에는 성인의 도로써 일러준 것은 거의 없고, 그저 불교에 관한 이론을 증정한 것들이었다.

문창은 승려이다. 만일 불교 이론에 대하여 들으려 한다면 마땅히 그 스승을 찾아가 질문하면 될 것이지, 무슨 까닭으로 우리 유학자들을 찾아와 청한단 말인가?

그 사람은 우리의 임금과 신하, 아버지와 아들 사이의 위대한 윤리, 문물예악의 풍성함을 보고 틀림없이 마음속으로 흠모하기는 하나, 그의 불법佛法에 얽매어 들어오지 못하는 것이다.

그 때문에 우리 유가의 논리를 듣기 좋아하여 청한 것이니, 우리 유자儒者들이라면 마땅히 그에게 요순과 삼왕三王의 도, 그리고 일월성신日月星辰이 운행하는 이치, 천지天地는 드러나 보이고 귀신鬼神은 어둠 속에 숨어 있는 이유, 인물이 번성하는 원리, 강하江河가 흘러가는 까닭 등으로 일러주어야지, 다시 그에게 불교의 도로써 마구 일러주는 것은 옳지 않은 것이다.

사람이 처음 생겨났을 때는 진실로 금수와 같았으나, 성인이 나온 뒤에야 집을 지어 살게 되었고, 곡식을 먹을 수 있게 되었으며, 어버이는 친히 여기며, 윗사람은 존중해야 하며 산 사람은 봉양하고 죽은 자는 묻어야 함을 알게 된 것이다.

그러므로 도는 인의仁義보다 더 큰 것이 없고, 가르침에는 예악과 형정刑政보다 더 바른 것이 없으니, 이를 천하에 시행하면 만물이 그 마땅함을 얻게 되고, 이를 자신에게 적용하면 몸이 편안하고 기氣가 평온하게 되는 것이다.

요堯가 이것을 순舜에게 전하였고, 순은 이를 우禹에게 전하였으며, 우는 이를 탕湯에게 전하였고, 탕은 이를 문왕文王과 무왕武王에게 전하였으며, 문왕과 무왕은 이를 주공周公과 공자에게 전하여, 이것을 책에 기록해 놓아 중국中國에 사는 사람들이 대대로 이를 지켜왔는데, 지금 불교라는 것은 누가 만들었으며 누가 전한 것인가?

무릇 새는 몸을 숙여 모이를 쪼아 먹다가 머리를 들어 곳곳을 둘러보고, 짐승은 깊은 곳에 숨어 있다가 때를 골라 나타나는 것은, 다른 사물이 자신을 해칠까 두려워서 그런 것인데도 오히려 그곳에서 벗어나지 못하고 있으며, 약한 자의 살은 강한 자가 먹지만, 지금 나와 문창은 편안히 살면서 한가롭게 먹고 여유롭게 살다가 죽으니, 금수와 다르다는 것에 대해 그 근원이 되는 바를 어찌 알지 못하겠는가?

무릇 알지 못하는 것은 그 사람의 죄가 아니지만 알면서도 그것을 그렇게 하지 않는 것은 미혹된 것이요, 옛 것에 희열을 느끼며 능히 새로운 것에 나아가지 못하는 것은 나약함이요, 알면서도 일러주지 않는 것은 불인不仁이요, 일러주어도 사실로 여기지 않는 것은 불신不信이다.

나는 이미 유종원의 청을 중히 여기며, 또 그가 승려로서 문사文辭를 좋아함을 가상히 여겨 이에 이러한 말을 하는 것이다.

人固有儒名而墨行者, 問其名則是, 校其行則非, 可以與之游乎?

如有墨名而儒行者, 問其名則非, 校其行則是, 可以與之游乎?

揚子雲稱:「在門墻則揮之, 在夷狄則進之.」吾取以爲法焉.

文暢喜爲文章, 其周遊天下, 凡有行, 必請於搢紳先生, 以求詠謌其所志.

貞元十九年春, 將行東南, 柳君宗元, 爲之請作詩, 解其裝, 得所得敘詩累百餘篇, 非至篤好, 其何能致多如是邪!

惜其無以聖人之道告之者, 而徒擧浮屠之說, 贈焉.

夫文暢, 浮屠也, 如欲聞浮屠之說, 當自就其師而問之, 何故, 謁吾徒而來請也?

彼見吾君臣父子之懿, 文物禮樂之盛, 其心必有慕焉, 拘其法而未能入.

故樂聞其說而請之, 如吾徒者, 宜當告之以二帝三王之道, 日月星辰之所以行, 天地之所以著, 鬼神之所以幽, 人物之所以蕃, 江河之所以流而語之, 不當又爲浮屠之說, 而瀆告之也.

民之初生, 固若禽獸然, 聖人者立然後, 知宮居而粒食, 親親而尊尊, 生者養而死者藏.

是故道莫大乎仁義, 敎莫正乎禮樂刑政, 施之於天下, 萬物得其宜; 措之於其躬, 體安而氣平.

堯以是傳之舜, 舜以是傳之禹, 禹以是傳之湯, 湯以是傳之文武, 文武以是傳之周公孔子, 書之於冊, 中國之人, 世守之; 今浮屠者, 孰爲而孰傳之邪?

夫鳥俛以啄, 仰而四顧; 夫獸深居而簡出, 懼物之爲己害也, 猶且不脫焉; 弱之肉, 强之食, 今吾與文暢, 安居而暇食, 優游以生死, 與禽獸異者, 寧可不知其所自邪?

夫不知者, 非其人知罪也, 知而不爲之者惑也, 悅乎故, 不能卽乎新者弱也, 知而不以告之者不仁也, 告而不以實者不信也.

余旣重柳請, 又嘉浮屠能喜文辭, 於是乎言.

【人固有儒名而墨行者, 問其名則是, 校其行則非, 可以與之游乎】'儒名'은 유학자라

는 명분을 가지고 있는 자. '墨行'은 墨家의 이론처럼 행동함. 여기서는 異端의 학문을 말함. 《眞寶》注에 "暗指文暢"이라 함. '校'는 比較함. 《眞寶》注에 "校, 猶比較"라 함.

【揚子雲稱:「在門墻則揮之, 在夷狄則進之」】'揚子雲'은 揚雄(B.C.53−A.D.18). 揚子. 자는 子雲. '楊雄'으로도 표기하며 蜀郡 成都 사람. 西漢때 賦家, 哲學家. 〈甘泉賦〉, 〈羽獵賦〉 등과 《太玄經》, 《方言》, 《法言(揚子法言)》 등의 저술이 있음. 《漢書》 揚雄傳 참조. 흔히 '楊'과 '揚'은 混淆하여 썼음. 《法言》(2) 修身篇에 "「或門人有倚孔子之牆, 絃鄭衛之聲, 誦韓莊之書, 則引諸門乎?」曰:「在夷貉則引之, 倚門牆則麾之.」"라 하여, 孔子의 집 담에 기대어 어떤 사람이 음탕한 노래를 하거나, 韓非子(法家)나 莊子(道家)의 책을 읽고 있다면 문 안으로 인도해 들이겠는가?"의 질문에 답한 것임. '門墻'은 집의 문이나 담. '揮之'는 '麾之'와 같으며 손을 휘저어 쫓아 버림. 《眞寶》注에 "應墨名儒行"이라 함.

【文暢喜爲文章, 其周遊天下】文暢은 문장짓기를 즐겨하면서 천하를 두루 유람함.

【凡有行, 必請於搢紳先生, 以求詠謌其所志】'搢紳先生'은 지식인, 紳士, 벼슬아치. '搢紳'은 士大夫가 官服의 띠[紳]에 笏을 꽂고[搢] 있음을 말한 것. '詠謌'는 詠歌와 같음. 詩를 뜻함.

【貞元十九年春, 將行東南】'貞元'은 唐 德宗(李适)의 연호이며 19년은 803년. 《五百家注昌黎文集》에 "嚴曰:文暢是時將往東南, 退之作序送之, 其後元和初北遊, 又作詩以送之, 所謂「昔在四門館, 時有僧來謁」, 即序貞元十九年事也"라 함.

【柳君宗元, 爲之請作詩, 解其裝, 得所得叙詩累百餘篇】柳宗元이 韓愈에게 文暢을 위해 시를 주어 贈呈할 것을 청함. '柳君宗元'은 柳宗元(773−819). 자는 子厚, 河東 解縣(지금의 山西 永濟縣) 사람으로 시인이며 동시에 散文家. 唐宋八代家의 하나로 山水 游記와 寓言 小品 등에 뛰어났으며 景物詩에도 일가를 이룸. 21세에 博學鴻詞科에 등제하여 이름을 날렸으며 30세에 監察御史에 오름. 順宗 원년(805) 王叔文이 정권을 잡자 그를 禮部員外郞에 추천하였으나 순종이 얼마 가지 않아 崩御하고 憲宗이 즉위하여 정권이 바뀌면서 왕숙문이 몰락, 그 또한 元和 원년(806) 9월 멀리 邵州刺史로 좌천되었으나 부임 도중 다시 폄직되어 永州司馬(지금의 湖南 零陵縣)로 쫓겨감. 그는 벽지 永州에서 34세부터 41세까지 머물면서 많은 작품을 남겼음. 元和 9년(814) 長安으로 귀환되었다가 이듬해 다시 柳州刺史(지금의 廣西)로 내려가 그곳에 5년 공직 생활 끝에 병으로 생을 마쳤음. 이에 그를 '柳河東', '柳柳州'라 부르며 산문은 韓愈와 병칭되어 '韓柳'라 불리고 시는

韋應物과 병칭되어 '韋柳'라 불림. 뒤에 劉禹錫이 그의 유고를 모아《柳先生文集》(45권)을 편찬하여 세상에 전하며《柳河東集》도 전함. '其裝'은 그의 旅裝.《五百家注》에 "裝, 行橐也"라 함. '叙詩'는 남들이 지어 보내준 시.

【非至篤好, 其何能致多如是邪】시를 매우 좋아하여 많은 시를 모아 가지고 있었음.

【惜其無以聖人之道, 告之者而徒擧浮屠之說, 贈焉】'徒擧浮屠之說'은 한갓 불교의 이론만을 거론하고 있음.

【如欲聞浮屠之說, 當自就其師而問之, 何故, 謁吾徒而來請也】'就'은 찾아감. 그곳으로 나아감. '謁吾徒'는 우리 같은 儒家의 무리를 찾아옴.

【彼見吾君臣父子之懿, 文物禮樂之盛】'懿'는 유가의 위대한 윤리.

【其心必有慕焉, 拘其法而未能入】틀림없이 유가를 사모하고는 있으나 불교의 교리에 묶여 아직 들어오지 못하고 있을 것임.

【故樂聞其說而請之, 如吾徒者, 宜當告之以二帝三王之道】'二帝三王'의 '二帝'는 五帝의 마지막 두 제왕 堯와 舜. 三王은 三代(夏, 商, 周)의 개국 군주 禹, 湯, 文王과 武王. 삼왕은 삼대의 왕이라는 뜻으로 세 명에 한정된 것이 아니라 흔히 네 명을 들고 있음. 모두 儒家의 聖人들로 추앙됨.

【日月星辰之所以行, 天地之所以著, 鬼神之所以幽, 人物之所以蕃, 江河之所以流】'著'는 드러남. '幽'는 숨겨져 있음. '蕃'은 번성함. 많음. '流'는 흐름. 이상은 羅列形 구문임.《眞寶》注에 "許多'所以'字, 乃其理之所以然也. 無'所以'字, 則形迹之粗而已"라 함.

【不當又爲浮屠之說, 而瀆告之也】'瀆'은 함부로 함. 冒瀆을 끼칠 정도로 일러줌.

【民之初生, 固若禽獸然, 聖人者立然後, 知宮居而粒食, 親親而尊尊, 生者養而死者藏】'民之初生'의 '民'은 '人'과 같음. 人類가 처음 세상에 출현함. '宮居'는 집을 짓고 삶. 고대에는 일반 사람의 집도 '宮'이라 불렀음. '粒食'은 곡식으로 먹음. '藏'은 드러나지 않도록 감춤. 여기서는 葬과 같음. 매장함.

【施之於天下, 萬物得其宜】이러한 것을 천하에 시행하여 만물이 각기 그 마땅함을 얻음.

【措之於其躬, 體安而氣平】'措'는 置, 寘와 같음. '놓다, 두다, 적용하다'의 뜻.

【堯以是傳之舜, 舜以是傳之禹, 禹以是傳之湯, 湯以是傳之文武, 文武以是傳之周公孔子】'堯'는 五帝의 네 번째 제왕 陶唐氏. '舜'은 五帝의 마지막 제왕 有虞氏. '虞'는 첫 왕조인 夏의 開國君主 夏禹氏. '湯'은 殷(商)의 開國君主. 文武는 周의 개국 군주 文王(姬昌)과 武王(姬發). '周公'은 문왕의 아들이며 무왕의 아우 姬旦. 주나

라 禮樂文物, 典章制度를 갖춘 성인. 孔子는 孔丘 仲尼. 이상을 儒家에서는 八大
聖人이라 하여 존숭함.

【書之於冊, 中國之人, 世守之】'冊'은 竹簡. 儒家의 經書.《五百家注》에 "孫曰: 冊, 謂
六經"이라 함. '中國'은 中原. 夷狄에 상대하여 文明이 발달한 자신들을 일컫는 말.

【今浮屠者, 孰爲而孰傳之邪】《眞寶》注에 "浮屠氏之書, 雖有爲之傳之者, 多是後人
假託塡補, 却不如吾道淵源的實, 鑿鑿可考"라 함.

【夫鳥俛以啄, 仰而四顧; 夫獸深居而簡出, 懼物之爲己害也, 猶且不脫焉】'俛而啄'은
먹이를 먹을 때 몸을 굽혀 부리로 쪼아 먹음. '簡出'은 때를 골라 위험하지 않을
때 나타남. '簡'은 選, 擇과 같은 뜻임. '猶且'는 副詞句로 '그럼에도 오히려'의 뜻.
'不脫焉'은 거기에서 벗어나지 못함.

【弱之肉, 强之食】강한 자가 약한 자의 살을 먹음. '弱肉强食'을 풀어서 쓴 것.

【今吾與文暢, 安居而暇食, 優游以生死】'暇食'는 한가하게 여유를 가지고 식사를
함. '優游'는 여유가 있고 느긋함을 뜻하는 雙聲連綿語.

【與禽獸異者, 寧可以不知其所自邪】'寧'은 疑問詞, 何, 安, 惡, 焉 등과 같음. '所自'는
그것이 온 바, 그 근원이 되는 것.《五百家注》에 "補注: 溫公《通鑑》曰: 「元和十四
年, 迎佛骨至京師. 刑部侍郎韓愈上表切諫, 貶潮州.」 自戰國之世, 老莊與儒者爭衡,
更相是非, 至漢末益之以佛, 然好者尙寡. 晉宋以來, 日益繁熾, 自帝王至於士民, 莫
不尊信. 下者畏慕罪福, 高者論難空, 有獨愈惡其蠹財惑衆, 力排之, 其言多矯激太
過, 惟〈送文暢師序〉最得其要. 曰「夫鳥俛而啄」云云至「寧可不知其所自邪?」"라 하
였고,《眞寶》注에는 "浮屠之流, 所以得生, 全於天地間, 皆陰受吾道之賜, 而不自
知耳. 使無吾道之功用, 以綱維之, 而擧世盡用其絶滅人倫之敎, 則無夫子而其類絶,
無君臣而其徒亂, 久矣"라 함.

【悅乎故, 不能卽乎新者弱也】옛것에서 즐거움을 느끼면서 새로운 데로 나가지 못
한다면 이는 약한 것임.

【告而不以實者, 不信也】《眞寶》注에 "韓公告之以此, 可謂告以實也. 文暢, 昔也不
知, 猶可恕也. 今公旣告之, 則是知之矣. 知之而猶安其故, 是不勇也. 公蓋有人其人
而收斂加冠巾之意"라 함.

【余旣重柳請, 又嘉浮屠能喜文辭, 於是乎言】'重柳請'은 柳宗元으로부터 거듭 부탁
을 받음. '嘉浮屠能喜文辭'는 승려이면서 또한 文辭를 좋아함을 嘉賞히 여김.

1. 작자: 韓愈(韓退之) 022 참조.

2. 이 글은 《別本韓文考異》(20), 《五百家注昌黎文集》(20), 《東雅堂昌黎集註》(20), 《唐文粹》(98), 《唐宋八大家文鈔》(7), 《文章軌範》(6), 《文章正宗》(14), 《古文關鍵》(上), 《文苑英華》(731), 《古文集成》(1), 《文編》(54), 《文章辨體彙選》(336), 《古文淵鑑》(35), 《唐宋文醇》(5), 《古文雅正》(8), 《妙絶古今》(3), 《事文類聚》(前集 35), 《西山讀書記》(36), 《樂善堂全集定本》(6) 등에 실려 있음.

《古文眞寶》[後集] 卷三

## 030. 〈平淮西碑〉 ·················· 韓退之(韓愈)
## 회서 평정에 대한 비문

*〈平淮西碑〉: 淮西의 亂을 평정하고 이를 기록한 비문.《古文淵鑑》(36)에 "〈平淮西
碑〉, 元和十二年, 裴度以宰相出爲淮西宣慰處置使兼彰義軍節度使, 愈爲行軍司
馬, 淮蔡平, 以功授刑部侍郎, 奉詔撰〈平淮西碑〉"라 함. '淮西'는 淮水의 서쪽. 그
무렵 申州, 光州, 蔡州. 지금의 河南 信陽, 潢川, 汝南 일대. 이곳에 淮西節度使
를 두어 다스리도록 하였음. 이 비문은 東漢 班固의 〈燕然山銘〉과 병칭될 정도
로 널리 알려진 문장이며 裴度가 淮西지역의 반란군을 평정한 내용을 담고 있
음.《舊唐書》韓愈傳에 "淮蔡平, 十二月, 隨度還朝, 以功授刑部侍郎, 仍詔撰平淮
西碑"라 함.

그 이전 元和 12년(817) 10월 憲宗이 재상 裴度로 하여금 군사를 거느리고 淮西
節度使 吳元濟를 토벌하도록 하였으며, 그즈음 韓愈는 裴度의 幕府 行軍司馬였
음. 진압이 끝나자 韓愈로 하여금 〈平淮西碑〉를 짓도록 하였고, 한유가 비문에
서 裴度의 공적을 추앙하자, 李愬가 눈 오는 밤에 찾아와 불만을 토로하였음.
李愬의 처는 마침 德宗의 딸 唐安公主의 딸이었으며, 吳元濟를 잡은 것은 裴度
가 아니라 李愬가 잡은 공이라고 사사롭게 憲宗에게 泣訴하자 憲宗은 그 말에
넘어가 段文昌에게 비문을 다시 짓도록 하였음.《全唐詩》注에 "碑辭多敍裴度
事, 時入蔡擒吳元濟, 李愬功第一, 愬不平之, 愬妻, 唐安公主女也, 出入禁中, 因訴
碑辭不實, 詔令磨去愈文, 命翰文學士段文昌重撰文勒石"이라 함. 이에 李商隱은
韓愈의 원작〈平淮西碑〉는 天地의 元氣와 같은 것이라 하여 적극 追崇하면서,
文宗 開成 4년(839) 배도가 죽은 뒤〈韓碑〉라는 시를 다시 짓게 되었던 것임.

한편 唐나라는 肅宗, 代宗, 德宗, 順宗을 이어오면서 藩鎭이 강해지자 李希烈,
朱滔, 田悅, 李納, 王武俊, 李錡, 吳元濟 등 여러 節度使들이 중앙 조정에 맞서
난을 일으켰는데, 그중 安史의 난을 평정한 것 말고는 그때마다 조정이 곤궁에
빠졌음. 특히 建中 3년(782) 朱泚와 李希烈의 난은 德宗이 奉天으로 피난을 가
야 할 정도였고, 朱泚는 한 때 帝를 칭하기도 하였음. 그리하여 憲宗이 즉위하
자 차례로 西川節度史 劉辟, 鎭海節度使 李錡, 淮西節度使 吳元濟의 난을 평정
함. 이를 역사에서는 '憲宗中興'이라 칭함.

그리고 '淮西의 亂'은 淮西節度使가 蔡州를 다스리면서 난을 일으켜 申州, 光州, 蔡州 등 三州로 나누어 버티자, 肅宗 寶應(762) 초에 李忠臣이 淮西十一州節度使가 되어 蔡州를 진압하였으나 大曆(766-779) 말에 軍中에서 쫓겨나고 말았음. 이로부터 이 李希烈, 陳仙奇, 吳少誠, 吳少陽, 吳元濟 등을 거치면서 그들은 淮西에 웅거하여 조정의 명을 듣지 아니한 채 50여 년이 흘렀음. 元和 9년(793)에 彰義軍節度使 吳少陽이 죽었지만 그의 아들 吳元濟는 이를 보고하지 않은 채 자신이 아버지 뒤를 이어 軍務를 장악하고 10년 正月에 드디어 반기를 들자, 5월에 御史中丞 裴度를 파견, 淮西를 평정토록 한 것임. 자세한 내용은 《新唐書》을 藩鎭傳 참조할 것.

《舊唐書》吳元濟傳에 따르면 "自少誠阻兵, 王師未嘗及其城下. 城池重固, 陂浸阻回, 地少馬, 廣畜驢, 乘之教戰, 謂之'驢子軍', 又勇悍, 蔡人堅爲賊用, 乃至搜閱天下豪銳, 三年而後屈"이라 하여 그곳 반군들은 말이 적어 당나귀를 훈련시켜 '나자군'(驢子軍)이라 하였으며, 蔡州 지역 사람들을 협박하고 구속하여 官軍에 대항하도록 하였음.

＊《眞寶》注에 "迂齋(樓昉)曰:「布置回護, 敍事有法.」又云:「看他抑揚, 起伏, 鋪張, 回護, 布置, 收拾之法, 當如元和, 聖德詩並看. ○唐自安史亂後, 藩鎭跋扈, 累代姑息, 養成叛逆, 父死子繼, 否則偏裨繼, 匪由朝命, 要求節鉞, 一纔不從, 反叛繼之. 憲宗立, 發憤欲張已隳之綱, 亦旣平夏蜀澤潞諸鎭矣. 淮蔡節度吳少誠, 死子元濟, 自立, 請不許, 遂反. 朝臣中惟武元衡, 裴度請討之, 兵連未捷, 元衡死於刺客, 度傷幸不死, 俱請罷兵, 惟度贊上, 從討之. 度除淮西節度使, 奏請韓公爲行軍司馬, 卒平蔡, 還朝, 詔公撰碑. 公以蔡平, 由度固上意, 多歸功焉. 度功所以成, 又由上意之明且斷, 當矣. 李愬自恃奇兵, 入蔡擒吳, 功高, 其妻唐安公主女也, 遣入宮, 泣訴碑不實, 上命斷碑, 更詔段文昌爲之, 文昌之碑, 今雖見《唐文粹》, 然委弱猥冗, 人誰目者, 東坡〈錄臨江驛〉一絶云:「淮西功業冠吾唐, 吏部文章日月光. 千載斷碑人膾炙, 不知世有段文昌.」良可一快. 孫莘老〈喜論文〉謂「此碑序如書, 銘如詩」, 的論也. 李商隱一詩, 論此碑極佳, 已有此說矣. 警語曰:「點竄堯典舜典字, 塗改〈淸廟〉,〈生民〉詩.」熟讀深味, 始信李孫, 爲之言云"이라 함.


〈서〉

하늘은 당唐나라가 능히 선왕의 덕과 똑같이 하여, 당나라 역대 황제들이 계속 왕업을 계승하면서 천만 년을 두고 경계敬戒로써 태만히 하

지 않을 것이라 여겨 온 천하를 모두 맡기셨으니, 사해四海와 구주九州
는 안팎이 모두 주인이 되어 그들을 신하로 삼도록 하였다.

고조(高祖 李淵)와 태종(太宗 李世民)은 이윽고 반란을 제거하고 치도治
道를 완성하였으며, 고종(高宗 李治)과 중종(中宗 李顯), 예종(睿宗 李旦)은
휴양休養을 거쳐 생식生息하도록 하였고, 현종(玄宗 李隆基)에 이르러는
그 결과를 보답 받고 그 공적을 거두어 지극히 빛이 나고 풍성하여졌다.

그런데 물자는 많고 땅은 넓은 가운데에서 재앙의 싹이 나기 시작하
더니, 숙종(肅宗 李亨)과 대종(代宗 李豫), 그리고 헌종憲宗의 조부 덕종(德
宗 李适), 부父 순종(順宗 李誦)께서는 부지런하면서도 너그럽게 하여 큰
죄인 안녹산安祿山은 잘 제거하였으나, 강아지풀 잡초 같은 이들을 다
뽑아버리지 못하여, 재상과 장군들로서 문신이 되어서는 편안히 지내기
만 하고 무신이 되어서는 즐기기만 한 채, 늘 반란을 보고 듣는 터라 일
이 터져도 마땅하다고만 여기고 있었다.

그러다가 지금의 예성문무황제睿聖文武皇帝 헌종(憲宗 李純)께서는 이윽
고 군신들의 입조를 받으시고, 이에 지도를 펴 놓고 각지의 조공을 살펴
보신 다음 이렇게 말씀하셨다.

"아! 하늘은 이미 온 천하를 주시고 모든 것을 부탁하시어 이제 차례
에 따라 제위帝位가 나에게 전하여졌는데, 내가 능히 일을 처리하지 못
한다면 내 어찌 하늘과 조상의 사당을 뵐 수 있겠는가?"

신하들은 떨면서 두려워하며 자신의 직책을 위해 바삐 달려, 이듬해
(永貞 원년, 805)에는 하주夏州의 반란을 평정하였고, 또 이듬해(元和 元年,
806)에는 촉蜀의 반란을 평정하였으며, 다시 이듬해(元和 2년, 807)에는 강
동江東을 평정하고, 또 이듬해(元和 5년, 810)에는 택주澤州와 노주潞州를
평정하여, 드디어 이주易州와 정주定州를 안정시키고, 위주魏州, 박주博州,
패주貝州, 위주衛州, 전주澶州, 상주相州로 하여금 조정의 뜻을 따르지 않
는 자가 없도록 하였다.

이에 헌종께서는 이렇게 말씀하셨다.

"무력을 끝까지 쓸 수는 없으니 내 조금 쉬도록 하겠노라."

그런데 원화元和 9년(814), 채주蔡州 장수 오소양吳少陽이 죽고 나서 채주 사람들이 그의 아들 오원제吳元濟를 세워 자사刺史로 삼겠다고 조정에 청하였을 때 이를 허락하지 않았더니, 그만 오원제는 무양舞陽을 불지르고 섭현葉縣과 양성襄城을 침범하여 동도東都 낙양洛陽을 소동케 하며, 군사들을 풀어 사방을 겁탈하는 일이 벌어지고 말았다.

황제께서 조정의 여러 사람들에게 두루 대책을 물었더니, 한두 신하 말고는 모두 이렇게 말하는 것이었다.

"채주의 장수가 조정에 조공을 바치지 않은 지 이제까지 50년이나 됩니다. 그 사이 세 성姓의 네 장수에게 전해지면서, 그 뿌리는 견고하며 무기는 날카롭고 병졸들도 억세고 사나워 다른 곳과 같지 않사오니, 그대로 하도록 하여 가지고 있도록 해 주어야 순종하고 무사할 것입니다."

대관들이 억측에 따라 결정하면서 소리쳐 주장하자, 모든 사람들의 입이 이에 부화附和, 함께 같은 말만 하여 그들의 완고한 주장을 깨뜨릴 수가 없었다.

헌종이 말하였다.

"하늘과 조상께서 나에게 임무를 부여한 까닭은 아마도 이런 것을 해결토록 하기 위함에 있을 터이니, 내 어찌 감히 힘쓰지 않을 수 있겠는가? 하물며 한두 신하라도 찬동하고 있으니 돕는 이가 없다고 할 수는 없다."

그리고 이렇게 말하였다.

"이광안李光顔이여! 그대는 진주陳州와 허주許州를 통솔하여, 하동河東의 위주魏州, 박주博州, 합양郃陽 등 삼군三軍의 행영行營에 있는 자들은 모두 그대가 거느리도록 하라."

그리고 말하였다.

"오중윤烏重胤이여! 그대는 원래 하양河陽과 회주懷州를 맡고 있었으나, 이제 그대에게 여주汝州를 덧붙여 주노니, 삭방朔方의 의주義州, 성주成州, 섬주陝州, 익주益州, 봉상鳳翔, 연주延州, 경주慶州 등 칠군七軍의 행영에 있는 자들은 모두 그대가 거느리도록 하라."

그리고 또 말하였다.

"한홍韓弘이여! 그대는 사졸 1만 2천으로 그대의 아들 공무[韓公武]와 합하여 가서 그들을 토벌하도록 하라."

그리고 말하였다.

"이문통李文通이여! 그대는 수주壽州를 수비하면서 선무宣武, 회남淮南, 선흡宣歙, 절서浙西 등 사군四軍의 행영에 있는 자들을 모두 그대가 거느리도록 하라."

그리고 말하였다.

"이도고李道古여! 그대는 악주鄂州와 악주岳州의 관찰觀察 임무를 다하도록 하라."

그리고 말하였다.

"이소李愬여! 그대는 당주唐州, 등주鄧州, 수주隨州를 통솔하여 각각 그 병사들이 나아가 싸우도록 하라."

그리고 말하였다.

"배도裴度여! 그대는 어사중승御史中丞이니, 가서 군사들을 살펴보도록 하라."

그리고 이렇게 덧붙였다.

"배도여! 그대는 나와 뜻을 함께 하고 있으니, 그대는 나의 재상이 되어 상이나 벌로써 명령을 듣는 자와 듣지 아니하는 자를 처리하도록 하라."

그리고 말하였다.

"한홍韓弘이여! 그대는 절도사로서 여러 군사들을 모두 이끌도록 하라."

그리고 말하였다.

"양수겸梁守謙이여! 그대는 내 좌우에 출입하는 나의 근신近臣이니 가서 군사들을 위무慰撫하도록 하라."

그리고 말하였다.

"배도여! 그대는 가서 군사들에게 의복과 음식을 주어 추위에 떨지 않도록 하고 굶주림이 없도록 하여, 그 일을 완수함으로써 채주 사람들이 잘 살아갈 수 있도록 하라. 그대에게 절부節斧와 통천어대通天御帶, 그리고 위졸衛卒 3백 명을 내리노니, 무릇 여기 조정의 신하들 가운데 그대가 택하여 그대를 따르도록 하되, 오직 현능한 자를 택할 것이며 대신일지라도 꺼리지 말라. 경신庚申날에 내가 문 앞에서 그대를 전송토록 할 것이다!"

그리고 말하였다.

"어사御史여! 나는 사대부들이 전투에 심한 고통을 겪고 있음을 불쌍히 여기고 있으니, 오늘부터는 교묘郊廟의 제사를 제외하고는 음악을 연주하는 일이 없도록 하라."

이광안, 오중윤, 한공무가 합세하여 그들의 북쪽을 공격하여 큰 전투가 열여섯 번, 그리하여 성책城柵과 현縣 스물세 곳을 빼앗았으며, 항복한 사람은 4만 명이었다. 그리고 이도고는 그 동남쪽을 공격하여 여덟 번 싸움에 군졸 1만 3천 명을 항복시키고, 다시 신주申州로 들어가 그 외성外城을 격파하였다. 이문통은 그 동쪽에서 10여 차례나 전투를 벌여 1만 2천 명을 항복시켰다. 이소는 그 서쪽으로 공격해 들어가 적장賊將을 사로잡았으나, 그때마다 죽이지 않고 풀어주는 계책을 씀으로써 전투에 더욱 공을 세웠다.

원화 12년(817) 8월, 승상 배도가 군사들이 있는 곳에 도착하자, 도통

都統 한홍은 더욱 다급히 전투를 독촉하며 서둘렀다.

이광안, 오중윤, 한공무가 합세하여 전투를 벌이며 명령을 잘 따르자, 오원제吳元濟는 그 무리들을 모두 모아 회곡洄曲을 방비로 삼았는데, 10월 임신壬申날에 이소는 그가 잡은 적장을 부려, 문성文城에서 큰 눈이 내리는 날을 이용하여 급히 120리를 달려 밤을 틈타 채주에 도착, 그 성문을 깨고 오원제를 잡아 바친 뒤 그에게 속한 인졸人卒들도 모두 사로잡았다.

신사辛巳 날, 승상 배도가 채주로 들어가 황제의 명으로 그곳 사람들을 풀어주니 드디어 회서淮西가 평정되었다.

크게 잔치를 벌여 공을 세운 이들에게 상을 내리고, 군대가 개선하는 날에는 그때 장만하였던 음식을 채주 사람들에게도 내려주었다.

무릇 채주의 군졸 3만 5천 명 중에는 병졸이 되기를 원하지 않고 돌아가 농사짓기를 바라는 자가 열에 아홉이었는데, 이들을 모두 풀어주고 오원제는 경사京師에서 참수하였다.

공로를 따져, 한홍에게는 시중侍中 벼슬이 더해지고, 이소는 좌복야左僕射가 되어 산남동도山南東道를 통솔하게 하였으며, 이광안과 오중윤에게는 모두 사공司空의 벼슬이 더해졌고, 한공무는 산기상시散騎常侍로서 부방鄜坊과 단연丹延을 통솔하게 되었고, 이도고는 대부大夫로 승진하였으며, 이문통은 산기상시 벼슬이 더해졌고, 승상 배도는 경사에서 황제를 알현하자 진국공晉國公으로 봉해짐과 아울러 금자광록대부金紫光祿大夫로 승진하면서 옛 직책인 승상을 그대로 맡게 되었고, 그의 부사副使였던 마총馬摠은 공부상서工部尚書가 되어 채주를 다스리는 임무를 맡게 되었다.

이윽고 돌아와 아뢰자 군신들이 성스러운 공로를 기록하여 금석金石에 새길 것을 청하였다.

황제께서 그 일을 신하 나 한유에게 명하심에 나는 재배하며 이렇게 글을 지어 바쳤다.

〈비문〉
『당나라가 하늘의 명을 받들어 드디어 만방을 신하로 삼았으니,
  누가 가까운 땅에 살면서 습격과 도둑질로 미친 짓을 하랴?
  지난날 현종 때는 흉함이 극도에 이르렀다가 무너지고 말았네.
  하북河北에 사납고 교만한 자들이 생겨나자, 하남河南에서는 그들을
따라 반란을 일으키니,
  숙종·대종·덕종·순종 등 네 성군聖君께서는 용서치 않으시고 여러 차
례 정벌의 군사를 일으켰네.
  능히 이기지 못할 경우에는 수졸戍卒의 수를 늘려 수비하였네.
  사내들은 농사를 지어도 먹지 않고, 부인들은 길쌈을 하여도 입지 않
은 채,
  이를 모두 수레로 날라 병졸들의 군량으로 보내주었네.
  그러나 갈수록 내조하지 않는 자가 많아졌고, 오래도록 사악四嶽을
돌아보지 못하였으며,
  백관들은 자신의 업무에 태만하여, 옛날 같은 흥성함을 잃고 말았네.

  헌종憲宗께서 이때에 제위를 이으시어 두루 돌아보시고는 한탄하시며,
  "그대들 문무백관들은 누가 우리 왕실을 긍휼히 여기고 도와주겠는
가?"라고 하셨네.
  이윽고 오吳와 촉蜀에서 반란자의 목을 베시고, 곧바로 산동山東도 되
찾게 되자,
  위박魏博 절도사가 가장 먼저 의義를 알고서 여섯 주州를 가지고 항복
해 왔네.
  그러나 회서의 채주만은 순종하지 않고, 스스로 강하다 여기면서, 군
사를 이끌고 시끄럽게 소리치며 옛날대로 하겠노라 일을 벌였네.

비로소 그들을 토벌하도록 명령이 떨어지자, 드디어 그들은 마침내 간악한 이웃들과 연합하여,

몰래 자객을 보내어 재상과 대신에게 적해를 입혔네.

바야흐로 전투가 시작되었으나 불리해져서 안으로 경사京師를 놀라 떨게 하자,

여러 신하들은 말씀 올려 "은혜로써 순순히 오게 함만 못합니다"라 하였네.


황제께서는 그들의 말을 듣지 아니하시고, 천신天神과 더불어 모책을 짜신 다음,

이에 뜻을 함께 하는 이를 재상으로 삼으시고, 하늘의 주벌로써 일을 끝내겠노라 하셨네.

이에 이광안과 오중윤, 그리고 이소와 한공무, 이도고, 이문통에게 칙명을 내리시어,

"모두가 한홍의 통솔을 받으며 저마다 너희들은 공로를 세워 상주하라" 하셨네.

그리하여 세 방향으로 나뉘어 공격하니, 그 군사는 5만이었고,

대군이 북쪽에서 그 틈을 타니 그 수는 두 배가 되었네.

오원제가 버티던 회곡에 군사를 두니, 적병들은 두려움에 떨었고,

이윽고 능운陵雲을 잘라버리니, 채주의 졸개들은 크게 곤경에 빠졌네.

소릉邵陵에서도 승리하자 언성鄢城이 항복해 왔으나,

여름부터 가을에 이르기까지는 거듭 군대를 주둔시켜놓고 관망만 하였네.

병사들 정돈만 시키고 나서지 않아 실적이 없어, 때맞추어 공을 보고하지는 못하였네.

황제께서 출정한 군인들을 불쌍히 여기시어, 승상에게 가서 돌보도록 명하시니,

군사들은 배불리 먹고 노래하며 마구간 말들은 뛰어 오르며 싸우겠다고 뛰어오르네.

그들을 신성新城에서 싸우도록 시험해보니, 적들은 만나자마자 패하여 달아났네.

적들은 가진 병력을 모두 뽑아 취합하여 우리를 막아섰지만,

서쪽에 있던 군사들이 뛰듯이 파고드니, 길에는 남아 있는 적병이 없게 되었네.

쉬지도 못한 채 날뛰던 채주 성은 그 땅이 사방 천 리나 되었지만,

이윽고 진입하여 모두 점유하자 순종하지 않는 자가 없게 되었네.


황제의 은혜로운 말씀을 "승상 배도는 와서 선포하되,

처벌은 그저 그들 괴수魁首에게 그치고 그 아랫사람들은 석방한다" 하셨네.

채주의 백성과 병졸들은 갑옷을 벗어던지고 환호하며 춤추고,

채주의 부녀자들은 웃음 띤 말로 문 앞에 나와 맞이하였네.

채주 사람들이 배고픔을 말하자 배로 곡식을 날라 먹여주었고,

채주 사람들이 헐벗음을 말하자 비단과 삼베를 하사하였네.

처음엔 채주 백성들이 왕래하지 못하도록 금지했었는데,

이제는 서로 좇으며 장난치면서 마을 문은 밤에도 열어놓게 되었네.

처음 채주 백성들은 나가 싸우되 물러서면 죽임을 당했으나,

지금은 늦도록 자고 일어나 좌우에 더운밥과 죽을 놓고 편히 살게 되었네.

그들을 위해 사람을 골라 뽑아, 아직 지쳐 고달프고 힘들어하는 자 거두어주도록 하고,

관리들을 선발하여 소도 내려주며 잘 교화하되 세금은 받지 않게 하였네.

채주 사람들은 말하되 "처음에는 미혹하여 잘 알지 못하였으나,

오늘에 와서야 크게 깨닫고 보니, 지난날 행했던 일이 부끄럽기만 할 뿐"이라 하네.

채주 사람들이 말하네. "천자께서 명철하시고 성스러우시니,

순종치 않으면 멸족滅族의 벌을 내리지만, 순종하면 생명을 보존할 것이다.

그대들 나를 못 믿겠거든 이 채주 지방을 보라!

그 누가 순종하지 않는가? 가서 그의 도끼로 목을 베리라!

무릇 반란을 꾀했던 자 몇 사람이 있었는데, 성세에 휩쓸려 서로 의지하였었지.

그러나 우리처럼 강한 자도 지탱하지 못했는데, 그대처럼 약한 자가 무엇을 믿겠는가?

그것을 너희들 어른들과 너의 아비, 너의 형들에게 고하라.

분주히 달려 함께 나와서 우리와 함께 태평을 누리자고!"


회서 채주의 반란을 천자께서 토벌하시고는,

그 정벌이 끝나고 그들이 굶주리자 천자께선 이들을 먹여 살려주셨네.

처음 채주 토벌을 논의할 때에는, 경사卿士들이 누구도 따르지 아니하였고,

이윽고 4년에 걸친 토벌 작전에서는 크고 작은 일마다 모두가 의심만 하였었네.

반란은 용서하지 않으며 작전은 의심하지 않은 것은, 바로 천자의 명철하심으로 말미암은 것이었네.

무릇 이번 채주 정벌의 공은, 오직 결단이 바로 성공이었네.

이윽고 회서의 채주를 안정시키고 나니, 사이四夷가 모두 내조해 오네.

드디어 명당明堂을 열어놓고, 앉아서 나라를 다스리게 되었네!』

<序>

天以唐克肖其德, 聖子神孫, 繼繼承承, 於千萬年, 敬戒不怠, 全付所覆; 四海九州, 罔有內外, 悉主悉臣.

高祖太宗, 旣除旣治; 高宗中睿, 休養生息, 至于玄宗, 受報收功, 極熾而豐.

物衆地大, 孽牙其間, 肅宗代宗, 德祖順考, 以勤以容, 大憝適去, 稂莠不薅, 相臣將臣, 文恬武嬉, 習熟見聞, 以爲當然.

睿聖文武皇帝, 旣受群臣朝, 乃考圖數貢, 曰:「嗚呼! 天旣全付予有家, 今傳次在予, 予不能事事, 其何以見于郊廟?」

羣臣震懾, 犇走率職, 明年平夏, 又明年平蜀, 又明年平江東, 又明年平澤潞, 遂定易定, 致魏博貝衛澶相, 無不從志.

皇帝曰:「不可究武, 予其少息.」

九年蔡將死, 蔡人立其子元濟以請, 不許, 遂燒舞陽, 犯葉襄城, 以動東都, 放兵四劫.

皇帝歷問于朝, 一二臣外, 皆曰:「蔡帥之不庭授, 于今五十年. 傳三姓四將, 其樹本堅, 兵利卒頑, 不與他等, 因撫而有, 順且無事.」

大官臆決唱聲, 萬口和附, 幷爲一談, 牢不可破.

皇帝曰:「惟天惟祖宗, 所以付任予者, 庶其在此, 予何敢不力? 況一二臣同, 不爲無助.」

曰:「光顏! 汝爲陳許帥, 維是河東魏博郃陽三軍之在行者, 汝皆將之.」

曰:「重胤! 汝故有河陽懷, 今益以汝, 維是朔方義成陝益鳳翔延慶七軍之在行者, 汝皆將之.」

曰:「弘! 汝以卒萬二千, 屬而子公武, 往討之.」

曰:「文通! 汝守壽, 維是宣武淮南宣歙浙西四軍之行于壽者, 汝皆將之.」

曰:「道古! 汝其觀察鄂岳.」

曰:「愬! 汝帥唐鄧隨, 各以其兵, 進戰.」

曰:「度! 汝長御史, 其徃視師.」

曰:「度! 惟汝予同, 汝遂相予, 以賞罰用命不用命.」

曰:「弘! 汝其以節度, 都統諸軍.」

曰:「守謙! 汝出入左右, 汝惟近臣, 其往撫師.」

曰:「度! 汝其徃, 衣服飲食予士, 無寒無飢, 以既厥事, 遂生蔡人. 賜汝節斧, 通天御帶, 衛卒三百, 凡茲廷臣, 汝擇自從, 惟其賢能, 無憚大吏. 庚申予其臨門送汝.」

曰:「御史! 予閔士大夫戰甚苦, 自今以徃, 非郊廟祭祀, 其無用樂.」

顏胤武, 合攻其北, 大戰十六, 得柵城縣二十三, 降人卒四萬; 道古攻其東南, 八戰降卒萬三千, 再入申, 破其外城; 文通戰其東, 十餘遇, 降萬二千; 愬入其西, 得賊將, 輒釋不殺, 用其策, 戰比有功.

十二年八月, 丞相度至師; 都統弘, 責戰益急.

顏胤武, 合戰益用命, 元濟盡幷其衆, 洄曲以備, 十月壬申, 愬用所得賊將, 自文城, 因天大雪, 疾馳百二十里, 用夜半到蔡, 破其門, 取元濟以獻, 盡得其屬人卒.

辛巳, 丞相度入蔡, 以皇帝命, 赦其人, 淮西平.

大饗賚功, 師還之日, 因以其食, 賜蔡人.

凡蔡卒三萬五千, 其不樂爲兵, 願歸爲農者十九, 悉縱之, 斬元濟於京師.

冊功, 弘加侍中, 愬爲左僕射, 帥山南東道; 顏胤皆加司空; 公武

以散騎常侍, 帥鄜坊丹延; 道古進大夫; 文通加散騎常侍; 丞相度
朝京師, 進封晉國公, 進階金紫光祿大夫, 以舊官相, 而以其副摠,
爲工部尙書, 領蔡任.

　旣還奏, 羣臣請紀聖功, 被之金石.

　皇帝以命臣愈, 臣愈再拜稽首而獻文. 曰:


&lt;碑文&gt;

『唐承天命, 遂臣萬方, 孰居近土, 襲盜以狂?
徃在玄宗, 崇極而圮. 河北悍驕, 河南附起,
四聖不宥, 屢興師征, 有不能克, 益戍以兵.
夫耕不食, 婦織不裳, 輸之以車, 爲卒賜糧.
外多失朝, 曠不嶽狩, 百隷怠官, 事亡其舊.


帝時繼位, 顧瞻咨嗟:「惟汝文武, 孰恤予家?」
旣斬吳蜀, 旋取山東, 魏將首義, 六州降從.
淮蔡不順, 自以爲疆, 提兵叫讙, 欲事故常,
始命討之, 遂連姦鄰, 陰遣刺客, 來賊相臣.
方戰未利, 內驚京師, 羣公上言:「莫若惠來.」


帝爲不聞, 與神爲謀, 乃相同德, 以訖天誅.
乃勅顏胤, 愬武古通:「咸統於弘, 各奏汝功.」
三方分攻, 五萬其師, 大軍北乘, 厥數倍之.
嘗兵洄曲, 軍士蠢蠢; 旣翦陵雲, 蔡卒大窘,
勝之邵陵, 郾城來降. 自夏及秋, 複屯相望.
兵頓不勵, 告功不時, 帝哀征夫, 命相徂鏖,
士飽而歌, 馬騰於槽. 試之新城, 賊遇敗逃.

盡抽其有, 聚以防我, 西師躍入, 道無留者.
頟頟蔡城, 其疆千里, 旣入而有, 莫不順俟.

帝有恩言:「相度來宣, 誅止其魁, 釋其下人.」
蔡人卒夫, 投甲呼舞; 蔡之婦女, 迎門笑語.
蔡人告飢, 船粟徃哺; 蔡人告寒, 賜以繒布.
始時蔡人, 禁不徃來, 今相從戲, 里門夜開,
始時蔡人, 進戰退戮, 今旰而起, 左餐右粥.
爲之擇人, 以收餘燼, 選吏賜牛, 敎而不稅.

蔡人有言:「始迷不知, 今乃大覺, 羞前之爲.」
蔡人有言:「天子明聖, 不順族誅, 順保性命.
汝不吾信, 視此蔡方! 孰爲不順? 徃斧其吭!
凡叛有數, 聲勢相倚. 吾疆不支, 汝弱奚恃?
其告而長, 而父而兄, 奔走偕來, 同我太平!」

淮蔡爲亂, 天子伐之; 旣伐而飢, 天子活之.
始議伐蔡, 卿士莫隨; 旣伐四年, 小大並疑.
不赦不疑, 由天子明. 凡此蔡功, 惟斷乃成.
旣定淮蔡, 四夷畢來. 遂開明堂, 坐以治之!」

【天以唐克肖其德, 聖子神孫, 繼繼承承】'克肖其德'의 '克'은 能의 뜻. '肖'는 같음.
닮음. 《五百家注》에 "孫曰: 肖, 似也. 言唐之子孫, 其德相似"라 함. '聖子神孫'은 성
스러운 자식과 신령한 후손. 唐나라 역대 황제들을 가리킴.
【於千萬年, 敬戒不怠, 全付所覆】'全付所覆'는 온 천하를 모두 맡겨 다스리도록 함.
《眞寶》注에 "全字, 有深意"라 함. '所覆'은 덮고 있는 바. 즉 천하를 뜻함. 《眞寶》
注에 "覆, 謂覆燾"라 함.
【四海九州, 罔有內外, 悉主悉臣】'九州'는 고대 禹가 천하를 九州로 나누었으며

그 뒤로 중국 전체를 가리키는 말로 쓰임. 《尙書》禹貢에 冀州, 兗州, 靑州, 徐州, 揚州, 荊州, 豫州, 梁州, 雍州를 들고 있으나, 《爾雅》釋地에는 幽州와 營州가 있으며 靑州와 梁州는 없음. 그런가 하면 《周禮》夏官 職方에는 幽州와 幷州는 있으나 徐州와 梁州가 없음. '罔'는 '무'로 읽으며 '無'와 같음. '罔有內外'는 '내외 할 것 없이 모두'의 뜻.

【高祖太宗, 旣除旣治】'高祖'는 唐을 건국한 李淵. 618-626년 재위. '太宗'은 당 2대 황제 李世民. 高祖 李淵의 둘째 아들. 아버지를 도와 唐나라 건국에 지대한 공을 세워 秦王에 봉해졌으나 야심을 품고 玄武門의 政變(626)을 일으켜 그 무렵 태자이며 형인 李建成과 아우 齊王 李元吉을 없애 버림. 이에 고조는 얼마 뒤 제위를 李世民에게 물려주었음. 이가 太宗이며 627-649년 재위, 그 연호를 貞觀이라 하여 역사적으로 유명한 貞觀之治를 이룸.

【高宗中睿, 休養生息】'高宗'은 3대 황제 李治. 貞觀 17년(643) 원래 태자였던 李承乾을 폐위하고 조서를 내려 晉王 李治를 태자로 세웠으며, 이가 뒤에 高宗이 됨. 650-683년 재위. '中睿'는 《眞寶》 注에 "中睿, 謂中宗睿宗"이라 함. '中宗'은 4대 황제 李顯. 고종의 아들로 684년 제위에 올랐으나 곧바로 則天武后가 684-704년까지 통치했으며, 그 뒤 다시 中宗이 705-710년까지 재위함. '睿宗'은 당 5대 황제 李旦. 역시 고종의 아들로 원래 則天武后가 高宗을 폐하고 684년 제위에 앉혔으나, 則天武后와 中宗의 재위가 지난 뒤 710-712년 다시 재위함.

【至于玄宗, 受報收功, 極熾而豐】'玄宗'은 당 6대 황제 李隆基. 明皇으로도 불리며 睿宗의 아들로 712-756년 재위하였으며, 楊貴妃와의 애정 고사로 유명함. '極熾而豐'은 극히 빛나고 풍성한 치적을 이룸. 玄宗 때는 연호를 開元, 天寶라 하여 開元之治를 이룸. '受報收功'은 《眞寶》 注에 "回護接下面有次序. 回護法"이라 함.

【物衆地大, 孽牙其間】'孽牙'의 '孽'은 재앙. 玄宗 때 安祿山과 史思明 등 藩鎭의 난을 가리킴. '牙'는 芽와 같음. 《眞寶》 注에 "來得婉隱然述安史亂"이라 함.

【肅宗代宗, 德祖順考, 以勤以容】'肅宗'은 당 7대 황제 李亨. 玄宗의 아들. 安史의 난을 진압하고 756-762년 재위함. 元結의 〈大唐中興頌〉(021)을 참조할 것. '代宗'은 8대 황제 李豫. 763-779년 재위함. '德祖'는 9대 황제 德宗 李适. 780-805년 재위. 憲宗의 祖父였으므로 '祖'를 붙인 것. '順考'는 10대 황제 順宗 李誦. 805년 1년 재위함. 憲宗의 아버지였으므로 '考'를 붙인 것.

【大憝適去, 稂莠不薅】'大憝'은 크게 사악함. 安祿山을 가리킴. '稂莠'는 강아지풀. 벼와 비슷하나 곡물이 아닌 풀. 亂賊을 가리킴. '薅'(호)는 풀 뽑듯 제거함. 《眞

寶》注에 "孃, 呼毛反. 去草. 名回護, 累朝姑息, 容養强藩"이라 함.

【相臣將臣, 文恬武嬉, 習熟見聞, 以爲當然】'文恬武喜'는 반란 등 나라의 일은 걱정하지 아니한 채 文官은 편안히 지내고, 武官은 즐기며 살고 있음.《眞寶》注에 "從上許多富盛中生"이라 함. '見聞'은 내란이 일어나는 것을 보기도 하였고, 소문을 듣기도 함.

【睿聖文武皇帝, 旣受群臣朝, 乃考圖數貢】'睿聖文武皇帝'는 11대 황제 憲宗(李純)을 가리킴. 韓愈 당시의 황제. 憲宗이 즉위 3년째인 元和 3년(808) 正月 이 尊號를 받았음. '考圖數貢'는 지도를 참고하여 그곳의 貢物을 따져 봄. 각지 藩鎭 節度使의 실적 등을 점검함.《眞寶》注에 "便見憲宗, 大有爲意"라 함.

【嗚呼! 天旣全付予有家】《眞寶》注에 "意謂自祖宗以來, 天全付以天下, 今叛鎭不庭不貢, 則不全矣"라 함.

【今傳次在予, 予不能事事, 其何以見于郊廟】'傳次'는 왕위가 차례에 따라 전해짐. 憲宗은 앞의 肅宗(李亨) 이후 8대 代宗(李豫:763−779), 9대 德宗(780−805), 10대 順宗(李誦)을 거쳐 11대로 806년에 즉위하여 820년까지 재위하고 그 뒤를 목종(李恒)으로 이어짐. '郊廟'는 郊祭와 廟祭. 郊祭는 하늘에 지내는 제사, 廟祭는 조상에게 지내는 제사로 하늘과 조상을 대신하는 말.

【羣臣震懾, 犇走率職】'震懾'은 놀라 떨며 두려워함. '犇走率職'은 뛰어다니며 직책을 수행함. '犇走'는 奔走와 같음.

【明年平夏, 又明年平蜀, 又明年平江東, 又明年平澤潞】'明年'은 永貞 元年(805) 8월로 이해는 順宗(李誦) 元年이며 동시에 憲宗이 즉위하였으나, 이듬해를 元和로 改元하고 憲宗 元年으로 삼았음. '平夏'는 夏州(陝西省 橫山縣)를 진압한 사건. 元和 元年(806) 3월에 夏綏銀節度留后 楊惠琳이 반란을 일으키자 夏州兵馬使 張承全이 토벌하여 참수함. '平蜀'은 지금의 四川을 다스리던 劍南節度使 韋皐가 죽자 行軍司馬 劉闢이 자칭 留后라 하면서 元和 元年 正月에 반란을 일으키자, 그해 9월 東川節度副使 高崇文이 그를 잡아 바침. '平江東'은 元和 2년(807) 10월 鎭海軍節度使 李錡가 반란을 일으키자, 大將 張子良이 그를 잡아 京師에 바침. '平澤潞'는 元和 5년(810) 義成節度使 盧從史가 반란을 일으키자 이를 평정한 사건. '澤州'는 지금의 山西省 晉城縣 동북. '潞州'는 지금의 山西省 長治縣.

【遂定易定, 致魏博貝衛澶相, 無不從志】'定易定'은 元和 5년 10월 義成節度使 張茂昭가 易州와 定州를 直隷省에 귀속시킨 일을 말함.《眞寶》注에 "張茂昭, 以二州歸有司"라 함. '魏博貝衛澶相'은 元和 7년(812) 10월 魏博節度使 田弘正이 자신이

관할하던 魏州, 博州, 貝州, 衛州, 澶州, 相州 등 여섯 州의 고을을 관군에게 귀속시킨 일.《眞寶》注에 "田弘正, 以六州歸有司"라 함. 이 六州는 지금의 河南과 河北 사이에 있었음.

【不可究武, 予其少息】'究武'는 '窮武'로도 되어 있으며 끝까지 武力을 씀. '窮兵黷武'와 같은 뜻.《眞寶》注에 "究武, 猶言窮武"라 함.

【九年蔡將死, 蔡人立其子元濟以請, 不許】'九年'은 元和 9년(814) 閏八月. 彰義節度使 吳少陽이 죽자 그 아들 吳元濟가 蔡州刺史를 섭정하고 있었는데, 아버지 사망을 숨긴 채 병이 심하다고 하면서 군사를 장악하고 표를 올려 지휘권을 인정해 달라고 청하였으나 憲宗이 불허함. 蔡州는 지금의 河南 汝南縣.

【遂燒舞陽, 犯葉襄城, 以動東都, 放兵四劫】'舞陽'은 지금의 河南省 舞陽縣. '葉襄城'은 葉縣과 襄城. 둘 모두 지금의 河南省에 있었음. '東都'는 洛陽을 가리킴.

【一二臣】淮西를 토벌해야 한다고 주장한 신하는 武元衡과 裴度 둘뿐이었고, 나머지는 모두 극력 반대함.《眞寶》注에 "二臣, 武, 裴"라 함.

【蔡帥之不庭授, 于今五十年. 傳三姓四將, 其樹本堅, 兵利卒頑, 不與他等, 因撫而有, 順且無事】'蔡帥'는 蔡州를 지키는 임무를 맡았던 그간의 節度使 將帥들. '不庭授'는 원본에는 '不廷授'로 되어 있으며 '庭授'는 朝貢과 같은 뜻임.《眞寶》注에 "庭授, 猶言朝貢"이라 함. 그러나 '조정에서 직접 지위를 授與하여 임명하다'의 뜻으로도 볼 수 있음. '三姓四將'은 李忠臣, 陳奇, 吳少誠, 吳少陽, 李希烈 등을 가리킴. 廣德 원년(763, 代宗 원년) 李忠臣을 淮西節度使로 세웠으나 大曆 14년(779) 3월에 그 부장이었던 李希烈이 이를 쫓아내고 스스로 절도사가 되었으며, 다시 貞元 2년(786) 4월에는 陳錡, 10월에는 吳少誠, 吳少陽을 거쳐 吳元濟로 이어짐. '兵利卒頑'은 兵器가 날카롭고 兵卒들이 굳셈. '撫而有, 順且無事'는 慰撫하여 그대로 가지고 있으면서 順하게 하여 앞으로 일이 없도록 함.

【大官臆決唱聲, 萬口和附, 幷爲一談, 牢不可破】'臆決唱聲'은 臆測으로 결단을 내리고 소리내어 주장함. '牢不可破'는 너무 단단하여 깨뜨릴 수가 없음.

【惟天惟祖宗, 所以付任予者, 庶其在此, 予何敢不力? 況一二臣同, 不爲無助】'付任予者'는 나에게 임무를 내린 것.《眞寶》注에 "可見自任"이라 함. '庶其在此'는 아마 여기에 있을 것이라 기대함.《眞寶》注에 "君臣謀謨之時"라 함. '何敢不力'은《眞寶》注에 "便含惟斷乃成意"라 함. '一二臣'은 토벌에 동의하고 있는 裴度와 武元衡을 가리킴.《眞寶》注에 "說裴度武元衡"이라 함. '不爲無助'는 (하늘과 조상의) 도움이 없을 수 없을 것임.

【光顔! 汝爲陳許帥, 維是河東魏博郈陽三軍之在行者, 汝皆將之】'光顔'은 李光顔.
元和 9년(814) 10月 陳州刺史 李光顔을 忠武節度使에 임명하여 陳州와 許州를
관할하였음. 《眞寶》注에 "命將出師之時, 此處學〈舜典〉命九官文法"이라 함. '河東'
은 山西省의 黃河 동쪽 지역. '魏博'은 魏州와 博州, '郈陽'은 左馮翊 郈陽縣. '在行
者'는 行營 중에 있는 군사들. 출동 중인 군사들. 元和 10년(816) 정월 宣撫 등 16
道의 군사들에게 명하여 吳元濟를 향해 진격토록 하여 李光顔이 行營의 군사
를 거느렸으며, 神策軍이 郈陽에서 李光顔과 합세함. '將之'는 《眞寶》注에 "布置"
라 함.

【重胤! 汝故有河陽懷, 今益以汝, 維是朔方義成陝益鳳翔延慶七軍之在行者, 汝皆將
之】'重胤'은 烏重胤. 元和 9년 閏八月에 河陽節度使 烏重胤을 汝州刺史로 임명하
고 河陽懷汝節度使를 겸하도록 하였음. 河陽, 懷州, 汝州는 모두 지금의 河南省
에 있던 지명. '七軍'은 朔方, 義成, 陝州, 益州, 鳳翔, 延州, 慶州의 군사를 가리킴.

【弘! 汝以卒萬二千, 屬而子公武, 往討之】'弘'은 韓弘. 韓宏으로도 표기하며 元和
10년 9월 韓弘은 宣武節度使로서 淮西諸軍都統의 직무를 맡아 아들 韓公武가 1
만 3천 명의 군대를 이끌고 蔡下와 회합하여 군사들에게 물자와 식량을 보급하
도록 요청하였음.

【文通! 汝守壽, 維是宣武淮南宣歙浙西四軍之行于壽者, 汝皆將之】'文通'은 李文通.
元和 10년 12월 左金吾大將軍 李文通을 壽州團練使에 임명함. 壽州는 지금의 安
徽省 壽縣. '四軍'은 宣撫, 淮南, 宣歙, 浙西의 군대.

【道古! 汝其觀察鄂岳】'道古'는 李道古. 원화 11년(816) 黔州觀察使 李道古를 鄂岳
觀察使로 임명함. 鄂州는 지금의 湖北省 武昌縣, 岳州는 湖南省 巴陵縣 부근.

【愬! 汝帥唐鄧隨, 各以其兵, 進戰】'愬'는 李愬. 元和 11년 12월 太子詹事 李愬를
唐鄧隨節度使로 임명함. 唐州와 鄧州는 河南省, 隨州는 湖北省에 있었음.

【度! 汝長御史, 其徃視師】'度'는 裴度. '長御史'는 裴度가 御史中丞이었으므로 '長'
자를 넣어 부른 것. 元和 10년 5월 憲宗이 裴度를 行營으로 보내어 군사를 慰撫
함과 아울러 형세를 살피도록 하였음.

【度! 惟汝予同, 汝遂相予, 以賞罰用命不用命】'相予'는 나의 재상이 됨. 元和 10년 6
월 배도가 中書侍郎同平章事로 임명되었음. 《眞寶》注에 "相, 卽輔相. 度拜相"이
라 함. 元和 12년 그는 재상으로서 淮西宣慰處置使로 나갔으며 그때 韓愈는 行
軍司馬가 되어 右庶子兼御史中丞으로 彰義軍行軍司馬를 맡아 裴度의 자문 역
할을 하게 되었음을 말함.

【弘! 汝其以節度, 都統諸軍】'弘'은 韓弘(韓宏). '都統'은 唐 天寶 이후에 大臣을 都統으로 삼아 여러 道를 감찰하며 총괄하도록 하였음. 元和 12년(817) 裴度가 스스로 吳元濟를 토벌할 것을 청하자 임금이 허락하면서 裴度에게 淮西宣慰招討處置使의 임무를 주었음. 그러나 韓弘(宏)이 이미 淮西行營都統이 되어 있었으므로 招討使의 이름을 피하고 대신 宣慰處置使라는 이름으로 가게 되었음. 그러나 실제로는 都統의 임무를 실행하였음.

【守謙! 汝出入左右, 汝惟近臣, 其往撫師】'守謙'은 內侍 梁守謙, 元和 11년 11월 그는 知樞密의 신분으로 군사를 宣慰하고 감독하는 임무를 맡았음.

【度! 汝其往, 衣服飲食予士, 無寒無飢, 以旣厥事, 遂生蔡人. 賜汝節斧, 通天御帶, 衛卒三百, 凡玆廷臣, 汝擇自從, 惟其賢能, 無憚大吏. 庚申予其臨門送汝】'予士'의 '予'는 '주다'의 뜻. 《眞寶》注에 "予, 猶與也"라 함. '旣厥事'는 그 일을 旣決함. 평정과 진압의 일을 완수함. 《眞寶》注에 "旣, 盡也"라 함. '節斧'은 符節과 斧鉞. 이는 출정하는 장수가 임금으로부터 군사의 절대적 지휘권을 받아 가짐. '通天御帶'는 띠의 하나로 황제의 권한을 대행함을 상징함. 元和 12년 8월 裴度가 淮西로 나갈 때 憲宗은 친히 犀帶를 내리면서, 天子의 禁軍인 神策軍 3백 騎로 하여금 隨從토록 하면서 친히 通化門까지 나와서 배웅하였음. '汝擇自從'은 《眞寶》注에 "所以度奏退之. 爲行軍司馬, 凡三說度見其委寄之重, 與諸將不同"이라 함.

【御史! 予閔士大夫戰甚苦, 自今以往, 非郊廟祭祀, 其無用樂】출정하여 전투를 하는 동안은 郊廟 제사 때 이외에는 음악을 연주하지 않음.

【顏胤武, 合攻其北, 大戰十六, 得柵城縣二十三, 降人卒四萬】'顏胤武'는 李光顏, 烏重胤, 韓公武 세 사람. '四萬'은 그곳의 군사와 주민을 합하여 이른 숫자임.

【道古攻其東南, 八戰降卒萬三千; 再入申, 破其外城】'入申'은 元和 12년(817) 李道古가 申州를 공격하여, 그 외성을 무너뜨림. 申州는 지금의 河南省의 지명.

【文通戰其東, 十餘遇, 降萬二千】'遇'는 迎戰, 應戰과 같음.

【愬入其西, 得賊將, 輒釋不殺, 用其策, 戰比有功】得賊將】李愬는 元和 12년 5월 淮西騎將 李祐가 사졸을 인솔하여 보리를 수확하고 있는 틈에 이들을 사로잡았으나 죽이지 않고 잘 대우하여, 정보를 얻는 데 이용함. 《眞寶》注에 "此一擧, 與韓信用李左車之策略同, 乃愬高處"라 함.

【十二年八月, 丞相度至師; 都統弘, 責戰益急】'師'는 軍師를 가리킴. 《眞寶》注에 '師, 或作帥, 非是"라 함.

【顏胤武, 合戰益用命, 元濟盡幷其衆, 洄曲以備】'洄曲'은 回曲, 時曲으로도 표기하

며 지금의 河南省 商水縣 서남쪽. 潃水가 굽어 흐르는 곳.

【十月壬申, 愬用所得賊將, 自文城, 因天大雪, 疾馳百二十里, 用夜半到蔡, 破其門, 取元濟以獻, 盡得其屬人卒】'文城'은 文城柵. 지금의 河南省 遂平縣 서남쪽.

【辛巳, 丞相度入蔡, 以皇帝命, 赦其人, 淮西平】裴度가 彰義軍 符節을 세우고 항복한 군사 1만여 명을 이끌고 입성함.《眞寶》注에 "韓公述愬之功, 甚不苟矣. 餘諸將克勝之功, 只混合大體說, 至於愬獨表而出之, 標其日月狀其艱辛, 戰功之優, 誰與埒者? 末云「辛巳, 丞相度入蔡」, 可見旣拔其城, 擒其魁, 降其黨, 丞相不過於旣克十日之後, 蒙成平達入城而已. 曷嘗以度之功, 掩愬之功乎? 若只述愬之功, 不述度贊上定謀之功, 則沮於羣言. 此師之遷延逗撓散歸久矣, 愬何所倚以立此功乎? 愬武人不識文章體製法度, 至令妻泣訴見趣擧措鄙陋如此, 奇功偉績, 有此點汙, 惜也!"라 함.

【大饗賚功, 師還之日, 因以其食, 賜蔡人, 凡蔡卒三萬五千; 其不樂爲兵, 願歸爲農者十九, 悉縱之, 斬元濟於京師】'大饗'은 勝戰의 잔치를 벌임. '賚功'은 공로가 있는 사람에게 술과 음식 따위를 내려줌. '悉縱之'는 모두 풀어줌.《眞寶》注에 "安輯撫定之時"라 함. '斬'은 斬首함. 元和 12년 10월 보름날 李愬가 눈 내린 밤에 蔡州를 습격하여, 이틀 뒤 吳元濟를 사로잡아 長安으로 보내자 황제가 興安門에서 이를 접수하여 태묘에 바쳐 조상에게 보고한 다음 吳元濟를 獨柳樹에서 참수함.

【冊功, 弘加侍中, 愬爲左僕射, 帥山南東道】'冊功'은 공로를 기록하고 그에 따라 상을 내림.《眞寶》注에 "功賞之時"라 함. '帥山南東道'는 山南東道節度使를 겸하여 統率(統帥)함.

【顔胤皆加司空; 公武以散騎常侍, 帥鄜坊丹延】'帥鄜坊丹延'은 鄜坊丹延節度使를 겸하여 통솔함.

【道古進大夫; 文通加散騎常侍】李道古는 大夫로 승급하고 李文通은 散騎常侍의 벼슬이 추가됨.《眞寶》注에 "叙次皆不苟, 弘畢竟都統諸軍, 故先; 愬戰功最高, 故次. 餘始以次見焉"이라 함.

【丞相度朝京師, 進封晉國公, 進階金紫光祿大夫】丞相 裴度는 晉國公에 봉해졌으며 이는 食邑이 三千戶였음.

【以舊官相, 而以其副摠, 爲工部尙書, 領蔡任】'以舊官相'은《眞寶》注에 "相度獨在後, 詳謹嚴重, 法當如此"라 함. '副摠'은 裴度 휘하의 副使 馬摠. '領蔡任'은 馬摠에게 蔡州刺史를 겸직시킨 것을 가리킴.

【既還奏, 羣臣請紀聖功, 被之金石】'請紀聖功'은 성스러운 공로를 기록할 것을 요청함. '被之金石'은 쇠붙이나 돌에 그 내용을 새겨 넣음.

【皇帝以命臣愈, 臣愈 再拜稽首而獻文. 曰】憲宗이 韓愈에게 명하자 韓愈는 재배하며 문장을 지어 바침. '曰' 이하가 碑文임.

【唐承天命, 遂臣萬方, 孰居根土, 襲盜以狂】'襲盜以狂'은 藩鎭들이 반란과 도둑질로 미쳐 날뛰듯 행동함.

【徃在玄宗, 崇極而圮. 河北悍驕, 河南附起】'崇極而圮'는 흥성함이 극에 달하였다가 무너졌음. '圮'(비)는 무너짐. 安祿山의 난으로 국세 크게 꺾였음을 말함. '河北悍驕'는 河北 지방이 慓悍하고 교만하게 굶. 安祿山의 난 뒤 燕, 趙, 魏 지방에 연이어 반란이 일어났던 일을 말함. '河南附起'은 河南 지방에서도 附和雷同하여 잇달아 반란이 일어남. 汴州, 蔡州 등지의 반란을 가리킴.

【四聖不宥, 屢興師征, 有不能克, 益戍以兵】'四聖'은 唐 玄宗을 이은 肅宗, 代宗, 德宗, 順宗의 네 황제. 《眞寶》注에 "四聖, 謂唐肅宗, 代宗, 德宗, 順宗"이라 함. '不宥'는 《眞寶》注에 "回護"라 함. '益戍'는 戍兵을 갈수록 늘임. 군사를 증강시켜 번진 세력을 견제해 왔음.

【夫耕不食, 婦織不裳, 輸之以車, 爲卒賜糧】백성들의 農織 생산품이 모두 軍需品으로 충당되어야 했음을 말함.

【外多失朝, 曠不嶽狩, 百隷怠官, 事亡其舊】'外多失朝'는 변방 외지에서 내조하지 않게 됨. 조정에 복종하지 않는 자들이 많아졌음을 말함. '曠不嶽狩'는 오랫동안 四嶽을 버려둔 채 巡狩하지 못함. '百隷怠官'은 모든 관리들이 자신의 관직에 태만해짐. '事亡其舊'는 옛날처럼 잘 다스려져 興盛하던 사례가 없어짐. 《眞寶》注에 "此國家衰亂之原.〈小雅〉盡廢之義也"라 함.

【帝時繼位, 顧瞻咨嗟:「惟汝文武, 孰恤予家?」】'帝'는 憲宗을 가리킴.

【既斬吳蜀, 旋取山東, 魏將首義, 六州降從】'斬吳蜀'은 吳 지역의 夏州와 蜀(四川)은 이윽고 평정하였음. '旋取山東'은 곧바로 돌아서서 江東, 澤州, 潞州, 易州, 定州를 평정함. '魏將首義'는 그 때 魏州(魏博節度使) 田弘正이 조정의 義를 따름.

【淮蔡不順, 自以爲彊, 提兵叫譁, 欲事故常】'提兵叫譁'은 吳元濟가 자칭 蔡州刺史가 되어 군사를 일으켜 舞陽을 불태우고 葉縣, 襄城을 습격하며 소란을 피움.

【始命討之, 遂連姦鄰, 陰遣刺客, 來賊相臣】'遂連姦鄰'은 吳元濟가 王承宗, 李師道 등과 연합한 일. 王承宗과 李師道가 蔡州로 가는 병사들을 고의로 지연시키면서, 자객으로 하여금 武元衡을 죽이고, 裴度를 습격하였으나 배도는 가죽신과

털모자 덕분에 겨우 살아남.《舊唐書》裴度傳 참조.《眞寶》注에 "王承宗, 李師道"라 함. '陰遣刺客'은 몰래 자객을 파견함. 元和 10년(815) 6월 재상 武元衡이 입조하였을 때, 李師道가 자객을 보내어 武元衡과 裴度을 습격한 일. '賊'은 害와 같음.《眞寶》注에 "賊, 害也"라 함.

【方戰未利, 內驚京師, 羣公上言:「莫若惠來.」】'方戰未利'는 아직 전세가 유리하지 않았을 때. '莫若惠來'는 은혜를 베풀어 잘 달래는 것이 최상책이라 여러 신하들이 주장한 일을 말함.

【帝爲不聞, 與神爲謀, 乃相同德, 以訖天誅】'相同德'은 皇帝의 뜻에 동의하는 이를 재상으로 임명함. '以訖天誅'는 이로써 하늘이 내리는 誅罰의 임무를 완수함.

【乃勑顔胤, 愬武古通:「咸統於弘, 各奏汝功.」】'咸統於弘'은 모두 韓弘의 통솔을 받도록 함.

【三方分攻, 五萬其師, 大軍北乘, 厥數倍之】'三方'은 동남쪽은 李道古, 동쪽은 李文通, 서쪽은 李愬가 맡아 토벌작전에 나섬. '北乘'은 李光顔, 烏重胤, 韓公武가 북쪽에서 그 틈을 타고 함께 叛軍을 공격하여 궤멸시킴.

【嘗兵洄曲, 軍士蠢蠢;旣翦陵雲, 蔡卒大窘】'嘗兵洄曲'의 '洄曲'은《昌黎集》에는 '時曲'으로 되어 있으며, 注에 "元和十年五月, 光顔大破賊黨於時曲"이라 함. '蠢蠢'은 두려움에 떨며 蠢動하는 모습. '翦陵雲'은 陵雲을 잘라버림. 注에 "元和十一年九月, 光顔奏拔陵雲冊"이라 함. 陵雲은 河南省 商水縣 서북쪽에 있던 城柵.

【勝之邵陵, 郾城來降. 自夏及秋, 複屯相望】'邵陵'은 郾城縣 동쪽에 있던 성. '郾城'은 지금의 河南省 臨潁縣 남쪽에 있었으며, 元和 12년(817) 3월 李光顔이 공격해 들어가자 그곳 수령과 守將이 투항함. '複屯'은 거듭 군대를 겹쳐 주둔시켜 수비를 공고히 함.

【兵頓不勵, 告功不時, 帝哀征夫, 命相往釐】'兵頓不勵'는 군사들이 정돈만 하고 공격에 힘쓰지는 않음. '告功不時'는 황제에게 功을 보고함이 때를 맞추지 못함. 元和 11년(816) 6에 唐鄧隨節度使 高霞寓가 鐵城에서 패하고, 12년 8월 李光顔이 賈店에서 패하였으며, 9월에는 賊兵이 激水鎭을 공격하여 승리의 실적이 매우 불리하였음. '命相往釐'는 승상 裴度에게 명하며 가서 군사들을 잘 정리하도록 함. '釐'는 治, 理 등과 같은 뜻임.

【士飽而歌, 馬騰於槽. 試之新城, 賊遇敗逃】'馬騰於槽'는《眞寶》注에 "可想欲戰之意"라 함. '新城'은 郾城 근처의 城柵.

【盡抽其有, 聚以防我, 西師躍入, 道無留者】'盡抽'는 모두 뽑음. 吳元濟가 자신이

소유한 병사들을 모두 동원하여 모아서 官軍에 대항함. '西師躍入'는 서쪽의 군사들이 뛰어 들어가듯 공격해 들어감.

【頟頟蔡城, 其疆千里, 旣入而有, 莫不順俟】'頟頟'은 쉴 사이가 없음을 뜻하는 疊語.《尙書》益稷篇 "罔晝夜頟頟"의 注에 "肆惡無休息. 頟, 與額同"이라 함.《眞寶》注에 "頟頟, 不息貌"라 함. 여기서는 吳元濟에 의해 강제로 蔡州城에 갇힌 백성과 사졸들이 쉬지 못한 채 부림을 당하였음을 뜻함.

【帝有恩言:「相度來宣, 誅止其魁, 釋其下人】'相度'는 승상 裴度. '誅止其魁'는 적의 괴수를 처형하는 것에서 그침. '魁'는《眞寶》注에 "義"라 함.

【蔡人卒夫, 投甲呼舞;蔡之婦女, 迎門笑語】'投甲呼舞'는 갑옷을 던져버리고 환호하며 춤을 춤.《眞寶》注에 "見前日脅從, 非本心"이라 함.

【蔡人告飢, 船粟徃哺;蔡人告寒, 賜以繒布】'船粟徃哺'는 배로 식량을 싣고 와서 먹여줌. '繒布'는 비단과 삼베. 입을 옷을 뜻함.

【始時蔡人, 禁不徃來, 今相從戲, 里門夜開】'蔡州' 사람들이 모두 자유를 얻고 기쁨을 되찾음. '里門夜開'는《眞寶》注에 "見其無所避忌之意"라 함.

【始時蔡人, 進戰退戮, 今旰而起, 左餐右粥】'旰(간)은 아침에 늦게. 마음 놓고 아침 늦도록 잠을 자고 일어남.《眞寶》注에 "旰, 晚也"라 함. 일부 판본에는 혹 '眠'으로 되어 있음. '左餐右粥'은 먹을 것이 충분함을 뜻함.《眞寶》注에 "見其無所勞役之意"라 함.

【爲之擇人, 以收餘燼, 選吏賜牛, 敎而不稅】'以收餘燼'는 나머지 困憊한 이들을 잘 거두어 위무함.

【蔡人有言:「始迷不知, 今乃大覺, 羞前之爲】'羞前之爲'는 지난날 했던 일들을 부끄럽게 여김.

【蔡人有言:「天子明聖, 不順族誅, 順保性命】'不順族誅'는 순종하지 아니하면 멸족의 주벌을 당함. '順保性命'은《眞寶》注에 "所以風厲其餘"라 함.

【汝不吾信, 視此蔡方, 孰爲不順, 徃斧其吭】'徃斧其吭'은 가서 그의 목구멍을 도끼로 침. 목을 자름. 큰 형벌을 내릴 것임을 뜻함.

【凡叛有數, 聲勢相倚. 吾彊不支, 汝弱奚恃】'奚恃'는 '무엇을 믿겠는가?'의 뜻.《眞寶》注에 "所以離散其黨"이라 함.

【其告而長, 而父而兄, 奔走偕來, 同我太平!】'而'는 모두 인칭대명사. 爾, 尒, 你, 汝 등과 같음. 너, 너희, 그대들.《眞寶》注에 "而, 卽汝也"라 함.

【淮蔡爲亂, 天子伐之;旣伐而飢, 天子活之】'旣伐而飢'는 이윽고 토벌하기는 했으

나 그들이 굶주리고 있음.

【始議伐蔡, 卿士莫隨;旣伐四年, 小大並疑】'大小並疑'는 대소의 관원들 누구나 다 의심하고 있었음.

【不赦不疑, 由天子明. 凡此蔡功, 惟斷乃成】'由天子明'은《眞寶》注에 "歸之天子"라 함. '不赦不疑'는 蔡州의 반란을 용서하지 아니하고 이를 토벌하면 틀림없이 성공할 것이라 여겨 의심하지 않음. '惟斷乃成'은 결단을 내렸기에 성공한 것임.《眞寶》注에 "推本歸功"이라 함.

【旣定淮蔡, 四夷畢來. 遂開明堂, 坐以治之】'明堂'은 天子가 政敎를 펴고 法令을 선포하며 諸侯들의 來朝를 받는 등 政務를 수행하는 곳. '坐而治之'는《眞寶》注에 "見治定功成之意"라 함.

### 참고 및 관련 자료

1. 작자: 韓愈(韓退之) 022 참조.

2. 이 글은《五百家注昌黎文集》(30),《別本韓文考異》(30),《東雅堂昌黎集註》(30),《新唐書》(214),《文苑英華》(872),《崇古文訣》(9),《文章正宗》(20),《文編》(59),《唐宋八大家文鈔》(11),《文章辨體彙選》(643),《古文淵鑑》(36),《唐宋文醇》(8),《古文雅正》(8) 등에 실려 있음. 한편 段文昌의〈平淮西碑〉도《文苑英華》(872)에 실려 있음.

3. 韓愈《昌黎集》(38)〈進撰平淮西碑文表〉

臣某言:伏奉正月十四日, 敕牒以收復淮西, 羣臣請刻石紀功, 明示天下爲將來法式. 陛下推勞臣下, 允其志願, 使臣撰〈平淮西碑文〉者, 聞命震駭心識顚倒, 非其所任, 爲愧爲恐, 經涉旬月, 不敢措手. 竊惟自古神聖之君, 旣立殊功, 異德卓絶之迹, 必有奇能博辯之士爲時, 而生持簡操筆, 從而寫之, 各有品章條貫, 然後帝王之美, 巍巍煌煌, 充滿天地. 其載於《書》則〈堯舜〉二典, 夏之〈禹貢〉, 殷之〈盤庚〉, 周之〈五誥〉. 於詩則〈玄鳥〉,〈長發〉,〈歸美〉,〈殷宗〉,〈淸廟〉. 臣工〈大小二雅〉, 周王是歌辭, 事相稱善并美具號, 以爲經列之學官, 置師弟子, 讀而講之, 從始至今, 莫敢指斥. 嚮使撰次不得其人, 文字曖昧, 雖有美實, 其誰觀之? 辭跡俱亡, 善惡惟一. 然則玆事至大, 不可輕以屬人. 伏以唐至陛下再登, 太平剗刮, 羣姦掃灑, 疆土天之所覆, 莫不賓順然, 而淮西之功, 尤爲俊偉. 碑石所刻, 動流億年, 必得作者, 然後可盡能事, 今詞學之英, 所在成列, 儒宗文師, 磊落相望. 外之, 則宰相公卿郎中博士;內之, 則翰林禁密游談侍從之臣, 不可一二. 邐數召而使之, 無有不可至於臣者, 自知最爲淺陋, 顧貪恩待, 趨以就事, 叢雜乖戾, 律呂失次, 乾坤之容, 日月之光, 知其不可繪畫, 强顏爲之, 以塞詔旨, 罪當誅死. 其碑文今已撰成, 謹錄封進, 無任慙羞, 戰怖之至.

4.〈韓碑〉(李商隱)

元和天子神武姿, 彼何人哉軒與羲. 誓將上雪列聖恥, 坐法宮中朝四夷.
淮西有賊五十載, 封狼生貙貙生羆. 不據山河據平地, 長戈利矛日可麾.
帝得聖相相曰度, 賊斫不死神扶持. 腰懸相印作都統, 陰風慘澹天王旗.
愬武古通作牙爪, 儀曹外郎載筆隨. 行軍司馬智且勇, 十四萬衆猶虎貔.
入蔡縛賊獻太廟, 功無與讓恩不訾. 帝曰「汝度功第一, 汝從事愈宜爲辭.」
愈拜稽首蹈且舞:「金石刻畫臣能爲. 古者世稱大手筆, 此事不係於職司.
當仁自古有不讓.」言訖屢頷天子頤. 公退齋戒坐小閤, 濡染大筆何淋漓!
點竄堯典舜典字, 塗改淸廟生民詩. 文成破體書在紙, 淸晨再拜鋪丹墀.
表曰「臣愈昧死上.」詠神聖功書之碑. 碑高三丈字如斗, 負以靈鼇蟠以螭.
句奇語重喩者少, 讒之天子言其私. 長繩百尺拽碑倒, 麤砂大石相磨治.
公之斯文若元氣, 先時已入人肝脾. 湯盤孔鼎有述作, 今無其器存其辭.
嗚呼聖皇及聖相, 相與烜赫流淳熙. 公之斯文不示後, 曷與三五相攀追?
願書萬本誦萬過, 口角流沫右手胝. 傳之七十有二代, 以爲封禪玉檢明堂基.

5. 宋 葛立方《韻語陽秋》(3)

裴度平淮西, 絕世之功也; 韓愈〈平淮西碑〉, 絕世之文也. 非度之功, 不足以當愈之
文, 非愈之文, 不足以發度之功, 碑成, 李愬之子乃謂沒父之功, 訟之於朝. 憲宗使段
文昌別作, 此與舍周鼎而寶康瓠何異哉! 李義山詩云:『碑高三丈字如斗, 負以靈鼇蟠
以螭. 句奇語重喩者少, 讒之天子言其私. 長繩百尺拽碑倒, 麤沙大石相磨治. 公之斯
文若元氣, 先時已入人肝脾.』愈書愬曰:「十月壬申, 愬用所得賊將, 自文城因天大雪,
疾馳百二十里, 到蔡, 取元濟以獻.」與文昌所謂「郊雲晦冥, 寒可墮指, 一夕捲旆, 凌
晨破關」等語, 豈不相萬萬哉! 東坡先生謫官過舊驛, 壁間見有人題一詩云:『淮西功業
冠吾唐, 吏部文章日月光; 千古斷碑人膾炙, 世間誰數段文昌?』坡喜而誦之.

# 031. 〈南海神廟碑〉 ·················· 韓退之(韓愈)
## 남해신 사당의 비문

＊〈南海神廟碑〉: 南海神을 모신 廟堂(祠堂)의 비문. 공규(孔戣)가 廣州刺史로 부임
하여 그동안 소홀히 했던 南海神에 대한 제사를 敬虔히 받들며 그 사당을 수
리하고 아울러 덕치를 베풀었던 공덕비의 성격을 띠고 있음. 韓愈가 元和 15년
(820)에 潮州에 있을 때 이 글을 짓고 南海神 廟堂 앞에 세운 비석임. 《舊唐書》
에 "先是准詔禱南海神, 多令從事代祠. 戣每受詔, 自犯風波而往. 韓愈在潮州, 作
詩以美之."라 하여 이 글을 지은 것으로 보고 있음. 孔戣는 《舊唐書》(154)와 《新
唐書》(163) 孔巢父傳에 함께 傳이 실려 있음. 이 비의 머리에는 "使持節袁州諸軍
事, 守袁州刺史韓愈撰. 使持節循州諸軍事, 守循州刺史陳諫書幷篆額"이라 하여
글씨는 陳諫이 쓴 것으로 되어 있고, 뒷면에는 "元和十五年十月一日建"으로 그
날짜가 새겨져 있음.
＊《眞寶》注에 "叙事狀物之妙"라 함.


바다는 하늘과 땅 사이에 있는 물체로서는 가장 큰 것이어서 하夏, 은
殷, 주周 3대의 성왕聖王들로부터 제사를 지내며 섬겨오지 않은 적이 없
었다.

기록을 상고해 보면 남해신南海神은 지위가 가장 고귀하여 북해, 동
해, 서해의 세 신과 하신河神 하백河伯의 위에 있으며 호를 축융祝融이라
하였다.

천보天寶 연간에 천자가 "옛날 작위로서는 공후公侯보다 귀한 것이 없
다. 그러므로 바다와 산의 제사에 희생과 폐물의 수를 공후의 예에 맞
추어 하였으니, 그것은 대신大神에게 극도의 숭상함을 표하기 위해서였
다. 그런데 지금은 왕王 또한 작위인데 바다와 산을 예우함에는 아직도
공후의 명칭을 따르면서, 왕에 대한 의례는 허울만 있고 사용하지 않는
다면 이는 지극히 숭상하는 뜻에 맞지 않다"고 여겼다.

이로 말미암아 조책詔冊을 내려 남해의 신을 광리왕廣利王이라 하였으며, 축호祝號와 제식祭式을 그 등급과 함께 승격시켰던 것이다.

그리고 옛 사당이 오래되었다 하여 새로 지었는데, 오늘의 광주廣州 관할의 동남쪽 바닷길로 80리, 부서扶胥의 어귀, 황목만黃木灣에 자리잡고 있다.

언제나 입하立夏의 절기가 되면 광주자사廣州刺史에게 명하여 사당에 제사를 지내고, 행사가 끝나면 곧 역마驛馬를 통해 보고하도록 하였다.

그런데 그곳 자사는 늘 오령五嶺의 여러 군사들을 통솔하면서 그곳 군읍郡邑을 관찰하여, 남쪽 땅의 일들은 그가 통할하지 않는 곳이 없었으니 땅은 넓고 멀었다.

그 까닭으로 언제나 중요한 인물을 선발하여 맡겼는데, 선발된 자는 이미 귀한 신분에다가 부유하고, 바닷가의 일에는 익숙하지 않은 사람이었으며, 또한 제사를 지낼 때마다 바다에는 늘 큰 바람이 많이 불기도 하여, 가려고 해도 모두가 근심과 걱정을 앞세웠으며, 이윽고 가서 보고는 두려움을 느껴 마냥 질병을 핑계로 사양하고 제사의 일은 부관副官에게 맡겼는데, 그렇게 해온 지가 이미 오래되었다.

그 때문에 신명의 본당本堂과 재실齋室은 위에는 비가 새고 옆으로는 바람이 새어들어도 제대로 덮거나 가리지도 못하였고, 제물로 바치는 희생은 삐쩍 마른데다가 술은 시어버린 것이었으며, 제구祭具도 임시로 마련한 것인데다가, 바다와 육지 제품祭品은 제기에 어수선하게 늘어놓고, 제물을 바치고 술을 올리며 허리를 굽히는 등의 제사 행동도 의식儀式에 맞지 않았으며, 관리들이 갈수록 공경심을 잃게 되자, 해신海神은 제물을 거들떠보지도 않고 거센 바람과 괴상한 비를 절도도 없이 일으키어 사람들은 그 해를 입게 되었다.

원화元和 12년817에 처음으로 조칙을 내려, 전前 상서우승尙書右丞 국자좨주國子祭酒였던 노국魯國 공규孔戣를 임용하여, 광주자사廣州刺史 겸

어사대부御史大夫로 삼아 남쪽 먼 지역을 안정시키도록 하였다.

공公은 정직하고 엄격하면서도 마음속은 늘 즐겁고 편안하여 맡은 직책을 공경스럽고도 신중하게 수행하였으며, 백성을 다스림에는 분명하였고, 신을 섬김에도 정성을 다하며, 안팎으로 최선을 다하되 자신을 드러내려 하지도 아니하였다.

광주에 부임한 이듬해 여름이 다가올 무렵, 축책祝冊이 장안으로부터 도착하여 관리들이 때가 이르렀음을 보고하자, 공은 이에 재계齋戒하여 부정을 씻고, 책문을 보고는 여러 유사有司들에게 이렇게 맹세하였다.

"책冊에는 황제의 이름이 있으니 이는 곧 황제께서 직접 서명한 것이다. 글에 '천자 자리를 이은 제가 삼가 모관某官의 모씨某氏를 파견하여 공경스럽게 제사 올립니다' 하였으니, 그 공경과 엄숙하심이 이와 같거늘 감히 이 일을 잘 받들지 않을 수가 있겠는가? 내일 나는 묘당 아래에 자면서 새벽 제사를 올리리라."

이튿날 관리들이 비바람이 심하다고 아뢰었지만 듣지 않자, 이에 주부州府의 문무 관리들 백여 명이 번갈아가며 뵙고 그만둘 것을 거듭 간청하였으나, 모두 허리를 굽힌 채 물러날 수밖에 없었다.

공이 드디어 배 위로 오르자 비바람이 조금 누그러져 노 젓는 이들이 해낼 수 있다고 아뢰었으며, 흐렸던 구름이 흩어지고, 햇빛이 구름을 뚫고 새어 나왔고, 물결도 잠잠해져 일지 않았다.

제물을 준비하던 저녁에는 햇빛이 비쳤다가 구름이 끼었다 하였지만 제사를 지내려는 밤이 되자 천지가 열려 트이고 달과 별들이 밝았으며 촘촘하게 드리워져 있었다.

이윽고 오경五更의 북소리가 울리고 견우성牽牛星이 하늘 한가운데로 나타나자, 공이 곧 관복을 차려입고 홀笏을 들고 들어가 제사를 올리기 시작하자, 문무 빈속賓屬들도 머리를 숙이고 제자리에 가서 따르며 저마다 자신의 직무를 다하였다. 제물은 기름지고 술은 향기로우며 술그릇과 술잔은 정결하고, 올리고 내리는 의식에는 법도가 있어 해신海神도

취하도록 마시고 배불리 드셨으며, 바다의 온갖 신령과 신괴神怪들도 황홀하게 모두 나와서 꿈틀꿈틀 거리며 음식들을 흠향歆饗하는 듯하였다.

묘당의 문을 닫고 배로 돌아오자 상서로운 바람이 불어 배를 보내주었고, 여러 깃발들이 펄럭이며 드날려 자욱이 해를 가렸으며, 징과 북소리가 요란하고 높은 음의 관현악 소리가 시끄러웠고, 무인武人들은 힘을 내어 노를 젓고 악공樂工들도 이에 맞추어 노래 부르니, 큰 거북과 긴 고기들이 펄떡펄떡 뛰면서 뒤를 따르고 앞서기도 하여, 하늘가와 땅 끝이 훤히 드러났다.

제사를 지낸 이 해에는 폭풍의 재난이 사라져 사람들은 물고기와 게를 싫증나도록 먹을 수 있었으며, 오곡이 모두 무르익었다.

다음해 제사를 지내고 돌아와서는 다시 그 묘당을 넓혀 크게 짓고, 그곳의 마당과 제단도 잘 손질하였으며, 동서 양쪽 서랑序廊과 재실齋室 및 주방을 다시 짓고, 온갖 용구를 다 갖추었다.

이듬해에도 공이 다시 고집하여 신묘에 가서 게으름 없이 더욱 경건히 제사를 올리자, 그해의 농사도 여전히 큰 조화를 이루어 노인들은 노래하며 칭송하였다.


공은 처음 그곳에 이르렀을 때 다른 명목의 세금을 모두 없애고, 관리들에게 제공하던 의식衣食 중에 없애도 될 것은 없앴으며, 곳곳으로 다니는 사신使臣에게는 자금을 대어주지 않았으며, 자신이 솔선수범하면서 잔치와 제사를 때에 맞게 하며, 상을 내리고 주는 일도 절도 있게 하자, 관청의 저장과 개인의 축적 등 위아래가 모두 풍족하게 되었다.

이에 자신의 관할에 속한 주州에서 갚지 못한 채 피하고만 있던 부채負債 24만 전錢과 쌀 3만 2천 곡斛을 면제해 주고, 금金으로 부과하던 주州의 금 소모량이 연 8백이었는데 곤궁하여 갚지 못하는 경우, 이를 모두 면제해 주었다.

서남쪽 고을 수령들의 봉록을 올려주고, 아주 불량하여 명령을 듣지 않는 자들에게는 벌을 내리자, 이로 말미암아 모두가 자중하며 법을 신중히 여기게 되었다.

인사들 중에 남쪽으로 옮겨와 떠돌다가 그만 돌아가지 못하는 자와 유배되어 옮겨 온 자들의 후손 128족族이 있었는데, 그 가운데 재능 있고 선량한 자는 등용하였으며, 하소연할 곳이 없는 자에게는 식량을 나누어주었고, 그들의 딸로서 시집을 보내야 할 경우에는 돈과 재물을 주어 혼기를 놓치지 않도록 하였다. 이처럼 형벌과 덕을 함께 베풀어 흘러 퍼지자 여기저기 수천 리나 되는 곳에 도적은 모르게 되었고, 산길을 가거나 바닷가에 자더라도 처소를 가리지 않아도 되었으며, 신을 잘 받들고 백성을 잘 다스렸으니 가히 모두 갖추었다고 할 수 있었다.

모두가 이를 묘당의 비석에 새겨 그 아름다움을 드러내어, 시로써 덧붙이기를 바라기에 이렇게 시로 짓는다.

『남해 음산한 날씨의 고장, 축융祝融의 땅일세.

그의 곁에 나가 제사를 올리도록, 황제께선 남백南伯에게 명하셨네.

관리들이 게을러 직접 나서지 않았었는데, 이제는 공公으로 바로잡혔네.

제물과 의식을 명확하게 행하여, 우리 이 나라를 복되게 하셨네.

오직 명철하신 천자께서 신중하게 시킬 만한 분을 임용하셨던 것일세.

우리 공께서 임무에 임하시자, 신과 백성들 치하를 올렸다네.

바닷가 영남嶺南 구석진 귀퉁이, 이윽고 풍족하고 윤택해졌으니,

어찌 고루 넓혀 그로 하여금 중요한 일을 시키지 않겠는가?

공의 행하시는 일 더뎌서도 안 되지만, 그렇다고 공께서 급히 떠나서도 안 되리.

내가 공을 사사롭게 칭송하는 것이 아니라, 신과 백성들이 함께 의지하기 때문이라네.』

海於天地間, 爲物最鉅, 自三代聖王, 莫不祀事.

考於傳記, 而南海神次最貴, 在北東西三神河伯之上, 號爲祝融.

天寶中, 天子以爲:「古爵, 莫貴於公侯. 故海岳之祀, 犧幣之數, 放而依之, 所以致崇極於大神, 今王亦爵也, 而禮海岳, 尚循公侯之事, 虛王儀而不用, 非致崇極之意也.」

由是冊尊南海神, 爲廣利王, 祝號祭式, 與次俱升.

因其故廟, 易而新之, 在今廣州治之東南, 海道八十里, 扶胥之口, 黃木之灣.

常以立夏氣至, 命廣州刺史, 行事祠下, 事訖驛聞.

而刺史常節度五嶺諸軍, 仍觀察其郡邑, 於南方事, 無所不統, 地大以遠.

故常選用重人, 旣貴而富, 且不習海事, 又當祀時, 海常多大風; 將徃皆憂戚, 旣進觀顧怖悸, 故常以疾爲辭, 而委事於其副, 其來已久.

故明宮齋廬, 上雨旁風, 無所蓋障, 牲酒瘠酸, 取具臨時, 水陸之品, 狼藉籩豆, 薦祼興俯, 不中儀式; 吏滋不恭, 神不顧享, 盲風怪雨, 發作無節, 人蒙其害.


元和十二年, 始詔用前尚書右丞國子祭酒魯國孔公, 爲廣州刺史兼御史大夫, 以殿南服.

公正直方嚴, 中心樂易, 祗愼所職, 治人以明, 事神以誠, 內外殫盡, 不爲表襮.

至州之明年將夏, 祝冊自京師至, 吏以時告, 公乃齋祓視冊, 誓群有司曰:「冊有皇帝名, 乃上所自署. 其文曰『嗣天子某, 謹遣某官某敬祭』, 其恭且嚴如是, 敢有不承? 明日吾將宿廟下, 以供晨事.」

明日吏以風雨白, 不聽, 於是州府文武吏士凡百數, 交謁更諫, 皆揖而退.

公遂陞舟, 風雨少弛, 棹夫奏功, 雲陰解駮, 日光穿漏, 波伏不興.

省牲之夕, 載暘載陰; 將事之夜, 天地開除, 月星明皑.

五皷旣作, 牽牛正中, 公乃盛服執笏, 以入卽事, 文武賓屬, 俯首聽位, 各執其職; 牲肥酒香, 樽爵淨潔, 降登有數, 神具醉飽.

海之百靈祕恠, 怳惚畢出, 蜿蜿蜲蜲, 來享飮食.

閿廟旋艫, 祥飆送颿, 旗纛旄麾, 飛揚晻藹, 鐃皷嘲轟, 高管嘬謑, 武夫奮棹, 工師唱和, 穹龜長魚, 踊躍后先, 乾端坤倪, 軒豁呈露.

祀之之歲, 風灾熄滅, 人厭魚蟹, 五穀胥熟.

明年祀歸, 又廣廟宮而大之, 治其庭壇, 改作東西兩序, 齋庖之房, 百用具脩.

明年其時, 公又固徃, 不懈益虔, 歲仍大和, 耋艾歌詠.


始公之至, 盡除他名之稅, 罷衣食於官之可去者, 四方之使, 不以資交, 以身爲帥, 燕享有時, 賞與以節, 公藏私蓄, 上下與足.

於是免屬州負逋之緡錢二十有四萬, 米三萬二千斛; 賦金之州耗金, 一歲八百, 困不能償, 皆以丙之.

加西南守長之俸, 誅其尤無良不聽令者, 由是皆自重愼法; 人士之落南不能歸者, 與流徙之胄百二十八族, 用其才良而廩其無告者, 其女子嫁者, 與之錢財, 令無失時, 刑德並流, 方地數千里, 不識盜賊, 山行海宿, 不擇處所, 事神治人, 可謂備至矣.

咸願刻廟石, 以著厥美而繫以詩, 乃作詩曰:


『南海陰墟, 祝融之宅. 卽祀于旁, 帝命南伯.

吏惰不躬, 正自今公. 明用享錫, 祐我家邦.

惟明天子, 惟愼厥使. 我公在官, 神人致喜.

海嶺之陬, 旣足旣濡, 胡不均弘, 俾執事樞?

## 公行勿遲, 公無遽歸. 匪我私公, 神人具依.』

【海於天地間, 爲物最鉅】'鉅'는 巨와 같음.

【自三代聖王, 莫不祀事】三代는 夏, 殷, 周의 시대. 이 시대에 바다를 숭배하여 제사를 지냈음을 말함.

【考於傳記, 而南海神次最貴】'傳記'는 여러 기록들. '神次'는 신으로서의 次序, 神으로서의 지위나 등급. 南海神(祝融)이 가장 높은 지위였음.

【在北東西三神河伯之上, 號爲祝融】'河伯'은 黃河의 신. 물의 신 馮夷(빙이). 《博物志》(7)와 《搜神記》(4) 등에 "馮夷, 華陰潼鄕人也, 得道成水仙, 是爲河伯. 豈道同哉? 仙人乘龍虎, 水神乘魚龍. 其行恍惚, 萬里如室"이라 하였고, 《史記》西門豹傳〈正義〉에도 "河伯, 華陰潼鄕人也, 姓馮氏, 名夷. 浴於河中而溺死, 遂爲河伯也"라 함. '祝融'은 火正이며 火神, 夏神, 南方의 神. 《山海經》(6)에 "南方祝融, 獸身人面, 乘兩龍"이라 하였고, 郭璞은 "火神也"라 하였으며, 郝懿行은 《越絶書》云:「祝融, 治南方, 僕程佐之, 使主火」라 함. 郭璞《圖讚》에 "祝融火神, 雲駕龙驂. 氣御朱明, 正陽是含. 作配炎帝, 列位於南"이라 함. 한편 《文章正宗》注에 "洪曰: 太公《金匱》云:「南海之神曰祝融, 東海之神曰勾芒, 北海之神曰顓頊, 西海之神曰蓐收.」 ○今按: 東海神名阿明, 南海祝融, 西海巨乘, 北海禺强, 亦見《養生雜書》. 然公言南海神次最貴, 則是據太公書矣"라 함. 그러나 《五百家注》에는 "樊曰: 按《太公》伏符陰謀曰:「武王伐紂, 都洛邑, 天大陰寒, 雨雪十餘日. 甲子朝, 五車騎山王門之外, 欲謁武王, 武王曰:'諸神各有名乎?' 師尙父曰:'南海神名祝融, 北海名玄冥, 東海名勾芒, 西海名蓐牧. 河伯名馮修.' 使謁者, 各以名召之, 神皆警而見, 武王曰:'何以敎之?' 神曰:'天伐商立周, 謹來受命, 各奉其使.' 武王曰:'予歲時亦無廢禮焉.'」洪曰:「世人或謂退之因祝融爲火正, 遂以爲南海神, 不知有所據也.」라 함.

【天寶】唐 玄宗(明皇)의 연호. 742–755년. 그 무렵 道敎가 盛行하여 四方 바다와 山川의 신을 높이 모셨음.

【古爵, 莫貴於公侯】고대의 작위 중에 公과 侯가 가장 높았음.

【故海岳之祀, 犧幣之數, 放而依之】'犧幣之數'는 희생과 폐물의 數. '放而依之'의 '方'은 倣과 같음. 公侯의 작위에 맞추어 정함.

【所以致崇極於大神, 今王亦爵也】그렇게 함으로써 大神에게 숭앙함이 지극하도록 하는 것이며, 오늘날의 왕 또한 작위를 사용하여 그렇게 하는 것임.

【而禮海岳, 尙循公侯之事】바다와 산을 예로 대하는 것은 아직도 公侯의 작위

로써 그렇게 함.

【虛王儀而不用, 非致崇極之意也】王(南海王)에 대한 의례는 허울만 있고 사용하지 않음.

【由是冊尊南海神, 爲廣利王】'冊尊'은 황제가 詔勅을 내려 名稱과 等級을 높여 尊崇함. '冊'은 詔와 같음. '廣利王'은 南海神에게 내린 爵號로서 왕의 등급으로 삼은 것. 唐 玄宗 天寶 10년(751) 四方 海神을 廣德王(東), 廣利王(南), 廣潤王(西), 廣澤王(北)이라 하였음. 《五百家注》에 "孫曰:天寶十載正月, 封東海廣德王, 南海廣利王, 西海廣潤王, 北海廣澤王. 冊, 詔也"라 함.

【祝號祭式, 與次俱升】《昌黎集》注에 "武德, 貞觀之制:四海年別一祭, 各以五郊迎氣日祭之. 祀官以當界都督刺史充. 至是封王, 分命卿監十三人, 取三月十七日一時, 備禮兼冊制祭, 其祭儀具《開元禮》"라 함.

【因其故廟, 易而新之】옛 사당이 오래되었으므로 바꾸어 새로 지음.

【在今廣州治之東南, 海道八十里, 扶胥之口, 黃木之灣】'廣州'는 지금의 廣東省 廣州. '扶胥'는 지금의 廣東省 番禺縣 동남쪽의 지명. '黃木灣' 또한 그 근처의 바닷가.

【常以立夏氣至, 命廣州刺史, 行事祠下, 事訖驛聞】'立夏'는 二十四節氣의 하나로 대체로 5월 6, 7일 무렵임. 여름이 시작되며 이때부터 바다의 풍랑이나 태풍 등에 대한 대비를 위해 제사를 지냄. '事訖驛聞'은 제사가 끝나면 驛馬를 이용하여 황제에게 보고함.

【而刺史常節度五嶺諸軍, 仍觀察其郡邑】'五嶺諸軍'은 唐代에는 五嶺의 남쪽에 五府를 두었으며 廣州刺史가 이곳 모두를 관할하였음. 五嶺은 湘(湖南省), 贛(江西省)과 廣東(粤)의 경계를 이루는 五嶺山脈. 그 아래는 廣東과 廣西지역이 됨.

【於南方事, 無所不統, 地大以遠】남쪽의 사무는 그의 통솔을 받지 않는 곳이 없으며 땅은 넓고 거리는 먼 곳이었음. 관할지역이 너무 드넓은데, 게다가 제사까지 받들어야 하므로 업무량이 지나칠 정도로 많았음을 말함.

【故常選用重人, 旣貴而富, 且不習海事】그 때문에 언제나 중요한 사람을 뽑아 일을 맡겼으나 그 자들은 신분이 부귀한 자들이었으며, 게다가 바닷가의 일에 익숙지도 않았음.

【又當祀時, 海常多大風】또한 제사를 올리는 때에는 바다에는 늘 큰 바람이 불었음.

【將往皆憂戚, 旣進觀顧怖悸】'憂戚'은 근심. '怖悸'는 두려움을 느낌.

【故常以疾爲辭, 而委事於其副, 其來已久】그 때문에 병을 핑계로 제사 일을 副

官에게 맡기기 시작한 지가 오래되었음.

【故明宮齋廬, 上雨旁風, 無所盖障】'明宮齋廬'은 南海神을 모신 廟堂과 齋室.

【牲酒瘠酸, 取具臨時】'牲酒瘠酸'는 제물로 바치는 희생은 수척하고 술은 시었음. 성의 없이 제사를 올렸음을 뜻함. '取具臨時'는 갖춘 祭需가 임시로 구색만 갖춤.

【水陸之品, 狼藉籩豆】'狼藉籩豆'는 제기들이 어지럽게 널려 있음. '狼藉'는 連綿語. '籩豆'는 祭器.

【薦祼興俯, 不中儀式】'薦祼興俯'의 '薦'은 제물을 바침. '祼'(관)은 술을 땅에 붓는 降神祭의 의식. '興俯'는 제사를 지낼 때 몸을 굽혀 절하고 일어나는 동작들.

【吏滋不恭, 神不顧享】'顧享'은 신이 돌아보며 제사를 흠향함.

【盲風怪雨, 發作無節, 人蒙其害】'盲風'은 '颪風'이라고도 하며 疾風을 뜻함. '怪雨'는 《山海經》(2)에 "符惕之山, 是山也, 多怪雨, 風雲之所出也"라 하였고 郝懿行은 "《祭法》云:「山林川谷丘陵能出雲, 爲風雨, 見怪物者皆曰神.」即斯類也"라 함.

【元和十二年】'元和'는 唐 憲宗(李純)의 연호. 806-820년까지 15년간이며, 12년은 817년으로 韓愈가 潮州에 있던 때였음.

【始詔用前尙書右丞國子祭酒魯國孔公, 爲廣州刺史兼御史大夫, 以殿南服】'魯國孔公'은 孔子의 38대 후손이므로 魯國이라 하였고, 구체적으로 孔戣를 가리킴. 孔戣는 자는 君嚴, 시호는 貞. 孔巢父의 從子. 長慶 4년(824) 73세로 생을 마침. 《舊唐書》(154)와 《新唐書》(163) 孔巢父傳에 함께 傳이 실려 있음. 참고란을 볼 것. 그는 廣州刺史兼御史大夫로 善政과 德政을 베풀며 많은 治積을 쌓은 인물로, 韓愈가 이를 훌륭히 여겨 이 글을 지은 것임. '殿南服'는 먼 남쪽 먼 지방을 안정시킴. '殿'은 定과 같음. 《詩》小雅 采菽에 "殿天子之邦"이라 함. '服'은 천자가 거처하는 京師로부터 천 리까지는 圻(畿)라 하며 그 밖으로 5백 리씩 먼 곳을 일컫는 말. 《周禮》夏官 職方氏에 따르면 侯服, 甸服, 南服, 采服, 衛服, 蠻服, 夷服, 鎭服, 藩服 등 九服이 있었으며, 《尙書》禹貢에는 五服, 혹 六服 등 여러 구분이 있었음. 한편 《韓愈集》에는 "天寶十二載七月, 以孔戣爲嶺南節度使. 〈戣傳〉:「先是準詔禱南海神, 多令從事代祠, 戣每受詔, 自犯風波而往. 韓愈在潮州, 作詩以美之. 〈傳〉所謂 '詩', 豈公此作耶?"라 하여 그 때 韓愈가 지었다는 시가 바로 이 〈南海神廟碑〉가 아닌가 하였음.

【公正直方嚴, 中心樂易, 祗愼所職】'樂易'은 즐겁고 편함. '祗愼'은 공경하고 삼감.

【治人以明, 事神以誠, 內外殫盡, 不爲表襮】'殫盡'은 성의를 다함. '表襮'은 자신의 공로나 능력을 겉으로 드러내어 자랑함.

【至州之明年將夏, 祝冊自京師至】'祝冊'은 황제가 제사를 지낼 때 보내는 詔冊.

【吏以時告, 公乃齋祓視冊, 誓群有司】'齋祓'은 齋戒를 거쳐 부정을 타지 않도록 경건히 함.

【冊有皇帝名, 乃上所自署】祝冊에는 황제의 이름이 있는 것으로 보아 황제께서 직접 서명한 것임.

【其文曰『嗣天子某, 謹遣某官某敬祭』】《昌黎集》注에 "〈唐制〉: 岳瀆以上祝版御署, 附中使送往. 其上或有'其'字, 或作'且'字, 官上或有'某'字. 今按: 其上宜有'且'字, 然〈石本〉無之, 不欲增也. 官上'某'字, 〈石本〉無之. 或以爲用《左傳》「某官臣偃」之語"라 함.

【其恭且嚴如是, 敢有不承?】'공경과 엄함이 이와 같은데 감히 명을 받들지 않을 수 있겠는가?'의 뜻.

【明日吾將宿廟下, 以供晨事】'晨事'는 아침 제사.

【明日吏以風雨白, 不聽】'以風雨白'은 비바람이 심하다는 이유를 들어, 가지 말 것을 권한 것.

【於是州府文武吏士凡百數】州府의 모든 관리들이 다 나서서 말렸음을 말함.

【交謁更諫, 皆揖而退, 公遂陞舟】'交謁更諫'은 번갈아가며 알현하고 자꾸 간언하며 만류함.

【風雨少弛, 棹夫奏功, 雲陰解駁, 日光穿漏, 波伏不興】'弛'는 약해짐. 느슨해짐. '棹夫奏功'은 노 젓는 사공이 공로를 아룀. 배를 저어 나아감. '解駁'은 흩어짐. '穿漏'는 뚫고 흘러나옴. 햇빛이 구름 사이를 뚫고 비침.

【省牲之夕, 載暘載陰】'省牲'은 제물을 살펴 준비함. '載暘載陰'은 햇빛이 났다가 구름이 끼었다 함.

【將事之夜, 天地開除, 月星明概】'明概'의 '概'(几利切, 기)는 빽빽함. 《說文》에 "概, 稠也"라 함. 달과 별이 밝고 조밀하게 빛나고 있음.

【五鼓旣作, 牽牛正中】'五鼓'는 五更을 알리는 북소리. 곧 새벽이 됨.《眞寶》注에 "五鼓, 五更之鼓; 牽牛, 星名"이라 함. '牽牛'는 牽牛星. 별 이름.《禮記》月令에 "季春之月, 旦見牛中"이라 함. 立夏는 陰曆으로 季春에 해당하여 이렇게 설명한 것.

【公乃盛服執笏, 以入卽事】제사 복장을 갖춤. '卽'은 就와 같음. '事'는 제사의 일.

【文武賓屬, 俯首聽位, 各執其職】'各執其職'은 각기 그 맡은 바를 집행함.

【牲肥酒香, 樽爵淨潔, 降登有數, 神具醉飽】'降登'은 내려가고 올라오고 하는 제사의 의식. '有數'은 법도가 있음.

【海之百靈祕怪, 恍惚畢出】'恍惚'은 '恍惚'로도 표기하며 雙聲連綿語.

【蜿蜿蜑蜑, 來享飲食】'蜿蜿蜑蜑'의 '蜑'은 '蜒'과 같음. 雙聲連綿語 '蜿蜒'을 疊語로 바꾸어 표현한 것. 벌레 등이 꿈틀거리며 움직이는 모습.

【闔廟旋艫, 祥飈送颿, 旗纛旄麾, 飛揚晻藹】'闔廟旋艫'는 묘당 문을 닫고 배 안으로 되돌아옴. 제사를 마침. '祥飈'의 '飈'는 '飆'와 같음. 상서롭고 센 돌개바람. '送颿'은 돛에 순풍이 불어 배를 가려고 하는 방향으로 보내줌. '旗纛'은 깃발. 纛은 소의 꼬리 등으로 장식한 깃발. '旄麾'는 새의 깃으로 장식한 깃발. '晻藹'은 자욱함을 뜻하는 雙聲連綿語.

【鐃皷嘲轟, 高管嗷謲, 武夫奮棹, 工師唱和】'鐃皷'는 징과 북. '嘲轟'은 큰 소리로 울림. '嗷謲' 또한 시끄럽고 요란함을 뜻하는 疊韻連綿語. '奮棹'는 힘을 내어 노를 저음.

【穹龜長魚, 踊躍后先, 乾端坤倪, 軒豁呈露】'穹龜'는 큰 거북. '乾端坤倪'는 하늘 가와 땅 끝. 온 천지. '軒豁'은 밝게 탁 트인 모습을 뜻하는 雙聲連綿語.

【祀之之歲, 風災熄滅, 人厭魚蟹, 五穀胥熟】'風災熄滅'은 '風熄災滅'과 같음. '灾'는 災와 같음. '胥熟'은 곡물이 잘 익고 여묾을 뜻하는 의미로 雙聲連綿語로 표현한 것.

【明年祀歸, 又廣廟宮而大之, 治其庭壇】이듬해에 다시 묘당을 넓히고 뜰과 제단을 수리함.

【改作東西兩序, 齋庖之房, 百用具脩】'東西兩序'는 묘당 동서 양편의 序廊. '序'는 回廊 등을 뜻함. '齋庖之房'은 묘당의 재실과 부엌의 방.

【明年其時, 公又固徃】이듬해 제사 때가 되자 孔戣가 다시 굳은 의지로 가서 제사를 올림.

【不懈益虔, 歲仍大和, 耄艾歌詠】'不懈益虔'은 게을리 하지 않고 더욱 경건히 제사 지냄. '歲仍大和'의 '歲'는 흔히 농사 등 1년 동안의 상황을 말함. '大和'는 雨順風調 등의 調和를 뜻함. '耄艾'는 나이 많은 老人들. '耄'(모)는 80, 90의 노인. '艾'(애)는 50대의 나이.《禮記》曲禮(上)에 "人生十年曰幼, 學. 二十曰弱, 冠. 三十曰壯, 有室. 四十曰强, 而仕. 五十曰艾, 服官政. 六十曰耆, 指使. 七十曰老, 而傳. 八十九十曰耄, 七年曰悼, 悼與耄, 雖有罪, 不加刑焉. 百年曰期, 頤"라 함.

【始公之至, 盡除他名之稅】'他名之稅'는 다른 실제와 명목으로 거두는 세금.《舊唐書》孔戣傳에 "戣剛正淸儉, 在南海, 請刺史俸料之外, 絶其取索"이라 함.

【罷衣食於官之可去者, 四方之使, 不以資交】'可去者'는 없애도 될 만한 것. '資交'는 자금을 보태줌.《新唐書》에 "先是, 屬刺史俸率三萬, 又不時給, 皆取部中自衣食.

戮乃倍其俸, 約不得爲貪暴, 稍以法繩之"라 함.

【以身爲帥, 燕享有時】'帥'는 率과 같으며 率先垂範을 뜻함. '燕享'은 잔치를 열어 축하해 주어야 할 것과 제사를 올려야 할 경우.

【賞與以節, 公藏私蓄, 上下與足】'賞與'는 賞賜와 같음.

【於是免屬州負逋之緡錢二十有四萬】'負逋之緡錢'은 갚지 못한 부채. '負逋'는 부담을 진 채 도망다님. '緡'은 돈을 꿰는 끈.

【米三萬二千斛, 賦金之州耗金, 一歲八百】'斛'은 곡물 등, 들이의 단위. 1斛은 열 말이라 함. '耗金'은 소모하는 금. 세금을 금으로 내어야 하는 州에서의 소모되는 금의 양. 《新唐書》孔戣傳에 "既至, 免屬州逋負十八萬緡, 八萬斛, 黃金稅歲八百兩"이라 함.

【因不能償, 皆以丏之】'丏'(면)은 면제해 줌.

【加西南守長之俸, 誅其尤無良不聽令者, 由是皆自重慎法】'守長'은 관할 고을의 郡守나 행정 단위의 우두머리. 《新唐書》에 "親吏得嬰兒於道, 收育之, 戣論以死, 由是閭里相約不敢犯"이라 함.

【人士之落南不能歸者, 與流徙之胄百二十八族】'流徙之胄'는 유배로 옮겨온 이들의 후손. 《新唐書》孔戣傳에 "士之斥南不能北歸與有罪之後百餘族, 才可用, 用之"라 함.

【用其才良而廩其無告者, 其女子嫁者, 與之錢財, 令無失時】'廩'은 곡식을 대어줌. '無告者'는 하소연할 곳이 없는 자. '令無失時'은 婚期를 놓치지 않고 결혼을 할 수 있도록 해줌. 《新唐書》에 "稟無告者, 女子爲嫁遣之"라 함.

【刑德並流, 方地數千里, 不識盜賊, 山行海宿, 不擇處所, 事神治人, 可謂備至矣】'刑德並流'는 형법과 덕정을 함께 베풀어 널리 흘러 퍼지게 함.

【咸願刻廟石, 以著厥美而繫以詩, 乃作詩曰】'厥美'는 孔戣의 善政. '繫'는 거기에 묶어 함께 함.

【南海陰墟, 祝融之宅】'陰墟'는 음산한 날씨의 고장. 남쪽 지역은 海風과 海霧, 山雨 등으로 늘 음산한 분위기의 땅이라 여겼음.

【卽祀于旁, 帝命南伯】'南伯'은 남쪽의 方伯, 남쪽의 官長. 廣州刺史를 역임한 孔戣를 가리킴.

【吏惰不躬, 正自今公】孔戣가 부임하기 전까지 그곳에서 海神에 대한 제사가 매우 소홀했으나 그가 부임하면서 바로잡힘.

【明用享錫, 祐我家邦】'享錫'는 제사를 뜻함. '錫'는 賜와 같음.

【惟明天子, 惟愼厥使】'惟愼厥使'는 그 일을 시킬 만한 자를 신중하게 임용하였음을 말함. 《舊唐書》孔戣傳에 "上謂裵度曰:「嘗有上疏論南海進蚶菜者, 詞甚忠正, 此人何在, 卿第求之.」度退訪之. 或曰祭酒孔戣嘗論此事, 度徵疏進之. 即日授廣州刺史, 兼御史大夫, 嶺南節度使"라 하였고, 《新唐書》에는 "會嶺南節度使崔詠死, 帝謂裵度曰:「嘗論罷蚶菜者, 誰歟? 今安在? 是可往, 爲朕求之.」度以戣對, 即拜嶺南節度使"라 함.

【我公在官, 神人致喜】'在官'은 孔戣가 그곳에 부임하여 행정에 임하였음을 말함.

【海嶺之陬, 旣足旣濡】'海嶺之陬'는 바닷가 嶺南의 외딴 구석.

【胡不均弘, 俾執事樞】'俾執事樞'는 중요한 일을 집행하도록 시킴.

【公行勿遲, 公無遽歸】공규가 베푸는 행정이 느슨하거나 늦추어지거나 더뎌서는 안 되지만 그렇다고 그가 급히 그곳을 떠나 서울로 돌아가서도 안 됨.

【匪我私公, 神人具依】'匪我私公'은 내가 공규를 사사롭게 칭송하기 때문이 아님.

### 참고 및 관련 자료

1. 작자: 韓愈(韓退之) 022 참조.

2. 이 글은 《別本韓文考異》(31), 《五百家注昌黎文集》(31), 《東雅堂昌黎集註》(31), 《唐宋八大家文鈔》(11), 《唐文粹》(50), 《廣東通志》(59), 《文苑英華》(879), 《崇古文訣》(8), 《文章正宗》(20), 《事文類聚》(前集 48), 《文編》(59), 《文章辨體彙選》(647), 《古文淵鑑》(36), 《唐宋文醇》(8) 등에 실려 있음.

3. 《舊唐書》(154) 孔戣傳

戣, 字君嚴. 登進士第, 鄭滑節度使盧羣辟爲從事. 羣卒, 命戣權掌留務, 監軍使以氣淩之, 戣無所屈降. 入爲侍御史, 累轉尙書郞. 元和初, 改諫議大夫, 侃然忠讜, 有諫臣體. 上疏論時政四條, 帝意嘉納. 六年十月, 內官劉希光受將軍孫璹賂二十萬貫, 以求方鎭. 事敗, 賜希光死. 時吐突承璀以出軍無功, 諫官論列, 坐希光事出爲淮南監軍使. 太子通事舍人李涉知上待承璀意未衰, 欲投匭上疏, 論承璀有功, 希光無事, 久委心腹, 不宜遽棄. 戣爲匭使, 得涉副章, 不受, 面詰責之. 涉乃進疏於光順門. 戣極論其與中官交結, 言甚激切. 詔貶涉爲陝州司倉. 倖臣聞之側目, 人爲危之. 戣高步公卿間, 以方嚴見憚. 俄兼太子侍讀, 遷吏部侍郞, 轉左丞.

九年, 信州刺史李位爲州將韋嶽讒譖於本使監軍高重謙, 言位結聚術士, 以圖不軌. 追位至京師, 鞫於禁中. 戣奏曰:「刺史得罪, 合歸法司按問, 不合劾於內仗.」乃出付御史臺. 戣與三司訊鞫, 得其狀. 位好黃老道, 時修齋籙, 與山人王恭合煉藥物, 別無逆狀. 以嶽誣告, 決殺. 貶位建州司馬. 時非戣論諫, 罪在不測, 人士稱之. 愈爲中官所惡, 尋出爲華州刺史, 潼關防禦等使. 入爲大理卿, 改國子祭酒.

十二年, 嶺南節度使崔詠卒, 三軍請帥, 宰相奏擬皆不稱旨. 因入對, 上謂裴度曰:「嘗有上疏論南海進蚶菜者, 詞甚忠正, 此人何在, 卿第求之.」度退訪之. 或曰祭酒孔戣嘗論此事, 度徵疏進之. 即日授廣州刺史, 兼御史大夫, 嶺南節度使.

戣剛正淸儉, 在南海, 請刺史俸料之外, 絶其取索. 先是帥南海者, 京師權要多托買南人爲奴婢, 戣不受託. 至郡, 禁絶賣女口. 先是準詔禱南海神, 多令從事代祠. 戣每受詔, 自犯風波而往. 韓愈在潮州, 作詩以美之. 時桂管經略使楊旻, 桂仲武, 裴行立等騷動生蠻, 以求功伐, 遂至嶺表累歲用兵. 唯戣以淸儉爲理, 不務邀功, 交廣大理. 敬宗即位, 召爲吏部侍郎. 長慶中, 或告戣在南海時家人受賂, 上不之責, 改右散騎常侍. 二年, 轉尙書左丞. 累請老, 詔以禮部尙書致仕, 優詔褒美. 仍令所司歲致羊酒, 如漢禮徵士故事. 長慶四年正月卒, 時年七十三.

4.《新唐書》(163) 孔戣傳

戣, 字君嚴, 擢進士第. 鄭滑盧羣辟爲判官, 羣卒, 攝摠留務. 監軍楊志謙雅自肆, 衆皆恐. 戣邀志謙至府, 與對榻臥起, 示不疑, 志謙嚴憚不敢動. 入爲侍御史, 累擢諫議大夫. 條上四事:一多冗官, 二吏不奉法, 三百姓田不盡墾, 四山澤榷酤爲州縣弊. 憲宗異其言. 中人劉希光受賕二十萬緡, 抵死, 吐突承璀坐厚善, 逐爲淮南監軍. 太子舍人李涉知帝意, 投匭上言承璀有功不可棄. 戣得副章, 不肯受, 面質讓之. 涉更因左右以聞, 戣劾奏涉結近倖, 營罔上聽. 有詔斥涉峽州司馬, 宦寵側目, 人爲危之, 戣自以適所志, 軒軒甚得.

俄兼太子侍讀, 改給事中. 江西觀察使李少和坐贓, 獄寢不下;博陵崔易簡殺從父兄, 鞫狀具. 京兆尹左右之, 翻其情. 戣慷慨論正, 貶少和, 殺易簡, 奪尹三月俸. 再遷尙書左丞. 信州刺史李位好黃老道, 數祠禱, 部將韋嶽告位集方士圖不軌, 監軍高重謙上急變, 捕位劾禁中. 戣奏:「刺史有罪, 不容繫仗內, 請付有司.」詔送御史臺. 戣與三司雜治, 無反狀. 嶽坐誣罔誅, 貶位建州司馬. 中人愈怒, 故出爲華州刺史. 明州歲貢淡菜蚶蛤之屬, 戣以爲自海抵京師, 道路役凡四十三萬人, 奏罷之. 歷理卿, 國子祭酒.

會嶺南節度使崔詠死, 帝謂裴度曰:「嘗論罷蚶菜者, 誰歟? 今安在? 是可往, 爲朕求之.」度以戣對, 即拜嶺南節度使. 既至, 免屬州逋負十八萬緡, 八萬斛, 黃金稅歲八百兩. 先是, 屬刺史俸率三萬, 又不時給, 皆取部中自衣食. 戣乃倍其俸, 約不得爲貪暴, 稍以法繩之. 南方鬻口爲貨, 掠人爲奴婢, 戣峻爲之禁. 親吏得嬰兒於道, 收育之, 戮論以死, 由是閭里相約不敢犯. 士之斥南不能北歸與有罪之後百餘族, 才可用, 用之, 稟無告者, 女子爲嫁遣之. 蕃舶泊步有下碇稅, 始至有閱貨宴, 所餉犀琲, 下及僕隸, 戮禁絶, 無所求索. 舊制, 海商死者, 官籍其貲, 滿三月無妻子詣府, 則沒入. 戮以海道歲一往復, 苟有驗者不爲限, 悉推與.

自貞元中, 黃洞諸蠻叛, 久不平. 容, 桂二管利虜掠, 幸有功, 乃請合兵討之. 戮固言不可, 帝不聽, 大發江, 湖兵, 會二管入討. 士被瘴毒死者不勝計, 安南乘之, 殺都護李象古, 而桂管裴行立, 容管陽旻皆無功, 憂死; 獨戮不邀一旦功, 交廣晏然大治.

穆宗立, 以吏部侍郎召, 改右散騎常侍, 還爲左丞, 以老自乞. 雅善韓愈, 謂曰: 「公尙壯, 上三留, 何去之果?」戮曰: 「吾豈要君者? 吾年, 一宜去; 吾爲左丞, 不能進退郎官, 二宜去.」愈曰: 「公無留貲, 何恃而歸?」曰: 「吾負二宜去, 尙奚顧子言?」愈嗟歎, 即上疏言: 「臣與戮同在南省, 數與戮相見, 其爲人守節淸苦, 論議正平. 年七十; 筋力耳目未衰, 憂國忘家, 用意至到. 如戮輩, 在朝不過三數人, 陛下不宜苟順其求, 不留自助也. 《禮》: 大夫七十致仕, 若不得謝, 則賜之几杖安車, 不必七十盡許致仕. 今戮據禮求退, 陛下若不聽許, 亦無傷義, 而有貪賢之美.」不報. 以禮部尙書致仕, 歲致羊酒如漢徵士禮. 卒, 年七十三. 贈兵部尙書, 諡曰貞.

## 032. <爭臣論> ·················· 韓退之(韓愈)

## 간언하는 임무를 맡은 신하에 대해 논함

*<爭臣論>: '爭臣의 명확한 의무에 대한 論議'. 그 무렵 諫議大夫였던 陽城이라는 자가 諫言의 의무를 다하지 않고 黙言의 도를 고수하여 덕이 있다고 이름을 얻자, 이를 훌륭하다고 여기는 자를 가설로 내세우고, 韓愈가 이에 반박하는 형식을 취하고 있음. 陽城은 자는 亢宗, 定州 平北 사람으로, 그곳 中條山 초야에 묻혀 살다가 그 덕행이 소문이 나서 추천을 거쳐 諫議大夫에 오른 인물.《舊唐書》(192) 隱逸傳과《新唐書》(194) 卓行傳에 傳이 실려 있음. 실제 陽城은 7년 재임 기간 동안 마지막에 陸贄와 裴延齡의 사안을 간언하고 파직되었을 뿐임.《舊唐書》陸贄傳에 "戶部侍郎, 判度支裴延齡, 奸宄用事, 天下嫉之如仇. 以得幸於天子, 無敢言者. 贄獨以身當之, 屢於延英面陳其不可, 累上疏極言其弊. 延齡日加譖毁. 十一年春, 旱, 邊軍匈粟不給, 具事論訴; 延齡言贄與張滂, 李充等搖動軍情, 語在〈延齡傳〉. 德宗怒, 將誅贄等四人, 會諫議大夫陽城等極言論奏, 乃貶贄爲忠州別駕"라 함. 이에 대해 韓愈의 본문 주장과 歐陽修의 〈上范司諫書〉(참고란을 볼 것)의 주장이 달라, 이 때문에는 迂齋(樓昉,《崇古文訣》)는 이를 종합하여 논하고 있었던 것임.(앞의《眞寶》注를 볼 것) 한편 제목은《別本韓文考異》注에 "'爭'或作'諫'. 方云曰: 本及歐公〈與范司諫書〉, 溫公《通鑑》皆作'爭'"라 하여 혹 〈諫臣論〉이라고도 함.

*《眞寶》注에 "迂齋曰: 「此篇是箴規攻擊體, 是反難文字之格, 當以范司諫書相兼看.」 歐陽公〈上范公書〉有云: 「當退之作論時, 城爲諫議已五年, 後又二年, 始庭論陸贄, 及沮裴延齡作相, 纔兩事耳. 當德宗, 時可謂多事. 豈無可言而需七年邪? 豈無急於沮延齡論陸贄兩事耶? 幸而爲諫官七年, 適遇二事, 一諫而罷, 以塞其責, 向使只五六年而遂遷司業, 是終無一言而去也.」 ○按韓公之論, 歐公之書, 盡之矣. 然陽城終爲唐代賢人, 不可磨也. 歐公謂當時事, 豈無急於沮裴論陸, 則公未然. 論救賢相, 沮止姦相, 天下事, 有大於此者乎? 使城初以細, 故琤其君, 此等大事, 不及言而去久矣. 以後補前, 亦可無愧, 讀者不可以韓歐之言, 而謂陽城, 眞緘默非賢人也"라 함. 한편《昌黎集》에는 "陽城拜諫議大夫, 聞得失熟, 猶未肯言, 公作此論譏切之, 城亦不屑意. 及裴延齡誣逐陸贄等, 城乃守延英閣上疏, 極論延齡罪,

慷慨引誼, 申直贊等. 帝欲相延齡, 城顯語曰:「延齡爲相, 吾當取白麻壞之, 哭於庭.」帝不相延齡, 城之力也. 公作此論時, 城居位五年矣. 後三年而能排擊延齡, 或謂城蓋有待, 抑公有以激之歟? 爭或作諫, 歐公〈與范司諫書〉, 溫公《通鑑》皆作爭"이라 하여, 한유가 이 글을 지을 때 陽城은 諫議大夫가 된 지 5년째였으며, 그 뒤 陽城은 재상 裴延齡의 과실을 극간하여 황제로 하여금 그의 재상직 연장을 막은 것으로 보아 한유의 이 글에 영향을 받은 것이 아닌가 하였음. 한편 《昌黎集》이 글 말미에 "林少穎曰:「退之譏陽城, 固善矣. 及退之爲史官, 不敢褒貶, 而柳子厚作書以責之. 子厚之責退之, 亦猶退之之責陽城也. '目見泰山, 不見眉睫', 其是之謂乎!」라 하여, 韓愈는 뒤에 자신이 史官이 되었을 때는 褒貶을 제대로 하지 않아 柳宗元이 〈與韓愈論史書〉(054)를 지어 비판하였는데, 이 또한 한유가 陽城을 비판한 것과 같아, 이는 마치 '눈이 태산은 보면서 눈썹은 보지 못하는 것'과 같다고 하였음.

  어떤 자가 간의대부諫議大夫 양성陽城에 대하여 나에게 이렇게 질문하였다.

  "그 분은 마땅히 도를 가진 선비라 여길 수 있겠지요! 학문이 넓고 들은 것이 많음에도 남에게 자신이 알려지기를 바라지 않으며, 옛사람들의 도를 실행하며 산서山西의 시골에 살고 있어 산서의 촌사람들은 그의 덕에 감화되어 선량하게 된 자가 수천 명이나 됩니다. 대신大臣, 李泌이 이를 듣고 추천하여 천자께서 간의대부로 삼자, 사람들은 모두 영예로운 일로 여겼으나 그분만은 전혀 기뻐하는 기색이 없었습니다. 그 벼슬자리에 5년이나 있었지만 그의 덕을 보면 여전히 초야에 있을 때나 같았으니, 그가 어찌 부귀 때문에 마음을 바꿀 사람이라 하겠습니까!"

  나는 이에 응답하여 이렇게 말하였다.

  "이것은 《역易》에서 말한 바 '그가 늘 지키는 덕은 바른 것이지만 남자로서는 흉한 것'이라 한 것이니, 어찌 도를 가진 선비라 할 수 있겠소? 《역》 고괘蠱卦의 상구上九에 '왕후王侯를 섬기지 아니하고 자신만의 일을 고상히 여긴다' 하였고, 〈건괘蹇卦〉의 육이六二에는 '왕의 신하는 부지런한데, 이는 자신을 위한 이유에서가 아니다'라 하였소. 무릇 이런 경우는 자신이 처한 시국이 한결같지 않고, 자신이 밟고 가는 덕행이 일정하지 않기 때문이 아니겠소? 그러나 만약 〈고괘〉의 상구처럼 '나라에 아무 소용이 없는 시기에 살면서, 자신도 돌보지 않는 절의節義를 지킨다'거나 〈건괘〉의 육이처럼 '왕의 신하 된 지위에 있으면서 남을 섬기지 않는 것을 고상히 여기는 마음'을 가지고 있다면, 이런데도 무릅쓰고 나가다가는 환난이 생겨나거나 관직을 대충 한다는 비난이 생겨나게 되어 그의 그러한 뜻은 법으로 삼을 수 없게 되며, 허물이 끝내 없을 수가 없게 될 것이오.

  지금 양성은 사실 하나의 필부匹夫였으며, 지위에 있은 지 오래되지 않은 것도 아니고, 천하의 득실得失에 대해 들은 것도 익숙하지 않은 것이 아니며, 천자의 대우도 가중되는 것도 아니건만, 일찍이 정치에 대하여는 한마디도 언급한 것이 없으며, 정치에서의 득실을 보는 것이 마치 월越나라 사람이 진秦나라 사람들의 살찌거나 여윈 것을 보듯 하여, 홀연히 기쁨이나 슬픔이 마음에 일어나지 않고 있소. 그의 관직을 물어보면 간의대부라 하고, 그의 녹祿을 물어보면 하대부下大夫의 등급이라 하면서, 정치에 대해 물어보면 나는 모른다고 하고 있소. 도를 가진 선비가 진실로 이럴 수가 있는 것이오? 게다가 내가 듣건대 '관직을 지키고 있는 자는 그 직책을 다할 수 없으면 떠나야 하고, 언관으로서 책임을 가진 자는 그의 말을 제대로 할 수 없으면 그 자리를 떠나야 한다'라 하였소. 그런데 지금 양성은 그런 언관의 직책을 제대로 하고 있다고 할 수가 있겠소? 말해야 할 것을 말하지 않는 것과, 말을 하지 못하면서 떠나지도 않는 것은 하나도 옳은 일이 아니오. 양성은 녹을 위해 벼슬하는 것이오? 옛날 사람들은 '벼슬은 가난을 벗어나기 위해 하는 것은 아니지만 때로는 가난을 벗어나기 위해 하는 경우도 있다' 하였으나, 녹을 위해 벼슬하는 경우를 두고 말한 경우라면 마땅히 높은 자리는 사양하고 낮은 자리에 있어야 하는 것이니, 그저 문지기나 야경꾼 정도라면 가할 것이오. 공자孔子도 일찍이 창고 관리를 했었으며, 일찍이 소나 양을 기르는 관리 같은 낮은 벼슬을 하였지만 역시 감히 자신의 직무를 대충하지 않았으며, 반드시 '출납의 회계를 정확하게 할 따름'이라 하였고, 반드시 '소와 양을 잘 길러낼 뿐'이라 하였소. 만약 양성의 직위와 봉록은 낮지도 가난하지도 않음이 분명하고 또 분명한데도 이렇게 한다면 그것이 옳은 일이겠소?"

그가 말하였다.

"아닙니다. 이와 같지 않습니다. 무릇 양성은 윗사람을 비방하는 자를 증오하고, 남의 신하가 되어 그 임금의 과실을 들춰내어 그것이 명성인 줄로 여기는 자를 증오하고 있습니다. 그 때문에 비록 간하고 논의하되 남들로 하여금 알지 못하도록 하는 것입니다. 《서書》에 '너에게 좋은 모책이나 좋은 방법이 있다면, 들어가 안에서 너의 임금에게 알려드리되, 너는 곧 밖에 나와서는 임금의 뜻을 따르면서 『이 모책과 이 방법은 오직 우리 임금의 덕德에서 나온 것』이라고 말해야 한다'라 하였으니, 양성의 마음 씀씀이 또한 이와 같습니다."

나는 이에 이렇게 응답하였다.

"만약 양성의 마음 씀씀이가 그와 같다면 이것이 이른바 미혹됨이라는 것이오. 들어가 임금께 간하고 나와서는 남들이 알지 못하도록 하는 것은, 대신이나 재상이 할 일이지 양성 같은 사람이 하기에 마땅한 것이 아니오. 무릇 양성은 본래 평민으로써 봉호蓬蒿에 살고 있다가, 주상께서 그가 의誼를 행함을 가상히 여겨, 발탁하여 이 지위에 있게 되었으며, 관직은 간언을 직명으로 삼은 것이니 진실로 마땅히 그 직책을 받들어, 사방 사람들과 후대로 하여금 조정에 직언하는 골경骨鯁의 신하가 있으며, 천자는 상을 잘못 내리는 일이 없이 간언을 듣기를 흐르는 물처럼 한다는 아름다움을 알게 하며, 암혈巖穴의 선비들이 이를 듣고 사모하여 띠를 매고 상투를 묶고 대궐 아래로 나아가 자신의 주장을 펴기를 원하여, 우리 임금을 요순堯舜처럼 되어, 훌륭한 이름이 무궁하게 빛이 나도록 해야 할 것이오. 《서》에 말한 바의 것이라면 대신이나 재상이 할 일이지 양성 같은 이가 하기에 마땅한 일이 아니오. 게다가 양성의 마음이란 앞으로 임금된 분으로 하여금 자신의 허물 듣기를 싫어하도록 하는 것이오? 이는 그러한 길로 계도啓導하는 것이오."

그가 말하였다.

"양성은 명성이 알려지기를 바라지 않았지만 사람들이 그의 명성을 듣게 되었고, 등용되기를 바라지 않았지만 임금이 그를 등용한 것이며, 마지못해 기용되고는 자신의 도를 지키며 변함이 없었던 것인데, 어찌 선생께서는 비난이 이토록 심하십니까?"

나는 이렇게 말하였다.

"예로부터 성인이나 현사賢士는 모두가 소문이 나거나 등용되기를 바라는 것을 마음속에 품고 있지 않았었소. 그러면서도 그 시대의 평등하지 못함과 사람들이 잘 다스려지지 않음을 가엾이 여겨, 그 도를 얻으면 감히 자신만이 훌륭하다고 여기지 않으면서, 반드시 천하를 함께 구제하겠다고 하여 힘쓰고 노력하여, 죽은 이후에야 그만두겠다고 하였소. 그 때문에 우禹는 자신의 집 앞을 지나면서도 들어가지 못하였고, 공자는 앉은 자리가 따뜻해질 겨를도 없었으며, 묵자墨子의 집 굴뚝도 검어질 여가가 없었던 것이오. 저 두 분 성인과 한 분 현인들이 어찌 자신이 편안함을 즐거움인 줄 알지 못하였겠소? 진실로 하늘의 명을 두려워하고 사람들의 곤궁함을 슬퍼하였기 때문이었던 것이오. 무릇 하늘이 사람들에게 현명하고 성스러운 재능을 준 것이, 어찌 자신에게만 여유를 준 것일 따름이겠소? 진실로 그 부족함을 보충하도록 한 것이지요. 몸에서 귀와 눈이란, 귀는 듣는 것을 맡고, 눈은 보는 것을 맡아, 그 시비是非를 듣고, 그 험난함과 쉬운 것을 본 다음에야 그 몸이 안전함을 얻는 것이니, 성현이라는 것은 그 시대 사람에게 눈과 귀이며, 그 시대 사람이란 성현에게 있어서의 몸이오. 그런데 양성이 현명하지 않다면 자신의 몸에 부림을 당하는 것으로써 그 윗사람들을 받들어야 할 것이요, 만약 과연 현명하다면 천명을 두려워하여 사람들의 궁함을 가엾게 여겨야 할 것인데, 어찌 스스로 한가히 편하게 지낼 수 있겠소?"

그가 말하였다.

"제가 듣건대 '군자는 남에게 불편함을 가증시키지 않으며, 남의 잘못을 들춰내는 것을 자신의 곧음으로 여기는 자를 증오한다'고 하였습니다. 선생님의 이론이라면 곧기는 곧으나 덕에 손상을 입히고, 말을 허비하는 것이 아니겠습니까? 할 말을 다 하면서 남의 허물을 들춰내기 좋아하는 것은 국무자國武子가 제齊나라에서 죽임을 당하였던 까닭인데, 선생께서도 그 일을 들으셨겠지요?"

내가 대답하였다.

"군자란 자리에 있게 되면 그 관직을 죽음으로써 생각하고, 아직 벼슬을 얻지 못하면 자신의 말을 잘 갈고 닦아 이로써 도를 밝히지요. 나는 앞으로 도를 밝히려는 것이지 곧은 것으로써 남에게 불편을 주려는 것이 아니오. 더구나 국무자는 선인善人을 얻지도 못한 채 혼란한 나라에서 할 말을 끝까지 하기를 좋아하여 이 까닭으로 죽임을 당한 것이오. 《전傳》에 '오직 선인만이 능히 할 말을 다하는 것을 받아줄 수 있다'라 하였는데, 이는 그 말을 듣고서 능히 잘못을 고침을 말하는 것이오. 당신은 나에게 말하기를 '양성은 도를 지닌 선비라 할 수 있다'라 하였소. 지금은 비록 그가 그러한 단계에 미치지는 못하였다 하더라도, 양성은 앞으로 선인 정도는 되어야 하지 않겠소?"

或問諫議大夫陽城於愈:「可以爲有道之士乎哉! 學廣而聞多, 不求聞於人也, 行古人之道, 居於晉之鄙, 晉之鄙人, 薰其德而善良者幾千人. 大臣聞以薦之, 天子以爲諫議大夫, 人皆以爲華, 陽子不喜; 居於位五年矣, 視其德, 如在草野, 彼豈以富貴移易其心哉!」

愈應之曰:「是《易》所謂「恒其德, 貞, 而夫子凶」者也, 惡得爲有道之士乎哉? 在《易》蠱之上九云『不事王侯, 高尚其事』, <蹇>之六二則曰『王臣蹇蹇, 匪躬之故』, 夫不以所居之時不一, 而所蹈之德不同也? 若<蠱>之上九「居無用之地, 而致匪躬之節」, <蹇>之六二「在王臣之位, 而高不事之心」, 則冒進之患生, 曠官之刺興, 志不可則, 而尤不終無也. 今陽子實一匹夫, 在位不爲不久矣; 聞天下之得失, 不爲不熟矣, 天子待之不爲不加矣, 而未嘗一言及於政; 視政之得失, 若越人視秦人之肥瘠, 忽焉不加喜戚於其心. 問其官則曰諫議也; 問其祿則曰下大夫之秩也; 問其政則曰我不知也. 有道之士, 固如是乎哉? 且吾聞之:『有官守者, 不得其職則去; 有言責者, 不得其言則去.』今陽子以爲得其言乎哉? 得其言而不言, 與不得其言而不去, 無一可者也. 陽子將爲祿仕乎? 古之人有云:『仕不爲貧而有時乎爲貧.』謂祿仕者也, 宜乎辭尊而居卑, 辭富而居貧, 若抱關擊柝者, 可也. 蓋孔子嘗爲委吏矣, 嘗爲乘田矣, 亦不敢曠其職, 必曰『會計當而已矣』, 必曰『牛羊遂而已矣』. 若陽子之秩祿, 不爲卑且貧, 章章明矣, 而如此其可乎哉!」

或曰:「否. 非若此也. 夫陽子惡訕上者, 惡爲人臣, 招其君之過而以爲名者. 故雖諫且議, 使人不得而知焉.《書》曰:『爾有嘉謀嘉猷, 則入告爾后于內, 爾乃順之于外曰:‘斯謀斯猷, 惟我后之德’.』夫陽子之用心, 亦若此者.」

愈應之曰:「若陽子之用心如此, 滋所謂惑者矣. 入則諫其君, 出不使人知者, 大臣宰相者之事, 非陽子之所宜行也. 夫陽子本以布衣, 隱於蓬蒿之下, 主上嘉其行誼, 擢在此位, 官以諫爲名, 誠宜有以奉其職, 使四方後代, 知朝廷有直言骨鯁之臣, 天子有不僭賞從諫如流之美, 庶巖穴之士, 聞而慕之, 束帶結髮, 願進於闕下而伸其辭說, 致吾君於堯舜, 熙鴻號於無窮也. 若《書》所謂, 則大臣宰相之事, 非陽子之所宜行也. 且陽子之心, 將使君人者, 惡聞其過乎? 是啓之也.」

或曰:「陽子之不求聞而人聞之, 不求用而君用之, 不得已而起, 守其道而不變, 何子過之深也?」

愈曰:「自古聖人賢士, 皆非有心求於聞用也. 閔其時之不平, 人之不乂, 得其道, 不敢獨善其身, 而必兼濟天下也, 孜孜矻矻, 死而後已. 故禹過家門不入, 孔席不暇暖, 而墨突不得黔. 彼二聖一賢者, 豈不知自安逸之爲樂哉! 誠畏天命而悲人窮也. 夫天授人以賢聖才能, 豈使自有餘而已? 誠欲以補其不足者也. 耳目之於身也, 耳司聞而目司見, 聽其是非, 視其險易, 然後身得安焉, 聖賢者, 時人之耳目也; 時人者, 賢聖之身也. 且陽子之不賢, 則將役於身, 以奉其上矣; 若果賢, 則固畏天命而閔人窮也, 惡得以自暇逸乎哉!」

或曰:「吾聞:『君子, 不欲加諸人, 而惡訐以爲直者.』若吾子之論, 直則直矣, 無乃傷于德而費於辭乎? 好盡言以招人過, 國武子之所以見殺於齊也, 吾子其亦聞乎?」

愈曰:「君子居其位, 則思死其官; 未得位, 則思修其辭, 以明其道. 我將以明道也, 非以爲直而加人也. 且國武子, 不能得善人, 而好盡言於亂國, 是以見殺.《傳》曰:『惟善人, 能受盡言.』謂其聞而能改之也. 子告我曰『陽子, 可以爲有道之士』也, 今雖不能及已, 陽子將不得爲善人乎?」

【或問諫議大夫陽城於愈】'諫議大夫'는 後漢 때부터 설치했던 관직으로 天子의 政策 등을 간언하는 임무를 맡았음. '陽城'은 자는 亢宗. 본 토론의 대상 인물.《眞寶》注에 "此句是書法爲下面責他張本"이라 함.

【可以爲有道之士乎哉】陽城은 道를 지닌 훌륭한 선비임을 인정해야 한다고 주장한 것.

【學廣而聞多, 不求聞於人也】'不求聞於人'은 남에게 자신의 명성이 알려지기를 바라지 않음. 《昌黎集》注에 "城好學, 貧不能得書, 乃求爲集賢寫書史, 竊官書讀之, 晝夜不出, 六年乃無所不通"이라 함.

【行古人之道, 居於晉之鄙】'晉之鄙'는 晉의 시골. '晉'은 지금의 山西省의 略稱. '鄙'는 시골을 뜻하는 말. 그러나 《眞寶》注에는 "鄙, 地名"이라 함. 그는 山西 中條山에 은거하고 있었음.

【晉之鄙人, 薰其德而善良者幾千人】'薰其德'은 그의 덕에 薰陶됨. 그로 인해 많은 교화를 받음. 《昌黎集》注에 "城及進士第, 乃去隱中條山, 遠近慕其德行, 多從之學"이라 함.

【大臣聞以薦之, 天子以爲諫議大夫】'大臣'은 李泌을 가리키며 그가 陽城의 덕행을 듣고 著作郎으로 추천하였으며, 그 뒤 德宗이 長安尉 楊寧을 보내어 陽城을 불러 諫議大夫로 삼았던 것임. 《舊唐書》(13) 德宗(下)에 "四年, 六月丁丑, 徵夏縣處士先除著作郎陽城爲諫議大夫. 城以褐衣詣闕, 上賜之章服而後召. 十一年, 秋七月丙寅朔, 右諫議大夫陽城爲國子司業"이라 함. 《昌黎集》注에 "城徙居陝州夏縣, 李泌爲陝虢觀察使, 聞城名. 泌入相薦爲著作郎, 後德宗令長安尉楊寧, 齎束帛召爲諫議大夫"라 함. 《眞寶》注에 "李泌"이라 함. 《舊唐書》(130) 李泌傳에 "泌爲相, 嘗引薦夏縣處士北平陽城爲諫議大夫. 城道直, 既遇知己, 深德之"라 함.

【人皆以爲華, 陽子不喜】'華'는 영화, 영예로 여김. 《昌黎集》注에 "初城未至京, 人皆想望風采, 曰:「陽城山人, 今爲諫官. 必能以死奉職」. 而城與二弟, 日夜痛飲, 人莫能窺其際, 皆以虛名譏之"라 함. 《眞寶》注에 "雖說他好已開難, 他一端在此了"라 함.

【居於位五年矣, 視其德, 如在草野】諫議大夫 자리에 5년이나 있었지만 그의 덕은 草野에 있을 때와 같음. 《眞寶》注에 "兩居字不苟. 便含不諫意"라 함.

【彼豈以富貴移易其心哉】'移易其心'은 그의 마음이 옮겨가거나 바뀜.

【是《易》所謂「恒其德貞, 而夫子凶」者也, 惡得爲有道之士乎哉】《周易》(32) 恒卦 六五 爻辭에 "恒其德, 貞, 婦人吉, 夫子凶"이라 하였고, 象辭에는 "婦人貞吉, 從一而終也; 夫子制義, 從婦凶也"라 함. '惡得'의 '惡(오)는 疑問詞. 何, 焉, 安, 胡 등과 같음.

【在《易》蠱之上九云「不事王侯, 高尙其事」】'蠱'는 《周易》(18) 蠱卦 上九의 爻辭에 "不事王侯, 高尙其事"라 하였고, 象辭에는 "「不事王侯」, 志可則也"라 함. '高尙其事'

는 자신의 일만 고상히 처리함. 자신의 고상함을 고집하여 지킴.《眞寶》注에
"陽子不出時, 可如此"라 함.

【〈蹇〉之六二則曰『王臣蹇蹇, 匪躬之故』】《周易》(39) 蹇卦 六二의 爻辭에 "王臣蹇蹇,
匪躬之故"라 하였고, 象辭에는 "「王臣蹇蹇」, 終无尤也"라 함. '蹇蹇'은 충성을 다
해 일하는 모양. '匪躬之故'는 자신만을 위한 이유가 아님.《眞寶》注에 " '則曰'二
字亦好. 陽子旣出時, 當如此"라 함.

【夫以所居之時, 不一而所蹈之德, 不同也】'所居之時'는 처한 바의 時局. '所蹈之
德'은 실천하고 있는 바의 덕행.《眞寶》注에 "應前兩居字"라 함.

【若〈蠱〉之上九「居無用之地, 而致匪躬之節」】'居無用之地'는 아무 쓸모가 없는 처지
에 처하고 있음. 벼슬을 하지 않음.《眞寶》注에 "當處而出, 陽子固無此矣"라 함.

【〈蹇〉之六二「在王臣之位, 而高不事之心」】'高不事之心'은 남을 섬기지 않는 마음
을 높은 것으로 여김.《眞寶》注에 "旣出而尙如處, 陽字不免有此矣"라 함.

【則冒進之患生, 曠官之刺興, 志不可則, 而尤不終無也】'冒進'는 무릅쓰고 나감. 함
부로 나감. '曠官'은 자신의 관직을 태만히 함. '刺興'은 풍자나 비난이 일어남. '尤
不終無'는 끝까지 허물이 없을 수는 없음. 결국 허물이 있게 됨.《五百家注》에
"孫曰:「居無用之地, 而致匪躬之節, 則有冒進之患; 在王臣之位, 而高不事之心, 則
有曠官之刺」라 함.《眞寶》注에는 "蠱上九象曰:「不事王侯, 志可則也.」 蹇六二象
曰:「王臣蹇蹇, 終無尤也.」 今以二卦, 錯綜議論, 謂未事可以高尙, 已事則當蹇諤. 苟
未事而據致匪躬之節, 則冒進之患生而志不可則矣; 已事而仍高不事之心, 則曠官之
刺興而尤不終無矣. 今陽子, 旣爲諫官, 則與奮爲處士時, 不同矣. 當王臣蹇蹇之時,
而守不事高尙之素, 爲諫官而尙如處士, 豈非恒其德貞而夫子凶者哉?"라 함.

【今陽子實一匹夫, 在位不爲不久矣】원래 匹夫였던 자가 지위에 있은 지 이미 오래
되었음.

【聞天下之得失, 不爲不熟矣】'得失'은 정치의 득실.

【天子待之不爲不加矣, 而未嘗一言及於政】'加'는 우대해줌.

【視政之得失, 若越人視秦人之肥瘠, 忽焉不加喜戚於其心】'肥瘠'은 살찐 것과 여윈
것. '忽焉'은 소홀히 여김. 무관심함. '喜戚'은 기쁨과 슬픔.

【問其官則曰諫議也;問其祿則曰下大夫之秩也】'下大夫'는 대부의 등급 중에 아래
등급의 대부. '秩'은 등급이나 등급에 따른 俸祿.《眞寶》注에 "就所居生出, 官與
祿兩句來添兩段議論"이라 함.

【問其政則曰我不知也】정치에 대한 질문에는 모른다고 대답함.

【有道之士, 固如是乎哉】'固'는 강조의 뜻으로 '진실로, 정말' 등의 뜻.

【有官守者, 不得其職則去;有言責者, 不得其言則去】'官守者'는 관직에서 임무를 지키고 있는 자. 관직에 있는 자.《眞寶》注에 "此段就問其祿上說"이라 함.

【得其言而不言, 與不得其言而不去, 無一可者也】'去'는 벼슬을 떠남. 사직함. '無一可者'는 옳은 것이 하나도 없음. 모두 잘못되었음.

【陽子將爲祿仕乎】'爲祿仕'는 봉록을 위해 벼슬함. 생계를 위해 벼슬함.

【謂祿仕者也, 宜乎辭尊而居卑, 辭富而居貧, 若抱關擊柝者, 可也】'抱關'은 문지기, 관문을 지키는 사람. '擊柝'은 딱따기를 치며 巡邏를 도는 사람. 군대의 불침번, 야경꾼, 순라꾼.《五百家注》에 "孫曰:「擊柝, 行軍夜所擊之木.」"이라 함.

【蓋孔子嘗爲委吏矣, 嘗爲乘田矣】'委吏'는 창고를 지키며 물건의 출납을 관장하는 관리. '乘田'은 소와 양을 기르는 관리, 牧畜官.《五百家注》에 "孫曰:「委吏, 主委積倉庾之吏; 乘田, 苑囿之吏, 主六畜之芻牧者」라 함.《眞寶》注에 "委吏, 乘田, 皆微官. 擧小形大"라 함.

【亦不敢曠其職】'曠'은 게으름을 피움. 또는 자신의 임무에 충실하지 않고 대충 일을 처리함.

【必曰『會計當而已矣』, 必曰『牛羊遂而已矣』】'會計當' 회계를 합당하고 정확하게 함. '遂'는 成育시킴. 번식시킴. 잘 길러냄.《眞寶》注에 "遂, 謂茁壯成就"라 함.

【若陽子之秩祿, 不爲卑且貧, 章章明矣, 而如此其可乎哉】'秩祿'은 관직의 등급과 녹봉. '章章' 모두 아주 분명함.

【否. 非若此也. 夫陽子惡訕上者】'惡訕上'은 윗사람을 비방하는 자를 미워함.《論語》陽貨篇에 "子貢曰:「君子亦有惡乎?」子曰:「有惡: 惡稱人之惡者, 惡居下流而訕上者, 惡勇而無禮者, 惡果敢而窒者.」曰:「賜也亦有惡乎?」「惡徼以爲知者, 惡不孫以爲勇者, 惡訐以爲直者.」"라 함.

【惡爲人臣, 招其君之過而以爲名者】'招其君之過'는 그 임금의 과실을 들춰냄. '招'는《眞寶》注에 "音喬, 擧也; 過, 過失"이라 하여 '교'(喬)로 읽도록 되어 있음.

【故雖諫且議, 使人不得而知焉】간언하고 논의하되 남이 알지 못하도록 함.

【《書》曰:『爾有嘉謀嘉猷, 則入告爾后于內, 爾乃順之于外曰:『斯謀斯猷, 惟我后之德.』』《尙書》君陳篇에 "爾有嘉謀嘉猷, 則入告爾后于內, 爾乃順之于外, 曰:「斯謀斯猷, 惟我后之德.」嗚呼! 臣人咸若時, 惟良顯哉!"라 함. 안으로 들어가 임금에게 좋은 모책을 일러준 다음 밖에 나와서는 그 모책은 우리 임금의 훌륭한 덕에서 나온 것이라 말함. '滋'는《昌黎集》에는 '玆'로 되어 있으며 注에 "玆, 一作滋"라 함.

【若陽子之用心如此, 滋所謂惑者矣】'滋所謂惑者矣'는 그렇게 하는 것은 미혹함을 더욱 부채질하는 것임.

【入則諫其君, 出不使人知者, 大臣宰相者之事, 非陽子之所宜行也】들어가 임금에게 간언을 하고 나와서는 남이 알지 못하도록 하는 것은 대신이나 재상이 할 일이지 간의대부인 陽城이 할 일이 아님.

【夫陽子本以布衣, 隱於蓬蒿之下, 主上嘉其行誼, 擢在此位, 官以諫爲名】'布衣'는 베옷을 입은 사람으로 평민을 뜻함. '蓬蒿'는 쑥대. 여기서는 草野에 묻혀 사는 隱者를 말함.《眞寶》注에 "蓬蒿, 指所居窮廬. 段段提起說"이라 함. '嘉'는 가상히 여김. '行誼'는 행실이 바르고 훌륭함.

【誠宜有以奉其職, 使四方後代, 知朝廷有直言骨鯁之臣, 天子有不僭賞從諫如流之美】'骨鯁'은 짐승 뼈와 생선뼈. 이처럼 굳고 강직한 신하를 말함.《眞寶》注에 "骨鯁, 謂直言極諫之臣"이라 함. '僭賞'은 상을 잘못 내림. '從諫如流'는 물이 흐르듯 신하의 간언을 따름.《左傳》襄公 26년에 "善爲國者, 賞不僭而刑不濫. 賞僭, 則懼及淫人; 刑濫, 則懼及善人"이라 하였고, 成公 8년에는 "君子曰:「從善如流, 宜哉!《詩》曰:『愷悌君子, 遐不作人?』求善也夫! 作人, 斯有功績矣.」"라 함.《昌黎集》注에 "孫曰: 襄二十六年《左氏》:「善爲國者, 賞不僭而刑不溢.」成八年《左氏》:「從善如流.」"라 함.《眞寶》注에 "只恐人不知, 知之適所以彰君之義"라 함.

【庶巖穴之士, 聞而慕之, 束帶結髮, 願進於闕下而伸其辭說】'巖穴之士'는 바위 동굴에 사는 선비. 벼슬에 뜻을 두지 않고 숨어 사는 선비. '束帶結髮'은 띠를 두르고 머리를 묶어 몸을 단정히 함.

【致吾君於堯舜, 熙鴻號於無窮也】'熙'는 빛냄. '鴻號'는 위대한 명성.

【若《書》所謂, 則大臣宰相之事, 非陽子之所宜行也】《尚書》에 거론된 내용은 대신이나 재상이 할 일이지 양성에게는 해당되는 것이 아님.

【且陽子之心, 將使君人者, 惡聞其過乎? 是啓之也】'且陽子之心' 다음에《眞寶》注에는 "又生意"라 함. '惡聞其過'는 그 과실을 들춰내는 말을 듣기를 싫어함. '啓之'는 그 길로 가도록 啓導하는 것이 됨.

【陽子之不求聞而人聞之, 不求用而君用之】'求聞'은 자신의 소문이 퍼지기를 바람.

【不得已而起, 守其道而不變, 何子過之深也】'過之深'은 허물로 삼기를 깊게 함. 지나치게 비난함. '不得已而起' 다음에《眞寶》注에는 "下面是難此一句"라 함.

【自古聖人賢士, 皆非有心求於聞用也】'聞用'은 명성의 드러남과 임금에게 등용되는 두 가지.

【閔其時之不平, 人之不乂】'閔'은 불쌍하게 여김. '不平'은 평화롭지 못함. 공평하지 못함. 평탄치 못함. '不乂'는 올바르게 잘 다스려지지 못함.

【得其道, 不敢獨善其身, 而必兼濟天下也】'獨善其身'은 자신만 훌륭하면 된다는 생각. '兼濟天下'는 천하를 함께 구제함. 《眞寶》注에 "論議大難得十分到"라 함.

【孜孜矻矻, 死而後已】'孜孜矻矻'은 부지런히 힘써 일함. '矻'(골)은 《昌黎集》注에 "矻, 勞也. 音窟"이라 함. 《眞寶》注에는 "孜孜矻矻, 勤貌"라 함. '死而後已'는 죽은 이후에야 끝이 남. 《論語》泰伯篇에 "曾子曰:「士不可以不弘毅, 任重而道遠. 仁以 爲己任, 不亦重乎? 死而後已, 不亦遠乎?」"라 함.

【故禹過家門不入, 孔席不暇暖, 而墨突不得黔】'禹'는 中國 최초의 왕조 夏나라의 시조. 夏后氏 부락의 領袖였으며 姒姓. 大禹, 夏禹 등으로도 불리며 이름은 文命. 鯀의 아들. 鯀이 물을 막는 방법으로 治水에 실패하여 죽임을 당한 뒤 禹는 물 을 소통시키는 방법으로 성공을 거둔 다음 舜임금으로부터 천하를 물려받아 夏 王朝를 세움. 뒤에 천하를 순시하다가 會稽에서 생을 마침. 그는 益에게 천하를 물려주려 하였으나 아들 啓의 무리가 난을 일으켜 益을 죽이고 世襲王朝를 시 작함. 이로부터 禪讓(公天下)의 제도가 마감되고 世襲(家天下)의 역사가 시작됨. 이를 "傳子而不傳賢"이라 함. 《史記》에서는 五帝本紀 다음 첫 왕조로 夏本紀가 시작됨. '過家門不入'은 禹가 8년 동안 治水에 나섰다가 자신의 집 앞을 지나면서 도 그 문 안으로 들어가지 못했음. 《孟子》滕文公(上)에 "禹疏九河, 瀹濟漯, 而注 諸海;決汝漢, 排淮泗, 而注之江. 然後中國可得而食也. 當是時也, 禹八年於外, 三 過其門而不入, 雖欲耕, 得乎?"라 함. 《昌黎集》注에 "孫曰:《孟子》:「禹稷, 當平世三 過其門而不入"이라 함. 《眞寶》注에는 "夏禹治水時, 三過其門而不入"이라 함.

【孔席不暇暖】孔子는 자기 앉았던 자리가 따뜻해질 겨를도 없이 분주히 천하를 周遊하며 자신의 道를 펴려고 하였음. '墨突不得黔'은 墨子는 자신의 주장을 펴 기 위해 활동하느라고 집에서는 밥을 지을 기회도, 굴뚝이 검어질 겨를이 없었 다 함. 《昌黎集》注에 "孫曰:《文子》:「墨子無黔突, 孔子無席暖.」突, 竈也;黔, 黑也" 라 함. 그러나 《文子》(下) 自然篇에는 "神農形悴, 堯瘦癯, 舜黧黑, 禹胼胝, 伊尹負 鼎而干湯, 呂望鼓刀而入周, 百里奚傳賣, 管仲束縛, 孔子無黔突, 墨子無煖席, 非以 貪祿慕位, 將欲事起天下之利, 除萬民之害也"라 하여 孔子와 墨子가 바뀌어 있음. 한편 《眞寶》注에는 "此言不敢自暇逸. ○《文中子》曰:「墨子無黔突, 孔子無暖席.」" 이라 하여 출전을 《文中子》라 하였으나 이는 《文子》의 오류임.

【彼二聖一賢者, 豈不知自安逸之爲樂哉】'二聖一賢'은 禹와 孔子, 그리고 墨子를 가

리킴. 《眞寶》注에 “二聖, 禹孔; 一賢, 墨”이라 함.

【誠畏天命而悲人窮也】天命을 두려워하면서 사람들의 궁함을 안타까워함.

【夫天授人以賢聖才能, 豈使自有餘而已】‘自有餘’는 자신만을 위하여 여유를 누림. 《眞寶》注에 “到此倂他未爲諫官時意思也. 難了了”라 함.

【誠欲以補其不足者也】그 부족함을 보충하려고 함.

【耳目之於身也, 耳司聞而目司見, 聽其是非, 視其險易】‘險易’는 험난함과 쉬운 것.

【且陽子之不賢, 則將役於身, 以奉其上矣】‘役於身’은 몸에게 부림을 당함. 《眞寶》注에 “天地間, 無一介可自暇一底人”이라 함.

【若果賢, 則固畏天命而閔人窮也, 惡得以自暇逸乎哉】‘惡得’은 《眞寶》注에 “惡得, 猶烏得”이라 함. 疑問文을 구성함. ‘暇逸’은 한가히 지냄. 편하게 지냄. 《眞寶》注에 “一段意結歸此一句”라 함.

【吾聞君子, 不欲加諸人, 而惡訐以爲直者】‘加諸人’은 남에게 불편함을 줌. 《論語》公冶長篇에 “子貢曰:「我不欲人之加諸我也, 吾亦欲無加諸人.」子曰:「賜也, 非爾所及也.」”라 함. ‘訐’(알)은 남의 과실을 들춰냄. 《論語》陽貨篇의 구절. 앞의 주를 볼 것. 《眞寶》注에 “惡訐, 猶憎”이라 함.

【無乃傷于德而費於辭乎】‘費於辭’는 말을 허비함.

【好盡言以招人過, 國武子之所以見殺於齊也】‘盡言’은 하고 싶은 말을 다함. ‘招人過’는 남의 허물을 들춰냄. ‘國武子’는 春秋시대 齊나라의 대부였던 國佐. 國歸父의 아들. 國氏는 齊나라 문벌 집안이었음. 그는 남의 허물을 들춰내기를 좋아하며 말을 마구하다가 결국 齊 靈公에게 죽임을 당하고 말았음. 《國語》周語(下)에 “立於淫亂之國, 而好盡言, 以招人過, 怨之本也. 唯善人能受盡言, 齊其有乎? 吾聞之, 國德而鄰於不修, 必受其福. ……齊人殺國武子”라 하였고, 《左傳》成公 18년에는 “齊殺其大夫國佐. 齊爲慶氏之難故, 甲申晦, 齊侯使士華免以戈殺國佐于內宮之朝. 師逃于夫人之宮. 書曰:「齊殺其大夫國佐」, 棄命, 專殺, 以穀叛故也. 使淸人殺國勝, 國弱來奔, 王湫奔萊. 慶封爲大夫, 慶佐爲司寇. 旣, 齊侯反國弱, 使嗣國氏, 禮也”라 함. 《眞寶》注에 “見《國語》. 國武子, 名佐”라 함.

【吾子其亦聞乎】‘그대도 역시 들어 알고 있지 않은가?’의 뜻으로 상대에게 확인함.

【君子居其位, 則思死其官】‘思死其官’은 관직을 죽음으로 수행할 것을 생각함. 《眞寶》注에 “謂陽子”라 함.

【未得位, 則思修其辭, 以明其道】《眞寶》注에 “韓公自謂”라 함.

【《傳》曰:「惟善人, 能受盡言.」】‘傳’은 《國語》周語(下)의 구절을 인용한 것.

【今雖不能及已, 陽子將不得爲善人乎】《眞寶》注에 "從前難到此已極矣. 須用放他一著. 蓋陽子, 在當時畢竟是介賢者, 以善人待陽子, 故盡言以責陽子. 《春秋》之法:「責賢者備」之意也"라 함. 陽子가 善人 정도는 되어야 할 것이라 기대한 것.

### 참고 및 관련 자료

1. 작자: 韓愈(韓退之) 022 참조.

2. 이 글은 《別本韓文考異》(14), 《五百家注昌黎文集》(14), 《東雅堂昌黎集註》(14), 《唐宋八大家文鈔》(9), 《崇古文訣》(8), 《文苑英華》(744), 《文章正宗》(12), 《古文集成》(33), 《文章軌範》(2), 《古文關鍵》(上), 《文編》(30), 《文章辨體彙選》(420), 《古文淵鑑》(35), 《唐宋文醇》(2), 《淵鑑類函》(97), 《畿輔通志》(96), 《歷代名賢確論》(85), 《事文類聚》(新集 21), 《群書考索》(續集 36), 《經濟類編》(83) 등에 실려 있음.

3. 〈上范司諫書〉歐陽修《歐陽文忠集》(67)

月日, 具官謹齋沐拜書司諫學士執事, 前月中得進奏吏報, 云自陳州召至闕拜司諫, 即欲爲一書以賀, 多事忽卒未能也. 司諫, 七品官爾, 於執事得之不爲喜, 而獨區區欲一賀者. 誠以諫官者, 天下之得失, 一時之公議繫焉. 今世之官, 自九卿, 百執事外至一郡縣史, 非無貴官大職, 可以行其道也. 然縣越其封, 郡逾其境, 雖賢守長不得行, 以其有守也. 吏部之官, 不得理兵部; 鴻臚之卿, 不得理光祿, 以其有司也. 若天下之失得, 生民之利害, 社稷之大計, 惟所見聞而不繫職司者, 獨宰相可行之, 諫官可言之爾. 故士學古懷道者仕於時, 不得爲宰相, 必爲諫官, 諫官雖卑, 與宰相等. 天子曰不可, 宰相曰可; 天子曰然, 宰相曰不然, 坐乎廟堂之上, 與天子相可否者, 宰相也. 天子曰是, 諫官曰非; 天子曰必行; 諫官曰必不可行, 立殿陛之前與天子爭是非者, 諫官也. 宰相尊, 行其道; 諫官卑, 行其言. 言行, 道亦行也. 九卿, 百司, 郡縣之吏守一職者, 任一職之責, 宰相, 諫官繫天下之事, 亦任天下之責. 然宰相, 九卿而下失職者, 受責於有司, 諫官之失職也, 取譏於君子. 有司之法行乎一時, 君子之譏著之簡冊而昭明, 垂之百世而不泯, 甚可懼也. 夫七品之官, 任天下之責, 懼百世之譏, 豈不重邪! 非材且賢者, 不能爲也.

近執事始被召於陳州, 洛之士大夫相與語曰:「我識范君, 知其材也. 其來不爲御史, 必爲諫官.」及命下, 果然, 則又相與語曰:「我識范君, 知其賢也. 他日聞有立天子陛下, 直辭正色面爭庭論者, 非他人, 必范君也.」拜命以來, 翹首企足, 竚乎有聞, 而卒未也. 竊惑之, 豈洛之士大夫能料於前而不能料於後耶, 將執事有待而爲也?

昔韓退之作〈爭臣論〉, 以譏陽城不能極諫, 卒以諫顯. 人皆謂城之不諫蓋有待而然,退之不識其意而妄譏, 修獨以爲不然. 當退之作論時, 城爲諫議大夫已五年, 後又二年, 始庭論陸贄, 及沮裴延齡作相, 欲裂其麻, 纔兩事爾. 當德宗時, 可謂多事矣, 授受失宜, 叛將強臣羅列天下, 又多猜忌, 進任小人. 於此之時, 豈無一事可言, 而須七年邪? 當時之事, 豈無急於沮延齡, 論陸贄兩事也? 謂宜朝拜官而夕奏疏也. 幸而城爲諫官七年, 適遇延齡, 陸贄事, 一諫而罷, 以塞其責. 向使止五年六年, 而遂遷司業, 是終無一言而去也, 何所取哉!

今之居官者, 率三歲而一遷, 或一二歲, 甚者半歲而遷也, 此又非更可以待乎七年也. 今天子躬親庶政, 化理清明, 雖爲無事, 然自千里詔執事而拜是官者, 豈不欲聞正議而樂讜言乎? 然今未聞有所言說, 使天下知朝廷有正士, 而彰吾君有納諫之明也.

夫布衣韋帶之士, 窮居草茅, 坐誦書史, 常恨不見用. 及用也, 又曰彼非我職, 不敢言; 或曰我位猶卑, 不得言; 得言矣, 又曰我有待, 是終無一人言也, 可不惜哉! 伏惟執事思天子所以見用之意, 懼君子百世之譏, 一陳昌言, 以塞重望, 且解洛之士大夫之惑, 則幸甚幸甚!

4.《舊唐書》(192) 隱逸傳(陽城)

陽城, 字亢宗, 北平人也. 代爲宦族. 家貧不能得書, 乃求爲集賢寫書吏, 竊官書讀之, 晝夜不出房; 經六年, 乃無所不通. 既而隱於中條山. 遠近慕其德行, 多從之學. 閭里相訟者, 不詣官府, 詣城請決. 陝虢觀察使李泌聞其名, 親詣其里訪之, 與語甚悅. 泌爲宰相, 薦爲著作郎. 德宗令長安縣尉楊寧齎束帛詣夏縣所居而召之, 城乃衣褐赴京, 上章辭讓. 德宗遣中官持章服衣之, 而後詔, 賜帛五十四. 尋遷諫議大夫.

初未至京, 人皆想望風彩, 曰:「陽城山人能自刻苦, 不樂名利, 今爲諫官, 必能以死奉職.」人咸畏憚之. 及至, 諸諫官紛紜言事, 細碎無不聞達, 天子益厭苦之. 而城方與二弟及客日夜痛飲, 人莫能窺其際, 皆以虛名譏之. 有造城所居, 將問其所以者. 城望風知其意, 引之與坐, 輒強以酒. 客辭, 城輒引自飲; 客不能已, 乃與城酬酢. 客或時先醉, 臥席上, 城或時先醉, 臥客懷中, 不能聽客語. 約其二弟云:「吾所得月俸, 汝可度吾家有幾口, 月食米當幾何? 買薪菜鹽凡用幾錢, 先具之, 其餘悉以送酒媼, 無留也.」未嘗有所蓄積. 雖所服用有切急不可闕者, 客稱某物佳可愛, 城輒喜, 舉而授之. 有陳某者, 候其始請月俸, 常往稱其錢帛之美, 月有獲焉.

時德宗在位, 多不假宰相權, 而左右得以因緣用事. 於是裴延齡, 李齊運, 韋渠牟尋以奸佞相次進用, 誣譖時宰, 毀詆大臣, 陸贄等咸遭枉黜, 無敢救者. 城乃伏閤上疏, 與拾遺王仲舒共論延齡奸佞, 贄等無罪. 德宗大怒, 召宰相入議, 將加城罪. 時順宗在東宮, 爲城獨開解之, 城賴之獲免. 於是金吾將軍張萬福聞諫官伏閤諫, 趨往, 至延英門, 大言賀曰:「朝廷有直臣, 天下必太平矣!」乃造城及王仲舒等曰:「諸諫議能如此言事, 天下安得不太平?」已而連呼「太平, 太平」.

萬福武人, 年八十餘, 自此名重天下. 時朝夕欲相延齡, 城曰:「脫以延齡爲相, 城當取白麻壞之.」竟坐延齡事改國子司業.

城既至國學, 乃召諸生, 告之曰:「凡學者所以學, 爲忠與孝也. 諸生寧有久不省其親者乎?」明日, 告城歸養者二十餘人.

有薛約者, 嘗學於城, 性狂躁, 以言事得罪, 徙連州, 客寄無根蒂. 臺吏以蹤跡求得之於城家. 城坐臺吏於門, 與約飮酒訣別, 涕泣送之郊外. 德宗聞之, 以城黨罪人, 出爲道州刺史. 太學生王魯卿, 季償等二百七十人詣闕乞留, 經數日, 吏遮止之, 疏不得上.

在道州, 以家人法待吏人, 宜罰者罰之, 宜賞者賞之, 不以簿書介意. 道州土地産民多矮, 每年常配鄕戶, 竟以其男號爲「矮奴」. 城下車, 禁以良爲賤, 又憫其編甿歲有離異之苦, 乃抗疏論而免之, 自是乃停其貢. 民皆賴之, 無不泣荷. 前刺史有贓罪. 觀察使方推鞫之, 吏有幸於前刺史者, 拾其不法事以告, 自爲功, 城立杖殺之. 賦稅不登, 觀察使數加誚讓. 州上考功第, 城自署其第曰:「撫字心勞, 征科政拙, 考下下.」觀察使遣判官督其賦, 至州, 怪城不出迎, 以問州吏. 吏曰:「刺史聞判官來, 以爲有罪, 自囚於獄, 不敢出.」判官大驚, 馳入謁城於獄, 曰:「使君何罪! 某奉命來候安否耳.」留一二日未去, 城因不復歸館; 門外有故門扇橫地, 城晝夜坐臥其上, 判官不自安, 辭去. 其後又遣他判官往按之, 他判官義不欲按, 乃載妻子行, 中道而自逸.

順宗即位, 詔徵之, 而城已卒. 士君子惜之, 是歲四月, 賜其家錢二百貫文, 仍令所在州縣給遞, 以喪歸葬焉.

5.《新唐書》(194) 卓行傳(陽城)

陽城, 字亢宗, 定州北平人, 徙陝州夏縣, 世爲官族. 資好學, 貧不能得書, 求爲吏, 隸集賢院, 竊院書讀之, 晝夜不出戶, 六年, 無所不通. 及進士第, 乃去隱中條山, 與弟墹, 域常易衣出. 年長, 不肯娶, 謂弟曰:「吾與若孤煢相育, 既娶則間外姓, 雖共處而益疏, 我不忍.」弟義之, 亦不娶, 遂終身.

城謙恭簡素, 遇人長幼如一. 遠近慕其行, 來學者跡接於道. 閭里有爭訟, 不詣官而詣城決之. 有盜其樹者, 城過之, 慮有恥, 退自匿. 嘗絶糧, 遣奴求米, 奴以米易酒, 醉臥於路. 城怪其故, 與弟迎之, 奴未醒, 乃負以歸. 及覺, 痛咎謝, 城曰:「寒而飮, 何責焉?」寡妹依城居, 其子四十餘, 癡不知人, 城常負以出入. 始, 妹之夫客死遠方, 城與弟行千里, 負其柩歸葬. 歲饑, 屛跡不過隣里, 屑楡爲粥, 講論不輟. 有奴都兒化其德, 亦方介自約. 或哀其餒, 與之食, 不納. 後致糠核數杯, 乃受. 山東節度府聞城義者,發使遺五百縑, 戒使者不令返. 城固辭, 使者委而去, 城置之未嘗發. 會里人鄭俶欲葬親, 貸於人無得, 城知其然, 舉縑與之. 俶既葬, 還曰:「蒙君子之施, 願爲奴以償德.」城曰:「吾子非也, 能同我爲學乎?」俶泣謝, 即教以書, 俶不能業, 城更徙遠阜, 使顓其習. 學如初, 慚, 縊而死. 城驚且哭, 厚自咎, 爲服緦麻瘞之.

陝虢觀察使李泌數禮餉, 城受之. 泌辭辟致之府, 不起, 乃薦諸朝, 詔以著作佐郎召, 幷賜緋魚. 泌使參軍事韓傑奉詔至其家, 城封還詔, 自稱「多病老憊, 不堪奔奉, 惟哀憐」. 泌不敢強. 及爲宰相, 又言之德宗, 於是召拜右諫議大夫, 遣長安尉楊寧賫束帛詣其家. 城褐衣到闕下辭讓, 帝遣中人持緋衣衣之, 召見, 賜帛五十匹.

初, 城未起, 縉紳想見風采. 既興草茅, 處諫諍官, 士以爲且死職, 天下益憚之. 及受命, 它諫官論事苛細紛紛, 帝厭苦, 而城浸聞得失且熟, 猶未肯言. 韓愈作〈爭臣論〉譏切之, 城不屑. 方與二弟延賓客, 日夜劇飲. 客欲諫止者, 城揣知其情, 強飲客, 客辭, 即自引滿, 客不得已. 與酬酢, 或醉, 仆席上, 城或先醉臥客懷中, 不能聽客語, 無得關言. 常以木枕布衾質錢, 人重其賢, 爭售之. 每約二弟:「吾所俸入, 而可度月食米幾何, 薪菜鹽幾錢, 先具之, 餘送酒家, 無留也.」服用無贏副, 客或稱其佳可愛, 輒喜, 舉授之. 有陳萇者, 候其得俸, 常往稱錢之美, 月有獲焉. 居位八年, 人不能窺其際.

及裴延齡誣逐陸贄, 張滂, 李充等, 帝怒甚, 無敢言. 城聞, 曰:「吾諫官, 不可令天子殺無罪大臣.」乃約拾遺王仲舒守延英閣上疏極論延齡罪, 慷慨引誼, 申直贄等, 累日不止. 聞者寒懼, 城愈勵. 帝大怒, 召宰相抵城罪. 順宗方爲皇太子, 爲開救, 良久得免, 救宰相諭遣. 然帝意不已, 欲遂相延齡. 城顯語曰:「延齡爲相, 吾當取白麻壞之, 哭於廷.」帝不相延齡, 城力也. 坐是下遷國子司業. 引諸生告之曰:「凡學者, 所以學爲忠與孝也. 諸生有久不省親者乎?」明日謁城還養者二十輩, 有三年不歸侍者, 斥之. 簡孝秀德行升堂上, 沈酗不率教者皆罷. 躬講經籍, 生徒斤斤皆有法度.

薛約者, 狂而直, 言事得罪, 謫連州. 吏捕跡, 得之城家. 城坐吏於門, 引約飲食訖, 步至都外與別. 帝惡城黨有罪, 出爲道州刺史, 太學諸生何蕃, 季償, 王魯卿, 李讜等二百人頓首闕下, 請留城. 柳宗元聞之, 遺蕃等書曰:「詔出陽公道州, 僕聞悒然. 幸生不諱之代, 不能論列大體, 聞下執事, 還陽公之南也. 今諸生愛慕陽公德, 懇悃乞留, 輒用撫手喜甚. 昔李膺, 嵇康時, 太學生徒仰闕執訴, 仆謂訖千百年不可復見, 乃在今日, 誠諸生見賜甚厚, 將亦陽公漸漬導訓所致乎! 意公有博厚恢大之德, 幷容善僞, 來者不拒. 有狂惑小生, 依托門下, 飛文陳愚. 論者以爲陽公過於納汙, 無人師道. 仲尼吾黨狂狷, 南郭獻譏; 曾參徒七十二人, 致禍負芻; 孟軻館齊, 從者竊屨. 彼聖賢猶不免, 如之何其拒人也? 俞, 扁之門, 不拒病夫; 繩墨之側, 不拒枉材; 師儒之席, 不拒曲士. 且陽公在朝, 四方聞風, 貪冒苟進邪薄之夫沮其志, 雖微師尹之位, 而人實瞻望焉. 與其化一州, 其功遠近可量哉! 諸生之言, 非獨爲己也, 於國甚宜.」蕃等守闕下數日, 爲吏遮抑不得上. 旣行, 皆泣涕, 立石紀德.

　至道州, 治民如治家, 宜罰罰之, 宜賞賞之, 不以簿書介意. 月俸取足則已, 官收其餘. 日炊米二斛, 魚一大釜, 置甌杓道上, 人共食之. 州産侏儒, 歲貢諸朝, 城哀其生離, 無所進. 帝使求之, 城奏曰:「州民盡短, 若以貢, 不知何者可供.」自是罷. 州人感之, 以「陽」名子. 前刺史坐罪下獄, 吏有幸於刺史者, 拾不法事告城, 欲自脫, 城輒捞殺之. 賦稅不時, 觀察使數誚責. 州當上考功第, 城自署曰:「撫字心勞, 追科政拙, 考下下.」觀察府遣判官督賦, 至州, 怪城不迎, 以問吏, 吏曰:「刺史以爲有罪, 自囚於獄.」判官驚, 馳入, 謁城曰:「使君何罪? 我奉命來候安否耳.」留數日, 城不敢歸, 臥門闑, 寢館外以待命. 判官遽辭去. 府復遣官來按擧, 義不欲行, 乃載妻子中道逃去. 順宗立, 召還城, 而城已卒, 年七十; 贈左散騎常侍, 賜其家錢二十萬, 官護喪歸葬.

# 033. 〈送窮文〉 ················ 韓退之(韓愈)

## 곤궁함을 떠나보내는 글

*〈送窮文〉: 窮함을 떠나보내는 글. '窮'은 窮鬼를 뜻하며, '窮鬼'는 顓頊(高陽氏)과 帝嚳(高辛氏) 시대 궁궐에 태어난 한 아이가 온전한 옷을 입지 않아 窮子라 불렸는데, 정월 그믐에 죽어 이를 묻어주고 祭를 올리며 窮함을 멀리 보내주었다는 전설에, 매년 정월 그믐에 이러한 습속이 있었음. 이에 한유가 자신의 궁함을 들어 窮鬼를 보내주는 문장을 지었던 것임. 이 글은 擬人體로서, '智窮', '學窮', '文窮', '命窮', '交窮' 등 다섯 궁귀를 가설하여 문답한 것인데, 도리어 한유 자신의 재능과 성품, 가치 지향, 고고함 등을 은근히 자랑한 내용임.

*《眞寶》注에 "迂齋云:「前面許多鋪陳布置結裹收拾, 盡在後面; 看到後面, 方知前面, 盡是戲言. 然則退之此文, 非是送窮, 乃是固窮. 機軸之妙, 熟讀方見.〈進學解〉, 是設爲師弟子問難之詞, 此是設爲人鬼問難之辭, 可以參觀.」○洪曰:「予嘗見文宗備問云:「顓頊高辛時, 宮中生一子, 不著完衣, 宮中號爲窮子, 其後正月晦死, 宮人葬之, 相謂曰:『今日送却窮子.』自爾相承送之. 又《唐四時寶鑑》云:『高陽氏子, 好衣弊食糜, 正月晦巷死, 世作糜棄弊衣, 是日祝於巷曰:『除貧也.』(小宋云: 退之〈送窮文〉,〈進學解〉,〈毛穎傳〉等諸篇, 皆古人意思未到, 可以名家矣. 然〈送窮文〉, 與楊子雲〈逐貧賦〉, 大率相類, 盖古人作文, 皆有所祖述. ○按: 子雲〈逐貧賦〉, 始云:「惆悵失志, 呼貧與語. 今汝去矣, 勿復久留.」貧曰:「唯唯.」終之曰:「貧遂不去, 與我遊息.」其節次調度意脉, 如出一律)"이라 함. 한편 《東雅堂昌黎集註》題注에는 "張文潛曰:公〈送窮文〉蓋出子雲〈逐貧賦〉, 然文采過〈逐貧〉矣. 晁無咎取公此文, 於續〈楚詞〉繫之, 曰:「愈以屢窮不遭時, 若有物焉爲之, 故託於鬼, 譚彼窮我者, 車船飮食, 謝而遠之, 而窮不可去也. 則『燒車與船, 延之上座』, 亦卒歸於正之義焉"이라 함.


원화元和 6년(811) 정월 을축乙丑날 그믐에, 주인[韓愈]이 하인 성星으로 하여금 버드나무를 엮어 수레를 만들고, 풀을 묶어 배를 만들게 한 다음, 볶은 쌀과 식량을 싣고, 멍에 밑에 소를 매고, 돛대 위에는 돛을 달고, 궁귀窮鬼에게 세 번 읍하며 이렇게 고하였다.

"듣자하니 그대는 떠나야 할 날이 있다 하더이다. 비루한 내가 감히 가시는 길을 물을 수는 없으나 몸소 배와 수레를 마련하고 볶은 쌀과 식량을 갖추어 실었으니, 이 길일吉日 좋은 때에 이곳저곳 어디라도 가기에 이로울 것이오. 그대는 밥 한 공기 먹고 술 한 잔 마시고, 그대 친구들을 이끌고 낡은 이곳을 떠나 새로운 곳으로 가되, 수레에 먼지를 일으키며 시위에 바람소리가 나듯 번개와 누가 먼저인지 다투신다면, 그대에게는 지체하고 있다는 허물이 없게 될 것이요, 나에게는 노자와 물자를 마련하여 보내주는 은혜가 있게 될 것이니 그대는 떠날 뜻이 있소?"

숨을 죽이고 조용히 듣고 있었더니 마치 말소리가 들리는 듯하였는데, 휘파람 소리 같기도 하고 우는 소리 같기도 하며 획획하면서 중얼거리고 있어, 머리카락이 모두 곤두서고 어깨가 송긋하며 목이 움츠러들었다. 있으나 없는 듯하더니 한참 뒤에야 분명해지면서, 마치 말을 하는 자가 있는 듯하여 이렇게 말하는 것이었다.

"나는 그대와 40여 년이나 함께 하였소. 그대가 어린아이였을 때 나는 그대를 어리석다 여기지 아니하였으며, 그대가 공부를 하건 농사를 짓건, 관직과 명예를 추구하건 오직 그대만을 따라다니며 처음 뜻에 변함이 없었다오. 그러면서 나는 문門의 신령들을 질책하고 꾸짖으면서 내가 그대를 속임수를 써가며 따르는 것을 부끄럽게 여겼을 뿐, 다른 데에 뜻을 둔 것이 아니라오. 선생께서 먼 남쪽으로 귀양 갔을 때에는 타는 듯한 열기에 찌는 듯한 습기여서 그곳은 내가 살 곳이 아니었으며, 온갖 귀신들조차 나를 속이고 능멸하였었소. 그리고 선생께서 태학박사太學博士로 있던 4년 동안 아침은 부추절임이요, 저녁은 소금 반찬이 전부였으나 그래도 그대를 보호해주는 이는 나뿐이었고, 남들은 모두 그대를 혐오하였소. 그럼에도 처음부터 끝까지 그대를 배반한 일이 없었으며 마음속에 다른 모책을 가져본 적도 없고, 그대로부터 떠나겠다는 말을 입에 올린 적도 없었소. 그런데 어디서 무슨 말을 들었기에 내가 마땅히 떠나야 한다고 말하는 것이오? 이는 틀림없이 선생께서 남의 말을 믿고 나에게 이간을 두고 있기 때문일 것이외다. 나는 귀신이지 사람이 아닌데 수레와 배를 어디에 쓰겠소? 내 코로는 냄새와 향기만 맡으면 될 뿐이니, 볶은 쌀과 양식은 버려도 될 것이오. 나는 내 한 몸 하나뿐인데 누가 내 친구이며 짝이 되겠소? 그대가 만일 모든 것을 다 안다면 쉽사리 헤아릴 수 있을 터이니 그렇지 않겠소? 그대는 사뭇 하고 싶은 말을 다 하고 있으니, 가히 성스럽고 지혜롭다 할 것이오. 나의 정황과 상태가 다 드러났으니 감히 나로부터 회피하려 들지 않을 수 있겠소?"

주인〔나〕이 응답하였다.
"그대는 내가 정말로 알지 못한다고 여기고 있소? 그대의 친구와 짝들은 여섯도 아니고 넷도 아니며, 열에서 다섯을 뺀 숫자이며, 일곱에서 둘을 덜어낸 숫자요. 저마다 주장하는 일이 있고, 사사로이 이름까지 가지고 있으며 손을 비틀고 국을 엎어버리며, 목구멍을 돌려 남들이 꺼려하는 짓만 촉발시키도록 하고 있소. 무릇 내 얼굴로 하여금 가증스러운 표정을 짓게 하고, 나로 하여금 말을 무미無味하게 하는 것이 모두 그대들의 뜻이오.

그 첫째는 이름이 '지궁'智窮으로, (나로 하여금) 잘난 척 뽐내며 뻣뻣하게 하고, 원만한 것은 싫어하고 모난 것을 좋아하도록 하며, 간사함과 속임을 수치로 여기게 하며, 남을 해치거나 상하게 하는 짓은 차마 하지 못하게 시키지요.

다음은 이름이 '학궁'學窮으로, (나로 하여금) 예법과 명분을 오만하게 내세우며 아득하고 미묘한 것을 지적하고 잡아내게 하며, 여러 이론들을 높이 여겨 읍揖을 하여 존중하게 하며, 신神의 기밀을 고집하여 아는 척 하도록 시키지요.

그 다음은 '문궁'文窮으로, (나로 하여금) 오로지 한 가지 능력에만 전념하지 못하게 하고, 괴기하기 그지없는 글을 짓도록 하며, 시대에 베풀

수 없도록 하여 오직 나만 즐기도록 시키지요.

그 다음은 '명궁'命窮으로, (나로 하여금) 그림자와 형체가 다르도록 하며, 얼굴은 추하나 마음은 곱도록 하며, 이익이 되는 일에는 무리에서 뒤처지고, 책무는 남의 앞에 있도록 시키지요.

그 다음은 '교궁'交窮으로, (나로 하여금) 친구 사귐에는 살갗을 문지르며 뼈를 비빌 정도로 가까이 하도록 하며, 심장과 간의 진솔한 정을 다 토해내도록 하며, 발돋움하고 기다려 주도록 하되 마침내는 나를 원수 자리에 놓이게 시키지요.

이 다섯 귀신들은 나에게 다섯 가지 환난을 주는 것으로서, 나를 굶주리게 하고 헐벗게 하며, 사실과 다르게 전하고 비방을 조성하게 하고 있소. 능히 나로 하여금 미혹하게 하며 남이 능히 나에게 말을 걸어올 수 없도록 하지요. 아침에 내 행동을 후회했다가 저녁이면 이미 다시 그렇게 하며, 붕붕거리는 파리 떼와 구차하게 따라오는 개와 같아, 쫓아도 다시 되돌아오지요."

말을 채 마치기도 전에 다섯 귀신들은 모두 눈을 크게 뜨고 혀를 내밀며 펄쩍펄쩍 뛰다가는 이리저리 나자빠지기도 하고, 손뼉을 치고 발을 접치기도 하며, 웃음을 잃고 서로 돌아다보더니 천천히 주인(나)에게 이렇게 말하는 것이었다.

"선생께서 우리 이름과 우리가 하는 모든 것을 알고 있으면서 우리를 내쫓아 떠나보내려 하시니, 이는 작게는 약삭빠르다고 할 수 있지만 크게는 바보스러운 짓입니다. 사람이 나서 한 세상 얼마나 오래 살겠습니까? 우리는 선생의 이름을 세워드려서 백세百世 뒤에도 마멸되지 않도록 하고자 하는 것입니다. 소인과 군자는 그 마음이 같지 않은 것이니, 오직 시대와 서로 동떨어져야만 하늘과 통하게 되는 것이라오. (그대는) 아름다운 옥으로 만든 좋은 규홀圭笏을 가지고 있으나 이를 한 장의 천한 양가죽과 바꾸며, 살찌고 맛좋은 음식에 물려서 저 등겨로 쑨 죽과 같은 거친 음식을 사모하는 사람이오. 천하에서 선생에 대해 누가 우리보다도 더 잘 알겠소? 비록 배척받아 쫓겨나는 상황을 만났지만 그래도 차마 선생을 멀리하지 못하겠으니, 나를 믿지 못하겠거든 《시詩》, 《서書》에게 질문해보시오."

주인은 이에 머리를 떨구고 기를 잃은 채 손을 들어 사과하고는 수레와 배를 태워버리고, 그들을 다시 맞이하여 상좌上座에 앉혔다.

元和六年正月乙丑晦, 主人使奴星, 結柳作車, 縛草爲船, 載糗與糧, 牛繫軛下, 引帆上檣, 三揖窮鬼而告之曰:「聞子行有日矣, 鄙人不敢問所途, 躬具船與車, 備載糗糧, 日吉辰良, 利行四方. 子飯一盂, 子啜一觴, 携朋挈儔, 去故就新, 駕塵彉風, 與電爭先, 子無底滯之尤, 我有資送之恩, 子等有意於行乎?」

屛息潛聽, 如聞音聲, 若嘯若啼, 苦炊嘎嘤, 毛髮盡竪, 竦肩縮頸. 疑有而無, 久乃可明, 若有言者曰:「吾與子居四十年餘, 子在孩提, 吾不子愚, 子學子耕, 求官與名, 惟子是從, 不變于初. 門神戶靈, 我叱我呵, 包羞詭隨, 志不在他. 子遷南荒, 熱爍濕蒸, 我非其鄕, 百鬼欺陵. 太學四年, 朝齏暮塩, 惟我保汝, 人皆汝嫌. 自初及終, 未始背汝, 心無異謀, 口絶行語. 於何聽聞, 云我當去? 是必夫子信讒, 有間於予也. 我鬼非人, 安用車船? 鼻嗅臭香, 糗糧可捐. 單獨一身, 誰爲朋儔? 子苟備知, 可數以不? 子能盡言, 可謂聖智, 情狀旣露, 敢不迴避?」

主人應之曰:「子以吾爲眞不知也邪? 子之朋儔, 非六非四, 在十去五, 滿七除二. 各有主張, 私立名字, 捩手覆羹, 轉喉觸諱. 凡所以使吾面目可憎, 語言無味者, 皆子之志也. 其一名曰'智窮', 矯矯亢亢, 惡圓喜方, 羞爲姦欺, 不忍害傷; 其次名曰'學窮', 傲數與名,

摘抉杳微, 高揭羣言, 執神之機; 又其次曰‘文窮’, 不專一能, 怪怪
奇奇, 不可時施, 祇以自嬉; 又其次曰‘命窮’, 影與形殊, 面醜心姸,
利居衆後, 責在人先; 又其次曰‘交窮’, 磨肌憂骨, 吐出心肝, 企足以
待, 寞我齮齕. 凡此五鬼, 爲吾五患, 飢我寒我, 興訛造訕. 能使我
迷, 人莫能間. 朝悔其行, 暮已復然, 蠅營狗苟, 驅去復還.」

　言未畢, 五鬼相與張眼吐舌, 跳踉偃仆, 抵掌頓脚, 失笑相顧, 徐
謂主人曰:「子知我名, 凡我所爲, 驅我令去, 小黠大癡. 人生一世,
其久幾何? 吾立子名, 百世不磨. 小人君子, 其心不同, 惟乖於時, 乃
與天通; 携持琬琰, 易一羊皮, 飫於肥甘, 慕彼糠糜. 天下知子, 誰
過於予? 雖遭斥逐, 不忍子疎, 謂予不信, 請質《詩》,《書》.」

　主人於是垂頭喪氣, 上手稱謝, 燒車與船, 延之上座.

【元和六年正月乙丑晦】元和는 唐 憲宗(李純)의 연호. 806-820년까지 15년간이었
　으며 6년은 811년. ‘晦’는 그믐.
【主人使奴星, 結柳作車, 縛草爲船, 載糗輿粻, 牛繫軛下, 引帆上檣】‘主人’은 韓愈 자
　신을 가리킴. ‘奴星’은 하인으로 부리는 자로 이름이 星이었음.《眞寶》注에 “星,
　公奴名”이라 함.《事文類聚》(前集 6)에《唐四時寶鑑》을 인용하여 “除貧鬼:高陽氏
　子, 好衣敝食糜. 正月晦日巷死, 世作糜棄破衣, 是日祝於巷曰:「除貧鬼.」韓文公〈送
　窮文〉亦云:「正月乙丑晦主人使奴星, 結柳作車縛草爲船, 載糗與糧三揖, 窮鬼而告
　之.」라 함. ‘結柳作車’는 버드나무를 엮어 수레를 만듦. ‘縛草爲船’은 풀을 묶어
　배를 만듦. ‘載糗輿粻’은 볶은 쌀을 싣고 식량을 수레에 실음. ‘輿’는《昌黎集》注
　에 “或作與”라 하여, 이 경우 ‘糗(구)와 粻을 수레에 싣다’가 훨씬 순통함. ‘糗’는
　《爾雅》에는 “麥也”라 하였으나 일반적으로 볶은 쌀, 또는 미숫가루 등의 뜻으로
　봄. 여행용 식품임.《周禮》에 “糗, 餌粉餈;粻, 糧也”라 함. ‘粻’은 粮과 같은 뜻임.
　‘軛’은 멍에. ‘引帆上檣’은 돛대를 세우고 돛을 달아 올림.
【三揖窮鬼而告之曰】窮鬼에게 세 번 읍을 하고 고함. ‘窮’은《論語》衛靈公篇에 “在
　陳絶糧, 從者病, 莫能興. 子路慍見曰:「君子亦有窮乎?」子曰:「君子固窮, 小人窮斯
　濫矣.」라 하여 실제 窮함을 보내는 것이나 韓愈의 본 문장 결론은 이의 가치관

을 두고 말한 것임.

【聞子行有日矣, 鄙人不敢問所途】‘行有日’은 떠나는 날이 있음. 風俗에 따라 正月
그믐에 떠나야 함. ‘鄙人’은 비루한 사람. 자신을 낮추어 부르는 말. ‘所途’는 가는
길. 가야 할 길.

【躬具船與車, 備載糇粮, 日吉辰良, 利行四方】직접 배와 수레를 갖추고 糇粮을 실
었으며, 좋은 날이어서 이곳저곳 어디로 가도 이로움.

【子飯一盂, 子啜一觴, 携朋挈儔, 去故就新】‘携朋挈儔’는 ‘친구를 데리고 무리들을
함께 이끌다’의 뜻. ‘儔’(주)는 짝을 이루고 있는 친구. ‘挈’은 ‘묶다, 매다’의 뜻으로
여기서는 ‘친구들과 함께’의 뜻. ‘去故就新’은 옛것을 버리고 새로운 것에게로 나
아감.

【駕塵彏風, 與電爭先, 子無底滯之尤】‘駕塵’은 수레가 먼지를 일으키며 빨리 달림.
‘彏風’은 시위를 당겨 쏠 때 나는 소리. 빠른 바람을 타고 배를 몰아감을 뜻함.
‘彏’은 《昌黎集》注에 “彏, 音霍, 又廓, 郭二音”이라 하여 ‘곽, 확’으로 읽음. ‘底滯之
尤’은 오래 머물러 있다는 허물.

【我有資送之恩, 子等有意於行乎】‘資送之恩’은 노자와 물자를 주어 전송하는 은혜.

【屛息潛聽, 如聞音聲, 若嘯若啼】‘屛息潛聽’은 숨을 죽이고 가만히 듣고 있음.
《五百家注》에 “孫曰:《論語》:「屛氣似不息者.」屛, 藏也”라 하였고, 《論語》鄕黨篇
에 “攝齊升堂, 鞠躬如也, 屛氣似不息者”라 함. 《眞寶》注에 “屛息, 言屛斥氣息”이
라 함. ‘若嘯若啼’는 휘파람 부는 소리 같기도 하고 우는 것 같기도 한 소리를
냄. 窮鬼가 반응을 함을 표현한 것.

【虩欻嚶嚶, 毛髮盡竪, 竦肩縮頸】‘虩欻’(획훌)은 획획, 씩씩하는 소리를 표현한 雙
聲連綿語. 《昌黎集》注에 “虩, 霍虢切; 欻, 許勿切”이라 하였고 《眞寶》注에는 “虩,
呼覓切; 欻, 許勿反”이라 함. ‘嚶嚶’(우앵) 또한 중얼거리는 소리를 표현하는 雙聲
連綿語. ‘竦肩縮頸’은 놀라 어깨를 움츠리고 목을 오므림.

【疑有而無, 久乃可明, 若有言者曰】‘疑有而無’는 있는 것도 같고 없는 것도 같음.
‘可明’은 분명해짐.

【吾與子居四十年餘, 子在孩提】‘四十餘年’은 《眞寶》注에 “見得自初而窮”이라 함.
‘孩提’는 방긋방긋 웃기도 하고 이끌 수도 있는 나이. 어린 아이를 뜻함. ‘提孩’로
도 표기하며 “可提抱, 知孩笑”의 뜻.

【吾不子愚, 子學子耕, 求官與名, 惟子是從, 不變于初】‘惟子是從, 不變于初’는 나
(窮鬼)는 오직 그대만 따라다니며 처음 뜻에 조금도 변함이 없었음. 韓愈에게 궁

함은 운명이었음을 말한 것.

【門神戶靈, 我叱我呵, 包羞詭隨, 志不在他】'門神戶靈'은 문의 신들. 사람의 일상생활을 간섭하여 잘못된 일을 하더라도 궁함을 면해야 한다고 인도하는 신령들. '叱'과 '呵'는 모두 '꾸짖다'의 뜻. '包羞詭隨'는 '窮鬼가 주인(한유)에게 詭譎한 짓을 하는 데도 부끄러움을 품은 채 이를 따른다면'의 뜻. '包羞'는 부끄러움을 포함하고 있음. '詭隨'는 속이면서 그를 따름.

【子遷南荒, 熱爍濕蒸, 我非其鄉, 百鬼欺陵】'南荒'은 韓愈가 일찍이 남쪽 陽山으로 귀양 갔던 일을 가리킴.《五百家注》에 "孫曰:謂謫陽山令時"라 함.《眞寶》注에 "貶陽山令"이라 함. '熱爍濕蒸'은 열기는 타는 듯하고 습기는 찌는 듯함. 남방의 기후를 말함. '非其鄉'은 그곳은 내가 있을 곳이 아니었음. '百鬼欺陵'은 그곳의 온갖 귀신들이 나를 속이고 업신여기며 능멸함.

【太學四年, 朝韲暮塩, 惟我保汝, 人皆汝嫌】'太學四年'은 韓愈가 太學博士로 있었던 4년간.《五百家注》에 "孫曰:謂爲太學博士時"라 함. '朝韲暮塩'은 아침에는 절인 부추 반찬, 저녁에는 맨 소금의 매우 열악한 식사. '韲'(제)는 절인 부추 반찬. '塩'은 鹽과 같음.

【自初及終, 未始背汝, 心無異謀, 口絶行語】'口絶行語'는 내가 그대를 버리고 떠나겠다는 말을 입으로 해본 적이 없음. 그대를 궁함에서 벗어나게 해 주겠다고 한 적이 없음.《五百家注》에 "孫曰:言我初無欲行之語"라 함.

【於何聽聞, 云我當去】'於何聽聞'은 '어디에서 무슨 말을 들었기에'의 뜻. '云我當去'는 내가 마땅히 떠나야 한다고 말함.

【是必夫子信讒, 有間於予也】'有間於予'는 어떤 이가 나에게 離間을 두고 있어 나를 멀리한 것임.

【我鬼非人, 安用車船】'安用車船'의 '安'은 疑問詞.

【鼻嗅臭香, 糗粻可捐】'鼻嗅臭香'은 코로 냄새를 맡고 향내를 맡음. '嗅'는《昌黎集》'齅'(후)로 되어 있으며 이는 '嗅'의 異體字. '糗粻可捐'은 糗粻은 버려도 됨. 준비해주지 않아도 됨.

【單獨一身, 誰爲朋儔】'나는 한 몸인데 누가 친구이며 짝이겠는가?'의 뜻.

【子苟備知, 可數以不】'子苟備知'의 '苟'는 若, 固 등과 같음. '備知'는 앎을 다 갖추고 있음. 자세히 알고 있음. '可數以不'는 '가히 與否를 헤아려볼 수 있지 않겠는가?'의 뜻. '以不'는《昌黎集》에는 '已不'로 되어 있으며 이는 '與否'와 같음.《五百家注》에 "不, 甫鳩切"이라 하여 '부'로 읽으며 '否'와 같음. 疑問文을 구성함.

【子能盡言, 可謂聖智, 情狀旣露, 敢不廻避】‘子能盡言’은 ‘그대는 능히 하고 싶은 말을 다 할 수 있으니’의 뜻. ‘情狀旣露’는 나의 정황과 상태가 이미 모두 드러났음. ‘敢不廻避’는 ‘감히 나로부터 벗어날 수 있지 않겠는가’의 뜻. 즉 ‘그대는 聖智를 갖춘 자이며 드러난 나의 모습을 알고 있으니 나를 회피하려 들지 않겠는가?’의 뜻.

【主人應之曰】‘主人’은 韓愈 자신을 가리킴.

【子以吾爲眞不知也邪】‘子’는 窮鬼를 가리킴.

【子之朋儔, 非六非四, 在十去五, 滿七除二】다섯임을 뺄셈 등으로 표현한 것.

【各有主張, 私立名字, 捩手覆羹, 轉喉觸諱】‘主張’은 저마다 자신의 임무가 있음. ‘捩手覆羹’은 남의 손을 비틀어 국물을 엎게 함. ‘轉喉觸諱’는 목구멍을 돌려 남들이 꺼리는 짓을 하도록 하여 갈등을 촉발시킴. 남의 흉을 보거나 듣기 싫어하는 말을 거침없이 함.

【凡所以使吾面目可憎, 語言無味者, 皆子之志也】‘使吾面目可憎, 言語無味者’는 나의 면목으로 하여금 가증스럽게 하고 언어를 무미하게 하는 것. ‘面目’은 《昌黎集》注에 “一作面貌”라 함.

【其一名曰‘智窮’, 矯矯亢亢, 惡圓喜方, 羞爲姦欺, 不忍害傷】‘矯矯亢亢’(교교강강)은 거만스럽고 뻣뻣하게 구는 모습의 雙聲連綿語 矯亢(교강)을 疊語로 표현한 것. 《五百家注》에 “祝曰: 矯亢, 剛直貌. ○亢, 口浪切”라 하여 ‘亢’은 ‘강’으로 읽음. 《眞寶》注에 “矯矯亢亢, 高強貌”라 함. ‘惡圓喜方’은 원만한 것은 싫어하고 모난 것을 좋아함. 이 구절은 ‘智窮’이라는 窮鬼가 韓愈 자신으로 하여금 원칙과 양심에 너무 철저하도록 하여 도리어 궁하게 되도록 유도하였음을 비유한 것.

【其次名曰‘學窮’, 傲數與名, 摘抉杳微, 高揖群言, 執神之機】‘傲數與名’은 禮數(예법의 절차와 명분)와 명분에 대하여 오만함. ‘摘抉杳微’는 멀고 희미한 것까지 지적하고 들춰냄. 《五百家注》에 “祝曰: 摘, 發也; 抉, 出也”라 함. ‘杳微’(묘미)는 멀고 희미함을 뜻하는 雙聲連綿語. ‘高揖群言’은 여러 이론을 높이 들어내어 지식을 자랑함. ‘執神之機’는 신의 機密를 고집하며 자신의 銳智와 豫知 등을 자랑함. ‘機’는 幾와 같음. 이 구절은 ‘學窮’이라는 窮鬼가 韓愈 자신으로 하여금 학문에 지나치게 자신감을 주어 도리어 궁하게 되도록 유도하였음을 비유한 것.

【又其次曰‘文窮’, 不專一能, 怪怪奇奇, 不可時施, 秪以自嬉】‘不專一能’은 한 가지 능력에만 전공하지 못함. 여러 문장을 다 잘 짓는 것이 도리어 폐해가 됨. ‘怪怪奇奇’는 怪奇함을 강조하여 疊語로 표현한 것. ‘不可時施’는 그 무렵 시대에 맞

게 베풀지 못함. 시국에 적응하지 못함. '時施'는 '施於時'의 倒置形.《五百家注》에
"孫曰:謂不可施於時"라 함. '祗'는 只와 같음. 이 구절은 '文窮'이라는 窮鬼가 韓愈
자신으로 하여금 문장에 지나치게 자신감을 주어 도리어 궁하게 되도록 유도하
였음을 비유한 것.

【又其次曰'命窮', 影與形殊, 面醜心姸, 利居衆後, 責在人先】'影與形殊'는 그림자와
형체가 다름. 마음에서 하고 싶은 바와 육신의 욕구가 다름. '利居衆後, 責在人先'
은 이익 될 일은 여러 무리에게 뒤처지고 책무를 담당하는 일은 남의 앞에 있음.
이 구절은 '命窮'이라는 窮鬼가 韓愈 자신으로 하여금 이익에 앞서지 않고 책무
는 무겁게 지는 성품을 주어 도리어 궁하게 되도록 유도하였음을 비유한 것.

【又其次曰'交窮', 磨肌憂骨, 吐出心肝, 企足以待, 寘我讎冤】'磨肌憂骨'(마기알골)은
살갗이 마멸되고 뼈가 비벼댐. 남을 아주 가까이 하여 아껴줌을 말함.《眞寶》注
에 "磨肌憂骨', 磨近貌"라 함. '心肝'은 심장과 간. 자신 속 眞率한 情. '企足以待'는
발돋움을 하고 기다림. '寘我讎冤'은 나를 원수나 원한의 대상에 놓음. 남에게
배신을 잘 당함. '寘'는 置와 같음. '讎冤'은 仇冤과 같음. 이 구절은 '交窮'이라는
窮鬼가 韓愈 자신으로 하여금 남과의 사귐에 자신의 진정을 다 털어 놓음으로
써 도리어 궁하게 되도록 유도하였음을 비유한 것.

【凡此五鬼, 爲吾五患, 飢我寒我, 興訛造訕】'興訛造訕'은 訛傳을 일으키고 誹謗을
조성함. '訕'(산)은《論語》陽貨篇 "子曰:「有惡:惡稱人之惡者, 惡居下流而訕上者,
惡勇而無禮者, 惡果敢而窒者.」"의 注에 "訕, 謗毁也"라 함.

【能使我迷, 人莫能間】'人莫能間'은 다른 사람이 능히 나에게 틈을 주어 말을 붙이
지 못하게 함. 다른 이들이 내 사이에 끼어들어 말을 주고받으며 서로 조화를 이
루어야 하나 그렇지 못하도록 내가 獨善을 부림.《五百家注》에 "孫曰:間, 猶說也"
라 함.《眞寶》注에 "都將許多好處作不好, 說見得自家所守者堅, 因此而窮"이라 함.

【朝悔其行, 暮已復然】아침에 내 행동을 후회하면서도 저녁이면 또 똑같은 행동
을 반복함.

【蠅營狗苟, 驅去復還】'蠅營狗苟'는 파리가 붕붕거리며 귀찮게 날아다니는 경우와,
개가 구차하게 질질 따라다니는 경우를 말함. '營'은 파리가 날아다닐 때 내는 소
리.《五百家注》에 "孫曰:營, 蠅聲.《詩》:'營營靑蠅.'"이라 하였고,《詩》小雅 靑蠅篇
에 "營營靑蠅, 止于樊. 豈弟君子, 無信讒言. 營營靑蠅, 止于棘. 讒人罔極, 交亂四
國. 營營靑蠅, 止于榛. 讒人罔極, 構我二人"이라 함. '驅去復還'은 쫓아버려도 다시
돌아옴.《五百家注》에 "洪曰:魏王思性急, 嘗執筆作書, 蠅集筆端, 驅去復來, 思怒

逐蠅不得, 還, 乃取筆擲地"라 함. 한편 《蒙求》(282)에 "《魏略》曰: 思性急. 嘗執筆作書, 蠅集筆端, 驅去復來. 如是再三, 思恚怒, 自起逐蠅不能得. 還取筆擲地, 蹋壞之"라 하였고, 《藝文類聚》(58)에도 "《魏略》曰: 王思爲大司徒. 性急, 嘗執筆作書, 蠅集筆端, 驅去復來. 如是再三, 思怒, 自起逐蠅, 不能去. 還取筆擲地, 蹋壞之"라 함.

【言未畢, 五鬼相與張眼吐舌, 跳踉偃仆, 抵掌頓脚, 失笑相顧, 徐謂主人曰】'張眼吐舌'은 눈을 크게 뜨고 혀를 내밈. '跳踉偃仆'(도량언부)는 펄쩍펄쩍 뛰기도 하고, 엎어졌다 나자빠지기도 함. '抵掌頓脚'은 손뼉을 치며 다리를 접치기도 함. 모두 어이가 없거나 너무 흥분하여 날뛰는 모습을 표현한 것.

【子知我名, 凡我所爲, 驅我令去, 小黠大癡】'小黠大癡'는 작게는 약삭빠르고 크게는 바보짓을 함. '癡'는 痴와 같음. 《五百家注》에 "《淮南子》:「人不小學不大迷, 不小慧不大愚.」 又《抱朴子》:「凡人多以小黠而大愚.」 洪駒父曰:「非也, 小黠大痴, 《三國志》自有全文.」"이라 함. 《眞寶》注에 "出《莊子》"라 하였으나 《莊子》에는 이와 관련된 구절이 없음.

【人生一世, 其久幾何】'人生一世'는 사람이 나서 겪는 한 세상의 기간.

【吾立子名, 百世不磨】韓愈 자신이 궁함을 견디며 살아온 것이 도리어 백세를 두고 마멸되지 않을 것임을 은근히 자신들의 역할을 자부한 것임. 《眞寶》注에 "到此則知五鬼之有功於退之處"라 함.

【小人君子, 其心不同, 惟乖於時, 乃與天通】'惟乖於時'는 시대 조류나 풍조, 사상, 사조 등과 乖離됨. 時流에 맞지 않음. 동떨어짐. '乃'는 始, 纔 등과 같음. 뜻을 강조하기 위한 副使. 《眞寶》注에 "本是自說而託之於鬼"라 함.

【携持琬琰, 易一羊皮, 飫於肥甘, 慕彼糠糜】'琬琰'은 瑞玉이나 美玉을 뜻하는 雙聲連綿語. 《五百家注》에 "孫曰:《周禮》:琬圭以治德, 琰圭以易行. 《考工記》:琬圭琰圭, 皆長九寸"이라 함. '飫'는 싫증을 냄. 음식에 물림. 《五百家注》에 "飫, 厭也"라 함. '糠糜'는 등겨로 쑨 죽. '肥甘'에 상대하여 쓴 것. 《眞寶》注에 "琬琰肥甘, 喩貧窮道義之樂; 羊皮糠糜, 喩富貴利達之事"라 함.

【天下知子, 誰過於予】그대를 아는 자는 나 窮鬼보다 더한 자가 없음.

【雖遭斥逐, 不忍子疎】'斥逐'은 배척하여 쫓아냄. '疎'는 疏, 疎, 踈 등과 같으며 나를 疎遠히 함.

【謂予不信, 請質《詩》, 《書》】'請質《詩》, 《書》'는 《詩》, 《書》에게 질문을 해 보기를 청함. 구체적인 《詩》, 《書》가 아니라 옛 고전을 통틀어 말함. 옛 사람들로서 고고한 선비는 모두 그렇게 청빈하고 궁하게 살았으며 그것이 宿命임과 동시에 그 궁함

으로 인해 오히려 큰 임무를 수행할 수 있었던 사례들에 대한 기록들을 말함..
《眞寶》注에 "設爲竟不肯去之意, 以見窮無可免之理"라 함.

【主人於是垂頭喪氣, 上手稱謝】 '垂頭喪氣'는 머리를 떨구고 기를 잃음. 상대의 설
득에 굴복함을 뜻함.

【燒車與船, 延之上座】 '延'은 마중하여 안내해서 모심. 《眞寶》注에 "此見退之固
窮之意"라 함. 《五百家注》에 "樊曰:公此篇終云「延之上座」, 於是段成式作〈留窮
詞〉, 近世唐子西作〈留窮詩〉. 二者皆祖公之意, 而爲之然. 成式後又作〈送窮辭〉焉"
이라 함.

### 참고 및 관련 자료

1. 작자: 韓愈(韓退之) 022 참조.

2. 이 글은 《別本韓文考異》(36), 《五百家注昌黎文集》(36), 《東雅堂昌黎集註》(36),
《崇古文訣》(10), 《唐宋八大家文鈔》(10), 《事文類聚》(別集 29), 《文編》(37), 《文章辨體
彙選》(769), 《唐宋文醇》(10), 《淵鑑類函》(17) 등에 실려 있음.

3. 揚雄 〈逐貧賦〉(《揚子雲集》 5 및 《文選補遺》 31)

揚子遁世, 離俗獨處. 左隣崇山, 右接曠野. 鄰垣乞兒, 終貧且窶. 禮薄義弊, 相與羣
聚. 惆悵失志, 呼貧與語. 汝在六極, 投棄荒遐, 好爲庸卒. 刑戮是加, 匪惟幼稚. 嬉
戲土砂, 居非近隣. 接屋連家, 恩輕毛羽. 義薄輕羅, 進不由德. 退不受呵, 久爲滯客.
其意謂何, 人皆文繡. 余褐不完, 人皆稻粱. 我獨藜飱, 貧無寶玩. 何以接歡, 宗室之
燕? 爲樂不槃, 徒行負賃. 出處易衣, 身服百役. 手足胼胝, 或耘或耔. 露體霑肌, 朋友
道絶. 進官凌遲, 厥咎安在? 職汝之爲, 舍汝遠竄. 崑崙之顚, 爾復我隨. 翰飛戾天,
舍爾登山. 巖穴隱藏, 爾復我隨. 陟彼高岡, 舍爾入海. 汎彼柏舟, 爾復我隨. 載沉載
浮, 我行爾動. 我靜爾休, 豈無他人, 從我何求? 今汝去矣, 勿復久留. 貧曰:「唯唯.」
主人見逐, 多言益嗤. 心有所懷, 願得盡辭. 昔我乃祖, 宣其明德. 克佐帝堯, 誓爲典
則. 土階茅茨, 匪彫匪飾. 爰及世季, 縱其昏惑. 饕餮之羣, 貪富苟得. 鄙我先人, 乃傲
乃驕. 瑤臺瓊榭, 室屋崇高. 流酒爲池, 積肉爲崤. 是用鵠逝, 不踐其朝. 三省吾身, 謂
予無眥. 處君之家, 福祿如山. 忘我大德, 思我小怨. 堪寒能暑, 少而習焉. 寒暑不忒,
等壽神仙. 桀跖不顧, 貪類不干. 人皆重蔽, 子獨露居. 人皆怵惕, 子獨無虞. 言辭既
罄, 色厲目張. 攝齊而興, 降階下堂. 誓將去汝, 適彼首陽. 孤竹二子, 與我連行. 余乃
避席, 辭謝不直. 請不貳過, 聞義則服. 長與汝居, 終無厭極. 貧遂不去, 與我遊息!

4. 段成式 〈送窮文〉(《唐文粹》 33上 및 《文章辨體彙選》 769)

予大中八年作〈留窮辭〉, 詞人謂予:「辭反之勝也.」至十三年, 客漢上, 復作〈送窮祝〉,

是年正之晦, 童稚戱爲送窮. 釭判筒而槽, 比籊而闔, 細棻纏幅, 楮飾木偶. 家督被酒, 請禳窮, 將酹地, 歌舞窮予, 謂曰:「予送, 非嘵□, 歷壓循陰, 索隙觺萑, □餠直腹. 涎瀝者, 非寒哭蔟, 憐敗衣網, 身惡覷牆間, 冷嘯凄辛者; 非嚇覡喉巫, 欺癡嬈衰, 爐數楮泉, 擾狎狐狸者. 噫! 有才歟, 升窄胘腸, 譏咯幾童, 其筆燥心汗滴. 以是而殁者去些! 有開卷數幅, 空心妨目, 襲經攻史, 方寸日壓; 以是而殁者去些! 有議古酌今, 左凌右浸, 麓埏酒汻, 短淺不禁, 以是而殁者去些!」

5. 宋 崔敦禮의 《宮敎集》(12) 〈留窮文〉

子雲之〈逐貧〉, 退之之〈送窮〉, 辭各偉麗, 余反之作〈留窮〉: 屢空先生, 正月晦日, 揖窮鬼與之坐, 而告之, 曰:「子高陽之裔, 顓帝之支, 衣必縷裂, 食必用麋. 生號窮鬼, 沒爲窮神. 死以是日, 人謂送貧. 吾與子遊於玆, 有時矣. 其相得如膠漆之固, 其相與如魚水之情. 故不敢追逐, 流俗結柳車, 縛草船, 載糗與粮, 繫牛引帆, 以送子行, 子能舍我而他之乎?」言未既, 歘然若有笑于列者, 曰:「先生欺予哉! 夫安貧樂道, 雖士之常; 貧而無怨, 亦人之難. 人有蘭宮, 秘宇雲楣, 虹梁梦橑, 布翼棟桴. 高驤蒂倒, 茄於藻井, 飾華榱與璧璫, 此宮室之麗, 人所共安也. 而先生以余之故, 獨得夫甕牖而蓬窻, 六珍殊品, 四膳異肴, 窮海之錯, 極陸之毛. 尹公爨鼎, 庖子揮刀, 列方丈以華錯, 陳員案而星羅, 此膏粱之味, 人所同願也. 而先生以余之故, 獨得夫藜菽而簞瓢, 翡翠火齊, 流耀含英, 懸黎, 垂棘, 夜光在焉. 硬碱, 綵緻, 琳珉, 青熒, 珊瑚, 玉樹, 周阿而生此, 衆寶之奇, 人所娛心而侈目也. 而先生以余之故, 常捆載垂橐, 曾不得一金之爲資, 固宜絶我棄我, 屛之遠方. 門神户靈叱爲不祥, 逐故就新, 招迎富康, 而方且眷眷留我, 而不忘敢問, 所以受知於先生者, 何如也?」先生曰:「吁! 子來. 前子之儔朋, 非三非四, 在十除五, 滿七除二. 順厥天常, 立爲名字. 凡所以日訓誨於前, 使吾佩聖人之道, 而不爲流俗之歸者, 皆子之志也. 且夫刻剝侵削, 肥己瘠人, 漁民之財, 以資厥身, 此可以富矣. 子則曰『奈何傷吾之仁?』其名曰'仁窮'. 祿可苟求, 位可力致. 見德不思, 惟利是嗜, 此可以富矣. 子則曰『奈何傷吾之義?』其名曰'義窮'. 覬覦貪饕, 進進不止, 矯矯亢亢, 罔顧廉恥, 此可以富矣. 子則曰『奈何傷吾之禮?』其名曰'禮窮'. 籠以術數, 周以心計, 揣摩低昂, 而罔市利, 此可以富矣. 子則曰『奈何傷吾之智?』其名曰'智窮'. 爲姦爲欺, 爲鄙爲吝, 乖誕弗恤, 貨殖是徇, 此可以富矣. 子則曰『奈何傷吾之信也?』其名曰'信窮'. 凡此五窮, 爲吾五友. 厄窮相隨, 貧賤相守, 敎之誨之, 使我不苟. 吾其在下, 得此五友. 磨礱訓勖, 以飭厥躬. 吾其在上, 得此五友. 傑卓淸特, 以奮厥功, 使千百世之下, 凜凜乎! 仰吾之淸風, 所謂富貴不能移其志, 勢利不能動其者也, 若夫慕外物之謂樂, 謂貧賤爲可悲, 斥吾五友而去之, 玆余之所不忍爲己, 而五窮相顧失笑曰:「先生知我矣. 願與爲友無相棄.」

## 034. 〈進學解〉 ·················· 韓退之(韓愈)
### 학문 매진에 대한 풀이


＊〈進學解〉: '학문에 매진해야 함에 대한 풀이'. 韓愈는 德宗(李适) 貞元 18년(802)
으로부터 憲宗 元和 원년(806)까지 4년간 國子博士를 지낸 적이 있었으며, 元和
6년(811) 職方員外郎으로 정식 벼슬을 얻었으나 柳澗을 위해 변호하다가 다시
國子博士로 좌천되었음. 한유는 이에 자신의 잦은 黜免과 유배 등을 한탄하여
元和 7년 이 〈進學解〉를 짓게 된 것이며, 집정자들이 이 글을 보고 그 재능을
기이하게 여겨 元和 8년 46세 때 尙書比部郎中, 史館修撰으로 자리를 옮기게
됨. 문답 형식으로 되어 있으며 내용은 자신의 불우한 일생이 오히려 孟子나 荀
子처럼 꾸준히 학문의 길로 매진할 수 있도록 해 주었다고 은근히 자랑한 것임.
＊《眞寶》 注에 "迂齋云:「設爲師弟子詰難之詞, 以伸其己志(意), 機軸自揚雄〈解嘲〉,
班固〈賓戲〉來.」○元和七年, 公復爲國子博士, 八年, 年四十六, 自博士除尙書比
部郎中, 史舘修撰. 《唐史》云:「愈數黜官, 又下遷, 乃作〈進學解〉, 以自喩, 執政覽其
文而奇之, 以爲有史才, 故除是官. 時宰相, 乃武元衡, 李吉甫, 李絳也. 按此則此篇,
作於元和七年, 爲博士之後. 設爲問答, 以見己意, 蓋有東方朔雖自責而實自贊之
意, 當軸, 幸皆三賢相也, 宜其用之云. 後段借匠氏, 醫師, 以喩宰相, 蓋本之《淮南
子》. 《淮南子》曰:「賢王之用人也, 猶巧工之制木也. 大者以爲舟航梁棟, 所者以爲楫
楔. 脩者以爲櫚(櫩)榱, 短者以爲侏儒枅櫨, 無小大脩短, 皆得其所宜, 規矩方圓,
各有所施. 天下之物, 莫凶於雞毒烏頭也. 然而良醫橐而藏之, 有所用也.」公之論,
蓋取此意, 所謂窺陳編以竊盜者, 此亦其一也. 蓋自首其實云"이라 함. 한편 《五百
家注昌黎文集》과 《東雅堂昌黎集註》의 題注에는 "樊曰:〈進學解〉出于東方朔〈客
難〉, 揚雄〈解嘲〉而公過之. 孫樵所謂'韓文公以〈進學解〉窮者'此也. 補注:孫樵又
〈與王霖書〉曰:玉川子〈月蝕〉詩, 韓吏部〈進學解〉, 莫不拔地倚天, 句句欲活, 讀之
如赤手捕長虵. 不施鞚勒, 騎生馬急不得, 暇莫不捉搦. 韓曰:據本傳云:「再爲國子
博士, 既才高, 數黜官, 又下遷, 乃作〈進學解〉, 以自喩, 執政奇其才, 改比部郎中,
史館修撰.」元和八年三月二十三日也"라 함.


국자선생國子先生 한유가 아침 일찍 태학太學에 들어가 여러 생도들을

불러 관사館舍 아래에 세워 놓고 이렇게 가르쳤다.

"학업學業은 부지런함에서 정밀情密해지고, 노는 데에서 황폐해진다. 행실은 생각하는 데에서 성취되고, 하고 싶은 대로 하는 데에서 허물어지고 만다. 지금은 성군聖君과 현상賢相이 서로 만나 법령法令을 갖추어 모두 펴서, 흉악하고 사악한 무리들은 제거하며, 뛰어난 이들을 등용하여 높여주고 있다. 잘하는 것이 조금만 있어도 모두가 채록되며 한 가지 재예才藝만으로도 이름이 난 자는 쓰이지 않음이 없다. 손톱으로 긁어내고 그물질하듯 척결剔抉하며, 때를 갈아내고 갈아서 빛을 내고 있다. 대체로 요행으로 선택된 자도 있기야 하겠지만, 재주가 많건만 채용되지 못하고 있다고 누가 말하겠는가? 여러 생도들은 학업이 정진되지 않음을 걱정할 것이지, 유사有司가 현명하지 못함을 걱정하지는 말 것이며, 행실이 완성되지 못함을 걱정할 것이지, 유사가 공정하지 못함을 걱정하지는 말라!"

말을 마치기도 전에 대열에서 웃는 자가 있어 이렇게 말하는 것이었다.

"선생님께서는 저희들을 속이고 있습니다! 제자로서 선생님을 섬긴 지 꽤 여러 시간이 지났습니다. 선생님께서는 입으로는 육예六藝의 문장을 끊임없이 읊조리고, 손으로는 쉴 새 없이 백가百家의 책을 펼치고 계셨습니다. 일을 기록한 것은 반드시 그 요체를 밝혀 드러내셨고, 주장과 논리를 모아 편찬하심에는 반드시 그 현묘함을 찾으셨습니다. 많은 것을 욕심내시며 얻기를 힘쓰시며, 세세한 것과 큰 것 할 것 없이 버리지 않으셨습니다. 기름을 태워 등불로 낮까지 이어가며 언제나 쉬지 않은 채 한 해를 다 보내셨습니다. 그러니 선생님의 학업은 부지런하였다고 할 수 있습니다! 이단異端을 배척하고 불가와 도가를 물리치며, (유가의) 틈과 새는 곳을 보완하셨고, 깊고 현묘한 이치를 크게 하여 밝히셨습니다. 추락하여 망망해진 유가의 실마리를 찾으셨고, 홀로 증거를 찾아 멀리 이으셨습니다. 백 갈래의 냇물을 막아 동쪽으로 흐르게 하셨고, 이미 엎어진 데에서 세찬 물결을 되돌리셨습니다. 그러니 선생님은 유가儒家에 대하여 충분히 노고를 다하셨다고 말할 만합니다! 그런가 하면 훌륭하고 아름다운 글에 젖고 젖어, 그 꽃부리를 머금고 꽃을 씹으며 문장으로 지어내시어 그 저서가 집에 가득합니다. 위로는 순舜과 우禹의 넓고 넓어 끝이 없음과, 《상서尚書》 주서周書의 고誥와 〈반경盤庚〉의 길굴佶屈하고 오아聱牙함, 《춘추春秋》의 근엄함, 《좌전左傳》의 부과浮誇함, 《역易》의 기이하면서도 법에 맞는 문장, 《시詩》의 바르면서도 꽃과 같은 문장을 법으로 삼으셨으며, 아래로는 《장자莊子》와 《이소離騷》, 사마천司馬遷의 《사기史記》, 양웅揚雄과 사마상여司馬相如의 공교함은 같으나 취향이 다른 문장에까지 미치고 있습니다. 이제 선생님께서는 문장에서 그 중심은 넓히셨고, 밖의 표현을 마음대로 하셨다고 할 만합니다! 어려서부터 학문을 알기 시작하고부터는 하는 일에는 용감하였으며, 방법에는 길이 통달하여 좌로 하나 우로 하나 모두가 마땅하였습니다. 그러니 선생님은 사람됨에 있어서 완성되었다고 할 수 있습니다! 그러나 공적으로는 남에게 신임받지 못하였고, 사적으로는 친구로부터도 도움을 받지 못하고 있습니다. 앞으로 가도 넘어지고 뒤로 가도 엎어지며, 움직였다 하면 곧바로 허물을 얻게 됩니다. 잠시 어사御史가 되었다가 마침내 먼 남쪽으로 유배되셨고, 3년 동안 박사博士로 계셨지만 한 일 없이 아무런 치적治績도 보인 것이 없습니다. 원수와 더불어 운명을 모책하셨으니, 실패만 겪은 것이 얼마나 됩니까? 따뜻한 겨울이건만 자녀들은 춥다고 울부짖고, 풍년이 들었건만 부인께서는 배가 고파 우셨으며, 머리는 갓난아이처럼 벗겨져 머리카락이 없어지고, 이는 빠져 활연해지셨으니, 다음에 끝내 죽고 나면 무슨 보탬이 되겠습니까? 이런 것은 염려할 줄 모르신 채 도리어 남을 가르치신다니요!"

선생이 말하였다.

"아! 그대는 앞으로 오게. 무릇 큰 나무는 들보가 되고, 가는 나무는 서까래가 되며, 박로欂櫨, 주유侏儒, 외얼根闑, 점설扂楔이 각각 그 마땅함을 얻어 가옥으로 이루어지도록 하는 것은 목수의 공이다. 그리고 옥찰玉札, 단사丹砂, 적전赤箭, 청지靑芝, 우수牛溲, 마발馬勃, 패고피敗皷皮 등을 모두 거두어 비축해 두었다가 쓰임을 기다려 빠뜨림이 없도록 하는 것은 의사로서 훌륭함이다. 명석한 이를 등용하고 공정한 이를 선발하되 잘난 자와 못난 자를 뒤섞어 관직에 내보내고, 재주와 학문이 넉넉한 자를 곱다고 여기고 탁락卓犖한 자를 준걸이라 여겨, 장점과 단점을 비교하고 헤아려 그 그릇에 맞게 하는 것은 재상의 인재 활용 방법이다. 옛날 맹자孟子는 변론辯論을 좋아하여 공자孔子의 도道로써 밝히면서 천하에 수레바퀴 자취를 남겼으나 끝내 길에서 죽었고, 순자荀子는 정도를 지켜 위대한 언론을 넓혔으나 참소讒訴를 피해 초楚나라로 도망하였다가 난릉蘭陵에서 죽고 말았다. 이 두 분 유자儒者는 말을 토해내면 경經이 되고 발을 들었다 하면 법法이 되어, 범상凡常한 무리보다 절륜하고, 그 무리를 떠나 우수함으로 성역聖域에 들어설 수 있었지만, 그들이 만난 세상은 어떠하였던가? 지금 나는 선생이지만 학업에는 비록 근면하다 해도 그 도통道統으로 말미암지 않았으며, 말은 비록 많이 하지만 중심을 잡지 못하고 있으며, 문장은 비록 기이하지만 세상에 쓰이지 못하고 있으며, 행실은 수행을 거듭했지만 무리에게 드러나지 못하고 있건만, 그럼에도 오히려 달마다 봉록만 낭비하고, 해마다 나라 창고의 곡식을 소비하고 있다. 내 아들은 농사를 지을 줄 모르고 아내는 길쌈을 할 줄 모른다. 말을 타고 나설 때는 종자從者를 따르게 하며, 편안히 앉아서 밥을 먹고 지내며, 평범한 길을 꾸역꾸역 가고 있고, 묵은 옛날 책이나 들여다보며 훔치는 짓을 하고 있다. 그럼에도 성주聖主께서는 벌을 내리지 않으시고 재상도 나를 배척하지 않고 있으니 이는 다행한 일이 아니겠는가? 움직였다 하면 비방을 듣지만 명예도 따르고 있으니, 한직閑職에 던져져 산관散官에 방치되는 것도 분수에 맞는 일이리라. 만약 재물의 있고 없음을 생각해 보고, 반열과 봉록의 높고 낮음을 계산하여 자신의 역량에 걸맞은 바를 망각하여 앞선 자의 흠이나 지적한다면, 이 것이 이른바 '목수에게 말뚝으로 기둥을 삼지 않는다고 힐난하는 것이 요, 의사에게 창양昌陽으로 수명을 연장시키려는 것을 헐뜯으면서 희령 狶苓을 쓰라고 내미는 것'이라 할 것이다."

國子先生, 晨入太學, 招諸生立館下, 誨之曰:「業精于勤, 荒于嬉; 行成于思, 毁于隨. 方今聖賢相逢, 治具畢張, 拔去兇邪, 登崇俊良. 占小善者, 率以錄; 名一藝者, 無不庸. 爬羅剔抉, 刮垢磨光. 蓋有幸而獲選, 孰云多而不揚? 諸生業患不能精, 無患有司之不明; 行患不能成, 無患有司之不公!」

言未旣, 有笑于列者曰:「先生欺余哉! 弟子事先生, 于茲有時矣. 先生口不絶吟於六藝之文, 手不停披於百家之編. 記事者, 必提其要; 纂言者, 必鉤其玄. 貪多務得, 細大不捐. 焚膏油以繼晷, 恒兀兀以窮年. 先生之業, 可謂勤矣! 觝排異端, 攘斥佛老; 補苴罅漏, 張皇幽眇. 尋墜緒之茫茫, 獨旁搜而遠紹. 障百川而東之, 廻狂瀾於旣倒. 先生之於儒, 可謂勞矣! 沈浸醲郁, 含英咀華, 作爲文章, 其書滿家. 上規姚姒, 渾渾無涯; 周誥殷盤, 佶屈聱牙;《春秋》謹嚴,《左氏》浮誇,《易》奇而法,《詩》正而葩; 下逮《莊》,《騷》, 太史所錄, 子雲, 相如, 同工異曲. 先生之於文, 可謂閎其中而肆其外矣! 少始知學, 勇於敢爲; 長通於方, 左右具宜. 先生之於爲人, 可謂成矣! 然而公不見信於人, 私不見助於友. 跋前疐後, 動輒得咎. 暫爲御史, 遂竄南夷; 三年博士, 冗不見治. 命與仇謀, 取敗幾時! 冬暖而兒號寒, 年登而妻啼飢; 頭童齒豁, 竟死何裨? 不知慮此, 而反敎人爲!」

先生曰:「吁! 子來前. 夫大木爲宋, 細木爲桷; 欂櫨侏儒, 椳闑扂楔, 各得其宜, 以成室屋者, 匠氏之功也. 玉札, 丹砂, 赤箭, 青芝, 牛溲, 馬勃, 敗鼓之皮, 俱收並蓄, 待用無遺者, 醫師之良也. 登明選公, 雜進巧拙, 紆餘爲姸, 卓犖爲傑, 較短量長, 惟器是適者, 宰相之方也. 昔者, 孟軻好辯, 孔道以明. 轍環天下, 卒老于行; 荀卿守正, 大論是弘, 逃讒于楚, 廢死蘭陵. 是二儒者, 吐詞爲經, 擧足爲法, 絶類離倫, 優入聖域, 其遇於世何如也? 今先生, 學雖勤, 而不繇其統, 言雖多, 而不要其中, 文雖奇, 而不濟於用, 行雖修, 而不顯於衆, 猶且月費俸錢, 歲靡廩粟. 子不知耕, 婦不知織. 乘馬從徒, 安坐而食; 踵常途之役役, 窺陳編以盜竊. 然而聖主不加誅, 宰臣不見斥, 玆非幸歟? 動而得謗, 名亦隨之, 投閑置散, 乃分之宜. 若夫商財賄之有亡, 計班資之崇庫, 忘己量之所稱, 指前人之瑕疵, 是所謂『詰匠氏之不以杙爲楹, 而訾醫師以昌陽引年, 欲進其狶苓』也.」

【國子先生, 晨入太學, 招諸生立館下, 誨之】'國子先生'은 그 무렵 國子博士의 직책에 있던 韓愈 자신을 가리킴. 唐나라 때는 國子監에 2명의 博士를 두어 생도를 교육하였음. '太學'은 國子監을 말함. '誨'는 敎誨함. 가르침. 訓示함.

【業精于勤, 荒于嬉;行成于思, 毁于隨】'業'은 學業. '精于勤'은 근면함에서 정밀하게 됨. '荒于嬉'는 놀이에 의해 황폐해짐. '行'은 행동, 행위. '業'에 상대하여 쓴 것. '隨'는 멋대로 함. 고정성이 없음.《眞寶》注에 "設爲國子先生之辭"라 함.

【方今聖賢相逢, 治具畢張】'聖賢'은 聖君과 賢相. '治具畢張'의 '其'는 나라를 다스리는 도구인 법령이나 제도. '畢張'은 모두 펴서 실행하고 있음. 통치가 잘 되고 있음.

【拔去兇邪, 登崇俊良】兇邪(흉악하고 사악한 자)를 뽑아 없애고, 俊良(俊傑과 秀良한 자)을 등용하여 높여줌.

【占小善者, 率以錄】'占'은 持와 같은 뜻. '率以錄'은 모두가 다 採錄됨. 조금이라도 잘 하는 것[善]이 있으면 모두가 채록됨.

【名一藝者, 無不庸】‘庸’은 用과 같은 뜻. 한 가지 예능만으로도 이름이 났으면 반드시 등용됨.

【爬羅剔抉, 刮垢磨光】‘爬羅’는 손톱으로 긁어모으듯이 빠짐 없이 網羅함. ‘剔抉’의 ‘剔’은 뼈를 발라냄. ‘抉’은 살을 긁어내는 것. 깨끗하게 제거함을 뜻함. ‘刮垢磨光’은 때를 깎아 내고 갈아서 빛이 나도록 함.

【蓋有幸而獲選, 孰云多而不揚】‘대체로 요행으로 선발된 이도 있기는 하지만 누가 재능이 많은데 드날리지 못하고 있다고 말할 수 있겠는가?’의 뜻.

【諸生業患不能精, 無患有司之不明】여러 생도들은 언제나 정밀하지 못함을 걱정할 것이지 有司가 명석하지 못할 것이라는 걱정은 할 필요가 없음. ‘有司’는 그 일을 맡은 관리. 여기서는 인재를 찾아보고 정확한 정보를 모으는 임무를 하는 자.

【行患不能成, 無患有司之不公】행동에 성취를 이루면 될 뿐, 有司가 공정하지 못할 것이라는 걱정은 할 필요가 없음.

【言未旣, 有笑于列者】‘旣’는 ‘마치다, 끝나다’의 뜻. 《眞寶》 注에 “設爲弟子之辭”라 함.

【先生欺余哉】‘선생님께서는 나(우리)를 속이십니다!’의 뜻.

【弟子事先生, 于玆有秊矣】선생님을 모신 지 이제까지 꽤 오래 되었음.

【先生口不絶吟於六藝之文】‘六藝’는 《詩》, 《書》, 《易》, 《禮》, 《樂》, 《春秋》 등 六經을 말함. 儒家의 모든 經書를 가리킴. 그러나 《眞寶》 注에는 “六藝, 禮樂射御書數”라 함.

【手不停披於百家之編】‘百家之編’은 諸子百家의 모든 책. 周代에 발흥했던 九流十家의 책들. 儒家, 道家, 墨家, 陰陽家, 名家, 縱橫家, 法家, 雜家, 農家, 小說家 등.

【記事者, 必提其要;纂言者, 必鉤其玄】‘提其要’는 그 요점을 제시함. ‘撮其要’와 같음. ‘鉤其玄’은 현묘한 이치를 찾아냄. ‘鉤’는 引의 뜻. 《眞寶》 注에 “兩句見公用工於文字, 乃記事纂言之法也”라 함.

【貪多務得, 細大不捐】많은 것을 탐내고 얻기를 힘쓰며, 미세한 것, 큰 것을 가리지 않고 버리지 않음. 욕심이 많음을 뜻함.

【焚膏油以繼晷, 恒兀兀以窮年】‘焚膏油’는 기름을 태워 등불을 삼음. ‘繼晷’는 낮을 이어 밤까지 일을 계속함. ‘晷’는 日光. ‘兀兀’은 매우 부지런함을 뜻함. ‘窮年’은 평생을 다 보냄. 그러한 일로 일생 시간을 모두 사용함.

【先生之業, 可謂勤矣】‘勤’이라 말할 수 있음. 다음의 ‘可謂勞矣’, ‘可謂閎其中而肆其外矣’, ‘可謂成矣’의 羅列形 결론임. 《眞寶》 注에 “應業精于勤一句”라 함.

【觝排異端, 攘斥佛老】'觝排異端'은 異端을 배척함. '觝排'는 배척함.《論語》爲政篇 "子曰:「攻乎異端, 斯害也已.」"의 注에 "異端, 非聖人之道, 而別爲一端, 如楊墨是也. 其率天下至於無父無君, 專治而欲精之, 爲害甚矣"라 함. '攘斥'은 물리쳐 배척함. '佛老'는 佛陀와 老子. 佛敎와 道敎. 韓愈는 佛老에 대해 심하게 배척하였음.

【補苴罅漏, 張皇幽眇】'補苴'는 보완하여 기움. '苴'(저)는 삼이나 풀로 메워 새지 않도록 함.《呂氏春秋》有度篇에 "衛靈公天寒鑿池. 宛春諫曰:「天寒起役, 恐傷民.」公曰:「天寒乎?」宛春曰:「公衣狐裘, 坐熊席, 陬隅有竈, 是以不寒. 今民衣弊不補, 履決不組. 君則不寒矣, 民則寒矣.」公曰:「善.」令罷役"이라 함. '罅漏'(하루)는 틈과 새는 곳. '張皇幽眇'은 오묘한 것을 넓히고 크게 확장시킴. '皇'은 大의 뜻.《東雅堂昌黎集註》에 "衣弊不補, 履決不苴.《呂氏春秋》語;抗辭幽說, 閎意眇旨, 見揚子雲〈解難〉. 罅, 呼訝切"이라 함.

【尋墜緒之茫茫, 獨旁搜而遠紹】'尋'은 찾아냄. '墜緒'는 추락된 유학의 실마리. '茫茫'은 쇠퇴한 儒家의 道統을 뜻함. '旁搜'는 旁證하여 찾아냄. '遠紹'는 먼 과거 儒家의 도를 이어감. 韓愈는 스스로 孟子의 道統을 이었다고 늘 自負하였음.

【障百川而東之, 廻狂瀾於旣倒】'障百川而東之'는 모든 냇물을 막아 동쪽으로 흐르게 함. 중국 지형은 西高東低여서 물이 동쪽으로 흐르는 것을 정상으로 여겼음. '廻狂瀾於旣倒'는 이미 엎어진 데에서 세찬 물결을 되돌림. 이상은 쇠퇴한 儒道의 復興을 위해 온갖 정성을 다하였음을 말함.

【先生之於儒, 可謂勞矣】儒學 復興을 위해 노고로움을 다하였음을 말함.

【沈浸醲郁, 含英咀華】'沈浸'은 푹 빠져 젖어 있음. '醲郁'은 짙으면서 빛이 남. 韓愈의 문장이 훌륭하고 아름다움을 말함. '含英咀華'는 꽃부리를 머금고 精華를 씹어 봄. 문장의 묘미를 씹어보고 맛보는 등 연구를 깊이 함.《東雅堂昌黎集註》에 "張子韶曰:文字有眼目處, 當涵泳之使書味存於胷中, 則益矣. 韓子曰:沈浸醲郁, 含英咀華, 正謂此. 咀, 在呂切"이라 함.

【作爲文章, 其書滿家】문장을 지어 그 책이 집에 가득함.

【上規姚姒, 渾渾無涯】'姚'는 舜의 姓. '姒'는 禹의 姓.《帝王世紀》(1)에 "舜, 姚姓也, 其先出自顓頊"이라 하였고, 같은 곳 권2에는 "伯禹, 夏后氏, 姓姒也. 其先出顓頊"이라 함.《史記》五帝本紀에도 "帝禹爲夏后而別氏, 姓姒氏"라 함. 여기서는 두 帝王의 훌륭한 언론과 문장을 뜻함. 즉《尚書》의〈堯典〉,〈舜典〉,〈禹貢〉등. '渾渾無涯'는 엄청 크고 넓어 끝이 없음.《眞寶》注에 "姚舜, 姒禹"라 함.

【周誥殷盤, 佶屈聱牙】〈周誥〉는《尚書》周書의 誥. '誥'는 왕이 백성에게 布告하거

나 신하가 임금에게 고하는 글. 〈大誥〉, 〈洛誥〉, 〈召誥〉, 〈仲虺之誥〉 등이 있음.
'殷盤'은 《尙書》 商書의 〈盤庚〉편을 말하며, 殷의 임금 盤庚이 백성들에게 고한
글. '佶屈'(길굴)은 구불구불함을 뜻하는 雙聲連綿語. '聱牙'(오아) 또한 울퉁불퉁
함을 뜻하는 雙聲連綿語. 여기서는 한유의 문장이 매우 난해함을 스스로 말한
것. 《東雅堂昌黎集註》에 "聱, 《廣雅》謂: 「不入人語也.」 佶屈聱牙, 皆艱澁貌. 佶, 其
乙切; 屈, 求勿切; 聱, 牛交切"이라 함.

【《春秋》謹嚴, 《左氏》浮誇】 '春秋'는 공자가 저술한 史書. 중국 최초의 編年體 史書.
원래는 魯나라의 역사를 紀로 삼아 같은 시대 각국의 역사적 사실을 年度에 맞
추어 기록한 저술. 이는 東周 平王 49년(魯 隱公 元年, BC 722)부터 敬王 39년(魯
哀公 14년, BC 481)까지의 242년간 魯나라 12公의 시대의 역사를 기록한 것임. 《公
羊傳》, 《穀梁傳》과 함께 《左傳》은 春秋三傳의 하나로 左丘明이 《春秋》를 해설하
여 역사적 사실을 덧붙여 넣은 것. 그러나 《眞寶》 注에는 左氏를 左思로 보아
"左氏指左思; 太史指司馬遷, 子雲指揚雄"이라 함.

【《易》奇而法, 《詩》正而葩】 易奇而法】 《易》은 《周易(易經)》. 《詩》는 《詩經》. 고대 《魯
詩》, 《齊詩》, 《韓詩》가 있었으나 지금 전하는 것은 《毛詩》임. 고대 각국의 민요와
大雅, 小雅 등 311편을 수록한 것. '葩'는 꽃을 뜻하며 화려함을 말함.

【下逮《莊》, 《騷》, 太史所錄】 '逮'는 及과 같음. '미치다'의 뜻. 《莊》, 《騷》는 莊周의
《莊子》와 屈原의 《離騷》. '太史所錄'는 漢 武帝 때 太史公 司馬遷이 저술한 《史
記》를 가리킴.

【子雲, 相如, 同工異曲】 '子雲'은 漢나라 때의 揚雄(楊雄). '相如'는 漢나라 때 賦로
이름났던 司馬相如. '同工異曲'은 공교함은 같으나 연주하는 곡조는 다름. 문장
을 짓는 공교함은 같으나 취향이나 特長이 다름.

【先生之於文, 可謂閎其中而肆其外矣】 '中'은 문장의 내용. '外'는 문장의 표현법.
'肆'는 자유자재로 마구 하고 싶은 대로 함. 《眞寶》 注에 "此一句, 尤足見公平生
作文章之本領. 上求之六經, 下求之《左氏》, 《莊子》, 《離騷》, 《史記》, 前後大家馬楊
以降不及焉. 降是則所謂「八代之衰, 公文蓋上本二帝三代, 先秦, 前漢之盛, 以起八
代之衰者」也. ○《春秋左氏》《詩》《易》, 各以兩字斷盡每書之體, 竟移易不動妙"라 함.

【少始知學, 勇於敢爲; 長通於方, 左右具宜】 젊어서는 학문을 닦아 하는 일에 매우
용감하였고, 자라서는 방법에 통달하여 左로 하나 右로 하나 모두 마땅하였음.

【先生之於爲人, 可謂成矣】 '成'은 이룰 만큼 이루었음. 성취함이 있음. 《眞寶》 注에
"應行成句"라 함.

【然而公不見信於人, 私不見助於友】'見'은 被動法 문장을 구성함.

【跋前躓後, 動輒得咎】'跋'과 '躓'는 '엎어지고 넘어지다'의 뜻. '躓'(치)는 躓(지)로 된 판본도 있으며 뜻은 같음.《詩》豳風 狼跋에 "狼跋其胡, 載躓其尾. 公孫碩膚, 赤舃几几. 狼躓其尾, 載跋其胡. 公孫碩膚, 德音不瑕"의 구절을 원용한 것임.《東雅堂昌黎集註》에는 '躓'로 되어 있으며, 그 注에 "躓, 多作躓.《詩》云:「載躓其尾.」《説文》:與躓, 義通"이라 함.

【暫爲御史, 遂竄南夷】'御史'는 비리를 탄핵하는 직책. 한유가 監察御史를 역임하였으나 곧바로 連州의 陽山令으로 左遷되어 귀양을 갔었음. '竄'은 귀양 감.《眞寶》注에 "貞元十九年, 自監察御史貶連州陽山令"이라 함.

【三年博士, 冗不見治】'冗'은 쓸데없이 남아도는 인원으로서 한가하고 할 일이 없음. 韓愈가 國子博士를 맡았으나 큰 임무나 治績도 남긴 것이 없음.《東雅堂昌黎集註》에 "謂貞元末爲四門博士, 元和初爲國子博士, 今復下遷. 諸本多作三年. 樊謂公元和元年六月爲博士, 四年六月遷都官,《史》爲'三歳'爲眞, 蓋三年也"라 함.

【命與仇謀, 取敗幾時】'命與仇謀'는 운명을 원수와 함께 모의함. 운이 지극히 좋지 못함을 표현한 것.

【冬暖而兒號寒, 年登而妻啼飢】'登'은 熟의 뜻. 곡물이 잘 여물어 풍년을 이룸.

【頭童齒豁, 竟死何裨】'頭童'은 머리카락이 나지 않은 어린아이. 한유의 머리가 벗겨짐을 말함. '齒豁'은 이가 빠져 엉성해짐. 노인이 됨을 뜻함.

【不知慮此, 而反敎人爲】이런 것은 염려하지 아니하고 도리어 남을 가르치는 일을 하고자 함.

【吁! 子來前】'吁'(우)는 한숨을 내쉬며 탄식하는 감탄사.《眞寶》注에 "設爲之對"라 함.

【夫大木爲宋, 細木爲桷】'宋'은 들보.《眞寶》注에 "音忙, 又眉庚反. 宋, 屋梁也; 桷, 榱也"라 하여 음은 '망', 또는 '명'으로 읽음. '桷'(각)은 서까래.

【欂櫨侏儒, 椳闑扂楔】'欂櫨'(박로)는 斗拱, 기둥 위의 方木. '侏儒'는 원래 난쟁이를 뜻하는 疊韻連綿語이나 여기서는 집의 동자기둥을 말함. '椳'(외)는 문의 지도리. '闑'(얼)은 문지방, 혹은 문의 기둥. 扂(점)은 빗장, 楔(설)은 문설주, 혹은 쐐기.《眞寶》注에 "欂, 柱; 櫨, 柱附也; 侏儒, 短柱屬. 椳, 音隈, 戶樞也. 闑, 門橜也. 扂, 騰點反, 關牡也. 楔, 音薛, 門兩旁木也"라 함.

【各得其宜, 以成室屋者, 匠氏之功也】'匠氏'는 집을 짓는 木工, 木手. '屋'은 다른 판본에는 '室'로 되어 있음.《東雅堂昌黎集註》에 "或無宜字. 室下有屋字. 工作功.《淮

南子》曰:「賢主之用人也, 猶巧工之制木也. 大者以爲舟航梁棟, 小者以爲楫楔, 脩者以爲櫚榱, 短者以爲朱儒枅櫨, 無小大脩短, 皆得其所宜. 規矩方圓, 各有所施, 天下之物, 莫凶於雞毒烏頭也. 然而良醫囊而藏之, 有所用也. 是故林莽之材, 猶不弃者, 而况於人乎?」公言蓋祖此. 而宜施二字, 當爲一節"이라 함. 인용한《淮南子》의 구절은 主術訓에 실려 있음.

【玉札, 丹砂, 赤箭, 靑芝, 牛溲, 馬勃, 敗鼓之皮】'玉札'은 약재 이름. '丹砂'는 朱砂 (硃砂), 광물질의 약재. '赤箭'은 난초과에 속하는 기생식물로 모양이 화살 깃과 같으며, 뿌리는 天麻라 하여 약재로 쓰임. '靑芝'는 푸른 색깔의 靈芝.《眞寶》注에 "皆貴藥"이라 함. '牛溲'는 쇠오줌. '馬勃'은 말똥. 또는 '馬屁勃'이라고도 하며 擔子菌類植物의 말똥버섯으로 역시 약재로 쓰임. '敗鼓之皮' 또한 약재 이름.《眞寶》注에 "皆賤藥"이라 함.《五百家注》에 "孫曰:七者, 皆藥名也. 玉泉, 一名玉札, 生藍田山谷; 赤箭, 生陳倉山谷及太山少室; 靑芝, 出泰山; 牛溲, 牛溺; 馬勃, 馬屁菌也, 生濕地及腐木上; 敗鼓皮, 主蟲毒, 出《本草》"라 함.

【俱收並蓄, 待用無遺者, 醫師之良也】모두 거두어 비축해 두었다가 쓰임에 빠뜨림이 없도록 하는 것이 醫師의 훌륭한 임무임. '良'은 그의 훌륭한 업무 처리.

【登明選公, 雜進巧拙, 紆餘爲姸, 卓犖爲傑, 較短量長】'登明選公'은 명석한 자를 등용시키고 공정한 사람을 선발함.《眞寶》注에 "應前"이라 함. '雜進巧拙'은 공교한 자나 졸렬한 자나 모두 뒤섞어 進達시킴. '紆餘'(우여)는 재능이 풍부하여 여유가 있는 모습을 표현하는 雙聲連綿語. '卓犖'은 탁월하여 빛이 나는 모습을 표현하는 疊韻連綿語. '較短量長'은 각기 단점이나 장점을 비교하고 헤아려봄.

【惟器是適者, 宰相之方也】'惟器是適'은 기량이나 능력 등을 이에 맞춤. '方'은 방법, 일을 처리하는 방책.

【昔者, 孟軻好辯, 孔道以明】'孟軻'는 孟子. 軻는 孟子의 이름. '好辯'은 辯論을 좋아함.《孟子》滕文公(下)에 "公都子曰:「外人皆稱夫子好辯, 敢問何也?」"라 함. '孔道'는 孔子의 道.《眞寶》注에 "孔道, 孔子之道"라 함.

【轍環天下, 卒老于行】'轍環'은 수레를 타고 천하를 주유함.《五百家注》에 "孫曰: 轍, 車跡也; 環, 循環也. ○一作轅環天下"라 함. '卒老于行'은 마침내 길에 다니다가 늙어버림.

【荀卿守正, 大論是弘】荀卿은 荀況, 荀子. 戰國 말의 思想家로《荀子》를 남김.

【逃讒于楚, 廢死蘭陵】'逃讒于楚'은 참소를 피해 楚나라로 도망함. 荀子는 齊나라에서 있다가 참소를 피해 楚나라로 도망. '廢死蘭陵'의 蘭陵은 楚나라 지명. 春申

君이 자신을 찾아온 荀子를 蘭陵令으로 삼았으나 春申君이 죽자 荀子도 벼슬을 그만두고 그곳에서 생을 마쳤음.《五百家注》에 "孫曰:《史記》:荀卿遊于齊, 三爲祭酒, 齊人或讒荀卿, 荀卿乃適楚, 春申君以爲蘭陵令. 春申死而荀卿因家蘭陵"이라 함.《史記》荀卿列傳에는 "田駢之屬皆已死, 齊襄王時, 而荀卿最爲老師. 齊尙脩列大夫之缺, 而荀卿三爲祭酒焉. 齊人或讒荀卿, 荀卿乃適楚, 而春申君以爲蘭陵令. 春申君死而荀卿廢, 因家蘭陵. 李斯嘗爲弟子, 已而相秦. 荀卿嫉濁世之政, 亡國亂君相屬, 不遂大道而營於巫祝, 信禨祥, 鄙儒小拘, 如莊周等又猾稽亂俗, 於是推儒, 墨, 道德之行事興壞, 序列著數萬言而卒. 因葬蘭陵"이라 함.

【是二儒者, 吐詞爲經, 擧足爲法】'二儒'는 孟子와 荀子.

【絶類離倫, 優入聖域】'絶類離倫'은 무리와 단절되고 離反됨.

【其遇於世何如也】세상에서는 매우 불우하였음을 말함.

【今先生, 學雖勤, 而不繇其統】여기서의 '先生'은 韓愈 자신을 지칭함. '繇'는 由와 같음. 經由함, 그것으로 말미암음.

【言雖多, 而不要其中】그 중심을 撮要하지 못하고 있음.

【文雖奇, 而不濟於用】'濟'는 세상에 통용됨, '不濟'는 濟度되지 못함.

【行雖修, 而不顯於衆】'顯'은 드러남.

【猶且月費俸錢, 歲靡廩粟】'靡'는 費와 같은 뜻. '廩粟'은 나라 창고의 곡식. 俸祿을 뜻함.《眞寶》注에 "比之孟荀, 自謂幸矣"라 함.

【子不知耕, 婦不知織】그대는 농사에 대해서도 모르고 아내는 길쌈도 모름.

【乘馬從徒, 安坐而食】'從徒'는 從者를 따르게 함. '徒'는 수레나 말을 이끄는 從者.《五百家注》에 "孫曰:徒, 謂徒御也. ○從, 才用切"이라 함.

【踵常途之役役, 窺陳編以盜竊】'踵'은 밟고 다님. '常途'는 평범한 길. '役役'은 일에 꾸역꾸역 힘쓰는 모양.《五百家注》에는 "役役, 一作促促"이라 함. '窺'는 엿봄. '陳編'은 묵은 옛날 책. '盜竊'은 도둑질함.《五百家注》에는 "盜竊, 一作盜編"이라 함. 도둑질하여 책으로 編纂함. 자신의 글을 매우 貶下하여 말한 것.

【然而聖主不加誅, 宰臣不見斥, 玆非幸歟】이것만 해도 매우 다행이라는 뜻.《五百家注》에는 "宰臣, 一作宰相; 玆非幸歟, 一作玆非其幸歟, 一作此非其利哉"라 함.

【動而得謗, 名亦隨之】'名亦隨之'는 명예 또한 그에 따라다님.

【投閑置散, 乃分之宜】'投閑置散'은 閑職에 던져져 있고, 散官의 자리에 방치된 채 있음. '分之宜'는 분수로 보면 그것이 마땅함.

【若夫商財賄之有亡, 計班資之崇庳】'商'은 '헤아리다, 생각해보다' 등의 뜻. '財賄'

는 재물. '有亡'의 '亡'는 '無'와 같으며 '무'로 읽음. '班資'는 반열(지위)과 봉록. '崇
庳'는 高下와 같은 뜻. '庳'는 卑와 같음.《五百家注》에 "祝曰:庳, 下也.《呂氏春秋》
謂:「確乎其節之不庳也.」《太元經》亦曰:「山川福庳而禍高.」庳音卑"라 함.《眞寶》
注에 "庳, 音卑"라 함.

【忘己量之所稱, 指前人之瑕疵】'稱'은 맞음. 적합함. '前人'은 앞서 현달한 사람. 上
官이나 윗사람.《五百家注》에 "孫曰:前人, 謂在己之前謂貴顯者"라 함. '瑕疵'는 흠.

【是所謂詰匠氏之不以杙爲楹】'杙'(익)은 하찮은 말뚝. '楹'은 기둥.《五百家注》에 "祝
曰:詰, 責也.《周禮》以詰邦國. 杙, 即《莊子》:「求狙猴之杙者, 斬杙.」橜也; 楹, 柱也.
孫曰:杙小而楹大, 故愈以杙自喩. ○杙音弋"이라 함.

【而訾醫師以昌陽引年】'訾'는 헐뜯음, 비방함. '昌陽'은 菖蒲, 石菖蒲. 아주 좋은 약
재를 대신하여 쓴 것. '引年'은 수명을 연장시킴.

【欲進其豨苓也】'進'은 추천하여 진달시킴. '豨苓'은 狶苓으로도 표기하며 豬苓(猪
苓)이라고도 함. 도꼬마리의 하나로 독성이 있는 下品의 약재. 위의 昌陽에 상대
하여 쓴 것.《眞寶》注에 "應前醫師匠氏之句, 收拾前引喩意盡數家妙. 杙, 橛; 楹,
柱; 昌陽, 昌蒲; 豨苓, 猪苓"이라 함.《五百家注》에 "樊曰:昌陽,《本草》昌蒲, 注:生石
磧上, 槪節者良, 生下濕地大根, 乃是. 昌陽, 不可服. 東坡云:「不知退之即以昌陽爲
昌蒲耶? 抑謂其似是而非, 不可以引年也.」孫曰:菖蒲, 味辛溫, 無毒, 久服輕身, 不
忘延年, 益心智, 一名昌陽. 生上洛池澤及蜀郡嚴道. 祝曰:「楚人呼猪爲狶, 狶苓, 乃
猪苓也.」○訾, 音紫; 狶, 音喜, 又音希"라 함.

---

### 참고 및 관련 자료

1. 작자: 韓愈(韓退之) 022 참조.

2. 이 글은《別本韓文考異》(12),《五百家注昌黎文集》(12),《東雅堂昌黎集註》(12),
《唐宋八大家文鈔》(10),《崇古文訣》(10),《唐文粹》(46),《舊唐書》(160),《新唐書》(176),
《文苑英華》(353),《古文集成》(65),《文編》(37),《唐宋文醇》(1),《文章辨體彙選》(435),
《古文雅正》(8),《冊府元龜》(770),《事文類聚》(前集 23. 新集 32),《經濟類編》(53) 등에
실려 있음.

# 035. ＜鰐魚文＞ ·················· 韓退之(韓愈)

## 악어문

*＜鰐魚文＞:'鰐魚'는 '鱷魚'로도 표기하며 韓愈가 元和 30년(819) 廣東 潮州刺史로 左遷되어 갔을 때, 그곳 주민들이 惡溪의 악어로 인해 고통을 받고 있다는 말을 듣고 屬吏 秦濟로 하여금 양과 돼지를 잡아 던져주도록 하며 이 글을 지어 악어에게 고하자, 그날 밤 폭풍과 우레가 심하더니 며칠 뒤 그 물이 말라 서쪽으로 60리의 넓은 땅이 생겨나고 더 이상 악어로 인한 재해가 없어졌다 함. 《別本韓文考異》에 "鱷, 或作鰐. ○朱居靖公《秀水閒居錄》云:「鱷魚之狀, 龍吻虎爪, 蟹目鼉鱗, 尾長數尺, 末大如箕, 芒刺成鈎, 仍有膠粘, 多於水濱潛伏, 人畜近, 以尾擊取, 蓋猶象之任鼻也.」라 하였고, 《五百家注》에는 "(東坡)〈潮州廟記〉所謂「能馴鱷魚之暴」者, 此也;歐陽文忠作〈陳文惠公神道碑〉書:「公通判潮州, 惡谿鱷魚, 不可近. 公命捕得, 鳴鼓于市, 告以文而戮之, 其患并息, 潮人歎曰:'昔韓公諭鱷而聽, 今公戮鱷而濯. 所爲雖異其使, 異物醜類革化而利人, 一也. 吾潮間三百年, 而得二公幸矣.」古之爲政, 有虎渡河者, 蝗不入境者, 蓋其精神所感若此類也耶!"라 함.

*《眞寶》注에 "迂齋曰:「辭嚴義正, 眞可以感動鱷魚.」○公守潮州, 問民疾苦, 皆曰:「惡淡有鰐魚, 食民畜産且盡, 民以是窮.」數日公自徃視, 令其屬秦濟以一羊一豕, 投溪與鰐食, 而告之以文. 是夕暴風震雷起溪中, 數日水盡涸, 西徙六十里, 自是潮無鰐魚患. ○按《文集》:公此文之首, 亦述年月日, 繫銜曰:「潮州刺史韓愈, 待鰐魚.」尙下姓名. 盡禮如此, 他人肯乎待以禮, 喩以義, 感以誠, 鰐魚尙可化, 況潮人乎? 東坡所謂「能馴鰐魚之暴, 約束蛟鰐如驅羊」者, 謂此也. 中孚之信, 可及豚魚, 信然矣. 劉昆之虎, 負子渡河, 宋均之虎, 相與渡江, 不得專美矣. 宋守臣陳文惠公, 再有〈逐鰐魚文〉, 則是鰐特感公之正直誠信而避之, 潮後仍有此患也"라 함.


(모년 모월 모일에 조주자사潮州刺史 나 한유는 군사아추軍事衙推 진제秦濟로 하여금 양과 돼지 각 한 마리씩을 악계惡谿의 담수潭水에 던져 악어가 먹도록 하며 이렇게 고하노라.)

"옛날 선왕先王께서는 천하를 차지하심에 산과 연못을 태워 그물과 올가미, 작살과 칼로 벌레와 뱀 같은 악물로서 백성들에게 해가 되는 것이라면 세상 밖으로 몰아내었다. 그러나 후세의 왕들은 덕이 부족해 멀리까지 소유할 수 없게 되어, 장강長江과 한수漢水 사이도 오히려 모두 버려두어 만이蠻夷와 초월楚越에게 주었는데, 하물며 조주潮州는 영남嶺南 바다 사이였으며 장안長安으로부터 만 리나 되는 먼 곳이었음에랴?

악어들이 여기에 숨어 알을 낳고 새끼를 기르는 것은 역시 진실로 마땅한 장소였던 것이다.

오늘날은 (이 조주는) 천자께서는 당唐나라 제위帝位를 계승하시어 신성神聖하시고 자무慈武하시어 사해의 밖과 육합六合의 안 모두를 위무하여 소유하고 계시며, 하물며 우禹의 발자국이 덮였던 양주揚州에 가까운 고장이며, 자사刺史와 현령이 다스리는 곳으로서 공부貢賦를 내어 천지와 종묘, 그리고 백신의 제사를 받드는 땅임에랴!

악어는 자사와 함께 이 땅에 섞여 살 수가 없다. 자사는 천자의 명을 받아 이 땅을 지키고 이곳 백성을 다스리는 것인데, 악어가 눈을 부릅뜨고 계곡과 호수를 불안하게 하면서 백성과 가축, 곰과 돼지, 사슴과 노루를 잡아먹으면서 그 몸을 살찌우고 그의 자손들을 늘려가면서 자사에게 항거하여 우두머리를 다투고 있으나, 자사가 비록 둔하고 약하다 해도 역시 어찌 악어에게 머리를 숙이고 기가 꺾인 채 두려운 모습으로 보고만 있어 백성과 관리들에게 수치스러움을 내비치고 이곳에 살고 있겠느냐?

게다가 천자의 명을 받아 이곳에 와서 관리가 되었으니, 진실로 형세로 보아 그대 악어와 결판을 내지 않을 수 없다. 악어가 만약 앎이 있다면 나 자사의 말을 들어라.

조주는 그 남쪽에 대해大海가 있어 고래나 붕鵬과 같은 큰 것이나, 새우나 게와 같은 작은 것도 받아들여 그곳에서 살고 길러지지 않는 것이 없는 곳인데, 너 악어가 아침에 출발하면 저녁에 도착할 수 있는 거리이다.

  지금 너 악어와 약속하건대 사흘이 다하기 전에 너의 무리들을 이끌고 남쪽 바다로 옮겨가서 천자의 명을 받은 관리를 피하도록 하라. 사흘이 불가능하다면 닷새까지, 닷새가 불가능하면 이레까지만이다. 이레가 불가능하면 이는 끝내 가지 못하겠다는 뜻이리라.
  이는 자사가 있음을 무시하고 자사의 말을 따르지 않겠다는 것이다. 그렇지 않다면 악어란 어리석고 완고하며 신령스럽지도 못하여, 자사가 비록 말을 한다 해도 듣지도 못하고 알지도 못하는 것이리라.
  무릇 천자의 명을 받은 관리에게 오만하게 굴며, 그의 말을 듣지도 않고, 옮겨 피해가지 않으면 어리석고 완고하며 신령스럽지도 못하여 백성들과 만물에 해를 끼치는 것들이니, 모두가 죽여 없애도 되는 것이다. 자사는 곧 재능과 기술이 있는 관리와 백성들을 골라 강한 활과 독화살을 겨누어 그대 악어와 일을 벌여 반드시 모두 죽여 없애고야 말 것이니 후회가 없도록 하라!"


(維年月日, 潮州刺史韓愈, 使軍事衙推秦濟以羊一猪, 一投惡谿之潭水, 以與鱷魚食而告之曰:)
「昔先王旣有天下, 列山澤, 罔繩擉刃, 以除蟲蛇惡物, 爲民害者, 驅而出之四海之外; 及後王德薄, 不能遠有, 則江漢之間, 尚皆棄之, 以與蠻夷楚越, 況潮嶺海之間, 去京師萬里哉!
  鱷魚之涵淹卵育於此, 亦固其所.
  今天子嗣唐位, 神聖慈武, 四海之外, 六合之內, 皆撫而有之, 況禹跡所揜揚州之近地, 刺史縣令之所治, 出貢賦以供天地宗廟百神之祀之壤者哉!

  鱷魚其不可與刺史, 雜處此土也. 刺史受天子命, 守此土, 治此民, 而鰐魚睅然不安溪潭, 據食民畜熊豕鹿麞, 以肥其身, 以種其子孫, 與刺史亢拒, 爭爲長雄; 刺史雖駑弱, 亦安肯爲鰐魚低首下心, 伈伈睍睍, 爲民吏羞, 以偸活於此邪?

且承天子命, 以來爲吏, 固其勢不得不與鰐魚辨; 鰐魚有知, 其聽刺史言.

潮之州大海在其南, 鯨鵬之大, 蝦蟹之細, 無不容歸, 以生以養, 鰐魚朝發而夕至也.

今與鰐魚約, 盡三日, 其率醜類, 南徙于海, 以避天子之命吏; 三日不能, 至五日; 五日不能, 至七日; 七日不能, 是終不肯徙也.

是不有刺史, 聽從其言也. 不然則是鰐魚冥頑不靈, 刺史雖有言, 不聞不知也.

夫傲天子之命吏, 不聽其言, 不徙以避之, 與冥頑不靈, 而爲民物害者, 皆可殺; 刺史則選材技吏民, 操强弓毒矢, 以與鰐魚從事, 必盡殺乃止, 其無悔!」

【維年月日, 潮州刺史韓愈, 使軍事衙推秦濟以羊一猪, 一投惡谿之潭水, 以與鱷魚食而告之曰】韓愈 文集에는 앞에 이 구절이 더 있으며, '維年月日'은 구체적으로 "或作維元和十四年四月二十四"라 하여 唐 憲宗 元和 14년(819) 4월 24일로 되어 있음. '秦濟'는 潮州 官府의 軍事衙推의 직책을 맡았던 韓愈의 屬吏. '惡谿'는 惡溪로 그곳 물 이름. 龍湫라고도 하며 악어가 서식하고 있는 곳.《五百家注》에 "孫曰: 惡谿, 谿名. 在潮州城西, 盖龍湫也"라 함.

【昔先王旣有天下, 列山澤, 罔繩擉刃, 以除蟲蛇惡物】'罔繩擉刃'은 그물, 올가미, 작살, 칼. 모두 동물을 잡는 데 쓰이는 도구들. '以除蟲蛇惡物'은 그것으로써 벌레, 뱀, 악물 등을 제거함.《別本》注에 "'列',《新書》作'迾'. 方云: 音,「力制反」, 遮道也. '罔', 作網, 或作綱. 方云《莊子》擉之言, 刺也"라 하여 '列'은 '力制反'(례)로 읽음. '擉'은 '初朔切'(착)으로 읽으며,《別本》注에 "《莊子》「冬則擉鼈於江」是也"라 함. '列'은 '막다'(遮)의 뜻으로 보았으나《五百家注》에는 "孫曰:《孟子》:「舜使益掌火, 益列山澤而焚之.」烈, 乾也. 今作'列'又一本作'迾', 迾, 遮也. '迾', 音旅際切, 非是"라 하여

'列'은 '烈'과 같으며 '불을 놓아 태워 쫓아버리다'의 뜻으로 보았음.《孟子》滕文公(上)에도 "當堯之時, 天下猶未平, 洪水橫流, 氾濫於天下;草木暢茂, 禽獸繁殖;五穀不登, 禽獸偪人;獸蹄鳥跡之道, 交於中國. 堯獨憂之, 擧舜而敷治焉. 舜使益掌火, 益烈山澤而焚之, 禽獸逃匿"이라 하였고, 朱熹 注에 "烈, 熾也"라 하여 불을 놓아 禽獸를 쫓아버렸음이 옳을 듯함. '擉'은 작살로《五百家注》에 "祝曰:'擉', 謂以叉刺泥中搏取之也於江, 是也"라 함.《眞寶》注에 "初朔反.《莊子》曰:「擉鱉于江.」擉, 刺也"라 함.

【爲民害者, 驅而出之四海之外】《眞寶》注에 "議論從《孟子》「舜使益焚列山澤」一段來"라 함.

【及後王德薄, 不能遠有】그 뒤 왕도의 덕이 엷어져서 멀리까지 소유하지 못함.

【則江漢之間, 尙皆棄之, 以與蠻夷楚越】'江漢'은 長江과 漢水. 京師에서 비교적 가까운 지역임에도 모두 포기하여 蠻夷와 楚越 등에게 주어버림.

【況潮嶺海之間, 去京師萬里哉】'潮'는 潮州. 지금의 廣東省에 있음. '嶺海'은 五嶺 너머 바다가 있는 곳. 지금의 廣東 지역을 가리킴.《五百家注》에는 "嶺海, 一作海嶺"이라 함. 그러나 '潮嶺'은 '湖嶺'으로도 되어 있으며《別本》注에 "潮, 方作湖, 而無海字. 或作嶺海而并無潮湖字. ○今按此言潮州乃嶺海之間, 去京師遠也. 但公於潮州, 亦有祭太湖神, 文則只作湖嶺, 亦通更詳之"라 함.

【鱷魚之涵淹卵育於此, 亦固其所】'涵淹'은 잠복하여 숨어 있음. 악어의 생태와 습성을 말함. '卵育'은 알을 낳아 生育함.《眞寶》注에 "先開他一著與魚言, 尙委曲如此, 鱷魚此時可以居此"라 함.

【今天子嗣唐位, 神聖慈武】'神聖慈武'는《五百家注》에는 "慈, 一作文"이라 함.

【四海之外, 六合之內, 皆撫而有之】'六合'은 上下 東西南北. 온 천지 모두를 뜻함.《眞寶》注에 "六合, 天地四方"이라 함.

【況禹跡所揜揚州之近地】'禹跡'은 禹의 발자취. 禹가 천하를 구주로 나누어 모두 직접 답사하였음을 말함. '揜'은 덮음. '揚州'는 옛 禹의 九州의 하나로 남쪽의 江蘇, 安徽, 江西, 浙江, 福建 일대를 아우르고 있었음.《別本》注에 "潮州於古爲揚州之境"이라 함.

【刺史縣令之所治, 出貢賦, 以供天地宗廟百神之祀之壤者哉】貢賦를 내어 天地와 宗廟, 百神의 제사를 지내는 땅이 되었음. 潮州가 버려진 땅이 아님을 뜻함.

【鱷魚其不可與刺史, 雜處此土也】《眞寶》注에 "鱷魚今日却, 不可居此"라 함.

【刺史受天子命, 守此土, 治此民】한유가 천자로부터 이곳을 지키고 이곳 백성을

다스리라는 명을 받았음.

【而鰐魚睅然不安溪潭】'睅然'은 눈을 부릅뜬 모양.《別本》注에 "戶版切, 出目貌.《左傳》曰: 「睅其目.」"라 하여 '睅'은 '한'으로 읽음.《眞寶》注에 "戶版反. 睅然, 大目貌"라 함.

【據食民畜熊豕鹿麞, 以肥其身, 以種其子孫】'麞'은 '獐'으로도 표기하며 노루.

【與刺史亢拒, 爭爲長雄】'亢拒'는《別本》등에는 모두 '抗拒'로 되어 있음. '長雄'은 누가 우두머리인지를 두고 다툼.

【刺史雖駑弱, 亦安肯爲鰐魚低首下心】'下心'은 기가 죽음. 패배를 인정함. 일부 판본에는 '下身'으로 되어 있으며《五百家注》에는 '下中'으로 되어 있고, 注에 "洪曰:舊本作'下中', 中, 身也. 記曰:《文子》:「其中退然.」 今本作'下心', 又有'哉'字"라 함.

【伈伈睍睍, 爲民吏羞, 以偸活於此邪】'伈伈'은 두려움에 떠는 모습. '悉枕切'(심)으로 읽음. '睍睍'는 두려워 눈을 제대로 뜨지 못하는 모습. '胡典切'(현)으로 읽음.《別本》注에 "伈, 懼貌; 睍, 小目貌"라 함.《眞寶》注에 "伈伈, 恐懼貌; 睍睍, 視貌"라 함.

【且承天子命, 以來爲吏】천자의 명령을 받아 이곳에 와서 백성을 다스림.

【固其勢不得不與鰐魚辨】'辨'은 분별함. 결판을 내려야 함.

【鰐魚有知, 其聽刺史言】악어가 앎이 있는 동물이라면 자사의 말을 알아들을 것임.

【潮之州大海在其南, 鯨鵬之大, 蝦蟹之細, 無不容歸, 以生以養】'鯨鵬'은 고래와 붕새.《莊子》逍遙遊篇에 北海에 鯤이라는 큰 물고기가 있어 鵬으로 변하여 한 번에 南海까지 날아간다 하였음. 蝦蟹는 새우와 게. 鯨鵬에 비해 아주 작은 것들. '容歸'는 용납하고 귀의하도록 함.

【鰐魚朝發而夕至也】남쪽 바다는 악어가 아침에 출발하면 저녁이면 도착할 수 있는 거리임. 아주 가까운 거리이니 그곳으로 갈 것을 권유한 것.

【今與鰐魚約, 盡三日, 其率醜類, 南徙于海, 以避天子之命吏】'醜'는 類와 같음. 같은 무리들, 같은 족속들.《五百家注》에 "祝曰: 醜, 亦類也"라 함.

【三日不能, 至五日; 五日不能, 至七日; 七日不能, 是終不肯徙也】날짜를 약속하여 사흘, 닷새, 다시 이레를 기다리되 그래도 사라지지 않는다면 떠나지 않겠다는 뜻으로 여겨, 다른 조치를 취하겠다고 협박조로 말한 것임.

【是不有刺史, 聽從其言也】자사의 존재를 인정하지 않고 그 말을 따르지 않는 것임.

【不然則是鰐魚冥頑不靈, 刺史雖有言, 不聞不知也】'冥頑'은 어둡고 완고함. '不靈'은 영험하지도 못함.《眞寶》注에 "與'鰐魚有知', 二句相應"이라 함.

【夫傲天子之命吏, 不聽其言, 不徙以避之】천자의 명을 받은 관리에게 오만하게 굴며, 그 말을 듣지도 않고 옮겨 피하지도 않음.

【與冥頑不靈, 而爲民物害者, 皆可殺】《眞寶》注에 "到此不可恕之"라 함.

【刺史則選材技吏民, 操強弓毒矢】'吏民'은 《東雅堂昌黎集註》에는 "或無吏字"라 함.

【以與鰐魚從事, 必盡殺乃止, 其無悔】《眞寶》注에 "結尾似司馬相如〈諭巴蜀檄〉, 初焉委曲如此, 中間鋪叙一步緊一步, 到末稍嚴切如此, 皆是先後著"라 함.

### 참고 및 관련 자료

1. 작자: 韓愈(韓退之) 022 참조.

2. 이 글은 《別本韓文考異》(36), 《五百家注昌黎文集》(36), 《東雅堂昌黎集註》(36), 《新唐書》(176), 《唐宋八大家文鈔》(16), 《崇古文訣》(9), 《宋文鑑》(105), 《資治通鑑後編》(80), 《續資治通鑑長編》(240), 《東都事略》(81), 《宋名臣奏議》(87), 《歷代名臣奏議》(20), 《文獻通考》(94), 《義門讀書記》(33), 《事文類聚》(30), 《經濟類編》(40), 《淵鑑類函》(169), 《南陽集》(25), 《宋文鑑》(105), 《文章辨體彙選》(152, 767), 《古文淵鑒》(36), 《唐宋文醇》(10), 《古文雅正》(8) 등에 실려 있음.

# 036. &lt;柳州羅池廟碑&gt; ·················· 韓退之(韓愈)
## 유주 나지묘의 비문

*〈柳州羅池廟碑〉: 柳宗元은 元和 10년(815) 柳州刺史로 가서 元和 14년에 그곳에서 세상을 떠나고 말았음. 柳州 사람들은 그의 치적을 흠모하여 羅池에 사당을 짓고 그를 신처럼 모셨음. 이에 韓愈가 그 碑文을 지어 그를 칭송한 것이며, 특히 말미의 頌辭는 楚辭體를 활용하고 있음. 《東雅堂昌黎集註》에 "此篇方从石本. 羅池神, 子厚也. 其碑石本首云:「尙書吏部侍郎賜紫金魚袋韓愈撰, 中書舍人史館修撰賜紫金魚袋沈傳師書.」其後云:「朝議郎桂管觀察使試太常寺協律郎上柱國陳曾篆額;長慶元年正月十一日, 桂管都防禦先鋒兵馬使朝散大夫試左衛長史孫季雄建立.」歐陽《集古錄》:〈羅池碑後題〉云:「長慶元年正月建.」按《穆宗實錄》:長慶二年二月, 傳師爲中書舍人史館修撰, 九月愈遷吏部. 時愈未爲吏部, 沈亦未爲舍人. 當是長慶二年, 則二君官正與此碑同. 其「書元年正月」, 蓋傳模者誤. 按《舊史》公傳云:「南人妄以柳宗元爲羅池神, 而愈撰碑以實以.」蓋以是罪之. 而《新史》書其事於〈子厚傳〉, 無所襃貶. 元祐七年六月, 詔賜唐柳州刺史羅池神廟爲'靈文之廟', 以郡人言其雨暘應祈故也. 田表聖書其碑陰云:「子厚終於柳州, 以精多魄强, 爲羅池之神? 昌黎叙其事而銘之, 大意謂子厚宏深之量, 昭明之識, 當爲星辰, 爲岳瀆, 胡爲在柳州之陋爲神, 其所以推尊甚大. 石敏若此, 世以公此文爲語怪, 非也. 士有抱負不克施, 遭流落以死, 爲明神烈鬼, 巍峩廟食, 理也. 李衛公竄海上死矣, 其精魄凜然, 尙能使犬鼠餘黨破膽於夢中. 不然, 退之豈矯誣柳州以求異乎?」晁氏曰:「此非銘羅池神之文, 弔宗元之文也.」라 함.

*《眞實》注에 "迂齋曰:「叙事有謚, 九法矯健, 中含譏諷之意.」○愚謂:「碑叙事得史法, 詩命詞得騷體. 迂齋謂'中含譏諷', 亦未見其然也.」라 함.


나지묘羅池廟는 옛 자사刺史 유종원柳宗元을 모신 사당이다.

유종원이 유주자사柳州刺史가 되어 그곳 백성들을 비루하고 촌스럽다고 여기지 아니하고 예법禮法으로 감동시키자, 3년 만에 백성들은 저마다 스스로 긍지를 가지고 분발하여 말하였다.

"이 고장은 비록 경사京師로부터 멀리 떨어져 있으나, 우리 또한 천자의 백성이다. 지금 하늘이 다행히도 어진 자사를 보내주셨으니, 만약 교화를 받고 복종하지 않는다면 우리는 사람도 아니다."

이에 늙은이 젊은이 할 것 없이 서로 가르치고 일러주어 자사의 명령을 어기는 일이 없었다.

무릇 하는 모두에 대하여 고을과 마을에서나, 그 집안에서 모두들 이렇게 말하였다.

"우리 자사께서 들으시고 그분 뜻에 맞지 않게 하는 것은 없는가?"

그러고는 잘 헤아린 다음에야 일을 시작했다.

법령의 기일에 대해서는, 백성들은 서로 권면하여 쫓아가듯 내달려 뒤처지거나 앞서가나 하는 일이 없이 반드시 그 기한을 지켰다.

이에 백성들의 생업에는 법도가 있게 되었고, 관청에는 밀린 조세租稅가 없게 되었으며, 떠돌며 유랑하던 이들도 곳곳에서 되돌아와 삶을 즐겁게 여기며 일을 흥성하게 하였으며, 가옥은 새롭게 지었고 나루에는 새로 만든 배가 있게 되었으며, 연못과 동산은 깨끗하게 정리되었고, 돼지와 소, 오리, 닭들은 살찌고 잘 번식하였으며, 아들은 아버지의 가르침을 엄하게 여겼고, 아내는 지아비의 지시를 잘 따랐으며, 혼인과 장례, 제례도 각기 조리와 법도가 있게 되었으며, 나가서는 서로를 위해주고 공경하며 들어와서는 자애롭고 효성스러운 분위기가 되었다.

이에 앞서 백성들이 가난하여 아들딸을 서로 인질로 한 채 오래도록 돈을 갚지 못하면 모두 몰수하여 노예로 삼는 일이 있었는데, 우리 자사가 오고 나서는 나라의 옛 관례에 따라 고용살이로 그 원금을 제하고 모두 인질을 풀어 원래대로 돌려보내 주었다.

공자묘孔子廟를 크게 수리하고 성곽과 골목, 길을 모두 정비하여 반듯하고 곧게 한 다음, 거기에 좋은 나무들을 심도록 하자 유주의 백성들은 모두 즐거워하였다.

일찍이 유종원은 그의 부장部將 위충魏忠, 사녕謝寧, 구양익歐陽翼과 함께 역정驛亭에서 술을 마시면서 이렇게 말한 적이 있다.

"나는 시국에 버림을 받아 이곳에 머물며 그대들과 잘 지내고 있다. 내년에는 죽을 터인데, 죽은 뒤에는 신神이 될 것이다. 3년 뒤에 사당을 지어 나를 제사지내도록 하라."

그 기일이 되자 그는 죽었고, 3년 뒤 초가을 신묘辛卯날에 유종원의 신이 유주의 후당後堂에 강림하자 구양익 등이 그에게 절을 하였다.

그리고 그날 저녁 구양익의 꿈에 유후의 신이 나타나 이렇게 말하는 것이었다.

"나의 사당을 나지羅池에 지어라!"

그달 병진丙辰날, 사당이 완성되었고 큰 제사를 올렸다.

그런데 지나가던 나그네 이의李儀라는 자가 술에 취해 묘당을 모욕하고 함부로 행동하였는데, 그 자리에서 병이 나서 사당 밖으로 들어내자 즉사하고 말았다.

다음해 봄, 위충과 구양익이 사녕을 경사로 보내어 나韓愈를 찾아와 유종원의 사적을 글로 써서 돌에 새길 수 있도록 해달라고 청하였다.

나는 "유종원은 살아서는 사뭇 그곳 백성들에게 은택을 주었고, 죽어서는 줄곧 화와 복을 주어 깜짝 놀라도록 하며, 이로써 그 땅의 제사를 받고 있으니 과연 영험하다 할 수 있다" 하였다.

그리하여 〈영향송신시迎享送神詩〉를 지어 유주의 백성들에게 주어 노래로 칭송하며 제사를 지내도록 하고, 아울러 이를 비석에 새기도록 하였다.

유후는 하동河東 사람으로 이름은 종원宗元이며, 자는 자후子厚, 현명하여 문장에도 뛰어나 일찍이 조정에 직위를 가져 빛이 드날렸으나, 얼마 뒤 버림을 받고 더는 쓰이지 못하였다.

그 사辭는 다음과 같다.

『여지荔支는 빨갛고, 바나나는 노란데,

이것저것 안주와 채소의 제물, 자사의 사당에 올리네.

자사가 타고 오는 배에는 두 폭 깃발이 꽂혔는데,

물 한가운데까지 건너다가 바람이 멈추게 하네.

자사를 기다려도 오지 않으니, 우리 슬픔을 알지 못하는 듯.

자사께서 망아지 타고 사당으로 드시어,

우리 백성 위로하여 찡그리지 않고 모두들 웃도록 해주시네.

아산鵝山과 유수柳水의,

계수나무 무성하고, 흰 돌들 잇달아 늘어서 있네.

자사께서는 아침에 나가 놀다가 저녁이면 돌아오시니,

봄이면 원숭이와 더불어 시를 읊고, 가을이면 학과 더불어 날아다니시네.

북쪽 조정의 사람들이여, 자사에 대한 시비가 많지만,

천년 만년토록 자사께서 우리를 버리지 않으시리라.

우리에게 복을 주시고, 우리를 장수하게 하시며,

악한 귀신들은 산 저 왼쪽으로 쫓아내시리라.

낮은 곳은 습기의 고통을 없애주시고, 높은 곳은 메마름이 없도록 하시어,

메벼와 찰벼가 들에 풍성히 많아, 이삭을 마치 뱀과 교룡만큼 굵게 하시리.

우리 백성들 제사로 보답하는 일 게을리 하지 않을 것이며,

이제부터 시작하여 세세토록 공경을 다 하리로다!』


羅池廟者, 故刺史柳侯廟也.

柳侯爲州, 不鄙夷其民, 動以禮法, 三年民各自矜奮曰:「茲土雖遠京師, 吾等亦天民. 今天幸惠仁侯, 若不化服, 我則非人.」

於是老少相教語, 莫違侯令.

凡有所爲, 於其鄉閭及於其家, 皆曰:「吾侯聞之, 得無不可於意否?」

莫不忖度而後從事.

凡令之期, 民勸趨之, 無有後先, 必以其時.


於是民業有經, 公無負租; 流逋四歸, 樂生興事; 宅有新屋, 步有新船; 池園潔修, 豬牛鴨雞, 肥大蕃息; 子嚴父詔, 婦順夫指; 嫁娶葬祭, 各有條法; 出相弟長, 入相慈孝.

先時, 民貧, 以男女相質, 久不得贖, 盡沒爲隸.

我侯之至, 按國之故, 以傭除本, 悉奪歸之.

大脩孔子廟, 城郭巷道, 皆治使端正; 樹以名木, 柳民旣皆悅喜.


嘗與其部將魏忠, 謝寧, 歐陽翼, 飮酒驛亭, 謂曰:「吾棄於時, 而寄於此, 與若等好也. 明年吾將死, 死而爲神. 後三年, 爲廟祀我.」

及期而死, 三年孟秋辛卯, 侯降于州之後堂, 歐陽翼等見而拜之.

其夕, 夢翼而告之曰:「館我於羅池!」

其月景辰, 廟成, 大祭.

過客李儀醉酒, 侮慢堂上, 得疾, 扶出廟門卽死.


明年春, 魏忠, 歐陽翼, 使謝寧來京師, 請書其事于石.

余謂:「柳侯, 生能澤其民, 死能驚動禍福之, 以食其土, 可謂靈也已.」

作<迎享送神詩>遺柳民, 俾歌以祀焉, 而幷刻之.

柳侯, 河東人, 諱宗元, 字子厚, 賢而有文章, 嘗位於朝, 光顯矣.

已而擯不用.

其辭曰:

『荔子丹兮蕉黃, 雜肴蔬兮進侯堂.

侯之船兮兩旗, 度中流兮風泊之.

待侯不來兮不知我悲.

侯乘駒兮入廟, 慰我民兮不嚬以笑.

鵝之山兮柳之水, 桂樹團團兮白石齒齒.

侯朝出遊兮暮來歸, 春與猿吟兮秋鶴與飛.

北方之人兮爲侯是非, 千秋萬歲兮侯無我違.

福我兮壽我, 驅厲鬼兮山之左.

下無苦濕兮高無乾, 秔稌充羨兮蛇蛟結蟠.

我民報事兮無怠, 其始自今兮欽于世世!』

【羅池廟者, 故刺史柳侯廟也】 '羅池'는 柳州에 있는 못 이름. 柳州는 지금의 廣東省에 있는 지명으로 柳宗元이 元和 10년(815)에 柳州刺史가 되어 그곳에 부임하였으며, 선정을 베풀어 그가 죽은 뒤 그곳 사람들이 羅池에 廟(사당)를 세워 제사를 올렸음. '柳侯'는 柳宗元을 가리킴.

【柳侯爲州, 不鄙夷其民, 動以禮法】 '柳侯爲州'는 柳宗元이 柳州刺史가 됨. 《五百家注》에 "韓曰: 元和十年三月, 以永州司馬, 柳宗元爲柳州刺史"라 함. '鄙夷'는 비루하고 문명이 낮다고 여김. 《五百家注》에 "祝曰: 謂不鄙之以爲夷. 柳州古百粵之地故云"이라 함. '動'은 감동시킴. 감화시킴. 교화시킴.

【三年民各自矜奮】 '矜奮'은 矜持를 가지고 奮發함.

【玆土雖遠京師, 吾等亦天氓. 今天幸惠仁侯, 若不化服, 我則非人】 '天氓'은 비록 京師로부터 먼 곳에 살고 있지만 마찬가지로 天子의 백성임을 말함.

【於是老少相敎語, 莫違侯令】 '侯令'은 柳州刺史 柳宗元의 명령.

【凡有所爲, 於其鄕閭及於其家】 '鄕閭'는 鄕黨과 閭巷. 모든 고을과 마을.

【吾侯聞之, 得無不可於意否】 '우리 자사가 이를 듣고 그 뜻한 바에 옳다고 하지 않을 것은 없는지의 여부를 확인하고 점검함'.

【莫不忖度而後從事】 '忖度'(촌탁)은 마음속으로 헤아림. 《詩》 小雅 巧言에 "奕奕寢廟, 君子作之. 秩秩大猷, 聖人莫之. 他人有心, 予忖度之. 躍躍毚兔, 遇犬獲之"라

함. 여기서는 모든 일을 잘 헤아려본 다음 일에 착수함. '從事'는 일을 착수하여
수행함을 뜻함.

【凡令之期, 民勸趨之, 無有後先, 必以其時】'趨之'는 내달리듯 서둘러 임무를 완수
하기를 권면함.

【民業有經, 公無負租】'民業有經'은 백성들이 하는 일에는 늘 일정한 법도가 있게
되었음. 恒業을 뜻함.《五百家注》에 "經, 常也"라 함. '負租'는 밀린 조세. 내지 못
한 채 빚으로 떠안고 있는 세금.《眞寶》注에 "負租, 猶欠逋"라 함.

【流逋四歸, 樂生興事】'流逋'는 다른 고장으로 도망쳐 떠돌아다니는 사람들. '四
歸'는 사방으로부터 돌아옴.

【宅有新屋, 步有新船】'步'는 浦, 津 등과 같은 뜻임. 혹 '涉'으로 된 판본도 있으나
이는 오류임.《五百家注》에 "集注: 步刊本改作涉, 非. 任昉《述異記》云:「水際謂之步.
吳人賣瓜於江畔, 因名瓜. 步, 吳江中有'魚步', '龜步'. 湘中有'靈妃步'. 吳楚間謂浦爲
步, 語訛耳.」吳處厚《靑湘雜記》云:「韓退之〈羅池廟碑〉言'步有新船', 盖嶺南謂水津
爲步, 故罾步即漁者施罾處, 船步即衆人度舡處. 楊州瓜步, 洪州觀步. 閩中謂水涯
爲溪步. 子厚永州鐵爐步.《志》云:江之滸, 凡舟可縻而上下者曰步"라 함. 한편《別
本》注에는 "步, 或作涉. 方云:柳子厚鐵爐步,《志》曰:江之滸, 凡舟可縻而上下曰步"
라 함.

【池園潔修, 豬牛鴨雞, 肥大蕃息】'牛'는〈石本〉에는 '羊'으로 되어 있음.

【子嚴父詔, 婦順夫指】아들은 아버지의 명령을 엄히 여기고 아내는 지아비의 지
시에 순종함.

【嫁娶葬祭, 各有條法】婚禮와 葬禮, 祭禮 등이 모두 儒家의 예법에 맞음.

【出相弟長, 入相慈孝】'弟長'의 '弟'는 悌와 같음. 아랫사람을 잘 살펴 돌보아주고
윗사람을 잘 받듦. '慈孝'는 父慈子孝의 줄인 말.

【民貧, 以男女相質, 久不得贖, 盡沒爲隷】'質'은 인질로 삼음. '沒爲隷'는 호적에서
빼어 노예로 삼음.

【我侯之至, 按國之故, 以傭除本, 悉奪歸之】'故'는 옛 법도. '以傭除本'은 고용살이
를 해 주는 것으로써 대신 본전을 제하는 방법으로 갚음.《五百家注》에 "孫曰:
柳州之俗, 以男女質, 錢約不時贖, 子本相侔, 則沒爲奴婢. 宗元爲設方計, 悉令贖歸.
其尤貧力不能者, 令書其傭, 足相當, 則使歸其質. 觀察使下其法於它州, 比一歲免
而歸者, 且千人. 傭, 質直也"라 함.

【大脩孔子廟, 城郭巷道, 皆治使端正】'脩孔子廟'는 孔子의 廟堂을 세워 儒道를 널

리 펼침.《五百家注》에 “孫曰:宗元至之歲, 文宣王廟壞, 宗元取初終亞三官, 衣布完而新之, 自文其碑”라 하였고,《眞寶》注에 “柳子厚有柳州, 孔子廟碑”라 함.

【樹以名木, 柳民旣皆悅喜】《眞寶》注에 “此以上皆謂生能澤其民”이라 함.

【嘗與其部將魏忠, 謝寧, 歐陽翼, 飮酒驛亭】‘嘗’은《五百家注》에는 ‘常’으로 되어 있으며 그 注에 〈石本〉:常, 作嘗”이라 함. 魏忠, 謝寧, 歐陽翼 등은 모두 柳州刺史 柳宗元의 部將들 이름. ‘驛亭’은 옛 驛院제도. 5리마다 短亭, 10리마다 長亭을 두어 기본 행정을 처리하였음.

【「吾棄於時, 而寄於此, 與若等好也. 明年吾將死, 死而爲神. 後三年, 爲廟祀我」】‘吾棄於時’는 내가 때로부터 버림을 받음. 곧 죽음을 뜻함. ‘若等’의 若은 而, 爾, 你, 汝 등과 같은 인칭대명사, ‘等’은 복수형. 그대들.《眞寶》注에 “若, 卽汝也”라고 함.

【及期而死】《五百家注》와《東雅堂》에 “補注:元和十四年(819)十月宗元卒”이라 함.

【三年孟秋辛卯, 侯降于州之後堂, 歐陽翼等見而拜之】孟秋는 음력으로 7월. ‘辛卯’는《五百家注》에 “補注:長慶三年(823)七月辛卯”라고 함.

【其夕, 夢翼而告之曰:「館我於羅池.」】‘館’은 사당을 지음.

【其月景辰, 廟成, 大祭】‘景辰’은 丙辰. 唐나라 때에는 ‘丙’자를 諱하여 대신 ‘景’자로 썼음.《眞寶》注에 “唐諱丙字, 以景字代”라 함.

【過客李儀醉酒, 侮慢堂上, 得疾, 扶出廟門卽死】‘李儀’는 過客 이름. 그가 柳子厚 廟堂에 올라 모욕하거나 거만하게 구는 행동을 저지름. ‘侮慢’은 경건함이 없이 업신여기고 거만하게 행동함을 뜻하는 말로 雙聲連綿語로 표현한 것.《眞寶》注에 “此以上皆謂死能驚動禍福之, 以食其土”라 함.

【明年春, 魏忠, 歐陽翼, 使謝寧來京師, 請書其事于石】魏忠과 歐陽翼이 謝寧을 京師 長安으로 보내어 韓愈에게 글을 청하여 이를 돌에 새길 것이라 함. 그 무렵 韓愈는 장안에 있었음.

【余謂:「柳侯, 生能澤其民, 死能驚動禍福之, 以食其土, 可謂靈也已.」】《眞寶》注에 “此兩句, 收拾盡一篇大意”라 함.

【作〈迎享送神詩〉遺柳民, 俾歌以祀焉, 而幷刻之】〈迎享送神詩〉는 신을 맞이하여 제사를 모시고 다시 보내드림을 시로 읊은 것이며 본 문장의 사(辭) 부분을 가리킴.《五百家注》에 “孫曰:宗元旣沒, 柳人懷之, 託言降于州之堂, 有慢者輒死, 廟于羅池, 公因碑以實之”라 함.

【柳侯, 河東人, 諱宗元, 字子厚】柳宗元에 대한 자세한 내용은《眞寶》前集〈江雪〉(011)의 작자란을 참조할 것.

【賢而有文章, 嘗位於朝, 光顯矣, 已而擯不用】'擯'은 버림을 받음. 배척을 당함. 밀려남.《眞寶》注에 "三句, 辭簡意淡, 盡其平生"이라 함.

【荔子丹兮蕉黃, 雜肴蔬兮進侯堂】'荔子'는 남방에서 나는 '리즈'(lìzhī)라는 과일 이름. '荔枝', '荔支'로도 표기함. 晉 嵇含의《南方草木狀》(下)에 "荔枝樹, 高五六丈餘, 如桂樹, 綠葉蓬蓬. 冬夏榮茂, 青華朱實, 實大如鷄子. 核黃黑似熟蓮, 實白如肪, 甘而多汁, 似安石榴有甜酢者, 至日將中, 翕然俱赤, 則可食也. 一樹下子百斛"이라 함. '蕉'는 香蕉, 즉 바나나.《五百家注》에 "孫曰: 蕉, 芭蕉也. 味如蒲萄, 子長數寸. ○一作蕉葉黃, 一作蕉子黃"이라 함. '肴蔬'는 肉類와 菜蔬로 만든 제물들. 이상은 모두 제물로 바친 것들임.《五百家注》에 "朱廷玉曰: 此一對言, 旨味不同, 名物異品, 羅列而進, 以觀一時之嗜好, 亦如爵祿名位, 險易多塗, 可以驗人決擇去取也"라 함. 한편 蕉黃은 '蕉葉黃', 또는 '蕉子黃'으로 된 판본도 있음.《別本》과《東雅堂》에 "蕉下, 或有葉字, 或有子字"라 함. 한편《眞寶》注에 "此詩,《楚辭》解〈九歌〉, 字字好"라 함.

【侯之船兮兩旗, 度中流兮風泊之】'兩旗'는 두 깃발. 옛날 남쪽 지방의 迎神 풍습이었다 함.《眞寶》注에 "此廣南風俗"이라 함.《別本》에는 "湖湘土人云: 柳人迎神, 其俗以一船兩旗, 置木馬偶人, 於舟作樂, 而導之登岸, 而趨於廟"라 함.

【待侯不來兮不知我悲】《五百家注》에 "朱廷玉曰: 湖湘土人云: 柳人迎神, 其俗以一舡兩旗, 置木馬偶人, 於舟作樂而導之. 登岸而趨於廟, 然後知公之託意, 創辭其旨深矣. 公意若曰「兩旗飄飄, 初無一定而舡在中流, 爲回風所泊, 進止蕩漾, 靡所底戾, 我止于岸, 待之不來, 雖欲共載而俱, 不可得已, 此我心之悲而侯莫之知也」"라 함.

【侯乘駒兮入廟, 慰我民兮不顰以笑】'顰'은 찡그림.《五百家注》에 "朱廷玉曰: 乘駒, 木爲聊車也. 公意曰「少爲駒, 異於壯老言侯少年仕而蚤達」. 入廟者, 進而朝爲天子廷臣也. 此與秦穆公始用孟明同. 意君子見用於世, 必老而更事以天下爲憂, 而子厚未更事變樂仕進之榮, 而不知禹稷之心, 以生人飢溺爲憂, 是以不知蹙額而頻以笑也. 顰, 亦作矉; 笑, 一作咲"라 함.《眞寶》注에는 "未來則悲, 旣來則笑"라 함.

【鵝之山兮柳之水, 桂樹團團兮白石齒齒】'鵝之山'은 鵝山. 그러나 혹 峩山이 아닌가 함.《五百家注》에 "孫曰: 鵝字疑當作峩. 按子厚〈柳州山水記〉云:「峩山在野中無麓, 峩水出焉, 東流入于潯水」라 함. '團團'은 나무가 무성한 모습. 처음 碑石에 이 글자를 새길 때는 '團圓'으로 잘못 판각하였다가 뒤에 '團團'으로 고쳤다 함.《東雅堂》注에 "此石本團團字, 初誤刻作團圓, 後鐫改之, 今尚可見, 則亦石本不能無誤之一證也"라 함. '齒齒'는 돌이 희게 드러난 모습. 그러나《眞寶》注에는 "齒齒,

相連貌"라 하였고, 《五百家注》에는 "朱廷王曰: '桂樹團團', 木茂也; '白石齒齒', 石
險也. 木茂翳空, 則絶昭回之光; 石險齰足, 則蹈危途之畏"라 함.

【侯朝出遊兮暮來歸, 春與猿吟兮秋鶴與飛】《五百家注》에 "春猿秋鶴, 則非同類之
匹, 言侯朝出游于朝廷之上, 暮流落于幽險之鄉. 交非其類, 莫之與歸. 此與「山鬼子
處幽篁兮終不見, 天路險艱兮獨後來」同意. 樊曰: 歐陽文忠云: 「'春與猿吟兮秋鶴與
飛', 凝碑之誤, 於是沈氏《存中筆談》云: 「古人多用此格如楚詞「吉日兮辰良」又「蕙
肴蒸兮蘭藉, 奠桂酒兮椒漿」, 相錯成文, 則語健矣"라 함. 《眞寶》注에도 "故爲參差,
與〈九歌〉「吉日兮辰良」似, 九法矯健"이라 함.

【北方之人兮爲侯是非, 千秋萬歲兮侯無我違】'北方之人'은 북쪽 長安의 조정에 있
는 사람들. 《五百家注》에 "朱廷王曰: 北方, 中國也. 楚越居南方, 則中國爲北. 當叔
文執, 誼用事侯, 坐黨與南遷, 中朝黜涉, 南人無與焉. 而侯之在柳以惠愛見稱, 故欲
其廟食此土, 世世奉祠者, 柳人之志也. 公意曰「北方之是非, 則公議去取不可奪也.
嗟! 侯之生不得與我偕行其道, 卒厄窮裔. 千秋萬歲, 此道彌著, 質之鬼神, 猶不能
違. 侯惡得而違之此禮?」所謂百世以俟聖人而不惑, 而孟子亦曰「聖人復起, 不易吾
言」者也"라 함. 《眞寶》注에는 "此意最悽惋, 自柳視長安, 長安爲北方, 謂柳侯不容
朝而守此州, 欲其神, 安於此而無北還也. 迂齋謂「含譏諷」者, 謂此耶? 然亦何傷?
髣髴宋玉〈大招〉意爾"라 함.

【福我兮壽我, 驅厲鬼兮山之左】일부 판본에는 '福'자 앞에 '願'자가 더 있음. '厲鬼'
는 사람에게 해를 끼치는 지독한 귀신들. 惡鬼와 같음. 《眞寶》注에 "厲鬼, 卽惡
鬼"라 함. 《五百家注》에 "樊曰: 《子厚龍城錄》: 羅池比役者, 得白石上有刻畫云: 「龍
城柳神所守驅厲鬼山左, 首福土甿制九醜.」補注: 厲鬼, 惡鬼也"라 함.

【下無苦濕兮高無乾, 秔稌充羨兮蛇蛟結蟠】'秔稌'(갱도)는 메벼와 찰벼. '稌'는 稻와
같음. '充羨'은 넘쳐남. 풍족함. 《五百家注》에 "羨, 多貌"라 함. '蛇蛟結蟠'은 《五百
家注》에 "孫曰: 言秔稌之穗, 如虵蛟也"라 하였고, 《別本》注에도 "言秔稌之穗如蛇
蛟"하여 벼이삭이 마치 뱀이나 교룡만큼 굵고 실하게 달려 풍년을 이루었음을
표현한 것.

【我民報事兮無怠, 其始自今兮欽于世世】'欽'은 공경함. 흠모함. 《五百家注》에 "朱廷
玉曰: 此志柳侯見德邦人, 死而獲廟祀之報, 以足一篇之詞也"라 하였고 《眞寶》注
에는 "柳宗元, 附小人王伾, 王叔文, 得罪於朝, 自儀曹貶永州司馬, 十餘年後, 起爲
柳州刺史, 死於柳"라 함.

1. 작자: 韓愈(韓退之) 022 참조.

2. 이 글은 《別本韓文考異》(31), 《五百家注昌黎文集》(31), 《東雅堂昌黎集註》(31), 《五百家注柳先生集》(附錄 3), 《唐文粹》(52), 《唐宋八大家文鈔》(12), 《崇古文訣》(9), 《廣西通志》(108), 《事文類聚》(前集 48), 《山堂肆考》(72), 《文苑英華》(876), 《文章正宗》(20), 《文編》(59), 《文章辨體彙選》(647), 《唐宋文醇》(8), 《粤西詩載》(50) 등에 실려 있음.

# 037. ⟨送孟東野序⟩ ·················· 韓退之(韓愈)

## 맹동야를 보내며 주는 글

＊⟨送孟東野序⟩:이 글은 孟郊가 溧陽縣의 縣尉라는 작은 벼슬을 얻어 떠나게 되
자 그를 위로하기 위해 쓴 글로, 그 무렵 맹교는 嵩山에 은거하다가 50세에 비
로소 진사에 급제하여, 4년 후인 貞元 19년(803), 이 벼슬에 임명되어 떠나게 되
었던 것임. 한유는 '鳴'이라는 주제 하나로 맹교로 하여금 곤궁함이 곧 울분이
되어 뛰어난 문장으로 승화하도록 유도한 것임. 孟郊에 대해서는 《眞寶》前集
⟨遊子吟⟩(024)의 작자 란을 참조할 것. 《東雅堂》集註에 "據《集》:貞元十九年⟨與
陳給事書⟩云:⟨送孟郊序⟩一首, 生紙寫, 不加裝飾. 此序呂汲公以爲是年作. 序云
「東野之役於江南也, 有若不釋然者」, 時東野爲溧陽尉云"이라 하였고, 《五百家注》
에는 "孫曰:東野, 名郊. 貞元十二年登第, 間四年, 調昇州溧陽尉"라 함.

＊《眞寶》注에 "迂齋曰:「曲盡文字變態之妙」 ○孟郊字東野, 湖州武康人, 性介少諧
合, 韓公一見爲忘形交, 年五十得進士第, 調溧陽尉, 鄭相餘慶, 最知之, 署爲水陸
運判, 奏爲參謀. 卒年六十四. 韓公銘其墓, 張籍謚之曰貞曜先生. 郊工苦於詩, 最
爲韓公所稱服, 公與聯句最多, 李觀亦論其詩「高處在古無上, 平處下顧二謝」云. ○
此篇以一'鳴'字爲主, 反覆生出無限議論, 變態妙絶, 大意憫郊之窮而以詩鳴, 謂不
知天將達之而使鳴國家之盛邪! 抑終窮之而使自鳴其不幸邪! 盖以天命, 開釋安慰
之, 一篇主意實在此. 前面引許多古人說, 已分窮達兩意, 末又因孟郊, 引上李翶,
張籍, 自今觀之, 翶終於節度使, 籍終於司業, 郊卒止於此, 一生寒苦, 且無血胤,
天之窮之亦甚矣. 韓公爲此文, 其亦預憂其然, 而深憐之也歟! 郊, 長於韓公十有七
年."이라 함.


대체로 물체는 평정을 얻지 못하면 소리를 내나니, 초목은 소리가 없
으나 바람이 흔들면 소리를 내게 되고, 물도 소리가 없으나 바람이 흔들
면 소리를 내게 된다.

물이 튀어 오르는 것은 격하게 했기 때문이요, 세차게 흐르는 것은 막
히게 했기 때문이며, 끓어오르는 것은 불로 데웠기 때문이다. 금석金石

도 소리가 없으나 두드리면 소리가 나게 된다.

사람도 말에 있어서 역시 이와 같으니, 어쩔 수 없는 일이 있은 뒤에야 말을 하게 되고 노래로 하는 것은 생각이 있기 때문이며, 울음을 터뜨리는 것은 품은 것이 있기 때문이니, 무릇 입에서 나와 소리가 되는 것은 그 모두가 평온을 얻지 못했기 때문이리라!

음악이라는 것도 속에 답답함이 있어 밖으로 풀어내는 것이니, 그중 소리를 잘 내는 것을 택해, 그것을 빌려서 소리를 내도록 하는 것이다. 쇠, 돌, 실, 대나무, 박匏, 흙, 가죽, 나무 등 여덟 가지는 물체 중에서 소리를 잘 내는 것들이다.

때에 있어서 하늘의 계절 또한 마찬가지로서, 소리를 잘 내는 것을 택하여 그것을 빌려 소리를 내도록 하는 것이니, 이 까닭으로 새로써 봄의 소리를 내도록 하고, 우레로써 여름의 소리를 내도록 하며, 벌레로써 가을의 소리를 내도록 하고, 바람으로써 겨울의 소리를 내도록 하는 것이다. 사시四時가 서로 밀어내고 빼앗고 하는 것은 틀림없이 그것이 평정을 얻지 못했기 때문이다.

그것은 사람에게도 역시 마찬가지이다. 사람의 소리 가운데 가장 알맹이가 되는 것이 말이며, 문장으로서의 표현은 말에서 다시 그 알맹이로써, 그 중에 소리를 더욱 잘 내는 자가 소리文章를 내도록 하는 것이다.

당요唐堯, 우순虞舜 시대에는 고요咎陶와 우禹가 소리를 잘 내는 사람들이어서 그들을 빌려 소리를 냈던 것이며, 기夔는 능히 문사文辭로써는 소리를 내지는 못하였으므로 다시 그 스스로 소韶라는 음악을 빌려 소리를 내도록 하였던 것이며, 하夏나라 때에는 오자五子가 노래로써 소리를 냈으며, 이윤伊尹은 은殷나라에서 소리를 냈고, 주공周公은 주周나라에서 소리를 냈던 것이다. 무릇 《시詩》, 《서書》 등 육예六藝에 실린 것들은 모두가 소리를 잘 낸 것들이다.

주나라가 쇠해지자 공자孔子의 무리들이 소리를 냈는데, 그 소리는 크기도 하고 멀리 퍼지기도 하였다.

《전傳》에 "하늘이 장차 선생을 목탁木鐸으로 삼으실 것이다" 하였는데 믿지 않을 수 있겠는가?

그 말엽에는 장주莊周가 황당荒唐한 말로써 초楚나라에서 소리를 냈으며, 초나라는 큰 나라였는데 망할 무렵에는 굴원屈原으로써 울도록 하였다.

그리고 장손진臧孫辰, 맹가孟軻, 순경荀卿은 도道로써 소리를 냈던 자들이며, 양주楊朱, 묵적墨翟, 관이오管夷吾, 안영晏嬰, 노담老聃, 신불해申不害, 한비韓非, 신도愼到, 전변田駢, 추연鄒衍, 시교尸佼, 손무孫武, 장의張儀, 소진蘇秦과 같은 이들은 모두 술법術法으로써 소리를 냈고, 진秦나라가 흥성하자 이사李斯가 소리를 냈으며, 한漢나라 때에는 사마천司馬遷, 사마상여司馬相如, 양웅揚雄 등이 가장 소리를 잘 냈던 자들이다.

그 아래로 위진魏晉 시대에는 소리를 냈던 자들이 옛날 사람에 미치지는 못하였으나, 그럼에도 끊어진 적은 없었다.

그러나 그때 소리를 잘 냈던 이들은 그 소리가 맑으나 떠 있었고, 그 절조는 빠르고 급했으며, 그 문사는 음란하고 애절했으며, 그 지조는 느슨하여 방자했고, 말로 표현된 것은 난잡하여 문장이 아름답지 않았으니, 하늘이 앞으로 그 덕을 추하게 여겨 돌보지 않았기 때문이었으리라! 그럼에도 어찌 소리를 잘 내는 자들로 하여금 소리를 내지 않도록 하였겠는가?

당唐나라가 천하를 차지하자, 진자앙陳子昻, 소원명蘇源明, 원결元結, 이백李白, 두보杜甫, 이관李觀 등은 모두가 자신들이 잘하는 것으로써 소리를 내었고, 지금 생존해 있으면서 아래에 있는 이들로서는 동야東野 맹교孟郊가 비로소 시로써 소리를 내고 있으니, 그는 위진시대 사람들보다 매우 뛰어나며, 게을리 하지 않아 옛사람들에게 미치고 있고, 그 밖의 문장들은 한漢나라의 문풍에 젖어 들고 있다.

나를 따라 교유하는 자들로써 이고李翶와 장적張籍이 더욱 뛰어나다. 이들 세 사람의 소리는 진실로 훌륭한 소리이다. 생각건대 하늘이 장차 그들이 내는 소리에 화답하여 그들로 하여금 국가의 성대함을 소리 내도록 할 것인지, 아니면 앞으로 그 자신들의 궁하고 배고픔으로써 그들 심장心腸 속으로 많은 생각을 하고 근심을 하여, 자신들의 불행함만을 울도록 할 것인지는 모르겠다!

이 세 사람의 운명은 하늘에 달려 있는 것이니, 윗자리에 있다고 해서 어찌 기뻐할 것이며, 아랫자리에 있다고 해서 어찌 슬퍼할 것이겠는가?

동야가 강남江南으로 사역을 떠나면서 기뻐하지 아니하는 듯한 기색이 있기에, 그 때문에 내가 '명이 하늘에 달려 있음'을 말하여 이로써 풀어 주고자 하는 것이다.


大凡物不得其平則鳴: 草木之無聲, 風撓之鳴; 水之無聲, 風蕩之鳴.

其躍也, 或激之; 其趨也, 或梗之; 其沸也, 或炙之; 金石之無聲, 或擊之鳴.

人之於言也, 亦然, 有不得已者而後言; 其謌也有思, 其哭也有懷, 凡出乎口而爲聲者, 其皆有弗平者乎!

樂也者, 鬱於中而泄於外者也, 擇其善鳴者而假之鳴, 金石絲竹匏土革木八者, 物之善鳴者也.

維天之於時也, 亦然, 擇其善鳴者而假之鳴: 是故以鳥鳴春, 以雷鳴夏, 以蟲鳴秋, 以風鳴冬; 四時之相推奪, 其必有不得其平者乎!

其於人也, 亦然, 人聲之精者爲言, 文辭之於言, 又其精者也, 尤擇其善鳴者而假之鳴.

　其在於唐虞, 咎陶, 禹其善鳴者也, 而假之以鳴; 夔弗能以文辭鳴, 又自假於韶以鳴; 夏之時, 五子以其歌鳴; 伊尹鳴殷, 周公鳴周; 凡載於詩書六藝, 皆鳴之善者也.

　周之衰, 孔子之徒鳴之, 其聲大而遠.

　傳曰「天將以夫子爲木鐸」, 其弗信矣乎?

　其末也, 莊周以其荒唐之辭, 鳴於楚; 楚大國也, 其亡也, 以屈原鳴.

　臧孫辰, 孟軻, 荀卿, 以道鳴者也; 楊朱, 墨翟, 管夷吾, 晏嬰, 老聃, 申不害, 韓非, 慎到, 田駢, 鄒衍, 尸佼, 孫武, 張儀, 蘇秦之屬, 皆以其術鳴; 秦之興, 李斯鳴之; 漢之時, 司馬遷, 相如, 揚雄, 最其善鳴者也.

　其下魏晉氏, 鳴者不及於古, 然亦未嘗絶也.

　就其善鳴者, 其聲清以浮, 其節數以急, 其辭淫以哀, 其志弛以肆, 其爲言也, 亂雜而無章, 將天醜其德, 莫之顧邪! 何爲乎不鳴其善鳴者也?

　唐之有天下, 陳子昂, 蘇源明, 元結, 李白, 杜甫, 李觀, 皆以其所能鳴; 其存而在下者, 孟郊東野, 始以其詩鳴, 其高出晉魏, 不懈而及於古, 其他浸淫乎漢氏矣.

　從吾游者, 李翶, 張籍其尤也, 三子者之鳴信善鳴矣, 抑不知天將和其聲, 而使鳴國家之盛邪! 抑將窮餓其身, 思愁其心腸, 而使自鳴其不幸耶!

　三子者之命, 則懸乎天矣, 其在上也, 奚以喜; 其在下也, 奚以悲?

　東野之役於江南也, 有若不懌然者, 故吾道'其命於天'者, 以解之.

【大凡物不得其平則鳴】'大凡'은 '대체로, 일반적으로'의 뜻이며 文章을 시작할 때의 發語詞이기도 함. '夫'와 같음. '鳴'은 '소리를 내다, 혹은 울분을 토로하다, 표현하다, 자신의 존재를 격하게 드러내다' 등의 뜻.

【草木之無聲, 風撓之鳴; 水之無聲, 風蕩之鳴】'蕩'은 動蕩시킴. 격동시킴.

【其躍也, 或激之; 其趨也, 或梗之; 其沸也, 或炙之】'其趨也, 或梗之'는 물이 막혀 있다가 터진 곳으로 몰리면서 소리를 냄. '趨'는 急, 疾의 뜻. '梗'은 堵, 塞의 뜻. '其沸也, 或炙之'는 물이 끓는 것은 밑에서 불로 데우기 때문임. 《眞寶》注에 "金石草木, 各只是一句, 而水分出四句, 此是不整齊, 中整齊錯綜妙處"라 함.

【水之無聲, 風蕩之鳴】물은 소리를 내지 않으나 바람이 흔들어 우는 소리를 내도록 하는 것임.

【人之於言也, 亦然, 有不得已者而後言】'不得已'는 그칠 수 없음. 어쩔 수 없음. '已'는 動詞. 《眞寶》注에 "此是以金石草木及水, 引入人來"라 함.

【其謌也有思, 其哭也有懷】'謌'는 歌와 같음. '哭'은 크게 슬픈 소리를 냄. '懷'는 품고 있는 생각.

【凡出乎口而爲聲者, 其皆有弗平者乎】'弗平'은 平靜(平穩, 水平)을 이루지 못함.

【樂也者, 鬱於中而泄於外者也, 擇其善鳴者而假之鳴】'假'는 직접 하지 않고 다른 기능이나 물건을 빌림.

【金石絲竹匏土革木八者, 物之善鳴者也】'金'은 쇠붙이로 만든 악기. '石'은 돌로 만든 악기. 編磬 등. '絲'는 현악기를 만드는 실, '竹'은 대나무로 만든 관악기류. '匏'는 표주박이나 박 등으로 만든 악기류. '土'는 흙을 빚거나 구워 만든 악기. '革'은 가죽으로 만든 악기. 북, '木'은 나무로 만든 악기. 모두 악기를 만드는 재료들로 소리를 잘 냄. 《三字經》에 "匏土革, 木石金, 與絲竹, 乃八音"이라 함.

【維天之於時也, 亦然, 擇其善鳴者而假之鳴】하늘, 즉 四季의 변화도 그 계절에 맞추어 같은 현상이 있음. 《眞寶》注에 "此又以天時, 引入引來, 錯綜妙處"라 함.

【是故以鳥鳴春, 以雷鳴夏, 以蟲鳴秋, 以風鳴冬】春夏秋冬 저마다 소리를 내는 것이 있음.

【四時之相推奪, 其必有不得其平者乎】'推奪'은 서로 밀어내고 그 계절을 빼앗듯이 다음 계절이 이어짐. '奪'은 《東雅堂》에는 '敓'로 표기되어 있으며 注에 "敓, 古奪字"라 함.

【其於人也, 亦然, 人聲之精者爲言】사람의 소리 중에 가장 精髓가 곧 말임을 뜻함.

【文辭之於言, 又其精者也】말을 근거로 한 文辭는 다시 精髓만 모은 것임.

【尤擇其善鳴者而假之鳴】표현을 잘하는 자를 빌려 뜻을 표출하도록 함.《別本》에 "按: 上文已再言「擇其善鳴者而假之鳴矣」, 則此又言「人聲之精者爲言, 而文辭又其 精者, 故尤擇其善鳴者而假之鳴, '又'字, '尤'字正是關鍵, 血脈首尾相應處, 方以三 本之誤, 遂去'又'字而以'尤'字屬上句, 不唯此句不成文理, 又使此篇語無次第, 其誤 尤甚, 今悉正之"라 함.

【其在於唐虞, 咎陶, 禹其善鳴者也, 而假之以鳴】'唐虞'는 五帝의 唐堯(陶唐氏)와 虞 舜(有虞氏). '咎陶'는 '咎'는 皐와 같음.《眞寶》注에 "咎, 同皐"라 함. 咎陶는 皐陶 (고요)로도 표기하며 舜임금 때의 賢臣 이름. 獄官의 長을 지냄. '禹'는 堯舜 때에 治水에 큰 공을 세웠으며 뒤에 중국 최초의 왕조 夏를 세움.《眞寶》注에 "爲有 夏擊鳴一句, 故可如此說, 不然亦鑿空說, 不平將無作有"라 함.

【夔弗能以文辭鳴, 又自假於韶以鳴】'夔'는 堯舜 때에 음악을 관장하던 樂官. '韶'는 舜임금 때의 음악 이름.

【夏之時, 五子以其歌鳴】'五子'는 禹의 손자 太康의 다섯 동생. 夏나라 太康이 遊 樂과 사냥에 빠지자, 有窮氏의 군주 羿가 무리를 이끌고 河水 북쪽에서 태강을 막고 귀국하지 못하도록 하여 태강은 결국 제위를 잃게 되었음. 이에 태강의 다 섯 아우가 어머니와 함께 洛水의 북쪽에서 1백여 일을 기다렸으나, 태강이 돌아 오지 않자 다섯 편의 이 시를 지어 태강에 대한 원망과 질책을 표출한 것임.《尙 書》夏書 序에 "太康失邦, 昆弟五人須于洛汭, 作〈五子之歌〉"라 하였고, 본문에 "太康尸位, 以逸豫滅厥德, 黎民咸貳, 乃盤遊無度, 畋于有洛之表, 十旬弗反. 有窮 后羿, 因民弗忍, 距于河. 厥弟五人, 御其母以從, 徯于洛之汭, 五子咸怨, 述大禹之 戒以作歌"라 하였으며 이어서 다섯 수의 시가 수록되어 있음.

【伊尹鳴殷, 周公鳴周】'伊尹'은 殷나라 湯을 도와 夏桀을 정벌하였던 재상. '周公' (姬旦)은 文王(姬昌)의 아들이며 武王(姬發)의 아우로서 武王을 보필하여 殷紂를 멸하고 周를 세우는 데에 큰 공을 세웠음. 武王이 죽은 뒤 成王(姬誦)을 섭정함. 한편 周公은 文物典章을 완비하여 周나라 기초를 공고히 하였음.《史記》周本紀 및 魯周公世家 등을 참조할 것.

【凡載於詩書六藝, 皆鳴之善者也】'詩書六藝'는《詩》,《書》,《禮》,《易》,《春秋》,《樂》 등 六經을 말함.

【周之衰, 孔子之徒鳴之, 其聲大而遠】孔子는 東周 春秋 말에 활동하였으며 72제 자들이 그의 학문과 사상을 이어갔음.《眞寶》注에 "含自鳴其不幸一句意"라 함.

【傳曰「天將以夫子爲木鐸」, 其弗信矣乎】'傳'은 구체적으로《論語》를 가리킴. 이 구

절은 《論語》八佾篇에 "儀封人請見, 曰:「君子之至於斯也, 吾未嘗不得見也.」從者見之. 出曰:「二三子何患於喪乎? 天下之無道也久矣, 天將以夫子爲木鐸.」"이라 하여 儀封人이 공자를 평한 말임. '木鐸'은 원래 구리로 만들며 그 안의 추를 나무로 만든 것. 古代에는 조정의 결정 사항을 선포할 때 알리거나 사람을 모으는 데 사용하였다 함. 여기서는 '법도를 제작하여 천하를 다스림'을 뜻함. 《論語》鄭玄 注에 "木鐸, 施政敎時所振者. 言天將命夫子使制作法度, 以號令於天下也"라 함. 《五百家注》에는 "嚴曰: 古者, 有文事振木鐸, 武事振金鐸. '天將以夫子爲木鐸', 言使之振文敎於天下也. 揚子雲所謂「金口而木舌」, 是也"라 함.

【其末也, 莊周以其荒唐之辭, 鳴於楚】'其末'은 周나라 말기 戰國時代를 뜻함. '莊周'는 莊子. 전국시대 道家의 대표적 인물로 老子사상에 바탕을 두고 虛無, 無爲自然, 萬物一齊 등의 사상을 제창함. '荒唐'은 논리가 광대하고 허탕함을 뜻하는 疊韻連綿語. 여기서는 莊子의 사상을 이렇게 표현한 것이며 부정적으로만 본 것은 아님. 《五百家注》에 "嚴曰:《莊子疏》云:「荒唐, 廣大也.」夫荒者, 大而不治. 兎絲別名. 兎絲無根, 以況言之無根也. 莊子著書三十三篇, 其道以老聃爲爲宗, 蓋有意乎救道德之本. 至若〈盜跖〉, 〈漁父〉, 雖若詆訾孔子, 然其終篇論古之道術, 乃自厠於諸子之列, 而孔子不與焉, 則其尊吾聖人也至矣"라 함. 《史記》老莊申韓列傳과 《莊子》 등을 참조할 것.

【楚大國也, 其亡也, 以屈原鳴】'屈原'은 戰國시대 楚나라의 詩人으로 楚辭의 대표적인 작가. 楚나라는 春秋戰國을 통틀어 남방의 가장 큰 나라였으나 懷王이 張儀의 술수에 빠져 秦나라에게 고통을 당하다가 나라를 망침. 그 전 이를 만회하기 위해 屈原이 여러 차례 간언하였으나 도리어 배척을 받아 쫓겨나자 楚辭의 많은 작품으로써 자신의 울분을 토로함. 《史記》屈原列傳 및 본 《古文眞寶》〈離騷〉(001)와 〈漁父辭〉(002) 등을 참조할 것.

【臧孫辰, 孟軻, 荀卿, 以道鳴者也】'臧孫辰'은 臧孫達의 아들. 성은 臧孫, 이름은 辰(?-B.C.617). 仲은 字. 시호는 文이었음. 춘추시대 魯나라 賢大夫로 알려진 인물. 《左傳》文公 2年에 "仲尼曰:「臧文仲其不仁者三, 不知者三. 下展禽, 廢六關, 妾織蒲, 三不仁也;作虛器, 縱逆祀, 祀爰居, 三不知也.」"라 하였고, 《史記》仲尼弟子列傳에는 "孔子之所嚴事:於周則老子;於衛, 蘧伯玉;於齊, 晏平仲;於楚, 老萊子;於鄭, 子産;於魯, 孟公綽. 數稱臧文仲, 柳下惠, 銅鞮伯華, 介山子然, 孔子皆後之, 不並世."라 함. '孟軻'는 孟子. 孔子를 이은 儒家의 정통을 널리 폈으며 王道情致와 性善說을 주장하였음. 《孟子》7편을 남겼음. '荀卿'은 荀況, 荀子, 孫卿. 전국시대의

철학자. 儒家思想을 계승하면서 性惡說을 주장하였음.《荀子》를 남김. 이상 둘은
《史記》孟荀列傳을 참조할 것.

【楊朱, 墨翟, 管夷吾, 晏嬰, 老聃, 申不害, 韓非, 愼到, 田騈, 鄒衍, 尸佼, 孫武, 張儀,
蘇秦之屬, 皆以其術鳴】'楊朱'는 전국시대의 철학자로서 利己主義를 주장함. '墨
翟'은 墨子. 전국시대 墨家의 대표 인물. 兼愛, 平等, 節葬, 尙同, 尙賢 등을 주장
함. 孟子는 이들을 혹독하게 비판하기도 하였음. '管夷吾'는 管子(管仲). 춘추시대
齊나라의 재상. 齊桓公을 도와 春秋五霸의 으뜸이 되게 함.《管子》를 남김. '晏嬰'
은 晏子. 춘추시대 제나라의 제상. 勤儉力行으로 제나라를 부강하게 함. 그의 언
행을 기록한《晏子春秋》가 있음. 管夷吾(管仲)와 晏嬰은《史記》管晏列傳을 참조
할 것. '老聃'은 老子(李耳). 춘추시대 楚나라 사람으로 道家의 대표적 인물. 無爲
自然說을 제창함.《老子》가 전함. '申不害'는 전국시대의 정치가. 法治思想을 제창
한 法家의 창시자. '韓非'는 韓非子. 전국시대 말엽의 法家의 대표적인 인물. 李斯
와 함께 荀子에게서 배웠으며, 法家思想을 집대성한《韓非子》가 전함. 이상 인물
들은《史記》老莊申韓列傳을 참조할 것. '愼到'는 전국 시대 趙나라 사람. 黃帝와
老子의 道術을 중심으로 하여 법가사상을 제창함. '田騈'은 전국시대 제나라의
辯論家. '鄒衍'은 전국시대 제나라의 陰陽五行家. '尸佼'는 전국시대 楚나라 사람.
商鞅의 스승이며《尸子》를 남김. '孫武'는 孫子. 춘추시대 齊나라의 병법가. 兵家
의 창시자.《史記》孫子吳子列傳을 참조할 것. '張儀'는 전국시대 魏나라 사람으
로 連衡說(連橫說)을 주장하여 秦나라 재상에 오름. '蘇秦'은 戰國시대 洛陽 사람
으로 合縱說을 펴서 六國의 재상이 됨. 이상 둘은《史記》蘇秦列傳과 張儀列傳
및《戰國策》을 참조할 것.

【秦之興, 李斯鳴之;漢之時, 司馬遷, 相如, 揚雄, 最其善鳴者也】'李斯'는 전국시대
楚나라 사람으로 秦始皇帝를 도와 천하를 통일하고 秦나라 丞相이 되었으며 문
자, 도량형 등을 통일함.《史記》李斯列傳과 본《古文眞寶》〈上秦皇逐客書〉(003)
를 참조할 것. '司馬遷'은 前漢 武帝 때의 역사가.《史記》의 저자.《史記》太史公自
序와《漢書》司馬遷傳을 참조할 것. '相如'는 司馬相如. 漢 武帝 때의 賦 작가로
유명함.《史記》司馬相如列傳을 참조할 것. 辭賦를 잘 지었음. '揚雄'은 前漢 말의
대학자이자 문인. 저서로《太玄經》,《法言》등이 있음.《漢書》揚雄傳을 참조할 것.

【其下魏晉氏, 鳴者不及於古, 然亦未嘗絶也】'魏晉'은 曹魏(220−265)와 西晉(265−
317), 東晉(317−420)의 시대로 東晉은 남방 建康(지금의 江蘇 南京)으로 옮겨 漢族
의 세력이 위축되었던 시기이며 그 뒤로 南北朝(420−589)로 이어짐.

【就其善鳴者, 其聲淸以浮, 其節數以急, 其辭淫以哀, 其志弛以肆】'淸以浮'는 맑으나 떠 있음. 경박함. 魏晉시대 文風을 말한 것. '以'는 而의 뜻. '浮'는 浮華함. '數以急'은 빠르고 급함. 여유가 없고 급함. '淫以哀'는 음란하면서 애상함. 南方의 文辭는 지나치게 감상적이었음. '弛以肆'는 풀어져 방자함. 문장이 체계나 질서가 면밀하지 못함을 뜻함.

【其爲言也, 亂雜而無章】'亂雜而無章'은 난잡하면서 문채가 나지 않음. 이상은 모두 魏晉시대 문장을 비판한 것임. 《東雅堂》注에 "今按此數句, 皆言魏晉以下文章之病"이라 함.

【將天醜其德, 莫之顧邪! 何爲乎不鳴其善鳴者也】울기를 잘하는 자를 울지 못하도록 하지는 않을 것임. 잘 우는 자는 잘 울도록 하는 것이 하늘의 이치임.

【唐之有天下, 陳子昂, 蘇源明, 元結, 李白, 杜甫, 李觀, 皆以其所能鳴】'陳子昂'은 初唐의 시인. 남북조 시기의 형식적인 唯美主義를 반대하고 漢魏의 古體로 돌아갈 것을 주장하였음. 拾遺 벼슬을 지냄. 《五百家注》에 "樊曰:子昂, 梓州射洪人"이라 함. '蘇源明'은 唐 武功 사람으로 문학가 司業의 벼슬을 지냄. 天寶 때에 進士에 급제하였으며 安祿山의 亂 때 절의를 지켜 肅宗 때 다시 등용됨. 《五百家注》에 "孫曰:源明, 字弱夫. 京兆武功人, 肅宗時官秘書少監"이라 함. '元結'은 唐 肅宗 때의 문학가. 道州 사람이 자는 次山. 〈大唐中興頌〉(921)으로 유명함. '李白'과 '杜甫'는 盛唐의 대표적인 시인. '詩仙'과 '詩聖'으로 추앙받음. '李觀'은 唐 趙州 사람으로 문학가. 《五百家注》에 "樊曰:文章之盛, 三代以還無出漢唐, 而漢四百年司馬相如爲之唱, 唐三百年子昂爲之唱. 公於文章少所推, 可而每論漢唐, 未嘗不以二人爲稱首"라 함.

【其存而在下者, 孟郊東野, 始以其詩鳴】孟郊(東野)가 비로소 시로써 울음을 터뜨림. 그의 글이 뛰어남을 韓愈가 극찬한 말임. '孟郊東野'는 《五百家注》에는 "一無東野二字"라 함.

【其高出晉魏, 不懈而及於古, 其他浸淫乎漢氏矣】'晉魏'는 《五百家注》에는 '魏晉'으로 되어 있으며, 注에 "一作晉魏"라 함. '浸淫'은 차츰차츰 젖어들어 그 영향을 받음.

【從吾游者, 李翶, 張籍其尤也】'李翶'는 唐나라 趙州 사람. 韓愈의 제자였음. '張籍'은 唐나라 和州 사람. 韓愈의 제자. 뒤에 國子博士가 되었으며 社會詩로 유명함.

【三子者之鳴信善鳴矣】三子는 孟郊, 李翶, 張籍을 가리킴.

【抑不知天將和其聲, 而使鳴國家之盛邪】'抑'은 내달리던 논리를 전환시킬 때 쓰

는 語辭. '不知'는 '天將'부터 '不幸耶'까지를 目的節로 함. 《眞寶》注에 "前面許多
鋪叙, 亦兼有此兩段意了"라 함.

【抑將窮餓其身, 思愁其心腸, 而使自鳴其不幸耶】그 자신의 곤궁을 통해 자신의
불행을 울분으로 터뜨리도록 하기 위한 것일 수도 있음을 말함.

【三子者之命, 則懸乎天矣】'命則懸乎天'은 운명이 하늘에 달려 있음.

【其在上也, 奚以喜? 其在下也, 奚以悲】'在上'과 '在下'는 높은 지위와 낮은 지위.
명을 발휘하기에는 지위의 고하에 관계없음을 뜻함. 孟郊가 溧陽尉의 낮은 직책
으로 떠나면서 懌然(釋然)하지 않은 기색을 보임에 이렇게 표현한 것.

【東野之役於江南也, 有若不懌然者】'役於江南'은 江南에서 벼슬살이를 하게 됨.
'役'은 使役, 즉 孟郊가 溧陽縣尉로 임명되어 부임하게 됨을 말함. '不懌然'은 기뻐
하지 않고 불만에 차 있음. 만족하지 못하는 상태. 《東雅堂》에는 '釋然'으로 되어
있으며, 注에 "釋, 或作懌, 然者, 或作者然, 云〈顧命〉:「王不懌」 或作'不釋'. 釋, 猶
開釋也. 按〈嘉祐本〉作'不釋然者', 其語本出《莊子》, 或本皆誤也"라 함.

【故吾道'其命於天'者, 以解之】'道'는 '말하다'의 뜻. 앞에서 말한 '三子者之命, 則懸
乎天'을 말해 줌.


### 참고 및 관련 자료

1. 작자: 韓愈(韓退之) 022 참조.

2. 이 글은 《五百家注昌黎文集》(19), 《別本韓文考異》(19), 《東雅堂昌黎集註》(19),
《崇古文訣》(9), 《唐宋八大家文鈔》(7), 《古文集成》(1), 《文章軌範》(7), 《文編》(54), 《文
苑英華》(730), 《文章辨體彙選》(336), 《唐宋文醇》(4), 《古文雅正》(8), 《妙絶古今》(3),
《歷代名賢確論》(88), 《稗編》(73) 등에 실려 있음.

# 038. 〈送楊巨源少尹序〉 ·················· 韓退之(韓愈)
## 양거원을 보내며 주는 글

＊〈送楊巨源少尹序〉:《韓愈集》에는 〈送楊少尹序〉로 되어 있으며,《事文類聚》에는
〈送國子司業楊巨源序〉로도 되어 있음. 楊少尹은 楊巨源으로 자는 景山, 貞元 5
년(789) 進士에 올랐으며 詩로 이름을 날렸다 함.《舊唐書》와《新唐書》에 傳이
실려 있지 않음. 일찍이 "三刀夢益州, 一箭取遼城"이라는 시로 이름이 알려지게
되었으며, 늘그막에 國子司業이라는 벼슬을 그만두고 고향 河中으로 낙향하여,
그곳 河中府의 少尹 벼슬의 예우를 받아 楊少尹이라 불림. 韓愈가 그의 덕을
기려 그의 귀향을 이 글로써 전송한 것임.《東雅堂》에 "一有'巨源'二字.《新舊史》
無傳.〈藝文志〉云: 字景山, 貞元五年第進士, 以能詩名. 嘗有「三刀夢益州, 一箭取
遼城」之句. 白樂天贈詩云「早聞一箭取遼城」, 以此詩遂知名. 既引年去, 命爲其都
少尹. 蓋公河中人, 即其鄕也. 張籍有詩送云:「官爲本府當身榮, 因得還鄕任野情.」
意蓋指此. 此序長慶中公爲吏部侍郎時作, 故序謂「余忝在公卿後」云"이라 함.
＊《眞寶》注에 "白樂天〈曾楊秘書巨源〉云:「早聞一箭取遼城, 相識雖新有故情. 淸白
三朝誰是敵? 白頭四海半爲兄.」許云楊嘗〈曾盧洛州〉詩云:「三刀夢益州, 一箭取遼
城.」由是知名, 故公謂其以能詩, 訓後進也"라 함.

옛날 소광疏廣과 소수疏受 두 사람이 늙음을 이유로 하루아침에 벼슬
자리를 버리고 떠나자, 이에 공경公卿들이 도성문 밖에 장막을 치고 길
제사를 지내고 전별 잔치를 벌여 수레 수백 량兩이 모였으며, 길가에서
구경하는 많은 이들이 탄식하며 울음을 터뜨리면서 그의 어짊을 말하
였다.

한漢나라 역사에는 이미 그 일을 전하고 있으며, 후세에는 화공畫工들
이 다시 그 사적을 그림으로 그려 오늘에 이르도록 사람들의 이목을 통
해 마치 어제 일인 듯이 훤하게 전해지고 있다.

국자사업國子司業 양거원楊巨源은 마침 시에 뛰어나서 후진들을 훈계

하고 있다가, 하루아침에 일흔 살이 찼다 하여, 역시 승상에게 아뢰고 벼슬을 버리고 고향으로 돌아가 버렸다.

세상에는 늘 "옛 사람을 지금 사람들은 따를 수가 없다"고 말하지만 지금 양거원楊巨源과 소광·소수는 그 뜻이 어찌 다르겠는가?

나는 외람되게도 공경의 말석에 있는데다가 마침 병이 나서 나가보지 못하였으나, 양거원이 떠날 때 성문 밖에서 전송한 이가 몇 사람이나 되었는지, 수레는 몇 량이나 모였는지, 말은 몇 필이나 모였는지, 길가에서 구경하던 사람들이 역시 탄식하며 그의 어짊을 알아주었는지, 그리고 사관史官은 다시 그의 자취를 과장해서 전함으로서 두 소씨의 발자취를 계승토록 해 주었는지의 여부나, 혹 쓸쓸하게 버려졌는지의 여부에 대해서는 알지 못한다.

오늘의 세상을 보건대 그림을 잘 그리는 이는 없으나, 그 내용을 그림으로 그렸는지의 여부는 논할 거리가 되지 못한다.

그렇지만 내 듣건대 양거원이 떠나게 되자, 승상이 그를 사랑하고 안타까이 여겨 그를 그 도都의 소윤少尹으로 삼아주어 그의 녹봉이 끊이지 않도록 할 것을 천자에게 아뢰었으며, 또 노래와 시로써 그를 격려하자, 경사의 시에 뛰어난 이들 또한 이에 따라 화시和詩를 지었다 한다.

다시 옛날 두 소씨가 떠날 때에도 이런 일이 있었는지의 여부는 알 수 없으니, 그것은 옛 사람과 지금 사람의 같고 다른 점을 알 수 없기 때문이다.

중세中世의 사대부들은 관청을 집으로 삼고 있어, 벼슬을 그만두면 돌아갈 곳이 없었다.

양거원은 약관의 나이에 고향 향리에서 천거되어, 〈녹명鹿鳴〉의 시를 노래하며 과거를 보러 왔었다.

지금은 돌아가 고향 나무를 가리키며 "저 나무는 나의 선친께서 심으신 것이며, 저 냇물과 저 언덕은 내가 어렸을 때 낚시하며 놀던 곳이다"
하고 있다.

고향 사람들 모두가 공경심을 더하지 않는 이가 없으며, 그들 자손들
에게 양거원이 그의 고향을 버리지 않은 것을 법으로 삼도록 경계하고
있다.

옛날 이른바 "고향 선배로서 죽은 다음 사祀에 제사를 모실 수 있는
사람"이라 한 것은 바로 이런 사람이었을 것이다. 바로 이런 사람이었을
것이다!


昔疏廣, 受二子, 以年老, 一朝辭位而去, 于時公卿, 設供帳, 祖道
都門外, 車數百兩, 道路觀者, 多歎息泣下, 共言其賢.

漢史旣傳其事, 而後世工畫者, 又圖其迹, 至今照人耳目, 赫赫若
前日事.

國子司業楊君巨源, 方以能詩, 訓後進, 一旦, 以年滿七十, 亦白
丞相, 去歸其鄕.

世常說「古今人不相及」, 今楊與二疏, 其意豈異也?


予忝在公卿後, 遇疾不能出, 不知楊侯去時, 城門外送者幾人,
車幾兩, 馬幾駟, 道傍觀者, 亦有歎息知其爲賢與否; 而太史氏又
能張大其事爲傳, 繼二疏蹤跡否; 不落莫否.

見今世, 無工畫者, 而畫與不畫, 固不論也.

然吾聞楊侯之去, 丞相有愛而惜之者, 白以爲其都少尹, 不絶其
祿, 又爲歌詩以勸之, 京師之長於詩者, 亦屬而和之.

又不知當時二疏之去, 有是事否? 古今人同不同, 未可知也.


中世士大夫, 以官爲家, 罷則無所於歸.

楊侯始冠, 擧於其鄕, 歌<鹿鳴>而來也.

今之歸, 指其樹曰:「某樹, 吾先人之所種也; 某水某丘, 吾童子時所釣遊也.」

鄉人莫不加敬, 誡子孫, 以楊侯不去其鄉爲法.

古之所謂「鄉先生沒而可祭於社」者, 其在斯人歟, 其在斯人歟!

【昔疏廣, 受二子】疏廣과 疏受의 '疏'자는 疎, 疏, 踈 등 여러 가지로 표기함. 이 두 사람은 '二疏'(二疎)로도 불리며 漢나라 先帝 때의 疎廣(疏廣, 踈廣)과 疎受(疏受, 踈受) 두 사람을 가리킴. 疎廣은 자가 仲翁이며 東海 蘭陵人, 少傅, 太傅를 지냈으며 그의 조카 疏受는 자가 公子이며 太子家令, 少傅 등을 역임함. 그 무렵 소광이 태부이며 소수가 소부로서 태자가 조정에 이르면 태부가 앞서고 소부가 뒤따라 조정에서는 이 모습을 두고 영예스러운 일이라 하였음. 그들은 직책에 있은 지 5년이 되자 소광은 공과 명예를 모두 누렸으니, 병을 핑계로 사직함이 마땅하다고 여겨, 사직하고 낙향할 것을 청하자 선제가 허락하며 황금 20근을 하사하였고, 태자 또한 50근을 내려줌. 모든 사람들이 都城門에 모여 성대하게 전별식을 해 주었다 하며, 그들은 고향으로 돌아온 뒤 금을 모두 고향 사람들에게 풀어 큰 잔치를 열어 모두 써버렸다 함.《漢書》(71) 疏廣傳에 "疏廣字仲翁, 東海蘭陵人也. 少好學, 明《春秋》, 家居敎授, 學者自遠方至. 徵爲博士太中大夫. 地節三年, 立皇太子, 選丙吉爲太傅, 廣爲少傅. 數月, 吉遷御史大夫, 廣徙爲太傅, 廣兄子受字公子, 亦以賢良擧爲太子家令. 受好禮恭謹, 敏而有辭. 宣帝幸太子宮, 受迎謁應對, 及置酒宴, 奉觴上壽, 辭禮閑雅, 上甚讙說. 頃之, 拜受爲少傅. 太子外祖父特進平恩侯許伯以爲太子少, 白使其弟中郎將舜監護太子家. 上以問廣, 廣對曰:「太子國儲副君, 師友必於天下英俊, 不宜獨親外家許氏. 且太子自有太傅少傅, 官屬已備, 今復使舜護太子家, 視陋, 非所以廣太子德於天下也.」上善其言, 以語丞相魏相, 相免冠謝曰:「此非臣等所能及.」廣纍是見器重, 數受賞賜. 太子每朝, 因進見, 太傅在前, 少傅在後. 父子並爲師傅, 朝廷以爲榮. 在位五歲, 皇太子年十二, 通《論語》,《孝經》. 廣謂受曰:「吾聞『知足不辱, 知止不殆』,『功遂身退, 天之道』也. 今仕(宦)[官]至二千石, 宦成名立, 如此不去, 懼有後悔, 豈如父子相隨出關, 歸老故鄉, 以壽命終, 不亦善乎?」受叩頭曰:「從大人議.」卽日父子俱移病. 滿三月賜告, 廣遂稱篤, 上疏乞骸骨. 上以其年篤老, 皆許之, 加賜黃金二十斤; 皇太子贈以五十斤. 公卿大夫故人邑子設祖道, 供張東都門外, 送者車數百兩, 辭決而去. 及道路觀者皆曰:「賢哉二大

夫!」或歎息爲之下泣. 廣旣歸鄕里, 日令家共具設酒食, 請族人故舊賓客, 與相娛樂.
數問其家金餘尙有幾所, 趣賣以共具. 居歲餘, 廣子孫竊謂其昆弟老人廣所愛信者
曰:「子孫幾及君時頗立産業基阯, 今日飮食(廢)[費]且盡. 宜從丈人所, 勸說君買田
宅.」老人卽以閒暇時爲廣言此計, 廣曰:「吾豈老誖不念子孫哉? 顧自有舊田廬, 令
子孫勤力其中, 足以共衣食, 與凡人齊. 今復增益之以爲贏餘, 但敎子孫怠惰耳. 賢
而多財, 則損其志; 愚而多財, 則益其過. 且夫富者, 衆人之怨也; 吾旣亡以敎化子孫,
不欲益其過而生怨. 又此金者, 聖主所以惠養老臣也, 故樂與鄕黨宗族共饗其賜,
以盡吾餘日, 不亦可乎!」於是族人說服. 皆以壽終.」이라 하였음.《蒙求》「二疏散金」
에도 "前漢, 疏廣字仲翁, 東海蘭陵人, 兄子受字公子. 宣帝時, 廣爲太子太傅, 受爲
少傅, 太子每朝, 因進見. 太傅在前, 少傅在後. 父子並爲師傅, 朝廷以爲榮. 後廣謂
受曰:「吾聞知足不辱, 知止不殆, 功成身退天之道也. 豈如歸老故鄕, 以壽命終?」父
子遂乞骸骨, 許之, 上賜黃金二十斤, 太子贈五十斤. 公卿大夫故人邑子設祖道, 供張
東都門外, 送者車數百兩. 旣歸鄕里, 日具酒食, 請族人故舊賓客, 相與娛樂, 輒賣金
以供具. 或勸買田宅, 廣曰:「吾顧自有舊田廬. 令子孫勤力其中, 足以供衣食. 此金聖
主所以惠養老臣也. 故樂與鄕黨宗族共饗其賜, 以盡吾餘日.」族人悅服, 皆以壽終."
이라 하였으며,《小學》善行篇「實明倫」에도 "疏廣爲太子太傅, 上疏乞骸骨, 加賜
黃金二千斤, 太子贈五十斤. 歸鄕里, 日令家供具設酒食, 請族人故舊賓客, 相與娛樂,
數問其家, 金餘, 尙有幾斤, 趣賣以供具. 居歲餘, 廣子孫, 竊謂其昆弟老人, 廣所信
愛者, 曰:「子孫冀及君時, 頗立産業基址, 今日飮食費且盡, 宜從丈人所, 勸說君, 置
田宅.」老人卽以閑暇時, 爲廣言此計. 廣曰:「吾豈老悖, 不念子孫哉! 顧自有舊田廬,
令子孫勤力其中, 足以共衣食, 與凡人齊. 今復增益之, 以爲贏餘, 但敎子孫怠惰耳.
賢而多財則損其志, 愚而多財則益其過. 且夫富者, 衆之怨也. 吾旣無以敎化子孫,
不欲益其過而生怨. 又此金者, 聖主所以惠養老臣也. 故樂與鄕黨宗親, 共享其賜,
以盡吾餘日, 不亦可乎?」라 하였고,《十八史略》(2)에도 "三年, 太子太傅疏廣, 與兄
子太子少傅疏受, 上疏乞骸骨. 許之, 加賜黃金. 公卿故人, 設祖道, 供張東門外. 送
者車數百兩, 道路觀者皆曰:「賢哉! 二大夫.」旣歸, 日賣金共具, 請族人故舊賓客,
相與娛樂, 不爲子孫立産業, 曰:「賢而多財, 則損其志; 愚而多財, 則益其過. 且夫富
者, 衆之怨也. 吾不欲益其過而生怨.」"이라 하였으며, 陶淵明의〈詠二疏〉에는 "大
象轉四時, 功成者自去. 借問衰周來, 幾人得其趣. 游目漢廷中, 二疏復此擧. 高嘯返
舊居, 長揖儲君傅. 餞送傾皇朝, 華軒盈道路. 離別情所悲, 餘榮何足顧! 事勝感行
人, 賢哉豈常譽! 厭厭閭里歡, 所營非近務. 促席延故老, 揮觴道平素. 問金終寄心,

淸言曉未悟. 放意樂餘年, 遑恤身後慮! 誰云其人亡, 久而道彌著."라 하는 등 널리 칭송받고 있음.《眞寶》注에 "受, 廣之兄子, 同爲前漢宣帝太子師傅"라 함.《東雅堂昌黎集註》에 "疏, 或作疎.《漢書》作疏. 今按: 疏, 正字: 疎, 俗體也"라 함.

【以年老, 一朝辭位而去】늙음을 이유로 하루아침에 지위를 버리고 떠나버림.

【于時公卿, 設供帳, 祖道都門外】'設供帳'은 장막을 치고 여러 가지 잔치 준비물을 갖춤. '祖道'는 祖餞, 餞行과 같으며, 먼 길을 떠나보낼 때 여는 잔치. 고대 黃帝의 아들 유조(纍祖)가 먼 길을 떠나 도중에 죽자 사람들이 그를 '路神'으로 여겨 길 떠나는 자를 보호해 달라는 뜻으로 제를 올리기 시작한 것에서 유래되었다 함.《四民月令》'都門'은 都城의 문. 漢나라 때 長安 城門.

【車數百兩, 道路觀者, 多歎息泣下, 共言其賢】《漢書》의 "公卿大夫故人邑子設祖道, 供張東都門外, 送者車數百兩, 辭決而去. 及道路觀者皆曰:「賢哉二大夫!」或歎息爲之下泣"를 원용하여 표현한 것.

【漢史旣傳其事, 而後世工畫者, 又圖其迹】'漢史'는 班固의《漢書》를 가리킴.

【至今照人耳目, 赫赫若前日事】'赫赫'은 아주 분명하게 밝은 모습. '前日'은 어제, 昨日.《眞寶》注에 "此節專言疏廣受事"라 함.

【國子司業楊君巨源, 方以能詩, 訓後進】'國子司業'은 國子監의 직책 이름. 楊巨源이 이 직책을 담당하였음. '方'은 副詞로 '바야흐로, 마침' 등의 뜻.《東雅堂昌黎集註》에는 "《因話錄》云: 楊巨源, 在元和中詩韻不爲新語體律, 務實工夫頗深, 以高文爲諸生所宗"이라 하였고,《五百家注》에는 "洪曰: 白樂天〈贈楊秘書巨源〉詩云:『早聞一箭取遼城, 相識雖新有故情. 淸句三朝誰是敵? 白頭四海半爲兄.』注云: 楊嘗〈贈盧洛州〉詩云:『三刀夢益州, 一箭取遼城.』由是知名. 樊曰:《因話錄》云: 張洪靜三世掌書命在台坐, 前代未有. 巨源〈贈詩〉云:『伊陟無聞祖, 韋賢不到孫.』時稱其能興張說家門, 又云: 巨源在元和中詩詠, 不爲新語體律務, 實工夫頗深, 以高文爲諸生所宗. 公所謂以能詩訓後進, 卽此也"라 함.

【一旦, 以年滿七十, 亦白丞相, 去歸其鄕】'白丞相'은 승상에게 아룀. 물러나 낙향하겠노라고 아룀. '去歸'는 '去職歸鄕'의 줄인 말. 벼슬을 버리고 낙향함.

【世常說「古今人不相及」, 今楊與二疏, 其意豈異也】'古今人不相及'은 古를 今人은 따르지 못함. 옛사람의 덕행을 따르지 못함. '今不如古'의 뜻.《眞寶》注에 "此一節說上楊巨源, 謂其去意與二疏同"이라 함.

【予忝在公卿後, 遇疾不能出】'忝'은 '욕되다, 부끄럽다' 등의 뜻. '在公卿後'는 韓愈 자신의 벼슬이 公卿의 뒤쪽(말석)에 있음. 지위가 낮았음을 말함. 그 무렵 韓愈

는 吏部侍郞 비교적 높은 직책이었으나 겸손하게 표현한 것임.

【不知楊侯去時, 城門外送者幾人, 車幾兩, 馬幾駟】'駟'는 수레를 끄는 말 네 마리. 여기서는 얼마나 많은 수레가 전송하러 나왔는지에 대한 것.

【道傍觀者, 亦有歎息知其爲賢與否】길에서 그 전별식을 구경하는 이들이 그의 어 짊에 대해 알아서 탄식했는지의 與否.

【而太史氏又能張大其事爲傳, 繼二疏蹤跡否】'太史氏'는 역사를 기록하는 史官의 우두머리. '張大'는 '과장하다'의 뜻. 그의 기록이 疏廣과 疏受의 발자취를 계승 하였다고 기록했는지의 여부.

【不落莫否】'落莫'은 쓸쓸하고 적막함을 표현하는 疊韻連綿語.

【見今世, 無工畫者, 而畫與不畫, 固不論也】지금은 그림에 뛰어난 자가 없긴 하지 만, 그림으로 그렸는지의 여부는 논의거리가 되지 않음.《眞寶》注에 "《史記田》儋 傳太史公論:「田橫曰:『無不善畫者, 莫能圖何哉!』」○此一節謂楊之去不知與二疏之 迹同否, 全因自不能出生來"라 함.

【然吾聞楊侯之去, 丞相有愛而惜之者】'楊侯'는 楊巨源을 높여 부른 것. 승상들 중 에 그를 사랑하고 애석히 여기는 자가 있었음.

【白以爲其都少尹, 不絶其祿】(천자에게) 아뢰어 그를 낙향하는 고향 고을의 少尹 을 삼아 그의 녹봉이 끊어지지 않도록 해 주었음. 결국 楊巨源은 고향 山西省 河中府의 少尹을 제수 받게 되었으며, 少尹은 府尹 밑의 副官으로 업무는 없으 며 봉록만 받도록 예우한 것임.

【又爲歌詩以勸之, 京師之長於詩者, 亦屬而和之】'勸之'는 권면함. 격려함. '屬而和 之'는 시를 지어 다른 사람의 시에 화답함.

【又不知當時二疏之去, 有是事否? 古今人同不同, 未可知也】疏廣과 疏受의 시대에 이런 일이 있었는지는 알 수 없음. 이는 고금 사례가 달랐을 것이므로 알 수는 없음.《眞寶》注에 "此一節謂不知二疏之去, 有楊今日事否? 此一轉妙"라 함.

【中世士大夫, 以官爲家, 罷則無所於歸】'中世'는 唐 이전 後漢 무렵을 가리킴. 그때 의 사례로는 파직하고 나면 돌아갈 곳이 없었음.

【楊侯始冠, 擧於其鄕, 歌〈鹿鳴〉而來也】'始冠'은 '冠禮를 치르고 나서, 스무 살이 되어서'의 뜻. '擧於其鄕'은 그의 향리에서 鄕貢으로 薦擧되었음. 唐代에는 國學 의 학생과 鄕貢으로 추천된 자만이 중앙에서의 과거시험을 볼 자격이 있었음. '鹿鳴'은《詩》小雅의 편명. 지방 장관이 그 고장의 鄕貢을 長安으로 과거를 보러 보낼 때 전송하는 연회에서도 불렀다 함.

【今之歸, 指其樹曰:「某樹, 吾先人之所種也;某水某丘, 吾童子時所釣遊也.」】어린 시절 선조가 심은 나무와, 자신이 뛰놀거나 낚시하던 일을 회상한 것.

【鄕人莫不加敬, 誡子孫, 以楊侯不去其鄕爲法】'加敬'은 공경심을 가중시킴. 더욱 공경함. '誡子孫'은 疏廣과 疏受처럼 자손들을 훈계함. 소광이 "賢而多財, 則損其志;愚而多財, 則益其過"라고 훈계한 것을 빗댐.

【鄕先生沒而可祭於社】'鄕先生'은 자신의 고향 출신의 선배. '社'는 땅의 신을 모시는 사당. 각 고을에서는 큰 공적이 있는 사람은 合祀하였음.

【其在斯人歟, 其在斯人歟】《五百家注》에는 "此句一無其在字"라고 하는 등 다른 판본에는 두 곳에 '在'자가 없어 의미가 오히려 순통함. '斯人'은 해당하는 사람을 감탄하여 부르는 상투어. 《論語》雍也篇에 "伯牛有疾. 子問之, 自牖執其手, 曰:「亡之, 命矣夫! 斯人也而有斯疾也! 斯人也而有斯疾也!」"라 함. 《眞寶》注에 "末俗:士大夫以進爲欣, 以退爲戚, 自漢迄唐, 寥寥數百年, 僅見此三人, 故公盛稱之. 末又以其歸, 不居其鄕, 拈出以爲世勸, 此人此文, 皆有補世敎者也. 歐陽公吉州人, 半居於潁; 東坡眉州人, 卒歿於常, 況其他乎?"라 함.

참고 및 관련 자료

1. 작자: 韓愈(韓退之) 022 참조.

2. 이 글은 《別本韓文考異》(21), 《五百家注昌黎文集》(21), 《東雅堂昌黎集註》(21), 《唐宋八大家文鈔》(6), 《文章軌範》(1), 《文章正宗》(15), 《事文類聚》(전집 32, 新集 31), 《文苑英華》(730), 《文編》(54), 《文章辨體彙選》(336), 《唐宋文醇》(5) 등에 실려 있음.

# 039. 〈送石洪處士序〉 ·················· 韓退之(韓愈)

## 처사 석홍을 보내며 주는 글

*〈送石洪處士序〉:《五百家注》와 《文苑英華》에는 제목이 〈送石洪處士赴河陽叅謀
序〉로 되어 있음. 石洪은 자는 濬川이며 處士(과거에 급제하지 아니한 선비)의 신
분으로 黃州錄事參軍의 낮은 벼슬에서 물러나 洛陽에 은거하고 있었으나, 河
陽節度使 烏重胤의 參謀로 추천되자, 떠나는 그를 위해 韓愈가 이 글을 지어
보낸 것임. 元和 5년(810), 韓愈 43세 되던 해에 지은 것이며, 烏重胤은 뒤에 石
洪을 참모로 하고 恒州의 반란군 王承宗을 토벌하게 됨. 樓昉(迂齋)의 《崇古文
訣》에는 "看前面大夫從事四轉反覆, 又看後面四轉祝辭有無限曲折, 變態愈轉愈
佳, 中間一聯用三句, 譬喻意聯屬而語不重. 疊後山作〈參廖序〉用此格"이라 하였
고, 《別本》과 《五百家注》에는 "孫曰:洪字濬川, 洛陽人. 罷黃州錄事參軍, 退居于
洛, 十年不仕, 及是爲河陽參謀. 補注:歐公云:洪始終無可稱, 而名重一時, 以嘗爲
退之稱道耳"라 하여 石洪은 그 뒤 미미한 인물로 이름이 없었으나, 韓愈가 이
글을 지음으로 인해 널리 알려지게 되었다 함.
*《眞寶》注에 "洪, 字濬川, 以處士應節度之聘, 與溫造並稱. 其後造爲御史, 李祐爲
之膽落. 洪竟事業無聞, 其所以名傳不朽者, 以有韓公此序耳. 公又嘗銘其墓"라 함.

하양군절도사河陽軍節度使 오공烏公이 절도사가 된 지 3개월 만에 종
사從事들에게 현명한 자를 구하도록 하여, 석선생石先生을 추천하자 그
는 이렇게 말하였다.

"석선생은 어떤 분이오?"

종사가 대답하였다.

"석선생은 숭산嵩山과 망산邙山 및 전수瀍水와 곡수穀水 사이에 살면
서, 겨울에는 갖옷 한 벌, 여름에는 칡 베옷 한 벌이며, 아침저녁으로 밥
한 그릇과 채소 한 접시로 살고 있습니다. 사람들이 그에게 돈을 주면
사양하되 함께 나가 놀기를 청하면 일찍이 일을 핑계로 사양한 적이 없

으나, 벼슬을 권하면 응답도 하지 않습니다. 그가 앉아 있는 방 하나에는 양옆으로 도서圖書가 꽉 차 있고, 그와 이야기를 나누면 화제는 도리道理에 관한 것이며, 고금의 일에 대해 합당한지의 여부를 변론하며, 인물의 높고 낮음을 논하며 일이 뒤에 마땅히 성패가 어떤지를 논하되, 마치 물을 터서 아래로 흘려보내어 동쪽으로 쏟아내듯 하며, 네 필 말이 가벼운 수레를 끌고 익숙한 길로 가는 것과 같아, 왕량王良이나 조보造父와 선수를 다투는 것과 같고, 촛불을 밝혀놓고 셈하며 거북점을 치는 것처럼 분명합니다.”

대부大夫, 烏重胤가 말하였다.

“석선생은 스스로 늙어감을 이유로 남에게 아무것도 바라는 것이 없는데, 나를 위해 오려 하겠소?”

종사가 말하였다.

“대부께서는 문무와 충효를 겸하셨고, 나라를 위해 선비를 찾는 것이지 집에서 사사롭게 부리고자 하는 것이 아닙니다. 지금 바야흐로 반란군은 항주恒州에 모여 들고 관군官軍이 그 지역을 둘러싸고 있어, 농부는 농사를 지어도 거둘 수가 없고 재물과 식량은 바닥이 나고 있습니다. 지금 우리가 있는 이곳은 군수품을 보내어 수송해주는 길목입니다. 법치와 정벌, 책략에 대해 그는 마땅히 내놓을 의견이 있을 것입니다. 석선생은 어질면서 또한 용감하니, 만약 의리를 내세워 초청해서 억지로라도 중대한 일을 맡긴다면 그가 무슨 말로 사양하겠습니까?”

이에 사정을 글로 짓고 말과 폐백幣帛을 갖춘 다음, 길일을 점쳐 사자使者에게 주어 석선생의 여막廬幕을 찾아가 청해오도록 하였다.

그러자 석선생은 처자들에게도 말하지 않고, 친구들과 의논하지도 않은 채 의관衣冠을 차려 입고 나와 손님을 만나, 절하며 글과 예물을 문안에서 받았다.

그리고 밤이 되자 목욕을 하고 짐을 꾸리고 서책을 수레에 실은 다음,

가야 할 길을 묻고 나서 늘 내왕하던 사람들에게 자신이 떠난다는 것을 알렸다.

아침이 되자 여러 사람들이 모두 와서 상동문上東門 밖에서 송별연을 벌였는데, 술이 세 순배 돌고 막 떠나려고 일어서려는데, 술잔을 들고 있던 어떤 사람이 이렇게 말하였다.

"대부께서는 진실로 의리로써 사람을 취하셨고, 선생께서는 진실로 도리로써 그 임무를 맡으시어 거취의 결정을 하셨으니, 선생을 위해 작별을 고합니다."

그러고는 다시 술을 따르고 이렇게 축원하였다.

"모든 거취와 출처가 어찌 늘 일정할 수 있겠소이까? 오직 도리에 귀착될 뿐이니, 마침내 이로써 선생의 수壽를 빌겠소이다."

또 술을 따르고는 이렇게 축원하였다.

"오대부로 하여금 항심을 가지고, 초심初心을 지켜 변함이 없도록 할 것이며, 그 집을 부유하게 하기에 힘쓰느라 그의 군사들을 굶주리게 하는 일이 없도록 하시고, 간사한 사람들의 말을 달콤하게 받아들이느라 정직한 선비를 겉으로만 존경하는 척하지 않도록 할 것이며, 아첨하는 말에는 맛들이지 아니하고 오직 선생님의 의견만을 따라 이로써 능히 공을 성취함으로써 천자의 총애와 명령을 보전하게 되기를 축원하오!"

그러면서 또 축원하였다.

"선생으로 하여금 오대부에게서 이익을 꾀하여 자신만이 편하도록 하는 일이 없게 되기를 축원하오!"

이에 석선생은 일어나 절하고 그 축원하는 말에 감사드리며 말하였다.

"감히 아침 일찍부터 밤늦게까지 그대들의 축원과 훈계를 공경히 따르기를 애쓰지 않을 수 있겠습니까?"

이에 동도東都 낙양洛陽 사람들은 모두가 오대부와 석선생이, 과연 능히 서로 함께하여 공을 이룰 것임을 알게 되었다.

드디어 저마다 여섯 운韻의 시가詩歌를 짓고, 나를 보내어 이 서序를 짓게 하였던 것이다.

　河陽軍節度使烏公, 爲節度之三月, 求士於從事之賢者, 有薦石
先生者, 公曰:「先生何如?」
　曰:「先生居嵩邙瀍穀之間, 冬一裘, 夏一葛; 朝夕飯一盂, 蔬一盤.
人與之錢則辭, 請與出遊, 未嘗以事免, 勸之仕則不應. 坐一室, 左
右圖書, 與之語道理, 辨古今事當否, 論人高下, 事後當成敗, 若河
決下流而東注也; 若駟馬駕輕車就熟路, 而王良, 造父爲之先後
也; 若燭照數計而龜卜也.」
　大夫曰:「先生有以自老, 無求於人, 其肯爲某來邪?」
　從事曰:「大夫文武忠孝, 求士爲國, 不私於家. 方今寇聚於恒,
師環其疆, 農不耕收, 財粟殫亡. 吾所處地, 歸輸之塗. 治法征謀,
宜有所出. 先生仁且勇, 若以義請, 而强委重焉, 其何說之辭?」

　於是譔書詞, 具馬幣, 卜日以授使者, 求先生之廬而請焉.
　先生不告於妻子, 不謀於朋友, 冠帶出見客, 拜受書, 禮於門內.
　宵則沐浴, 戒行李, 載書冊, 問道所由, 告行於常所來往.
　晨則畢至, 張筵於上東門外, 酒三行, 且起, 有執爵而言者曰:「大
夫, 眞能以義取人; 先生, 眞能以道自任, 決去就, 爲先生別!」
　又酌而祝曰:「凡去就出處何常? 惟義之歸. 遂以爲先生壽!」
　又酌而祝曰:「使大夫恒, 無變其初, 無務富其家, 而飢其師; 無甘
受佞人, 而外敬正士, 無味於諂言, 惟先生是聽, 以能有成功, 保天
子之寵命!」
　又祝曰:「使先生無圖利於大夫, 而私便其身!」
　先生起拜祝辭曰:「敢不敬蚤夜, 以求從祝規?」
　於是東都之人, 咸知大夫與先生, 果能相與以有成也.
　遂各爲歌詩六韻, 遣愈爲之序云.

【河陽軍節度使烏公, 爲節度之三月, 求士於從事之賢者, 有薦石先生者】'河陽軍節度使'의 '河陽'은 河南省에 있는 지명. '烏公'은 烏重胤. 元和 9년(814) 閏八月에 河陽節度使 烏重胤을 汝州刺史로 임명하고, 河陽懷汝節度使를 겸하도록 하였음.〈平淮西碑〉(030)를 볼 것. '從事'는 그를 따라 일하는 屬官. '石先生'은 石洪. 자는 濬川. 洛陽 사람. 湖北省 黃州의 錄事參軍으로 있다가 벼슬을 그만두고 은거하고 있는데, 이를 節度使 烏重胤의 從事가 參謀로 추천한 것임.《眞寶》注에 "烏公, 重胤"이라 함.《五百家注》에는 "韓曰: 元和五年四月, 詔用烏公重胤爲河陽軍節度使, 御史大夫治孟州, 其曰'節度之三月', 則是歲六七月間也"라 함.

【先生居嵩邙瀍穀之間】'嵩邙瀍穀'은 嵩山과 邙山 및 瀍水와 穀水. 모두 洛陽을 둘러싸고 있었음.《五百家注》와《東雅堂》에 "孫曰: 嵩, 邙, 山名; 瀍, 穀, 水名. 皆在洛陽之境, 穀即澗,《木書》云:「卜澗水東.」是也. 後改名澗"이라 함.

【冬一裘, 夏一葛; 朝夕飯一盂, 蔬一盤】'裘'는 거친 갖옷. 짐승 털가죽으로 만든 외투. '葛'은 칡베로 만든 옷. '盂'는 주발. 밥그릇. '盤'은 작은 쟁반.

【人與之錢則辭, 請與出遊, 未嘗以事免, 勸之仕則不應】'未嘗以事免'은 일을 핑계로 거절한 적이 없음. '仕則不應'은 벼슬을 하도록 권하면 응하지 않음.

【坐一室, 左右圖書, 與之語道理, 辨古今事當否】겨우 방 하나에, 좌우로는 책들을 쌓아놓았으며, 그와의 대화 주제는 道理이며 고금의 일이 타당했는지의 여부를 辨析하는 것임.

【論人高下, 事後當成敗】'事後當成敗'는 어떤 일의 뒷날 성패에 관한 것.

【若河決下流而東注也】마치 물을 터서 흘려보내면 동쪽으로 쏟아져 나가듯 함.

【若馹馬駕輕車就熟路, 而王良, 造父爲之先後也】'馹馬'는 수레 한 대를 끄는 네 마리 말. '王良'은 고대 뛰어난 馬夫. '王子期, 王於期, 王子於期, 郵無恤' 등으로도 불림. 春秋시대 趙襄子의 마부. 於期는 그의 字.《左傳》哀公 2年 "郵無恤御簡子"의 杜預 注에 "郵無恤, 王良也"라 하였고, 같은 곳에서 다시 '子良'이라 불렸음.《孟子》滕文公(下)에는 "昔者, 趙簡子使王良與嬖奚乘"이라 하여 郵無恤, 王良, 子良, 王子期, 王子於期, 王於期는 모두 동일인으로 보이며 곳에 따라 趙襄子와 趙簡子의 마부로 엇갈리기도 함. 造父는 '趙父'로도 표기하며 고대에 말을 잘 부리던 사람. 周 穆王(穆天子)을 섬김. 趙氏와 戰國시대 趙나라의 조상이 됨.《史記》秦本紀에 "皐狼生衡父, 衡父生造父. 造父以善御幸於周繆王, 得驥, 溫驪, 驊騮, 騄耳之駟, 西巡狩, 樂而忘歸. 徐偃王作亂, 造父爲繆王御, 長驅歸周, 一日千里以救亂. 繆王以趙城封造父, 造父族由此爲趙氏. 自蜚廉生季勝已下五世至造父, 別居趙. 趙

衰其後也"라 하였고, 〈趙世家〉에는 "季勝生孟增. 孟增幸於周成王, 是爲宅皋狼.
皋狼生衡父, 衡父生造父. 造父幸於周繆王. 造父取驥之乘匹, 與桃林盜驪, 驊騮,
綠耳, 獻之繆王. 繆王使造父御, 西巡狩, 見西王母, 樂之忘歸. 而徐偃王反, 繆王日
馳千里馬, 攻徐偃王, 大破之. 乃賜造父以趙城, 由此爲趙氏"라 함. 그러나 고대 史
書에 말 다루는 솜씨가 뛰어난 자의 代名詞로 더 널리 쓰임.

【若燭照數計而龜卜也】'燭照數計'는 촛불을 켜놓고 물건의 수를 세어보는 것. '龜卜'
은 큰 거북 껍질을 지져 그 龜裂을 보고 길흉을 점치는 것. 《眞寶》注에 "此譬喩
三派文法, 陳後山〈送參寥序〉, 亦法此行文"라 함.

【大夫曰】여기서의 '大夫'는 烏重胤을 가리킴. 《眞寶》注에 "大夫, 指烏公"이라 함.

【先生有以自老, 無求於人, 其肯爲某來邪】'自老'는 스스로 늙어 은퇴하여 여생을
편히 살아가는 것.

【大夫文武忠孝, 求士爲國, 不私於家】'私於家'는 집안에서 사사롭게 개인적으로
부리는 것을 말함.

【方今寇聚於恒, 師環其疆】'寇聚於恒'은 賊軍들이 恒州에 모여 있음. 恒州는 지금
의 河北省 正定縣. 元和 4년(809) 成德軍節度使 王士眞이 죽자 그 아들 王承宗이
恒州를 근거로 반란을 일으켰음. '師環其疆'은 군사들이 그 疆域, 즉 恒州를 둘
러치고 포위하고 있음. 《眞寶》注에 "時討王承宗叛. 恒, 地名"이라 함. 《五百家注》
와 《東雅堂》注에 "孫曰: 元和四年三月, 成德軍節度王士眞卒, 其子承宗叛, 十二月,
詔吐突承璀率諸道兵, 討之. 樊曰:《地理志》: 鎭州恒山郡, 本恒州. 天寶元年更名,
鎭成德軍所治也"라 함.

【農不耕收, 財粟殫亡】'殫亡'은 모두 다하여 바닥이 남.

【吾所處地, 歸輸之塗】'處地'는 지금 節度使 烏重胤이 지키고 있는 河陽. '歸輸之
塗'는 군용 물자를 수송해 보내는 길목. '塗'는 途, 道와 같음.

【治法征謀, 宜有所出】法治의 문제나 征謀의 문제 등에 대해 石洪은 마땅히 어떤
의견이든지 내놓을 것임.

【先生仁且勇, 若以義請】'以義請'은 義理로써 초청함.

【而强委重焉, 其何說之辭】'强委重'은 중요한 직책을 강요하여 맡김. '何說之辭'는
무슨 대책이 없을까 말해줄 것을 청한 것.

【於是譔書詞, 具馬幣, 卜日以授使者, 求先生之廬而請焉】'譔'(선)은 초청의 내용을
글로 지음. 撰과 같은 뜻임. '馬幣'는 말과 폐백. 초청받은 사람이 타고 올 말과
예물로 보내는 선물. '卜日'은 좋은 날짜를 점을 쳐서 정함.

【先生不告於妻子, 不謀於朋友】처자에게 알리지도 않고 친구와 상의하지도 않음.

【冠帶出見客, 拜受書, 禮於門內, 宵則沐浴】'冠帶'는 관을 쓰고 큰 띠를 맴. 예를 갖추기 위해 正裝을 차려 입음. '宵'는 밤.《眞寶》注에 "可見其勇"이라 함.

【戒行李, 載書冊, 問道所由】'行李'는 여행할 때의 짐.《五百家注》에 "一作事. 嚴曰:《左氏傳》僖三十年曰:「君舍鄭以爲東道, 主行李之往來.」杜注: 行李, 使人. 又襄八年曰:「亦不使一介行李, 告於寡君.」注: 行李, 行人也"라 하여 行李는 원래 行人(外交官)을 뜻하는 말이었으나 뒤에 짐의 뜻으로 바뀜. '問道所由'는 경유해야 할 길을 물어봄.

【告行於常所來往】늘 왕래하던 朋友나 知人들에게 자신이 떠날 것임을 일러줌.

【晨則畢至, 張筵於上東門外, 酒三行, 且起, 有執爵而言者曰】'晨則畢至'는 아침이 되자 사람들이 모두 그 자리에 모여들었음을 말함. '張筵'은 송별연을 베풂. '上東門'은 洛陽의 동쪽 성문 이름. '三行'은 술이 세 순배(巡杯) 돌아감. '有執爵而言者曰'는 술잔을 들고 있던 어떤 사람이 말함.

【大夫, 眞能以義取人; 先生, 眞能以道自任, 決去就, 爲先生別】'決去就'는 자리에 나아감과 물러섬을 결정함.《眞寶》注에 "此頌之之辭"라 함.

【又酌而祝曰:「凡去就出處何常? 惟義之歸, 遂以爲先生壽.」】'祝'은 축원함. '出處' 또한 去就와 같은 뜻임. 벼슬길로 나섬과 물러나서 은거함. '壽'는 장수를 빌어줌.《眞寶》注에 "此已規之"라 함.

【又酌而祝曰:「使大夫恒, 無變其初, 無務富其家, 而飢其師; 無甘受佞人, 而外敬正士, 無味於諂言, 惟先生是聽, 以能有成功, 保天子之寵命.」】'甘受'는 달게 여겨 수용함. '佞人'은 간사한 말로 사람에게 접근하는 사람. '外敬正士'는 겉으로 공경히 하는 체하며 정직한 선비인 척하는 자. '先生是聽'은 선생의 말은 곧 들어야 함.《眞寶》注에 "此規烏公之辭"라 함. '寵命'은 천자가 寵愛하여 내려준 使命.

【又祝曰:「使先生無圖利於大夫, 而私便其身.」】'私便'은 사사롭게 편안함을 추구하는 것.《眞寶》注에 "此深規之"라 함.

【先生起拜祝辭曰:「敢不敬蚤夜, 以求從祝規?」】'蚤夜'는 早夜와 같음. 이른 새벽부터 밤늦게까지. '祝規'의 '規'는 規와 같음. 그대들의 祝願과 일러준 規範.《眞寶》注에 "頌不忘規其愛洪也至矣"라 함.

【於是東都之人, 咸知大夫與先生, 果能相與以有成也】'東都'는 洛陽. 石洪은 洛陽 사람임.

【遂各爲歌詩六韻, 遣愈爲之序云】'六韻'은 여섯 韻으로 지은 시. 따라서 排律이

됨. 그러나 단순히 여섯 수의 詩를 뜻하는 것으로도 봄. '遣愈'는 나 韓愈를 보냈음을 말함. '云'은 문장 끝마무리를 위해 쓰이는 虛辭. 《五百家注》에 "樊曰:洪之河陽幕府之明年, 召爲京兆昭應尉集賢校理, 又明年六月卒, 於是公誌其墓"라 함.

┌─────────────────────┐
│ 참고 및 관련 자료   │
└─────────────────────┘

1. 작자:韓愈(韓退之) 022 참조.
2. 이 글은 《五百家注昌黎文集》(21), 《別本韓文考異》(21), 《東雅堂昌黎集註》(21), 《唐宋八大家文鈔》(6), 《崇古文訣》(11), 《文章軌範》(1), 《文苑英華》(731), 《文章正宗》(15), 《文編》(54), 《事文類聚》(前集 28), 《文章辨體彙選》(336), 《唐宋文醇》(5) 등에 실려 있음.

# 040. 〈送溫造處士序〉 ·················· 韓退之(韓愈)

## 처사 온조를 보내며 주는 글

*〈送溫造處士序〉:溫造 處士를 (河陽軍에 부임함에) 보내면서 지은 序文.《別本》,
《五百家注》,《東雅堂》,《文章軌範》등에는 제목이 모두〈送溫處士赴河陽軍序〉
로 되어 있음. 溫造는 앞장 石洪을 이어 두 번째로 河陽節度使 烏重胤의 參謀
로 발탁되어 들어갔던 인물로 韓愈가 이처럼 두 사람이 烏重胤에게 발탁되자
마치 그물을 쓸어가듯 인재를 모두 몰아간다고 여겨, 한편 축하하면서도 또한
자신으로서는 가까이 할 인재들이 주위에서 사라짐을 서운하게 여긴 것임. 溫
造는 자는 簡輿이며 溫大雅의 五世孫으로 文宗 때 禮部尙書를 역임한 인물.
《東雅堂》注에 "溫造, 字簡輿. 大雅之五世孫, 文宗朝, 終禮部尙書. 公前年送石洪,
今又送造, 二生皆東都處士之秀者. 公時爲河南令"이라 함.《文章軌範》에는 "文有
氣力, 有光燄, 頓挫豪宕, 讀之快人意, 可以發人才思"라 함.
*《眞寶》注에 "朱文公嘗稱此篇謂「文章之有典有則者」也"라 함.


백락伯樂이 한 번 기북冀北의 들을 지나가자, 그곳의 말무리들이 텅 비
고 말았다.

기북은 천하에서 말이 가장 많은 곳인데, 백락이 비록 말을 잘 알아
본다 하더라도 어찌 그 무리들을 텅 비게 할 수 있겠는가?

이를 풀이하는 사람이 말하였다.

"내가 말한 텅 비었다는 것은 말이 없어졌다는 뜻이 아니라, 좋은 말
이 없어졌다는 뜻이다. 백락은 말을 잘 알아보므로 그곳의 뛰어난 말을
만나면 곧바로 취해가기 때문에 무리 속에 좋은 말을 남겨두지 않는다.
진실로 좋은 말을 남겨두지 않는다면 비록 말이 없다고 이야기한다 해
도 이는 빈말이 아니다."


동도東都 낙양은 진실로 사대부들의 기북 땅이다. 자신의 재능을 믿

고 깊이 감추어 마구 팔지 않는 사람으로 낙수의 북쪽 끝에 사는 석생(石生, 石洪)이라 부르는 사람이 있었고, 그 남쪽 끝에 사는 사람으로는 온생(溫生, 溫造)이라는 이가 있었다.

그런데 대부 오공(烏公, 烏重胤)이 부월鈇鉞의 권위로써 하양河陽을 지킨 지 석 달 만에 석홍이 재능이 있다고 여겨, 예禮를 그물로 삼아 그를 그물질하여 자신의 막하幕下에 두더니, 채 몇 달이 되지 않아 이번에는 온생이 재능이 있다고 여겨 석생을 중매로 삼고 또한 예를 그물로 삼아 다시 그를 그물질하여 자신의 막하에 두고 나자, 동도에 비록 진실로 재사才士가 많다 하나 아침에 한 사람을 취하여 그 우수한 자를 가려 뽑고, 저녁에 다른 한 사람을 취하여 그 우수한 자를 뽑아 가버리고 말았다.

그렇게 되자 거수居守, 東都留守와 하남윤河南尹으로부터 백사百司의 집사執事, 그리고 우리 두 현(縣, 洛陽縣과 河陽縣)의 대부에 이르기까지 정사政事에는 통하지 못하는 바가 있게 되었고, 일에는 결정하지 못할 것들이 생기고 말았으니, 어디에 자문을 구하여 결정을 취할 것이며, 사대부士大夫로서 지위를 버리고 누항에 사는 자들은 누구와 더불어 즐기고 놀 것이며, 어린 아이 후학後學들은 어디에 덕을 상고하고 학업을 질문할 것인가?

또 진신搢紳으로서 동쪽 서쪽에서 이 도시를 지나는 자는 예를 갖추어 찾아갈 움막이 없어지고 말았다.

이와 같다면 "대부 오공이 한 번 하양을 진수하게 되자, 동도의 처사 초려에는 사람이 없어지고 말았다" 하는 것이 어찌 틀린 말이겠는가?

무릇 남면南面하여 천하를 들음에 그 중요한 일을 부탁하고 그 힘을 믿게 되는 바는 오직 재상과 장수일 뿐인데, 재상이 천자를 위해 조정에 인물을 얻어 주고, 장수가 천자를 위해 문무를 갖춘 인사를 막하에 두게 된다면, 안과 밖이 잘 다스려지지 않기를 바란다 해도 그렇게 될 수 없을 것이다.

　나 한유는 이 자리[河南令]에 매어 있어서 능히 내 몸을 이끌고 버리고 떠나지도 못하기에, 이들 두 사람을 믿고 늙음을 기다리려 하였는데, 이제 모두를 유력자有力者에게 빼앗기고 말았으니 어찌 가슴에 서운함이 없겠는가?

　온조가 이윽고 그곳에 이르러 군문軍門에서 오공에게 절을 하였으니, 나를 위해 글의 앞에 말한 바에 따라서 천하를 위해 축하한다고 말해주고, 내가 글 뒤에 말한 바에 따라 나를 위해 모두 다 데리고 간데 대해 내가 사사롭게 원망하고 있다고 전해 주기를 바라노라.

　유수(留守, 鄭餘慶) 어른께서 먼저 이를 위해 그 사실을 사운四韻의 시가詩歌로 지으시니, 나 한유는 이를 바탕으로 그 유수의 뜻을 미루어 서문을 짓노라.


　伯樂一過冀北之野, 而馬羣遂空.
　夫冀北, 馬多於天下, 伯樂雖善知馬, 安能空其羣邪?
　解之者曰:「吾所謂空, 非無馬也, 無良馬也. 伯樂知馬, 遇其良, 輒取之, 羣無留良焉, 苟無留其良, 雖謂無馬, 不爲虛語矣.」


　東都, 固士大夫之冀北也. 恃才能, 深藏而不市者, 洛之北涯曰石生, 其南涯曰溫生.
　大夫烏公, 以鈇鉞鎭河陽之三月, 以石生爲才, 以禮爲羅, 羅而致之幕下; 未數月也, 以溫生爲才, 於是以石生爲媒, 以禮爲羅, 又羅而致之幕下, 東都雖信多才士, 朝取一人焉, 拔其尤; 暮取一人焉, 拔其尤.
　自居守河南尹, 以及百司之執事, 與吾輩二縣之大夫, 政有所不通, 事有所可疑, 奚所咨而取焉; 士大夫之去位而巷處者, 誰與嬉遊, 小子後生, 於何考德而問業焉?

搢紳之東西行過是都者, 無所禮於其廬.

若是而稱曰「大夫烏公, 一鎮河陽, 而東都處士之廬, 無人焉」, 豈不可也?


夫南面而聽天下, 其所託重而恃力者, 惟相與將耳; 相爲天子, 得人於朝廷; 將爲天子, 得文武士於幕下, 求內外無治, 不可得也.

愈縻於茲, 不能引去, 資二生以待老, 今皆爲有力者奪之, 其何能無介然於懷邪?

生旣至, 拜公於軍門, 其爲吾, 以前所稱, 爲天下賀; 以後所稱, 爲吾致私怨於盡取也.

留守相公, 首爲四韻詩歌其事, 愈因推其意而序焉.


【伯樂一過冀北之野, 而馬羣遂空】‘伯樂'은 원래 별 이름으로 天馬를 관장한다 함. 《淮南子》와 《列子》, 《莊子》 등에는 春秋시대 秦 穆公 때 사람으로 相馬에 뛰어났던 孫陽(자는 伯樂)이라 하였고, 《荀子》와 《呂氏春秋》 등에는 春秋 말 趙簡子의 마부였던 王良을 가리키는 것으로도 보았음. 그러나 뒤에 의술에 뛰어난 명의를 ‘扁鵲'이라 하듯이 말에 대해 아주 잘 아는 사람을 일컫는 의미로 널리 쓰임. 그 뒤 知己, 知人의 뜻으로 쓰이기도 함. ‘冀北'은 冀州의 북쪽. 冀州는 황하 이북 遼河 서쪽의 땅으로 말의 산지로 유명함. 《五百家注》에 "祝曰: 《左氏傳》云: 「冀之北土馬之所生.」"이라 함.

【伯樂雖善知馬, 安能空其羣邪】‘安'은 疑問助動詞. ‘어찌'. 何, 焉, 烏, 惡, 詎 등과 같음.

【解之者曰】그 뜻을 풀이해주는 자가 말함.

【吾所謂空, 非無馬也, 無良馬也】‘空'은 말이 없다는 것이 아니라 良馬가 없음을 뜻함.

【伯樂知馬, 遇其良, 輒取之, 羣無留良焉, 苟無留其良】‘無留良焉'은 거기에 良馬를 남겨두지 않음. ‘苟'는 ‘진실로, 만약'의 뜻.

【雖謂無馬, 不爲虛語矣】‘虛語'는 虛言. 거짓말. 잘못된 주장.

【東都, 固士大夫之冀北也】‘東都'는 洛陽을 가리킴. 이는 長安을 西都로 부른 것

에 상대하여 칭한 것. '士大夫之冀北'은 冀北에는 좋은 말이 많듯이 東都에는 인 재가 많음.

【恃才能, 深藏而不市者】'恃才能'은 자신의 재능을 믿음. 언젠가는 자신이 쓰일 것 임을 예견하고 자부함. '深藏而不市'은 깊이 숨어 자신이 아무렇게나 팔리기를 바라지 않음. 깊이 숨어살며 벼슬하려들지 않음.

【洛之北涯曰石生, 其南涯曰溫生】'洛'은 洛水. 洛陽 남쪽에 흐르는 강. '石生'은 앞 〈送石洪處士序〉의 石洪을 가리킴. '溫生'은 溫造. 자는 簡輿. 이 글에 드러나는 것처럼 그는 洛陽에 숨어살다가 石洪에 뒤이어 河陽軍節度使 烏重胤의 참모로 발탁되어 갔음. 《眞寶》注에 "公寄玉川子(盧仝, 前集 156을 볼 것)詩所謂「水北山人, 水南山人」者也"라 함. 《五百家注》에도 "溫生, 即造. 嚴曰:石洪, 字濬川;溫造, 字簡 輿. 二處士皆居洛陽. 北涯曰石生, 南涯曰溫生, 即贈〈盧仝詩〉所謂「水北山人, 水南 山人」, 是也"라 함.

【大夫烏公, 以鈇鉞鎭河陽之三月, 以石生爲才, 以禮爲羅, 羅而致之幕下】'大夫烏公' 은 앞에 보이는 河陽節度使 烏重胤. '鈇鉞'은 도끼. 군중에서 장군의 지휘권을 상 징하는 것이었음. 烏重胤이 節度使에 임명된 것을 뜻함. '鎭'은 鎭守함. '羅'는 그 물. 여기서는 石洪을 그물로 잡아들이듯 훑어 데리고 감을 뜻함.

【未數月也, 以溫生爲才, 於是以石生爲媒, 以禮爲羅, 又羅而致之幕下】'溫生'은 溫 造. '媒'는 중매. 중개자, 소개자. 溫造는 石洪이 추천하여 추가로 발탁하여 참모 가 되었음을 말함.

【東都雖信多才士, 朝取一人焉, 拔其尤】'朝'는 아침. '拔其尤'는 특출한 자를 발탁 하여 감. '尤'는 秀와 같음. 빼어난 인재.

【暮取一人焉, 拔其尤】'暮'는 저녁. 아침에는 石洪을, 저녁에는 溫造를 발탁해 감.

【自居守河南尹, 以及百司之執事, 與吾輩二縣之大夫】'居守'는 洛陽의 東都留守를 가리킴. 洛陽의 가장 높은 관리임. '河南尹'은 河南府의 尹. 洛陽은 河南府에 속 해 河南尹도 洛陽에 있었음. '百司之執事'는 여러 관청에서 일을 맡은 관리들. '二 縣之大夫'는 河南縣의 何陽賢의 두 縣令. 그 무렵 韓愈는 河南令이었으며 竇牟 는 何陽令이었음. 《眞寶》注에 "時公爲河南令, 竇牟爲何陽令"이라 함. 《五百家注》 에 "韓曰:居守謂東都留守鄭餘慶"이라 함.

【政有所不通, 事有所可疑, 奚所咨而取焉】'奚所'는 어느 곳. 누구에게. '咨'는 諮와 같음. 자문함. 물어봄.

【士大夫之去位而巷處者, 誰與嬉遊, 小子後生, 於何考德而問業焉】'去位而巷處者'

는 지위를 버리고 陋巷에 살고 있는 자. '嬉遊'는 즐기며 놂. '問業'은 學業에 대한 질문.

【搢紳之東西行過是都者, 無所禮於其廬】'搢紳'은 큰 띠(紳)에 笏을 꽂은 사람. 곧 높은 벼슬자리에 있거나 신분이 높은 사람. 紳士. '禮'는 예방함. 찾아 봄. 고대 예법에 새로운 마을로 들어가면 먼저 그곳 명사를 찾아 예방하는 관습이 있었음.

【若是而稱曰「大夫烏公, 一鎭河陽, 而東都處士之廬, 無人焉」】東都 洛陽 處士의 草廬에는 더 이상 선비가 없음. 《眞寶》注에 "應起句"라 함.

【豈不可也】'그 말이 틀렸다고 할 것인가?'의 뜻.

【夫南面而聽天下, 其所託重而恃力者, 惟相與將耳】'南面'은 帝王의 統治를 뜻함. '託重而恃力'은 중대한 임무를 맡기고 그의 힘에 의지함. '相與將'은 宰相과 將軍.

【相爲天子, 得人於朝廷;將爲天子, 得文武士於幕下】宰相과 將軍의 임무를 논한 것.

【求內外無治, 不可得也】내외가 잘 다스려지지 않기를 바라더라도 그렇게 될 수 없음. 아주 잘 다스려짐을 말함. 《眞寶》注에 "前所稱"이라 함.

【愈縻於玆, 不能引去】'縻於玆'는 여기에 얽매어 있음. 韓愈가 河南縣令 벼슬에 매어 있음.

【資二生以待老, 今皆爲有力者奪之, 其何能無介然於懷邪】'資'는 근거로 의지함. '二生'은 石洪과 溫造. '待老'는 늙기를 기다림. 늙어서의 대책으로 여김. '有力者'는 烏重胤. '介然'은 불안함, 서운함, 불만족스러움. '懷'는 마음속. 가슴속. 《眞寶》注에 "後所稱"이라 함.

【生旣至, 拜公於軍門】溫造가 이윽고 河陽軍節度使의 軍門에 도착하여 烏公에게 절함. '軍門'은 절도사 軍營의 문.

【其爲吾以前所稱, 爲天下賀】앞서서 칭송한 말에 따라 천하를 대신하여 축하함.

【以後所稱, 爲吾致私怨於盡取也】'致私怨'은 사사로운 개인적인 원망을 전하여 일러줌. '盡取'는 두 사람 모두를 발탁해 간 것을 말함.

【留守相公, 首爲四韻詩歌其事】'留守相公'의 留守는 지역을 담당하여 그곳에 머물며 鎭守하는 임무를 맡은 자. '相公'은 존칭. 이때 河南留守는 鄭餘慶이었음. '四韻詩'는 네 운으로 지은 시, 곧 律詩에 해당함. 또는 시 네 수를 뜻하는 것으로도 봄.

【愈因推其意而序焉】나 韓愈가 그 뜻을 미루어 이에 序文을 씀.

1. 작자:韓愈(韓退之) 022 참조.

2. 이 글은 《別本韓文考異》(21), 《五百家注昌黎文集》(21), 《東雅堂昌黎集註》(21), 《唐宋八大家文鈔》(6), 《文章軌範》(1), 《文章正宗》(15), 《文苑英華》(731), 《事文類聚》(前集 28), 《文編》(54), 《文章辨體彙選》(336), 《唐宋文醇》(5) 등에 실려 있음.

《古文眞寶》[後集] 卷四

# 041. <送李愿歸盤谷序> ·················· 韓退之(韓愈)
## 반곡으로 돌아가는 이원을 보내며 주는 글

*<送李愿歸盤谷序>: 李愿이 盤谷으로 돌아가려 하자 그를 보내며 지은 서문. 李愿은 唐 德宗 西平王 李晟의 아들이며 李愬의 兄으로, 太子賓客과 上柱國의 벼슬을 거쳐 元和 연간에 세 번이나 節度使에 올랐던 인물. 음악과 여색, 사치 등에 빠졌으며, 결국 李臣則을 격동시켜 반란을 일으키도록 하였다가 병이 들어 敗死하고 말았음. 특히 李洪의 《芸庵類藁》에는 그를 "博徒之雄"이라 하여 도박에도 깊이 빠졌던 것으로 되어 있음. 《舊唐書》(133)와 《新唐書》(154) 李晟傳에 그의 傳이 함께 들어 있으며, 《新唐書》에는 "愬, 字元直, 有籌略, 善騎射. 以廕補協律郞, 遷累衛尉少卿. ……會愬疾甚, 不能軍, 詔田布代之, 以太子少保還東都. 卒, 年四十九, 贈太尉, 謚曰武"라 함. 그런데 韓愈는 본 문장에서 李愿은 아주 훌륭한 隱士로 칭송되었으나 실제 뒷날의 이러한 생활은 글의 내용과 전혀 이와 달라 혹 의문을 자아내기도 함. 따라서 이는 貞元 17년(801) 韓愈가 34세 때 李愿의 '대장부에 대한 주장'만을 높이 여겨 쓴 것이거나, 혹 同名異人으로 다른 은사 李愿이 있었던 것이 아닌가 여기기도 함. 《別本》注에 "樊曰: 東坡云:「歐陽公言'晉無文章, 惟陶淵明<歸去來>一篇而已'. 余亦謂'唐無文章, 惟韓退之<送李愿歸盤谷>一篇而已'. 平生欲效此作一篇, 每執筆, 輒罷因自笑曰'不若且放教退之獨步', 唐人跋序後云云. 昌黎韓愈知名之士, 高愿之賢, 故序而送之云云.」 樊曰:「按貞元十七年, 歲在辛巳. 歐陽公《集古錄》云:當時退之官尙未顯, 其道未爲當時所宗師, 故但云知名士, 然當時送愿者, 爲不少而獨. 刻此序, 蓋其文章已重於時也.」 方云:「此序貞元十七年作, 公年纔三十四耳.」라 하였고, 《五百家注》에는 "樊曰:「貞元十七年作, 時公年三十四. 脫汴徐之亂, 來居洛, 方且求官京師, 鬱於中而見於外, 故其辭如此. 東坡云:歐陽公言'晉無文章, 唯陶淵明<歸去來>一篇而已'. 余亦謂'唐無文章, 惟韓退之<送李愿歸盤谷序>一篇而已'. 平生欲效此作一篇, 每執筆, 輒罷因自笑曰'不若且放教退之獨步'. 補注:此序孟州濟原有<石本>, 其間異同, 當以<石本>爲正. 今文注其下"라 하였으며, 《東雅堂》注에도 "此序貞元十七年作, 公年纔三十四耳. 東坡云:歐陽公言'晉無文章, 惟陶淵明<歸去來詞>而已'. 余謂'唐無文章, 惟韓退之<送李愿歸盤谷序>而已'. 平生欲效此作, 每執筆, 輒罷. 因自笑曰'不若且放教退

之獨步'. 此序孟州濟原縣有〈石本〉, 其閒小有異同"이라 함.

**《眞寶》注에 "迂齋云:「一節是形容得意人, 一節是形容閒居人, 一節是形容奔走伺
候人, (却結在人賢不肖何如也一句上) 終篇全擧李愿說話, 自說只數語, 其實非李愿
言, 此又別是一格式.」○東坡云:「唐三百年, 無文章, 惟韓公〈送李愿序〉一篇.」愚
謂:「此好事者因歐陽公論〈歸去來〉之語, 而爲是說, 託之坡公耳. 此恐非坡云之言
也. 韓公有〈送李愿序〉, 又有〈送李愿歸盤谷〉一詩, 亦甚佳. 學者只讀韓文, 未必不
以李愿爲一隱士也. 殊不知愿乃西平王李晟之子, 愬之兄. 起家於太子賓客, 上柱國,
三爲節度使. 邇聲色, 尙侈靡, 激李臣則之變, 客死於兵, 卒以荒侈敗, 未嘗能踐韓
公之言也. 李洪《芸庵類藁》言「愿博徒之雄」, 然則愿初非隱士, 不足以當此序也. 觀
韓公終篇只述愿所自言, 亦可見矣. 此序作於貞元十七年, 公是年三十四.」"라 함.

태항산太行山 남쪽에 반곡盤谷이란 곳이 있으며, 반곡의 사이에는 샘
물이 달고 토지가 비옥하여 초목은 무성하나 살고 있는 사람은 드물다.
　어떤 사람은 "두 산이 둘러싸인 중간에 있는 곳이어서, 반盤이라 한다"
하고, 어떤 사람은 "이 골짜기가 깊숙한 곳에 자리하면서 형세가 험해서
은자隱者들이 반환盤桓하는 곳이기에 붙여진 지명"이라고도 한다.
　친구 이원李愿이 그곳에 살면서 이렇게 말하였다.
　"사람들이 말하는 대장부를 나는 이렇게 알고 있지요. 남에게 이익과
혜택을 베풀고, 당대에 명성을 빛내며, 조정에 앉아서는 백관을 진퇴進
退시키면서 천자가 내는 명령을 보좌하지요. 그리고 밖으로 행차할 때
면 기모旗旄의 깃발을 세우고, 활과 화살을 든 병사들이 늘어서고, 무
부武夫들은 앞에서 소리쳐 사람들을 물러나도록 하며, 종자從者들이 길
을 가득 메우며, 필요한 것을 공급供給하는 이들은 저마다 그 물건을 들
고 길을 끼고 내달리지요. 즐겁게 해주는 이에게는 상을 내리고, 노엽게
하면 형벌을 내리며, 준재俊才들이 그의 앞에 가득 모여 고금古今의 사례
를 거론하면서 그의 성덕盛德을 칭송하여, 귀로 들어도 번거롭지 아니하
게 해 주지요. 그는 굽은 눈썹에 풍성한 뺨, 그리고 맑은 목소리에 편안
한 몸가짐, 밖으로는 수려하고 안으로는 은혜로운 태도에, 목덜미 옷깃

은 바람에 가볍게 펄럭이고, 긴 소매는 얼굴을 가려주며, 흰 분에 초록 눈썹 바른 미인들이 방에 줄지어 한가하게 살고 있으면서, 총애를 다투고 자신의 미모를 자부하며, 아름다움을 경쟁하여 사랑을 취하려 들지요. 이러한 대장부란 천자로부터 인정받아 당세에 힘을 쓰는 일을 해내는 자이지만, 나는 이를 싫어해서 도망한 것이 아니라, 이런 경우는 운명이 있는 것이며, 요행으로 이룰 수 있는 것이 아니라 여겼기 때문이지요. 궁핍하게 살면서 초야에 묻혀 높은 곳에 올라 멀리 바라보고, 무성한 나무 아래 앉아 하루를 보내며 맑은 샘물에 씻어 스스로를 깨끗이 하며, 산에서 채취한 것은 맛이 좋아 가히 먹음직하고, 물에서 낚아 올린 것은 신선하여 먹을 만합니다. 일상 일어나고 움직임에 일정한 때가 없어 오직 편한 대로 하면 그만이니, 앞에서 칭찬을 듣는 것이 뒤에서 헐뜯음이 없는 것만 하겠으며, 자신에 즐거운 것이 마음에 근심 없는 것만 하겠습니까? 수레와 의복에 얽매임이 없고 형틀이 나에게 가해지지 않으며, 나라가 잘 다스려지는지 혼란스러운지는 알 바 없으며, 면직과 승진을 듣지 않아도 되는 것, 이것이 대장부로서 시대를 만나지 못했을 때 해야 하는 일인데, 나는 바로 이를 행하고 있소. 공경公卿의 문 앞을 기웃거리며, 출세의 길에 바삐 뛰어야 하며, 발은 앞으로 나가려 해도 머뭇거리게 되고, 입은 말하고자 하나 기가 죽어 말을 제대로 못하고, 더러운 곳에 있으면서도 부끄러움을 모르고, 형벌을 받아 주륙誅戮을 당하며, 만萬에 하나 요행으로 벗어난다 해도 늙어 죽어야 끝날 것이라면, 사람됨에 있어서 현명함과 불초함이 어떤 것이겠습니까?"

창려昌黎 나 한유韓愈는 그의 말을 듣고 장하게 여겨, 그에게 술을 주면서 노래를 지어주었다.

『반곡 안은 그대의 집이요,
  반곡의 땅은 그대의 농토로다.

반곡의 샘물은 씻을 수도 있고 따라 거닐 수도 있으며,

반곡의 막힘은 누가 그대와 그 장소를 두고 다투겠는가?

그윽하면서 깊은 곳이어서 넓어 용납할 수 있고,

빙 둘러 굽은 곳이어서 갔다가는 되돌아올 수밖에 없는 곳.

아! 반곡의 즐거움이여, 그 즐거움은 또한 끝이 없구나.

호랑이 표범도 자취를 멀리하고, 교룡도 제 모습을 숨겨 감추는 곳.

귀신이 지켜 보호하도다, 상서롭지 못한 것은 꾸짖어 막아주는 곳.

마시고 또 먹음이여, 장수하고 건강하리라.

부족함이 없으니 더 바랄 것이 무엇이겠는가?

내 수레에 기름칠을 하도다, 내 말에게 꼴을 먹이도다.

그대 따라 반곡으로 가서, 내 여생 그곳에서 유유자적하리라!』


太行之陽有盤谷, 盤谷之間, 泉甘而土肥, 草木叢茂, 居民鮮少.
或曰「謂其環兩山之間, 故曰盤」, 或曰「是谷也, 宅幽而勢阻, 隱者之所盤旋」.

友人李愿居之, 愿之言曰:「人之稱大丈夫者, 我知之矣. 利澤施于人, 名聲昭于時, 坐于廟朝, 進退百官而佐天子出令; 其在外則樹旗旄, 羅弓矢; 武夫前呵, 從者塞塗, 供給之人, 各執其物, 夾道而疾馳; 喜有賞, 怒有刑; 才畯滿前, 道古今而譽盛德, 入耳而不煩; 曲眉豐頰, 清聲而便體, 秀外而惠中; 飄輕裾, 翳長袖; 粉白黛綠者, 列屋而閑居, 妬寵而負恃, 爭妍而取憐. 大丈夫之遇知於天子, 用力於當世者之爲也, 吾非惡此而逃之, 是有命焉, 不可幸而致也. 窮居而野處, 升高而望遠; 坐茂樹以終日, 濯清泉以自潔; 採於山, 美可茹; 釣於水, 鮮可食. 起居無時, 惟適之安; 與其譽於前, 孰若無毀於其後; 與其樂於身, 孰若無憂於其心? 車服不維, 刀鋸不加; 理亂不知, 黜陟不聞. 大丈夫不遇於時者之所爲也, 我則行之. 伺候於公卿之門, 奔走於刑勢之途; 足將進而趑趄, 口將言而囁嚅;

處穢汙而不羞, 觸刑辟而誅戮; 僥倖於萬一, 老死而後止者, 其於
爲人, 賢不肖何如也?」

　　昌黎韓愈聞其言而壯之, 與之酒而爲之歌, 曰:

『盤之中, 維子之宮. 盤之土, 維子之稼.
　盤之泉, 可濯可沿, 盤之阻, 誰爭子所?
　窈而深, 廓其有容. 繚而曲, 如往而復.
　嗟盤之樂兮, 樂且無央. 虎豹遠跡兮, 蛟龍遁藏.
　鬼神守護兮, 呵禁不祥. 飮且食兮, 壽而康.
　無不足兮, 奚所望? 膏吾車兮, 秣吾馬.
　從子于盤兮, 終吾生以徜徉!』

【太行之陽有盤谷】'太行'(태항)은 산 이름. 河南省, 河北省, 山西省 일대에 걸쳐 있
　음. '陽'은 산의 남쪽. '山南江北曰陽'이라 함. '盤谷'은 地名. 太行山 남쪽 河南省
　濟源縣에 있음. 《東雅堂》에 "太行山谷, 在懷州陽南也; 盤谷, 地名, 在孟州濟原縣"
　이라 함.
【盤谷之間, 泉甘而土肥, 草木叢茂, 居民鮮少】'鮮少'는 사는 사람이 매우 드물어
　거의 없다시피 함.
【或曰「謂其環兩山之間, 故曰盤」】또는 그 지형이 두 산이 둘러싸인 중간에 있는
　곳이어서 '盤'이라 부름.
【或曰「是谷也, 宅幽而勢阻, 隱者之所盤旋」】'宅幽'은 그윽하고 깊숙한 곳에 위치함.
　'宅'은 자리를 잡고 있음. 《五百家注》에 "宅, 處也"라 함. '勢阻'는 지세나 산세가
　험준하여 막혀 있음. '盤旋'은 徘徊함. 이리저리 거닒을 뜻하는 疊韻連綿語. 盤桓
　과 같음. 《眞寶》注에 "盤旋, 猶盤桓"이라 하였고, 《東雅堂》에는 "盤下諸本皆有旋
　字, 洪氏〈石本〉, 〈杭本〉同. 或作'桓', 樊氏〈石本〉, 〈閣蜀〉, 〈苑〉刪去. 今按〈石本〉之
　不同. 說見於後. '友人', 諸本及洪氏〈石本〉皆作友. 樊氏〈石本〉作有."라 함.
【友人李愿居之, 愿之言曰】李愿이 그곳에 살면서 자신의 지조를 말함.
【人之稱大丈夫者, 我知之矣】'大丈夫'는 《孟子》滕文公(下)에 "景春曰:「公孫衍、張

儀, 豈不誠大丈夫哉? 一怒而諸侯懼, 安居而天下熄.」孟子曰:「是焉得爲大丈夫乎?
子未學禮乎? 丈夫之冠也, 父命之;女子之嫁也, 母命之;往送之門, 戒之曰:『往之女
家, 必敬必戒, 無違夫子!』以順爲正者, 妾婦之道也. 居天下之廣居;立天下之正位;
行天下之大道. 得志, 與民由之;不得志, 獨行其道, 富貴不能淫;貧賤不能移, 威武
不能屈. 此之謂大丈夫.」라 함.

【利澤施于人, 名聲昭于時, 坐于廟朝】'廟朝'는 廟堂과 朝廷. 朝廷을 뜻함.《眞寶》
注에 "廟朝, 謂廟堂朝廷"이라 함.

【進退百官而佐天子出令】'進退百官'은 백관의 진퇴를 결정함. 모든 관리들을 임명
하고 解職함.

【其在外則樹旗旄, 羅弓失;武夫前呵, 從者塞塗, 供給之人, 各執其物, 夾道而疾馳】
'樹旗旄'는 깃발을 세움. 장수로서의 위세를 뜻함. '前呵'는 장수가 출행할 때 앞
에서 辟除함을 뜻함. '塞塗'는 길을 가득 메움. 사람들이 많음. '供給之人'은 귀인
의 측근에서 심부름하는 사람. 侍從.

【喜有賞, 怒有刑, 才畯滿前, 道古今而譽盛德】'才畯'은 재주가 뛰어난 사람. 才俊과
같음.《五百家注》에 "畯, 〈今本〉作俊"이라 함. '道'는 '말하다'의 뜻.《眞寶》注에 "道,
猶言也"라 함.

【入耳而不煩, 曲眉豐頰, 淸聲而便體, 秀外而惠中, 飄輕裾, 翳長袖】'便體'는 몸을 편
안히 함.《五百家注》에 "便, 安也"라 함. '秀外而惠中'은 외모는 수려하고 속마음
씨는 은혜로움. '飄輕裾'는 목덜미 옷자락이 걸을 때마다 바람에 가볍게 나부낌.
《五百家注》에 "裾, 領也"라 함. '翳長袖'는 긴 소맷자락이 얼굴이나 몸을 덮음.
'翳'는 蔽의 뜻. 음은 '예'(於計反).

【粉白黛綠者, 列屋而閑居, 妬寵而負恃, 爭妍而取憐】'粉白黛綠'은 분은 희고 눈썹
화장은 녹색. 美人들을 말함. '負恃'는 믿고 의지함. 곧 자신의 아름다움을 믿고
뽐냄. '取憐'은 안타까움을 구함. 여인들이 총애를 구함.

【大丈夫之遇知於天子, 用力於當世者之爲也, 吾非惡此而逃之】대장부가 임금에게 인
정을 받아, 당세에 힘을 다해야 할 일이지만 내가 이를 싫어해서 피한 것이 아님.

【是有命焉, 不可幸而致也】이는 운명이 있는 것이며 요행으로 되는 것도 아님을
알았기 때문에 그러한 대장부가 되지 못한 것임.

【窮居而野處, 升高而望遠】'野處'는 山野에서 삶.《易》繫辭(下)에 "上古穴居而野處,
後世聖人易之以宮室"이라 함. 이 아래는 草野에 사는 대장부로서의 훌륭함을 설
명한 것임.

【坐茂樹以終日, 濯淸泉以自潔; 探於山, 美可茹, 釣於水, 鮮可食】'美可茹'는 맛이 좋아 먹음직함. '美'는 甘味의 뜻이며 '茹'는 食의 뜻. 《五百家注》와 《眞寶》注에 "茹, 食也"라 함.

【起居無時, 惟適之安】'起居無時'는 起居에 정해진 시간 구속이 없음. 매우 자유로움을 뜻함. '起居'는 일상생활.

【與其譽於前, 孰若無毀於其後; 與其樂於身, 孰若無憂於其心】'與其－孰若'는 비교격으로 쓰이는 文章構造를 만듦. 'A가 하는 것이 어찌 B만 할까?', 즉 'B가 하는 편이 낫다'의 뜻이 됨.

【車服不維, 刀鋸不加; 理亂不知, 黜陟不聞】'車服不維'는 수레와 의복에 얽매이지 않음. '維'는 '얽어매다, 구속을 받다'의 뜻. 《五百家注》에 "維, 繫也"라 함. '刀鋸'는 칼과 톱. 刑具를 뜻함. '理亂'은 나라의 다스려짐과 혼란함. 治亂과 같음. '黜陟'은 免職과 昇進을 함께 일컫는 雙聲連綿語.

【大丈夫不遇於時者之所爲也, 我則行之】이는 때를 만나지 못한 대장부가 해야 하는 일이며 자신은 이를 실행하고 있음.

【伺候於公卿之門, 奔走於刑勢之途】'伺候'는 윗사람을 방문하여 엿봄. 윗사람을 찾아가 안부를 물음. 권력자의 눈치를 살핌. '公卿'은 三公과 九卿. 고위 관리를 말함. '形勢之途'는 權門勢家. 벼슬길, 출셋길. 여기서부터는 옳지 못한 대장부를 설명한 것.

【足將進而趑趄, 口將言而囁嚅】'趑趄'(자저)는 머뭇거리는 모습을 뜻하는 雙聲連綿語. '跋踏'과 같음. 《五百家注》에 "韓曰: 趑趄行不進貌. 孫曰: 趑趄, 跋踏也"라 함. '囁嚅'는 말을 하려다가 겁을 내어 제대로 표현하지 못하고 어물거리는 모습을 뜻하는 連綿語. 《別本》에 "趑, 取私切; 趄音徂. 囁, 之舌切, 又而舌切; 嚅, 女居切, 又音如. 趑趄, 行不進貌; 囁嚅, 不敢出口也"라 하여, '囁嚅'는 '이여'의 雙聲連綿語로 읽어야 타당할 듯함. 《眞寶》注에 "趑趄, 猶難進; 囁嚅, 欲言未言"이라 함.

【處穢汙而不羞, 觸刑辟而誅戮】'穢汙'는 더러움. '汙'는 汚와 같음. '刑辟'은 아주 큰 형벌. '誅戮'은 죄인을 죽임.

【僥倖於萬一, 老死而後止者】'僥倖於萬一'은 만에 하나도 있기 어려운 요행을 바람. '僥倖'은 連綿語. '老死而後止'는 늙어죽은 다음에야 그침. 살아 있는 동안은 피할 수 없음.

【其於爲人, 賢不肖何如也】'賢不肖'는 현명함과 어리석음.

【昌黎韓愈聞其言而壯之, 與之酒而爲之歌】'昌黎'는 地名. 河北省에 있는 縣 이름.

韓愈 先代의 緣故地여서 韓愈를 昌黎先生이라 부름.

【盤之中, 維子之宮. 盤之土, 維子之稼】'子'는 그대, 즉 상대를 부르는 호칭. '宮'은
집. 고대 일반인의 집도 宮이라 불렀음. '稼'는 稼穡, 즉 농사를 지음.

【盤之泉, 可濯可沿. 盤之阻, 誰爭子所?】'沿'은 물을 따라 거니는 것. '緣'과 같음.
그러나 《五百家注》에는 '湘'으로 되어 있으며 注에 "祝曰:《釋文》: 湘, 烹也.〈采
蘋〉:「于以湘之.」○可湘', 一作'而沿', 一作'可沿', 一作'可遊'"라 함. '阻'는 구불구
불하여 외진 곳. 《五百家注》에 "阻, 屈折也"라 함.

【窈而深, 廓其有容. 繚而曲, 如徃而復】'廓'은 텅 비어 넓음. '繚而曲'은 구불구불 굽
이짐.

【嗟盤之樂兮, 樂且無央. 虎豹遠跡兮, 蛟龍遁藏】'無央'은 가운데가 없음. '央'은 已
의 뜻. 《眞寶》注에 "無央, 猶無盡"이라 함.

【鬼神守護兮, 呵禁不祥. 飮且食兮, 壽而康】'呵禁'은 꾸짖어 오지 못하도록 함.

【無不足兮, 奚所望? 膏吾車兮, 秣吾馬】'膏吾車'는 내 수레에 기름칠을 함. '秣'은 말
에게 꼴을 먹임. 출발을 준비함.

【從子于盤兮, 終吾生以徜徉】'徜徉'은 徘徊하며 '悠悠自適, 逍遙自適함'을 뜻하는
疊韻連綿語. 《五百家注》에 "韓曰: 徜徉, 徘徊也. 孫曰:《博雅》云:「徜徉, 戲蕩也.」○
上, 辰羊切, 音常;下, 余章切, 音羊"이라 하여 '상양'으로 읽음.

### 참고 및 관련 자료

1. 작자: 韓愈(韓退之) 022 참조.

2. 이 글은 《別本韓文考異》(19), 《五百家注昌黎文集》(19), 《東雅堂昌黎集註》(19),
《唐宋八大家文鈔》(7), 《唐文粹》(96), 《崇古文訣》(9), 《文章軌範》(7), 《文苑英華》(730),
《文章正宗》(21 下), 《文編》(54), 《唐宋文醇》(4), 《古文雅正》(8), 《文章辨體彙選》(336),
《山西通志》(212), 《盤山志》(4), 《事文類聚》(前集 33), 《淵鑑類函》(291) 등에 실려 있음.

# 042. <送陸歙州傪詩序> ·················· 韓退之(韓愈)
## 흡주자사 육참을 보내면서 지은 시의 서문

*<送陸歙州傪詩序>: 歙州刺史 陸傪(육참)을 보내면서 지은 시의 서문. 陸傪은 그
당시 祠部員外郎을 지내던 인물. 《五百家注》에 "孫曰: 陸傪, 字公佐. 吳郡人, 貞
元十六年召爲祠部員外郎, 十八年, 執事者上言: 「其才淸爲劇曹.」 會東方守臣表:
「二千石之缺.」 上乃以傪爲歙州刺史"라 하였으며, 그 밖에 크게 알려진 사적은 없
음. 그가 歙州(지금의 江西 婺原縣)의 刺史가 되어 떠나게 되자 한유는 그가 長
安을 떠나지 말아야 한다고 여겨, 시로써 전송하면서 서문과 함께 쓴 것임. 원
제목은 <送陸歙州序>, 혹은 <送陸員外出刺歙州詩>(幷序)로 되어 있음. 《別本》
注에 "或無'詩'字, 或作<送陸員外刺歙州詩幷序>. 方云: 陸, 傪也. 洪云: 一本自此下
爲第二十卷"이라 함.
*《眞寶》注에 "此吾州事, 不可不知, 兼文字中, 以此意施之郡守者甚侈, 故選之. 然
陸侯雖有此除, 未幾卒于道, 不及到也"라 함.


　정원貞元 18년(802) 2월 18일, 사부원외랑祠部員外郎 육군陸君이 흡주
자사歙州刺史로 나가게 되자, 조정에서 새벽부터 밤늦게까지 부지런히
일하는 현자賢者들과 도읍 장안으로 떠나와 사는 훌륭한 인물들이 탄
식하고 눈물 콧물 흘리면서 모두가 그를 떠나보내지 않아야 한다고 여
겼다.
　흡주는 큰 주州이며, 자사는 높은 벼슬이어서, 낭관郎官의 직위에서
그런 곳에 부임하는 일은 앞뒤로 마주 볼 정도로 잦은 일이었다.
　지금 천하에서 바치는 공부貢賦는 강남江南에서 10분의 9를 차지하며,
선주宣州의 관찰사觀察使가 몸소 살피는 곳으로 흡주는 부유한 고을이
어서, 재상과 신하들이 추천하는 바에 따라 천자가 임명하는 곳이니, 그
벼슬이 가볍지 아니하며 중하다는 것은 아주 분명하다.
　그런 곳이어서 탄식하고 눈물 흘리며 보내는 것이 부당하다고 여기는

까닭은, 육참이 행하는 도는 조정에서 실행하면 천하가 그의 은덕을 바라보지만, 한 주州의 자사로 있으면 그곳에만 그칠 뿐이어서 능히 천하모두에게 베풀어질 수 없기 때문이니, 하나의 주를 앞세우고 천하를 뒤로 하는 것이, 어찌 우리 임금이나 재상의 마음이겠는가!

이에 창려昌黎 나 한유韓愈는 그가 조정에 그대로 머물러 있기를 바라는 이들의 마음을 말하고, 그들의 생각을 풀어내어 이렇게 시를 짓는다.

『내 옷 화려하고, 나의 패식佩飾 빛나도다.
육참이 떠나가게 되었으니, 누구와 더불어 훨훨 나나?
그의 큰 은혜를 거두어 한 고을에만 베풀게 하려 하네.
지금 그가 가고 있는데, 어찌 머물게 하지 않는가?
내 이 시를 지어 넓은 큰 길에서 노래하여 알리노니,
수레 너무 빨리 몰지 말게나, 천자께서 곧 조칙詔勅을 내리시리니!』

貞元十八年二月十八日, 祠部員外郎陸君, 出刺歙州, 朝廷夙夜之賢, 都邑游居之良, 齋咨涕洟, 咸以爲不當去.

歙, 大州也; 刺史, 尊官也, 由郎官而往者, 前後相望也.

當今賦出於天下, 江南居十九; 宣使之所察, 歙爲富州, 宰臣之所薦聞, 天子之所選用, 其不輕而重也較然矣.

如是而齋咨涕洟, 以爲不當去者: 陸君之道, 行乎朝廷, 則天下望其賜; 刺一州, 則專而不能咸, 先一州而後天下, 豈吾君與吾相之心哉!

於是昌黎韓愈, 道願留者之心, 而泄其思, 作詩曰:

『我衣之華兮, 我佩之光.
陸君之去兮, 誰與翺翔?
欲此大惠兮, 施于一州.
今其去矣, 胡不爲留?
我作此詩, 歌于達道,
無疾其驅, 天子有詔!』

【貞元十八年二月十八日】'貞元'은 唐나라 德宗의 연호. 貞元 18년은 802년.

【祠部員外郎陸君, 出刺歙州】'祠部員外郎'은 祠部의 員外郎. 祠部는 나라의 제사 등을 맡아 총괄하는 부서. '員外郎'은 定員이 아닌 外郎. 덕과 실력이 있어 특별히 정원 외로 임명하여 자문과 도움을 제공하는 직책. '陸君'은 陸傪. 歙州刺史가 되어 떠나게 됨. '歙州'는 지금의 江西省 婺源縣.

【朝廷夙夜之賢, 都邑游居之良, 齎咨涕洟, 咸以爲不當去】'夙夜之賢'은 새벽부터 밤늦도록 열심을 다하는 사람. 《五百家注》에 "孫曰:《詩》:「三事大夫, 莫肯夙夜.」"라 하였고 《詩》 小雅 雨無正에 "周宗旣滅, 靡所止戾. 正大夫離居, 莫知我勩. 三事大夫, 莫肯夙夜. 邦君諸侯, 莫肯朝夕"이라 함. '游居之良'은 정식 住居地가 그곳은 아니지만 그곳에서 활동하는 훌륭한 인물들. 여기서는 의식 있는 모든 사람들이 다 나섰음을 말함. '齎咨涕洟'는 탄식하고 한숨을 지으며 눈물 콧물을 흘림. '齎咨'는 탄식함을 뜻하는 雙聲連綿語. 《五百家注》에 "孫曰:《易》革(萃의 오류)卦之辭, '齎咨', 嗟歎之聲. 自目曰涕, 自鼻曰洟"라 하였고 《易》 萃卦 上六에 "齎咨涕洟, 无咎. 象曰:「齎咨涕洟」, 未安上也"라 함.

【歙, 大州也; 刺史, 尊官也, 由郎官而往者, 前後相望也】'刺史'는 규모가 큰 州의 지방장관. '郎官'은 궁중의 벼슬이름. 이들 중 뛰어난 자는 지방의 刺史로 발탁되어 出任시키는 경우가 잦았음. '相望'은 '冠蓋相望'의 줄인 말로 끝없이 이어짐을 말함. 《史記》 文帝本紀에 "今朕夙興夜寐, 勤勞天下, 憂苦萬民, 爲之怛惕不安, 未嘗一日忘於心, 故遣使者冠蓋相望, 結軼於道, 以諭朕意於單于"이라 하여 사신들이 계속 파견되는 이들의 관(冠)과 수레의 개(蓋)가 서로 바라보일 정도로 줄을 서서 오가고 있음을 뜻함. 매우 잦음을 말함.

【當今賦出於天下, 江南居十九; 宣使之所察, 歙爲富州】'居十九'는 10분의 9를 차지함. '宣使'는 宣慰使. 王命으로 지방의 백성들과 군대에 관한 일을 살피고 관장하던 직책. 그러나 《五百家注》에는 "孫曰: 宣, 歙, 池, 三州觀察使, 治宣州"라 하여

세 곳을 함께 관할하는 觀察使를 뜻하는 것으로 되어 있음.

【宰臣之所薦聞, 天子之所選用, 其不輕而重也較然矣】'較然'은 분명함. 뚜렷함.

【如是而齋吝涕洟, 以爲不當去者】'不當去者'는 떠나는 것이 부당하다고 여기는 이유. '者'는 '이유'에 해당함.

【陸君之道, 行乎朝廷, 則天下望其賜】'望其賜'는 그가 정치를 잘하여 그의 은덕이 내려지기를 바람.

【刺一州, 則專而不能咸】'專而不能咸'은 그의 善政이 하나의 州에만 베풀어져 전체에 미칠 수 없음.《東雅堂》注와《眞寶》注에 "今按《莊子》有「周徧咸」之語"라 하였고,《莊子》知北遊篇에는 "至道若是, 大言亦然. 周徧咸三者, 異名同實, 其指一也"라 하여 '두루함(周), 치우침(遍, 徧), 모두(咸)는 같은 것'이라 함.

【先一州而後天下, 豈吾君與吾相之心哉】'하나의 州를 앞세우고 天下를 뒤로 하는 것이 어찌 우리 임금이나 재상의 마음이겠는가?'의 뜻. 임금과 재상의 뜻은 천하를 먼저 앞세우는 것이니 건의를 해 주면 들어줄 것임을 말한 것.

【於是昌黎韓愈, 道願留者之心, 而泄其思, 作詩曰】'道'는 '말하다'의 뜻.《眞寶》注에 "道, 猶言也"라 함. '泄其思'는 그들의 생각을 發泄시켜줌.

【我衣之華兮, 我佩之光】내 옷이 빛나고 내 패옥이 빛을 발함. '華'는 일부 판본에는 '美'로 되어 있으며《五百家注》에 "華, 一作美"라 함. '나'는 韓愈를 가리킴. 이는 陸傪과 같이 하고 있기 때문임.

【陸君之去兮, 誰與翱翔】'翱翔'(고상)은 새가 펄펄 날아다님. 날개를 맘대로 펴고 노닒.《眞寶》注에 "翱翔, 猶逍遙"라 함.

【歛此大惠兮, 施于一州】이처럼 큰 혜택을 거두어 겨우 하나의 州에만 시행함

【今其去矣, 胡不爲留】'지금 떠나면서 어찌 남아 있지 않는가?'의 뜻.

【我作此詩, 歌于逵道】'逵道'는 四通九達의 큰 길.《五百家注》에 "孫曰: 逵, 大道也.《爾雅》「九達謂之逵」"라 함. 누구나 다 알도록 함을 뜻함.

【無疾其驅, 天子有詔】'수레는 너무 급히 가지 말 것, 천자의 조칙이 곧 있을 것이니'의 뜻.《五百家注》에 "黃曰: 是歲四月二十八日, 傪未至州, 卒于道"라 하여 결국 그해 4월 陸傪은 부임 도중 길에서 생을 마치고 말았음.

> 참고 및 관련 자료

1. 작자: 韓愈(韓退之) 022 참조.
2. 이 글은《別本韓文考異》(19),《五百家注昌黎文集》(19),《東雅堂昌黎集註》(19),《唐文粹》(96),《唐宋八大家文鈔》(6),《文苑英華》(717) 등에 실려 있음.

## 043. <師說> ·················· 韓退之(韓愈)

### 사설

*<師說>: 唐代에는 스승을 모시는 것을 수치로 여기는 풍조가 만연하였지만, 어린 李蟠이 韓愈에게 찾아와 古文을 배우겠다고 하자, 스승으로서의 道와 제자로서 스승을 모시고 배워야 하는 道理를 밝힌 것.

*《眞寶》注에 "洪曰: 柳子厚<與韋中立書>云:「韓愈奮不顧流俗, 作<師說>, 因抗顏而爲師.」又<報嚴厚與書>云:「僕才能勇敢, 不如韓退之, 故不爲人師. 余觀退之<師說>云:'弟子不必不如師, 師不必賢於弟子.' 其言非好爲人師者也.」○唐人不知事師, 此最可怪, 退之云:「若世無孔子, 僕不當在弟子之列.」當時宜爲師者, 非韓公其誰? 韓門如李翶, 張籍, 皇甫湜, 孟郊, 公雖不耳提面命而爲之師, 然誘掖作成, 宗主之造, 非師而何? 柳子厚雖屢謂韓公不合欲爲人師, 然柳在柳州, 士凡經子厚口講指畫, 皆有師法, 非師而何? 但惜乎二子之爲人師, 不過詞章之師耳, 雖以道爲說, 而終非道統淵源之師也. 詳見柳子厚<答韋中立書>"라 함. 한편《五百家注》와《東雅堂》注에도 "洪曰: 柳子厚<答韋中立書>云:「今之世不聞有師, 獨韓愈不顧流俗, 犯笑侮, 收召後學, 作<師說>, 因抗顏爲師, 愈以是得狂名.」又<報嚴厚與書>云:「僕才能勇敢不如韓退之, 故不爲人師. 人之所見有同異, 無以韓責我. 余觀退之<師說>云:'弟子不必不如師, 師不必賢于弟子.' 其言非好爲人師者也.」學者不歸子厚, 歸退之, 故子厚有此說耳"라 함.

옛날에 배우는 이들에게는 반드시 스승이 있었으니, 스승이란 도를 전하고 학업을 가르쳐 주며 의혹을 풀어주기 위한 것이다.

사람은 태어나면서부터 아는 것이 아니니, 누군들 능히 의혹이 없을 수 있겠는가?

의혹을 가지고 있으면서도 스승을 따라 배우지 않는다면, 그의 의혹은 끝내 풀리지 않을 것이다.

나보다 앞서 태어나고, 그가 도를 들음도 진실로 나보다 앞섰다면, 나는 그를 따르며 스승으로 삼는 것이며, 나보다 뒤에 태어났더라도 그가 도를 들음이 또한 나보다 앞섰다면, 나는 그를 따르며 스승으로 삼는다.

나는 도를 스승으로 삼는 것이니, 어찌 그 나이가 나보다 앞서 태어나고 뒤에 태어남을 알려고 하겠는가!

이 까닭으로 신분이 귀한 것도 없으며 천한 것도 없고, 나이가 나보다 어른인 것도 없고 어린 것도 따질 필요가 없으며, 도가 존재하는 곳이 곧 스승이 존재하는 곳이다.

아! 스승의 도가 전해지지 않은 지 오래되었으니, 사람들로 하여금 의혹이 없게 하기가 어렵도다!

옛날의 성인은 그 출중함이 훨씬 뛰어났건만 그래도 오히려 스승을 따라 질문하였는데, 오늘날의 많은 사람들은 그가 성인보다 훨씬 아래임이 분명하건만 스승에게 배우기를 부끄러워하고 있다.

이 까닭으로 성인은 더욱 성명聖明해지고, 우인愚人은 더욱 어리석게 되고 말았으니, 성인이 성명해지고 우인이 어리석게 되는 까닭은 모두가 여기에서 출발이 되는 것이다!

자식을 사랑하여 스승을 골라서 가르쳐 주면서도, 그 자신에게는 스승 두기를 부끄럽게 여기니 미혹되도다!

저 어린아이의 스승은 그에게 글을 가르치되 그 구두句讀를 학습시키는 것이지, 내가 말하는 바의 그 도를 전해주고 그 의혹을 풀어주는 자는 아니다.

구두를 모르거나 의혹을 해결하지 못하는 경우, 혹은 스승을 두기도 하고, 혹은 그렇게 하지 않고 있으니, 이는 작은 것은 배우고 큰 것은 놓치는 것으로써 나는 그들로부터 현명함을 발견할 수 없다.

무의巫醫나, 악사樂師, 그리고 온갖 직공職工들은 서로 스승을 삼기를 부끄러워하지 않는데, 사대부의 족속들은 누가 누구의 스승이니 혹 제자이니 들먹이며 무리지어 모여서 비웃는다.

그들에게 물어보면 "저 사람과 저 사람은 나이가 서로 같고, 도道도 서로 비슷하다. 지위가 낮은 자를 스승으로 삼는 것은 족히 부끄러운 일이요, 스승이 관직이 높으면 아첨에 가깝다"라고 말한다.

아! 스승의 도가 회복되지 않았음을 가히 알만하도다!

무의나 의사나(악사), 그리고 온갖 직공들은 군자君子들이 업신여기지만, 지금 그들의 지혜에는 도리어 능히 미치지 못하고 있으니 가히 괴이한 일이로다!

성인에게는 일정한 스승이 없었으니, 공자는 담자郯子, 장홍萇弘, 사양師襄, 노담老聃에게 배웠는데, 담자의 무리는 현명함이 공자에 미치지 못하였다.

공자는 "세 사람이 함께 가면, 그중에 반드시 나의 스승이 있다" 하였다. 이 까닭으로 제자가 반드시 스승만 못해야 할 필요도 없으며, 스승이라고 해서 반드시 제자보다 나아야 하는 것도 아니다. 도道를 들음에서의 선후, 학술과 직업에의 전공, 이와 같은 것일 뿐이다.

이씨李氏의 아들 반蟠은 나이 열일곱에 고문古文을 좋아하여, 육경六經의 경전을 모두 익혀 통달하였는데, 시속時俗에 얽매이지 않고 나에게 배움을 청하기에, 나는 그가 옛 도를 능히 실행할 수 있음을 가상히 여겨 이 〈사설師說〉을 지어 그에게 주노라.

古之學者必有師: 師者, 所以傳道, 授業, 解惑也.
人非生而知之者, 孰能無惑?
惑而不從師, 其爲惑也, 終不解矣.
生乎吾前, 其聞道也, 固先乎吾, 吾從而師之; 生乎吾後 其聞道也, 亦先乎吾, 吾從而師之.
吾師道也, 夫庸知其年之先後生於吾乎!

是故無貴無賤, 無長無少, 道之所存, 師之所存也.

嗟乎! 師道之不傳也久矣, 欲人之無惑也難矣!

古之聖人, 其出人也遠矣, 猶且從師而問焉; 今之眾人, 其下聖人也亦遠矣, 而恥學於師.

是故聖益聖, 愚益愚, 聖人之所以為聖, 愚人之所以為愚, 其皆出於此乎!

愛其子, 擇師而教之, 於其身也, 則恥師焉, 惑矣!

彼童子之師, 授之書而習其句讀者也, 非吾所謂傳其道, 解其惑者也.

句讀之不知, 惑之不解, 或師焉, 或不焉, 小學而大遺, 吾未見其明也.

巫醫, 樂師, 百工之人, 不恥相師; 士大夫之族, 曰師曰弟子云者, 則羣聚而笑之.

問之, 則曰:「彼與彼年相若也, 道相似也. 位卑則足羞, 官盛則近諛.」

嗚呼! 師道之不復, 可知矣!

巫醫, (樂師), 百工之人, 君子不齒, 今其智乃反不能及, 可怪也歟!

聖人無常師, 孔子師郯子, 萇弘, 師襄, 老聃, 郯子之徒, 其賢不及孔子.

孔子曰:「三人行, 則必有我師.」是故弟子不必不如師, 師不必賢於弟子; 聞道有先後, 術業有專攻, 如斯而已.

李氏子蟠, 年十七, 好古文, 六藝經傳, 皆通習之, 不拘於時, 請學於余, 余嘉其能行古道, 作<師說>以貽之!

【古之學者必有師】韓愈의 〈進士策問十三首〉에 "問:「古之學者必有師.」'所以通其業, 成就其道德者也. 由漢氏已來, 師道日微. 然猶時有授經傳業者. 及于今, 則無聞矣. 德行若顏回, 言語若子貢, 政事若子路, 文學若子游, 猶且有師, 非獨如此, 孔子亦有師:問禮于老聃, 問樂于萇弘是也. 今之人不及孔子, 顏回遠矣, 而且無師, 然其不聞有業不通, 而道德不成者, 何也?"라 함.

【師者, 所以傳道, 授業, 解惑也】'傳道'는 道(《大學》의 八條目)를 전수해줌. '受業'은 學業을 가르쳐 줌. 《論語》學而篇에 "曾子曰:「吾日三省吾身:爲人謀而不忠乎? 與朋友交而不信乎? 傳不習乎?」"라고 함. '業'은 구체적인 과목. 곧 《詩》, 《書》, 《禮》, 《易》, 《春秋》, 《樂》의 六經. '解惑'은 의문이나 품고 있던 迷惑, 疑惑을 풀어주는 것. 《文章軌範》注에 "道者, 致知, 格物, 誠意, 正心, 齊家, 治國, 平天下之道; 業者, 六經, 禮樂, 文學之業; 惑者, 胸中有疑惑而未開明也"라 함.

【人非生而知之者, 孰能無惑】'生而知之'는 태어나면서부터 아는 것. 흔히 聖人의 경지를 말함. 《論語》述而篇에 "子曰:「我非生而知之者, 好古, 敏以求之者也.」"라 하였고, 그 注에 "生而知之者, 氣質清明, 義理昭著, 不待學而知也"라 함. 한편 〈季氏篇〉에도 "孔子曰:「生而知之者上也; 學而知之者次也; 困而學之, 又其次也; 困而不學, 民斯爲下矣.」"라 함. 《中庸》(20)에도 "或生而知之, 或學而知之, 或困而知之, 及其知之一也; 或安而行之, 或利而行之, 或勉强而行之, 及其成功一也"라 함.

【惑而不從師, 其爲惑也, 終不解矣】迷惑하면서도 스승을 따르지 않는 것. 그것이 미혹한 것이며 끝내 미혹함을 해결할 수 없음.

【生乎吾前, 其聞道也, 固先乎吾, 吾從而師之】'固'는 '진실로'. 뜻을 강조하는 副詞. '聞道'는 도를 들음. 《論語》里仁篇에 "朝聞道, 夕死可矣"라 함.

【生乎吾後 其聞道也, 亦先乎吾, 吾從而師之】나보다 늦게 태어났으나 도를 들음이 앞섰다면 나는 그를 따라 배우며 스승으로 삼음.

【吾師道也, 夫庸知其年之先後生於吾乎】'師道'의 '師'는 述語. "도를 스승으로 삼음". '庸'은 疑問副詞. 何, 焉, 惡, 安, 詎, 胡, 豈 등과 같음. 스승으로 모시는 원칙은 태어남의 선후에 있지 않음. 《眞寶》注에 "庸知, 猶言豈知"라 함.

【是故無貴無賤, 無長無少, 道之所存, 師之所存也】貴賤이나 長少 등에 관계없으며, 오직 도가 존재하는 곳에 스승이 존재함.

【嗟乎! 師道之不傳也久矣, 欲人之無惑也難矣】'嗟乎'는 감탄사. '師道'는 스승이 있어야 하며 스승이 있어야 하는 이유와 그 本領 등의 道.

【古之聖人, 其出人也遠矣, 猶且從師而問焉】'出人'은 남보다 出衆함. '猶且'은 '오히

려, 그럼에도' 등의 뜻. '焉'은 處所나 目的語 등이 필요할 때 사용하는 終結詞.

【今之衆人, 其下聖人也亦遠矣, 而恥學於師】지금 많은 사람은 聖人에 비하면 아주 낮건만 스승에게 배우는 것을 수치로 여김.

【是故聖益聖, 愚益愚, 聖人之所以爲聖, 愚人之所以爲愚, 其皆出於此乎】聖人이 성인이 되고, 愚人이 우인이 되는 이유는 모두 여기에서 비롯됨. '出'은 由와 같으며 출발점이 됨.

【愛其子, 擇師而敎之, 於其身也, 則恥師焉, 惑矣】아이에게는 스승을 택해주고 자신은 배우는 것을 수치로 여기는 것은 미혹한 것임.

【彼童子之師, 授之書而習其句讀者也, 非吾所謂傳其道, 解其惑者也】'句讀'(구두)는 읽기에 편하도록 숨을 쉬거나 말을 끊는 것. '讀'는 '두'로 읽음.《東雅堂》注에 "方云:'讀'音豆.《周禮》天官注:「徐邈讀馬融〈笛賦〉作句, 投, 徒鬪切;何休〈公羊序〉: 失其句讀, 不音. 山谷〈和黃晃仲〉詩, 只从如字"라 함.

【句讀之不知, 惑之不解, 或師焉, 或不焉】이 구절은 "句讀之不知, 或師焉;惑之不解, 或不焉"의 문장 구조여야 함. 句讀를 모르는 경우 더러는 스승을 찾아가지만 미혹한 것이 풀리지 않는데도 스승을 찾지 않음.

【小學而大遺, 吾未見其明也】'小學而大遺'는 작은 것을 배우느라 큰 것을 잃음. '遺'는 '잃다, 놓치다, 빠뜨리다, 버리다' 등의 뜻. '未見其明'은 "그들에게서 현명함을 찾을 수 없다"의 뜻.

【巫醫, 樂師, 百工之人, 不恥相師】'巫醫'는 병을 고치는 직업. 고대에 '巫'는 精神的인 병, '醫'는 肉身의 병을 고치는 직업이었으며 신분상 천시를 받았음. '醫'는 '毉'로도 표기함.《論語》子路篇에 "子曰:「南人有言曰:『人而無恆, 不可以作巫醫.』 善夫!」"라 하였고, 注에 "巫, 所以交鬼神;醫, 所以寄死生. 故雖賤役, 而尤不可以無常, 孔子稱其言而善之"라 함. '樂師'는 樂工. 주로 盲人이 맡았으며 역시 높은 신분이 아니었음. '百工'은 각종 직공들. 물건을 만들거나 토목, 건축 등에 참여하는 직종의 사람들. 기술자, 기능공.

【士大夫之族, 曰師曰弟子云者, 則羣聚而笑之】士大夫들은 스승과 제자 사이를 두고 모여서 서로 신분이 맞지 않다고 비웃음.

【問之, 則曰:「彼與彼年相若也, 道相似也. 位卑則足羞, 官盛則近諛.」】자신보다 지위가 낮은 자를 스승으로 삼는 것은 羞恥요, 관직이 높은 이를 스승으로 삼는 것은 阿諛에 가까운 것이라 말함.

【嗚呼! 師道之不復, 可知矣】'復'은 회복됨. 다시 살아남.

【巫醫, (樂師), 百工之人, 君子不齒, 今其智乃反不能及, 可怪也歟】'(樂師)'는 《別本》, 《五百家注》, 《東雅堂》 등의 판본에 모두 들어 있음. '君子不齒'는 《五百家注》에는 '君子鄙之'로 되어 있으며 그 注에 "一作不齒"라 함. '不齒'는 '대등히 여기지 않음, 나란히 하려 하지 않음. 업신여김, 천시함. 무시함' 등의 뜻. 《眞寶》注에 "齒, 猶齒論"이라 함.

【聖人無常師, 孔子師郯子, 萇弘, 師襄, 老聃】'郯子'는 郯나라 子爵의 군주. 郯은 己姓, 또는 嬴姓으로 지금의 山東 郯城縣에 있던 작은 나라. 《左傳》昭公 17년에 "秋, 郯子來朝, 公與之宴. 昭子問焉, 曰:「少皞氏鳥名官, 何故也?」郯子曰:「吾祖也, 我知之. 昔者黃帝氏以雲紀, 故爲雲師而雲名; 炎帝氏以火紀, 故爲火師而火名; 共工氏以水紀, 故爲水師而水名; 大皞氏以龍紀, 故爲龍師而龍名. 我高祖少皞摯之立也, 鳳鳥適至, 故紀於鳥, 爲鳥師而鳥名, 鳳鳥氏, 曆正也; 玄鳥氏, 司分者也; 伯趙氏, 司至者也; 靑鳥氏, 司啓者也; 丹鳥氏, 司閉者也. 祝鳩氏, 司徒也; 鴡鳩氏, 司馬也; 鳲鳩氏, 司空也; 爽鳩氏, 司寇也; 鶻鳩氏, 司事也. 五鳩, 鳩民者也. 五雉爲五工正, 利器用, 正度量, 夷民者也. 九扈爲九農正, 扈民無淫者也. 自顓頊氏以來, 不能紀遠, 乃紀於近. 爲民師而命以民事, 則不能故也.」仲尼聞之, 見於郯子而學之. 旣而告人曰: 「吾聞之:『天子失官, 官學在四夷』, 猶信.」"이라 하여, 孔子가 郯子에게 官職에 대해 배웠음. '萇弘'은 周 敬王 때의 대부. 《孔子家語》 觀周篇에 "與孔子車一乘馬二疋, 豎子侍御, 敬叔與俱至周, 問禮於老聃, 訪樂於萇弘, 歷郊社之所, 考明堂之則, 察廟朝之度, 於是喟然曰:「吾乃今知周公之聖與周之所以王也.」"라 하여, 孔子가 萇弘에게 樂에 대해 배웠음. '師襄'은 樂官. 《孔子世家》에 "孔子學鼓琴師襄子, 十日不進. 師襄子曰:「可以益矣.」孔子曰:「丘已習其曲矣, 未得其數也.」有閒, 曰:「已習其數, 可以益矣.」孔子曰:「丘未得其志也.」有閒, 曰:「已習其志, 可以益矣.」孔子曰:「丘未得其爲人也.」有閒, (曰)有所穆然深思焉, 有所怡然高望而遠志焉. 曰:「丘得其爲人, 黯然而黑, 幾然而長, 眼如望羊, 如王四國, 非文王其誰能爲此也!」師襄子席再拜, 曰:「師蓋云文王操也.」"라 하여, 공자가 師襄에게서 '琴'을 배웠음. '老聃'은 老子. 《史記》 老子傳에 "孔子適周, 將問禮於老子. 老子曰:「子所言者, 其人與骨皆已朽矣, 獨其言在耳. 且君子得其時則駕, 不得其時則蓬累而行. 吾聞之, 良賈深藏若虛, 君子盛德, 容貌若愚. 去子之驕氣與多欲, 態色與淫志, 是皆無益於子之身. 吾所以告子, 若是而已.」孔子去, 謂弟子曰:「鳥, 吾知其能飛; 魚, 吾知其能游; 獸, 吾知其能走. 走者可以爲罔, 游者可以爲綸, 飛者可以爲矰. 至於龍吾不能知, 其乘風雲而上天. 吾今日見老子, 其猶龍邪!」"라 하였고, 《孔子家語》(觀周篇)에도 공자가 老子에게서 '禮'

를 배웠다고 하였음.《五百家注》에 "韓曰:孔子至周, 問禮于老聃, 訪樂于萇弘.《史記》曰:「孔子學鼓琴于師襄子.」《左氏傳》曰:「郯子來朝, 孔子問少昊氏以鳥名官之故.」○萇, 音長; 郯, 音談. 國名也"라 함.

【郯子之徒, 其賢不及孔子】《五百家注》에 "補注: 方舟, 李石曰:「孔子問禮老聃, 學樂萇弘, 問官名郯子, 博約琢磨, 前言往行. 又有如遲任, 史佚, 臧文仲, 述其語言, 文章以益, 其天縱之資, 要以師周公, 爲始也. 故曰:「孔子習周公.」"이라 하였고,《眞寶》注에 "孔子問樂於萇弘, 問禮於老聃, 問官名於郯子, 學琴於師襄"이라 함.

【三人行, 則必有我師】《論語》述而篇에 "子曰:「三人行, 必有我師焉: 擇其善者而從之, 其不善者而改之.」"라 하였고, 朱熹 注에 "三人同行, 其一我也. 彼二人者, 一善一惡, 則我從其善而改其惡焉, 是二人者皆我師也"라 함.

【是故弟子不必不如師, 師不必賢於弟子】제자가 반드시 스승만 못해야 되는 것도 아니며, 스승이 반드시 제자보다 똑똑해야 되는 것도 아님.

【聞道有先後, 術業有專攻, 如斯而已】聞道의 先後, 術業의 專攻에 따를 뿐임.《眞寶》注에 "專攻, 猶專治"라 함.

【李氏子蟠, 年十七, 好古文, 六藝經傳, 皆通習之, 不拘於時, 請學於余】'李氏子蟠'은 李蟠. 唐 貞元 19년에 進士가 되었음.《五百家注》와《東雅堂》注에 "韓曰: 蟠, 貞元十九年進士"라 함. '古文'은 周秦의 經典과 諸子百家 및 漢代의 史書 등을 가리키며 이는 古文運動의 典範으로 여겨 학습 대상으로 삼았었음. '六藝'는 六經. '經傳'은 經과 傳. '經'은 本文으로 聖人이 기록한 것. '傳'은 經에 대한 注釋書로 賢人이 풀이한 것.《博物志》(6) 文籍考에 "聖人制作曰經, 賢者著述曰傳·曰章句·曰解·曰論·曰讀"이라 하여 '傳'은《春秋》의 三傳(《穀梁傳》,《公羊傳》,《左傳》),《詩》의《毛詩傳》,《韓詩傳》 등을 가리킴.

【余嘉其能行古道, 作〈師說〉以貽之】'貽'는 '주다'의 뜻.

### 참고 및 관련 자료

1. 작자: 韓愈(韓退之) 022 참조.

2. 이 글은《別本韓文考異》(12),《五百家注昌黎文集》(12),《東雅堂昌黎集註》(12),《唐文粹》(47),《唐宋八大家文鈔》(10),《古文關鍵》(上),《文章正宗》(12),《文章軌範》(5),《文編》(38),《文章辨體彙選》(427),《古文淵鑑》(35),《唐宋文醇》(1),《古文雅正》(8) 등에 실려 있음.

# 044. 〈雜說〉 ················ 韓退之(韓愈)

## 잡설

*〈雜說〉: 이는 韓愈 〈雜說四首〉, 곧 〈龍噓氣成雲〉(龍), 〈善醫者〉(醫), 〈崔山君傳〉(鶴)과 본편(馬) 중 마지막 편으로 千里馬를 비유하여, 아무리 뛰어난 이라 해도 知己를 만나지 못하면 그 큰 뜻을 펼 수 없음을 강조한 것.

*《眞寶》注에 "疊山(謝枋得)云:「此篇主意謂:英雄豪傑, 必遇知己者, 尊之以高爵, 養之以厚祿, 任之以重權, 斯可以展布.」"라 함.


세상에 백락伯樂이 있은 뒤에야 천리마가 있게 된다. 천리마는 늘 있되 백락은 언제나 있는 것이 아니다.

그러므로 비록 명마名馬가 있을지라도 그저 노예의 손에서 모욕이나 당하다가 마구간 구유와 마판에서 다른 말들과 나란히 죽게 되어 천리마로 불리지 못한다.

천리마라면 한 끼에 간혹 곡식 한 섬을 먹어치우는데도 말을 먹이는 이는 그 말이 능히 천리를 달릴 수 있음을 알지 못한 채 먹인다.

이 말은 비록 천리를 달릴 수 있는 능력이 있지만, 먹는 것이 배부르지 않아 힘이 부족하여 재능의 훌륭함이 밖으로 드러나지 못하고, 게다가 보통 말과 같아지려 해도 그렇게 될 수 없으니, 어찌 그 말이 능히 천 리를 달릴 수 있기를 바라겠는가?

채찍질을 하는 데도 방법에 맞추어 하지 않고, 먹여주는데도 재능을 다 발휘하도록 하지 못한 채, 울어도 그 뜻을 알아주지 못하면서, 채찍을 잡고 몰면서 "천하에 훌륭한 말이 없다"라고 한다.

아! 진실로 말이 없는 것인가? 진실로 말을 알아보지 못하는 것인가?

世有伯樂, 然後有千里馬; 千里馬常有, 而伯樂不常有.

故雖有名馬, 秖辱於奴隷人之手, 駢死於槽櫪之間, 不以千里稱也.

馬之千里者, 一食或盡粟一石; 食馬者, 不知其能千里而食也.

是馬, 雖有千里之能, 食不飽, 力不足, 才美不外見, 且欲與常馬等, 不可得, 安求其能千里也!

策之不以其道, 食之不能盡其材, 鳴之不能通其意, 執策而臨之曰: 「天下無良馬.」

嗚呼! 其眞無馬耶? 其眞不識馬耶?

【世有伯樂, 然後有千里馬; 千里馬常有, 而伯樂不常有】'伯樂'은 《淮南子》와 《列子》, 《莊子》 등에는 춘추시대 秦 穆公 때 사람으로 相馬에 뛰어났던 孫陽(자는 伯樂)이라 하였고, 《荀子》와 《呂氏春秋》 등에는 춘추 말 趙簡子의 마부였던 王良을 가리키는 것으로도 보았음. 그러나 뒤에 의술에 뛰어난 명의를 '扁鵲'이라 하듯이 말에 대해 아주 잘 아는 자를 일컫는 사람을 지칭하는 의미로 널리 쓰임. 원래는 별 이름으로 天馬를 관장하였다 함. 그 뒤 知己, 知人의 뜻으로 쓰이기도 함. 《眞寶》注에 "《莊》馬蹄: 「伯樂善治馬.」 注: 伯樂姓孫, 名陽, 善馭馬而氏. 《星經》云: 伯樂天星名, 主典天馬. 孫陽善馬, 故以爲名. 謝云: 以伯樂喩知人者"라 함. '千里馬'는 《眞寶》注에 "謝云: 比有異材. ○此謂有賢宰相, 然後有英雄豪傑爲之用"이라 함. '常有'는 《眞寶》注에 "異材"라 함. '不常有'는 《眞寶》注에 "知人者. ○謝云: 此比爲英雄豪傑常有, 而賢宰相知人者不常有"라 함.

【故雖有名馬, 秖辱於奴隷人之手, 駢死於槽櫪之間, 不以千里稱也】'秖'는 只와 같음. '駢死'는 그의 재능이 발휘되지 못한 채 일반 말들과 나란히 함께 죽음. '槽櫪'은 마구간의 말구유와 馬板. 《眞寶》注에 "駢頭而死, 言多也. 謝云: 高才居下位"라 함. '不以千里稱也'는 千里馬라는 稱號가 쓰이지 않음. 《眞寶》注에 "迂齋云: 有力. 謝云: 不知其爲異才. ○此謂天下雖有英雄豪傑, 徒受辱於昏君庸相之朝, 沈滯於小官, 終身不得行其志, 不以英雄豪傑稱也"라 함.

【馬之千里者, 一食或盡粟一石】'粟一石'은 곡식 한 섬. 천리마는 먹는 양이 많음. 《眞寶》注에 "才之異乎人者, 必尊位重祿以任使之. ○此謂英雄豪傑, 能立大事成

大功者, 必得尊位重祿, 斯可以布展"이라 함.

【食馬者, 不知其能千里而食也】'食馬者'는 말을 먹이는 사람. '食'는 '사'로 읽음. 《五百家注》에 "食, 音似. 下食之同. ○本作「今之食馬者」"라 함. 《眞寶》注에 "今之養君子, 不知其爲異才能加禮養. 謝云: 此爲養英雄豪傑者, 不知其能辦大事成大功而不以尊位重祿養之也"라 함.

【是馬, 雖有千里之能, 食不飽, 力不足】《眞寶》注에 "謝云: 一句三字. ○位不尊; 二句三字. ○祿不重"이라 함.

【才美不外見, 且欲與常馬等, 不可得】'外見'은 겉으로 드러남. 《眞寶》注에 "三句五字, 此章法. ○雖異才, 亦難展布也"라 함. '等'은 같음. 동등함. '不可得'은 《眞寶》注에 "謝云: 祿位不足以展布, 反不如常材"라 함.

【安求其能千里也】'安'은 의문사. '求'는 要求함. 바람. 《眞寶》注에 "安得見其爲異材? 謝云: 此位英雄豪傑, 雖有立大事成大功之才, 無尊位, 無厚祿, 無重權, 其才知不可展布, 且欲與庸衆人等, 而不可得, 安可求之辦大事成大功哉?"라 함.

【策之不以其道, 食之不能盡其材, 鳴之不能通其意】《眞寶》注에 "謝云: 此三句, 卽《孟子》所謂「弗與共天位也, 弗與治天職也, 弗與食天祿也.」非王公尊賢也"라 함.

【執策而臨之曰:「天下無良馬.」】《眞寶》注에 "謂天下無異材"라 함.

【嗚呼! 其眞無馬耶? 其眞不識馬耶?】《眞寶》注에 "其眞無才也?"라 함. '眞不識馬'는 《眞寶》注에 "其上之人不識人耶? 呂云: 結好. 謝云: 此謂在使之不以其道, 爵祿不能盡其材, 諫不行, 言不聽, 而不得以行其志. 爲宰相者, 操用其權不能知人, 乃曰:「天下無英雄豪傑. 嗚呼! 天下眞無英雄豪傑? 宰相眞不識英雄豪傑?」"라 함.

참고 및 관련 자료

1. 작자: 韓愈(韓退之) 022 참조.

2. 이 글은 《別本韓文考異》(11), 《五百家注昌黎文集》(11), 《東雅堂昌黎集註》(11), 《唐宋八大家文鈔》(10), 《唐文粹》(47), 《文章軌範》(5), 《事文類聚》(前集 30, 後集 38), 《文苑英華》(361), 《古文關鍵》(上), 《文章正宗》(13), 《文編》(38), 《文章辨體彙選》(427), 《唐宋文醇》(1), 《淵鑑類函》(434), 《說郛》(29 下), 《式古堂書畫彙考》(23) 등에 실려 있음.

3. 〈雜說〉四首

(1) 龍

龍噓氣成雲, 雲固弗靈於龍也, 然龍乘是氣, 茫洋窮乎玄閒, 薄日月, 伏光景, 感震電, 神變化, 水下土, 汨陵谷, 雲亦靈怪矣哉! 雲龍之所能使爲靈也; 若龍之靈, 則非雲之所能使爲靈也. 然龍弗得雲, 無以神其靈矣. 失其所憑依, 信不可歟! 異哉! 其所憑依, 乃其所自爲也.《易》曰:「雲從龍.」既曰龍, 雲從之矣.

(2) 醫

善醫者, 不視人之瘠肥, 察其脉之病否而已矣;善計天下者, 不視天下之安危, 察其紀綱之理亂而已矣. 天下者, 人也;安危者, 肥瘠也;紀綱者, 脉也. 脉不病, 雖瘠不害;脉病而肥者, 死矣. 通於此說者, 其知所以爲天下乎! 夏殷周之衰也, 諸侯作而戰伐日行矣. 傳數十王而天下不傾者, 紀綱存焉耳. 秦之王天下也, 無分勢於諸侯, 聚兵而焚之, 傳二世而天下傾者, 紀綱亡焉耳. 是故四支雖無故, 不足恃也, 脉而已矣;四海雖無事, 不足矜也, 紀綱而已矣. 憂其所可恃, 懼其所可矜, 善醫善計者, 謂之天扶與之.《易》曰:「視履考祥.」善醫善計者爲之.

(3) 鶴

談生之爲〈崔山君傳〉, 稱鶴言者, 豈不怪哉! 然吾觀於人, 其能盡其性而不類於禽獸異物者希矣. 將憤世嫉邪長往而不來者之所爲乎? 昔之聖者其首有若牛者, 其形有若蛇者, 其喙有若鳥者, 其貌有若蒙倛者, 彼皆貌似而心不同焉, 可謂之非人邪? 即有平脅曼膚, 顏如渥丹, 美而很者, 貌則人, 其心則禽獸, 又惡可謂之人邪? 然則觀貌之是非, 不若論其心與其行事之可否爲不失也. 怪神之事, 孔子之徒不言, 余將特取其憤世嫉邪而作之, 故題之云爾.

## 045. <獲麟解> ·················· 韓退之(韓愈)
## 인을 잡은 일에 대한 풀이

＊<獲麟解>: 春秋 魯 哀公 14년 '麟을 잡았다'(獲麟)는 기록을 두고 麟에 대해 해석한 것임. 또는 唐 憲宗 元和 7년(812) 東川에 麟이 나타났다는 사건을 두고 韓愈가 해명한 것이라고도 하였음. 이는 격한 심정 때문에 託意의 방법으로 쓴 문장으로 보고 있음.《東雅堂》注에 "《爾雅》曰:「麟, 麕身牛尾, 一角.」 '獲麟'事, 見《春秋》魯哀公十四年. 元和七年, 麟見東川, 或疑公因此而作解. 然李翺嘗書此文以贈陸傪曰:「韓愈非玆世之文, 古之文也. 其詞與意適, 則孟軻旣没, 亦不見其有過於斯者.」 傮死於貞元十八年, 則此文非元和間作也. 今按: 此文有激而託意之詞, 非必爲元和獲麟而作也"라 하였고,《別本》注에도 "方云:<李本>云: 元和七年, 麟見東川, 疑公因此而作. 然李翺嘗書此文以贈陸傮, 傮死於貞元十八年, 則此文非元和間作也. ○今按: 此文有激而托意之詞, 非必爲元和獲麟而作"이라 하였으며,《五百家注》에도 "樊曰:《春秋》:「魯哀公十四年, 西狩獲麟.」 三傳之說各不同, 公旣作此解. 李習之嘗書以贈陸員外傮曰:「韓愈非玆世之文, 古之文也. 其詞與意適, 則孟軻旣没, 亦不見其有過于斯者.」 嘗書其一章曰:「<獲麟解>, 其他可以類知也.」 孫曰:《爾雅》曰:「麟, 麕身牛尾, 一角.」 補注: 宋遠孫曰:<關雎>之應, 實無麟, 而若麟之瑞.《春秋》之作, 實有麟而非麟之時"라 함.《唐宋八大家文鈔》에는 "文凡四轉而結思, 圓轉如游龍如轓轓. 愈變化而愈, 勁厲此奇兵也"라 함. 한편《春秋》哀公 14년 經에 "十有四年春, 西狩獲麟"이라 하였고,《左傳》에는 "十四年春, 西狩於大野, 叔孫氏之車子鉏商獲麟, 以爲不祥, 以賜虞人. 仲尼觀之, 曰:「麟也.」 然後取之."라 하였음. 그리고《公羊傳》에는 "西狩獲麟, 孔子曰:「吾道窮矣.」"라 하였음. 杜預 注에 "麟者仁獸, 聖王之嘉瑞也. 時無明王, 出而遇獲. 仲尼傷周道之不興, 感嘉瑞之無應, 故因《魯春秋》而修中興之敎, 絶筆於獲麟之一句, 所感而作, 固所以爲終也"라 함.《史記》儒林列傳에도 "西狩獲麟, 曰「吾道窮矣」. 故因《史記》作《春秋》, 以當王法, 其辭微而指博, 後世學者多錄焉"이라 함. 그러나 이해에 齊나라 陳恆이 임금을 시해한 사건이 일어나자 공자가 이를 토벌하도록 청하였으나, 실행되지 않아 실망하여 絶筆한 것이라고도 함. 顧棟高의《大事表》春秋絶筆獲麟論에 "因是年請討陳恆之不行而絶筆也"라 하였고, 宋 家鉉翁의《春秋詳說》에도 "陳恆

弑君, 孔子沐浴請討, 公不能用, 是歲春秋以獲麟絶筆"이라 하였으나 일부 논란이 있기도 함. 한편 '麟'은 何法盛의 〈徵祥說〉에 "牡曰麒, 牝曰麟"이라 하였고, 《說文》에는 '仁獸'라 하였음. 《爾雅》釋獸에는 '麎'이라 하였고 "人身, 牛尾, 一角"이라 함. 《孔子家語》辨物篇에는 "叔孫氏之車士曰子鉏商, 採薪於大野, 獲麟焉, 折其前左足, 載以歸. 叔孫以爲不祥, 棄之於郭外, 使人告孔子曰:「有麎而角者, 何也?」 孔子往觀之, 曰:「麟也, 胡爲來哉? 胡爲來哉?」 反袂拭面, 涕泣沾衿. 叔孫聞之, 然後取之. 子貢問曰:「夫子何泣爾?」 孔子曰:「麟之至爲明王也, 出非其時而見害, 吾是以傷焉.」"이라 하여 叔孫氏가 이를 사냥물로 인정하여 거두어들인 것으로 되어 있음.

*《眞寶》注에 "《春秋》魯哀公十四年, 魯叔孫氏西狩獲麟, 此篇名〈獲麟解〉, 只當以《春秋》獲麟論. 麟爲聖王之瑞, 本祥也, 然春秋之末, 聖王不作, 孔子雖大聖, 而厄窮在下, 麟不當出而出, 反所以爲不祥也. 此篇以一'祥'字, 反覆言之: 始以爲祥, 繼疑其不祥; 未幾, 又以爲不爲不祥, 末明斷之以爲不祥. 與柳文〈復乳穴記〉, 反覆以'祥'字議論, 同一機軸, 宜參看. 或謂「元和七年(812), 麟見東川, 疑公因此而作」, 文公〈考異〉謂:「此文有激而託意之辭, 非必爲元和獲麟而作也.」 ○又「角者, 吾知其爲牛」一節, 東萊批云:「蘇文〈樂論〉, 學此下句.」 非也. 退之, 老蘇(蘇洵)皆是學孔子語耳. 《莊子》載夫子稱老聃曰:「鳥, 吾知其能飛; 魚, 吾知其能遊; 獸, 吾知其能走. 走者, 可以爲網; 遊者, 可以以綸; 飛者, 可以爲繒; 至於龍, 吾不能知其乘風雲而上天, 吾今見老子, 其猶龍耶!」 老蘇〈樂論〉則曰:「雨, 吾見其所以濕萬物; 日, 吾見其所以燥萬物; 風, 吾見其所以動萬物也, 隱隱訟訟而謂之雷, 彼何用也? 陰凝而不散, 物廢而不遂, 雨之所不能濕, 日之所不能燥, 風之所不能動, 雷一震焉, 而凝者散, 廢者遂.」 以此見好文法, 未始無所本也. 但退之, 用'牛馬麋鹿'等實字, 置之句終, 老蘇直用'風雨'等字, 揭之句端, 此微不同耳."라 함.


인麟의 신령함은 훤히 밝혀져 있으니, 《시詩》에서 읊고 있고, 《춘추春秋》에 쓰여 있으며, 전기傳記와 제자백가諸子百家의 책에 섞여 나오고 있어, 비록 부녀자나 어린아이라 할지라도 모두가 상서로운 것이라 알고 있다.

그러나 인이 동물이로되 집에서 기르지 않고, 천하에 언제나 있는 것도 아니며, 그 형체도 닮은 것이 없어 마치, 말, 소, 개, 돼지, 승냥이, 이리, 고라니, 사슴 같지도 않다.

그렇다면 비록 인이 있다 할지라도 그것이 인인 줄 알 수가 없다.

뿔이 있는 것은 나는 그것이 소인 줄 알고, 갈기가 있는 것은 나는 그것이 말인 줄 알며, 개, 돼지, 승냥이, 이리, 고라니, 사슴은 나는 그것이 개, 돼지, 승냥이, 이리, 고라니, 사슴인 줄 알지만, 오직 인만은 알 수가 없다.

알 수가 없으니 그것을 상서롭지 못한 것이라 해도 역시 마땅한 일이다.

비록 그렇기는 하지만 인이 나타나면 반드시 성인聖人이 제위帝位에 있으니, 인은 성인을 위해 나타나는 것이며, 성인은 틀림없이 인임을 아니, 인은 과연 상서롭지 못한 것이 아니다.

또 "인이 인인 까닭은 덕德으로써 그렇게 인정을 받는 것이지 형태로써 그런 것이 아니다" 하였다.

만약 인이 출현함에 성인을 기다리지 않는다면, 이를 두고 상서롭지 못하다고 말해도 역시 마땅할 것이로다!


麟之爲靈昭昭也: 詠於《詩》, 書於《春秋》, 雜出於傳記百家之書, 雖婦人小子, 皆知其爲祥也.

然麟之爲物, 不畜於家, 不恒有於天下, 其爲形也不類, 非若牛馬犬豕豺狼麋鹿然.

然則, 雖有麟, 不可知其爲麟也.

角者, 吾知其爲牛; 鬣者, 吾知其爲馬, 犬豕豺狼麋鹿, 吾知其爲犬豕豺狼麋鹿, 惟麟也不可知.

不可知, 則其謂之不祥也亦宜.

雖然, 麟之出, 必有聖人在乎位, 麟爲聖人出也; 聖人者, 必知麟, 麟之果不爲不祥也.

又曰:「麟之所以爲麟者, 以德不以形.」

# 若麟之出, 不待聖人, 則謂之不祥也, 亦宜哉!

【麟之爲靈昭昭也】'麟'은 麒麟. 그러나 麒는 수컷, 麟은 암컷이라 구분하기도 함.
상상의 동물로 四靈의 하나이며 聖王이 다스릴 때 나타난다고 여겼음.《文章軌
範》注에 "麟, 仁獸. 麕身牛尾, 一角. 角上有肉, 不食生物, 不踐生草. 王者有道則麟
出. 毛蟲, 三百六十麟爲之長, 爲四靈之一"이라 함. '昭昭'는 밝은 모습. 麟에 대한
설명이나 기록은 훤히 밝혀져 있음.《五百家注》에 "孫曰:《禮記》: 麟鳳龜龍, 謂之
四靈"이라 함.

【詠於《詩》, 書於《春秋》, 雜出於傳記百家之書】《詩》國風〈麟之趾〉에 "麟之趾, 振
振公子. 于嗟麟兮. 麟之定, 振振公姓. 于嗟麟兮. 麟之角, 振振公族. 于嗟麟兮"라
함.《春秋》에는 "十有四年春 西狩獲麟"이라 하였으며, '獲麟'은 哀公 14년 "十有四
年春, 西狩獲麟"을 가리킴. 흔히 孔子가 이로써《春秋》기록을 絶筆한 것으로 되
어 있으나,《公羊傳》에는 '獲麟'(B.C.481)에서 經文이 끝나지만《左氏傳》은 孔子의
죽음(B.C.479). 곧 "夏四月己丑, 孔丘卒"에서 經文이 끝나고 있어 논란이 있음. '傳
記百家'는 옛날의 일을 기술하여 전해오는 많은 책과 諸子百家의 기록들. '書於'
는 혹 '載於'로 된 판본도 있음.《東雅堂》注에 "書, 或作載"라 함.《眞寶》注에
"《公羊傳》曰:「麟, 仁獸也.」《禮記》:「麟鳳龜龍, 謂之四靈.」《鶡冠子》曰:「麟者, 元枵
之精.」《廣雅》曰:「麟者, 含仁懷義, 行步中規, 折旋中矩.」'雜出傳記百家', 此類是也"
라 함.

【雖婦人小子, 皆知其爲祥也】婦人이나 어린 아이도 그것이 祥瑞로운 동물이라 알
고 있음.

【然麟之爲物, 不畜於家, 不恒有於天下】'麟之爲物'은 인이 형체를 띤 물체가 됨.

【其爲形也不類, 非若牛馬犬豕豺狼麋鹿然】'不類'는 닮은 것이 없음. '豺狼麋鹿'은
승냥이, 이리, 고라니, 사슴 따위.

【然則, 雖有麟, 不可知其爲麟也】麟이 있다 해도 그것이 麟인 줄을 알 수가 없음.

【角者, 吾知其爲牛;鬣者, 吾知其爲馬】'鬣'은 말의 갈기.《五百家注》에 "祝曰: 鬣,
《說文》:髮鬣.《禮記》:「夏氏黃馬蕃鬣.」○鬣, 音獵"이라 함.

【犬豕豺狼麋鹿, 吾知其爲犬豕豺狼麋鹿, 惟麟也不可知】오직 麟만은 알아낼 수가
없음.

【不可知, 則其謂之不祥也亦宜】《五百家注》에 "孫曰:《左氏傳》:「西狩獲麟, 叔孫氏之
車子鉏商, 獲之, 以爲不祥, 以賜虞人. 仲尼觀之曰:「麟也.」然後取之"라 함.

【雖然, 麟之出, 必有聖人在乎位】인은 반드시 성인이 帝位에 있었던 伏羲, 神農, 黃帝, 堯, 舜 등 五帝 때와 禹, 湯, 文王의 三王 때 나타났다고 여겼음.

【麟爲聖人出也, 聖人者, 必知麟. 麟之果不爲不祥也】'聖人者必知麟'은 聖人은 반드시 인을 알아봄. 春秋시대에 獲麟에 孔子만은 알아보았음.

【又曰: 麟之所以爲麟者, 以德不以形】麟은 德으로써 인정하는 것이지 형태로써 하는 것이 아님.

【若麟之出, 不待聖人, 則謂之不祥也, 亦宜哉】聖人을 기다리지 않고 麟, 곧 인이 나타나는 것은 상서롭지 못한 것임. 《別本》과 《東雅堂》 본에는 '哉'자가 없으며, 《東雅堂》注에 "下或有'也'字, 或有'哉'字. 宋遠孫曰:「〈關雎〉之應, 實無麟而若麟之瑞;《春秋》之作, 實有麟而非麟之時.」"라 함. 《眞寶》注에 "方說:「出主意, 斷以爲不祥.」"이라 함.

> 참고 및 관련 자료

1. 작자: 韓愈(韓退之) 022 참조.

2. 이 글은 《別本韓文考異》(12), 《五百家注昌黎文集》(12), 《東雅堂昌黎集註》(12), 《唐文粹》(46), 《唐宋八大家文鈔》(10), 《文章軌範》(5), 《文章正宗》(13), 《事文類聚》(後集 36), 《古文關鍵》(上), 《古文集成》(65), 《文編》(37), 《妙絶古今》(3), 《山東通志》(35−20), 《文章辨體彙選》(435), 《唐宋文醇》(1), 《淵鑑類函》(429) 등에 실려 있음.

# 046. 〈諱辨〉 ⋯⋯⋯⋯⋯⋯ 韓退之(韓愈)

## 휘諱를 변석함


＊〈諱辨〉: '諱'는 왕이나 조상의 이름에 들어 있는 글자를 피하는 것으로 《禮記》
曲禮(上)에 "卒哭乃諱. 禮, 不諱嫌名. 二名不偏諱"에서 비롯된 것임. 이 글은 李
賀(長吉)가 進士에 천거되어 합격한 뒤 이류가 나자, 어떤 이가 "李賀는 그 아버
지 '晉肅'의 발음이 '進士'와 비슷하여 마땅히 諱해야 하니 응시해서는 안 될 일
을 했다"고 비방하였음. 그러자 응시를 권했던 韓愈가 이 〈諱辨〉을 지어, 관습
으로 이어오던 避諱에 대하여 辨釋한 것임. 李賀는 어려서 神童으로 소문이 나
자 韓愈와 皇甫湜이 확인하러 찾아갔을 때 그 자리에서 〈高軒過〉라는 글을 지
어 실력을 발휘했던 인물. 자는 長吉. 韓愈의 추천으로 과거에 응시하여 합격하
였으며 憲宗 때 協律郎을 지냈으나 27세로 일찍 죽음. 비단 주머니를 가지고 다
니며 詩想이 떠오를 때마다 적어 넣어 '錦囊詩人'으로도 불렸음. 《昌谷集》을 남
겼음. 본 장의 내용과 시는 본 《古文眞寶》(前集) 李賀의 〈高軒過〉(163)를 참조할
것. '諱辨'의 표기는 《昌黎集》 등에는 모두 '諱辯'으로 되어 있으며, 《古文關鍵》
에는 '辨諱'로, 《古文集成》과 《文章辨體》 등에는 '諱辨'으로 되어 있는 등 각기
다름. 한편 《東雅堂》 題注에는 "《舊史》公傳云:「李賀父名晉肅, 不應進士, 而愈爲
賀作〈諱辯〉, 令擧進士, 蓋以是罪公.」而《新史》則書其事於賀傳云:「以父名晉肅, 不
肯擧進士, 愈爲作〈諱辯〉, 然亦卒不就擧.」"라 하여 이하가 과거에 응하기 전에 권
면한 글로 되어 있으며, 《五百家注》에도 "洪曰:「李賀父名晉肅, 邊上從事. 賀年七
歲能歌詩, 時愈與皇甫湜未信, 過其父, 使賀賦詩, 立就自目曰〈高軒過〉, 二人大驚.
他日擧進士, 或謗賀不避家諱, 公特著〈諱辯〉一篇.」又《幽閒鼓吹錄》云:「賀以歌詩
謁愈, 愈送客, 歸因解帶, 旋讀首篇. 〈雁門太守行〉云:『黑雲壓城城欲摧, 甲光向日
金魚開.』却揷帶, 急命邀之.」又云: 張昭〈論舊君諱〉云: 周穆王諱滿, 至定王時有王
孫滿者; 厲王諱胡, 至莊王之子名胡, 其比衆多. 退之〈諱辯〉取此意. 樊曰:《舊史》公
傳云:「李賀父名晉肅, 不應進士, 而愈爲賀作〈諱辨〉, 令擧進士, 蓋以是罪公.」而
《新史》則書其事于賀傳云:「以父名晉肅, 不肯擧進士, 愈爲作〈諱辨〉, 然亦卒不就
擧.」"라 함.
＊《眞寶》注에 "洪曰:「李賀父晉肅, 邊上從事, 賀年七歲, 以長短之製, 名動京華. 時

愈與皇甫湜, 覽賀所業, 奇之. 會有以晉肅行上言者, 二公聯騎造門, 請見其子, 旣而總角荷衣而出, 面試一篇, 承命欣然, 傍若無人, 仍目曰〈高軒過〉, 二公大驚, 命聯鑣而還, 所居, 親爲束髮. 年未弱冠, 丁內難. 它日擧進士, 或謗‘賀不避家諱’, 文公是著〈諱辨〉一篇. 張昭〈論舊君諱〉云:‘周穆王諱滿, 至定王時有王孫滿者;厲王諱胡, 至莊王之子名胡, 其比衆多.’ 退之〈諱辨〉, 取此意.」라 함.

나(愈)는 이하李賀에게 편지를 보내어, 그에게 진사 시험에 응시하도록 권하였는데, 이하가 진사 시험에 천거되어 이름이 나게 되었다.

그런데 이하와 명성을 다투는 자가 그를 이렇게 헐뜯었다.

"이하의 아버지는 이름이 진숙晉肅이니, 이하는 진사進士에 천거되지 않았어야 옳을뿐더러, 그를 응시하도록 권한 자도 잘못이 있다."

이 말을 들은 이들은 잘 살펴보지도 않고 그의 말에 덩달아 똑같은 말로 찬동하는 것이었다.

황보식皇甫湜이 말하였다.

"(만약 이를 명백히 밝히지 않으면) 선생님과 이하는 앞으로 죄를 얻게 될 것입니다."

내가 말하였다.

"그렇다."

《율律》에 "이명(二名, 두 글자로 된 이름)은 편휘偏諱하지 않는다"라 하였고, 정현鄭玄의 주석에는 "이를테면 징재徵在의 경우 '징'徵을 말할 때 '재'在는 말하지 않고, '재'를 말할 때는 '징'을 말하지 않는 것"이라 하였다.

《율》에 "글자의 혐명(嫌名, 음이 같거나 비슷한 경우)은 휘하지 않는다"라 하였고, 정현의 주석에는 "이를테면 우禹와 우雨, 구丘와 구蓲의 예가 그것"이라 하였다.

지금 이하 아버지의 이름이 '진숙'인데, 이하가 '진사'로 천거된 것이 잘못이라면 이는 이명二名을 범한 것인가? 아니면 혐명嫌名을 범한 것인가?

아버지의 이름이 '진숙'이어서 아들이 '진사'에 천거될 수 없다면, 만약 아버지 이름이 '인'仁이라면 그 아들은 '인'人이 될 수 없다는 것인가?

무릇 휘諱가 언제 시작된 것인가? 법제를 만들어 천하를 교화한 이는 주공周公과 공자孔子가 아니었던가?

주공은 《시詩》를 지을 때 휘하지 않았고, 공자는 이명二名을 치우쳐 휘하지 않았으며, 《춘추春秋》에서는 혐명을 휘하지 않았다고 해서 기롱 하지도 않았다.

주周 강왕康王 교(釗, zhāo)의 후대는 실제로 소왕(昭王, 昭, zhāo)이었고, 증삼曾參의 아버지 이름은 석(晳, xī)인데 증자는 석(昔, xī)자를 휘하지 않 았다.

주나라 때에는 기기(騏期, qíqí)라는 사람이 있었고 한漢나라 때는 두도 (杜度, dùdù)라는 사람이 있었는데, 이들 자손들은 마땅히 어떻게 휘를 해야 하겠는가?

장차 음이 같거나 비슷한 글자를 휘해야 한다면 마침내 그 성姓도 휘 해야 하는가? 아니면 그것은 혐명이니 휘하지 말아야 하는가?

한나라 때는 무제武帝의 이름 '철徹'자를 휘하여 '통通'으로 썼으나, 그 렇다고 다시 '거철車轍'의 '轍'자를 다른 어떤 글자로 바꾸어 썼다는 말 은 듣지 못하였다.

여후呂后의 이름 '치雉'자를 휘하여 '야계野鷄'로 썼으나, 그렇다고 다시 또 '치천하治天下'의 '治'자를 다른 어떤 글자로 바꾸어 썼다는 말은 듣지 못하였다.

오늘날 위로 올리는 장章과 아래로 내리는 조詔에 이르기까지 '호滸', '세勢', '병秉' '기饑' 등의 글자를 휘하고 있다는 말은 듣지 못하였으며, 다만 환관宦官이나 궁첩宮妾만이 감히 '유諭'자나 '기機'자를 말하지 아니 하면서 이를 휘법에 저촉되는 것으로 여기고 있다.

사군자士君子로서 말을 하고 일을 행함에는 모름지기 어떤 법을 지켜야 마땅하겠는가?

이제 이를 경서經書에서 상고해보고, 《율》에 질문해 보고, 나라의 법전法典에 의거해 헤아려보건대, 이하가 진사에 천거되어도 되는 것인가? 아니면 될 수 없는 것인가?

무릇 부모를 섬김에 있어 증삼만큼 해낼 수 있다면 나무랄 바가 없을 것이며, 사람됨에 있어서 주공이나 공자만큼 해낼 수 있다면 또한 그 정도에서 그쳐도 될 것이다.

오늘 세상의 선비들은 증삼, 주공, 공자의 행실은 실행하려고 힘쓰지도 않으면서, 어버이의 이름을 휘하는 것에 대해서라면 증삼, 주공, 공자보다 낫게 하려고 힘쓰고 있으니, 역시 그 무엇에 홀렸음을 알 수 있도다!

아무리 해도 주공, 공자, 증삼과 같은 이들보다는 나아질 수 없건만, 주공, 공자, 증삼보다 더 나서서 환관이나 궁첩들과 나란히 휘를 하고 있으니, 그렇다면 이는 환관이나 궁첩들이 어버이에 효도하는 것이 주공, 공자, 증삼보다 더 똑똑하다는 것인가?

　愈與(進士)李賀書, 勸賀擧進士, 賀擧進士有名.
　與賀爭名者, 毁之曰: 「賀父名晉肅, 賀不擧進士爲是, 勸之擧者爲非.」
　聽者不察, 和而唱之, 同然一辭.
　皇甫湜曰: 「(若不明白), 子與賀且得罪.」
　愈曰: 「然.」
　《律》曰: 「二名不偏諱.」釋之者曰: 「謂若言'徵'不稱'在', 言'在'不稱'徵'是也.」
　《律》曰: 「不諱嫌名.」釋之者曰: 「謂若'禹'與'雨', '丘'與'蓲'之類是也.」

今賀父名晉肅, 賀擧進士, 爲犯二名律乎? 爲犯嫌名律乎?

父名晉肅, 子不得擧進士; 若父名'仁', 子不得爲'人'乎?

夫諱始於何時? 作法制以敎天下者, 非周公, 孔子歟?

周公作《詩》不諱, 孔子不偏諱二名,《春秋》不譏不諱嫌名.


康王釗之孫, 實爲昭王; 曾參之父名晳, 曾子不諱昔.

周之時, 有騏期; 漢之時, 有杜度, 此其子宜如何諱?

將諱其嫌, 遂諱其姓乎? 將不諱其嫌者乎?

漢諱武帝名'徹'爲'通', 不聞又諱車轍之'轍', 爲某字也.

諱呂后名'雉'爲野鷄, 不聞又諱治天下之'治', 爲某字也.

今上章及詔, 不聞諱'滸','勢','秉', 饑也, 惟宦官宮妾, 乃不敢言'諭'及'機', 以爲觸犯.


士君子立言行事, 宜何所法守也?

今考之於經, 質之於律, 稽之以國家之典, 賀擧進士爲可耶? 爲不可耶?

凡事父母, 得如曾參, 可以無譏矣; 作人得如周公, 孔子, 亦可以止矣.

今世之士, 不務行曾參, 周公, 孔子之行, 而諱親之名, 則務勝於曾參, 周公, 孔子, 亦見其惑也!

夫周公, 孔子, 曾參, 卒不可勝, 勝周公, 孔子, 曾參, 乃比於宦官, 宮妾, 則是宦官, 宮妾之孝於其親, 賢於周公, 孔子, 曾參者耶?

【愈與(進士)李賀書, 勸賀擧進士, 賀擧進士有名】'愈'는 韓愈(退之) 자신의 이름. '與'는 (편지, 글 등을) '주다, 보내다'의 뜻. '擧'는 천거됨. 그 무렵은 鄕試나 일정 직급 이상의 관리나 학자의 추천을 거쳐 科擧에 응시했음. '進士'는 科擧의 科目名, 進士科와 明經科 등이 있었음. 한편《東雅堂》과《別本》에는 "愈與進士李賀書"에서 '進

士' 두 글자가 없으며 注에 "李上或有'進士'二字, 非是"라 하여 두 글자는 없어야
한다고 보았음. 이 글은 李賀가 進士에 오르기 전에 韓愈가 지어 進士 시험에 응
시하도록 권한 것이므로 이 주장은 타당함.

【與賀爭名者, 毀之曰:「賀父名晉肅, 賀不擧進士爲是, 勸之擧者爲非.」】'與賀爭名者'
는 구체적으로는 알 수 없음. 혹시 비방한 자가 元稹이 아닌가 하였으나 근거가
없음.《五百家注》에 "韓曰:唐康軿《劇談錄》云:元稹明經中第, 願與賀交, 賀不許. 元
和初, 稹擧制策爲禮部郎中, 因議「賀父名晉肅, 不合擧進士」, 公爲著〈諱辨〉以明之.
序所謂「賀擧進士有名, 與賀爭名毀之意, 指此歟! 樊曰:公〈與李賀書〉, 今亡矣. 所
謂〈諱辯〉者, 此也. 其曰「與賀爭名者」, 按《劇談錄》「其元稹耶!」然考之史, 稹未嘗爲
禮曹也"라 함. '晉肅'은 李賀의 아버지 이름. 從事官을 지냈음. '晉'(jin)자와 進士의
'進'(jin)자가 음이 같고, '肅'(sù)자는 '士'(shi)자의 음이 비슷해서 피휘를 해야 한다
고 주장한 것. '勸之者'는 韓愈를 가리킴.

【聽者不察, 和而唱之, 同然一辭】'不察'은《昌黎集》원전에는 모두 '不察也'로 되어
있음. '和而唱之'는 附和雷同하여 그의 말에 찬동하며 떠들어댐. '一辭'는 같은 말.

【皇甫湜曰:「(若不明白), 子與賀且得罪.」】'皇甫湜'은 字는 持正. 睦州 사람으로 唐 憲
宗 때에 進士에 올라 工部郎中을 지냈으며 韓愈에게 古文을 배웠음.《新唐書》에
傳이 실려 있음. 韓愈와 함께 어린 李賀를 찾아간 적이 있음. '子'는 선생님. 韓愈
를 가리킴.《五百家注》,《東雅堂》,《別本》에는 '子與賀'에 모두 "若不明白"4자가
들어 있으며, 다만《五百家注》에 "一本無此四字"라 함. '且'는 장차.

【律曰:「二名不偏諱.」】'律'은 律法. 구체적으로《禮記》를 가리킴. '二名不偏諱'의 '二
名'은 두 글자로 된 이름을 말함. 이 경우 한 글자는 諱를 하지 않음. '偏'은 치우
쳐서 한 글자만을 지칭함.《禮記》曲禮(上)에 "卒哭乃諱. 禮, 不諱嫌名. 二名不偏
諱. 逮事父母, 則諱王父母;不逮事父母, 則不諱王父母. 君所無私諱, 大夫之所有公
諱. 詩書不諱, 臨文不諱. 廟中不諱. 夫人之諱, 雖質君之前, 臣不諱也;婦諱不出門.
大功小功不諱. 入竟而問禁, 入國而問俗, 入門而問諱"라 함.

【釋之者曰:「謂若言'徵'不稱'在', 言'在'不稱'徵'是也.」】'釋之者'는 그러한 규정을 해
석한 사람. 구체적으로《禮記》를 주석한 鄭玄을 가리킴.《禮記》鄭玄 注에 "諱,
辟也. 生者不相辟名. 衛侯名惡, 大夫有名惡, 君臣同名. 諱, 敬鬼神之名也. '嫌名'
謂:音聲相近, 若'雨'與'禹', '丘'與'區'也. '偏'謂:二名不一一諱, 皆爲其難辟也. 孔子之
母名'徵在', 言'在'不稱'徵', 言'徵'不稱'在'也"라 함.

【言'徵'不稱'在'】'徵'자를 말할 때는 '在'자를 칭하지 않음. 孔子의 어머니 '顏徵在'

의 경우 '徵'과 '在'를 한 글자씩 사용하는 것은 무관함.

【律曰:「不諱嫌名.」】'不諱嫌名'의 '嫌名'은 음이 같거나 비슷한 글자를 말해야 할 경우를 말함. 이때에는 휘하지 않아도 됨. '嫌名'은 嫌諱해야 할 발음의 이름. 이 경우 뜻이 다르면 휘하지 않아도 됨.

【「謂若'禹'與'雨', '丘'與'䔥'之類是也.」】'禹'와 '雨'는 음이 같으나 뜻이 다르며, '丘'(孔子)와 '䔥' 또한 음은 같으나 뜻은 전혀 다름. '䔥'는 烏䔥라고도 부르며 물억새의 하나. 《禮記》鄭玄 注에는 '區'로 되어 있음. 《眞寶》注에 "此說鄭氏《禮記》註"라 함.

【爲犯二名律乎? 爲犯嫌名律乎?】'二名律'은 앞에서 거론한 첫 번째 규율, 곧 '二名不偏諱'. '嫌名律'은 두 번째 거론한 '不諱嫌名'을 가리킴. 여기서는 두 가지 어떤 규율에도 저촉되지 않음을 말한 것.

【若父名'仁', 子不得爲'人'乎?】'不得爲人'은 사람이 될 수 없음. 아버지 이름에 '仁'(rén)자가 있으면 그 아들은 '人'(rén)이 될 수 없음.

【夫諱始於何時? 作法制以敎天下者, 非周公, 孔子歟?】'諱'라는 법제를 만들어 천하를 교도한 것은 周公(姬旦)과 孔子(孔丘)임.

【周公作《詩》不諱】周公은 詩를 지을 때 아버지 文王(姬昌)이며, 형 武王(姬發)의 이름이 있음에도 《詩》周頌에 '發'자와 '昌'자가 쓰였음. 《眞寶》注에 "若曰「克昌厥後」, 又曰「駿發爾私」"라 함.

【孔子不偏諱二名】孔子는 어머니 이름이 徵在임에도 《論語》八佾篇에 '徵'자와 '在'자가 쓰였음. 《眞寶》注에 "若曰「宋不足徵」, 又曰「某在斯」"라 함.

【《春秋》不譏不諱嫌名】《春秋》는 공자가 저술한 史書로 魯나라 隱公으로부터 哀公까지 242년간의 역사를 기록한 것임. '不譏不諱嫌名'은 음이 비슷한 글자를 諱하지 않았다고 해서 비웃은 예는 없음. 《眞寶》注에 "若衛桓公名完"이라 함.

【康王釗之孫, 實爲昭王】'康王'은 西周 成王(姬誦)의 아들로 이름은 釗였음. '釗'의 음은 《史記》正義에 "釗, 音招, 又古堯反"이라 하여 招(zhāo), 또는 '교'로 읽음. '昭王'은 康王(姬釗)의 아들로 이름이 瑕였음. '釗(zhāo)'의 음은 '昭(zhāo)'인데 그 아들 왕호가 昭王이어서 '釗'와 '昭'는 음이 같음. 한편 여기서 '康王釗之孫'의 '孫'은 다음 세대를 말하는 것이며 '孫子'의 뜻이 아님. 《史記》周本紀에 "康王卒, 子昭王瑕立. 昭王之時, 王道微缺. 昭王南巡狩不返, 卒於江上"이라 함.

【曾參之父名晳, 曾子不諱昔】'曾參'은 자는 子輿이며 효행으로 이름이 높았던 孔子의 제자. '晳'은 曾晳. 증삼의 아버지. 이름은 點이었음. '晳'(xī)과 '昔'(xī)은 같은 음이지만 曾子(曾參)는 '昔'자를 휘하지 않았음. 《論語》泰伯篇에 '昔'자가 쓰였음.

《眞寶》注에 "若曰「昔者吾友」, 又曰「裼裘而吊」이라 함.

【周之時, 有騏期;漢之時, 有杜度, 此其子宜如何諱】 '騏期'는 周나라 때 사람 이름. '杜度'는 漢나라 때 사람으로 자가 伯度. 원래 이름은 杜操였으나 '操'가 魏 武帝 曹操와 같아 杜度로 이름을 바꾸었음. 그 무렵 草書體인 章草에 뛰어났던 인물. '騏'(qí)와 '期'(qī), '杜'(dù)와 '度'(dù)는 한 사람의 성명인데 姓과 名의 음이 같음. 그렇다면 그 자손은 어떻게 諱를 해야 하는가의 문제가 생김. 《眞寶》注에 "杜操, 字伯度. 曹魏時, 以名同武帝, 故因以其字呼之, 又去其伯字, 呼爲杜度"라 함.

【將諱其嫌, 遂諱其姓乎? 將不諱其嫌者乎?】 '장차 그 嫌을 휘하여 姓을 휘해야 하는가? 아니면 그 혐의를 휘하지 않아야 하는가?'의 문제가 있음.

【漢諱武帝名'徹'爲'通', 不聞又諱車轍之轍, 爲某字也】 漢 武帝는 西漢 5대 황제. B.C.140–B.C.87년 재위. 이름이 劉徹이어서 '徹'과 같은 뜻에 '通'자로 바꾸어 써서 휘를 함. 《五百家注》에 "補注:謂徹侯爲通侯, 刪徹爲刪通之類"라 함. '車徹'은 수레바퀴 자국. 그러나 그 '徹'자를 휘하기 위해 車轍의 같은 음의 '轍'자를 다른 어떤 글자로 바꾸어 썼다는 말은 듣지 못했음.

【諱呂后名'雉'爲野鷄, 不聞又諱治天下之'治'爲某字也】 '呂后'는 呂文(叔平)의 딸로 漢나라 高祖(劉邦)의 황후가 됨. 이름이 呂雉였음. '野鷄'는 꿩. '治'(zhì)와 '雉'(zhì)는 같은 음이지만 '治'자를 다른 어떤 글자로 바꾸었다는 말은 듣지 못했음.

【今上章及詔, 不聞諱'滸', '勢', '秉', '饑'也】 '章'은 신하가 천자에게 올리는 글. 劉勰의 《文心雕龍》章表篇에 은혜에 감사드리는 글이라 하였음. '詔'는 천자가 내리는 詔勅. '滸', '勢', '秉', '饑'에서 滸(hǔ)는 唐 太祖(高祖 李淵의 할아버지)의 이름 '虎'(hǔ)와 음이 같고, '勢'(shì)는 太宗의 이름 世民의 '世'(shì)와 같으며, '秉'(bǐng)은 世祖(李淵의 아버지)의 이름 '昞'(昺, bǐng)과 같고, '饑'(jī)는 玄宗의 이름 隆基의 '基'(jī)와 같음. 즉 당나라 황제들의 이름과 음이 같은 嫌名의 글자들. 《舊唐書》(1) 高祖紀에 "高祖神堯大聖大光孝皇帝姓李氏, 諱淵. 其先隴西狄道人, 涼武昭王暠七代孫也. 暠生歆. 歆生重耳, 仕魏爲弘農太守. 重耳生熙, 爲金門鎭將, 領豪傑鎭武川, 因家焉. 儀鳳中, 追尊宣皇帝. 熙生天錫, 仕魏爲幢主. 大統中, 贈司空. 儀鳳中, 追尊光皇帝. 皇祖諱虎, 后魏左僕射, 封隴西郡公, 與周文帝及太保李弼, 大司馬獨孤信等以功參佐命, 當時稱爲「八柱國家」, 仍賜姓大野氏. 周受禪, 追封唐國公, 謚曰襄. 至隋文帝作相, 還復本姓. 武德初, 追尊景皇帝, 廟號太祖, 陵曰永康. 皇考諱昞, 周安州總管, 柱國大將軍, 襲唐國公, 謚曰仁. 武德初, 追尊元皇帝, 廟號世祖, 陵曰興寧"이라 함. 《眞寶》注에는 "滸, 近太祖廟諱;勢, 近太宗廟諱;秉, 近代祖廟諱;饑,

近玄宗廟諱. 唐高祖之祖名虎, 父名昞, 太宗名世民, 玄宗名隆基, 代宗名豫"라 함.

【惟宦官宮妾, 乃不敢言‘諭’及‘機’, 以爲觸犯】‘諭’(yù)는 代宗(763~779 재위)의 이름 ‘豫’(yù)와 음이 같고, ‘機’(jī)는 현종의 이름 ‘隆基’의 基와 음이 같음. ‘以爲觸犯’는 諱法에 저촉되는 것으로 여김.《眞寶》注에 "以諭爲近代宗廟諱, 以饑爲近玄宗廟諱"라 함.

【士君子立言行事, 宜何所法守也】《昌黎集》 원전에는 ‘立言’이 ‘言語’로 되어 있음.

【今考之於經, 質之於律, 稽之以國家之典】‘考之於經’은 經書에서 고찰해 봄. ‘質之於律’은 율법에 그것을 질문해 봄. ‘稽之以國家之典’은 나라의 법전에서 이를 稽考해 봄.

【賀擧進士爲可耶? 爲不可耶?】‘耶’는 다른 판본에는 ‘邪’로 되어 있음.

【凡事父母, 得如曾參, 可以無譏矣】‘得如’는 그만큼 해냄. ‘無譏’는 나무랄 것이 없음.

【作人得如周公, 孔子, 亦可以止矣】‘可以止矣’는 그만큼이면 됐음. 더 바랄 것이 없을 정도임.

【今世之士, 不務行曾參, 周公, 孔子之行, 而諱親之名】증삼, 주공, 공자의 행동을 힘쓰려 하지 아니하고 그저 어버이의 이름만 諱를 함.

【則務勝於曾參, 周公, 孔子, 亦見其惑也!】‘其惑’은 그 미혹됨.

【夫周公, 孔子, 曾參, 卒不可勝】‘卒不可勝’은 끝내 나아질 수 없음.

【勝周公, 孔子, 曾參, 乃比於宦官宮妾】‘勝’은 ‘그들보다 앞서다, 더욱더 심하다’ 등의 뜻임. ‘比’는 ‘나란히, 똑같이, 그들처럼’ 등의 뜻. ‘宦官’은《東雅堂》본에는 ‘宦者’로 되어 있으며, 注에 "宦者, 或並作宦官"이라 함. 아래 구절도 같음.

【則是宦官, 宮妾之孝於其親, 賢於周公, 孔子, 曾參者耶?】宦官이나 宮妾이 아무리 그 어버이에게 효를 다한다 해도 주공, 공자, 증삼만은 못한 것임.

┌─────────────────┐
│ 참고 및 관련 자료 │
└─────────────────┘

1. 작자: 韓愈(韓退之) 022 참조.

2. 이 글은《別本韓文考異》(12),《五百家注昌黎文集》(12),《東雅堂昌黎集註》(2),《唐文粹》(46),《唐宋八大家文鈔》(10),《文章軌範》(2),《文章正宗》(13),《古文關鍵》(上),《古文集成》(66),《文編》(39),《文章辨體彙選》(432),《事文類聚》(後集 3),《經濟類編》(44),《讀禮通考》(63) 등에 실려 있음.

# 047. ＜藍田縣丞廳壁記＞ ·················· 韓退之(韓愈)
## 남전현 승청 벽에 쓴 기문

＊＜藍田縣丞廳壁記＞:'藍田縣의 縣丞 廳舍 壁에 써준 記文'으로 藍田縣은 지금의
陝西 長安 동남쪽의 縣 이름이며, 縣丞은 官名으로 縣令의 副官. 廳은 縣丞이
執務를 보는 廳舍. 이는 그곳 縣丞 崔斯立이 지위만 높고 할 일은 없어 그저 유
유자적하는 모습을 보고, 그의 고고한 생활을 기술한 것임. 崔斯立은 博陵 사
람으로, 《東雅堂》注에 "崔立之, 貞元四年進士. 公嘗寄其詩曰:「連年收科第, 如
摘頷下髭.」《記》謂「再進再屈于人」, '屈', 當作'出'字, 乃與詩意合"이라 하였고,
《五百家注》補注에는 "斯立, 字立之, 淸河人"이라 함. 《唐宋八大家文鈔》에 "憤當
世之丞, 不得盡其職, 故借壁記以點綴之, 而詞氣多潏宕奇詭"라 함.

＊《眞寶》注에 "此篇老健奇崛, 句句可爲縣丞故事, 尋常引用者甚多, 不可不熟也"
라 함.


　현승縣丞의 직책은 현령의 부관副官으로써 한 고을의 일에 묻지 않아
도 되는 것이란 없으며, 그 아래에는 주부위主簿 尉가 있는데, 주부위는
이를 분담하여 처리하는 직급이다.

　현승은 지위가 높고 현령과 아주 가까운 사이이지만 의례히 처리하는
일이 의심스럽다고 해서 그 일에 대해 옳고 그르다는 의견을 낼 수는
없다.

　문서를 돌릴 때는 아래 관리 혼자 초안을 만들어 가지고 현승에게 가
서는, 그 문서 앞쪽은 말아서 왼손으로 쥐고 오른손으로 그 종이 꼬리
쪽을 잡은 다음, 기러기나 오리걸음으로 걸어와서 똑바로 선 채 현승을
흘겨보며 "서명해야 합니다"라고 말한다.

　그러면 현승은 붓을 움직여 위치를 찾아 서명하면서 오직 삼가는 태
도로 관리에게 눈짓을 하면서 "가하오? 불가하오?"라고 물으면, 관리는
"됐습니다" 할 뿐이다.

관리가 물러가면 감히 대략의 내용도 살펴보지 못한 채, 그것이 어떤 사안인지 전혀 알지 못한다.

관의 직급이 비록 높아도 힘과 권세는 도리어 주부위의 아래 있으며, 법도가 허술하면 반드시 '현승의 책임'이라고 탄핵하면서, 서로 흠을 보는 지경에까지 이르고 말았다.

현승의 자리를 마련한 것이 어찌 한갓 그렇게만 하도록 되어 있는 것이겠는가?


박릉博陵의 최사립崔斯立은 학문을 닦고 공부를 하여 그 자신이 많은 학식을 쌓고 있어, 큰물이 흘러가듯 날로 커져서 거리낌이 없게 되었다.

정원貞元 초, 그는 재능을 끼고 경사京師에서 글재주로 다투어 두 번 나아가 모두 사람들을 굴복시켰다.

원화元和 초에는 전직이었던 대리평사大理評事로서 정치의 잘잘못을 논하다가 벼슬자리에서 쫓겨났으나, 다시 전직을 거듭하여 이 고을의 현승이 되었던 것이다.

그는 처음 부임하여 위연喟然히 말하였다.

"벼슬이란 낮은 것이란 없으니, 생각건대 나의 재능이 이런 직무를 메우기에 부족할 듯하다."

그러고는 입을 다물고만 있을 뿐, 자신의 뜻을 베풀 수 없게 되자, 다시 이렇게 탄식하였다

"현승이여, 현승이여! 나는 현승 자리를 저버리지 않았지만 현승 자리가 나를 저버리는구나!"

그러고는 아각牙角처럼 모난 모습을 모두 제거해버리고, 한결같이 옛 현승들이 했던 발자취는 그대로 밟아가되, 남과 언덕처럼 불편함을 주는 일은 깨뜨려 없애버렸다.


현승의 청사에는 옛날부터 기記가 있었는데, 무너지고 비가 새서 더러

워져 읽을 수가 없었다.

최사립은 서까래와 기와를 바꾸고 벽을 흙손질하여 바른 다음, 전임자들의 성명을 모두 써넣었다.

뜰에는 늙은 홰나무가 네 줄로 서 있었으며, 남쪽 담에는 굵은 대나무 천여 그루가 서로 의지하듯 의젓하게 서 있었고, 물은 섬돌을 따라 소리내며 흘렀다.

최사립은 이곳을 말끔히 청소하고 물을 대어준 다음, 맞은편에 소나무 두 그루를 심어놓고 날마다 그 사이에서 시를 읊조렸다.

그러다가 혹 묻는 사람이 있으면, 곧바로 "나는 지금 공사公事를 보고 있으니, 당신은 잠시 가 계세요"라고 대답하곤 하였다.

고공낭중考功郎中 지제고知制誥 한유가 쓰다.


丞之職, 所以貳令, 於一邑, 無所不當問; 其下主簿尉, 主簿尉, 乃有分職.

丞位高而偪, 例以嫌, 不可否事.

文書行, 吏抱成案, 詣丞, 卷其前, 鉗以左手; 右手摘紙尾, 鴈鶩行以進, 平立, 睨丞曰「當署」, 丞涉筆占位署.

惟謹, 目吏, 問:「可不可?」; 吏曰:「得.」

則退, 不敢略省, 漫不知何事.

官雖尊, 力勢反在主簿尉下; 諺數慢必曰丞, 至以相訾謷.

丞之設, 豈端使然哉?


博陵崔斯立, 種學績文, 以蓄其有, 泓涵演迤, 日大以肆.

貞元初, 挾其能, 戰藝於京師, 再進再屈於人.

元和初, 以前大理評事, 言得失黜官, 再轉而爲丞玆邑.

始至, 喟然曰:「官無卑, 顧材不足塞職.」

旣噤不得施用, 又喟然曰:「丞哉, 丞哉! 余不負丞, 而丞負余!」

則盡柝去牙角, 一蹋故跡, 破崖岸而爲之.

丞廳, 故有記, 壞漏污不可讀.
斯立易桷與瓦, 墁治壁, 悉書前任人名氏.
庭有老槐四行, 南墻鉅竹千梃, 儼立若相持, 水㶁㶁循除鳴.
斯立痛掃漑, 對樹二松, 日哦其間.
有問者, 輒對曰:「余方有公事, 子姑去!」
考功郎中, 知制誥韓愈記.

【丞之職, 所以貳令, 於一邑, 無所不當問】'貳令'은 縣令의 副官. 《五百家注》에 "孫
曰:貳, 謂副貳也"라 하였고, 《眞寶》注에는 "丞, 官名;貳, 副也"라 함.
【其下主簿尉, 主簿尉, 乃有分職】縣丞 아래에 主簿尉가 있으며, 主簿尉는 縣丞의
업무를 分掌함.
【丞位高而偪, 例以嫌, 不可否事】'偪'은 權座에 매우 가까운 逼眞한 자리임을 뜻함.
【文書行, 吏抱成案, 詣丞, 卷其前, 鉗以左手】'吏抱成案'은 담당관리가 혼자 초안
을 작성함. '鉗'(겸)은 '움켜쥐다, 잡다'의 뜻. 현승으로 하여금 문서의 내용을 제대
로 볼 수 없도록 한 것.
【右手摘紙尾, 鴈鶩行以進, 平立】'鴈鶩行'은 기러기나 오리처럼 걸어가는 모습. '鴈'
은 雁과 같음. 《東雅堂》에는 "鴈, 或作鳧"라 하였고, 《五百家注》에도 "雁, 一作鳧"
라 하여 일부 판본에는 '鳧'로 된 것도 있다 하였음. '平立'은 바르게 섬. 揖이나
禮를 하지 않음.
【睨丞曰「當署」, 丞涉筆占位署, 惟謹】'睨'는 못마땅한 표정으로 흘겨봄. 《五百家注》
에 "睨, 邪視. 音詣"라 함. '當署'는 '의당 서명해야 합니다'의 뜻. 《東雅堂》에는
"曰'下或有'丞'字"라 하여 '丞當署'로 된 판본도 있음. '涉筆'은 붓을 종이 위에서
움직임. '占位署'는 위치를 찾아 서명함.
【目吏, 問:「可不可?」;吏曰:「得.」】눈으로 관리를 보면서 可否間만 물으면 관리는
서명만 하면 된다고 말함.
【則退, 不敢略省, 漫不知何事】'漫'은 아득하고 가물가물함.
【官雖尊, 力勢反在主簿尉下】지위는 높지만 힘과 권세는 도리어 主簿尉 아래에
있음.

【諺數慢必曰丞, 至以相訾謷】'諺'은 俗談, 俚諺, 俗言. 그러나 《五百家注》에는 '劾'으로 되어 있으며, 注에 "劾, 胡得切"이라 함. 따라서 劾으로 풀이함이 순통할 것으로 여겨짐. '數慢'는 數(법도나 법식)가 산만하여 허술함. '訾謷'(자오)는 흉을 보며 헐뜯음. 《東雅堂》에 "諺或作劾, 或作該. 方從《文苑》云:「謂諺語之所擧計者, 以丞爲慢之最, 且至以相訾謷也.」數, 所矩切; 訾, 將此切; 謷, 牛刀切"이라 함.

【丞之設, 豈端使然哉】《眞寶》注에 "豈端, 猶言豈徒"라 함. '현승의 자리가 한갓 그렇게만 하도록 한 것이겠는가?'의 뜻.

【博陵崔斯立, 種學績文, 以蓄其有】'博陵'은 지금의 河北省에 있던 縣 이름. '崔斯立'은 博陵 사람으로 貞元 4년(788)에 과거에 급제하여 進士에 오른 인물. '種學績文'은 학문을 익혀 많은 실적을 쌓음. 《眞寶》注에 "崔斯立, 人姓名"이라 함.

【泓涵演迤, 日大以肆】'泓涵'은 큰물이 넘쳐흐르는 모습을 뜻하는 雙聲連綿語. 그러나 일부 판본에는 '泓澄'으로 된 것도 있음. '演迤'는 물이 넓게 펼쳐져 흘러가듯 함. '日大以肆'는 날로 커져 거리낌 없게 됨. '肆'는 막힘이 없이 마음대로 할 수 있음.

【貞元初, 挾其能, 戰藝於京師, 再進再屈於人】'貞元'은 唐 德宗의 연호로 785-804년까지 20년간이었음. '戰藝'는 학문으로써 전투를 벌임. 곧 과거를 보는 것을 말함. '藝'는 經을 뜻하며 여기서는 더 넓은 의미의 학술, 학문을 가리킴. '屈於人'은 남에게 굴복을 당함. 그러나 이는 의미가 거꾸로 되어 맞지 않음. 이에 《東雅堂》에는 '屈□人'으로 되어 있으며 그 注에 《別本》과 《東雅堂》에는 "〈杭本〉無'再進'二字, 《文苑》無下'再'字, 而屈下一字皆作'千'字, 又多作'于'字. 方云:斯立, 貞元四年進士, 六年中博學宏詞, 再進而屈千人也. 今按:〈杭〉,《苑》作'千'字, 方從之爲誤, 蓋唐人試宏詞者, 甚少, 如貞元九年僅三十二人而已. 作'千人恐非是. 或疑'千'當作其如云屈其坐人也. 然無所據, 姑放《穆天子傳》, 闕其處以俟知者"라 하여 '於'자는 맞지 않는다고 여겼고, 題注에는 "屈, 當作出字, 乃與詩意合"이라 하여 '出於人'으로 보기도 하였음. 그러나 《五百家注》에는 '屈於人'은 '屈人'과 같은 뜻이라 하여 "集注:立之, 貞元四年進士第. 公嘗寄其詩曰:『連年收科第, 如摘頷下髭.』此其所以再進而再屈于人也. 或謂「屈'當'作'出, 乃與詩意合」, 是不解公所謂'屈于人'之意耳, '屈于人', 屈人也"라 함.

【元和初, 以前大理評事】'元和'는 當 憲宗의 연호. 806-820년까지 15년간이었음. '大理評事'는 刑獄을 관장하던 大理寺의 屬官 職名.

【言得失黜官, 再轉而爲丞玆邑】행정의 득실을 거론하다가 축출당하였음. 그리고

돌고 돌아 이곳 현승으로 오게 된 것임.

【始至, 喟然曰:「官無卑, 顧材不足塞職.」】'始至'는 처음 이곳에 이름. 부임하여 도착함. '塞職'은 직책을 담당함. 직책에 充塞됨.

【既噤不得施用】입을 다물고 아무 말도 할 수 없어 자신의 존재 용도는 없는 상태임을 말함.

【又喟然曰:「丞哉, 丞哉! 余不負丞, 而丞負余.」】'負'는 '저버리다, 잘못을 저지르도록 하다' 등의 뜻.

【則盡枿去牙角, 一躡故跡, 破崖岸而爲之】'枿去'는 잘라버림. '枿'(얼)은 그루터기. 《東雅堂》에 "枿, 音蘗"이라 하였고, 《眞寶》注에 "五葛反"이라 함. 여기서는 '없애버리다'의 뜻으로 쓰임. 《五百家注》에 "枿, 五割切. 一作拆"이라 함. '牙角'은 어금니와 뿔. 모가 나서 남과 부딪치는 것을 말함. '崖岸'은 언덕처럼 막혀 서로 불편함을 주는 사안들.

【丞廳, 故有記, 壞漏汚不可讀】縣丞의 청사에 記가 있었으나 마멸되고 젖어 읽을 수가 없음.

【斯立易桷與瓦, 墁治壁, 悉書前任人名氏】'桷與瓦'는 서까래와 기와. '墁'은 흙손으로 벽에 흙을 바름. 《五百家注》에 "補注:墁, 泥也. 祝曰:《孟子》「毁瓦畫墁」, 注:畫墁, 畫地也. ○墁, 莫干切"이라 함.

【庭有老槐四行, 南墙鉅竹千梃】'槐'는 홰화나무, 홰나무. 주로 관청이나 묘당 등에 널리 심었음. '鉅竹千梃'은 큰 대나무 천 그루. '梃'은 막대기나 몽둥이처럼 길게 자란 나무를 뜻함. 《東雅堂》에 "梃, 从木. 《說文》:「梃, 一枚也.」"라 함.

【儼立若相持, 水㶁㶁循除鳴】'㶁㶁'(괵괵)은 물소리를 형상화한 疊語. '循除鳴'은 섬돌을 따라 소리를 내며 흐름. '除'는 섬돌을 뜻함. 《五百家注》에 "祝曰:㶁㶁, 《說文》:「水裂聲也.」 除, 階也. ○㶁, 古柏反"이라 함. 《眞寶》注에 "㶁㶁, 水流貌; 除, 庭除"라 함.

【斯立痛掃漑, 對樹二松, 日哦其間】'痛掃漑'는 깨끗이 청소하고 물을 부어 흘러가도록 함. '痛'은 '철저히, 아주 말끔히' 등의 뜻. 《五百家注》에 "韓曰:漑, 灌漑, 注也. ○漑, 居代切"이라 함. '哦'는 詩를 읊음. '吟'과 같은 뜻. 그러나 《五百家注》에는 '唫哦'(吟哦)로 되어 있으며 그 注에 "一無'吟'(唫)字"라 함.

【有問者, 輒對曰:「余方有公事, 子姑去!」】'輒對'는 곧바로 대답함. '姑去'는 '잠시 가 있으세요'의 뜻. 縣丞으로서 자신이 할 수 있는 公務란 시나 읊고 소나무 사이를 거니는 것임을 에둘러 표현한 것.

【考功郞中, 知制誥韓愈記】考功郞中과 知制誥는 관직 이름. '考功郞中'은 관리들의
考課를 관리하는 직책이며, '知制誥'는 황제의 문서를 초안하는 직책. 韓愈는 그
즈음 이 벼슬을 하고 있었음.

> 참고 및 관련 자료

1. 작자: 韓愈(韓退之) 022 참조.

2. 이 글은 《別本韓文考異》(13), 《五百家注昌黎文集》(13), 《東雅堂昌黎集註》(13),
《唐宋八大家文鈔》(8), 《文苑英華》(805), 《文章正宗》(21 上), 《事文類聚》(續集 5, 外集
15), 《文編》(55), 《文章辨體彙選》(566), 《唐宋文醇》(6) 등에 실려 있음.

# 048. 〈上宰相第三書〉 ·················· 韓退之(韓愈)

## 재상에게 보내는 세 번째 글

*〈上宰相第三書〉: 이 글은 韓愈가 貞元 원년(785) 進士에 급제하였고 다시 禮部의 博學宏辭科에 응시하였고, 다시 吏部에 응시하였으나 성공하지 못한 채, 한때 中書省에 자리를 얻기도 하였지만 이내 면직되지, 28세 때인 貞元 11년(795)에 그 무렵 재상 趙憬, 賈耽, 盧邁에게 정월 27일, 2월 16일, 3월 16일 등 세 번이나 관직을 줄 것으로 요구하며 自薦書를 올리게 됨. 본편은 그중 세 번째 글임. 그러나 끝내 응답이 없자 이해 5월 韓愈는 동쪽으로 돌아가버림. 따라서 제목은 〈後廿(二十)九日復上書〉로 되어 있음. 《唐宋八大家文鈔》에는 "議論正大, 勝前篇. 當看虛字幹旋處"라 함. 〈第一書〉의 題注에 "公貞元八年登第, 其後以博學宏辭三試於吏部, 無成, 故十一年, 上宰相書求仕, 凡三上不報, 時宰相趙憬, 賈耽, 盧邁, 皆庸人, 故不能用公, 是年五月, 遂東歸"라 함.

*《眞寶》注에 "迂齋云: 「以周公與當時之事, 反覆對說, 而求士之緩急. 居然可見, 雖是退之, 切於求進然, 理亦如此.」○此書上於貞元十一年乙亥, 公是年二十八歲, 時相乃賈耽, 盧邁也. 前一書云: 「前鄕貢進士韓愈, 謹伏光範門下, 再拜獻書相公閤下.」公二十五歲, 已登進士第, 時猶未出官, 故只云'前鄕貢進士', 自正月二十七, 至三月十六, 凡三上書, 詞益慷慨, 世所謂'光範三書'者, 此也. 三上書不報, 乃東歸. 朱子論「公所論, 不免雜乎貪位慕祿之私」者, 正謂此類. 然初年干進, 亦誰能免? 略之而取其議論文氣可也. 書辭激切如此, 而竟不報此, 二相者果何如人哉?」라 함.


(3월 16일, 전전 향공진사鄕貢進士 한유는 삼가 재배하며 상공相公 각하閤下께 말씀드립니다.)

제가 듣건대 주공周公은 성왕成王을 보필하는 재상이 되어 급히 서두른 것은 현인을 만나는 것이어서, 한 끼 식사에 세 번이나 입 안의 음식을 토해냈고, 한 번 머리를 감다가도 세 번이나 머리카락을 움켜쥐었다고 하더이다.

그 당시에 천하의 현재賢才는 이윽고 모두가 등용되었습니다.

그리고 간사姦邪하거나 참녕讒佞한 짓을 하거나 속이고 배신하는 무리들은 모두가 제거되었습니다.

그리고 사해四海는 모두 근심할 일이 없게 되었고, 구이九夷, 팔만八蠻으로 먼 국경 밖의 황복荒服에 있는 자들도 모두가 빈공賓貢을 오게 되었습니다.

천재天災나 시변時變, 곤충이나 초목의 요망함은 모두 사라져 없어졌습니다.

천하가 소위 말하는 예악禮樂, 형정刑政, 교화敎化의 구비는 모두가 이미 정리되고 완비되었습니다.

풍속은 모두가 돈후해졌고, 동식물動植物로서 풍우와 상로霜露의 혜택을 입는 것들은 모두가 자신의 마땅함을 얻었지요.

휴징休徵, 가서嘉瑞와 인린麟, 봉봉鳳, 구龜, 용龍의 무리들은 모두가 갖추어 나타났습니다.

그런데 주공은 성인聖人의 재능으로, 숙부로서의 친척이라는 힘에 의지하여 그가 처리하고 선왕의 교화를 이어받아 보필한 공로는 이와 같이 모두 빛을 발하고 있었는데, 그가 찾아서 나아가 만나보았던 선비들이라고 해서 어찌 주공보다 똑똑한 자들이었겠습니까?

그저 주공보다 똑똑하지 못한 정도일 뿐만 아니라, 어찌 다시 당시 온갖 일을 맡아 하던 집사執事들보다 똑똑했겠습니까?

어찌 다시 계책을 세우고 논의를 함에 있어서 능히 주공의 교화에 보탬이 되는 자들이었겠습니까?

그럼에도 주공이 구하기를 이처럼 다급하게 서두른 까닭은, 자신의 귀와 눈이 듣고 보지 못하는 것이 있거나, 사려思慮가 미치지 못하는 바가 있어, 성왕이 주공 자신에게 맡긴 뜻을 저버려 천하의 민심을 얻지 못하면 어쩌나 하는 걱정 때문이었습니다.

(주공의 마음이 이와 같다 해도) 가령 당시 보리승화輔理承化의 공이

이처럼 모두 훤히 빛나지도 않고, 성인의 재능도 갖추지 않았으며, 숙부라는 친척 관계도 아니었다면, 그는 밥 먹고 머리감을 겨를도 없었을 텐데, 어찌 유독 토포악발吐哺握髮하는 정도의 부지런함에만 그쳤겠습니까?

그가 이와 같았기에 그 까닭으로 지금 성왕의 덕을 칭송하고, 주공의 공을 칭찬함이 쇠衰하지 않고 있는 것입니다.

지금 각하께서 보상輔相이 되어 주공처럼 할 수 있기는 아주 쉽습니다.

그런데 이제 천하의 현재들이 모두 빠짐없이 등용되고 있습니까?

간사奸邪하고 참녕한 자, 속이고 배반하는 무리들이 모두 제거되었습니까?

사해가 모두 걱정이 없습니까? 구이, 팔만으로 황복의 밖에 있는 이들이 모두 빈공을 보내옵니까?

천재와 시변, 곤충, 초목의 재앙이 모두 사라졌습니까?

천하에 이른바 말하는 예악, 형정, 교화의 갖춤이 모두 정비되고 정리되었습니까?

풍속은 돈후합니까? 동식물로서 풍우와 상로의 혜택을 입는 것들이 모두 잘 지내는 것입니까?

휴징과 가서, 인, 봉, 구, 용의 무리들이 갖추어 다가오고 있습니까?

지금 찾아서 나아가 만나본 선비들이 비록 바라는 성덕盛德을 갖추기에 부족하다 해도, 온갖 집사들에 비해 모두가 그들보다 낮은 사람들입니까?

그들이 말하는 바가 모두 전혀 도움 되는 바가 없는 것들입니까?

지금 비록 주공처럼 토포악발은 못할지언정 역시 그들을 이끌어 나아가게 하고, 그들의 소이所以를 관찰하여 거취去就를 결정하게 함이 마땅한 것이지, 묵묵히 그대로 있는 것은 온당치 않습니다.

제가 명령을 기다리고 있은 지 40여 일이 됩니다.

글을 거듭 두 번이나 올렸지만 전혀 뜻을 통할 수가 없어, 직접 세 번이나 재상의 문에 이르렀으나 문지기가 사절하더이다.

오직 저는 어둡고 우매하여 도망하거나 숨을 줄도 모르고, 그 때문에 다시 주공의 예를 들어 말씀드리오니 (각하께서 다시 살펴주십시오.)

옛날의 선비는 석 달을 벼슬하지 못하면 서로 위로하였으며, 그것을 이유로 자기 나라를 떠나되 반드시 폐백을 싣고 떠났지요.

그처럼 스스로 나서는 것을 신중히 여긴 까닭은, 주周나라에서 불가하면 노魯나라로 가고, 노나라에서 불가하면 제齊나라로 가고, 제나라에서 불가하면 송宋나라로, 정鄭나라로, 초楚나라로 갈 수 있었기 때문이었지요.

그런데 이제 천하는 한 임금의 시대가 되었고, 사해는 하나의 나라가 되었으니, 이를 버리면 이적夷狄의 땅밖에 없으니 부모의 나라를 버리게 되는 것이지요.

그러므로 선비로서 도를 행하려는 자가 조정에서 뜻을 얻지 못하면 산속으로 들어갈 수밖에 없습니다.

산림이란 선비로서 독선자양獨善自養하며 천하를 근심하지 않는 자가 능히 안정을 취할 곳이지요.

만일 천하에 근심을 둔 자라면 그렇게 할 수 없지요.

그 까닭으로 저는 매번 스스로 나서면서도 부끄러움을 모르기에, 서신을 자주 올리면서 발은 자주 재상의 문에 이르되 그칠 줄을 몰랐던 것입니다.

차라리 홀로 이와 같을 뿐이겠습니까? 두려워하면서 오직 대현大賢의 문으로 나설 수 없는 것, 이것이 두려울 뿐입니다.

역시 조금만이라도 살핌을 내려주시기를 바랍니다.

(위존威尊을 모독하여 황공함이 끝이 없습니다. 한유가 재배함.)

(三月十六日, 前鄉貢進士韓愈, 謹再拜言相公閣下.)

愈聞周公之爲輔相, (其)急於見賢也, 方一食, 三吐其哺; 方一沐, 三握其髮.

當是時, 天下之賢才 皆已舉用;

姦邪讒佞欺負之徒, 皆已除去;

四海皆已無虞; 九夷八蠻在荒服之外者, 皆已賓貢;

天災時變, 昆蟲草木之妖, 皆已銷息;

天下之所謂禮樂刑政教化之具, 皆已修理;

風俗皆已敦厚; 動植之物, 風雨霜露之所霑被者, 皆已得宜;

休徵嘉瑞, 麟鳳龜龍之屬, 皆已備至.

而周公以聖人之才, 憑叔父之親, 其所輔理承化之功, 又盡章章如是, 其所求進見之士, 豈復有賢於周公者哉?

不惟不賢於周公而已, 豈復有賢於時百執事者哉?

豈復有所計議, 能補於周公之化者哉?

然而周公求之如此其急, 惟恐耳目有所不聞見, 思慮有所未及, 以負成王託周公之意, 不得於天下之心.

(如周公之心,) 設使其時, 輔理承化之功, 未盡章章如是, 而非聖人之才, 而無叔父之親, 則將不暇食與沐矣, 豈特吐哺握髮爲勤而止哉?

(維)惟其如是, 故于今頌成王之德, 而稱周公之功不衰.


今閣下爲輔相亦近耳.

天下之賢才, 豈盡舉用?

姦邪讒佞欺負之徒, 豈盡除去?

四海豈盡無虞? 九夷八蠻之在荒服之外者, 豈盡賓貢?

天災時變, 昆蟲草木之妖, 豈盡銷息?

天下之所謂禮樂刑政教化之具, 豈盡修理?

風俗豈盡敦厚? 動植之物, 風雨霜露之所霑被者, 豈盡得宜?

休徵嘉瑞, 麟鳳龜龍之屬, 豈盡備至?

其所求進見之士, 雖不足以希望盛德, 至比於百執事, 豈盡出其下哉?

其所稱說, 豈盡無所補哉?

今雖不能如周公吐哺握髮, 亦宜引而進之, 察其所以而去就之, 不宜默默而已也.

愈之待命, 四十餘日矣.

書再上, 而志不得通, 足三及門而閽人辭焉,

惟其昏愚, 不知逃遁, 故復有周公之說焉. (閣下其亦察之.)


古之士, 三月不仕則相吊, 故出疆必載質.

然所以重於自進者, 以其於周不可, 則去之魯; 於魯不可, 則去之齊; 於齊不可, 則去之宋, 之鄭, 之秦, 之楚也.

今天下一君, 四海一國, 舍乎此則夷狄矣, 去父母之邦矣.

故士之行道者, 不得於朝, 則山林而已矣.

山林者, 士之所獨善自養, 而不憂天下者之所能安也.

如有憂天下之心, 則不能矣.

故愈每自進而不知愧焉, 書亟上, 足數及門, 而不知止焉.

寧獨如此而已? 惴惴焉惟不得出大賢之門, 是懼.

亦惟少垂察焉.

(瀆冒威尊, 惶恐無已. 愈再拜.)


【(三月十六日, '羈旅'前鄉貢進士韓愈, 謹再拜言相公閣下)】《昌黎集》등 다른 모든 전재문에는 이 구절이 실려 있으며,《五百家注》에는 '十六日' 다음에 '羈旅' 두 글자가 더 있고, 注에 "一無二字"라 함. 그리고 '閣下'는 '閤下'로 되어 있음.

【愈聞周公之爲輔相, (其)急於見賢也】'周公'은 '輔相'은 임금을 輔弼하는 재상. 周公

은 武王이 죽고 어린 成王이 제위에 오르자 이를 보필하는 재상이 되어 현인을 찾아 나라를 잘 다스리고자 하였음.《史記》魯周公世家에 "其後武王旣崩, 成王少, 在强葆之中. 周公恐天下聞武王崩而畔, 周公乃踐阼代成王攝行政當國"이라 함. '其'자는 모든《昌黎集》에 들어 있으며 의미가 순통함.

【方一食, 三吐其哺;方一沐, 三握其髮】'三吐其哺, 三握其髮'는 '吐哺握髮'을 풀어쓴 것. 周公은 成王을 보필하면서 한 끼의 밥을 먹는 사이에 세 번이나 먹던 밥을 토해 놓고, 세 번이나 감던 머리를 움켜쥐고 달려 나가 선비를 만났다는 고사를 원용한 것.《史記》魯周公世家에 "於是卒相成王, 而使其子伯禽代就封於魯. 周公戒伯禽曰:「我文王之子, 武王之弟, 成王之叔父, 我於天下亦不賤矣. 然我一沐三捉髮, 一飯三吐哺, 起以待士, 猶恐失天下之賢人. 子之魯, 愼無以國驕人.」"이라 함. 이 고사는《荀子》(堯問篇),《尙書大傳》(梓材),《說苑》(敬愼),《十八史略》(1),《韓詩外傳》(3) 등에 아주 널리 실려 있으며, 널리 쓰이는 成語가 됨. 한편《韓詩外傳》에는 "周公踐天子之位, 七年, 布衣之士所贄而師者十人, 所友見者十二人, 窮巷白屋先見者四十九人, 時進善百人, 敎士千人, 宮朝者萬人. 成王封伯禽於魯, 周公誠之曰:「往矣! 子無以魯國驕士. 吾, 文王之子, 武王之弟, 成王之叔父也, 又相天下, 吾於天下, 亦不輕矣. 然一沐三握髮, 一飯三吐哺, 猶恐失天下之士. 吾聞德行寬裕, 守之以恭者榮; 土地廣大, 守之以儉者安; 祿位尊盛, 守之以卑者貴; 人衆兵强, 守之以畏者勝; 聰明睿智, 守之以愚者善; 博聞强記, 守之以淺者智. 夫此六者, 皆謙德也. 夫貴爲天子, 富有四海, 由此德也; 不謙而失天下, 亡其身者, 桀紂是也; 可不愼歟? 故易有一道, 大足以守天下, 中足以守其國家, 近足以守其身, 謙之謂也. 夫天道虧盈而益謙, 地道變盈而流謙, 鬼神害盈而福謙, 人道惡盈而好謙. 是以衣成則必缺衽, 宮成則必缺隅, 屋成則必加拙, 示不成者, 天道然也.《易》曰:『謙·亨, 君子有終, 吉.』《詩》曰:『湯降不遲, 聖敬日躋!』誠之哉! 其無以魯國驕士也.」"이라 함.《五百家注》에는 "孫曰:《史記》周公子伯禽, 就封於魯. 周公戒曰:「我一沐三握髮, 一飯三吐哺, 以待士, 猶恐失天下之賢人.」"이라 함.

【當是時, 天下之賢才 皆已擧用】周初 周公 시대에는 모든 賢才들이 다 거용됨.

【姦邪讒佞欺負之徒, 皆已除去】'姦邪讒佞欺負'는 간사하고 사악하고, 남을 모함하고 교활하고 남을 속이고 남을 배신하는 짓을 하는 자들.

【四海皆已無虞】'無虞'는 걱정이 없음. '虞'는 우려함, 근심함.《眞寶》注에 "虞, 猶憂也"라 함.

【九夷八蠻在荒服之外者, 皆已賓貢】'九夷八蠻'은 변방의 여러 이민족들. '荒服'은

먼 국경 밖의 지역. 옛 五服의 하나로 국경 밖 5백 리 지역이었음. '服'은 천자가 거처하는 京師로부터 천리까지는 圻(畿)라 하며 그 밖으로 5백리씩 먼 곳을 일컫는 말.《周禮》夏官 職方氏에 의하면 侯服, 甸服, 南服, 采服, 衛服, 蠻服, 夷服, 鎭服, 藩服 등 九服이 있었으며《尙書》禹貢에는 五服(甸服, 侯服, 綏服, 要服, 荒服)으로, 혹 六服(侯服, 甸服, 男服, 采服, 衛服, 蠻服) 등 여러 구분이 있었음. '九夷'는《後漢書》東夷傳에 "夷有九種:曰畎夷,于夷,方夷,黃夷,白夷,赤夷,玄夷,風夷,陽夷. 故孔子欲居九夷也"라 함. '八蠻'은 중국 둘레 八方의 異民族들. '賓貢'은 내조하여 공물을 바쳐옴.

【天災時變, 昆蟲草木之妖, 皆已銷息】《五百家注》에 "孫曰:《說文》云:「昆蟲, 蟲之總名.」妖, 孼也. 昆蟲草木之妖, 如〈五行志〉所載是矣"라 함. '銷息'은 소멸되어 없어짐.

【天下之所謂禮樂刑政敎化之具, 皆已修理】'禮樂, 刑政, 敎化'는 역사적으로 중국은 周公이 文物, 典章, 制度를 최초로 모두 完備하였다는 주장에서 늘 稱頌되는 사안임. '修理'는 잘 마련되고 정리됨을 뜻함.

【風俗皆已敦厚】'敦厚'는 敦篤하고 厚德함.

【動植之物, 風雨霜露之所霑被者, 皆已得宜】'霑被者'는 風雨와 霜露를 받아 그 혜택을 보는 생명체들.

【休徵嘉瑞, 麟鳳龜龍之屬, 皆已備至】'休徵嘉瑞'는 아름다운 徵候와 상서로운 兆朕. '麟鳳龜龍'은 四靈으로 太平聖代나 聖人이 在世할 때 나타난다 하였음.

【而周公以聖人之才, 憑叔父之親, 其所輔理承化之功】'輔理承化'는 임금 聖王을 보좌하여 나라를 다스리고 先王들의 뜻을 받들어 백성을 교화함.

【又盡章章如是, 其所求進見之士】'章章'은 밝고 빛이 나서 분명함.

【豈復有賢於周公者哉】周公보다 더 어진 자는 없음.

【不惟不賢於周公而已, 豈復有賢於時百執事者哉】'時百執事者'는 周公 그 무렵의 여러 관직에 있던 사람들.

【豈復有所計議, 能補於周公之化者哉】'계책과 의논하는 바가 주공처럼 교화에 보탬이 되는 것이 있었겠는가?'의 뜻.

【然而周公求之如此其急, 惟恐耳目有所不聞見】이처럼 급히 굴었음에도 耳目에 놓치는 것이 있을까 염려하였음.

【思慮有所未及, 以負成王託周公之意, 不得於天下之心】成王이 周公에게 맡긴 뜻을 저버리게 되면 天下 民心을 얻지 못함.

【(如周公之心,) 設使其時, 輔理承化之功, 未盡章章如是】'如周公之心' 다섯 자는 모

든《昌黎集》에 들어 있으며《眞寶》에는 누락된 것임. '輔理承化'는 보필하여 드리고 선대의 뜻을 이어받아 교화함. 周公의 실천을 말함.

【而非聖人之才, 而無叔父之親】'叔父'는 周公은 成王의 숙부였음. 成王(姬誦)은 武王(姬發)의 장자이며, 周公(姬旦)은 武王의 아우였음.《眞寶》注에 "周公乃成王之叔父, 故曰叔父之親"이라 함.

【則將不暇食與沐矣, 豈特吐哺握髮爲勤而止哉】《眞寶》注에 "又進一步, 不特吐握矣"라 함.

【惟其如是, 故于今頌成王之德, 而稱周公之功不衰】'惟'는《昌黎集》에는 '維'로 되어 있음. '不衰'는 쇠하지 않음. 지금도 두 사람에 대한 칭송이 끊이지 않음.

【今閣下爲輔相亦近耳】지금 閣下(閤下, 宰相)들은 輔相이 되어 또한 周公과 같은 지위에 있으므로 주공처럼 훌륭한 일을 할 수 있음.

【天下之賢才, 豈盡擧用】이는 앞의 周公 시절 "天下之賢才 皆已擧用"을 反問하여 공격하며 책임을 물은 것.

【姦邪讒佞欺負之徒, 豈盡除去】앞의 "姦邪讒佞欺負之徒, 皆已除去"에 대한 反問.

【四海豈盡無虞】앞의 "四海皆已無虞"에 대한 反問.

【九夷八蠻之在荒服之外者, 豈盡賓貢】앞의 "九夷八蠻在荒服之外者, 皆已賓貢"에 대한 反問.

【天災時變, 昆蟲草木之妖, 豈盡銷息】앞의 "天災時變, 昆蟲草木之妖, 皆已銷息"에 대한 反問.

【天下之所謂禮樂刑政敎化之具, 豈盡修理】앞의 "天下之所謂禮樂刑政敎化之具, 皆已修理"에 대한 反問.

【風俗豈盡敦厚】앞의 "風俗皆已敦厚"에 대한 反問.

【動植之物, 風雨霜露之所霑被者, 豈盡得宜】앞의 "動植之物, 風雨霜露之所霑被者, 皆已得宜"에 대한 反問.

【休徵嘉瑞, 麟鳳龜龍之屬, 豈盡備至】앞의 "休徵嘉瑞, 麟鳳龜龍之屬, 皆已備至"에 대한 反問.

【其所求進見之士, 雖不足以希望盛德, 至比於百執事, 豈盡出其下哉】盛德을 희망하기에는 부족하나 온갖 집사들에 비하면 모두가 그들 아래라고 할 수는 없음. 지금의 선비들 가운데는 훌륭한 이들이 많이 있음을 말한 것.

【其所稱說, 豈盡無所補哉】그들이 하는 말이 전혀 裨補가 될 수 없다고는 할 수 없음. 지금의 선비들은 그들이 일컫고 말하는 바가 행정에 補益이 되는 것이

있음.

【今雖不能如周公吐哺握髮, 亦宜引而進之】周公만큼은 못한다 해도 역시 선비들이 나오도록 誘導는 해야 함.

【察其所以而去就之, 不宜黙黙而已也】그들을 살펴 去就를 결정하도록 해야 할 것이지 재상으로서 침묵만 지키고 있어서는 안 될 것임.

【愈之待命, 四十餘日矣】韓愈가 첫 서신을 올린 것은 正月 27일이며, 다시 이 서신을 올린 것은 3월 16일로 40여 일이 경과하였으나 아무런 회답이 없었음.

【書再上, 而志不得通, 足三及門而闇人辭焉】세 번이나 재상의 문에 갔으나 문지기가 사절함. '闇人'은 문지기.

【惟其昏愚, 不知逃遁, 故復有周公之說焉】昏闇하고 愚昧하여 도망가 숨을 곳을 알 수 없어 그 때문에 다시 周公을 예로 들어 설명함.

【閣下其亦察之.】《東雅堂》에 모두 이 여섯 글자가 들어 있으며, 注에 "或無此六字"라 하였고, 《五百家注》에는 이 글자가 없는 대신 注에 "一作「閣下其亦察之」六字"라 함. '閣下'는 원전마다 '閤下', '閣下' 등 표기가 다름.

【古之士, 三月不仕則相吊, 故出疆必載質】'吊'은 '弔'와 같으며 '弔喪하다, 위문하다, 동정하다'의 뜻. '出疆'은 자신의 나라 疆域을 벗어남. 다른 나라로 감. '質'은 典當物, 어떤 일을 보장할 만한 재물이나 폐백. 그러나 문장의 내용으로 보아 질은 자신이 벼슬을 구할 때까지 견디고 쓸 비용을 뜻하는 것이 아닌가 함.

【然所以重於自進者】스스로 나서는 것을 신중히 함. 벼슬 구하는 것을 다급히 여기면서도 자신이 나서는 것은 매우 신중히 함.

【以其於周不可, 則去之魯; 於魯不可, 則去之齊; 於齊不可, 則去之宋, 之鄭, 之秦, 之楚也】각 나라에서 뜻을 얻지 못하면 다른 나라로 감. '魯'는 춘추시대 曲阜에 도읍을 두었던 周公의 봉지. '齊'는 春秋시대 齊나라는 姜太公(呂尙)의 봉지 姜氏齊, 戰國시대에는 田完(敬仲)의 후손이 물려받은 田氏齊로 지금의 山東 淄博(臨淄), '宋'은 춘추시대 微子啓의 봉지. 지금의 河南 商丘 일대. '鄭'은 春秋시대 지금의 하남 일대의 제후국으로 지금의 하남 鄭州 일대. '秦'은 春秋戰國 및 이를 통일한 나라로 지금의 陝西 西安(長安) 咸陽 일대. '楚'는 春秋戰國 남방의 大國으로 도읍은 郢(지금의 湖北 荊州).

【今天下一君, 四海一國】'天下一君'은 천하에 한 임금만 있음. 春秋戰國시대처럼 많은 나라가 있어 옮겨갈 수 있는 시대가 아님. 《眞寶》注에 "回護善救首尾"라 함.

【舍乎此則夷狄矣, 去父母之邦矣】중국을 떠나면 갈 수 있는 곳은 夷狄의 나라이

며 부모 나라를 떠나는 것이 됨.

【故士之行道者, 不得於朝, 則山林而已矣】그 때문에 山林으로 들어갈 수밖에 없음.

【山林者, 士之所獨善自養, 而不憂天下者之所能安也】천하를 걱정하지 않아도 되는 선비들이 獨善自養하며 安全을 느끼는 곳이 山林임.

【如有憂天下之心, 則不能矣】천하를 걱정하는 마음을 가진 자는 산림으로 들어갈 수 없음.

【故愈每自進而不知愧焉, 書亟上, 足數及門, 而不知止焉】'亟'는 '기'로 읽으며 '빨리, 자주'의 뜻. '數'은 '삭'으로 읽음. 《東雅堂》에 "數, 音朔"이라 함.

【寧獨如此而已?】'어찌 이 한 가지 행동만 하겠는가?'의 뜻.

【惴惴焉惟不得出大賢之門, 是懼】'惴惴焉'은 근심하고 두려워하는 모양.

【亦惟少垂察焉. (瀆冒威尊, 惶恐無已. 愈再拜.)】괄호 안의 11자는 모든 《昌黎集》에 들어 있으며, 《東雅堂》注에는 "「威尊」, 或作「尊威」. 「無已」, 或作無文, 非是"라 함.

## 참고 및 관련 자료

1. 작자: 韓愈(韓退之) 022 참조.

2. 이 글은 《別本韓文考異》(16), 《五百家注昌黎文集》(16), 《東雅堂昌黎集註》(16), 《唐宋八大家文鈔》(2), 《唐文粹》(87), 《崇古文訣》(10), 《文章正宗》(12), 《古文集成》(16), 《文編》(49), 《格物通》(71), 《事文類聚》(新集 7), 《稗編》(88) 등에 실려 있음.

3. 〈上宰相書〉(第一書)

正月二十七日, 前鄉貢進士韓愈, 謹伏光範門下, 再拜獻書相公閣下. 《詩》之序曰: 「菁菁者莪, 樂育材也. 君子能長育人材, 則天下喜樂之矣.」其詩曰:『菁菁者莪, 在彼中阿. 既見君子, 樂且有儀.』說者曰:「菁菁者, 盛也. 莪, 微草也. 阿, 大陵也. 言君子之長育人材, 若大陵之長育微草, 能使之菁菁然盛也.」『既見君子, 樂且有儀』云者, 天下美之之辭也. 其三章曰:『既見君子, 錫我百朋.』說者曰:「百朋, 多之之辭也. 言君子既長育人材, 又當爵命之, 賜之厚祿, 以寵貴之云爾.」其卒章曰:『泛泛楊舟, 載沈載浮. 既見君子, 我心則休.』說者曰:「載者, 舟也; 浮沈者, 物也. 言君子之於人材, 無所不取, 若舟之於物, 浮沈皆載之云爾.」『既見君子, 我心則喜』云者, 言若此, 則天下心美之也. 君子之於人也, 既長育之, 又當爵命寵貴之, 而於其才無所遺焉. 孟子曰:「君子有三樂, 王天下不與存焉. 其一曰「樂得天下之英才而教育之」, 此皆聖人賢士之所極言至論, 古今之所宜法者也. 然則孰能長育天下之人材, 將非吾君與吾相乎? (孰能教育天下之英才, 將非吾君與吾相乎?) 幸今天下無事, 大小之官, 各守其職, 所錢穀甲兵之問, 不至於廟堂. 論道經邦之暇, 捨此宜無大者焉.

今有人生二十八年矣, 名不著於農工商賈之版, 其業則讀書著文, 歌頌堯舜之道, 雞鳴而起, 孜孜焉亦不爲利. 其所讀皆聖人之書, 楊墨釋老之學, 無所入於其心. 其所著皆約六經之旨而成文, 抑邪與正, 辨時俗之所惑, 居窮守約, 亦時有感激怨懟奇怪之辭, 以求知於天下, 亦不悖於教化, 妖淫諛佞譸張之說, 無所出於其中. 四舉於禮部乃一得, 三選於吏部卒無成. 九品之位其可望, 一畝之宮其可懷. 遑遑乎四海無所歸, 恤恤乎饑不得食, 寒不得衣, 濱於死而益固, 得其所者爭笑之, 忽將棄其舊而新是圖, 求老農老圃而爲師. 悼本志之變化, 中夜涕泗交頤. 雖不足當詩人孟子之所謂, 抑長育之使成材, 其亦可矣; 教育之使成才, 其亦可矣.

抑又聞古之君子相其君也, 一夫不獲其所, 若已推而内之溝中. 今有人生七年而學聖人之道以修其身, 積二十一年, 不得已一朝而毀之, 是亦不獲其所矣. 伏念今有仁人在上位, 若不佇告之而遽行, 是果於自棄, 而不以古之君子之道待吾相也, 其可乎? 寧佇告焉, 若不得志, 則命也. 其亦行矣!

〈洪範〉曰:「凡厥庶民, 有猷, 有爲, 有守, 汝則念之. 不協于極, 不罹于咎, 皇則受之, 而康而色. 曰: 予攸好德, 汝則錫之福.」是皆與善之辭也. 抑又聞古之人有自進者, 而君子不逆之矣, 曰「予攸好德, 汝則錫之福」之謂也. 抑又聞上之設官制祿, 必求其人而授之者, 非苟慕其才而富貴其身也, 蓋將用其能理不能, 用其明理不明者耳. 下之修己立誠, 必求其位而居之者, 非苟没於利而榮於名也, 蓋將推已之所餘, 以濟其不足者耳. 然則上之於求人, 下之於求位, 交相求而一其致焉耳. 苟以是而爲心, 則上之道不必難其下, 下之道不必難其上. 可舉而舉焉, 不必讓於其自舉也; 可進而進焉, 不必廉於其自進也. 抑又聞上之化下, 得其道, 則勸賞不必偏加乎天下, 而天下從焉, 因人之所欲爲而遂推之之謂矣. 今天下不由吏部而仕進者幾希矣, 主上傷感山林之士有逸遺者, 屢詔内外之臣, 旁求儒雅於四海, 而其至者蓋闕焉. 豈無其人乎哉? 亦見國家不以非常之道禮之, 而不來耳. 彼之處隱就間者亦人耳! 其耳目口鼻之所欲, 其心之所樂, 其體之所安, 豈有異於人乎哉? 今所以惡衣食, 窮體膚, 麋鹿之與處, 猿狄之所居, 固自以其身不能與時從順俯仰, 故甘心自絶而不悔焉. 而方聞今國家之仕進者, 必舉於州縣, 然後升於禮部, 吏部, 試之以繡繪雕琢之文, 考之以聲勢之逆順, 章句之短長, 中其程式者, 然後得從下士之列. 雖有化俗之方, 安邊之畫, 不繇是而稍進者, 萬不有一得焉. 彼惟恐入山之不深, 入林之不密, 其影響昧昧, 惟恐聞于人也. 今若聞有以書上宰相而求仕者, 而宰相不辱焉, 而薦之天子, 天子爵命之, 而布其書於四方. 枯槁沈溺魁閎寬通之士, 必且洋洋焉動其心, 峨峨焉纓其冠, 于于焉而來矣. 此所以謂勸賞不必徧加乎天下, 而天下從焉者也, 因人所欲爲而遂推之之謂者也.

伏惟覽《詩》《書》《孟子》之所指, 念育才錫福之所以, 考古之君子相其君之道, 而忘自進自擧之罪, 思設官制祿之故, 以誘致山林逸遺之士, 庶天下之行道者知所歸焉.

小子不敢自幸, 其嘗所著文, 輒採其可者若干首, 錄在異卷, 冀辱賜觀焉. 干黷尊嚴, 伏地待罪, 愈再拜.

4.〈上宰相書〉(第二書) (《後十九日復上書》)

二月十六日, 前鄉貢進士韓愈, 謹再拜言相公閣下.

向上書及所著文後, 待命凡十有九日, 不得命. 恐懼不敢遁逃, 不知所爲. 乃復敢自納於不測之誅, 以求畢其說, 而請命於左右.

愈聞之: 蹈水火者之求免於人也, 不惟其父兄子弟之慈愛, 然後呼而望之也. 將有介於其側者, 雖其所憎怨, 苟不至乎欲其死者, 則將大其聲疾呼而望其人之救也. 彼介於其側者, 聞其聲而見其事, 不惟其父兄子弟之慈愛, 然後往而全之也. 雖有所憎怨, 苟不至乎欲其死者, 則將往奔盡氣, 濡手足, 焦毛髮, 救之而不辭也. 若是者何哉? 其勢甚急, 而其情誠可悲也. 愈之彊學力行有年矣. 愚甚不惟道之險夷, 行且不息, 以蹈於窮餓之水火, 其既危且亟矣, 大其聲而疾呼矣, 閣下其亦聞而見之矣. 其將往而全之歟? 抑將安而不救之歟? 有來言於閣下者曰:「有觀溺於水而爇於火者, 有可救之道, 而終莫之救也.」閣下且以爲仁人乎哉? 不然, 若愈者, 亦君子之所宜動心者也.

或謂愈曰:「子言則然矣, 宰相則知子矣, 如時不可何?」愈竊謂之不知言者, 誠其才能不足當吾相之擧耳. 若所謂時者, 固在上位者爲之耳, 非天之所爲也. 前五六年時, 宰相薦聞, 尚有自布衣蒙抽擢者, 與今豈異時哉? 且今節度, 觀察使防, 及防禦, 營田及諸小使等, 尚得自擧判官, 無間於已仕未仕者, 況在宰相, 吾君所尊敬者, 而曰不可乎?

古之進人者, 或取於盜, 或擧於管庫. 今布衣雖賤, 猶足以方於此. 情隘辭蹙, 不知所裁, 亦惟少垂憐焉. 愈再拜.

# 049. 〈殿中少監馬君墓銘〉 ·················· 韓退之(韓愈)
## 전중소감 마군 묘지명

＊〈殿中少監馬君墓銘〉: 이 글은 殿中少監을 지낸 馬繼祖의 죽음을 두고 새긴 墓誌銘으로, 馬繼祖의 祖父는 北平莊武王 馬燧였고, 부친은 少傅監을 지낸 馬暢이었는데, 韓愈는 형 韓弇이 馬燧의 麾下에 있다가 吐蕃과의 전투에서 전사한 인연으로, 그 집안과 面識이 있게 되었으며 이들의 죽음에 곡을 하게 되었고, 마지막 馬繼祖가 37세로 세상을 떠나자 이를 안타깝게 여김과 동시에 생의 허무를 느껴 이 〈墓志銘〉을 지은 것임. 《舊唐書》(134)와 《新唐書》(155)에 馬燧傳이 있으며 馬暢과 馬繼祖도 함께 실려 있음. 한편 《唐宋八大家文鈔》에는 "以生平故舊志墓, 最悲涼可涕"라 함.

＊《眞寶》 注에 "北平王馬燧之孫. ○迂齋云: 敍事有法, 辭極簡嚴, 而意味深長, 結尾絶佳, 感慨傷悼之情, 見於言外, 三世皆有舊, 故其言如此. 退之所作墓誌最多, 篇篇各有體製, 未嘗相襲. ○退之墓誌銘最多, 最古雅, 敍事有法, 得史筆, 陳西山選在《文章正宗》者, 稱多. 今以他篇, 長不暇選, 姑選其簡者. 此篇所以簡略, 亦以其人勳臣子孫, 生平自無可見者, 故只敍其家世, 及我所感慨耳"라 함.


군君의 휘諱는 계조繼祖, 사도司徒를 지냈으며 태사太師, 북평장무왕北平莊武王으로 추증追贈된 마수馬燧의 손자요, 소부감少府監을 지냈으며 태자소부太子少傅로 추증된 휘 마창馬暢의 아들이다.

태어나고 네 살이 되자 집안의 공로로 태자사인太子舍人에 배수되었고, 34년 동안 다섯 번 전직되어 전중소감殿中少監에 이르렀으며, 37세로 생을 마쳤는데 아들 여덟과 딸 둘을 두었다.

처음 내가 약관弱冠의 나이가 되자마자 진사進士 시험에 응시하러 장안長安에 와 있었을 때 궁핍하여 살아갈 수가 없어, 작고한 형의 어린 아우라는 이유로 북평왕北平王 말 앞에서 인사를 드렸더니, 왕께서는 물어보시고는 나를 불쌍히 여겨, 그로 말미암아 안읍리安邑里 저택에서 뵙

게 되었다

　왕께서는 내가 헐벗고 굶주리고 있음을 안타까워하면서 음식과 옷을 내려주셨고, 두 아드님을 불러 그들에게 나를 맡아 살펴도록 하셨는데, 그중 막내가 나를 특별히 후하게 대접하였으니 그가 바로 소부감으로 태자소부로 벼슬 품계를 받은 분이다.

　그때 유모가 어린 아이를 안고 옆에 서 있었는데, 그 아이는 눈썹과 눈이 마치 그림으로 그린 듯했고, 머리카락은 옻칠한 듯이 검었으며, 살갗은 옥설玉雪같이 아름다웠으니, 그가 바로 전중소감 마계조였다.

　당시 북평왕을 북정北亭에서 뵈었을 때 그는 마치 높은 산, 깊은 숲처럼 우뚝하셨고, 변화를 측량할 길 없는 용이나 호랑이 같아 걸괴傑魁한 인물이셨다.

　물러나 태자소부를 뵈었더니 푸른 대나무와 벽오동에 난鸞새나 고니가 그 위에 우뚝 머물러 있는 것과 같아 능히 그 가업을 지켜내실 인물이셨다.

　어린 아이는 예쁘고 잘생긴 모습에 얌전하고 빼어났으며, 요환瑤環, 유이瑜珥의 좋은 옥에 난초가 그 싹을 솟아 올린 것과 같아 그 집안 아들로서는 걸맞은 모습이었다.

　그 뒤 4, 5년 만에 나는 진사에 올라 장안을 떠나 동쪽으로 여행 중이었는데, 북평왕께서 돌아가시어 객사에서 곡을 하였고, 다시 그 뒤 15, 6년 되는 해에는 내가 상서도관랑尙書都官郎이 되어 동도東都 낙양洛陽의 분사分司에 있을 때 태자소부께서 돌아가시어 곡을 하게 되었으며, 다시 10여 년 지나 이제는 소감 마군의 죽음에 곡을 하게 되었다.

　아! 나는 아직 70이나 80, 90의 늙은이도 되지 않았는데 처음부터 오늘에 이르도록 미처 40년도 되지 않아 그들 조부, 아들, 손자 3대의 죽음에 곡을 하였으니, 사람 사는 세상에 어찌 이런 일이 있는가?

　사람이 오래도록 죽지 않고 이 세상을 구경하며 살려고 하는 이로서 어떠하겠는가?


君諱繼祖, 司徒, 贈太師, 北平莊武王之孫, 少府監, 贈太子少傅, 諱暢之子.

生四歲, 以門功, 拜太子舍人, 積三十四年, 五轉而至殿中少監, 年三十七以卒, 有男八人女二人.

始余初冠, 應進士貢, 在京師, 窮不能自存, 以故人稚弟, 拜北平王於馬前, 王問而憐之, 因得見於安邑里第.

王軫其寒飢, 賜食與衣, 召二子, 使爲之主, 其季, 遇我特厚, 少府監贈太子少傅者也.

姆抱幼子立側, 眉眼如畫, 髮漆黑, 肌肉玉雪可念, 殿中君也.


當是時, 見王於北亭, 猶高山深林, 龍虎變化不測, 傑魁人也.

退見少傅, 翠竹碧梧, 鸞鵠停峙, 能守其業者也.

幼子娟好靜秀, 瑤環瑜珥, 蘭苕其芽, 稱其家兒也.

後四五年, 吾成進士, 去而東游, 哭北平王於客舍; 後十五六年, 吾爲尚書都官郎, 分司東都, 而少傅卒, 哭之; 又十餘年至今, 哭少監焉.

嗚呼! 吾未老耄, 自始至今, 未四十年, 而哭其祖子孫三世, 于人世, 何如也?

人欲久不死, 而觀居此世者, 何也?


【君諱繼祖, 司徒, 贈太師, 北平莊武王之孫】'諱'는 죽은 사람의 이름. '繼祖'는 '조상의 덕업을 계승하다'는 뜻으로 그가 태어났을 때 德宗이 내려준 것이라 함. '司徒'는 三公의 하나. '贈'은 죽은 뒤 벼슬이름을 追贈한 것. '太師' 및 '北平莊武王'은 모두 追贈된 官名이며 馬繼祖의 祖父 馬燧임. 《五百家注》에 "補注: 王名燧, 字間(洵)美"라 함. 《舊唐書》馬燧傳에는 "馬燧, 字洵美, 汝州郟城人, 其先自右扶風徙焉. 冊贈太尉, 謚曰莊武"라 하였으며, 唐 德宗 때 유명한 將帥로서 뒤에 北平郡王

에 추봉됨. 《眞寶》注에 "尊之不書諱, 又名字顯, 人所皆知"라 함. 《五百家注》와
《東雅堂》에 "樊曰: 繼祖始生, 德宗賜名, 退而笑曰: 「是有二義, 謂之索繫組.」事見
《國史補》라 함.

【少府監, 贈太子少傅, 諱暢之子】馬繼祖의 아버지 馬暢의 생전 관직 이름 少傅監
과 추증된 太子少傅의 관직 이름. 《眞寶》注에 "便著說明"이라 함. 《五百家注》와
《東雅堂》에 "樊曰: 燧二子, 彙(滙), 暢. 暢娶盧氏生二子, 長放, 次繼祖. 集注按: 傳燧
贈太傅, 此云贈太師, 暢贈工部尙書. 公元和九年, 爲其夫人作〈墓誌〉亦云「贈工部
尙書」, 此云'贈太子太傅', 豈其後累贈至此耶?"라 함. 《舊唐書》馬燧傳(馬暢)에 "暢
以父廕累遷至鴻臚少卿, 留京師. 建中三年, 燧討田悅於山東, 時歲旱, 京師括率商
戶, 人心甚搖. 鳳翔留鎭幽州兵, 多離散入南山爲盜. 殿中丞李云端與其黨袁封, 單
超俊, 李誠信, 冀信等與暢善, 因飮食聚會, 言時事將危; 暢乃遣家人溫靖與父書, 具
陳利害, 可班師還鎭. 燧怒, 執靖具奏其狀, 令兄炫執暢請罪. 德宗以燧方討賊, 不
竟其事, 誅云端等十一人, 敕炫就第杖暢三十; 上於是罷括率之令. 燧貲貨甲天下, 燧
旣卒, 暢承舊業, 屢爲豪幸邀取. 貞元末, 中尉楊志廉諷暢令獻田園第宅, 順宗復賜
暢. 初爲滙妻所訴, 析其産, 中貴又逼取, 仍指使施於佛寺, 暢不敢吝; 晚年財産幷盡,
身歿之後, 諸子無室可居, 以至凍餒. 今奉誠園亭館, 卽暢舊第也. 暢終少府監, 贈工
部尙書"라 함.

【生四歲, 以門功, 拜太子舍人】'門功'은 집안의 공로. 蔭敍되었음을 뜻함. 馬繼祖는
네 살 때 이미 명의상 太子舍人의 官名을 拜受받았음. 《舊唐書》馬燧傳(馬繼祖)에
"子繼祖, 以祖廕, 四歲爲太子舍人, 累遷至殿中少監, 年三十七卒"이라 함.

【積三十四年, 五轉而至殿中少監】'殿中少監'은 궁중의 물자보급을 관장하는 殿中
省의 殿中監 바로 밑의 직위.

【年三十七以卒, 有男八人女二人】馬繼祖는 長慶(唐 穆宗의 연호. 821–824년까지) 初
37세로 생을 마쳤으며 八男二女를 두었음.

【始余初冠, 應進士貢, 在京師, 窮不能自存, 以故人稚弟】'初冠'은 20세가 되자마자.
冠禮를 치르고 나서. 《五百家注》에 "孫曰: 貞元三年, 公年二十"이라 함. 《眞寶》注
에 "叙識北平王之始"라 함. '進士貢'은 중앙의 과거 시험. '貢'은 '擧'와 같음. '以故
人稚弟'는 자신이 '이미 죽은 형 韓弇의 어린 동생이라는 이유로써'의 뜻. 韓弇은
貞元 3년(787) 平涼에서 吐蕃이 난을 일으켰을 때, 殿中御史 馬燧 麾下에 있었으
며 그때 전사함. 《五百家注》와 《東雅堂》에 "樊曰: 貞元三年, 平涼之盟. 馬燧預議
韓弇, 時以殿中侍御史爲判官死焉. 其年罷兵, 燧奉朝請京師. 弇, 公之兄也"라 함.

【拜北平王於馬前, 王問而憐之, 因得見於安邑里第】'憐之'는 불쌍히 여김. '安邑里'
는 마을 이름. 그곳에 北平王 馬燧의 저택이 있었음.

【王軫其寒飢, 賜食與衣, 召二子, 使爲之主】'軫'은 애처롭게 여김. 《五百家注》에 "補
注: 軫, 悼閔也"라 함. '食與衣'(사여의)에 대해 《五百家注》와 《東雅堂》에 "祝曰:〈表
記〉:「君子問人之寒, 則衣之;問人之飢, 則食之.」 ○食, 音嗣;衣, 去聲"이라 함. '二
子'는 馬燧의 두 아들. 馬彙와 馬暢. '主'는 주관하여 그를 맡아 보살펴 줌.

【其季, 遇我特厚, 少府監贈太子少傅者也】'季'는 형제 중 막내. 그가 少傅監으로
太子少傅를 追贈받았던 馬暢, 즉 馬繼祖의 아버지였음.

【姆抱幼子立側, 眉眼如畫, 髮漆黑, 肌肉玉雪可念, 殿中君也】'姆'는 유모. 《五百家
注》와 《東雅堂》에 "祝曰: 姆, 女師也. 《儀禮》:「姆纚笄宵衣, 在其右.」 注:「姆, 婦人
年五十無子, 出而不復嫁, 能以婦道教人者. 若今時乳母矣.」 ○姆, 莫捕切;又莫豆
切"이라 함. 《眞寶》注에 "姆, 莫補反, 又莫俟反"이라 함. '幼子'는 馬繼祖. '玉雪可
念'은 《五百家注》에는 '玉雪可憐'으로 되어 있으며, 注에 "洪曰:'可憐', 舊作'可念'.
按《妬記》云:「王丞相於青疎臺中觀有兩三兒, 騎羊皆端正可念.」 黃魯亦甞用'玉雪可
念'語"라 함. '可憐'은 '아름답다'의 뜻.

【當是時, 見王於北亭】'北亭'은 북쪽에 있는 정자.

【猶高山深林, 龍虎變化不測, 傑魁人也】北平王 馬燧의 모습을 표현한 것임. '傑魁'
는 아주 걸출한 모습을 말함. 《五百家注》에 "補注謂: 莊武王燧, 燧身長六尺二寸"
이라 함. 《眞寶》注에 "形容三世德美"라 함.

【退見少傅, 翠竹碧梧, 鸞鵠停峙, 能守其業者也】少傅(馬暢)의 모습을 표현한 것임.
'鸞鵠亭峙'는 鸞鳥나 고니가 우뚝 머물러 있는 모습. 《五百家注》에 "孫曰: 謂猶鸞
鵠停於竹梧之上"이라 함. 《眞寶》注에 "看他許多語分明, 如三人畫像, 語各有小大
輕重"이라 함. '能守其業'은 거뜬히 그 가문의 업을 잘 지켜냄.

【幼子娟好靜秀, 瑤環瑜珥, 蘭苗其芽, 稱其家兒也】幼子는 繼祖. 《眞寶》注에 "幼子,
繼祖"라 함. 어린 그의 모습을 표현한 것. '娟好'는 예쁘고 잘생김. '瑤環瑜珥'는
모두 좋은 옥의 이름들. '蘭苗其芽'는 난초 꽃대가 그 싹에서 올라오는 모습과
같음. '苗'은 《五百家注》에 "苗, 草初生貌"라 함. '稱其家兒'는 그 집안의 아기로 아
주 걸맞음.

【後四五年, 吾成進士, 去而東游, 哭北平王於客舍】'吾成進士'는 《五百家注》와 《東雅
堂》에 "樊曰:公貞元八年登第"라 함. '去而東游'는 長安을 떠나 동쪽 河陽을 유람
함. 그때 北平王(馬燧)의 죽음에 客舍에서 哭을 함. 《五百家注》와 《東雅堂》에 "樊

曰: 十一年五月, 公東歸河陽, 八月燧卒"이라 함. 《舊唐書》德宗紀(下)에 "八月辛亥, 司徒兼侍中, 北平郡王馬燧薨, 贈太傅"라 함.

【後十五六年, 吾爲尙書都官郞, 分司東都, 而少傅卒, 哭之】그 뒤 韓愈가 尙書都官郞이 되어 分司인 東都에서 다시 少傅(馬暢)의 죽음에 哭을 함. '東都'는 洛陽. 《五百家注》에 "樊曰: 元和五年, 暢卒. 自貞元十一年至是, 凡十六年. ○'而'下一有'分府'二字"라 하여 '而'자 다음에 '分府' 2자가 더 있는 판본도 있다 하였으며, 《東雅堂》에는 '分府'가 들어 있고 注에 "分府, 此見當時分司官之稱號, 或無此二字, 非是, 元和五年暢卒, 自貞元十一年至是, 凡十六年"이라 하여 '分府' 2자가 있어야 한다고 하였음.

【又十餘年至今, 哭少監焉】그 뒤 10여 년 뒤 오늘 少監(馬繼祖)의 죽음에 곡을 하게 됨. 《五百家注》와 《東雅堂》에 "孫曰: 長慶初年, 繼祖卒"이라 함.

【嗚呼! 吾未老耄, 自始至今, 未四十年】'로'는 70세의 나이. '耄'는 80, 90세의 나이. 《禮記》曲禮(上)에 "人生十年曰幼, 學. 二十曰弱, 冠. 三十曰壯, 有室. 四十曰强, 而仕. 五十曰艾, 服官政. 六十曰耆, 指使. 七十曰老, 而傳. 八十九十曰耄, 七年曰悼, 悼與耄, 雖有罪, 不加刑焉. 百年曰期, 頤"라 함. '未四十年'은 馬燧 집안 三代를 처음 만났던 이래로 지금 겨우 40여 년밖에 되지 않았음.

【而哭其祖子孫三世, 于人世, 何如也】'그런데 祖, 子, 孫 三代를 哭을 하게 되니 사람 세상에 그 심정이 어떻겠는가?'의 뜻. 그러나 '于人世何如也'에 대해 《東雅堂》이 《別本》에는 "句末六字疑衍"이라 함.

【人欲久不死, 而觀居此世者, 何也】'觀居此世'는 이 세상을 구경하며 살아감. 《眞寶》注에 "五句四十字, 而宛轉曲折, 含意思無限"이라 함. 《東雅堂》과 《別本》에는 "按: 此篇末兩三句, 不可曉. 疑而字當作亦而'何'下當有如字. 蓋誤寫著上文也. 然無別本可證, 姑闕以俟知者"라 함.

### 참고 및 관련 자료

1. 작자: 韓愈(韓退之) 022 참조.

2. 이 글은 《別本韓文考異》(33), 《五百家注昌黎文集》(33), 《東雅堂昌黎集註》(33), 《唐宋八大家文鈔》(15), 《崇古文訣》(9), 《文章正宗》(21 上), 《文編》(62), 《文章辨體彙選》(728), 《唐宋文醇》(9) 등에 실려 있음.

# 050. 〈毛穎傳〉 ·················· 韓退之(韓愈)
## 모영전

*〈毛穎傳〉:'毛穎'은 털과 식물이나 벼, 보리 등 穀物 이삭의 까끄라기. 붓털을 대
신하는 말로 쓰였으며, 붓을 '毛穎'이라는 사람으로 擬人化하여 傳記體의 형식
으로 쓴 것임.《五百家注》와《別本》에 "韓曰:退之〈毛穎傳〉, 柳子厚以爲怪, 予以
爲〈子虛〉, 〈烏有〉之比. 其流出于莊周寓言. 舊史云:「愈作〈毛穎傳〉譏戲, 不近人
情.」 此文章之甚紕繆者, 天下有識者固少, 而舊史所見如此, 可發一笑. 樊曰:李肇
《國史》謂:「公此傳其文尤高, 不下遷史. 談藪亦謂此傳, 似太史公筆.」"이라 함.
*《眞寶》注에 "洪慶善曰:「此傳柳子厚以爲怪, 予以爲〈子虛〉, 〈烏有〉之比, 其源出
於莊周寓言.」 ○迂齋曰:「筆事收拾盡善, 將無作有, 所謂以文滑稽者, 贊尤高古, 是
學《史記》文字.」"라 함.


모영毛穎은 중산中山 사람이었다.

그의 선조는 명시明眡란 토끼였는데, 우禹임금을 도와 동쪽 땅을 다
스리고 만물을 양육하는 데 공을 세워 그로 인해 묘卯 땅에 봉해졌으
며, 죽어서는 12신神의 하나가 되었다.

그는 일찍이 이렇게 말하였다.

"내 자손들은 신명神明의 후손이어서 다른 동물들과 같아서는 안 될
것이니, 마땅히 자식을 입으로 토해서 낳을 것이다."

과연 그 뒤로 그러하였다.

명시의 8대 손에 누繻가 있었는데, 세상에 전해지기로는 은殷나라 때
중산에 살다가 신선술神仙術을 터득하여 빛을 숨기고 사물을 부릴 수
있게 되어, 항아姮娥가 불사약을 훔쳐 두꺼비를 타고 갈 때 함께 달로
들어가, 그의 후손들은 끝내 거기에 숨어살며 벼슬을 하지 않게 되었다
고 한다.

동곽東郭에 살던 자로 준夋이란 후손이 있었는데, 교활하고 달리기를 잘하여 한로韓盧라는 사냥개와 능력을 다투다가 한로가 따라잡지 못하자, 한로는 화가 나서 송작宋鵲이란 개와 모의하여 그를 죽여 그 집안 모두를 소금에 절였다고 한다.

진시황秦始皇 때 장군 몽염蒙恬이 남쪽 초楚나라를 정벌하러 가는 길에 중산에 잠시 주둔하면서, 앞으로 큰 사냥으로써 초나라에게 두려움을 주고자 좌우 서장庶長과 군위軍尉들을 불러 《연산역連山易》으로 점을 쳤더니, 하늘과 인문人文을 상징하는 점괘가 나왔다.

점을 쳤던 자가 이렇게 축하하였다.

"오늘 잡으실 짐승은 뿔도 없고 이빨도 없으며, 털을 입은 무리로서 입은 찢어졌고, 긴 수염을 가지고 있으며, 몸에는 구멍이 여덟 개 있고, 도사리고 앉는 자세지요. 오직 그의 목에 있는 긴 털을 취하여 그것을 대쪽과 나무쪽에 글씨를 쓰는 것으로 삼으면 천하가 그 자체字體를 똑같이 할 것이니, 진秦나라는 마침내 제후諸侯들을 겸병하게 될 것입니다!"

드디어 사냥에 나서서 모씨毛氏의 가족들을 포위하여 호걸다운 놈을 뽑아 모영을 싣고 돌아와 장대궁章臺宮에서 포로로 바쳤으며, 그의 족속들도 모두 모아서 그와 함께 묶었다.

진秦 시황제始皇帝는 몽염으로 하여금 모영에게 탕목읍湯沐邑을 하사토록 하고, 그를 관성管城에 봉하고 호를 관성자管城子라 하면서 날마다 만나 총애하며 일을 맡겼다.

모영의 사람됨은 기억력이 좋고 민첩하여 결승結繩시대로부터 진나라에 이르기까지의 일들을 모두 빠짐없이 기록하였으며, 음양陰陽, 복서卜筮, 점상占相, 의방醫方, 족씨族氏, 산경山經, 지지地志, 자서字書, 도화圖畫, 구류九流, 백가百家, 천인天人에 관한 기록 및 심지어 부도浮圖와 노자老子, 외국外國에 관한 설명까지 모두 상세히 빠짐없이 적었고, 또한 당대

當代의 업무에도 통달, 관부官府, 부서簿書, 시정市井, 화전貨錢, 주기注記도 임금이 시키는 대로 하여, 진황제로부터 태자 부소扶蘇, 호해胡亥, 승상 이사李斯, 중거부령中車府令 조고趙高 및 나라의 일반 백성들조차도 그를 애중히 여기지 아니함이 없게 되었다.

그리고 사람의 뜻에 잘 따라주었으며 바르고 정직한 자, 요사스럽고 사곡邪曲한 자, 공교함과 졸렬함을 그 사람에 따라 한결같이 있는 그대로 기록하되, 비록 내침을 당하더라도 끝내 침묵을 지켜 아는 일을 누설함이 없었으며, 오직 무사武士는 좋아하지는 않았으나 그래도 요청받으면 역시 때로는 가서 일을 해주기도 하였다.

여러 차례 벼슬은 중서령中書令을 배수받아 임금과 더욱 스스럼없는 사이가 되어, 임금은 일찍이 그를 중서군中書君이라 부르곤 하였다.

임금이 직접 사안을 결재하면서 결재할 서류를 저울로 달아 결재 일정을 스스로 정할 때면 비록 궁인宮人이라도 좌우에 서 있을 수 없었으나, 유독 모영만은 촛불을 잡고 있는 자와 항상 곁에 모시고 있었으며, 임금이 쉴 때라야 비로소 쉴 수 있었다.

모영은 강읍絳邑 사람 진현陳玄, 홍농弘農 사람 도홍陶泓, 그리고 회계會稽 사람 저선생楮先生과 친구로 잘 어울려, 서로 밀어주고 끌어주고 하면서, 그 나가고 거처함에 반드시 함께 하였다.

임금이 모영을 부르면 세 사람은 조명詔命을 기다리지 않고 문득 함께 가도, 임금은 괴이하게 여긴 적이 없었다.


뒤에 임금에 진견進見할 일이 있었는데 임금이 그에게 시킬 일이 있어 먼지를 털고 자리를 닦자 모영이 이에 관을 벗고 인사를 하는데 그의 머리카락이 모두 빠졌고, 게다가 베껴 그리는 바를 임금의 뜻에 제대로 맞추지 못함을 보고는, 임금은 웃으면서 이렇게 말하였다.

"중서군께서는 늙고 머리가 빠져 나의 용도를 맡아 해낼 수가 없겠군요. 내 일찍이 그대를 '중서'(글씨 쓰기에 딱 맞다)라고 불러주었는데, 이제 그대는 '글씨 쓰기에 딱 맞지' 않은데요?"

그러자 모영이 대답하였다.

"저는 이른바 마음을 다한 자입니다."

이로 인해 임금은 다시는 그를 부르지 않게 되었고, 그는 봉읍으로 돌아가 관성에서 생을 마쳤다.

그의 자손은 아주 많아 중국과 이적夷狄의 땅까지 흩어져 살게 되었는데, 모두가 관성을 들먹였으나 오직 중산에 사는 이들만이 조상의 업을 이어받았다.

태사공太史公이 말하였다

"모씨毛氏에는 두 족속이 있었으니, 그 하나는 희성姬姓으로 문왕文王의 아들로서 모毛땅에 봉해진 이들이며, 이른 바 노魯와 위衛 두 나라 모담毛聃의 후손들로 전국戰國시대에는 모공毛公과 모수毛遂가 있었다. 오직 중산의 씨족들은 그 근본이 어디에서 나왔는지 알 수 없되, 자손들이 가장 번창하여 《춘추春秋》가 이루어질 때 공자孔子에 의하여 절필絶筆당하기도 하였지만, 이는 그들의 죄는 아니었다. 몽염 장군이 중산의 좋은 털을 뽑아 진시황이 그들을 관성에 봉함에 이르러 드디어 대대로 유명해졌으나, 희성의 모씨에 대해서는 들리는 말이 없게 되었다. 모영은 처음에 포로로 잡혀 황제를 뵙게 되었지만, 벼슬을 받고 부림을 당하여 진나라가 제후를 멸함에 모영도 공이 있었음에도 그 노고에 상이나 보수도 받지 못한 채 늙었다는 이유로 소외당하고 말았으니, 진나라는 참으로 은혜를 갚는 데에 야박하였도다!"

毛穎者, 中山人也.
其先明眎, 佐禹治東方土, 養萬物有功, 因封於卯地, 死爲十二神.
嘗曰:「吾子孫神明之後, 不可與物同. 當吐而生.」
已而果然.

明眎八世孫毚, 世傳當殷時, 居中山, 得神仙之術, 能匿光使物, 竊姮娥騎蟾蜍, 入月, 其後代, 遂隱不仕云.

居東郭者曰魏, 狡而善走, 與韓盧爭能, 盧不及, 盧怒, 與宋鵲, 謀而殺之, 醢其家.

秦始皇時, 蒙將軍恬, 南伐楚, 次中山, 將大獵以懼楚, 召左右庶長與軍尉, 以《連山》筮之, 得天與人文之兆.

筮者賀曰:「今日之獲, 不角不牙, 衣褐之徒, 缺口而長鬚, 八竅而趺居. 獨取其髦, 簡牘是資, 天下其同書, 秦其遂兼諸侯乎!」

遂獵, 圍毛氏之族, 拔其豪, 載穎而歸, 獻俘于章臺宮, 聚其族而加束縛焉.

秦皇帝使恬, 賜之湯沐而封諸管城, 號曰「管城子」, 日見親寵任事.

穎爲人強記而便敏, 自結繩之代, 以及秦事, 無不纂錄, 陰陽, 卜筮, 占相, 醫方, 族氏, 山經, 地志, 字書, 圖畫, 九流, 百家, 天人之書, 及至浮圖, 老子, 外國之說, 皆所詳悉, 又通於當代之務, 官府, 簿書, 市井, 貨錢, 注記, 惟上所使, 自秦皇帝及太子扶蘇, 胡亥, 丞相斯, 中車府令高, 下及國人, 無不愛重.

又善隨人意, 正直邪曲巧拙, 一隨其人, 雖見廢棄, 終默不洩; 惟不喜武士, 然見請, 亦時徃.

累拜中書令, 與上益狎, 上嘗呼爲中書君.

上親決事, 以衡石自程, 雖宮人, 不得立左右, 獨穎與執燭者常侍, 上休方罷.

穎與絳人陳玄, 弘農陶泓, 及會稽楮先生, 友善, 相推致, 其出處必偕.

上召穎, 三人者不待詔, 輒俱徃, 上未嘗怪焉.

後因進見, 上將有任使, 拂拭之, 因免冠謝, 上見其髮禿, 又所摹畫, 不能稱上意, 上嘻笑曰:「中書君, 老而禿, 不任吾用. 吾嘗謂君'中書', 君今不'中書'邪?」

對曰:「臣所謂盡心者.」

因不復召, 歸封邑, 終于管城, 其子孫甚多, 散處中國夷狄, 皆冒管城, 惟居中山者, 能繼父祖業.


太史公曰:「毛氏有兩族: 其一姬姓, 文王之子, 封於毛, 所謂魯衛毛聃者也. 戰國時, 有毛公, 毛遂; 獨中山之族, 不知其本所出, 子孫最爲蕃昌, 《春秋》之成, 見絶於孔子, 而非其罪; 及蒙將軍, 拔中山之豪, 始皇封諸管城, 世遂有名, 而姬姓之毛無聞. 穎始以俘見, 卒見任使, 秦之滅諸侯, 穎與有功, 賞不酬勞, 以老見疎, 秦眞少恩哉!」

【毛穎者, 中山人也】'中山'은 지명.《五百家注》에 "孫曰:中山國名, 今定州"라 하여 河北 定州 일대. 戰國시대 中山國이 있었으며 양질의 토끼털이 나서 유명한 붓의 명산지로 假設한 것.

【其先明眎, 佐禹治東方土, 養萬物有功, 因封於卯地, 死爲十二神】'明眎'는 토끼의 별명. 눈이 붉고 밝아 붙여진 이름. '眎'는 視와 같으며 古體로 이름자에 쓴 것. 《別本》에 "眎, 與視同.《禮》:「兔曰明視.」"라 하였고,《眞寶》注에도 "《禮記》曰:「兔曰明眎.」"라 함. 이는《禮記》曲禮(下)의 "凡祭宗廟之禮:牛曰一元大武, 豕曰剛鬣, 豚曰腯肥, 羊曰柔毛, 雞曰翰音, 犬曰羹獻, 雉曰疏趾, 兔曰明視, 脯曰尹祭, 槀魚曰商祭, 鮮魚曰脡祭, 水曰淸滌, 酒曰淸酌, 黍曰薌合, 粱曰薌萁, 稷曰明粢, 稻曰嘉蔬, 韭曰豐本, 鹽曰鹹鹺, 玉曰嘉玉, 幣曰量幣"라 하여 宗廟에 올리는 祭需를 달리 부르는 칭호임. 卯地는 十二支의 '卯'를 뜻하며 방위로는 東方. '十二神'은 十二支가 저마다 동물을 상징하여 연관 지은 것으로 그중 卯는 토끼에 해당함.《五百家注》에 "孫曰:卯, 於十二神爲兔"라 함. 참고로 十二支와 동물은 子(鼠), 丑(牛), 寅(虎), 卯(兔), 辰(龍), 巳(蛇), 午(馬), 未(羊), 申(猴), 酉(鷄), 戌(犬), 亥(豕)임.《五百家注》

에 "孫曰: 十二神, 謂子丑寅卯之類"라 함. 《眞寶》注에 "周文公曰: 「治東方土', 爲句, 以平水土言, 於語勢無缺; '養萬物有功', 爲奏庶鮮食之義, 意亦自明.」 以十二物爲 十二神, 相承已久, 亦未見所從來, 缺之以俟知者"라 함.

【嘗曰: 「吾子孫神明之後, 不可與物同. 當吐而生.」】 '吐而生'은 俗說에 토끼는 암컷이 수컷의 털을 핥음으로써 새끼를 배고 새끼를 입으로 토해서 낳는 것으로 여겼음. 張華 《博物志》(4)에 "兎舐毫望月而孕, 口中吐子; 舊有此說, 余目所見也."라 하였고, 王充 《論衡》(15) 奇怪篇에 "兎吮(舐)毫而懷子, 及其子生, 從口而出"이라 함. 《五百家 注》에 "嚴曰: 《博物志》云: 「兎望月而孕, 自吐其子, 故謂之兎.」 兎, 吐也"라 함.

【已而果然】 《眞寶》注에 "論衡曰: 「兎舐毫而孕, 生子從口中出.」"이라 함.

【明眎八世孫㲺】 '㲺'(누)는 토끼의 속명, 또는 토끼의 새끼. 《五百家注》에 "補注: 《論衡》曰: 「兎舐毫而孕, 及其生子從口而出, 名曰㜽.」 ○㜽, 芳万切. 郭云: 「俗呼曰 㲺.」 㲺, 乃侯切. 又《廣雅》云: 「㲺, 兎子.」"라 함. 《眞寶》注에 "㲺, 乃侯切. 俗呼兎爲 㲺"라 함.

【世傳當殷時, 居中山, 得神仙之術, 能匿光使物, 竊姮娥騎蟾蜍, 入月】 '殷'은 湯이 夏 의 末王 桀을 멸하고 세운 왕조로 商으로도 부름. 대략 B.C. 13세기로부터 B.C.1027년까지 이어졌으며, 도읍은 초기는 亳(河南 鄭州?), 후기는 殷墟(河南 安 陽)이었음. 末王 紂 때 周 武王(姬發)에게 망함. '匿光使物'은 빛을 숨기고 사물을 부림. 토끼의 은밀한 습성을 표현한 것. '姮娥'는 嫦娥(항아)로도 표기하며 羿의 아내. 남편 羿가 西王母로부터 얻어온 不死藥을 훔쳐 달나라로 달아나 月宮의 仙女가 되었다 함. 《五百家注》에 "嚴曰: 《淮南子》云: 羿請不死之藥于西王母, 姮娥 竊而奔月, 姮娥, 羿妻也.」"라 함. 한편 《淮南子》 覽冥訓에 "譬若羿請不死之藥於西 王母, 恒娥竊以奔月, 悵然有喪, 無以續之"라 함. '蟾蜍'는 두꺼비. 달에 살고 있다 는 전설적인 동물. 蝦蟆. '섬서'로 읽으며 物名의 雙聲連綿語. 姮娥가 달에 들어 가 蟾蜍로 변하였다고도 함. 《論衡》 說日篇에 "儒者曰: 「日中有三足烏, 月中有兎, 蟾蜍.」"이라 하였고, 《淮南子》 精神訓에도 "日中有踆烏, 而月中有蟾蜍"라 함. 《眞 寶》注에 "姮娥, 舜(羿)之妻, 入月, 託爲陝西"라 함. '入月'은 토끼가 姮娥를 따라 달에 들어감을 말함.

【其後代, 遂隱不仕云】 그 후손은 은거하여 벼슬길에 나서지 않았음.

【居東郭者曰㺍, 狡而善走, 與韓盧爭能】 '㺍'는 狡兎의 이름. '東郭㺍', '東郭逡' 등으 로도 표기함. 《別本》에 "㺍, 七旬切. 狡兎也"라 하였고, 《眞寶》注에는 "且倫反"이 라 함. '韓盧'는 뛰어난 사냥개 개 이름. '韓盧'는 '韓獹', '韓子盧'로도 표기하며

韓나라에서 남. 그러나 《五百家注》에는 '宋狋'(송작)으로 되어 있으며 注에 "祝曰:《戰國策》曰:「韓子盧者, 天下之疾犬也; 東郭㚙者, 海內之狡兔也. 盧逐㚙環山者三, 騰山者五, 兔殛于前, 犬吠于後.」○狋, 音鵲. 宋之良犬"이라 함. 《東雅堂》과 《別本》에는 "鵲, 或作狋. 《廣雅》曰:「韓盧, 宋鵲, 犬屬.」《字林》: 狋, 音鵲. 宋良犬也"라 함. 한편 《戰國策》齊策(3)에는 "齊欲伐魏. 淳于髡謂齊王曰:「韓子盧者, 天下之疾犬也. 東郭逡者, 海內之狡兔也. 韓子盧逐東郭逡, 環山者三, 騰山者五, 兔極於前, 犬廢於後, 犬兔俱罷, 各死其處. 田父見之, 無勞勧之苦, 而擅其功. 今齊, 魏久相持, 以頓其兵, 弊其衆, 臣恐强秦大楚承其後, 有田父之功.」齊王懼, 謝將休士也."라 하여 淳于髡이 비유하여 말한 것.

【盧不及, 盧怒, 與宋鵲, 謀而殺之, 醢其家】'宋鵲'은 宋나라에서 나는 뛰어난 사냥개. '醢'은 소금에 절임. 지극한 원수 사이의 경우를 말함. 《眞寶》注에 "鵲, 宋國良犬也. 《戰國策》曰:「韓子盧者, 天下之疾犬也; 東郭㚙者, 海內之狡兔也. 韓子盧, 東郭㚙, 環山者三, 騰山者五, 兔殛於前, 犬斃於後.」"라 함.

【秦始皇時, 蒙將軍恬, 南伐楚, 次中山, 將大獵以懼楚】'秦始皇'은 '蒙將軍恬'은 秦始皇 때 將軍으로 戎狄을 토벌하고 長城을 쌓는 등 큰 공을 세웠던 인물. 《史記》蒙恬列傳을 볼 것. 아울러 처음으로 붓을 발명한 인물로도 알려짐. 《五百家注》에 "嚴曰:蒙恬, 秦時製筆者"라 하였고, 《東雅堂》에도 "製筆自恬始"라 함. '伐楚'는 中山은 북쪽에 있어 남쪽 楚나라를 정벌하러 나섰을 때 中山에 주둔한 것은 논리상 맞지 않음. 이에 《東雅堂》과 《別本》에 "中山在秦東北, 非伐楚所當次也. 此固寓言, 然亦不爲無失"이라 하였고, 《眞寶》注에도 "中山在秦東北, 非伐楚所當次也. 此固寓言, 然亦不爲無失"이라 함. '次'는 군대가 행군하다 머물러 며칠간 주둔함을 뜻함. 《左傳》莊公 3년 傳에 "凡師, 一宿爲舍, 再宿爲信, 過信爲次"라 함.

【召左右庶長與軍尉, 以《連山》筮之, 得天與人文之兆】'左右庶長'은 《五百家注》에는 '左庶長'으로 되어 있으며 注에 "孫曰:秦爵, 商鞅所制, 十曰左庶長, 十一曰右庶長. ○一本作'左右庶長'"이라 함. 여기서는 여러 단위의 부대장을 가리킴. '軍尉'는 군의 장교들. 《五百家注》에 "祝曰:軍尉, 軍中尉史"라 함. '連山'은 고대 《易》중의 하나. 《眞寶》注에 "《連山》, 夏易名"이라 함. 《周禮》(24)「太卜掌三易夏」에 따르면 《易》은 夏나라 때의 《連山易》, 殷나라 때의 《歸藏易》, 周나라 때의 《周易》 등 세 종류가 있다 하며 鄭玄 注에 "連山者, 象山之出雲, 連連不絶也"라 함. 원래 고대 점을 치던 책이었으며, 거북으로 치는 점을 '卜', 蓍草로 치는 점을 '筮'라 함. '人文之兆'는 毛穎을 잡아 붓을 발명하게 되면 앞으로 '文'의 모든 것을 해결할 것임을

암시한 것.

【筮者賀曰: 「今日之獲, 不角不牙, 衣褐之徒, 缺口而長鬚, 八竅而趺居, 獨取其髦, 簡牘是資. 天下其同書. 秦其遂兼諸侯乎!」】 '褐'은 털로 짠 허술한 옷. '八竅'는 사람의 몸에는 눈, 코, 귀, 입, 항문, 생식기 등 아홉 구멍이 있으나, 토끼에게는 생식기가 없어 八竅라고 여긴 것. '趺居'는 뒷다리를 굽히고 도사려 앉는 것. 토끼의 앉은 자세를 말함. 《五百家注》에 "祝曰: 趺, 足跗. 晉陽泉〈鷿賦〉: 「伏似虎趺.」 ○趺, 音夫"라 함. '髦'는 토끼의 갈기(목) 부분의 긴 털. 《五百家注》에 "張曰: 髦, 長鬣也"라 함. '簡牘'은 대쪽과 나무쪽. 옛날에는 簡牘에 글씨를 썼음. 후세의 종이에 해당함. '簡牘是資'는 簡牘은 이것을 바탕으로 함. '同書'는 秦始皇 때 丞相 李斯가 한자의 字體를 小篆으로 통일함. '兼諸侯'는 楚, 燕, 齊, 韓, 魏, 趙 등 당시 山東 六國 제후들을 兼倂함. 천하통일을 뜻함. 《眞寶》注에 "用古韻學《左傳》中, 卜筮繇辭"라 함.

【遂獵, 圍毛氏之族, 拔其豪, 載穎而歸】 '豪'는 그곳의 土豪. 아울러 '毫'와 같으며 긴 털을 의미하는 重義法으로 표현한 것.

【獻俘于章臺宮, 聚其族而加束縛焉】 '章臺宮'은 戰國시대 秦나라의 궁궐 누대 이름. 《五百家注》에 "補注: 征伐所獲者, 爲俘. 章臺, 秦宮名"이라 함.

【秦皇帝使恬, 賜之湯沐而封諸管城, 號曰「管城子」, 日見親寵任事】 秦皇帝는 秦始皇 嬴政을 말함. '湯沐'은 湯沐邑. 옛날 황제가 총애하는 신하에게 목욕 비용이나 해결할 수 있도록 하라는 의미로 지정해주는 賜邑. '封諸管城'는 管城에 봉함. 管城은 지명. 지금의 河南 鄭州 부근. 《五百家注》에 "孫曰: 管城, 地名. 在今鄭州"라 함. 이 또한 대롱을 가진 대나무를 뜻하는 重義法으로 토끼털을 대롱에 꽂아 붓을 만들었음을 뜻함. '諸'는 '之於', '之乎'의 合音字로 '저'로 읽음.

【穎爲人强記而便敏】 '强記'는 기억력이 뛰어남. 기억하는 데에 뛰어남. 《眞寶》注에 "形容親切"이라 함. '便敏'은 아주 빠르고 민첩함.

【自結繩之代, 以及秦事, 無不纂錄】 '結繩之代'는 結繩으로 기록하던 시대. 結繩은 새끼줄에 매듭을 지어 기억의 보조수단으로 쓰던 고대를 가리킴. 《易》繫辭(下)에 "上古結繩而治, 後世聖人易之以書契, 百官以治, 萬民以察, 蓋取諸夫"라 하였으며, 《眞寶》注에는 "結繩, 太古之時. 推原其功大"라 함.

【陰陽, 卜筮, 占相, 醫方, 族氏, 山經, 地志, 字書, 圖畫, 九流, 百家, 天人之書】 '族氏'는 族譜의 기록. '山經'은 산에 관한 기록. '字書'는 글자에 대한 기록의 책. 《蒼頡書》, 《急聚篇》 등. '九流'는 《漢書》藝文志 諸子略에 실려 있는 小說家를 제외한

儒家, 道家, 墨家, 陰陽家, 法家, 名家, 雜家, 縱橫家, 農家를 가리킴. 戰國시대 諸子를 말함.《五百家注》에 "孫曰: 九流謂儒, 道, 陰陽, 法, 墨, 縱橫, 雜, 農九家者流"라 함. '天人之書'는 天文과 人文에 관한 모든 기록. 이러한 기록들은 모두 붓(毛穎)에 의해 이루어졌음을 말한 것.

【及至浮圖, 老子, 外國之說, 皆所詳悉】'浮圖'는 浮屠로도 표기하며 Budda(佛陀)의 譯音.《眞寶》注에 "浮圖, 老子, 卽佛老之學"이라 함.

【又通於當代之務, 官府, 簿書, 市井, 貨錢, 注記】秦始皇 당대 많은 사무의 기록에도 毛穎(붓)이 큰 역할을 하였음을 말함.

【惟上所使, 自秦皇帝及太子扶蘇, 胡亥, 丞相斯, 中車府令高, 下及國人, 無不愛重】'扶蘇'는 秦始皇의 長子. 뒤에 趙高의 획책에 의해 太子 지위를 잃고 自決하여 胡亥가 二世가 됨. '胡亥'는 秦始皇의 둘째 아들. 뒤에 趙高에 의해 秦二世에 올랐으나 趙高로부터 많은 고통을 당함. '丞相斯'는 秦始皇 때 승상 李斯.《五百家注》에는 '丞相李斯'로 되어 있음.《史記》李斯列傳을 참조할 것. '中車府令高'는 秦始皇 때 中車令을 지냈던 趙高. 뒤에 秦나라 정권을 전횡하다가 子嬰에게 죽임을 당함.《五百家注》에 "孫曰: 趙高爲中車府令"이라 함.

【又善隨人意, 正直邪曲功拙, 一隨其人, 雖見廢棄, 終黙不洩】毛穎(붓)은 사람의 뜻한 바를 그대로 기록하면서도 비밀을 누설하지 않음.

【惟不喜武士, 然見請, 亦時徃】《眞寶》注에 "回護"라 함.

【累拜中書令, 與上益狎, 上嘗呼爲中書君】'中書令'은 제왕의 최측근의 관직으로 문서를 관장함. '中書' 또한 '글씨 쓰기에 딱 맞다'의 중의법을 사용한 것. '狎'은 친하여 허물없는 관계.

【上親決事, 以衡石自程, 雖宮人, 不得立左右】'衡石自程'은 진시황은 결재할 사안의 경중에 관계없이 매일 서류 2백 근을 저울로 달아 결재의 양과 시간을 정하였다 함.《五百家注》와《東雅堂》에 "孫曰: 〈秦始皇紀〉: 「天下之事, 無大小, 皆決於上. 上至以衡石量書, 日夜有程, 不中程, 不得休息.」 石, 百二十斤也"라 함. 일의 자세한 사정을 따져 결재하는 일을 붓이 담당하였음을 말함.《眞寶》注에 "衡石, 卽量衡關石"이라 함.

【獨穎與執燭者常侍, 上休方罷】'上休方罷'은 임금이 쉬어야 비로소 그만두게 됨.

【穎與絳人陳玄, 弘農陶泓, 及會稽楮先生, 友善, 相推致, 其出處必偕】'絳人陳玄'은 絳州 사람 陳玄. 絳州는 山西省에 지명으로 옛 虢州에 속했으며 먹의 명산지. 陳玄은 먹을 擬人化하여 '玄'으로써 이름을 삼은 것. '弘農陶泓'은 弘農 땅의 陶泓

이라는 사람. 弘農은 宏農으로도 표기하며 河南省의 지명. 벼루 瓦硯의 명산지. 陶泓은 벼루를 擬人化하여 '陶'를 이름으로 삼은 것임. '會稽楮先生'의 會稽는 지금의 浙江 紹興의 옛 이름으로 종이의 명산지. '楮'는 닥나무로 종이의 원료가 됨. 이에 '楮先生'이라 擬人化한 것. '推致'는 밀어주고 이끌어줌. 붓, 먹, 벼루, 종이는 늘 함께 함을 뜻함. 《五百家注》에 "補注: 洪駒父云:「韓文公〈傳毛穎〉, 以文滑稽然, 與穎遊者, 楮先生, 陳玄, 陶泓, 功不在穎下. 文公不爲立傳, 乃爲補亡云.」"이라 함. 《別本》에는 "虢州, 唐絳州, 貢墨; 虢州貢瓦硯; 會稽貢紙, 故借名之"라 함. 《眞寶》注에 "唐絳州貢墨, 虢州貢瓦硯, 會稽貢紙, 故借名之"라 함.

【上召穎, 三人者不待詔, 輒俱徃, 上未嘗怪焉】毛穎을 부르면 나머지 셋도 곧바로 함께 나타남. 《眞寶》注에 "三人, 指陳玄, 陶泓, 楮先生"이라 함.

【後因進見, 上將有任使, 拂拭之, 因免冠謝】'因免冠謝'는 毛穎(붓)이 관(붓두껍)을 벗고 인사를 함. 곧 글씨를 쓸 준비를 함.

【上見其髮禿, 又所摹畫, 不能稱上意】'髮禿'는 머리카락이 다 빠짐. 붓의 털이 모두 닳아 몽당붓이 되었음을 뜻함.

【上嘻笑曰:「中書君, 老而禿, 不任吾用. 吾嘗謂君中書, 君今不中書邪?」】'中書'는 글쓰기에 딱 맞음. 글씨를 쓰기에 알맞음. '中書令'의 벼슬 이름과 重義法으로 표현한 것.

【對曰:「臣所謂盡心者.」】毛穎이 '자신은 마음을 다해 일을 한 자'라고 말한 것.

【因不復召, 歸封邑, 終于管城】더는 붓의 역할을 하지 못하고 봉지로 돌아가 그곳 관성에서 생을 마침.

【其子孫甚多, 散處中國夷狄, 皆冒管城, 惟居中山者, 能繼父祖業】'夷狄'은 붓이 이웃 다른 異民族 나라에도 퍼져나갔음을 말함. '皆冒管城'은 모두가 자신들은 管城 毛穎의 후손이라 애써 주장함. '冒'는 '억지로, 힘써, 무릅쓰다, 들먹이다, 흉내내다, 정통이라 주장하다' 등의 뜻.

【太史公曰】'太史公'은 역사를 기록하는 史官의 우두머리. 이는 《史記》에 司馬遷이 매 편마다 끝에 贊을 쓸 때 자신의 의견이나 전후 보충 사안을 기록한 유형을 援用한 것임.

【毛氏有兩族】毛氏의 성씨 淵源은 두 갈래이며, 하나는 文王(姬昌)의 후손으로 魯나라와 衛나라에 흩어져 살던 毛聃의 후손이며, 하나는 中山 毛穎의 후손들임. 이들 중 毛聃의 후손은 실제 사람이었으며, 中山의 후손은 毛穎을 붓으로 의인화한 것. 따라서 붓의 정통은 중산이라 주장한 것임.

【其一姬姓, 文王之子, 封於毛, 所謂魯衛毛聃者也】'毛聃'은 姬姓 毛氏의 첫 조상. 《眞寶》注에 "見《左傳》"이라 하였으며,《左傳》僖公 24년에 "富辰諫曰:「不可. 臣聞之:『大上以德撫民, 其次親親, 以相及也.』昔周公弔二叔之不咸, 故封建親戚以蕃屛周. 管蔡郕霍, 魯衛毛聃, 郜雍曹滕, 畢原酆郇, 文之昭也."라 한 말에 근거함.《五百家注》와《東雅堂》에 "孫曰:僖二十四年《左氏》, 富辰之言"이라 함.《眞寶》注에 "魯衛毛聃, 文王之孫"이라 함.

【戰國時, 有毛公, 毛遂】'毛公'은 '毛公鼎'의 毛公. 그러나 구체적으로는 알 수 없음. '毛遂'는 전국시대 趙나라 平原君의 食客으로 '毛遂自薦'의 고사를 남긴 인물. 《五百家注》와《東雅堂》에 "樊曰:遂, 趙人. 平原君之客"이라 함.

【獨中山之族, 不知其本所出, 子孫最爲蕃昌】中山 毛氏의 연원은 알 수 없으나 그 자손이 가장 번창함. 붓이 아주 널리 사용되고 있음을 말함.

【《春秋》之成, 見絶於孔子, 而非其罪】《春秋》之成은《春秋》가 완성됨. 공자는《춘추》를 기록할 때 魯 隱公 원년에 시작하여, 魯 哀公 14년 '西狩獲麟'에서 끝남. 이를 '獲麟에서 絶筆하였다'라고 말함.《五百家注》에 "孫曰:杜預《左傳》序云:「《春秋》絶筆於獲麟」之一句"라 함.《眞寶》注에 "絶筆於獲麟"이라 함.

【及蒙將軍, 拔中山之豪, 始皇封諸管城, 世遂有名, 而姬姓之毛無聞】中山 毛氏는 蒙恬이 中山을 함락하고 그때 포로가 된 毛穎을 秦始皇이 管城에 봉한 것으로 姬姓 毛氏와는 무관함.

【穎始以俘見, 卒見任使】'見'은 간혹 '幸'으로도 되어 있음.《東雅堂》과《別本》注에 "見, 或作幸"이라 함.

【秦之滅諸侯, 穎與有功, 賞不酬勞, 以老見踈, 秦眞少恩哉!】'見踈'는 疏外를 당함. '踈'는 疏, 疏, 疎 등과 같음. '見'은 被動文을 구성함.《五百家注》에 "子厚有〈讀毛穎傳後題〉, 見《柳集》二十一卷. 此不復載"라 함. 한편 柳宗元의 〈讀毛穎傳後題〉는 참고란을 볼 것.《眞寶》注에 "此傳步驟《史記》爲之. 後之某人, 陸吉黃〈甘傳〉, 唐子西〈陸醑傳〉, 楊誠齋〈豆盧柔傳〉, 陳止齋〈蚍蜉傳〉之類, 又步驟此傳爲之者也"라 함.

## 참고 및 관련 자료

1. 작자:韓愈(韓退之) 022 참조.

2. 이 글은《別本韓文考異》(36),《五百家注昌黎文集》(36),《東雅堂昌黎集註》(36),《唐文粹》(99),《唐宋八大家文鈔》(8),《崇古文訣》(10),《文苑英華》(793),《事文類聚》

(別集 14),《六藝之一錄》(307),《文房四譜》(2),《文編》(63),《文章辨體彙選》(547),《唐宋文醇》(10) 등에 실려 있음.

3. 柳宗元〈讀韓愈所著毛穎傳後題〉《柳宗元集》21)

(元和午年十一月, 公〈與楊誨之書〉云:足下所持韓生〈毛穎傳〉來, 僕甚怪其書, 恐世人非之, 今作數百言, 知前聖不必罪俳也.)

自吾居夷, 不與中州人通書. 有來南者, 時言韓愈爲〈毛穎傳〉, 不能擧其辭, 而獨大笑以爲怪, 而吾久不克見. 楊子誨之來, 始持其書, 索而讀之, 若捕龍蛇, 搏虎豹, 急與之角而力不敢暇, 信韓子之怪於文也. 世之摸擬竄竊, 取青媲白, 肥皮厚肉, 柔筋脆骨, 而以爲辭者之讀之也, 其大笑固宜.

且世人笑之也, 不以其俳乎? 且俳又非聖人之所棄者.《詩》曰:「善戲謔兮, 不爲虐兮.」《太史公書》有〈滑稽列傳〉, 皆取乎有益於世者也. 故學者終日討論答問, 呻吟習復, 應對進退, 掬溜播灑, 則罷憊而廢亂, 故有「息焉游焉」之說. 不學操縵, 不能安絃. 有所拘者, 有所縱也. 太羹玄酒, 體節之薦, 味之至者. 而又設以奇異小蟲, 水草, 櫨梨, 橘柚, 苦醎酸辛, 雖蜇吻裂鼻, 縮舌澀齒, 而咸有篤好之者. 文王之菖蒲菹, 屈到之芰, 曾皙之羊棗, 然後盡天下之奇味以足於口, 獨文異乎? 韓子之爲也, 亦將施焉而不爲虐歟!「息焉游焉」而有所縱歟! 盡六藝之奇味以足於口歟! 而不若是, 則韓之辭, 若甕大川焉, 其必決而放諸陸, 不可以不陳也.

且凡古今是非六藝百家, 大細穿穴用而不遺者, 毛穎之功也. 韓子窮古書, 好斯文, 嘉穎之能盡其意, 故奮而爲之傳, 以發其鬱積, 而學者得之勵, 其有益於世歟! 是其言也, 固與異世者語, 而貪常嗜瑣者, 猶呫呫然動其喙, 彼亦勞甚矣乎!

# 051. 〈伯夷頌〉 ·················· 韓退之(韓愈)

## 백이에 대한 송가

*〈伯夷頌〉:周初 孤竹國의 형제 伯夷와 叔齊가 왕위를 버리고 西伯(姬昌, 文王)을
찾아 나섰으나 西伯은 이미 죽고 아들 武王(姬發)이 아버지 위패를 모신 채, 殷
의 末王 紂를 정벌하러 나서는 대열을 만나, 강하게 비난하였지만 뜻을 알아주
지 않자 首陽山에 들어가 採薇를 하다가 餓死한 사건을 두고 韓愈가 그들의
高潔함을 칭송한 것임. 우선《左傳》桓公 2년에 "夏四月, 取郜大鼎于宋. 戊申, 納
于大廟, 非禮也. 臧哀伯諫曰:「武王克商, 遷九鼎于雒邑, 義士猶或非之, 而況將昭
違亂之賂器於大廟, 其若之何?」公不聽. 周內史聞之, 曰:「臧孫達其有後於魯乎!
君違, 不忘諫之以德.」"이라 하였고,《史記》伯夷列傳에는 "伯夷, 叔齊, 孤竹君之
二子也. 父欲立叔齊, 及父卒, 叔齊讓伯夷. 伯夷曰:「父命也.」遂逃去. 叔齊亦不肯
立而逃之. 國人立其中子. 於是伯夷, 叔齊聞西伯昌善養老, 盍往歸焉. 及至, 西伯
卒, 武王載木主, 號爲文王, 東伐紂. 伯夷, 叔齊叩馬而諫曰:「父死不葬, 爰及干戈,
可謂孝乎? 以臣弒君, 可謂仁乎?」左右欲兵之. 太公曰:「此義人也.」扶而去之. 武
王已平殷亂, 天下宗周, 而伯夷, 叔齊恥之, 義不食周粟, 隱於首陽山, 采薇而食之.
及餓且死, 作歌. 其辭曰:「登彼西山兮, 采其薇矣. 以暴易暴兮, 不知其非矣. 神農,
虞, 夏忽焉沒兮, 我安適歸矣? 于嗟徂兮, 命之衰矣!」遂餓死於首陽山. 由此觀之,
怨邪非邪?"라 함. 한편《論語》公冶長篇에는 "子曰:「伯夷、叔齊不念舊惡, 怨是用
希.」"라 하였고,《孟子》萬章(下)에는 "伯夷, 聖之淸者也"라 함.《東雅堂昌黎集註》
에는 "王荊公〈伯夷論〉:謂韓子之頌爲不然. 曰:「伯夷嘗與太公聞西伯善養老而往歸
焉. 當是之時, 欲夷紂者, 二人之心, 豈有異哉? 及武王一奮, 太公相之, 遂出元元
於塗炭之中. 伯夷乃不與, 豈伯夷欲歸西伯而志, 不遂乃死於北海邪? 抑來而死於
道路耶? 抑其至文王之都而不足, 以及武王之世而死耶? 嗚呼! 使伯夷之不死, 以
及武王之時, 其烈豈下太公哉!」荊公之論, 與此頌相反, 學者其審之. 伊川曰:「〈伯
夷頌〉只說得伯夷介處, 要說得伯夷心, 須是聖人語'不念舊惡, 怨是用希'.」"이라 하
였으며,《五百家注》에는 "洪曰:「武王克商, 遷九鼎于洛邑, 義士猶或非之」. 自春秋
時, 已有此說. 義士, 謂伯夷也. 近世學者以太史公所《記》爲不然, 因謂孔子稱「餓于
首陽之下」, 非不食周粟, 蓋絶糧耳. 余謂武王伐紂, 太公佐之, 伯夷非之. 佐之者,

以拯天下之溺; 非之者, 以懲萬世之亂, 其用心一也. 不然, 則商之三仁, 或去或不去, 或死或不死, 何以皆得爲仁邪? 樊曰: 王荊公〈伯夷論〉: 謂韓子之頌爲不然. 曰:「伯夷嘗與太公聞西伯善養老, 而往歸焉. 當是之時, 欲夷紂者, 二人之心, 豈有異耶? 及武王一奮, 太公相之, 遂出元元于塗炭之中, 伯夷乃不與, 豈伯夷欲歸西伯而志, 不遂乃死于北海邪? 抑來而死于道路邪? 抑其至文王之都而不足, 以及武王之世而死邪? 嗚呼! 使伯夷之不死, 以及武王之時, 其烈豈下太公哉! 荊公之論, 與此頌相反, 學者其審之」라 함.

＊《眞寶》注에 "《春秋傳》曰:「武王克商, 遷九鼎于洛邑. 義士猶或非之.」義士, 謂伯夷也. 此篇頌伯夷非武王伐紂之事. 前面只說其特立獨行亘萬古而不顧, 末却以二句, 斡轉見其扶植名敎之功, 妙甚"이라 함.


　선비로서 특이한 신념으로 홀로 서고, 독선의 행동을 실천함에는 오직 의에 맞으면 될 뿐이며, 남의 시비를 돌아보지 않는 것이니, 대체로 호걸의 선비는 도를 믿음이 독실하고 스스로 앎이 밝은 자이다.

　온 집안이 비난하더라도 힘써 실천하다가 미혹함에 빠지지 않을 사람은 드문데, 온 나라와 온 고을이 비난해도 힘써 실천하여 미혹에 빠지지 않는 자는 아마도 천하에 한 사람뿐일 것이요, 만약 온 세상의 비난이 이른다 해도 힘써 실천한 자의 예를 든다면 백 년이나 천 년을 두고 이에 한 사람뿐일 것이다.

　백이伯夷 같은 사람이라면 하늘과 땅을 다하고, 만세에 걸쳐 어떤 비난도 돌아보지 않을 것이다.

　밝기가 해와 달이라 해도 그보다 더 밝을 수 없으며, 높기가 태산泰山이라 해도 그보다 더 높을 수 없으며, 크기로는 천지라 해도 그처럼 수용하기에 부족할 것이다.

　은殷나라가 망하고 주周나라가 일어날 때, 미자微子는 현명한 사람이라 제기祭器들을 안고 나라를 떠났고, 무왕武王과 주공周公은 성인聖人이어서 천하의 현명한 선비들과 제후들을 이끌고 가서 은나라를 공격하였는데, 그들을 비난한 사람이 있었다는 말은 들어보지 못하였다.

저 백이와 숙제叔齊만은 이에 홀로 그것을 옳지 않은 일이라고 여겼다.

은나라가 이미 멸망하여 온 천하가 주나라를 떠받들었지만 저들 두 사람만은 주나라의 곡식 먹기를 부끄럽게 여기고, 마침내 굶어 죽으면서도 거들떠보지도 않았다.

이로 말미암아 말한다면 무릇 어찌 바라는 것이 있어서 그렇게 하였겠는가? 도를 믿음이 독실하였고, 스스로 앎이 명확하였기 때문이다.

지금 세상의 이른바 선비라고 하는 이들은 하나의 보통사람이 칭찬하게 되면 스스로 여유가 있다고 여기고, 하나의 보통사람이 비난하면 스스로 부족하다고 여긴다.

저들은 유독 성인 무왕과 주공을 비난하면서도 자신들에 대해서는 이와 같았으니, 무릇 성인이란 만세의 표준이 된다.

나는 이 까닭으로 "백이 같은 이는 특이한 신념으로 서고, 독선의 행동을 실천하여 천지를 다하고 만세에 걸쳐 남의 시비를 돌아보지 않았다"고 말하는 것이다.

비록 그러하나 만약 두 사람이 없었다면, 후세에 난신적자亂臣賊子가 끊임없이 나왔을 것이다.


士之特立獨行, 適於義而已, 不顧人之是非, 蓋豪傑之士, 信道篤而自知明者也.

一家非之, 力行而不惑者, 寡矣; 至於一國一州非之, 力行而不惑者, 蓋天下一人而已矣; 若至於擧世非之, 力行而不惑者, 則千百年, 乃一人而已耳.

若伯夷者, 窮天地, 亘萬世而不顧者也.

昭乎日月, 不足爲明; 崒乎泰山, 不足爲高; 巍乎天地, 不足爲容也!

當殷之亡, 周之興, 微子賢也, 抱祭器而去之; 武王, 周公聖也. 率天下之賢士與天下之諸侯, 而往攻之, 未嘗聞有非之者也.

彼伯夷, 叔齊者, 乃獨以爲不可.

殷旣滅矣, 天下宗周, 彼二子乃獨恥食其粟, 餓死而不顧.

繇是而言, 夫豈有求而爲哉? 信道篤而自知明也.

今世之所謂士者, 一凡人譽之, 則自以爲有餘; 一凡人沮之, 則自以爲不足.

彼獨非聖人, 而自是如此, 夫聖人乃萬世之標準也.

余故曰:「若伯夷者, 特立獨行, 窮天地, 亘萬世而不顧者也.」

雖然微二子, 亂臣賊子接迹於後世矣.


【士之特立獨行, 適於義而已, 不顧人之是非】'特立獨行'은 특이한 신념을 가지고 홀로 행동함.

【蓋豪傑之士, 信道篤而自知明者也】호걸의 선비라면 도를 신뢰함이 돈독하고 스스로 밝게 아는 자임.

【一家非之, 力行而不惑者, 寡矣】힘써 실행하다가도 한 사람만 비난해도 혼란에 빠지지 않을 자는 적을 것임.

【至於一國一州非之, 力行而不惑者, 蓋天下一人而已矣】나라나 고을 전체가 비난하는데도 힘써 실행하면서 혼란에 빠지지 않은 자는 천하에 한 사람뿐일 것임.

【若至於擧世非之, 力行而不惑者, 則千百年, 乃一人而已耳】《眞寶》注에 《莊子》逍遙游篇:「擧世譽之, 而不可勸; 擧世非之, 而不可沮」라 함.

【若伯夷者, 窮天地, 亘萬世而不顧者也】'伯夷'는 叔齊와 더불어 殷末 孤竹國의 두 王子. 父君이 죽고 나서 서로 王位를 양보하다가 西伯(姬昌, 文王)이 노인을 잘 봉양한다는 말을 듣고 함께 周나라로 들어왔으나, 아들 武王(姬發)이 西伯의 神主를 모신 채 殷나라를 치려는 것을 옳지 못하다고 말렸음. 그러나 뜻을 이루지 못하자 首陽山에 들어가 고사리를 캐어먹다가 죽었다 함. 《史記》伯夷列傳에 "孔子曰:「伯夷, 叔齊, 不念舊惡, 怨是用希.」「求仁得仁, 又何怨乎?」 余悲伯夷之意, 睹軼詩可異焉."이라 함. 《別本》과 《東雅堂》에는 "'擧世非之'下, 〈方〉從〈杭粹〉及〈范文正公寫本〉, 無'力行'二字, '千'下有'五'字. 云:「自周初至唐貞元末, 幾二千年, 公言千五百年, 擧其成也. 今按此篇, 自'一家一國'以至'擧世非之, 而不惑者' 汎說有此三等人, 而'伯夷之窮天地亘萬世而不顧', 又別是上一等人, 不可以此三者論也. 前三等

人皆非有所指名, 故'擧世非之而不顧者', 亦難以年數之實, 論其有無, 而且以千百年言之, 蓋其大約如此耳. 今方氏以伯夷當之已失全篇之大指, 至於計其年數, 則又捨其幾二千年, 全數之多而反, 促就千五百年奇數之少, 其誤甚矣. 方說不通文理, 大率類此, 不可以不辨.」이라 하였고, 《眞寶》注에도 "〈方本〉'千'下有五'字', 云: 「自周初至唐貞元, 幾二千年, 公言'千五百年', 擧其成也.」 ○朱子曰: 「今按此篇, 自'一家一國', 以至'擧世非之, 而不惑者', 汎說有此三等人, 而伯夷之窮天地亘萬世而不顧, 又別是上一等人, 不可以此三者論也. 前三等人, 蓋非有所指名, 故擧世非之而不顧者, 亦難以年數之實, 論其有無, 而且以千百年言之, 蓋其大約如此爾.」 今方氏以伯夷當之, 已失全篇之大指, 至於計其年數, 則又捨其幾二千年全數之多, 而反促就千五百年奇數之少, 其誤益甚矣.」라 함. '亘'(긍)은 '걸치다, 걸쳐'의 뜻.

【昭乎日月, 不足爲明】'昭'는 간혹 '照'로도 표기함.《五百家注》에 "昭, 一作照"라 함.

【崒乎泰山, 不足爲高】'崒乎'는 산이 높은 모양.《五百家注》에 "孫曰: 崒, 山高貌. 韓曰: 峰頭巉巖也. ○崒, 才律切"라 하여 '줄'로 읽음.

【巍乎天地, 不足爲容也】'巍乎'는 높고 큰 모양, 웅장한 모양.《眞寶》注에 "陳靜觀曰: 「此三句皆形容雖聖人所爲, 亦敢於非之之意, 蓋日月孰不以爲明? 而謂不足以爲明. 下倣此.」"라 함.

【當殷之亡, 周之興, 徵子賢也, 抱祭器而去之】'微子'는 이름은 啓이며 殷나라 말기 紂王의 庶兄. 그의 어머니는 帝乙의 첩이었다가 정식 妻가 된 다음 다시 紂를 낳았음. 이에 紂가 정통을 인정받아 帝位에 올랐던 것임.(《呂氏春秋》仲冬期 참조). 그러나 《孟子》告子章에는 微子를 紂의 叔父라 하였음. 周武王(姬發)이 紂를 滅한 뒤, 微子를 宋에 봉하여 殷의 제사를 잇도록 하였음.(《史記》宋微子世家 참조). 紂王의 잘못을 간하였으나 들어주지 않자 祭器를 갖고 殷나라를 떠났음.《論語》微子篇에 "微子去之, 箕子爲之奴, 比干諫而死. 孔子曰: 「殷有三仁焉.」"이라 함.《五百家注》에 "孫曰:《史記》宋世家: 周武王伐紂, 充殷微子, 乃持其祭器, 造于軍門"이라 함. 한편 《史記》宋微子世家에는 "周武王伐紂克殷, 微子乃持其祭器造於軍門, 肉袒面縛, 左牽羊, 右把茅, 膝行而前以告. 於是武王乃釋微子, 復其位如故"라 함.

【武王, 周公聖也. 率天下之賢士與天下之諸侯】'武王과 周公은 聖스러워 천하의 현사와 천하의 제후를 인솔하고'의 뜻.

【而往攻之, 未嘗聞有非之者也】가서 紂를 공략하였지만 비난하는 자가 없었음.

【彼伯夷, 叔齊者, 乃獨以爲不可】《五百家注》와 《東雅堂》에 "補注:伯夷, 姓墨, 名允, 字公信;叔齊, 名智, 字公達. 孤竹君之二子. 伯, 長也;叔, 少也. 夷, 齊, 謚也. 世有不

知者多矣. 見《春秋》少陽篇"이라 함.

【殷既滅矣, 天下宗周, 彼二子乃獨恥食其粟, 餓死而不顧】《五百家注》에 "孫曰:《史記》:武王已平殷亂, 天下宗周. 伯夷叔齊恥之, 義不食周粟, 隱于首陽山, 采薇而食之, 遂餓死"라 함.

【繇是而言, 夫豈有求而爲哉】'繇是'는 由是와 같음.

【信道篤而自知明也】도에 대한 믿음이 독실하고 스스로 명확함에 대해 앎.

【今世之所謂士者, 一凡人譽之, 則自以爲有餘】지금의 선비는 한 사람만 칭찬해도 스스로 여유가 있다고 여김.

【一凡人沮之, 則自以爲不足】'沮'는 '막다, 방해하다, 비판하다'의 뜻.

【彼獨非聖人, 而自是如此】伯夷와 叔齊는 聖人인 武王과 周公을 비난하고 나섰으며 스스로 자신들은 그 신념을 지키기를 이와 같이 하였음.

【夫聖人乃萬世之標準也】《五百家注》에 "孫曰:標, 表也;準, 謂準繩也"라 하였고, 《東雅堂》에는 "準, 方作准. 今按:準字, 从水準聲, 俗作准, 方本誤也"라 함.

【余故曰:「若伯夷者, 特立獨行, 窮天地, 亘萬世而不顧者也.」】《別本》과 《東雅堂》에 "又按此篇之意:所謂聖人, 正指武王, 周公而言也. 既曰聖人, 則是固爲萬世之標準矣, 而伯夷者, 乃獨非之而自是如此. 是乃所以爲'窮天地亘萬世而不顧者'也. 與世之以一凡人之毀譽, 而遽爲喜慍者, 有聞矣. 近世讀者, 多誤以伯夷爲萬世標準, 故因附見其說云"이라 함. 《眞寶》注에는 "朱子曰:「按此篇之意:所爲聖人, 正指武王, 周公而言. 既曰聖人, 則是固爲萬世之標準矣, 而伯夷者, 乃獨非之而自是如此, 是乃所以爲窮天地亘萬世而不顧者也, 與世之以凡人之毀譽而遽爲喜慍者, 遠矣. 讀者多誤以伯夷爲萬世之標準, 故因附其說云"이라 함.

【雖然微二子, 亂臣賊子接迹於後世矣】'微'는 '아니라면, 없었다면'의 뜻. '亂臣賊子'는 신하로써 임금을 시해하는 사건. 《孟子》滕文公(下)에 "昔者, 禹抑洪水而天下平, 周公兼夷狄驅猛獸而百姓寧, 孔子成《春秋》而亂臣賊子懼"라 함. 伯夷와 叔齊가 武王을 비난한 것은 그 무렵 周는 殷의 제후국으로 紂의 신하였는데 紂를 정벌하러 나선 것은 신하가 군주를 시해한 것이 되기 때문에 옳지 않다고 보았던 것임. '接跡'은 발자취를 계속해서 이음. 接踵과 같음. 그러한 例가 뒤따라 나옴. 《五百家注》에 "補:伊川曰:「〈伯夷頌〉只說得伯夷介處, 要說得伯夷心, 須是聖人語'不念舊惡, 怨是用希'.」"라 함. 《眞寶》注 "愚謂末一轉, 簡健有力, 見伯夷有功於萬世, 明敎前面所未及也. 呂成公曰:「武王憂當世之無君, 伯夷憂後世之無君. 須著如此平斷"이라 함. 한편 《別本》에는 마지막 이 15자가 없음.

1. 작자: 韓愈(韓退之) 022 참조.

2. 이 글은 《別本韓文考異》(12), 《五百家注昌黎文集》(12), 《東雅堂昌黎集註》(12), 《唐文粹》(20), 《唐宋八大家文鈔》(10), 《古文雅正》(8), 《唐宋文醇》(2), 《文章辨體彙選》(460), 《事文類聚》(別集 17), 《歷代名賢確論》(7), 《畿輔通志》(114), 《式古堂書畫彙考》(9) 등에 실려 있음.

## 임동석(苗浦 林東錫)

慶北 榮州 上苗에서 출생. 忠北 丹陽 德尙골에서 성장. 丹陽初中 졸업. 京東高 서울
敎大 國際大 建國大 대학원 졸업. 雨田 辛鎬烈 선생에게 漢學 배움. 臺灣 國立臺灣師範
大學 國文硏究所(大學院) 博士班 졸업. 中華民國 國家文學博士(1983). 建國大學校
敎授. 文科大學長 역임. 成均館大 延世大 高麗大 外國語大 서울대 등 大學院 강의.
韓國中國言語學會 中國語文學硏究會 韓國中語中文學會 등 會長 역임. 저서에
《朝鮮譯學考》(中文)《中國學術槪論》《中韓對比語文論》. 편역서에《수레를 밀기 위
해 내린 사람들》《栗谷先生詩文選》. 역서에《漢語音韻學講義》《廣開土王碑硏
究》《東北民族源流》《龍鳳文化源流》《論語心得》〈漢語雙聲疊韻硏究〉등. 학술
논문 50여 편. 현 건국대 명예교수. 靑丘書堂 훈장.

임동석중국사상100

# 고문진보[後集]

黃堅 撰/ 林東錫 譯註
1판 1쇄 발행/2017년 9월 9일
발행인 고정일
발행처 동서문화사
창업 1956. 12. 12. 등록 16-3799
서울 중구 다산로 12길 6(신당동 4층)
☎546-0331~6 (FAX) 545-0331
www.dongsuhbook.com
잘못 만들어진 책은 바꾸어 드립니다.

\*

\*

사업자등록번호 211-87-75330
ISBN 978-89-497-1638-1　04080
ISBN 978-89-497-0542-2　(세트)